中国民族地区经济社会发展调查报告2

总主编：刘永佶

人口·资源与环境经济问题研究

RENKOU ZIYUAN YU HUANJING JINGJI WENTI YANJIU

主 编：李克强 侯超惠

中央民族大学出版社

图书在版编目(CIP)数据

人口、资源与环境经济问题研究/李克强主编.—北京：
中央民族大学出版社,2007.10
　ISBN 978-7-81108-454-2

　Ⅰ.人… Ⅱ.李… Ⅲ.①人口经济学:资源经济学—研
究—中国②环境经济学—研究—中国　Ⅳ.X196
中国版本图书馆CIP数据核字(2007)第164805号

人口、资源与环境经济问题研究

主　　编	李克强　侯超惠
责任编辑	李苏幸
封面设计	汤建军
出 版 者	中央民族大学出版社
	北京市海淀区中关村南大街27号　邮编:100081
	电话:68472815(发行部)　传真:68932751(发行部)
	68932218(总编室)　　　68932447(办公室)
发 行 者	全国各地新华书店
印 刷 者	北京宏伟双华印刷有限公司
开　　本	787×1092(毫米)　1/16　印张:34.25
字　　数	560千字
版　　次	2007年10月第1版　2007年10月第1次印刷
书　　号	ISBN 978-7-81108-454-2
定　　价	58.00元

版权所有　翻印必究

中央民族大学"985工程"中国民族地区经济社会发展与
公共管理哲学社会科学创新基地学术出版物编委会

顾　问　鄂义太　荣仕星　陈　理　艾比布拉
　　　　施正一　林　岗　张成福　白暴力
　　　　李文华　钱迎倩　蒋志刚　黄璐琦
主　任　刘永佶
编　委　(按姓氏笔画为序)
　　　　冯金朝　刘永佶　李克强　李俊清
　　　　杨思远　党秀云　崔　健　薛达元

序

"巧妇难为无米之炊"。科学研究也是如此。

科学研究是将收集来的材料经理性思维，概括出其中的分类、要素、本质、规律，以概念及其体系进行规定和论证，由此探求解决问题的办法。这样看，研究必须具备两个要件，一是适当的思维方式，二是详细的材料。也就是"巧"和"米"。

思维，是人大脑特有的活动方式。思维是个体的，在有意志、有目的的思维活动中，个人都有其特点；思维又是总体的，是个体人在相互的交流、阅读、论争、思考的过程中，横向和纵向联结的思维之网中进行的，每个人都是这总体思维之网上的一个环、一个节。能否具备适当的思维方法，不仅在于大脑的生理健康，更在于将自己的思维有机地纳入总体思维之网，并按总体思维的一般规律来运作。为此，还要认清作为总体思维根据的人类发展的矛盾及其趋势，将自己的意志统一于人类发展大趋势。

材料，是思维对象的体现，是认识的主体以其感性对事物的认知。收集材料，是研究的首要和基本环节，只有材料的充分，才有对事物的全面、深入了解，思维才有可"炊"之"米"。作为研究对象的事物是不断演化的，对其材料的收集，也是动态的。只有这样，才能掌握对象的全貌，才能对之做出正确的规定，才能找到解决问题的门路和办法。

　　适当的思维方式和充分的材料，这二者缺一不可。若要二者齐备，说来简单，实则不易。只重材料收集，即令堆积如山，也是材料；而思维方法必须在收集材料之前，就要具备其基本，贯彻于材料收集、整理、概括的全过程，并不断地调整和提升。

　　调查是收集材料的基础性工作，特别是亲身所做的"田野调查"，对于研究是至关重要的。不是去调查就有结论，也不是所有结论都正确，而应在广泛、深入调查的同时，就启动适当的思维方法，进行比较、分类、归纳、分析、综合，使感性认知的材料"活"起来，并纳入理性系统，据此而得出的结论，才是可靠的、可行的。

　　作为中央民族大学"九八五工程""中国民族地区经济社会与公共管理研究哲学社会科学创新基地"的研究者，我们将深入、细致、系统的调查研究作为首要和长期任务，也是着力最多的环节。为此，建立了五十余调研和实验基地，组织四百多师生的调研队伍，各中心、各课题组针对研究项目相关的内容，展开了系统、有计划、长期的调查。基地制定了"百万问卷工程"，规划期为十年，将全面调查、掌握中国少数民族地区经济社会与公共管理的第一手材料。对各类调查材料的总结、概括，是本基地研究和创新的主要依据和首要环节。以《调查报告》汇总相关成果，结集出版，记录成果，奉献社会，以供同仁参考并求批评。

箐 永信
二〇〇七年一月十六日

目 录

民族地区人口问题研究篇

论"人口、资源与环境经济学"的理论基础 …………… 李克强（1）
民族地区人口迁移的现状、问题及对策研究报告 … 陆杰华 肖周燕（11）
云南红河哈尼族彝族自治州人口状况分析 ………… 吕红平 李宪振（32）
民族地区女企业家成长环境研究
　　——基于云南红河哈尼族彝族自治州的调查分析
　　………………………………………………… 和 云 张宝东（44）
民族地区人口发展研究 ……………………………………… 张呈琮（64）
民族地区农村富余女性劳动力转移和就业发展
　　……………………………………… 和 云 何 佩 张宝东（101）
浅析少数民族地区农村人口与经济发展 …………………… 李艳婷（118）

民族地区资源环境问题研究篇

论可再生自然资源的属性及其产权 ……………………… 李克强（127）
民族地区经济发展中的资源利用与生态建设问题研究
　　——对内蒙古资源开发与生态建设的调查与思考 ……… 马 林（140）
生态保护与青藏高原小康社会建设研究 ………… 郭 华 盛国滨（154）
建立环境资源产业是解决现实生态危机的有效途径 ……… 王天津（166）
青藏铁路二期工程环境保护机制与推广研究 ……………… 王天津（176）
甘肃省肃南县草地退化成因与不同生态类型耦合模式研究
　　………………………………………… 樊胜岳 张 卉 王曲元（188）
内蒙古达茂旗生态治理政策背景下的农牧户经济行为分析
　　………………………………………… 樊胜岳 张 卉 王曲元（205）
三江源地区资源环境变动的驱动力分析 …………………… 张宏岩（219）
民族地区生态建设与新农村建设的探索
　　——以内蒙古呼和浩特市武川县为例 ………………… 张巨勇（261）

关于黄河水源补给区"生态环境保护发展机制"的调研报告
　　——基于甘肃甘南藏族自治州玛曲县的调查 …………… 侯超惠（268）
加强生态建设，实现民族地区可持续发展
　　——对内蒙古赤峰市"生态立市"的认识与管见 ……… 曹　阳（280）
防治沙漠化，发展沙漠旅游业
　　——对内蒙古响沙湾和恩格贝旅游区的调查与思考 …… 张振国（288）
民族地区林业生态建设与新农村建设的思考
　　——以赤峰市敖汉旗为例 ………………………………… 王　亮（294）
论玛曲县的生态保护、生态建设与可持续发展 …………… 刘俊峰（302）
关于内蒙古地区草地沙漠化的调查报告 …………………… 刘永博（308）

民族地区人口、资源、环境与经济发展篇

云南红河哈尼族彝族自治州经济发展调查 ……… 王文录　王立源（312）
甘肃省不同类型区循环经济发展的路径选择
　　——以石羊河流域核心区为例 …………………………… 樊胜岳（318）
实现经济发展与生态环境的和谐 …………………………… 王天津（361）
建设青藏铁路经济圈　实现跨越式发展 …………………… 王天津（368）
关于内蒙古自治区产权交易市场的调查报告 …… 侯超惠　刘文纪（380）
民族地区旅游开发与新农村建设模式的探讨
　　——以吉林省延边朝鲜族自治州安图县红旗村为例 …… 祁洪玲（386）
关于甘南生态与经济协调发展的调研报告 ………………… 周　琼（395）
关于沙漠地区生态建设和经济发展的调研报告 …………… 刘　睿（402）
云南民族旅游经济发展研究 ………………………………… 董　宁（407）
浅谈对临夏经济的认识 ……………………………………… 周　蓉（414）
解析中蒙经贸格局及其优化路径 …………………………… 咬　亮（420）
民族地区农村信用社改革研究
　　——以云南峨山彝族自治县为例 ………………………… 胡恒松（428）
民族地区新农村建设的关键问题探索 ……………………… 杨玉文（437）
浅谈红河哈尼族彝族自治州城镇化建设 …………………… 张佩烽（445）

附 录

甘南藏族自治州重点林业生态工程建设情况
　　……………………………………… 甘南藏族自治州农林局（452）
甘南生态环境现状、存在的问题及对策 …… 甘南藏族自治州环保局（456）
敖汉旗基本情况 ……………………………………… 课题组整理（461）
新的目标　新的跨越
　　——敖汉旗林业"十一五"展望 ……………… 敖汉旗林业局（464）
敖汉旗"十五"期间林业生态建设基本情况
　　………………………… 中共敖汉旗委员会、敖汉旗人民政府（470）
治沙英雄
　　——记敖汉旗敖润苏莫苏木治沙大户、蒙古族牧民鲍永新
　　………………………………………… 王国疆　刘忠友（472）
敖汉旗生态建设基本情况 ……………………………… 课题组整理（476）
赤峰市京津风沙源治理工程实施情况 …… 赤峰市发展与改革委员会（483）
武川县生态环境建设基本情况 ……………………… 武川县林业局（492）
锡林郭勒盟沙源治理情况简介 ………………………………………（495）
锡林郭勒盟实施围封转移战略总体情况 ……………………………（504）
三江源数据资料 ………………………………………………………（512）

民族地区人口问题研究篇

论"人口、资源与环境经济学"的理论基础

李克强[①]

随着自然资源的不断枯竭、环境恶化以及人口压力,并由此影响着人类的经济社会活动,人们开始注重研究自然资源、环境以及人口与经济系统的关系,由此也产生了人口、资源与环境经济学这一学科。人口、资源与环境经济学作为经济学的一个分支,将人口、资源、环境视为经济系统的内生变量,研究它们与经济系统中其他变量之间的相互关系,探求人口、资源、环境与经济系统的客观规律,促进人类可持续发展。人口、资源与环境经济学作为一门独立的、年轻的经济学科,其研究在多方面取得了不可忽视的成就和贡献,但是,在构筑完整的理论体系方面还存在某种局限,其中之一就是缺乏与本学科的特点相适应的前提假设,其结果是本学科的研究更多地停留在对现状、数据的罗列,对未来充满担忧的预测以及理想化、空泛化、应然化的政策分析。也正是在缺乏对其前提假设研究的忽视而使其缺乏出发点、立足点和落脚点,最终导致本学科不能形成一个完整的整体,而是更多地从单一学科角度进行研究。其一,任何一门学科的建设都有其自己的前提假设,以此建立起完整的理论体系。理论体系构筑中基本假设的作用是提供理

---

① 李克强,男,中央民族大学经济学院副院长、教授。

论演绎链条的起点，由此建造起关于社会经济活动的带有演绎性质的理论，用以解释经济秩序的形成、经济制度的建立以及经济政策的制定。其二，人口、资源与环境经济学尽管是经济学的分支，但是有其自身的特殊性，自然资源、环境不再是无限供给，而是一种稀缺资源；人类社会追求的不再是单一的财富，而是人口、资源、环境与经济系统的协调发展，强调的是可持续发展。因而，人口、资源与环境经济学理论体系的构建必须依其自身研究的特点，以传统经济学的前提假设为基础，进一步规定其前提假设。为此，本文通过对主流经济学基本前提假设的分析，研究人口、资源与环境经济学的基本前提假设，为构建人口、资源与环境经济学奠定基础。

一、"人口、资源与环境"的稀缺性

人口、资源与环境经济学作为经济学的分支学科，在研究起点（或者说是出发点）上首先要判别与传统经济学是否存在一致性，根据其学科的基本性质是否存在其自身研究的起点。

传统经济学的出发点是稀缺性，研究的核心是如何使社会经济中的稀缺性资源进行有效配置。一方面资源的稀缺性是经济分析价值意义的前提，没有稀缺性的资源，不需要花费成本，就不存在经济分析的价值和意义；另一方面对稀缺性资源的合理配置是经济分析追求的价值目标，经济分析的目的就是寻找稀缺资源的高效开发利用的途径，以实现最优的资源配置。

传统经济学事实上是以自然能够为人类提供无限量的自然资源，资源环境是无限供给的，作为其立论的前提假设，因而都将自然资源（数量）、环境作为外生变量，没有纳入经济学的分析框架。它也认为自然资源具有稀缺性，但是它认为自然资源的稀缺性是相对于人类的无限欲望而呈现的稀缺与不足，而不是自然资源本身所具有的自然属性所表现出来的稀缺；自然资源的现有稀缺性存量状况更多地被假定为一个不变的恒量。因此，稀缺性是相对有限的，而不是具有减少、不断减少并面临枯竭的含义。

在生产力相对落后时，人类活动对环境影响较小，人们认为空气、水等环境资源是一种无限资源，人们可以随意获取，且不存在竞争。随着人类活动对环境影响的深度和广度扩大，资源环境问题逐步暴露出来，人类逐渐认识到环境资源不再是一种无限资源，人类索取资源的速度超过了资源及其替代品的再生速度，人类向环境排放废弃物的速度超过了环境的自净力，环境已成为一种稀缺资源。

随着经济社会的发展以及科学技术的进步,人类对自然的"使用"速度急剧增长,可是,自然资源在一定的时间内是不变的,有些是不可再生的资源,如石油、煤以及金属矿产等,也就是有些资源的绝对稀缺,与自然资源密切相关的环境资源也随之发生着变化,而且对人类的生产、生活产生深刻的影响,也不再是无限的资源。人类的经济活动只是数量规模有限的环境系统中的一个子系统,它不可能无限制地从环境系统中汲取资源,并以此满足自我无限膨胀的需求。因此,在人类不断发展的进程中,自然资源、环境资源相对于人类的欲望,不仅是一种相对稀缺的资源,而且是一种绝对稀缺资源。总之,基于人类可持续发展的前提条件下,传统经济增长理论把经济看作是交换价值的孤立循环流程或自我支撑的封闭系统,将自然资源、环境资源看作是相对于人类需求欲望的稀缺,已经不适应现实经济社会的发展,要打破传统的自然资源、环境资源的"总量无限观"。所以,"人口、资源与环境经济学"的基石是自然资源、环境资源的有限性,要超越传统经济学自然资源、环境资源相对稀缺的逻辑基础,其立论的基础是自然资源、环境资源的绝对稀缺和有限性。

关于"人口的稀缺性"问题,200年以前,著名的马尔萨斯(T. R. Malthus)在其著作《人口原理》中提出"馅饼"理论,指出传统经济理念强调物质,尤其土地在社会经济发展中的作用,而忽视了人的素质方面的重要影响。马尔萨斯甚至断言,由于土地的局限性和人口的几何级数增长,全世界人民必将陷入饥饿之中。

两个世纪以来,人口与生产力水平都在快速增长,不断膨胀的人口规模成为全世界必须共同面对的社会问题,在某些局部地区人口快速增长和人口数量规模超过或者将要超过自然资源、环境资源的承载能力,人口似乎呈现为一种"过剩"的状态。但是,从经济学视角来看,人口资源问题包含着两个方面的内涵,即人口的数量和人口的质量,人口资源的过剩与稀少性判断,不是单纯的数量概念,更重要的是要分析人口资源的质量。因为,在现代经济社会中,人口资源的水平或者说人口资源对经济社会的作用、贡献程度,越来越依赖于人口资源的内在质量高低,以及内在结构与相关联的经济社会结构的匹配程度。

舒尔茨的"人力资本投资理论",认为人口素质比人口数量更重要,这是"人力资本投资理论"的立论要点。人口素质主要指人在后天培育起来的知识水平、劳动技能、自我管理、自我约束、自我发展以及自我完善的能力，这种能力在人一生中的社会活动，包括改造自然、创造财富以及改造社会等方面，均具有决定性的作用。而这种能力的形成和发展，都是靠后天的教育来实现的，包括父母的家庭教育、社会成员的示范作用、学校教育、在职培训以及成人教育等方面。在现代社会，衡量人口素质指标主要是受教育的层次和程度，一国或一地区受教育者的教育层次和教育程度越高，数量越大，说明其素质越高。舒尔茨的理论修正了人们过去的传统观念，把人们的认识水平提高了一大层次。因为从重农主义时代开始的所有古典经济学家，都是把物质，尤其土地看作是决定人类生产能力的最重要生产要素。即使20世纪初以来的许多经济增长理论，都同样极端地看待物质资本的重要性，几乎所有的理论核心都是以物质资本的运作为出发点，而忽视了劳动者智力这一极端重要的因素。而人力资本投资理论认为，人的素质对经济增长，乃至社会进步的影响是第一位的，而物质资源（包括可再生性资源和不可再生性资源）却在其次。因此，这一新理论的核心，就是人的素质是经济增长的决定因素，即人力资本投资的作用要比物质资本投资更大。舒尔茨认为，这一点是现代经济发展中最突出的特征。

现代社会大生产的技术要素含量越来越高，技术性水平也越来越高，技术的广度和深度也在不断加大，这对劳动者的素质要求也就越来越高。低层次的劳动力根本无法接受、理解和掌握现代社会的复杂的高新技术知识，他们只能从事较简单的劳动，并获得较低的报酬。从长远看，这种低层次人才，不但根本无力承担发展经济的重任，甚至还可能给经济发展设置重重障碍，从而成为社会的沉重包袱。因为他们所耗费的生活资料与高素质人才相比，可能并不会有太大的差别，但他们的贡献是无法跟后者相提并论的。

因此，人口资源的内在品质和构成相对于经济社会发展的要求，具有难以消解的资源稀缺性。在很大程度上，巨大人口规模可因其经济价值与生产能力得不到有效的开发和利用，而且不可避免地引致资源与环境问题和压力，从而使"过剩人口"成为无效率的资源，在其社会生产性能上处于闲置状态。因此，在"人口资源环境"与经济运行系统的作用关系中，人口资源呈现为内在的资源稀缺性。

总之，"人口、资源与环境经济学"的理论逻辑基础必须打破传统经济学的基本假定，将人口资源、自然资源、环境总量有限性以及稀缺性作为其最高原则和第一性命题。依此，"人口、资源与环境经济学"的核心是探讨阻止人类经济活动超越自然生态限制，限制人类经济绝对规模"无限"增长的理论与实践界限，将人类经济行为控制在环境承载限度以内，实现人与自然协调发展的经济学分支学科。

二、"人口资源与环境"的外部性

外部性理论是指"一种经济力量对另一种经济力量的非市场性附带影响"，这种非市场性的附带影响使价格机制不能有效地配置资源，是一个人的行为或两个人的交易所带来的成本或收益对第二个或第三个人的成本或收益产生的直接影响，是私人成本与社会成本的不一致所造成的。由此，外部性的特征表现为：（1）外部性是经济力量互相作用的结果，是两个经济主体之间的相互行为；（2）这种相互行为不能通过市场机制的作用显示出来，当生产者或消费者因外部不经济而受到损失时，市场也不需要向造成不经济的一方追究损失。

人类的"人口资源环境"行为及所引致的各种关系的变化具有显著的外部效应，而且这种外部性对人类的生存与发展产生着长远而深刻的影响，甚至一些外部性可能会成为永久的环境悲剧或人类灾难。

首先，人口过度增长内在地产生"资源与环境悲剧"。在传统社会，人口与资源、人口与环境的关系较为松弛，认为自然资源、环境资源是无限供给的，总量上不存在对人类生存的约束。实际上，人类扩张的能力受生产力发展水平的限制，其外延式经济发展方式要借助于一定的人口增殖力，也就是在生产力水平相对较低时，人口的数量规定着经济增长的水平。但是，随着人口增殖力制约的解除（以人口死亡率的下降为标志），人口快速增长而形成的"人口过剩"就成为人类在很长一段历史时期内摆脱不了的命运。马尔萨斯在其《人口原理》中指出："人口增殖力和土地生产力天然地不平等，而伟大的自然法则却必须不断使它们的作用保持相等，我认为，这便是阻碍社会自我完善的不可克服的巨大困难。"即人口增长必然超过生活资料增长，在人口过剩压力下社会必然陷入社会灾难的逻辑结果。在这里，马尔萨斯实际上已经理解到人口过剩也服从"公用地的灾难"的原理，即人口行为具有最大限度追求个人利益，而导致不可避免的资源与环境外部损害的性质。在人类社会的历史进程中，人口增长成本可以大量外化为社会成本和资源环境成本的体制，是推动人口快速增长的激励因素。在这一意义上，

"公用地的灾难"原理是世界人口不断膨胀，资源不断被耗竭，环境不断被破坏的一种合理解释。在追求各自的最大化利益中，尽可能把成本外化为社会成本，获得最大的个人利益的行为动机，使人类长期以来陷于内在化动机不足的行为机制中。人类生存发展之本的自然资源与生态环境成为无限攫取生产资源的"自由领地"，而把个人成本转化为外在的公共资源与环境的损害。

其次，环境资源的"公共用地灾难"。环境资源利用中存在严重的外部不经济性，即某个微观经济单位的经济活动对其他微观经济单位（包括个人）所产生的不利的外部影响。这种影响是非市场性的，因为它并没有通过市场价格机制反映出来。造成外部不经济性的单位没有计算其经营活动的环境成本，随意向自然环境排放各种污物、废物，而由此造成的各种损害和消除这些损害的费用却要全社会来承担。

环境作为一种稀缺性资源，也存在其价值。资源环境价值包含环境的使用价值、潜在价值和存在价值。使用价值表现为环境具有为人类提供食物、药物和原料的功能，间接地支持和保护人类活动和财产的调节功能。潜在价值使环境为后代人提供选择机会的价值。存在价值则是环境独立于人的需要的生存权利。

环境资源的物理属性使其具有了公共物品的属性特征。一是非竞争性，即一个人消费该商品不影响其他人的消费；二是非排他性，即没有理由排除其他人消费这些商品。在这种情况下，任何个人或团体都可以享用而不需要付出代价，其结果是任何个人或团体只考虑与自己直接相关的收益和成本，而不考虑社会成本，最终造成环境资源的过度利用和环境资源经济价值的降低乃至丧失。

人口资源环境问题的重要性，以及由此而演化成的诸多人类发展困境，揭示了"人口资源环境"行为的外部性是"人口、资源与环境经济学"研究基本理论范畴和重点，寻找解释这种具有灾难性结果的行为外部性的内在化理论与方法论工具，追求克服"人口资源环境"行为的外部性，达成个人利益与社会利益的一致，是本学科研究的政策指向。

三、经济人假设的拓展：实现经济人与道德人的统一

经济人假定是西方经济学最基本的范畴，是西方经济学理论体系的基本前提。亚当·斯密在《国富论》中首次完整地表述了"经济人"的思想，

约翰·穆勒进一步依据亚当·斯密对"经济人"的描述，提出了个人经济利益最大化公理，明确地提炼出了经济人假设。《新帕尔格雷夫经济学大辞典》中对"经济人"的定义是："针对经济行为者的许多不同描述中，经济人的称号通常是加给那些在工具主义意义上是理性的人的。"①

在构架人口、资源与环境经济学的研究内容时，首先需要明确的是传统经济学对经济人的假定是否对本学科建设有价值。

在传统经济学中，经济人假定体现的是人们在面对每一种选择的可能性都会基于理性地衡量其成本和收益，追求其自身的收益最大化。其中包含着三种命题：第一是"自利"，即人的经济行为的根本动机在于追求自身利益最大化；第二是"理性"，即"人"都是理性的，总是要根据自身的处境和自身利益之所在作出最有利于自己的判断和选择；第三个是"法律和制度的保证"，即只要有良好的法律和制度，"人"追求自身利益最大化的同时，会无意识地增进社会的公共利益，个人利益与社会利益具有一致性。

经济人假定只强调经济当事人的经济利益最大化，而没有考虑到社会利益、社会责任，对在经济社会发展过程中自然资源、环境资源、人口资源等的外部性没有明确的界定，这就助长了厂商、消费者在内的人类生产生活中的不持续行为，经济人假定无法正确处理代际利益的问题以及人类可持续发展问题。阿马蒂亚·森在其《论伦理学与经济学》中评述道："对自身利益的追逐只是人类许许多多动机中最为重要的动机，其他的如人性、公正、慈爱和公共精神等品质也相当重要。因此，如果把追求私利以外的动机都排除在外，事实上，我们将无法理解人的理性，理性的人类对别人的事情不管不顾是没有道理的。"② 经济人假定中的人是手段和工具，人的存在与追求都是为了财富的积累，人沦为物的附庸。"经济人"的有限理性主要表现在：一是人们对自然和环境的认识有一个历史过程。在人们对环境还没有足够的科学认识之前，非理性的人类行为也就难免；二是"经济人"的特性决定了为了其自身的利益，人们还会做出损害环境的行为。

在现代经济社会发展中，经济应是以人的福利提高为目的，经济以服务于人的自由、全面、健康发展为前提，经济只是人类生存、可持续发展、自

---

① 《新帕尔格雷夫经济学大辞典》第 2 卷，经济科学出版社 1992 年版，第 57 页。

② 转引自李贵仁、党国印：《1998 年诺贝尔经济学奖获得者阿马蒂亚·森生平与学术贡献》，载《经济学动态》1998 年第 11 期。

我完善的手段，经济必须有利于人的健康生存与发展，也就是经济自身具有一定的伦理价值，即经济在实现自身价值的同时又使其行为获得了道德规范性，为人类社会发展的可持续性提供了理论依据。可持续发展理论，世界上任何国家、任何地区的发展都不能以损害别的国家、别的地区的发展能力为代价，当代人的发展不能以损害后代人的发展能力为代价。可见，经济人假设理论与现代经济社会发展理论、可持续发展理论之间存在着不可调和的冲突。

经济人假定是"人口、资源与环境经济学"研究的基本范畴和重点，面对传统经济学中经济人假定与可持续发展的矛盾，拓展经济人假定，使二者结合起来，寻找解释这种由经济人行为而带来的人类经济社会发展不持续的理论与方法。

经济人假定既是对"人"行为的基本认同，同时也是社会价值观的体现。建立可持续发展伦理观，实现"经济人"与"道德人"的统一的发展观。在传统经济学中，经济人假定是把对经济利益的追求当作人类社会活动的唯一目标，一切活动均要服从于、服务于经济的规则和要求。所以，其中存在片面性，它只考虑市场价值，只考虑眼前利益的最大化或者个体人的利益最大化，而忽视了人类自身的内在价值，忽视甚至不考虑"人类"的代际发展、长期发展。在这种价值观指导下，在以人为中心的世界中，自然界成了人类任意征服、索取的对象。基于人类可持续发展的要求，需要有科学合理的伦理观念的指导，在承认人对自然拥有权利的同时，也应强调人对自然环境的义务和责任，把可持续发展观内化成为人们的伦理价值观，并融化到日常生活和行为模式中，实现经济人与道德人的内在统一。事实上，人除了对物质利益的追求即充当"经济人"外，还有对非物质利益的追求或对道德的追求，充当"道德人"。亚当·斯密在《道德情操论》一书中就认为，伦理生活中，人们存在着"利他心"、"同情心"。所以，他才会把自己所剩余的东西去与别人所剩余的东西相交换，而不是通过其他的非理性的方法来满足自身的需要，在利己的同时利他，从而推动整个社会向前发展。所以，"完全道德的人……是一个能把对于别人的原始的同情心的微妙感情得到最完全控制的、原始的和自私的感情结合起来的一个人"①。"人道主义的软弱力量和自然在人的心中点起的轻微的仁爱的火花不能抵抗利己的强烈冲击，是一更大力量更强的动因，在这种情况下，发挥了作用。这里指的是理

---

① 亚当·斯密：《道德情操论》，商务印书馆1997年版，第152页。

智、原则、良心、胸中的栖息者、内心的人、我们行为的大法官和仲裁者"①。由此可见，在亚当·斯密思维中，"经济人"除了利己本性外，还有着自身内在的道德约束。对此，我们在肯定"经济人"对自身正当物质利益追求的同时，应要求其具有良好的社会责任感，合理地和有道德地获利，做到"个体利益"、"社会利益"并举。

四、个体理性与社会理性的冲突

传统经济学的核心思想是：个人在追求他们自己利益的同时能够为社会带来利益，并且比个人直接追求公共利益所带来的效果更大，即个人利益与社会利益具有一致性，个人在追求私人利益最大化的同时，也最大限度地促进了社会利益。这是主流经济学的理论硬核。但是，在现实的经济生活中，自利的追求收益最大化的理性行为并未得到充分的经验支持，很多经济社会现象无法得到与理论的经验验证，一些研究也证实了自利的理性行为与现实世界的偏离②，主要体现为个体人追求自身收益最大化的同时并未产生社会福利的最大化，而是损害了社会的整体福利，即个体理性的结果与社会总体不一致。比如对"人口资源环境"的外部性问题、公用地悲剧等理论与实践问题，基于经济人的假定的经济理念难以进行有效的解释。可见，经济人的假定存在着逻辑上的不一致性，并由此产生个体理性与社会理性的不一致。

哈丁的"公用地的灾难"揭示的就是个体理性与社会理性的冲突。对"公用地的灾难"，哈丁总结到"这是灾难之所在。每个人都被锁在一个迫使他在有限的范围内无节制地增加牲畜的制度中，毁灭是所有人都奔向的目的地，在信奉公用地自由化的社会中，每一个人都追求各自的最大利益"③。在存在较强的外部性而没有任何约束的公用地上，每个人都为了追求自身的利益最大化，每个人都选择有利于自身利益最大化的策略，在对公用地的使用博弈过程中，期望对手采取合作策略而自己采取不使用策略可以获得更多的收益，基于这种判断和预期，其博弈的结果是个体人采取不合作的策略。每个人这种不合作策略对具有较强外部性的公用地而言，所产生的效应是外

---

① 亚当·斯密：《道德情操论》，商务印书馆1997年版，第137页。
② 张五常：《经济解释——张五常经济论文选》，商务印书馆2002年版，第83~84页。
③ 奥斯特罗姆：《制度分析与发展的反思——问题与抉择》，商务印书馆2001年版，第84页。

部性不断被放大,形成"公用地的灾难",形成对所有人的利益损失,产生了个体理性与社会理性的非均衡。

"人口资源环境"行为具有类似于"公用地悲剧"的选择与策略。"人口资源环境"具有较强的外部性,而且具有公用地性质,人类在对待自然资源、环境的行为上更倾向于采取不合作策略,认为:如果其他人采取合作策略,即在自然资源开发、环境保护方面采取积极的行动,自身即可以通过过量的自然资源的开发、环境保护的不作为而获取最大收益;如果其他人也采取不合作的策略,即过度开发自然资源、破坏环境,将采取更高的不合作策略,以避免更大损失,从而获取收益。所以,行为人在选择自己最佳对策时,所获得的不是最佳的共同结果,从而形成"人口资源环境"行为的个体理性与社会理性的冲突。

结语:"人口资源环境"的稀缺性、外部性、个体理性与社会理性之冲突以及其经济人假定拓展是"人口、资源与环境经济学"学科体系建设的基点和出发点,也是本学科所要解决的问题。

主要参考文献

1. 杨雪英:《"经济人"假设与可持续发展理论》,《淮海工学院学报》(人文社会科学版) 2004 年第 1 期。
2. 张象枢、张平:《试析绿色经济的理论基础》,《生态经济》2001 年第 11 期。
3. 杨云彦、程广帅:《人口、资源与环境经济学学科的新进展》,《求是学刊》2006 年第 1 期。
4. 肖立见:《人口与资源、环境、经济、社会的可持续发展》,《暨南学报》(哲学社会科学版) 1997 年第 3 期。
5. 郭志刚:《人口、资源、环境与经济发展之间关系的初步理论思考》,《人口与经济》2000 年第 6 期。
6. 刘会强:《人与自然关系的重塑与发展观的范式变革———基于可持续发展理论先驱的分析》,《经济学研究》2006 年第 1 期。
7. 方福前:《可持续发展理论在西方经济学中的演进》,《当代经济研究》2000 年第 10 期。
8. 王忠民、任保平、魏玮:《可持续发展理论的经济学反思》,《西北大学学报》(哲学社会科学版) 2002 年第 3 期。

民族地区人口迁移的现状、问题及对策研究报告

陆杰华 肖周燕[①]

一、宏观背景

（一）人口迁移研究的宏观背景

动态上讲，人口迁移存在于任何时期、任何社会，是一个伴随社会经济发展的客观现象，也是一个社会的重要属性。我国的人口迁移变动是制度变迁和经济转型共同作用的结果，带有明显的社会经济发展烙印。始于20世纪70年代末的农村经济体制改革使积累多年的农村剩余劳动力问题日益显露出来，但并没能形成大规模的人口迁移流动，这其中的原因在于：一方面由于政策的限制，人们自由迁移的意识并未觉醒；另一方面，城市经济吸纳就业的空间有限，人口迁移规模小、增速慢，因而主要以短距离、短期的迁移为主。但随着改革开放的深入和市场经济的确立和发展，市场机制开始潜移默化地影响到人口迁移的整个过程，国家也逐步放宽了计划经济体制时期所形成的抑制人口迁移政策，从而使由农村体制改革所成功释放出来的劳动力开始通过各种方式自发地向城市迁移，由此大规模的人口迁移在我国出现；20世纪末90年代初人口迁移规模迅速增长，年增幅多在10%以上，高时达到20%以上[②]。毋庸置疑，改革开放后的20年是我国社会、经济发展突飞猛进的时期，人口迁移无论从规模或是强度上所呈现出的强势状态正是这一时期社会经济迅猛发展的真实写照。人们在一方面肯定人口迁移给城市发展和地区社会经济进步做出的贡献的同时，也承认大规模的人口迁移给城市所带来的许多不和谐之音。但不论人们是从正面或是从负面来看待人口迁移，不可否认的是，人口迁移问题已经成为学界目前最为引人注目的现象和研究热点之一。

[①] 作者简介：陆杰华，男，北京大学人口研究所教授、博士生导师，中央民族大学"985"工程民族地区人口资源生态环境问题研究中心外聘专家。肖周燕，女，北京大学人口研究所博士研究生。

[②] 李玲：《改革开放以来中国国内人口迁移及其研究》，《经济地理》2001年第4期。

(二) 我国人口迁移与民族人口迁移的共性与特殊性

我国是一个地域辽阔、地区自然和社会经济条件差异显著的多民族国家，政府历来关注民族问题。然而在人口迁移研究中，民族地区人口迁移的研究却至今未引起政府和学界的足够重视。民族地区人口迁移研究与人口迁移的一般性研究具有共性。也就是说，人口迁移的一般性研究都适用于民族地区人口迁移研究，可以主要分析地区人口迁移的规模、特点、迁移人口受教育状况、职业以及迁移原因和迁移规律等等。但很显然，由于民族地区少数民族在地区总人口比重中占有一定比例决定了民族地区人口迁移研究又不同于一般的人口迁移研究，有其特殊性。例如，由于少数民族有特殊的生活习惯或生活方式是否决定了迁移的独特性，这种独特性对民族地区人口迁移影响有多大，少数民族地区与其他地区的人口迁移的原因是否不同，是否具有特殊的规律，民族地区人口迁移是否就是少数民族人口迁移，等等；所有这些都说明了民族地区人口迁移研究的理论和实际价值。

(三) 民族地区人口迁移研究的理论和现实意义

近年来，学界已经开始广泛关注人口迁移问题，出现了大量研究成果。但是民族地区人口迁移并没有能得到学者们足够的重视。然而，正确认识和把握民族地区人口迁移问题，对于制定民族地区长期社会经济发展规划，切实做好民族地区工作，促进各民族的共同繁荣和发展具有非常重要的理论和现实意义。一方面，民族地区人口迁移是以大范围的人口迁移为背景的，结合民族地区的特色，可以正确认识和分析少数民族地区迁移人口的现状和特点，有助于我们明确民族迁移人口在民族工作中的地位和作用，能够丰富和完善相关人口迁移理论，有助于我们把握时代的脚步、掌握民族地区人口迁移发展的规律；同时也为我们做好民族工作提供了前提和条件。另一方面，通过系统地分析和研究民族地区人口迁移问题，可以针对民族地区人口迁移的具体问题，提出具有真正意义上的可操作性的建议，这对于进一步巩固和发展平等、团结、互助、和谐的民族关系，促进民族间、地区间的广泛互动，使民族地区的民族关系上升到一个更新的层次，促进少数民族地区人口目标的实现、民族地区经济社会发展和资源的合理配置、环境的改善具有重要的现实意义。

（四）研究区域界定和主要研究框架

我国是一个多民族的国家，共有 56 个民族，少数民族人口居住存在着大分散、小集中，且与汉族杂居的特点，少数民族主要分布在广西等 5 个自治区和云南、贵州、四川等 11 个省。本研究的对象区域主要界定在五大少数民族自治区，即内蒙古自治区、广西壮族自治区、西藏自治区、宁夏回族自治区和新疆维吾尔自治区。因为这五大民族自治区的少数民族人口占有一定比例，内蒙古少数民族人口占总人口的 20.82%，广西占 38.36%，西藏 93.94% 的人口都是少数民族，宁夏和新疆则分别为 34.56% 和 60%。因此，通过分析这五大自治区人口迁移的特点和规律，我们就可以判断出全国其他民族地区人口迁移的总体特点。

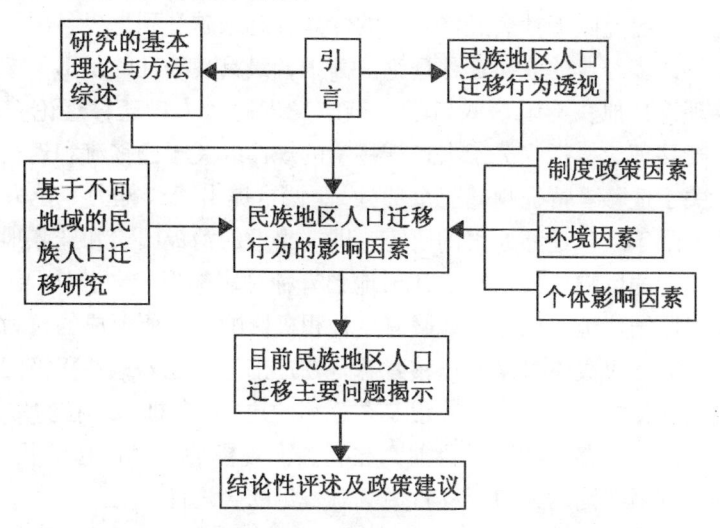

图1 研究的基本思路及技术路线

本研究的主要框架可分为五大部分，第一部分介绍民族地区人口迁移问题，介绍民族地区人口迁移的背景和意义；第二部分探讨人口迁移的基本理论和方法，为后面研究提供必要的理论依据，第三部分介绍数据来源和理论框架，为研究提供准备；第四部分重点分析不同民族地区人口迁移的现状，分析影响地区人口迁移的关键因素；第五部分在人口迁移理论文献基础上，揭示民族地区人口迁移的问题；第六部分针对民族地区人口迁移问题，提出可操作性建议，为正确处理民族地区人口迁移问题提供决策参考。具体研究的基本思路及技术路线见图1。

二、国内外相关文献回顾与评述

(一) 国外相关文献回顾与评述

人口迁移的研究在西方起源甚早,早在1889年德国学者拉文斯坦就指出:"迁移意味着生存和进步,一个静止的人口就会停滞不前。"并提出了人口迁移的7条人口规律,概括了人口迁移流向及迁者的某些特征,探讨了人口迁移的成因和影响因素,如距离、性别、城乡类型、技术水平、经济水平。毋庸置疑,拉文斯坦最早对人口迁移的论述对后面人口迁移的研究有着巨大的贡献。

人口迁移的研究随着社会经济发展的深入,越来越受到世界各国学者的关注,提出了许多经典的人口迁移理论。其中,最具代表性的是E·李提出的人口迁移理论,他在英国《人口学》杂志发表的《人口迁移理论》一文中,将人口迁移理论概括为关于人口迁移量的规律、关于迁移流和返迁移流的规律以及关于迁移者特征规律三个部分[①]。博格提出了"推力—拉力"理论,该理论着眼于人口迁移原因的研究,即迁出地的消极因素和迁入地的积极因素对迁移者的影响。他认为,迁出地必有种种影响形成"推力",促使当地居民推出原居住地,而迁入地必有种种积极影响因素所形成的拉力,从而将其他地方的居民吸引过来。迁移者总是在迁出地和迁入地的积极因素和消极因素的利弊得失的权衡中,作出是否迁移的决策。"推力—拉力"理论形象地分析了人口迁移的动因。目前,在我国大规模的人口迁移的状况下,利用推拉理论解释我国的人口迁移行为具有一定的合理性。

美国社会学家吉佛(G. K. Zipf,1949)提出的引力模型也在一定程度上揭示了人口的迁移行为。他认为,两地间的迁移总量人数与两地人口数的乘积成正比,与两地距离成反比。此后,美国的人口学家罗理对引力模型进行改进,用若干宏观经济指标反映人口迁移规律。客观地讲,引力模型为人口迁移研究从定性描述转向定量计算作出了贡献。

学者们都以自己的学科角度和文化背景对人口迁移进行了描述性分析,并提出了自己的理论观点。除了以上社会学者和人口学者关注人口迁移外,

---

① 李玲:《珠江三角洲人口迁移与劳动市场》,科学出版社2004年版,第4页。

从经济学角度来探讨人口迁移是目前最具影响力的理论之一。其中，最早从经济角度涉足这一领域的属英国经济学家刘易斯（Lewis），他在《经济发展与劳动力无限供给》一文中首先提出了人口迁移二元结构模型。他认为，传统农业部门与现代工业经济部门之间由于经济结构和收入结构的差异，导致两部门之间的人口转换，从而引起农村人口向城市人口的迁移。发展中国家只有通过现代大工业吸收农村中的隐蔽性失业的过剩劳动力，才可使国民经济发展由停滞转变为稳定增长，从而摆脱贫困走上富裕道路（刘易斯，1984）。费景汉—拉妮斯将二元经济结构的人口迁移理论转变为三阶段理论，在刘易斯两部门理论的基础上，将发展中国家二元经济结构的转变分为三个阶段，分析了转变过程中的三个变化。农业部门存在大量显性失业人口，到仍存在隐蔽性失业人口，到剩余劳动力转移完毕；农业部门边际劳动生产率从几乎为零开始，逐渐提高到高于制度工资水平；在现代工业部门发展的同时，传统农业逐渐向商业性农业转变，经济开始进入稳定的发达阶段（费景汉和拉妮斯，1989）。这就是在经济学家刘易斯人口迁移模型基础上，由美国耶鲁大学费景汉和拉妮斯修正形成的"刘易斯—费景汉—拉妮斯人口迁移模型"。

美国发展经济学家托达罗（M. P. Todaro）针对许多发展中国家农村人口大量涌入城市，而城市经济无力为大多数人提供长期就业机会的现象，试图系统地阐述城乡人口迁移的经济行为模式，并将农村迁入人口就业的可能性与城市劳动力需求及供给因素的模式结合在一起，提出了"人口迁移预期收入理论"。他认为，农村人口向城市迁移的决定因素，使城乡经济结构的差异和对迁移成本和效益的权衡，强调决定迁移的是城乡之间"预期收入"的差异，而不是实际收入的差异。因此，减少农村人口进入城市成为潜在的失业大军和缩小城市传统部门规模的最为重要的措施，是缩小城乡收入差距和改善乡村人口生活。

在人口迁移理论中，值得一提的是人力资本理论。舒尔茨（T. Schultz，1945）及斯查斯特德（Sjaastad，1962）认为，个体期望迁移会带来更大的好处和收益，只有在收益大于迁移成本时才迁移。迁移本身是一种投资，迁移的收益在一段时间后可以得到。由于这种投资是以人为表征的，因此称为"人力资本投资"。

从经济学角度论述人口迁移行为的，还有以斯达克维代表的新经济学和家庭决策理论。该理论认为，在发展中国家，迁移多数是家庭或家庭决策的结果，迁移有希望达到家庭预期收入最大化和风险最小化的双重目标。

此外，比较著名的理论模式还有人口迁移流转理论、人类生态理论和生命周期理论，等等。当然，国外人口迁移的研究不仅仅停留在理论的研究，许多研究学者还进行了人口迁移的实证研究。吉萨克对美国 1965—1986 年期间 181 个基本经济的人口净迁入率与就业机会增长、收入、投资、当地人口受教育程度等变量间的关系进行了多元相关分析，并得出：影响人口净迁入的最重要因素是就业机会的增长①（Jinsuk，1996）。印度学者 Narayana 根据本国的实证证明了发展中国家人口迁移的经济因素。研究人口迁移的学者很多，我们在此不能一一赘述。概括地讲，这些研究为我们进一步深入研究我国的人口迁移现象提供了一定的理论依据。

以上理论分别从不同社会和经济角度揭示了人口迁移的成因，虽然各有其合理的一面，但难免有失偏颇。经典的推拉理论虽然形象地分析了引起人口迁移的动因，但很难定量化成为该理论在应用中的最大局限性。从经济学角度提出的"刘易斯—费景汉—拉妮斯人口迁移模型"，由于是根据发达国家经济增长的历史经验模拟的，是否符合发展中国家的经济状况受到了学界的广泛质疑。同样，学者们对托达罗的人口迁移模型也褒贬不一，最大的分歧认为在发展中国家，农民未进入城市之前，对城市的信息并不完全了解，他们的迁移行为往往是非理性的（马侠，1992）。舒尔茨的人力资本投资理论虽然在一定程度上从微观层面说明了人口迁移的现象，然而行为决策理论告诉我们，人口迁移的决策不仅仅受微观主体的影响，还受到客观条件的限制。人力资本理论强调微观作用，忽视了宏观环境对微观主体的影响。总之，来自于不同国家和地区有关人口迁移的理论和经验研究为我们理解人口迁移这一世界普遍现象提供了重要的理论工具，为认识人口迁移这一复杂现象拓展了视野，为进一步深入研究我国的人口迁移问题显然具有较高的借鉴意义。

（二）国内相关文献回顾与评述

国内并不缺乏研究人口迁移的相关文献，转型期社会经济结构和户籍制度的发展变化、文化传统和人们意识的转变，使我国人口迁移研究具有独特性。国内人口迁移研究文献主要侧重在以下几个方面：首先是对迁移流向及

---

① 李玲：《珠江三角洲人口迁移与劳动市场》，科学出版社 2004 年版，第 10 页。

迁移类型的发展变化研究，主要代表人物为杨云彦（1992，1994）、张善于（1990，1992）、严善平（1998）、刘传江（2004）等等。研究文献认为，国内宏观迁移流向与我国人口史上人口迁移流动的历史趋势相吻合。其次，侧重在人口迁移动因和迁移选择、迁移方式的研究。蒋正华、李南（1994）、段成荣（2000）、李树茁（1994）、蔡昉（1997）、周皓（1998）、王桂新（2000）等诸多学者对目前我国的人口迁移原因和影响我国人口迁移的因素进行了深入细致的分析和研究。学者分别从社会学和经济学角度定量和定性地揭示我国人口迁移中的问题，认为寻找就业机会以及寻求较高期望收入是人口迁移的主要动因，经济因素是人口迁移的前提条件并非决定条件；迁移者有强烈的个人选择权，并以自组织的链式迁移为主，而且迁移者的性别差别明显。当然，我国的人口迁移研究不仅限制在人口迁移现象本身，还有学者研究了人口迁移与城市化的关系（徐云鹏、辜胜阻，1994；Chan，1994；等等）；还有学者研究了人口迁移对迁出地和迁入地的影响以及对经济发展的影响（阎蓓，1999）。

综合以上国内学术界对人口迁移的研究，我们不难看出，我国的人口迁移问题随着我国经济体制的转轨和社会转型，越来越受到政府和学界的重视。大多数人都指出，人口迁移的现象与改革开放前发生了本质变化，未来人口迁移将对人们的生活带来更大的冲击和影响，随着改革的深入和人们生活观念的转变，人口迁移现象将更加活跃，并将成为推动我国人口现代化的重要引擎。我们由此还看到，不少研究已经对我国人口迁移的原因以及影响人口迁移的因素都进行了合乎理由的揭示，并且许多研究人员也见仁见智地提出了促进人口合理迁移流动的对策建议。但同时我们也应注意，我国人口迁移是一个博大精深的课题，显然仅现有的研究还远远不够，现有的研究也存在着它的局限性，如往往局限在各自学科的角度，跨学科的研究比较少见，定性描述与定量分析很难有机结合等等问题，这都需要在以后的研究中得到进一步的强调。

（三）民族地区人口迁移相关文献研究与评述

人口迁移是一个内容覆盖面广、有着重要研究价值的课题。正因为人口迁移是一个由多种复杂因素决定的过程，同时也是一个能够对社会经济发展的诸多方面产生深刻影响的过程，因此引起了各科学者的研究兴趣，主要代表有张天路、黄荣清（1994），亓欣（2004）等，他们分析了民族人口迁移的强度、流向变化以及少数民族人口迁移的特征。然而，我国是一个多民族地区的国家，民族地区的研究有着与其他地区人口迁移不同的特点，学者们往往将其研究的视角落在少数民族人口上，而忽视了民族地区人口迁移的特点，民族地区人口迁移问题却是在处理民族问题过程中的一个重要环节，因而民族地区人口迁移问题是处理民族问题和社会科学研究不可回避的重大现实问题。

三、研究框架、数据来源与研究方法

民族地区人口迁移研究的理论需要回答的主要问题包括：一是民族地区人口迁移的现状怎样，迁移方向和迁移强度如何，与其他民族地区人口迁移的区别是什么？二是民族地区人口迁移存在有哪些具体问题；三是针对民族地区人口迁移的具体问题，政府应该如何积极应对。本研究试图从这三个问题展开分析和讨论。但需要注意的是，人口迁移是一个复杂、受到多种因素影响的过程，而民族地区又有着特殊性，决定了民族地区的人口迁移更加具有特点，不仅受到外部环境和内在条件的制约，而且文化等其他非经济因素可能影响更大。因此，我们提出影响民族地区人口迁移的主要因素（见图2）。

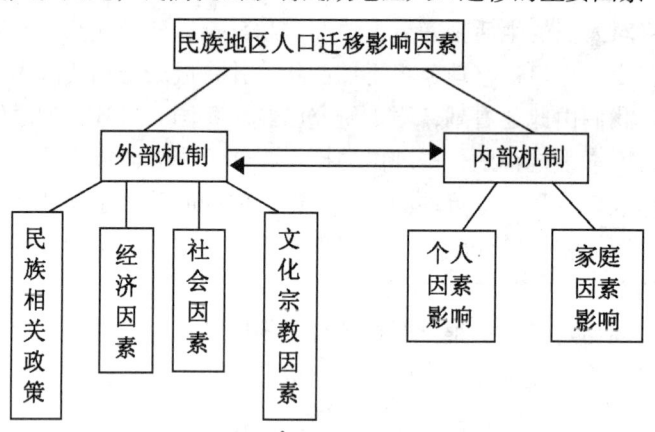

图2 影响民族地区人口迁移因素图

本研究数据主要来自于第五次全国人口普查数据资料以及内蒙古自治区、广西壮族自治区、宁夏回族自治区、西藏自治区和新疆维吾尔自治区人口普查资料，另外也参考了第五次人口普查民族资料及各省区统计年鉴等。这类资料具有宏观性、全面性、连续性和稳定性的特点，便于根据需要进行横向和纵向的比较。同时，为了进一步论证民族地区人口迁移中存在的具体问题，其他的数据来源主要来自于实地的调查与访谈，从而使研究得以更加深入。

当然，"光有正确的思想还不够，还需要正确的方法。"① 民族地区人口迁移的研究，需要有一系列观察、分析、推导、综合与应用的基本方法，以便在处理民族问题的实际工作中更好地把握影响民族地区人口迁移的主要影响因素，以及在这些因素的影响下，民族地区人口迁移所呈现出的具体问题。基于以上认识，本研究将采用下列主要分析方法。

首先，理论分析与实际分析相结合的方法。马克思主义的经济学理论和民族科学理论是研究民族地区人口迁移的理论基础，同时也适当吸收了一些西方行为学理论和人口科学中的科学成分，以及人口迁移研究最近发展起来的相关理论。但本研究不只局限于运用上述理论对材料进行分析和总结，还注重深入实际进行调查研究，掌握大量第一手的资料。为此，在研究中，我们对云南少数民族地区进行了大量调查，丰富了对民族地区人口迁移的感性认识，从而对民族地区的人口迁移有了更直观的了解。

其次，定量分析与定性分析相结合的方法。人口迁移既是一种社会现象，同时也是一种经济现象。经济现象是质和量的统一，在客观描述民族地区人口迁移现状和特征时，需要进行定量分析，否则就描述不清。在定量的基础上，对民族地区人口迁移问题给出定性探讨，否则就无从判断。定性分析是定量分析的基础，本研究尽量将定性与定量相结合，以求定性分析更加深刻，定量描述更加准确，从而增强民族地区人口迁移现象的解释力度。

四、民族地区人口迁移的现状与主要特点

人口迁移是社会经济发展的必然产物，改革开放以来，人口的大量迁移不仅给沿海开放地区的社会经济发展带来了活力，同时人口的迁入和迁出也给民族地区带来了重大影响，不仅满足了民族地区经济发展对劳动力的需求，也加快了民族地区人口分布的变化，使少数民族地区在社会经济发展的大潮中既面对机遇又存在挑战。

综合而言，民族地区人口迁移的主要特点包括如下几个方面：

---

① 王梓坤：《科学发现纵横谈》，上海人民出版社1978年版，第94页。

（一）民族地区人口迁移规模呈现持续增长的趋势，迁移流向类型主要为乡村到城镇

随着社会经济的发展，民族地区人口迁移规模增长是必然趋势。与第四次人口普查的结果比较，1990年6月30日到2000年11月1日，民族地区人口迁移流量总量呈现出增长趋势。以内蒙古自治区为例，1990年人口迁移总量为84.33万，到2000年该自治区人口迁移流动总量为433.24万人。其中，区内跨县市迁移即区内迁移为327.99万人，区（省）际迁移流动人口为105.25万人。广西1990年人口迁移总规模为120.53万，2000年567.64万人，尽管第四次人口普查和第五次人口普查在人口迁移的口径上有一点出入，但从总体看，我们仍然可以看出，民族地区人口迁移流量有不断增长的趋势，而且省区内迁移规模远远大于省区际迁移的规模。在省区际迁移人口中，2000年内蒙古自治区外省迁入人口54.79万人，迁出人口50.46万，迁入明显大于迁出，与1990年第四次人口普查的"流出大于流入"形成了鲜明的反差。

从城乡流向类型看，民族地区人口迁移的主流是从乡村到城镇，这与我国其他地区类型基本一致。2000年第五次人口普查资料表明，在内蒙古迁移流动人口中，现住地类型为市、镇、乡的比重分别为39.26%、37.22%、23.52%，市镇比重达到了76.48%。从内蒙古迁移流动到其他省区的50.46万人中，现住地为市、镇、乡的人口比重分别为34.10%、40.99%、24.91%，市镇比重达到75.09%。从区外迁移流动到内蒙古的54.79万人中，市镇比例也达到了69.08%[①]。其他各民族地区也有类似现象。迁移流动人口大部分集中在城镇地区，城镇的迁移人口比重呈上升趋势，而农村的迁移流动人口比重明显下降。

（二）少数民族人口迁移在民族地区的省区内和省区际迁移中所占比例并不十分高

事实上，民族地区人口迁移少数民族人口迁移比重并不高。据2000年我国人口普查民族人口资料显示，内蒙古自治区少数民族人口区内迁移15.04万人，仅占本区区内迁移总数的0.05%，这种状况既与该地区少数民族有直接的关系，同时也与少数民族迁移较弱有关；广西壮族自治区少数民

---

① 李香兰：《内蒙古自治区人口迁移流动的现状及发展趋势》，《内蒙古统计》2004年第6期。

族人口区内迁移比重稍大一些，达到10.78%；可以说，藏族人口在本区人口比重就高，因此区内迁移少数民族人口在区内迁移比重达到39.45%；宁夏和新疆少数民族人口在区内流动人口比重分别为10.38%和14.15%。我们从以上数据可以看出，民族地区的人口迁移仍然是以汉族人口迁移为主。而且资料显示，把这五个民族地区作为迁入目的地的人口，即一部分省区际迁移人口也并非全是少数民族人口，迁入五省区的少数民族人口比例并不高，除西藏以外，其他四个民族地区迁入的少数民族人口占总迁入人口比例都不到10%，仅西藏为12.22%。

（三）省区内迁移在民族地区人口迁移中占绝对主导地位，距离在省区际迁移中的影响较大

省区内迁移是指改变了市、县常住地而不跨省区的人口迁移流动现象。我们从表1可以看出，少数民族的人口迁移数仍然以省内迁移为主。以内蒙古为例，1990年7月1日至2000年11月1日，内蒙古自治区区内迁移流动人口为327.99万人，年平均迁移率为1.41%，按此迁移率计算，每年实际迁移流动人口为32.80万人，与第四次人口普查相比，每年实际迁移流动人口增长速度为184.23%[①]。事实上，在其他民族地区的人口迁移中，省区内迁移也占相当大比重（详见表1）。

表1 2000年民族地区迁移人口数量（人）

	合计	省区内迁移	省区际迁移	
			迁入	迁出
内蒙古	4332382	3279902	547923	504557
广西	5676360	2806325	428188	2441847
西藏	233626	105108	108669	19849
宁夏	762649	480595	191891	90163
新疆	2985962	1418613	1411086	156263

资料来源：《2000年全国人口普查资料》，中国统计出版社，2002

省区际人口迁移流动是指改变了市、县常住地跨省区的人口迁移现象。我们还是以内蒙古为例来说明距离在省区际人口迁移中的影响。1990年7月1日至2000年11月1日，由外省区迁入内蒙古人口为54.79万人，迁入率为23.49%，由内蒙古迁往外省区的人口为50.46万人，迁出率为

---

① 李香兰：《内蒙古自治区人口迁移流动的现状及发展趋势》，《内蒙古统计》2004年第6期。

21.63%，省区际净迁入人口为 4.33 万人，净迁移率 1.86%。在省区际迁移流动人口中，迁入内蒙古的主要来自于黑龙江、河北、山西和陕西等省份，总量达到 46.16 万人，占全部迁移流动人口的 84.24%。从五个民族地区迁入人口的主要来源地可以看出，与本民族地区毗邻的省份是迁入人口的主要来源地。由于与迁入省区毗邻，距离近，因此毗邻少数民族地区成为迁入人口的主要来源地（见表2）。

表2 2000年民族地区主要前五位迁入人口来源地

迁入地	主要来源地
内蒙古自治区	河北、黑龙江、辽宁、陕西、山西
广西壮族自治区	湖南、广东、贵州、四川、浙江
西藏自治区	四川、甘肃、重庆、陕西、青海
宁夏回族自治区	甘肃、陕西、河南、安徽、内蒙古
新疆维吾尔自治区	重庆、陕西、甘肃、四川、河南

资料来源：《2000年全国人口普查资料》，国家统计出版社，2002

同样，从民族地区人口迁出来看，距离对迁移的影响较大。如由内蒙古迁往外省的人口就主要分布在山西、陕西、辽宁、北京、河北、黑龙江和吉林等省市，总量达到了 45.28 万，占全部迁出人口的 89.73%，其中与内蒙古毗邻的省市就有山西、辽宁、河北、黑龙江、吉林和山西六个省份，总量达到 32.19 万人，占到总迁出人口的 63.79%。以上都形象地说明民族地区人口迁移也受距离长短的制约。

表3 2000年民族地区前五位人口迁出地

迁出地	主要迁出目的地
内蒙古	山西、北京、辽宁、河北、黑龙江
广西	广东、海南、云南、福建、浙江
西藏	四川、北京、广东、重庆、河南
宁夏	新疆、内蒙古、陕西、甘肃、广东
新疆	四川、江苏、上海、广东、北京

资料来源：同上

（四）五个民族地区区内和区际迁移中，迁移人口的文化程度表现出极大相似性

从文化程度上看，五个民族地区的人口迁移呈现出极强相似性（见图3

和图4），不论是区内迁移还是区际迁移，迁移人口的文化程度不高，其中文化程度在初中及以下的迁移人口占相当比例。但值得强调的是，区内迁移流动人口的文化程度明显高于区外迁移流入人口的文化程度。以内蒙古自治区和广西壮族自治区为例，内蒙古区内迁移人口中，初中以下文化程度的人口占60.20%，大专以上文化程度人口占12.17%；但区外流入人口中，初中以下文化程度人口占80.18%，大专以上文化程度仅占5.18%，因此，总体看来，内蒙古迁入人口文化程度明显低于区内迁移人口文化程度。广西也存在类似问题，在区内迁移人口中，初中以下文化程度的人口占59%，大专以上文化程度人口占13.1%；区外迁入广西的人口中，初中以下文化程度达到70.51%，远远低于区内迁移人口的文化程度，而且迁入广西人口中仅12.9%的人口文化程度在大学、大专及以上。其他三个民族地区区内迁移和区际迁移人口文化程度差异状况也能从图3和图4比较中看出，迁入人口的文化素质显而易见地要低于区内迁移人口的文化程度。

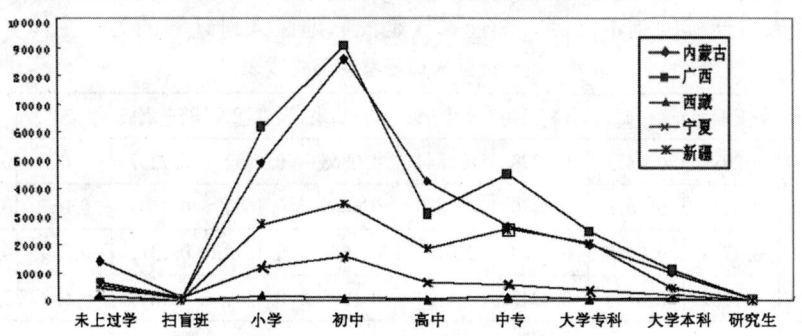

图3 民族地区区内迁移人口的文化层次图

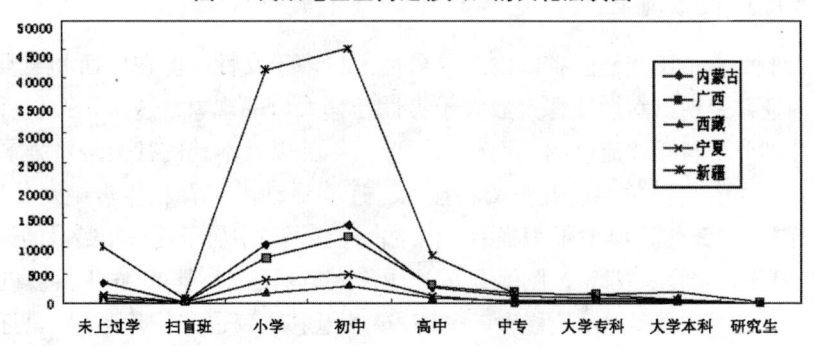

图4 民族地区区内迁入人口的文化层次图

（五）民族地区人口迁移以经济型迁移为主

从迁移流动人口的动因来区分，民族地区人口迁移大致可区分为以谋取经济利益为目的而迁移的经济型人口迁移和以非经济利益为目的而迁移的社会型人口迁移两类，但主要以经济型人口迁移为主。就目前情况而言，据各民族地区第五次人口普查资料显示，在民族地区迁移人口中，因务工经商为主的经济型原因而迁移的比例所占比重高，内蒙古为17.77%，宁夏为17.73%，广西壮族自治区为21.30%，新疆更是高达29%，显然，为获得更大的经济收益是人口迁移的直接主要动因。当然，我们从上述资料中还可以看到，随迁家属的流动在民族地区人口迁移中也成为迁移人口的主体，内蒙古随迁家属比例达到18.46%，四个民族地区随迁家属比重都达到15%以上；相比之下，由于工作调动、分配录用、投亲靠友等原因而迁移的人口比较少，所占比例几乎都没达到0.1%。表4直观地说明了经济动因仍是民族地区人口迁移的基本动因，随迁家属是民族地区人口迁移的另一主体。

表4 民族地区人口迁移动因构成表（%）

省区	务工经商	工作调动	分配录用	学习培训	拆迁搬家	婚姻迁入	随迁家属	投亲靠友	其他
新疆	0.2988	0.0455	0.0278	0.0844	0.0868	0.0882	0.2337	0.083	0.0491
广西	0.2130	0.0618	0.0476	0.1270	0.1069	0.1608	0.1603	0.057	0.0630
宁夏	0.1773	0.0445	0.0329	0.0738	0.1689	0.1670	0.2311	0.054	0.0503
内蒙古	0.1780	0.0340	0.0247	0.1102	0.1825	0.1247	0.1846	0.083	0.0783

资料来源：新疆、广西、宁夏、内蒙古2000年人口普查资料，缺少西藏数据

（六）民族地区人口迁移的性别与年龄特征

一般而言，民族地区省区内迁移男性人口多于女性，但在广西和宁夏两地区内迁移表现出女性迁移人数大于男性迁移人口的现象，这从一个侧面反映出性别分布与迁移流动的动因以及职业、年龄以及本地的社会经济发展水平有着极为密切的关系。普查资料显示，迁移流动人口青壮年占绝对优势，年龄分布以15岁至40岁最为集中，内蒙古迁移人口中居于这一年龄段的人口占71.31%，宁夏占72%，图5显示，迁移人口居于15至40岁年龄段的占70%以上。而各民族地区迁移人口中0—14岁迁移人口也占一定比重，其迁移原因主要是随父母迁移，而35岁以上特别是45岁以上的迁移人口则很少。

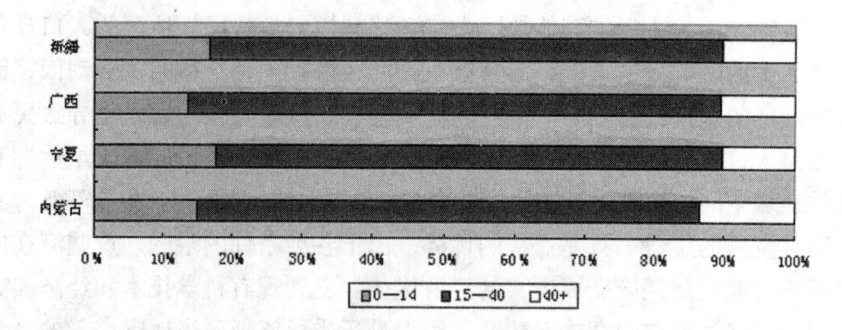

图5 民族地区人口迁移年龄分布图

（七）民族地区人口迁移的共性特征和差异性

从民族地区迁移人口职业构成来看，五个民族地区由于自然环境和社会经济条件的不同，在迁移人口的职业构成上具有一定的差异，也存在一定共性。总体上看，区内迁移的人口在内蒙古主要从事生产运输业和商业以及服务业。广西是农业大区，迁移人口主要从事商业服务业以及农林牧渔水利生产；西藏的迁移人口主要职业构成在于从事专业技术和农林牧渔水利生产；宁夏回族自治区的迁移人口也主要从事农林牧渔水利生产和生产运输；新疆维吾尔自治区内迁移人口主要从事商业服务业和生产运输业。而从外省区迁入到内蒙古和新疆的迁入人口却主要从事农林牧渔水利和生产运输业。广西、西藏和宁夏迁入人口主要从事职业具有共性，因为具有一定的旅游资源，因此迁入人口主要从事商业服务和生产运输行业。

五、民族地区人口迁移存在的主要问题分析

由于经济和社会发展步伐加快，我国民族地区发生了巨大的变化，民族地区与外界的联系增多，人口迁移不仅使民族地区成为许多外来人口迁入的目的地，而且也使大量长期生活于边缘闭塞的民族地区的人口向经济发达地区迁移流动，民族地区人口迁移在给本地区经济和城市化做出贡献的同时，民族地区的人口迁移也存在着一些突出的问题，主要表现在以下几个方面：

（一）民族地区人口迁移规模大，内部分布不平衡

我们从现状分析可以看出，民族地区人口迁移的规模在增长，主要以省

区内的城镇迁移为主。与其他地区人口迁移一样，少数民族地区的人口迁移受经济因素的影响最为直接，为获取更高的经济收入是迁移的主要动因，因此民族地区的人口迁移主要从乡村向城镇迁移，从而直接的后果是导致民族地区城镇人口过度增长，民族地区人口分布不平衡加剧。民族地区虽然拥有广阔的地域空间、资源丰富，但能够为生产、生活利用的有效空间极为有限，而且资源的优势，只是潜在的优势，由于各种条件的限制，这些潜在的优势还不可能在短期内变成现实的经济优势。受到现有科学技术和经济实力的限制，许多资源在短期内无法开发，而且还受民族地区当地未完善的经济制度的影响，已经开发利用的资源又未能高效率地转化为商品价值，如果人口向城镇过度迁移流动，会给城镇发展带来不利影响，给城镇社会经济发展带来压力，从而不利于民族地区的和谐发展。

（二）民族地区迁移人口以初中程度为主，延缓了民族地区受高等教育比重的提高速度

通常情况下，迁移人口是迁出地受教育水平相对较高的人口群体。但民族地区人口资料显示，5个民族自治区不管是区内迁移还是区际迁移，大部分文化程度都在初中及以下。这主要是因为在我国基本普及九年义务教育、城乡分割、人口迁移过程中，受过高等教育的人员较容易在家乡获得就业机会，从而迁移人口少，而迁移人口文化程度低，迁移导致的机会成本少，所以更加趋向迁移流动，这样直接导致民族地区迁移人口中以初中受教育程度为主。但随着教育体制改革的逐步深化，教育投资的持续大幅增加，全面普及九年义务教育，城市开始普及高中教育，高等教育开始向大众化的目标发展，使高中教育和大学教育人口的比重提高，但以初中程度为主的大量人口的急剧迁出，延缓了民族地区总人口平均受高等教育比重的提高速度。人口文化程度的高低是一项重要的人力资本，民族地区迁移人口以初中程度为主，不仅延缓了受高等教育比重的提高，而且在一定程度上限制了民族地区人力资本的提高，对民族地区的社会经济发展带来了不利的影响。

（三）民族地区人口迁移中，以青壮年为主，造成迁出地人口老龄化趋势严峻

人口迁移具有选择性，由于青年人接受新观念快，掌握新技术，更容易寻找新的工作并适应居住环境的变化。与中年人相比较，青年人由于较少受家庭的羁绊，离开迁出地、离开熟悉的居住环境和已建立的社会关系网络，失去的也相对较少。总之，青年人由于在迁移中付出的机会成本较小而成为迁移人口的主体。从前面分析也可以看出，5个少数民族地区几乎80%的迁移人口是青壮年。以青壮年劳动人口为主的人口大量的迁入，使迁入和迁出的结构发生了巨大的变化。一方面，大量青壮年人口的迁入使城市面临就业和劳动力的压力，但同时延缓了城市老龄化的进程；另一方面，大量的青壮年从农村迁出又使农村面对严重的养老形势，加速了农村老龄化的进程，而且民族地区农村的经济发展滞后，养老制度还没有建立，必然会给民族地区社会经济发展带来新的问题。

（四）少数民族人口在民族地区人口迁移流量少

少数民族人口在民族地区人口迁移流量少的情况与民族发展特点密不可分，在一定程度上限制了本民族区域的发展。事实上，民族地区人口迁移汉族人口迁移占更大比重，因为少数民族人口迁移面临更多挑战，少数民族人口迁移除了一般迁移人口的各种困难外，还存在特殊困难和心理适应问题。而且安土重迁是西部少数民族的一个共同特征①。由于大多数少数民族都有自己独特的语言文字和宗教，内部环境的相对独立大大加剧了本地文化与其他文化的隔膜。这种状况严重限制了少数民族地区的人们与外界的交流，包括一些比较传统的传媒工具如广播、电视、报纸等，都很少有人利用。由于语言和宗教的不同造成了文化心理上的差异，人们不愿直接面对外界的挑战，也没有勇气去竞争。因为离开民族聚居区进入较发达的民族杂居区是需要一定的勇气的。一旦进入一个异质的环境，他们将面临饮食、语言甚至心理等多方面的适应，因此不少人对外界的异民族生活，往往有一种惧怕和推拒的心理，心理承受力也显得脆弱②。从而导致本民族人口迁移人数少，很难吸收外来的文化和经验，长期来看，这对于民族地区的融合和发展是不利的。

（五）加大了民族地区人口管理的难度

民族地区鲜明的民族特点以及大量人口迁移流动，加大了民族地区人口管理的难度。由于人口的迁移流动，加大了少数民族人口与非少数民族融合

---

①② 童玉芬：《中国西部少数民族地区人口的贫困原因及其政策启示》，《人口与经济》2006年第1期。

的机会。不同的民族有着各自的历史渊源，有着不同的教义和教规，宗教对民族的发展产生着深远的影响。尤其不少少数民族人口从出生到死亡，包括婚嫁、服饰、饮食和卫生等各种生活习惯，都受到宗教的影响。由于人口流动，民族地区将会出现少数民族与汉族人口双向流动的现象，如果对各民族人口在人口迁移过程中对其他民族相关的生活和风俗习惯不了解，必然会危及到地区的民族关系，给民族地区的人口管理工作带来新的问题和挑战，从而加大民族地区人口管理的难度，少数民族的民族特点容易被忽视。而且人口迁移流动作为最活跃的社会群体具有不稳定性，加上少数民族固有的特点更容易引起矛盾和问题。

六、结论及政策建议

人口迁移给民族地区的民族和人口工作带来了新的问题，只有对民族地区人口迁移的发展现实有一个清晰的认识和明确的判断，才有可能选择切实可行的发展方略，促进民族地区的社会经济进步和和谐发展。然而，如何通过制度创新和改革创新促进民族地区人口的正常有序迁移流动，加大正面效应的影响，将负面效应降低到最低程度，从而促进民族地区经济发展和社会事业的进步，是值得深入思考的问题。基于民族地区人口、资源和经济等条件，未来人口迁移流动将会进一步加大，面对迁移流动人口的增长趋势，应采取下列基本对策。

（一）积极探索改革现行的户籍管理制度

我国现行的户籍制度是在计划经济体制和特殊的历史时期形成的，已经不符合目前改革发展的现状和经济发展的要求，必须尽快改革。打破城乡户籍制度差别，建立统一的身份制度。人口迁移流动，给民族地区的城市带来了压力，也是城市低成本扩张的有效途径。当然，目前要求城市完全敞开大门是不现实的，有可能造成资源的过度开发和利用，不利于民族地区的可持续发展。民族地区可以根据自身的实际情况，制定以居住时间、相对固定的职业、经济基础等要素为主要条件的管理方法①。

---

① 李香兰：《内蒙古自治区人口迁移流动的现状及发展趋势》，《内蒙古统计》2004年第6期。

(二) 大力发展民族教育，努力提高人口文化素质

大力发展民族教育，提高人口文化素质依然是民族地区应对人口迁移问题所需采取的必然措施。人口迁移是经济繁荣的表现，乡村人口向城市迁移是社会进步的必然，而受教育程度是人口迁移的必然条件。我们从前面的分析可以发现，民族地区不管是省区内迁移还是省区际迁移，迁移者的文化素质多数在初中以下，这在一定程度上会阻碍民族地区经济的发展和社会进步，从而使得民族地区的教育显得更加重要。目前，应根据民族地区的发展现实，大力发展民族教育。然而教育发展的重点首先应着重解决教育经费问题，建议政府加大民族地区教育投入，切实帮助和发展民族地区教育事业。在提高民族地区常住人口文化素质的同时，提高迁移人口文化素质，促进民族地区人力资本的提高。

(三) 加快中小城镇的发展，提高城市的容纳量

由于长期的城乡户籍壁垒，使人口的正常迁移被阻断，造成不发达民族地区省区内迁移严重。但如果户籍制度全面放开，民族地区省区内迁移步伐还会加大，这样民族地区的大城市将无法承受。因此，加快民族地区中小城市的发展，分流迁移人口，形成人口迁移的合理分布，是促进民族地区合理人口迁移的有效途径之一。

(四) 积极协调民族地区剩余劳动力的转移

从根本上解决人口合理流动的问题，采取"截流"与"疏解"相结合的对策。所谓"截流"，就是通过多种途径解决农村剩余劳动力问题，引导民族地区剩余劳动力在本县范围内迁移流动，鼓励他们到小城镇投资，加快城镇建设，保证城镇二、三产业对劳动力素质的要求。与此同时，实行分阶段转移，在地域上县到镇，然后再到小城市和大城市，在产业上先到传统的手工业或从事体力劳动，再到现代工业。所谓"疏解"就是通过组织、协调、引导人口有序流动迁移，减少盲目流动。不论是"截流"还是"疏解"都需要人们不断学习和实践，提高自身素质，这样既可以减少民族地区剩余劳动力盲目进城，又有利于促进经济发展，防止农村剩余劳动力以超常规速度过度转移，使人口迁移流动健康有序地进行。

（五）加快农业产业化和现代化的步伐

我国民族地区多为农业省区，而且绝大多数在西部地区，经济发展条件薄弱。因此，增加民族地区农业基础设施建设的投入，实行双向农村土地经营权的转移和流通，加速民族地区农业经营的集约化、农业生产的机械化，提高农产品的商品率，大幅度增加民族地区农民收入，吸引农民留在农村，也是吸引某些城市居民转向农村，促进民族地区人口合理流动，解决民族地区人口迁移问题的一个有效途径。

主要参考文献

1. 黄荣清，赵显人著. 20世纪90年代中国各民族人口的变动. 民族出版社，2004
2. 李玲著. 珠江三角洲人口迁移与劳动市场. 科学出版社. 2005
3. 朱凤霞. "反推拉"理论与西部民族地区本土化就业. 四川行政学院学报，2006（1）
4. 阎蓓. 新时期中国人口迁移. 湖南教育出版社，1999
5. 李香兰. 内蒙古自治区人口迁移流动的现状及发展趋势. 内蒙古统计，2004（6）
6. 黄荣清. 当前我国少数民族人口发展形势分析. 西北人口，2006（2）
7. 王峰. 当代我国少数民族人口散杂居现状与发展态势研究. 人口与经济，2006（5）
8. 蒋连华. 城市少数民族流动人口聚居区的形成及应对原则. 社会科学，2006（9）
9. 郑信哲等. 少数民族人口流动与城市民族关系研究. 中南民族大学学报，2002（4）
10. 2000年中国人口普查民族人口资料. 中国统计出版社出版，光盘
11. 童玉芬. 中国西部少数民族地区人口的贫困原因及其政策启示. 人口与经济，2006（1）
12. 曹向昀. 西方人口迁移研究的主要流派及观点综述. 中国人口科学，1995（1）
13. 盛来运. 国外劳动力迁移理论的发展. 统计研究，2005（8）
14. 蔡昉. 人口迁移和流动的成因. 趋势与政策. 中国人口科学，1995（6）

15. 杜鹰. 现阶段中国劳动力流动的群体特征与宏观背景分析. 中国农村经济, 1997 (6)
16. 张善余等. 差别人口迁移与性别构成差异地区差异的扩大. 人口研究, 1996 (1)
17. Sjaastad L A. The Cost and Returns of Human Migration. Journal of Political Economy, 1962, p 80—93
18. Ravenstein E. The Law of Migration. Journal of the Statistical Society, 1885, 167—235
19. 中国2000年人口普查资料. 中国统计出版社, 2002
20. 中国1990年人口普查资料. 中国统计出版社, 1992
21. 内蒙古自治区2000年人口普查资料. 中国统计出版社, 2002
22. 广西壮族自治区2000年人口普查资料. 中国统计出版社, 2002
23. 西藏自治区2000年人口普查资料. 中国统计出版社, 2002
24. 宁夏回族自治区2000年人口普查资料. 中国统计出版社, 2002
25. 新疆维吾尔自治区2000年人口普查资料. 中国统计出版社, 2002

云南红河哈尼族彝族自治州人口状况分析

吕红平　李宪振[①]

云南红河哈尼族彝族自治州（以下简称红河州）是一个多民族聚居地区，在民族人口发展中具有独特的特点。根据中央民族大学"985"项目的安排，我们在 2006 年暑假期间到红河进行了为期一周的民族人口状况调查，现对调查的人口发展状况进行简要分析。

一、红河州概况

红河哈尼族彝族自治州成立于 1957 年，位于云南南部，东经 107°47′~104°16′、北纬 22°26′~24°45′之间，东接文山壮族苗族自治州，西北与玉溪市为临，西南接普洱市，东北部与曲靖市相连，北靠昆明市，南与越南社会主义共和国毗邻。红河沿着巍峨的哀牢山自北向南流经全境，是一个以哈尼族、彝族为主的多民族地区，红河哈尼族彝族自治州因此而得名。国境线长达 800 多公里，全州总面积 32931 平方公里，辖个旧、开远、蒙自、建水、石屏、泸西、弥勒、屏边、河口、金平、元阳、红河、绿春等 13 个县（市）、154 个乡（镇）；居住着除哈尼族、彝族之外的苗、傣、壮、瑶、回、布依等 52 个少数民族。根据 2005 年 11 月 1 日零时进行的全国 1% 人口抽样调查，红河州常住人口为 430.33 万人，各少数民族人口为 243.48 万人，占常住人口的 56.58%。

二、人口总量的变动

1991~2002 年，红河州总人口保持持续增长，红河州 1991 年总人口 368.4 万人，到 2002 年总人口增至 398.7 万人，总人口数量增长了 30.3 万人，增长了 82.25‰。

[①] 吕红平，男，河北大学人口研究所所长，教授，中央民族大学"985"工程民族地区人口资源生态环境问题研究中心外聘专家。李宪振，男，河北师范大学商学院硕士研究生。

表1 红河1991~2002年人口变化情况

单位：万人，‰

年份	总人口	出生率	死亡率	自然增长率	出生人口	死亡人口
1952	155.7					
1953	161.3					
1954	167.5					
1955	172.9					
1956	177.8					
1957	184.8					
1958	188.5					
1959	187.5					
1960	191.9					
1961	192.5					
1962	194.2				7.2	2.2
1963	201.0	40.99	13.16	27.83	8.1	2.6
1964	207.6	48.95	15.17	33.77	10.0	3.1
1965	215.9	47.23	12.75	34.47	10.0	2.7
1966	222.5	41.06	10.49	30.57	9.0	2.3
1967	225.7	40.95	10.00	29.89	8.7	2.1
1968	235.0	39.88	9.87	27.65	7.5	1.9
1969	241.8	28.94	7.13	21.81	6.9	1.7
1970	248.5	28.74	7.35	20.98	7.1	1.9
1971	256.1	28.54	7.93	20.61	7.2	2.0
1972	252.8	30.65	8.25	22.40	7.8	2.1
1973	271.3	34.34	8.40	25.95	9.0	2.2
1974	277.6	30.61	9.11	21.50	8.4	2.5
1975	284.5	29.18	8.54	20.64	8.2	2.4
1976	290.9	29.54	7.65	21.90	8.5	2.2
1977	297.7	29.56	7.82	21.75	8.7	2.3
1978	304.3	26.58	6.98	19.60	8.0	2.1

续表

1979	311.1	24.70	7.80	16.90	7.6	2.4
1980	314.8	17.44	7.84	9.60	5.5	2.5
1985	335.5	16.35	7.35	9.00	6.4	2.3
1990	364.0	14.88	6.08	8.80	6.5	2.4
1991	368.4	18.83	6.80	12.03	6.9	2.5
1992	371.3	14.48	7.07	7.41	5.4	2.6
1993	374.2	14.47	6.63	7.84	5.4	2.5
1994	377.1	14.20	6.63	7.57	5.3	2.5
1995	379.9	13.85	7.18	6.67	5.2	2.7
1996	382.8	13.74	6.62	7.12	5.2	2.5
1997	385.7	14.30	6.40	7.90	5.5	2.5
1998	388.5	12.98	6.63	6.35	5.0	2.6
1999	390.8	13.33	6.58	6.75	5.2	2.6
2000	394.1	12.18	6.62	5.56	4.8	2.6
2001	396.0	13.81	7.09	6.72	5.5	2.8
2002	398.7	11.63	6.19	5.44	4.6	2.5
2003	401.5	11.39	5.50	5.89	4.6	2.2
2004	404.3	11.67	5.73	5.94	4.7	2.3

数据来源：《云南统计年鉴》，1992－2003 年；《红河州统计年鉴 2005》

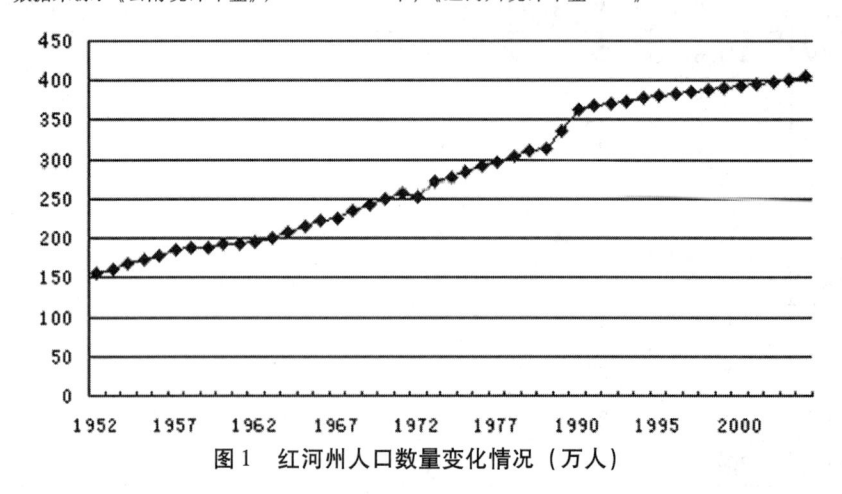

图 1　红河州人口数量变化情况（万人）

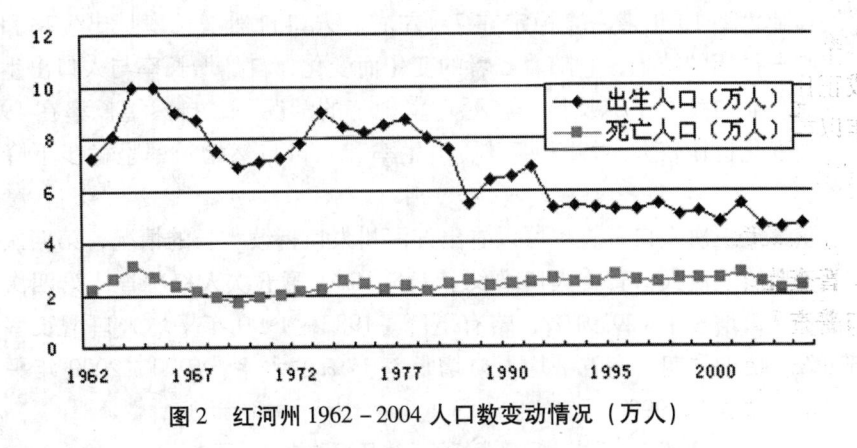

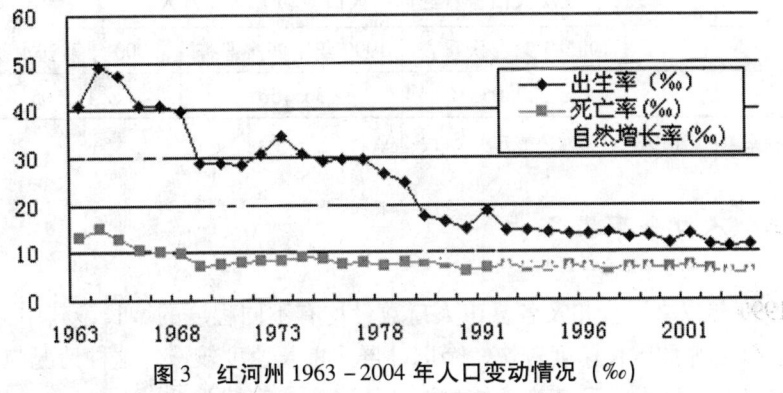

图2 红河州1962-2004人口数变动情况（万人）

图3 红河州1963-2004年人口变动情况（‰）

图4可以清楚地展现红河州1991~2002年人口的变动情况。

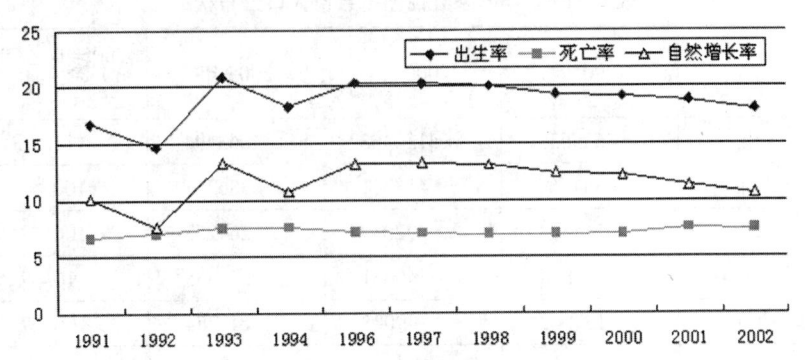

图4 红河州1991~2002年人口出生率、死亡率、自然增长率变动情况（‰）

从图4可以看出1997年以前，红河州人口出生率起伏变化比较大，1992年人口出生率14.6‰，1993年则高达20.83‰，相差6个多千分点，而人口死亡率10年来一直稳定在7‰左右。人口自然增长率是出生率和死亡率综合作用的结果，它随着二者的变化而变化，自然增长率与人口出生率成正比，而与死亡率成反比，在死亡率稳定的情况下，自然增长率在1997年以前变化也比较大。1997年以后出生率和人口自然增长率呈稳步下降的趋势。

从最近三次人口普查也可以看出红河州人口持续增长的情况，第四次人口普查比第三次人口普查人口增长了135.1‰，第五次人口普查比第四次人口普查人口增长了129.91‰，略有下降。1982～1990年平均人口增长率为16.9‰，接近同期云南省平均人口增长率17‰的水平，1990～2000年平均人口增长率为12.99‰。

表2　三次人口普查红河州人口变动情况（万人）

	1982年第三次普查	1990年第四次普查	2000年第五次普查
总人口数	322.05	365.56	413.05

数据来源：云南第三、第四、第五次人口普查资料

三、人口分布状况

1990年以来，全州及各县市人口数量均有不同程度的增长，其中泸西、蒙自、弥勒等县增长速度较快，个旧、屏边增长速度较慢，这种情况与近年来各县社会经济发展及其产业结构调整情况有着密切关系。

表3　1990年以来红河州各县市人口分布状况

	1990年	2000年	2005年	2005年比1990年增长（%）
总计	3655633	4130463	4063494	111.16
个旧市	384569	453311	386351	100.46
开远市	248303	292039	264252	106.42
蒙自县	283894	340051	330355	116.37
屏边县	139062	149088	147784	106.27
建水县	445902	513712	499529	112.03
石屏县	263513	277580	294386	111.72
弥勒县	439653	495642	499627	113.64

续表

泸西县	324415	365585	384360	118.48
元阳县	335290	362950	376666	112.34
红河县	238723	267627	269657	112.96
金平县	298136	316171	323111	108.38
绿春县	180614	201256	207972	115.15
河口县	73559	95451	79444	108.00

四、民族人口分布状况

红河州少数民族比较多，根据2000年人口普查资料，可识别的少数民族有42个，其中10000人以上的少数民族有7个，共227.59万人，占少数民族人口的98.94%。从两次人口普查总人口数来看，主要民族人口总量都有不同程度的上升，但红河州少数民族的人口比例有所上升，汉族的人口比例有所下降，汉族人口占红河总人口的比重由1990年的45.09%降为2000年的44.31%。主要民族人口增长比例最低的是汉族，2000年与1990年相比增长11.04%，增长最快的是壮族，增长18.41%，其次是苗族，增长17.3%。

表4 1990年和2000年人口普查民族人口比较

	1990年		2000年	
	人数	比例（%）	人数	比例（%）
合计	3655633	100.00	4130463	100.00
汉族	1648262	45.09	1830245	44.31
彝族	853543	23.35	973732	23.57
哈尼族	603015	16.50	685727	16.60
苗族	233722	6.39	274147	6.64
傣族	85238	2.33	98164	2.38
壮族	83716	2.29	99132	2.40
瑶族	71534	1.96	76947	1.86
回族	58516	1.60	68033	1.65
其他	18087	0.49	24336	0.59

从2000年第五次人口普查资料看，石屏县彝族人口数量较多，在全县人口中的比例超过了50%；红河县哈尼族人口数量较多，在全县人口中的比例超过了2/3；河口县其他少数民族人口数量较多，在全县人口中的比例也超过了50%；泸西县汉族人口数量较多，在全县人口中的比例超过了86%。

表5　2000年各县市人口民族构成

	合计	汉族 人数	汉族 比例（%）	彝族 人数	彝族 比例（%）	哈尼族 人数	哈尼族 比例（%）	其他少数民族 人数	其他少数民族 比例（%）
总计	4130463	1830245	44.31	973732	23.57	685727	16.60	640759	15.51
个旧市	453311	294349	64.93	91902	20.27	11575	2.55	55485	12.24
开远市	292039	139481	47.76	96647	33.09	1090	0.37	54821	18.77
蒙自县	340051	147085	43.25	99917	29.38	1702	0.50	91347	26.86
屏边县	149088	56378	37.82	27596	18.51	171	0.11	64943	43.56
建水县	513712	325799	63.42	149071	29.02	11059	2.15	27783	5.41
石屏县	277580	115771	41.71	148987	53.67	2642	0.95	10180	3.67
弥勒县	495642	289058	58.32	153235	30.92	301	0.06	53048	10.70
泸西县	365585	315462	86.29	29202	7.99	209	0.06	20712	5.67
元阳县	362950	42607	11.74	87137	24.01	192644	53.08	40562	11.18
红河县	267627	14380	5.37	38086	14.23	204792	76.52	10369	3.87
金平县	316171	45981	14.54	37837	11.97	83279	26.34	149074	47.15
绿春县	201256	4135	2.05	9894	4.92	175450	87.18	11777	5.85
河口县	95451	39759	41.65	4221	4.42	813	0.85	50658	53.07

五、城乡人口分布状况

从城乡构成状况看，少数民族人口主要分布在各县，尤其是分布在边远地区，市和镇人口中汉族占主体，这种情况既与历史有关，也与文化有关，还与生产和生活方式有关，反映出少数民族远离社会、经济文化中心的特点，对少数民族人口发展是一大不利因素。

表6 2000年市镇县人口构成

	合计	汉族 人数	比例（%）	彝族 人数	比例（%）	哈尼族 人数	比例（%）	其他少数民族 人数	比例（%）
市	369853	264106	71.41	66199	17.90	6274	1.70	33274	9.00
镇	686331	508838	74.14	85805	12.50	35543	5.18	56145	8.18
县	3074279	1057301	34.39	821728	26.73	643910	20.95	551340	17.93

六、人口的性别及年龄状况构成

人口性别比受社会、经济、政治、自然等多方面因素的影响，从表7可以看出，红河州总人口性别比有上升的趋势，2000年红河州总人口性别比为110.1，比第四次人口普查时增长5.24。从对年龄别性别的比较中也可以看出，0~44岁人口中，各年龄组的性别比都有不同程度的升高。

从表7和1990年、2000年红河州人口金字塔图中可以看出，红河州人口的年龄结构有一定的变化，0~19岁的人口比重缩小了，由1990年的43.21%降为2000年的34.21%；20~44岁的人口比重有所上升，由37.77%上升至43.9%，总体看，年龄结构仍属于年轻型。红河州劳动适龄人口（15~64岁）占总人口的比重有所增加，比重由1990年的63.19%上升为2000年的68.25%，说明人口就业压力进一步增加。

2000年红河州65岁以上人口占总人口比重为5.92%，虽未进入联合国规定的老龄社会的划分标准，但与1990年65岁以上人口占总人口比重的4.8%相比，人口老龄化进程有加快的倾向。

表7 红河州1990年与2000年人口普查分年龄别、分性别人口状况比较

年龄别（岁）	1990年普查总人口数及性别比 合计	男	女	性别比	2000年普查总人口数及性别比 合计	男	女	性别比
总计	3655633	1871143	1784490	104.86	4130463	2164378	1966085	110.1
0~4	404408	210682	193726	108.75	331632	179463	152169	117.9
5~9	362249	186827	175422	106.5	335723	181106	154617	117.1
10~14	403354	205950	197404	104.33	399727	209922	189805	110.6

续表

15~19	413186	213106	200080	106.51	345939	187014	158925	117.7
20~24	418263	215793	202470	106.58	392320	208345	183975	113.2
25~29	327789	169560	158229	107.16	429929	227655	202274	112.5
30~34	234874	121749	113125	107.62	422354	223506	198848	112.4
35~39	224497	115694	108803	106.33	344083	181066	163017	111.1
40~44	175165	91181	83984	108.57	224586	117006	107580	108.8
45~49	147229	76198	71031	107.27	224611	115722	108889	106.3
50~54	148175	76305	71870	106.17	170050	88014	82036	107.3
55~59	122564	64007	58557	109.31	134698	68964	65734	104.9
60~64	98407	49795	48612	102.43	130441	65708	64733	101.5
65~69	74436	34857	39579	88.069	100304	49446	50858	97.22
70~74	51995	22171	29824	74.339	71491	33627	37864	88.81
75~79	31031	12028	19003	63.295	41637	17477	24160	72.34
80~84	13081	4060	9021	45.006	20947	7536	13411	56.19
85~89	3972	982	2990	32.843	7885	2306	5579	41.33
90~94	755	155	600	25.833	1689	399	1290	30.93
95~99	164	35	129	27.132	360	92	268	34.33
100及以上	39	8	31	25.806	57	4	53	7.547

数据来源：第四次、第五次人口普查资料

七、人口受教育程度

两次人口普查的资料表明，红河州人口的文化程度2000年比1990年有明显的提高，每千人人口中拥有小学、初中、高中和大学文化程度的比例都有明显的增加（见表8），特别是小学和初中文化程度的人口比例增长比较快。从文化人口的性别比例来看，不同文化程度中每千人占总人口的比重男性明显高于女性，文化程度越高，差别越大，女性文化人口比例过低，不仅不利于人口的优生优育，也影响整个社会的和谐。

表8 红河州每千人文化程度的人口构成

文化程度	1990年			2000年		
	合计	男性	女性	合计	男性	女性
大学	1.02	0.78	0.24	14.32	9.11	5.21
高中	11.86	7.65	4.21	62.8	35.17	27.63
初中	49.18	32.5	16.68	200.41	119.88	80.53
小学	166.54	105.16	61.38	430.5	243.05	187.45

数据来源：第四、五次人口普查资料

表9 红河州2000年人口文化程度构成（%）

	未上过学	扫盲班	小学	初中	高中和中专	大专及以上
	小计	小计	小计	小计	小计	小计
总计	18.49	3.09	47.68	22.20	6.96	1.59
汉族	10.58	1.55	45.47	29.53	10.29	2.58
彝族	14.88	2.74	55.20	20.92	5.33	0.93
哈尼族	39.84	6.17	42.20	8.99	2.41	0.40
其他少数民族	24.73	4.87	48.51	16.53	4.45	0.92

八、不同民族就业人口行业构成状况

总体上看，红河州人口就业构成还比较落后，无论与全国比较还是与云南省比较，都显示出农、林、牧、渔业就业比例较高，第二产业和第三产业就业比例较低的特点。从不同民族人口就业构成看，汉族人口从事农、林、牧、渔业的比例较低，第二产业和第三产业就业比例较高；彝族以及其他少数民族人口从事农、林、牧、渔业的比例较高，第二产业和第三产业就业比例较低。这与红河社会经济发展水平较低的情况密切相关。由于红河是烟叶之乡，所以，烟叶种植和加工产业较为发达，从事此类行业的就业人员较多，显示出明显的产业特征。

表10 红河州就业人口行业构成（%）

	总计	汉族	彝族	哈尼族	其他少数民族
一、农、林、牧、渔业	87.72	63.86	93.51	78.65	88.37
二、采掘业	0.97	4.30	1.10	2.50	1.29
三、制造业	2.43	8.32	0.92	4.67	2.31
四、电力、煤气及水的生产和供应	0.25	0.82	0.09	0.46	0.22
五、建筑业	0.42	3.18	0.42	1.64	0.61
六、地质勘察业、水利管理业	0.07	0.21	0.04	0.13	0.08
七、交通运输、仓储及邮电通信业	1.57	3.16	0.31	1.87	0.89
八、批发和零售贸易、饮食业	2.67	7.45	1.07	4.27	1.99
九、金融、保险业	0.23	0.50	0.10	0.32	0.20
十、房地产业	0.02	0.08	0.01	0.04	0.02
十一、社会服务业	0.50	1.99	0.20	1.09	0.52
十二、卫生、体育和社会福利业	0.46	1.26	0.28	0.78	0.49
十三、教育、文化艺术及广播电影电视业	1.57	2.63	1.07	2.02	1.90
十四、科学研究和综合技术服务业	0.01	0.12	0.02	0.06	0.03
十五、国家机关、政党机关和社会团体	1.08	1.99	0.86	1.42	1.05
十六、其他行业	0.05	0.14	0.01	0.08	0.04

九、妇女生育水平

生育率分析可以揭示育龄妇女的生育特点及生育水平，2000年红河州妇女总和生育率在云南省处于中等水平，具体数据见表11、表12。但与1982年第三次人口普查数据（总和生育率为4.1）相比大大降低。作为少数民族地区，生育政策相对较为宽松，但生育水平并不高，而且从孩次构成来说，一孩比例接近50%，三孩及以上为10.64%。生育水平较低的情况与红河州执行云南省计划生育政策和奖扶政策的力度较大、生育观念转变较快有很大关系，有利于继续控制人口增长，为减轻资源环境压力、促进社会经济发展与可持续发展创造良好的人口环境。

表11　2000年红河州妇女生育水平

总和生育率	年龄别生育率（‰）						
	15~19岁	20~24岁	25~29岁	30~34岁	35~39岁	40~44岁	45~49岁
1.84	40.60	166.16	113.89	35.17	10.04	2.05	0.64

表12　2000年红河州出生人口的孩次构成（%）

一孩率	二孩率	三孩率	四孩率	五孩及以上率
49.90	39.47	7.52	1.91	1.21

主要参考文献

1. 红河哈尼族彝族自治州1990年人口普查资料
2. 红河哈尼族彝族自治州2000年人口普查资料
3. 80年代中国人口变动分析. 中国财政经济出版社，1996
4. 世纪之交的中国人口·云南卷. 中国统计出版社，2005
5. 云南统计年鉴1992—2003年各分册. 中国统计出版社

民族地区女企业家成长环境研究

——基于云南红河哈尼族彝族自治州的调查分析

和云 张宝东[①]

一、选题背景和研究意义

人力资源开发研究源自人力资本理论，该理论是 20 世纪 50 年代末由美国著名经济学家舒尔茨（Theodore. W. Schultz）结合经济增长问题的分析以及对"里昂惕夫之谜"的破解而创立的，其中对人力资本投资的内容及对经济增长的重要作用作了较为深入的研究。此后，贝克尔、明塞尔等一批经济学家又作了许多开创性的研究。

近年来，国外大量研究进一步证明女性人力资源开发在市场化活动中的作用。IFAD（1995）的研究发现妇女在水稻生产和家庭饲养业中相对于男性的比较优势；World Bank（1997）的研究发现农村妇女的培训对于农户脱贫具有重要意义。Alan de Brauw（2004）检验了近年中国农村农业女性化问题，结果发现女性教育的市场回报率从 20 世纪 90 年代以来呈不断增加趋势；世界各国的经验也表明，即使在工资收入较少的农村经济中，减少在教育和营养上的性别差距也会提高生产率，女性农民并不比男性农民效率低（Moock, 1976; Bindlish and Evenson, 1993; Udry, 1996）。

国内对女性人力资源开发也进行了大量研究：赵峰（2004）认为由于体制、机制、政策、社会环境的偏差和主导不力，女性人力资本进一步发挥作用还存在诸多问题；林今淑等（1999）通过对延边地区女性企业家分析显示，要为女企业家创造一个良好的"生态环境"（宏观环境）等。

综上所述，人力资源开发中性别平等问题得到了广泛关注，对于女性人力资源开发有大量的研究，但总的来说目前的研究，从民族地区女性人力资源开发角度所进行的研究比较少，尤其是集中于女企业家的研究成果尤其缺乏。民族地区女企业家队伍是改革开放以来成长起来的一支特殊的人才资源

[①] 和云，女，北京邮电大学区域经济与产业发展研究中心教授，中央民族大学"985"工程民族地区人口资源生态环境问题研究中心外聘专家。张宝东，男，云南民族大学经管学院研究生。

队伍，由于民族地区经济社会发展相对落后，自然环境和基础设施条件相对较差，产业基础薄弱，教育、医疗卫生水平不高，信息较封闭，民族文化多元性、宗教信仰错综复杂、传统落后意识长期固化等因素的约束，使女企业家的成长面临着更加特殊、复杂的环境制约。为此，本项目将研究视角瞄准民族地区女企业家人力资源开发，将研究的空间定位在民族成分较多且具典型代表的云南红河哈尼族彝族自治州，重点研究民族贫困地区女企业家成长环境和人力资源开发中的性别平等问题。

本研究是课题组于2006年6－8月通过对蒙自、个旧、开远、建水、石屏、泸西等8个市县有代表性的20名女企业家的问卷调查和实地调研，并结合红河州女企业家联谊会51名会员相关资料进行综合分析研究得出的结果。

二、调研地区经济社会人口发展概况

（一）地理位置概况

红河哈尼族彝族自治州，位于云南省东南部，东与文山壮族苗族自治州相接，西北与玉溪地区为邻，西南与普洱市接壤，东北与曲靖相连，南部与越南毗邻。全州拥有国土面积32931平方公里，辖个旧、开远2市和蒙自、建水、石屏、弥勒、泸西、屏边、河口、金平、元阳、红河、绿春11个县。蒙自为自治州首府，是一个以哈尼族、彝族为主的多民族地区。

（二）社会经济概况

根据2004年全国第一次经济普查，红河州公有制为主的法人企业3651个，占全部法人单位的48.7%。其中：国有企业2950个，占39.3%；集体企业701个，占9.4%；私营企业1593个，占21.2%；其他企业2031个，占27.1%（表1）。

2005年上半年，红河州非公有制经济继续保持既快又好的发展态势，各项主要经济指标均有大幅度增长。截止2005年6月30日，红河州有非公有制经济户数65447户，同比增长7.7%；非公有制经济从业人员190175人，同比增长26.6%；私营企业注册资金71.9亿元，同比增长36.9%；非公有制经济上缴税金3.94亿元，同比增长63.2%。

表1　2004年红河州按登记注册类型分组的企业法人单位

	单位数（个）	比重（%）
内资企业	7483	99.8
国有企业	2950	39.3
集体企业	701	9.4
私营企业	1593	21.2
股份制企业	208	2.8
其他企业	2031	27.1
港澳台商投资企业	8	0.1
外商投资企业	9	0.1
总　　计	7500	100.0

资料来源：红河州第一次经济普查主要数据公报，http://www.hhei.gov.cn/jjpc/jjpc/200603/149.html

（三）人口基本情况

根据全国1%人口抽样工作，2005年11月1日零时，红河州常住人口为430.33万人。居住在城镇的人口为129.10万人，占常住人口的30%；居住在乡村的人口为301.23万人，占常住人口的70%。男性为224.46万人，占常住人口的52.16%；女性为205.87万人，占常住人口的47.84%。全州调查时点常住人口中，汉族人口为186.85万人，占常住人口的43.42%；各少数民族人口为243.48万人，占常住人口的56.58%。

三、女企业家经营概述

从1978年中国改革开放至1980年，大约有10%的女企业家开始注册开办企业，女企业家队伍迅速壮大是在1995年中国共产党"十五大"以后，这次会议为私营企业创造了良好的政治经济环境，妇女创业形成了一定规模。

2001年中国妇女企业家协会开展了妇女企业家现状调查，在被调查的1132位女企业家中：个体和私营企业占41%（全国个体和私营企业所占比例为25%）；相对滞后、开始起步发展的第三产业为妇女创业提供了新的空间，从事服务业的女企业家占45%。同时，新技术也为妇女提供了更多的灵活的工作方式，使她们越来越多地进入到智力行业。来自上海的一份报告显示，目前上海私营企业女性经营业主中，从事高新技术的占18%，她们一般都有较高的学历和一定的技术专长，而且又有对市场的敏锐把握，是促进高新技术产业发展的一支活跃力量。

由于民族地区经济社会发展相对落后，女企业家面临着更加特殊、复杂的环境制约。为此，本课题通过对云南红河哈尼族彝族自治州的实地调研，分析民族地区女企业家经营特点和成长环境。

四、民族地区女企业家创业及经营管理特点分析

改革开放以来，随着民族地区女性的社会、经济、政治和家庭地位的巨大变化，以及女性广泛参与，近年来民族地区崛起了一支特殊的经营管理人才队伍——女企业家阶层。这支特殊的人才资源群体在其创业及经营管理中呈现如下特点。

（一）创业发展以实现自我价值为主，企业家精神在她们身上同样体现明显

从女企业家创业发展动机看，被调查者中有50%的人认为是为实现个人价值，20%认为是为发家致富，20%是因为生活所迫，10%是为了下一代。这一调查结果更新了民族地区的女企业家多是因为环境艰苦生活所迫而去创业的传统认识，表明了民族地区的女性创业发展主要不是为了自身经济利益的追求，而是以寻求自我价值的实现居多，半数以上女性企业家在这样的创业动机下，勤奋拼搏、孜孜不倦，大胆开拓市场，不仅实现了企业的发展，而且也实现了自己的发展。如泸西县"云南芳泽食品有限公司"董事长陈金兰女士，经过近10年的努力带领企业形成了科工贸一体化、种养殖加工一条龙的经营格局，在2000年中华大团结新年座谈会上芳泽公司产品——"芳泽"牌荞酒被专家评定为"2000奥运庆功纪念酒"，而且她本人被云南省工商联合会推选为省工商联合会理事长。

另一项调查指标表明，如果有重新选择的机会，有60%的女企业家愿意重新选择做企业的经营者。80%的女企业家认为自己能胜任本企业的领导工作，而且10%的人认为自己完全能胜任更大或更多企业的领导工作。可见，民族地区的女企业家经过市场经济的洗礼和企业经营的实践后，自身素

质得到提高，更加自信和勇于挑战，企业家精神在她们身上已经彰显出来。

（二）女企业家多以中老年女性为主，而且绝大多数创业者都有家庭的大力支持

发达地区女企业家以中青年为主，尤其近年成长起一大批青年女企业家，使女企业家的年龄结构出现年轻化趋势，而民族地区由于特殊的环境和艰辛的创业条件使女企业家以中老年为主。据对红河州女企业家联谊会51名成员的调查，41~50岁的有20人，占总数的39.22%；51~60岁的有25人，占49.02%，两者合计45人，占总数的88.24%。而且，值得欣慰的是这批女企业家队伍中有85%的家庭对她们的创业经营给予支持和帮助，这使她们得以心情舒畅地全身心投入工作。

（三）女企业家经营领域相对狭窄，仍以传统第三产业为主

女企业家经营领域相对狭窄，仍以传统第三产业为主，科技含量不高，但已注意用现代经营理念指导生产经营，实施品牌战略，打造出一批特色优势产品品牌。调查中，女企业家经营领域虽涵盖一、二、三产业，但仅涉及种植养殖业、建筑业、纺织加工业、商业服务业、运输业、餐饮业、旅游业等7个行业。具体分布为第三产业约占80%，其中住宿和餐饮业占35%，居民服务和其他服务业占30%，批发和零售业占15%；从事第二产业的仅占10%，其中加工制造业占5%，建筑业占5%；从事第一产业的仅占10%。由于一、二、三产业中的传统行业技术含量不高，对经营者的知识技能要求不是太高，使她们得以经营发展。但在她们的经营理念中，已树立现代营销和品牌意识，注重扬长避短，以发展民族经济，传承和打造地方品牌为己任，如石屏"北门牌"豆腐、泸西"芳泽牌"荞酒等一大批省内外知名品牌已崭露头角。"全聚福"酒楼品牌还与北京"全聚德"分庭抗礼，在注册商标侵权案中胜诉，成功地运用法律武器迎接挑战，维护品牌。由于经营领域主要集中在第三产业中住宿、餐饮业、服务业、批发和零售商业等传统行业，说明女企业家受知识技术约束创业范围还比较狭窄，经营层次也比较低。这与发达地区成长的一批知识型女性职业经理人的特点相比则低了个层次。

（四）主要以私营企业为主，并且是以家庭化为核心的家族化经营特征明显

主要以私营企业为主，并且企业主要是以家庭化为核心的家族化经营特征明显。民族地区女企业家经营的企业从所有制来看，已形成多元化所有制结构并存，但是她们创业发展以私营经济为主，这与我国整体妇女创业的特点是一致的。但在经营中几乎是以家庭化为标志的家族化管理，形成典型的家庭经营特征。经调查得出，红河州女企业家经营的企业中，国有企业的比重占5%，集体与股份制企业占15%，而私营企业的比重大约占80%（图1）。主要是随着民族地区不断深化改革，政府采取了一系列政策支持民营企业的发展，大部分女企业家的创业活动是在党的十四大为民营企业营造了良好的创业环境后开展的。但"家庭化"为主的家族化经营特征十分明显，调查显示，70%的女企业家是和丈夫一起管理企业，而且绝大多数企业均有家属参与企业经营，形成血缘关系直接的家庭化经营特征。

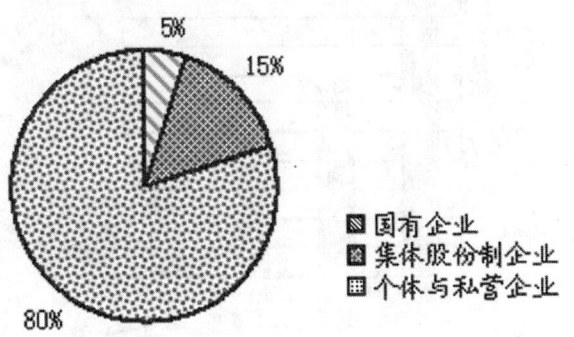

图1　企业所有制结构分布

（五）企业规模多为中小型，尤以小企业为主

企业规模多为中小型，尤以小企业为主，总体经营现状尚可，显示出中小企业的活力。民族地区由计划经济向市场经济转型中，为企业迅速发展提供了机遇和空间。女性企业家资本积累能力低、资金规模较小，加之经营管理水平不高、人才匮乏等，制约了女企业家创业发展的规模。况且民族地区经济总体水平不够高，经济外向型程度低，市场发育滞后，约束了企业发展，因此，她们多以经营中小企业为主。据调查，企业的资产规模在50万元人民币以下的占45%，50~200万元的占30%，200~500万元的占15%，

500万元以上的仅占10%（图2）；企业的产出规模中，50万元及以下的占50%，50~200万元及以下的占15%，200~500万元的占25%，500~1000万元的占10%，大体与企业资产规模相近；企业职工总数在50人以下的占50%，50~100人的占20%，100~300的占30%。而且，女企业家经营的企业效益普遍相对较好，经营活动都比较成功。据调查，从企业利润看，盈利企业占50%以上，持平的占40%，企业亏损面仅有10%。如开远市红疆公司董事长陈竹华女士于1987年接管红疆饭店时固定资产仅有36.7万元，企业困难重重，经营惨淡，职工只能领到维持生存的部分工资。目前已发展为集多种经营为一体的综合性企业，固定资产达到900多万元，增长近25倍，2005年1~4月份公司营业收入达103万元，上缴税金5.9万元。由于其经营成就突出，她先后被省委两次授予"优秀共产党员"，被省政府授予"劳动模范"称号，并在2002年3月荣获全国"三八红旗手"荣誉称号，同年5月被中华全国总工会授予全国"五一劳动奖章"。

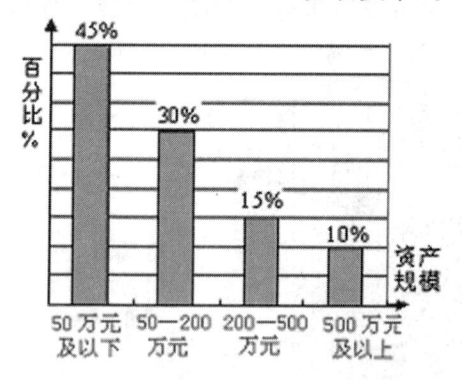

图2 企业的资产规模分布

（六）重视企业文化建设以及多元民族文化与企业文化的结合

重视企业文化建设，并注重把多元民族文化与企业文化有机结合，不断开发优秀的民族文化潜在经济价值。企业文化是企业的精神和灵魂，企业文化必须根植于民族地区的多元民族文化的沃土之上。由于我国民族地区长期形成的"大杂居、小聚居"的特点，形成了各具特色的民族文化形态。使企业成长在一种特殊的文化环境中。建国以来，随着党的民族政策的贯彻执行和男女平等基本国策的实施，在民族地区形成了良好的倡导民族团结精神、构建和谐民族关系的氛围，使民族地区女企业家在企业文化建设中十分重视把多元民族文化与企业文化建设有机结合。企业在经营活动中，需要在充分理解、尊重多元民族文化的基础上，保持传承开发优秀民族文化的潜在经济价值，大大丰富企业文化内涵，许多民族地区女企业家所从事的餐饮、服务、旅游、服饰加工等行业中，都注入了特色璀璨的民族文化。如绚丽多姿的民族服饰文化，美味丰盛的民族饮食文化，独具特色的民族旅游文化等。

五、民族地区女企业家成长环境分析

民族地区女企业家的上述创业经营特点，恰恰又是与她们成长的环境条件直接联系的。由于发展环境的滞后，在相当程度上制约着女企业家的成长。结合调查，我们从社会环境、经济环境、文化环境、体制环境等方面对影响民族地区女企业家成长的环境进行分析。

（一）经济环境分析

1. 民族地区经济总体发展落后，产业结构不尽合理

民族地区因自然的、社会的、历史的等多种原因，至今仍处于经济发展的后进地区，不论经济总体水平、人均GDP、地区有效需求、还是产业结构、生产技术基础等，都与发达地区存在很大差距，尤其民族贫困地区情况更为突出，这必将极大阻碍着女企业家的创业发展。

2. 基础设施落后，交通不便，信息较闭塞，市场发育滞后

按照区域经济学原理揭示的规律，由于空间距离的不可灭性，使得道路交通、通讯等基础设施建设成为区域经济发展的先导，民族地区近年来也加快了基础设施建设，"四通一平"的经济开发区或工业园区也建了不少，但由于进入开发区的门槛较高，使当地以小规模私营为主的女企业家被拒之门外，自己开办企业从征地、筑路、通水、架电开始，显然加大了创业成本。同时，因市场体系建设滞后，营销方式落后，许多新开发的产品很难打开市场，更多以城内市场为主，发展受到极大限制。此外，不能提供大量市场机会用于创业发展，更没有多余的资金用于创业发展。

3. 资金严重缺乏，资本积累能力差，金融体制改革滞后

资金是企业创业和发展的最主要瓶颈。据调查，约有30%的女性企业家认为创业的先决条件是资金，45%的女企业家认为需要有更多的资金用于企业的发展,仅有35%的女企业家的创业资金是自己的积蓄。由于现有的融资体制对非公有制经济存在着体制上的歧视,贷款难问题迟迟不能解决,致使许多女企业家因资金瓶颈只能艰难创业。富有传奇色彩的蒙自菊米过桥米线大王,作为一位坚毅的残疾女士用她的精神感染了国家某部高官,在得知她的不幸和创业发展急需资金的紧要关头,积极主动筹资15万元支持她,使濒临破产的企业获得发展生机。一位空军飞行员也为她的人格魅力所吸引,转业后放弃从事公务员的良好机遇,选择支持她的事业,并与她结成连理,共同创业。今天,该企业资产已近400万元,传承了蒙自南湖过桥米线的文化美食。

4. 工业化刚起步,城市化水平不高,"三农"问题十分严峻

由于民族地区的工业化处于起步阶段,城市化水平不高,传统产业仍是主要产业。因此,城乡收入差距大,"三农"问题严峻,居民有效需求不足,贫困面大,这使以经营传统产业为主的女企业家必然面临约束。

(二) 社会环境分析

1. 女企业家承担多重角色,压力更大,负担更重

当民族地区女企业家的政治地位、经济地位一经确立,参与经济活动的社会角色就产生了。然而"贤妻良母"的楷模形象对她们的认知又产生了不同程度的无形影响和潜移默化的教育,使其在职业生涯发展之初就已形成了对自己某种角色的潜意识定位。这样,民族地区的女企业家不仅新添了社会角色,而且同样承继了女儿、妻子、母亲、家庭主妇的多重角色,角色的不断转换和不同定位使她们负担沉重。据对红河州女企业家家务劳动、责任和家庭状况的抽样调查显示,近90%的女企业家负担着照顾老人的责任,85%以上的女企业家要自己从事家务劳动,其中约55%的女企业家要从事大部分家务劳动,仅15%的女企业家没有家务劳动负担。从女企业家负担子女教育的情况看,85%的女企业家子女以学校教育为主,但还有15%的女企业家以自己教育子女为主。另外,对于女企业家工作状况的调查显示,60%左右的女企业家每天工作时间在10小时以上,只有10%的女企业家每天工作时间在8小时以下。说明她们在工作上处于超负荷的运转中,而且承担着大部分家务和责任,使她们得不到充分的休息和喘息机会。社会角色和家庭角色对她们已明显构成了矛盾,使一部分女企业家长时间地陷入角色的困惑之中,身体也处于亚健康状况。

2. 对女性的社会偏见仍在相当程度上存在

民族地区一些很优秀的女性管理者,会被认为已经"男性化"了,然而人们对男性往往抱有较高成功期望,而对她们的期望则低得多。这种倾向在女性创业时更为明显。调查中我们发现,女企业家在创业时周围很多人都怀疑她们能否坚持下去,有的不支持她们继续发展,有的劝她们回归家庭,这给她们造成了巨大的心理压力和经营困难,抑制了女企业家的成长发展。同时,由于受到性别年龄歧视,民族地区城镇妇女的就业人数呈下降趋势。据调查,从 1998 年到 2003 年末,云南省城镇单位女性从业人员的绝对数量减少了 15.8 万(图 3)。此外,国企下岗女工普遍感到找工作困难,有近一半的人认为自己再就业时受到年龄和性别的歧视,这样使不少有潜能的女性因此失去职业发展的机会,给女企业家人才资源的可持续发展造成不利影响。

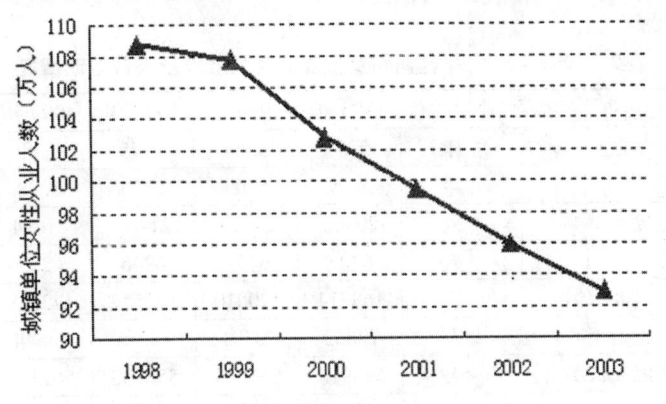

图 3 云南省城镇单位女性从业人员变动情况

资料来源:《云南统计年鉴》,中国统计出版社,2003、2004

3. 传统的性别意识禁锢了女性创业发展

随着男女平等基本国策的深入贯彻,女性地位有了显著提高,但由于民族地区传统性别意识形态赋予男性赚钱养家、女性照顾家庭的观念短期还不能消除,由此社会仍保留了一系列有关性别行为标准的惯性认识。这些理念几乎达成了一种社会共识,又通过女性成长的认识过程影响她们的个性心理,从而影响她们的个性倾向,使她们在事业发展过程中常常倾向于按传统性别意识形态领域所规范的女性要求标准行动。民族地区创业发展的女性大都有很强的事业心,她们一方面具有吃苦耐劳、任劳任怨等传统的女性特点,却又与根深蒂固的传统性别意识形态认定的女性特质相联系。所以,创业发展的女性必然面临内外双重压力,她们往往被嫉妒、被"另类化",她们渴望成功，但又怕受到社会的排斥。

4. 社会传媒的偏见对女性创业发展的制约

民族地区的媒体宣传报道以男性为主，女性太少，对成功女性的宣传有时则过分拔高。这样具有高成就动机的女性会在心理和精神上对成功产生某种焦虑、担忧，从而在一定程度上抑制了她们的成就倾向行为。

（三）文化环境因素

1. 民族地区女性受教育程度较低，文化素质不高

民族地区女性获得受教育的机会大大少于男性，而且受教育的程度也不高，文化素质普遍较低（表2），致使经营管理的技能和水平不足。调查显示近40%的女企业家认为创业成功后企业进一步发展面临的最大困难是管理技能不足。

表2　1995～2000年红河州女性受教育的层次及人数变动情况

指标名称	计量单位	1995年	1996年	1998年	1999年	2000年
人均受教育年数	年	5.64	5.66	5.75	5.80	5.90
女性	年	5.59	5.69	5.73	5.78	5.87
大学文化程度人口数	人	20963	21124	21439	21494	21678
女性	人	6107	6154	6246	6253	6303
高中文化程度人口数	人	168714	170010	172552	173518	175002
女性	人	72633	73191	74285	74644	75282
初中文化程度人口数	人	545918	550113	558338	561589	566391
女性	人	215207	216861	220103	221589	223482

资料来源：《红河州妇女儿童工作学习宣传手册》第107页，2002年3月

另据红河州女企业家联谊会调研资料统计，女企业家的文化程度为小学、初中的占45%，中专、高中的占35.4%，大专以上的仅占19.6%。可见，民族地区女企业家自身受教育程度较低，文化素质不高，限制了女企业家的进一步发展。

2. 民族地区复杂的多元民族文化使女性企业家创业面临更加复杂的文化环境条件

民族地区长期形成的多民族"大杂居、小聚居"的特征以及多民族交融形成民族文化的多元性和复杂性。在这种多元民族文化的环境里，女企业家在创业发展及经营过程中可以开发特色璀璨的民族文化的潜在经济价值。但由于不同民族的宗教、信仰、生活方式、生产方式、习俗、传统文化等都

存在较大差异，致使企业必须注重经营过程中的产品要适合多民族文化发展要求，才能受到多民族居民的认同，从而打开销路、站稳市场。同时，企业的经营管理要充分考虑到多民族的文化特性，尊重不同民族的信仰、习俗等，构建多民族团结、和谐的企业文化，防止民族纠纷，才能激励各民族员工的工作积极性，共同促进企业的发展。

（四）体制环境因素

1. 民族地区社会主义市场经济体制建设尚不成熟，市场体系还很不健全

按照中央关于完善社会主义市场经济体制建设的要求，其核心就是建立在政府有效调控的、由市场在资源配置中发挥基础性作用的经济体制。民族地区还处于工业化的初期阶段，产业结构不合理，层次低，结构不平衡，传统产业比重较高，交通、通讯等基础产业薄弱，创业发展环境依然较差。城市化水平低，缺乏加快商品流通和扩大商品销量所需要的城市空间和市场。另外，科技创新能力弱，资本积累严重不足，市场发育程度较低，劳动者素质普遍偏低，专业技术人才严重缺乏等，这些都制约着民族地区女企业家的创业和发展。

2. 民族地区宏观调控体系尚不健全，政府职能有待进一步转变

民族地区女企业家的创业经营，理应受到政府的大力关爱和扶持，采取特殊的"支持型"宏观调控手段，但政府尚未从性别视角给予倾斜。女企业家在创业经营中涉及的征地、贷款、技术等重大难题同样受到所有制的歧视。并且，由于社会性别不平等的潜意识存在，使女性企业家在资源配置上并不能真正享受平等待遇。

3. 法律制度建设滞后，有关鼓励优惠政策落实不够，中介服务组织单一

随着我国妇女儿童权益保障法的颁布的实施，从法律的高度保障了妇女儿童的各项权益，但对妇女经营管理的专项法律并没有制定，因此，如何更加关注和扶持民族地区女性从事生产经营，并没有得到真正的解决。女企业家的企业一旦发生经营困难或纠纷，制度保护无力，并且专门维护妇女儿童权益的机构主要由各地妇联机关受理，然而妇联的职能并非执法机构，是经济、法律的边缘化部门，所以经常使女企业家的经营诉求得不到及时有效解决。

六、积极推进民族地区女企业家成长的环境建设

(一) 加快市场经济体制建设,积极营造良好的经济环境

1. 积极推进民族地区市场经济体制建设,建设统一开放有序的市场

女企业家从事的企业多为民营经济,是市场经济的产物,因此对市场具有较大的依赖性,残缺、失效的市场制度往往阻碍着企业的发展。因此,加快经济体制建设,建立完备的市场机制,让市场在资源配置中发挥基础性作用是重要的体制条件。

2. 优化产业结构,转变经济增长方式,不断拓宽女企业家的经营领域和提升经营层次

一方面,加快产业结构调整,选择一批特色产业、优势产业作为重点发展产业,鼓励和引导女企业家投资经营,拓宽其经营领域;另一方面,对女企业家已经营的加工工业、交通运输业、建筑业、商业、服务业、旅游业要加强技术创新,提高产品品质和服务质量,打造特色品牌,提升企业经营层次,积极拓宽民族地区女企业家的发展空间和提升女企业家的经营领域。

3. 大力发展非公有制经济,把非公有制经济作为女企业家创业投资、从事经营的主要经济形式

在民族地区发展市场经济,应当彻底解放思想,充分认识少数民族地区非公有制经济不仅是社会主义市场经济的重要部分,而且是发展市场经济的先导力量,必须大力优先发展非公有制经济。为此应加快改革制约非公有制经济创业发展、影响投资环境的行政审批制度,降低非公有制企业市场准入门槛,在贷款、融资、进出口、税收、投资经营领域和土地使用等方面给予大力支持。完善和落实各项政策,创造一个宽松、良好的发展环境,促进民族地区女企业家从事非公有制经济的生产经营活动。

4. 推进投资体制的创新,建议在民族地区设立女性创业专项信贷资金,专门扶持女性自主创业和女企业家的发展

调查发现,30%的女企业家认为创业的首要条件是资金,45%的女企业家认为现在事业发展最需要的是资金,可见资金是制约民族地区女性创业发展的主要瓶颈。由于女性的资本积累能力和筹资能力相对于男性处于劣势,因此更需要系统的政策和健全的融资、信用体系等支持,进一步开拓女性创

业者和中小企业的融资渠道以满足其发展。根据民族地区女性创业者和中小企业资金需求的特点，探索建立适合女性创业者和中小企业的专项信贷资金，以及由妇联、工商联参与的信用担保融资模式，规范贷款操作程序，在防范风险的基础上，简化有关手续和审批程序，及时有效地为女企业家提供信贷服务，增加其信贷投入。

（二）彻底解放思想，提高认识，积极营造女企业家成长的良好社会环境和舆论环境

1. 坚决贯彻男女平等基本国策，颂扬女企业家的艰苦创业精神，消除对女性的性别偏见和歧视

2. 积极营造一种和谐宽松的社会环境

全社会应关心、支持、帮助女企业家创业，积极营造一种和谐宽松的社会环境，减轻她们的精神或心理负担，理解她们的艰辛；大力彰显民族地区杰出的创业女性风采，传播女企业家进取不息、奋发有为的时代精神；用现代的妇女发展观，引导全社会改变和消除对女性创业的偏见，理解、关心、支持女性投身创业；消除女性自卑心理和依赖思想，克服满足现状、无所作为的保守倾向，争做勇于创造、创新、创业的新女性，激励越来越多的女性走进自主创业的行列，为实现民族地区新时期发展目标建功立业。

3. 发挥传媒作用，营造民族地区女企业家成长的良好舆论氛围

重视对女企业家的宣传报道，通过多形式、多渠道、多层次对女企业家及其企业进行宣传，利用广播、报纸、电视、信息网络等开辟专栏，对创业经营中涌现的先进典型和优秀人物进行及时宣传报道，形成社会尊重女企业家的舆论氛围。

（三）加强文化环境建设，不断提高女企业家的经营水平和综合素质

1. 借助民族文化打造企业品牌

鼓励女性传承和发展璀璨多姿的多元民族文化，借助文化打造企业品牌。民族地区是多民族的聚居地，也是民族文化的聚集地。每个民族，其文学、艺术、语言、宗教信仰、文化遗产、人文环境、衣食住行、生活习俗、婚丧嫁娶、烹饪技艺、手工艺品、服装服饰等等，都闪烁着夺目的思想灵光和艺术绚彩。让女企业家发挥天生的女性特质，在创业经营中注重将丰富的民族文化内涵融入企业文化，借助文化打造品牌。

2. 建设融合多民族的企业文化

要充分挖掘各民族优秀文化，使之有机结合，优势互补，形成以民族优秀文化为基础，以时代主旋律为特征，以团结员工、教育员工、引导员工、鼓舞员工为出发点，构建员工与员工、员工与企业相协调的企业文化，从而激励员工为企业的发展而相互理解、相互合作、共同努力。

3. 加强学习型组织建设，营造浓烈的学习氛围

加强学习型组织建设，营造浓烈的学习氛围，为女企业家综合素质和经营管理水平提高创造良好的学习环境。渴望知识、渴望学习和不断进取是民族地区女企业家的共同心愿。民族地区应通过妇联、工商联、职业培训部门等联合高校，积极为女企业家和女性从业人员提供专业知识和经营技能培训，提供信息服务，使她们跳出家族化经营的局限，开阔眼界，提高经营管理水平，实现从厂长、经理向现代女性企业家的转变。

（四）深化体制改革，加强制度环境建设

1. 民族地区切实转变政府职能，增强服务意识

女企业家的创业过程更需要政府的指导、支持和排忧解难，因此，政府职能转变为服务女企业家创业过程，对女企业家的成长至关重要。

2. 加强中介和自身组织建设，为女企业家的交流和成长搭建平台

如红河州女企业家联谊会定期组织女企业家联欢、交流、参观、学习等，为女企业家的交流和成长发挥出色作用。

3. 加强企业内部制度环境建设

调查显示，红河州女企业家经营的企业70%是家族化经营。民族地区的家族企业要想跳出"其兴也勃，其亡也忽"的循环周期，要想真正做大、做优、做强、做长，必须要有自我否定和自我超越的勇气。要以战略眼光、机遇意识、开放理念认识制度创新的必要性，克服家族企业的短期行为。要深刻认识家族制不足，家族企业要克服家族情结的缠绕，突破家族文化的束缚。要结合自身企业的实际情况，加强家族文化与现代企业文化的融合，探索如何将家族制度与现代企业制度有效结合，实现民族地区家族企业完成企业制度变迁。

4. 加强法制建设，维护女企业家的合法权益

建议针对民族地区女企业家的创业经营制定相关专门规定，在税收、信贷等方面给予必要优惠。

参考文献

1. Alan de Brauw, Are Women Taking Over the Farm in China? 中国三农国际研讨会会议论文，杭州
2. Behrman et al 1999, Women's Schooling, Home Teaching, and Economic Growth. Journal of Political Economy, Vol. 107, pp. 632－714.
3. Bindlish and Evenson, 1993, Evaluation of the performance of T&V extension in Kenya, World Bank Technical Paper, No. 208, Africa Technical Department, Series, Washington, DC, World Bank.
4. Boserup, Ester, 1970, Women's role in economic development, New York St. Martin Press.
5. Chi, T. T et al, 1998, Impact of IPM Training on Male and Female Farmers'Knowledge and Pest Control Behavior: A Case Study of Vietnam, Working Paper, International Rice Research Institute, Manila.
6. G. S. Becker and N. Tomes, 1976, Child Endowments and the Quantity and Quality of Children, Journal of Political Econimics, 1976, vol. 84, pp. 143－162.
7. 曾湘泉. 劳动经济学. 复旦大学出版社, 2003
8. 吴贵明. 中国女性职业生涯发展研究. 中国社会科学院出版社, 2004
9. 红河州妇女儿童工作委员会. 红河州妇女儿童工作学习宣传手册. 2002
10. 和云. 试析人力资源开发管理与云南民族经济发展. 开发研究, 2001 (4)
11. 赵峰. 论西部地区女性人力资本优先开发的战略意义. 甘肃社会科学, 2004 (3)
12. 关培兰, 郭云菲. 女企业家人力资源开发障碍分析. 中国人力资源开发, 2004 (3)
13. 林今淑, 崔明淑, 方善花. 延边地区女性企业家的现状分析. 延边

大学学报，1999（1）

14. 红河州第一次经济普查领导小组办公室，云南省统计局编. 云南统计年鉴. 中国统计出版社，2003、2004

15. 红河第一次经济普查领导小组办公室，红河州统计局. 红河州第一次经济普查主要数据公报. http：//www. hhei. gov. cn/jjpc/jjpc/200603/149. html，2006 年 3 月 27 日

16. 云南省经济委员会. 红河州上半年非公经济主要指标大幅增长. http：//www. yn. gov. cn/yunnan, china/73468271751331840/20050902/524824. html，2005 年 9 月 2 日

17. 中国企联女企业家资源中心. 中国女企业家发展报告. http：//www. cec‑ceda. org. cn/ldgx/nguzhu. php，2006‑12‑20

附件：云南省红河州女性企业家调查问卷

随着云南女性在社会、经济、政治和家庭地位的巨大变化，一个典型现象——云南女企业家阶层已经出现。那么，云南女企业家是一个什么样的群体？她们与男企业家有些什么样的不同？通过本次调查问卷，我们将运用多学科的理论和分析方法来认识云南女性企业家发展过程中存在的问题，分析影响因素，提出促进云南女性企业家发展的对策。

本调查问卷为匿名调查，且仅供学术研究，请您如实填写，我们将对您的情况完全保密，感谢您的支持与帮助！

1. 年　龄（　　）
A、30 岁及以下　　B、30‑40 岁　　C、40‑50 岁　　D、50 岁以上
2. 学　历（　　）
A、中专及以下　　B、大　专　　C、本　科　　D、研究生
3. 专　业（　　）
A、财经管理类　　B、理工农医类　　C、文史哲法律类　D、其他＿＿＿
4. 创业时间（　　）
A、1985 年以前　　　　　　　　　B、1985‑1995 年
C、1995‑2000 年　　　　　　　　D、2000 年以后
5. 创业动机（　　）
A、个人价值的实现　B、为了下一代　　C、发财致富　　D、生活所迫

E、其他____

6. 创业资金来源（　　）

A、个人储蓄　　　　B、亲戚朋友借款　C、银行贷款　　　D、其他____

7. 认为创业的首要条件为（　　）

A、具备一定的经营管理才能　　　　B、专业知识

C、家庭支持　　　　　　　　　　　D、健康的心理素质

E、资　金　　　　　F、政府的支持　　G、信　息

H、自身的公关能力　　　　　　　　I、其　他____

8. 创业最大困难（　　）

A、资金不足　　　　　　　　　　　B、人员不足

C、管理技能不足　　　　　　　　　D、性别歧视

E、专业知识不足　　　　　　　　　F、政府支持不够

G、缺乏市场信息　　　　　　　　　H、其他____

9. 企业所从事的行业

（1）第一产业：（　　）

A、农业　　　　　B、林业　　　　C、牧业　　　　D、渔业

（2）第二产业：（　　）

A、采矿业　　　　B、制造业　　　C、电力

D、燃气及水的生产和供应业　　　　E、建筑业

（3）第三产业：（　　）

A、交通运输　　　　　　　　　　　B、批发和零售业

C、住宿和餐饮业　　　　　　　　　D、居民服务和其他服务业

E、房地产业　　　　　　　　　　　F、文化、体育和娱乐业

G、计算机业和软件业　　　　　　　H、其他____

10. 经济类型（　　）

A、外资企业　　　　　　　　　　　B、集体与股份制企业

C、个体与私营企业　　　　　　　　D、国有企业

11. 企业资产规模（　　）

A、50万元及以下　　　　　　　　　B、50-200万元

C、200-500万元　　　　　　　　　D、500-1000万元

E、1000万元以上　　　　　　　　　F、具体____

12. 企业年产出规模（　　）

A、50万元及以下　　　　　　B、50－200万元
C、200－500万元　　　　　　D、500－1000万元
E、1000万元及以上　　　　　F、具体____

13. 企业职工总数（　　）
A、50人及以下　　　　　　　B、50－100人
C、100－300人　　　　　　　D、300－500人以上
E、500人及以上　　　　　　　F、具体____

14. 企业中女职工的比例为（　　）
A、小于20%　　B、20%－50%　　C、50%－80%　　D、80%以上

15. 企业经营状况（　　）
A、盈利　　　　　B、持平　　　　　C、亏损

17. 任职方式（　　）
A、组织任命　　　B、自己创业　　　C、组织选拔与市场选择
D、职工选举　　　E、其他____

18. 收入情况（　　）
A、月薪和奖金　　B、年薪制　　　　C、股权　　　　D、期权
E、承包收入　　　F、其他____

19. 对工作的满意情况（　　）
A、非常成功　　　B、比较成功　　　C、不太成功　　　D、不成功

20. 对自身地位的满意情况
（1）经济地位（　　）A、满意　　　B、不满意　　　C、无所谓
（2）社会地位（　　）A、满意　　　B、不满意　　　C、无所谓
（3）政治地位（　　）A、满意　　　B、不满意　　　C、无所谓

21. 日常学习情况（　　）
A、没时间学习　　B、0.1－1小时　　C、1－2小时　　　D、2小时以上

22. 每天平均工作时间（　　）
A、8小时以下　　　B、8－10小时　　C、10小时以上

23. 目前事业发展最需要（　　）
A、资　金　　　　B、人　才　　　　C、更好的优惠政策
D、自己管理经营能力的提高　　　　E、其他____

24. 目前事业发展的最大困难（　　）
A、管理技能不足　　B、性别歧视　　C、专业知识不足

D、政府支持不够　　E、资金　　　　F、缺乏市场信息

G、人才　　　　　　H、其他____

25. 个人年收入情况（　　）

A、2万元以下　　　B、2-4万元　　C、4-10万元

D、10-20万元　　　E、20-40万元　F、50万元以上

26. 认为自己的才能是否胜任现职（　　）

A、能胜任本企业的领导工作

B、能胜任更大或更多企业的领导工作

C、不能胜任本企业的领导工作

27. 是否愿意重新选择做企业的经营者（　　）

A、愿意　　　　　B、不愿意　　　C、无所谓

28. 领导风格（　　）

A、自主　　　　　B、独立　　　　C、竞争

D、注重人际交流　E、富有同情心　F、其他____

29. 丈夫对女企业家事业的态度（　　）

A、不支持　　　B、一般支持　　C、比较支持　　D、非常支持

30. 是否与丈夫共同经营企业（　　）

A、是　　　　　B、否

31. 对子女教育的态度（　　）

A、学校教育为主　B、自己教育为主

32. 是否自己照顾老人（　　）

A、是　　　　　B、否

33. 从事的家务劳动（　　）

A、全部家务劳动　　　　　　B、大部分家务劳动

C、少部分家务劳动　　　　　D、没有家务劳动

34. 红河州女企业家的总体情况及个案资料（请搜集提供书面材料）：

（1）女企业家的总体情况：数量、知识结构、年龄结构、经营涉及的行业和领域等

（2）典型女企业家的若干个案资料

（3）典型女企业家所经营企业的基本情况：产值、资产、利润、销售、职工人数、固定资产、产品结构、市场状况等

民族地区人口发展研究

张呈琮[①]

一、民族地区选取范围及原则

（一）研究目标界定

本研究针对的是民族地区人口数量及发展趋势，研究目标是民族地区的人口数量、人口发展历程、民族地区人口总量的变化趋势和民族地区人口总量及变化趋势对资源环境和经济社会的影响。本研究不是民族研究，也不是民族人口研究，而是民族地区人口研究。所选取的数据是民族地区的所有人口。

（二）基本概念界定

民族地区是指少数民族人口较多的地区。包括内蒙古自治区、新疆维吾尔自治区、西藏自治区、宁夏回族自治区和广西壮族自治区，以及少数民族人口较多的青海省、云南省和贵州省，共计8个省区。这8个省区以外的民族自治地区，按照我国的五级政府管理体制，民族地区包括省（市、区）、市（州、盟）、县（旗）、乡（镇），由于资料的原因，本研究关于民族地区的人口统计仅统计到县，乡以下由于资料缺乏，且对总体影响不大，故本次民族地区人口数量研究暂不纳入。

（三）资料选取范围及原则

本次资料选取范围及原则是：内蒙古自治区、新疆维吾尔自治区、西藏自治区、宁夏回族自治区和广西壮族自治区，以及青海省、云南省和贵州省8个省区内，不论是否属于少数民族自治县，均按民族地区统计。8个省区外的民族地区统计范围是，民族自治州（盟）内不论是否属于少数民

[①] 张呈琮，男，河北师范大学商学院教授，中央民族大学"985"工程民族地区人口资源生态环境问题研究中心外聘专家。

县区，均按民族地区统计。民族自治县内不论是否属于少数民族乡（镇），均按民族地区统计。

二、民族地区人口总量及发展趋势

中国是一个多民族的国家，全国共有56个民族，其中有55个是少数民族。中华人民共和国成立后，国家先后在少数民族地区建立了内蒙古自治区、新疆维吾尔自治区、宁夏回族自治区、广西壮族自治区和西藏自治区，建立了77个地级单位，包括31个地级市和30个民族自治州，699个县级区划，包括66个县级市和120个民族自治县（旗）。民族自治地区的总面积为617万平方公里，占全国总面积的64.3%。新中国成立后，在国家的大力支持下，少数民族地区的经济得到了极大发展，人民的健康水平得到了很大提高。但是，由于少数民族地区大多处于中国的西南和西北地区，这些地区自然环境较差，大多远离沿海，交通不便，自然条件恶劣，生存环境很差，人口承载量很低。研究民族地区的人口发展，根据民族地区的资源环境制定民族地区的人口发展政策，控制民族地区人口的过快增长，提高民族地区的人口素质，为民族地区的经济和社会发展奠定一个良好的人口基础，不仅有利于促进民族地区的经济和社会发展，而且对于实现我国的发展战略也具有十分重要的意义。

（一）民族地区人口总量

中华人民共和国成立后，国家就十分重视民族地区的经济发展，关心民族地区人民的身体健康。为帮助民族地区的经济发展，提高民族地区人民的健康水平，国家先后投入大量资金支援少数民族地区的经济建设，帮助少数民族地区兴建医疗卫生设施，派出大量医务人员支援少数民族地区的医疗卫生事业。国家先后制定了许多有利于民族地区发展的民族政策，在生活、医疗、就学和就业等方面，对少数民族地区和少数民族人口实行优惠。在国家的大力帮助下，民族地区的经济得到了极大的发展，人民的健康水平有了很大提高，民族地区的人口发展也呈现出稳定健康的发展局面。据《中国统计年鉴2006》统计，2005年全国民族自治地区共有地级区划77个，其中地级市31个，自治州30个。共有县级区划699个，其中县级市66个，自治县（旗）120个。截止到2005年底，全国民族自治地区总人口达到

17507.10万人，占全国总人口的13.47%。其中少数民族人口为8238.95万人，占民族自治地区总人口的47.06%（见表1）。

表1 民族自治地方行政区划和人口（2005年）

	地级			县级			人口（万人）	少数民族人口	
	区划数（个）	#地级市（个）	#自治州（个）	区划数（个）	#县级市（个）	#自治县（旗）		少数民族人口（万人）	占自治地方比重（%）
全国	77	31	30	699	66	120	17507.10	8238.95	47.06
河北				6		6	196.17	114.18	58.21
内蒙古	12	9		101	11	3	2386.40	515.76	21.61
辽宁				8		8	334.64	170.10	50.83
吉林	1		1	11	6	3	330.71	114.06	34.49
黑龙江				1		1	25.06	5.26	21.00
浙江				1		1	17.73	1.82	10.29
湖北	1		1	10	2	2	446.46	240.80	53.94
湖南	1		1	15	1	7	489.03	360.22	73.66
广东				3		3	47.68	17.95	37.64
广西	14	14		109	7	12	4925.00	1898.00	38.54
海南				6		6	157.03	78.42	49.94

续表

重庆			4		4	252.69	170.05	67.29
四川	3		3	51	1	4	653.77	369.81	56.57
贵州	3		3	46	4	11	1588.62	945.79	59.54
云南	8		8	78	7	29	2124.94	1163.82	54.77
西藏	7	1		73	1		276.00	258.00	93.48
甘肃	2		2	21	2	7	321.61	183.77	57.14
青海	6		6	35	2	7	327.01	201.92	61.75
宁夏	5	5		21	2		596.20	214.51	35.98
新疆	14	2	5	99	20	6	2010.35	1214.69	60.42

资料来源：《中国统计年鉴2006》第42页，中国统计出版社，2006

从表1可以看出，在8个主要民族地区中，总人口最多的是广西壮族自治区，2005年总人口达到4925万人，占全国民族自治地区总人口的28.13%。其次是内蒙古自治区，2005年总人口达到2386.4万人，占全国民族自治地区总人口的13.63%。第三是云南省，2005年民族自治地区总人口达到2124.94万人，占全国民族自治地区总人口的12.14%。第四是新疆维吾尔自治区，2005年总人口达到2010.35万人，占全国民族自治地区总人口的11.48%。第五是贵州省，2005年民族自治地区总人口达到1588.62万人，占全国民族自治地区总人口的9.07%。第六是宁夏回族自治区，2005年总人口达到596.2万人，占全国民族自治地区总人口的3.41%（见图1）。

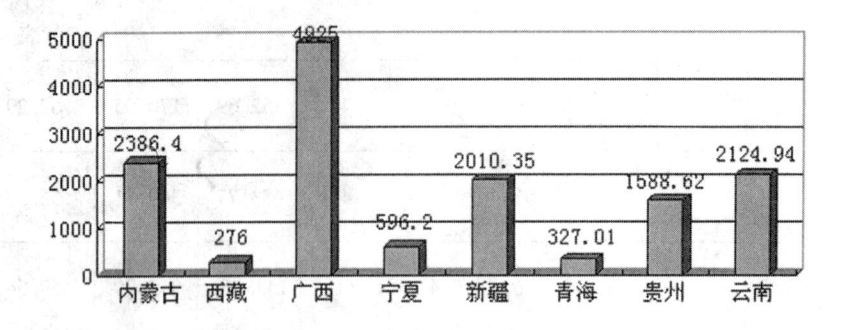

图1 8个主要民族地区人口总量比较

资料来源：《中国统计年鉴2006》第42页，中国统计出版社，2006

在8个主要民族省区中，少数民族人口总量最多的是广西壮族自治区，2005年少数民族人口为1898万人，占本地区总人口的38.54%。其次是内蒙古自治区，2005年少数民族人口为515.76万人，占本地区总人口的21.61%。第三是云南省，2005年少数民族人口为1163.82万人，占本地民族自治地区总人口的54.77%。第四是新疆维吾尔自治区，2005年少数民族人口为1214.69万人，占本地区总人口的60.42%。第五是贵州省，2005年少数民族人口为945.79万人，占本地民族自治地区总人口的59.54%。第六是宁夏回族自治区，2005年少数民族人口为214.51万人，占本地区总人口的35.98%。

从少数民族人口占民族自治地区总人口的比重来看，少数民族人口比重最高的是西藏自治区，2005年少数民族人口为276万人，占本地区总人口的比重为93.48%。第二是湖南省，2005年少数民族人口为360.22万人，占本省民族自治地区总人口的比重为73.66%。第三是重庆市，2005年少数民族人口为170.05万人，占本市民族自治地区总人口的比重为67.29%。第四是青海省，2005年少数民族人口为201.92万人，占本省民族自治地区总人口的比重为61.75%。第五是新疆维吾尔自治区，2005年少数民族人口为1214.69万人，占本地区总人口的比重为60.42%（见图2）。

从少数民族人口所占民族地区人口的比重来看，高于全国平均水平47.06%的有13个省。低于全国平均水平的有7个省区，分别为内蒙古自治区、吉林省、黑龙江省、浙江省、广东省、广西壮族自治区和宁夏回族自治区。两个民族自治区少数民族人口比重不仅低于全国平均水平，而且低于大多数非民族自治省区。这一现象说明，除西藏自治区外，大多数民族自治地区已经实现了民族融合，各个民族在经济建设中都做出了自己的贡献。

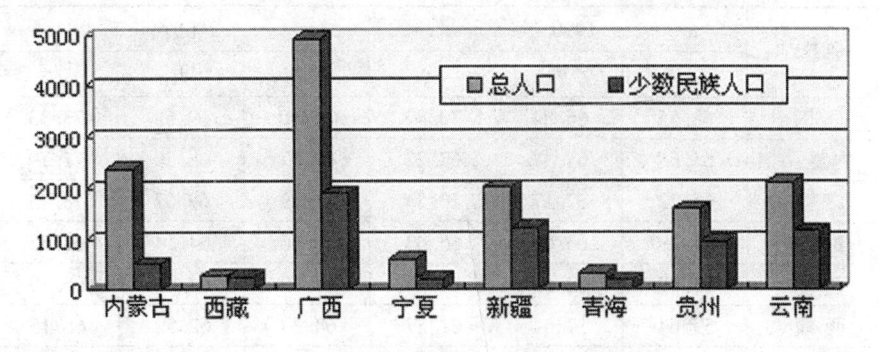

图2　8个主要民族省区少数民族人口状况

资料来源：《中国统计年鉴2006》第42页，中国统计出版社，2006

（二）民族地区人口总量变化历程

建国后，随着民族地区社会的安定和经济的发展，民族地区人口也发生了很大的变化。建国后国家十分注重民族地区的人口发展，加强了医疗卫生事业建设。1949年到2005年，国家在民族地区医疗卫生事业方面进行了大量投资，并派遣大量医疗卫生人员支援民族地区的医疗卫生事业建设。在国家的大力支持下，民族地区的医疗卫生事业得到了极大的发展，人口的健康水平有了很大提高，人口死亡率大幅度下降。建国初期民族地区的人口平均预期寿命在35岁左右，1990年民族地区的人口平均预期寿命已经超过63岁，其中8个主要民族省区的人口平均预期寿命将近64岁，2000年8个主要民族省区人口的平均预期寿命超过65.5岁。从平均预期寿命中可以看出，8个主要民族地区平均预期寿命最高的是广西壮族自治区和宁夏回族自治区，平均预期寿命最低的是西藏自治区和青海省。广西壮族自治区1990年平均预期寿命为68.72，高出最低的西藏自治区平均预期寿命9岁多，比青海省平均预期寿命高出8岁多。2000年8个主要民族地区平均预期寿命都有不同程度增加，增长较大的是西藏自治区、青海省和新疆维吾尔自治区，增幅为5岁左右。2000年平均预期寿命最高的仍然是广西壮族自治区，人口平均预期寿命达到71.29岁，平均预期寿命最低的仍然是西藏自治区，平均预期寿命达到64.37岁，两自治区的差距缩小到6岁以下（见表2）。

表2 主要民族地区人口平均预期寿命（岁）

地区	1990年 总体	男	女	2000年 总体	男	女
全 国	68.55	66.84	70.47	71.40	69.63	73.33
内蒙古	65.68	64.47	67.22	69.87	68.29	71.79
广 西	68.72	67.17	70.34	71.29	69.07	73.75
贵 州	64.29	63.04	65.63	65.96	64.54	67.57
云 南	63.49	62.08	64.98	65.49	64.24	66.89
西 藏	59.64	57.64	61.57	64.37	62.52	66.15
青 海	60.57	59.29	61.96	66.03	64.55	67.70
宁 夏	66.94	65.95	68.05	70.17	68.71	71.84
新 疆	62.59	61.95	63.26	67.41	65.98	69.14
8省区平均	63.99	62.70	65.38	67.57	65.99	69.35

注：2000年各省区人口平均预期寿命是根据各省1990年以来人口变动调查公布的死亡率对2000年人口普查死亡数据修正后计算的。

资料来源：《中国统计年鉴2006》，中国统计出版社，2006

从民族地区人口的增长情况来看，民族地区人口呈现出稳步增长的趋势。1952年民族地区总人口为5601万人，1957年增长到6465万人，年均增长172.8万人。1965年民族地区总人口增长到7739万人，年均增长159.25万人。1970年民族地区总人口增长到8756万人，年均增长203.4万人。1971年到1990年，民族地区总人口由1970年的8756万人增长到15296万人，年均增长327万人。此后民族地区总人口增长趋势开始放慢，1991年到2005年，民族地区总人口由1990年的15296万人增长到17507万人，年均增长下降到147.4万人（见表3）。

表3 民族自治地区人口总量发展历程

单位：万人，%

	1952	1957	1965	1970	1975	1980	1985	1990	1995	2000	2005
总人口	5601	6465	7739	8756	10441	11586	13548	15296	16044	16818	17507
增长	–	864	1274	1017	1685	1145	1962	1748	748	774	689
年均增长	–	172.8	159.25	203.4	337	229	392.4	349.6	149.6	154.8	137.8

资料来源：《中国民族统计年鉴1949-1994》第161页，《中华人民共和国资料手册1949～

1999》第62~63页，中国统计年鉴2001~2006，中国统计出版社

民族地区总人口增长较快的原因，一是人口迁移增长，新中国成立后，国家为了发展边疆经济，通过支边、就业、移民等方式，先后将大量人口迁入民族地区。二是人口自然增长。由于少数民族地区实行较宽松的计划生育政策，大多数少数民族夫妇可以生育2~3个孩子。从民族地区汉族与少数民族人口增长比较可以看出，少数民族人口增长明显快于汉族人口的增长。1952年到1990年，民族地区的汉族人口增长率年均为12‰左右，而同时少数民族人口增长率则高达18‰以上（见图3）。

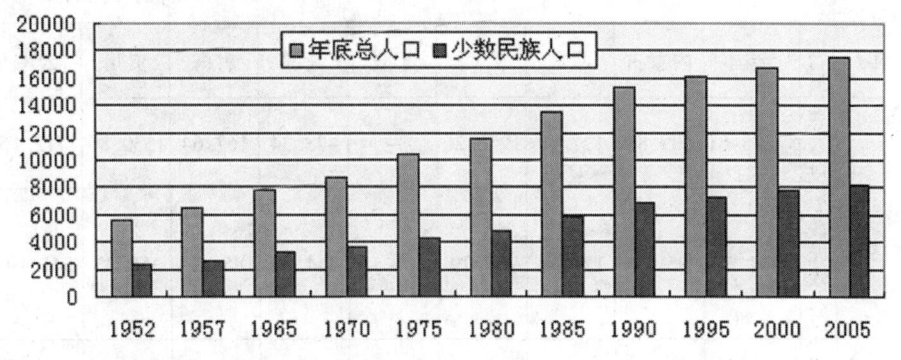

图3　1952~2005年民族地区总人口与少数民族人口总量比较

资料来源：《中国民族统计年鉴1949~1994》第161页；《中华人民共和国资料手册1949~1999》第62~63页；《新中国五十年统计资料汇编》，中国统计出版社，2000；中国统计年鉴2006，中国统计出版社，2006

建国以来，在国家政策和资金的扶持下，民族地区的经济得到了很大的发展，人民的健康水平有了很大提高。从五次人口普查情况来看，8个主要民族省区人口总量及少数民族人口数量都有了较大的增长。在8个主要民族省区中，人口增长量最多的是广西壮族自治区，人口总量从1953年第一次人口普查的1956.26万人，增长到2000年第五次人口普查的4385.45万人，净增加2429.19万人。处于第二位的是云南省，人口总量从1953年第一次人口普查的1712.16万人，增长到2000年第五次人口普查的4236.01万人，净增加2523.85万人，年均增加53.70万人。处于第三位的是贵州省，人口总量从1953年第一次人口普查的1530.80万人，增长到2000年第五次人口普查的3542.77万人，净增加2011.97万人，年均增加42.81万人。处于第四位的是内蒙古自治区，人口总量从1953年第一次人口普查的609.88万人，增长到2000年第五次人口普查的2332.34万人，净增加1722.46万人，

年均增加36.65万人。人口增长总量最少的是西藏自治区，人口总量从1953年第一次人口普查的127.40万人，增长到2000年第五次人口普查的261.63万人，净增加134.23万人，年均增加2.86万人。从1953年第一次人口普查到2000年第五次人口普查，8个主要民族省区人口增长幅度最大的是新疆维吾尔自治区，增长3.86倍，其次是内蒙古自治区，总人口增长3.82倍（见表4）。

表4 五次人口普查8省区人口总量及民族人口变化

单位：万人，%

年代	项目	全国	内蒙古	西藏	广西	宁夏	新疆	青海	贵州	云南
1953	总人口	57785.61	609.88	127.40	1956.26	—	478.34	167.64	1530.80	1712.16
	少数民族人口	3401.38	95.93	127.40	733.79	—	444.90	85.41	356.25	541.19
	比重	5.89	15.73	100	37.51	—	93.01	50.95	23.69	31.59
1964	总人口	69122.01	1234.43	125.12	2084.65	210.75	726.99	214.57	1714.27	2050.79
	少数民族人口	3988.39	160.48	121.38	855.33	65.04	494.86	82.93	400.96	638.41
	比重	5.77	13.00	97.01	41.03	30.86	68.07	38.65	23.39	31.13
1982	总人口	100391.39	1926.99	186.37	3641.73	389.56	1308.06	389.59	2795.38	3255.33
	少数民族人口	6643.43	299.65	176.99	1393.33	124.42	779.73	153.58	667.54	1027.71
	比重	6.62	15.55	94.97	38.26	31.94	59.61	39.42	23.88	31.57

续表

1990	总人口	113051.06	2145.35	219.60	4224.54	465.61	1595.84	445.66	3239.23	3697.05
	少数民族人口	9056.72	416.63	211.22	1657.71	154.91	996.12	187.80	1050.48	1235.18
	比重	8.01	19.42	96.18	39.24	33.27	62.42	42.14	32.43	33.41
2000	总人口	124261.22	2332.34	261.63	4385.45	548.64	1845.95	482.29	3542.77	4236.01
	少数民族人口	10522.61	485.78	245.78	1682.96	189.58	1.96.96	221.69	1333.60	1415.88
	比重	8.47	20.83	93.94	38.38	34.55	59.43	45.97	37.84	33.42

资料来源：《中国民族统计年鉴1999》第398~400页，民族出版社，1999；《2000年人口普查中国民族人口资料》第2页，民族出版社，2003

（三）民族地区人口发展预测

根据民族地区人口总量变化的历史数据，以1990年到2005年的人口平均增长率为基础，采用趋势预测法对民族地区人口总量及少数民族人口总量变化趋势进行预测。从预测结果来看，民族地区总人口2010年将达到18352万人，2020年突破2亿人，2030年将达到22159万人，2040年将达到2.44亿人，民族地区总人口年平均增长速度低于10‰。预测结果显示：民族地区少数民族总人口2010年将达到8781万人，2020年将达到9975万人，2030年将达到11330万人，2040年将达到12870万人，民族地区少数民族总人口年平均增长速度将在13‰左右。未来民族地区人口总量及少数民族人口变化趋势见图4。

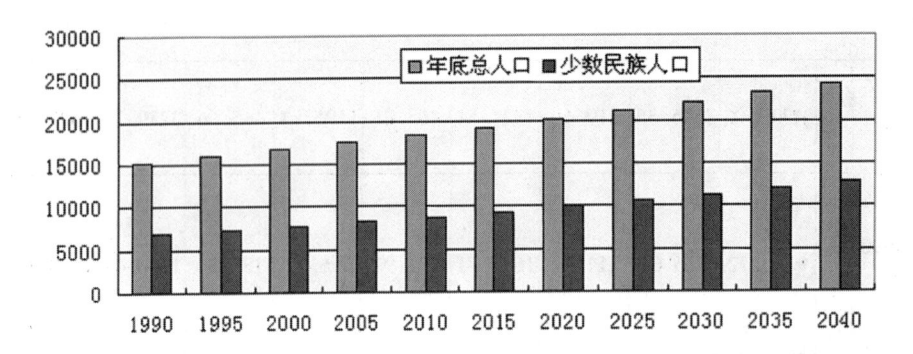

图4 民族自治地区总人口及少数民族人口预测（万人）

由于我国民族政策对少数民族实行优惠，导致许多人为了享受民族优惠更改自己的民族成分，必然促进民族人口的增长快于汉族人口的增长。再加上汉族与少数民族之间通婚的不断增加，民族人口的增长速度必然快于汉族人口的增长速度，也高于总人口的增长速度。

民族地区人口增长高于汉族和全国总人口的增长速度，必然给民族地区的资源和生态环境带来巨大的压力，给民族地区的人力资源开发和就业带来巨大压力。研究民族地区人口增长的趋势及存在的问题，制定控制民族地区人口过快增长的政策，加强民族地区的人力资源开发和医疗卫生事业建设，大幅度提高民族地区人力资源存量，为民族地区的经济发展和社会稳定奠定一个良好的人口基础，将会极大地促进民族地区的经济和社会发展，促进我国可持续发展战略的实现。

三、主要民族地区人口总量及发展趋势

（一）内蒙古自治区

1. 内蒙古自治区人口总量发展历程

内蒙古自治区地处我国的北部边疆，是横跨我国东、中、西部的一个高原省区。内蒙古自治区土地面积居全国第3位，草原面积占全国的1/4。根据国家统计局《中国统计年鉴2006》统计，截止到2005年底，内蒙古自治区总人口达到2386.40万人，其中少数民族人口达到515.76万人，少数民族人口占本地区人口的比重为21.61%。

2. 内蒙古自治区人口发展历程

中华人民共和国建国后，国家十分关心和支持内蒙古自治区人民的身体健康，先后投入大量资金支持内蒙古自治区的经济发展和医疗卫生建设，并派出大量内地的医疗卫生专家支援内蒙古自治区，在国家的大力支持下，内蒙古自治区的医疗卫生事业得到了较快的发展，人民的健康水平有了很大提高，内蒙古自治区的人口得到了稳定健康发展，内蒙古自治区总人口和少数民族人口都得到了较快的发展。从人口增长趋势看，内蒙古自治区总人口从1950年的660万人，增长到2005年的2386万人，共增加1726万人，增长261.52%，总人口年均增长31.4万人。1950年内蒙古自治区少数民族总人口为94万人，2005年少数民族人口增长到516万人，55年共计增加422万人，增长448.94%，年均增长7.67万人（见表5）。

表5　内蒙古自治区人口发展历程

单位：万人,%

	1950	1955	1960	1965	1970	1975	1980	1985	1990	1995	2000	2005
年底总人口	660	843	1191	1296	1491	1738	1877	2016	2163	2284	2372	2386
少数民族人口	94	117	141	167	182	216	244	330	414	481	540	516
比重	16.6	16.2	13.5	14.8	14.6	14.2	14.9	16.4	19.1	21.1	22.8	21.6

资料来源：《新中国五十年统计资料汇编》第240页，中国统计出版社，1999；《内蒙古统计年鉴2002》第104页，中国统计年鉴出版社，2002；《中国统计年鉴2006》，中国统计出版社，2006

从表5可以看出，在内蒙古自治区人口发展的过程中，少数民族人口的增长幅度远远超过汉族人口的增长幅度。1950年到1985年，少数民族人口占总人口的比重一直在15%左右徘徊，最高的1950年也仅为16.6%。少数民族人口占总人口的比重平均为14.97%。此后少数民族人口占总人口的比重发生了重大变化，1990年少数民族人口占总人口的比重上升到19.1%，1995年上升到21.1%，2000年竟高达22.8%。1990年到2005年，少数民族人口占总人口的比重平均为21.2%，少数民族人口占总人口的比重平均比1950~1985年的比重高出近6个百分点。出现这一情况的原因，主要是更改民族成分，而人口迁移造成的机械增长可以忽略不计。

3. 人口出生和死亡水平

建国初期内蒙古自治区人口的出生率很高，1954年仍高达58.8‰，人口自然增长率高达37.9‰；1965年人口出生率为40‰，自然增长率为30.7‰。随着计划生育工作的开展，少数民族也开始实行计划生育，人口出生率开始下降。1980年内蒙古自治区人口出生率下降到16.5‰，自然增长率下降到11.6‰，2000年人口出生率下降到12.1‰，自然增长率下降到6.2‰，2005年下降到10.08‰，自然增长率下降到5.46‰。见表5。

1950年内蒙古自治区总人口的死亡率高达20.9‰，在国家的大力支持和帮助下，内蒙古自治区医疗卫生事业得到了较快的发展，危害人民生命健康的传染病得到了控制，人口的健康水平有了很大提高。1960年内蒙古自治区人口的死亡率下降到9.1‰，1970年下降到6.2‰，此后一直保持在6‰左右（见图5）。

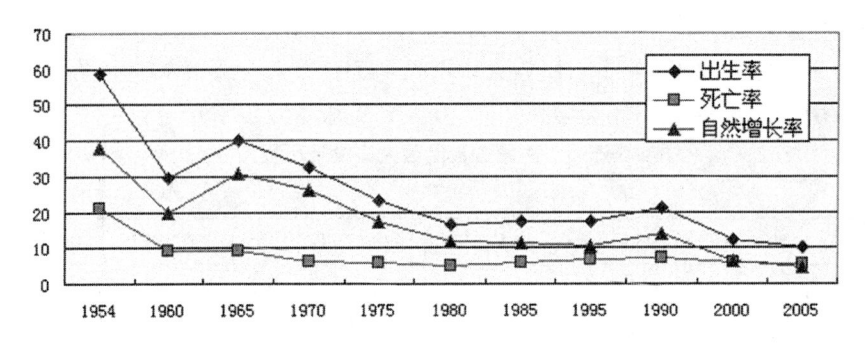

图5　内蒙古自治区人口出生和死亡状况（‰）

资料来源：《新中国五十年统计资料汇编》第240页，中国统计出版社，1999；《内蒙古统计年鉴2002》第104页，中国统计出版社，2002；《中国统计年鉴2006》，中国统计出版社，2006

4. 内蒙古自治区人口发展趋势预测

根据1990年到2005年内蒙古自治区人口平均增长率计算，对内蒙古自治区未来总人口增长趋势及少数民族人口增长趋势进行预测。预测结果显示，2010年内蒙古自治区总人口将增长到2467万人，少数民族人口将增长到558万人，少数民族人口占总人口的比重将增长到22.6%。2020年内蒙古自治区总人口将增长到2638万人，少数民族人口将增长到654万人，少数民族人口占总人口的比重将增长到24.8%。2030年内蒙古自治区总人口将增长到2820万人，少数民族人口将增长到765万人，少数民族人口占总人口的比重将增长到27.1%。2040年内蒙古自治区总人口将增长到3015万人，少数民族人口将增长到896万人，少数民族人口占总人口的比重将增长到29.7%。内蒙古自治区总人口及少数民族人口增长趋势见图6。

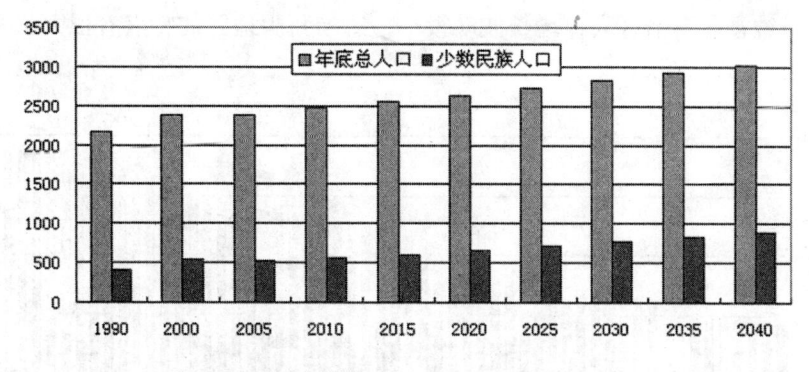

图6 内蒙古自治区人口增长趋势预测（万人）

（二）新疆维吾尔自治区

1. 人口总量发展历程

新疆维吾尔自治区位于我国的西北边疆，是一个典型的内陆地区。新疆维吾尔自治区是中国面积最大的一个省区，占全国总面积的1/6。新疆维吾尔自治区草原面积居全国第二位，人均水资源高于全国平均水平。新疆维吾尔自治区是一个多民族聚居的地区，目前有50多个民族在新疆生产和生活。根据国家统计局《中国统计年鉴2006》统计，截止到2005年底，新疆维吾尔自治区总人口达到2010.35万人。其中少数民族人口达到1214.69万人，少数民族人口占本地区人口的比重为60.42%。

2. 新疆人口发展历程

新中国成立后，国家十分关心新疆维吾尔自治区人民的身体健康，为了提高新疆维吾尔自治区人口的健康水平，国家先后投入大量资金支持新疆维吾尔自治区的经济发展，兴建了大量医疗卫生设施，并派出大量内地的医疗卫生专家支援新疆维吾尔自治区。在国家的大力支持下，新疆维吾尔自治区的医疗卫生事业得到了较快的发展，人民的健康水平有了很大提高，新疆维吾尔自治区的人口得到了稳定健康发展，新疆维吾尔自治区的总人口和少数民族人口都得到了较快的发展（见图7）。

从图7可以看出，新疆维吾尔自治区人口增长呈现出稳步增长的态势。1949年到2005年，新疆维吾尔自治区人口增长总体曲线比较平稳，除1959到1961三年增长速度略高外，其他时间基本上是稳步增长。这与其他省市相比有很大的不同，内地许多省市在三年困难时期人口处于负增长状态，三年困难时期过后人口又呈现出补偿性增长，期间人口增长出现大幅度波动。

而新疆维吾尔自治区人口增长波动很小，这与新疆地区的特点有很大关系。

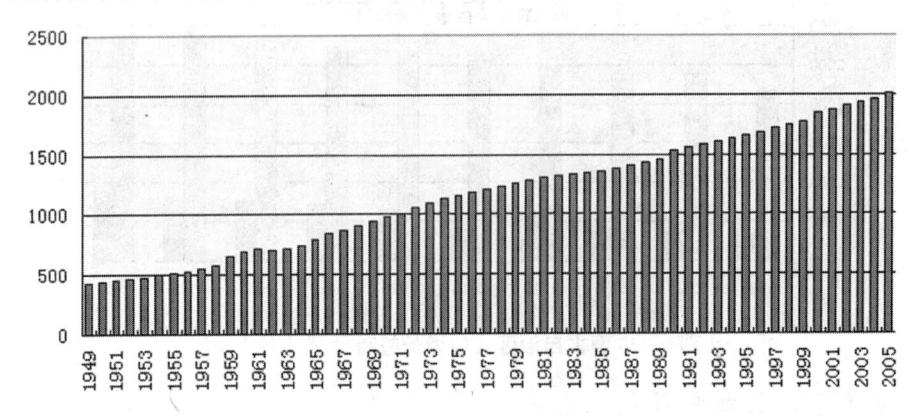

图7 新疆维吾尔自治区人口发展历程

资料来源：《新中国五十年统计资料汇编》第866页，中国统计出版社，1999；《新疆统计年鉴2003》，第29、34~36、105~109页，中国统计出版社，2003；《中国统计年鉴2006》，中国统计出版社，2006

从新疆维吾尔自治区少数民族人口的增长来看，1949年到1955年，新疆维吾尔自治区少数民族人口比重占到90%左右。1964年第二次人口普查时新疆少数民族人口占总人口的比重就下降到68.1%。1978年新疆维吾尔自治区少数民族人口占总人口的比重下降到60%以下，此后少数民族人口比重一直稳定在60%左右（见表6）。

表6 新疆维吾尔自治区人口增长历程

单位：万人，%

	1949	1955	1964	1978	1980	1985	1990	1995	2000	2005
年底总人口	433	512	727	1233	1283	1361	1529	1661	1925	2010
少数民族人口	404	457	495	720	752	826	954	1029	1200	1215
比重	93.3	89.3	68.1	58.4	58.6	60.7	62.4	62.0	62.3	60.4

资料来源：《新中国五十年统计资料汇编》第866页，中国统计出版社，1999；《新疆统计年鉴2003》，第29、34~36、105~109页，中国统计出版社，2003；《中国统计年鉴2006》，中国统计出版社，2006

3. 人口出生和死亡水平

建国后新疆维吾尔自治区人口的出生率总体呈现稳步下降趋势。1950年到1960年，新疆维吾尔自治区人口出生率稳定在30‰左右。1965年到1975年十年间，新疆人口出生率处于较高位置，最高的1965年超过40‰，平均在37‰以上。1980年新疆人口出生率下降到21.28‰，此后人口出生率呈现稳步下降态势，只有1990年略高（见表7）。

表7 新疆维吾尔自治区人口死亡水平（‰）

	1950	1955	1960	1965	1970	1975	1980	1985	1990	1995	2000	2005
出生率	30.09	30.67	28.13	41.65	36.63	33.10	21.28	19.80	26.41	18.90	17.57	16.42
死亡率	19.92	14.40	15.67	11.08	8.17	8.74	7.62	6.39	7.81	6.45	5.4	5.04
自然增长率	10.17	16.27	12.46	30.57	28.46	24.36	13.66	13.41	18.60	12.45	12.17	11.38

资料来源：《新中国五十年统计资料汇编》第866页，中国统计出版社，1999；《新疆统计年鉴2003》，第29、34~36、105~109页，中国统计出版社，2003；中国统计年鉴2006，中国统计出版社，2006

4. 新疆维吾尔自治区人口发展趋势预测

根据1990年到2005年内蒙古自治区人口平均增长率计算，对新疆维吾尔自治区未来总人口增长趋势及少数民族人口增长趋势进行预测。预测结果显示，2010年新疆维吾尔自治区总人口将增长到2221万人，少数民族人口将增长到1326万人，少数民族人口占总人口的比重将下降到58.9%。2020年新疆维吾尔自治区总人口将增长到2712万人，少数民族人口将增长到1578万人，少数民族人口占总人口的比重将下降到58.2%。2030年新疆维吾尔自治区总人口将增长到3311万人，少数民族人口将增长到1878万人，少数民族人口占总人口的比重将下降到56.7%。2030年新疆维吾尔自治区总人口将增长到4043万人，少数民族人口将增长到2235万人，少数民族人口占总人口的比重将下降到55.3%（见图8）

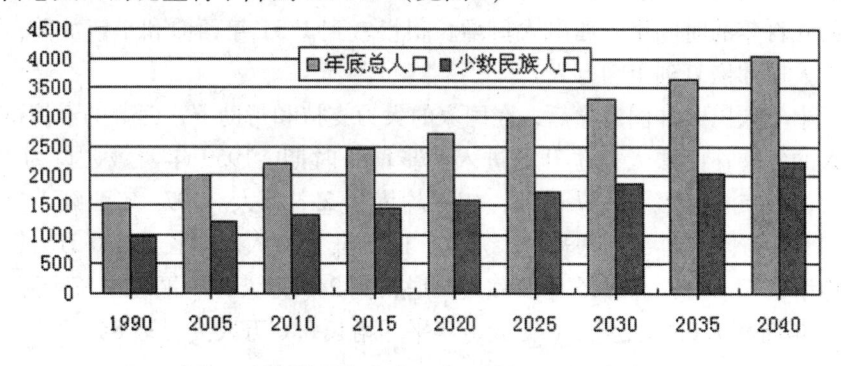

图8 新疆维吾尔自治区人口增长预测（万人）

（三）西藏自治区

1. 西藏自治区人口总量

新中国成立后，西藏得到了和平解放，考虑到历史和宗教的关系，国家在较长时期内并没有对西藏进行改革，但国家始终十分关心西藏的经济建设和人民的身体健康。西藏自治区成立后，为了提高西藏自治区人口的健康水平，国家先后投入大量资金支持西藏自治区的经济发展，兴建了大量医疗卫生设施，仅1952年到1984年，中央就给西藏自治区财政补贴高达78.6亿元。除继续支持西藏本地的藏医藏药外，还派出大量内地的医疗卫生人员支援西藏自治区的医疗卫生事业。在国家的大力支持下，西藏自治区的医疗卫生事业得到了较快的发展，人民的健康水平有了很大提高，西藏自治区的人口得到了稳定健康发展，西藏自治区的总人口和少数民族人口都得到了较快的发展。根据国家统计局《中国统计年鉴2006》统计，截止到2005年底，西藏自治区总人口达到276万人，其中少数民族人口达到258万人，少数民族人口占本地区人口的比重为93.48%。

2. 西藏自治区人口发展历程

据历史记载，藏族人民很早就在雅鲁藏布江两岸生活。公元6世纪雅隆部落首领赞普统治了西藏地区，公元7世纪的吐蕃时期是西藏最繁荣的时期，吐蕃首领松赞干布实行了一系列有利于西藏发展的政策，促进了西藏的发展和人口的增加，人口增长到近400万人。此后由于天灾人祸和战乱频繁，导致西藏人口锐减，到公元13世纪时，西藏人口已经不足60万人。此后的几百年的时间里，西藏人口增长很慢，到1951年西藏和平解放前，西藏总人口才恢复到105万人。

中华人民共和国成立后，在国家的大力支持和帮助下，西藏的经济得到较大的发展，西藏人口也开始进入稳步增长时期。1959年西藏人口为123万人，1965年增长到137万人，年平均增长2.3万人。1975年西藏人口增长到169万人，年平均增长3.2万人。1985年西藏人口增长到200万人，年平均增长3.1万人。1995年西藏人口增长到240万人，年平均增长4万人。2005年西藏人口增长到276万人，年平均增长3.6万人（见表8）。

表8 西藏自治区人口发展历程

单位：万人,%

	1959	1960	1964	1970	1975	1980	1985	1990	1995	2000	2005
年底总人口	123	127	135	151	169	185	200	222	240	260	276
少数民族人口	111	124	131	147	162	176	192	215	233	253	258
比重	99.1	97.6	97.3	97.4	95.9	94.6	96.5	96.9	97.2	97.2	93.5

资料来源：《新中国五十年统计资料汇编》第748页，中国统计出版社，1999；《西藏统计年鉴2003》第29页，中国统计出版社，2002；《中国统计年鉴2006》，中国统计出版社，2006

3. 人口出生和死亡水平

从西藏自治区的人口出生率和死亡率来看，西藏自治区的出生率处于相对较高的位置。1965年到2005年，在40年的时间里，西藏自治区人口出生率、人口死亡率和自然增长率基本上处于相同的变化趋势，即人口出生率升高时，人口死亡率和自然增长率也随之增高，人口出生率下降时，人口死亡率和自然增长率也随之下降，只是升高和下降幅度不同。从2000年开始，西藏自治区人口进入了三低，即人口出生率、人口死亡率和自然增长率都处于较低的位置（见图9）。

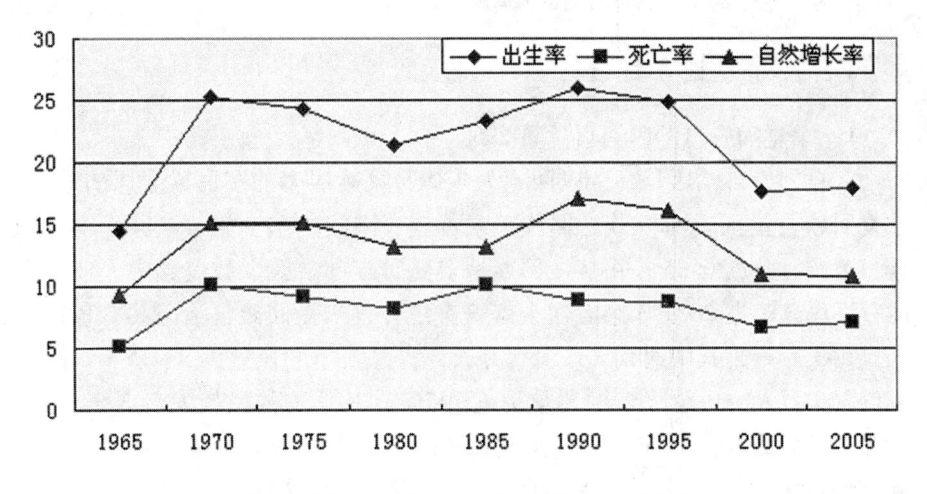

图9 西藏自治区人口出生和死亡水平（‰）

资料来源：《新中国五十年统计资料汇编》第748页，中国统计出版社，1999；《西藏统计年鉴2003》第29页，中国统计出版社，2002；《中国统计年鉴2006》，中国统计出版社，2006

4. 西藏自治区人口发展趋势预测

根据西藏自治区1990到2005年的人口增长速度，对西藏自治区未来人口发展进行预测。预测结果显示,到2010年,西藏自治区总人口将增长到296万人,少数民族人口增长到276万人。2020年西藏自治区总人口将增长到339万人,少数民族人口增长到316万人。2030年西藏自治区总人口将增长到389万人,少数民族人口增长到362万人。2040年西藏自治区总人口将增长到445万人,少数民族人口增长到414万人(见图10)。

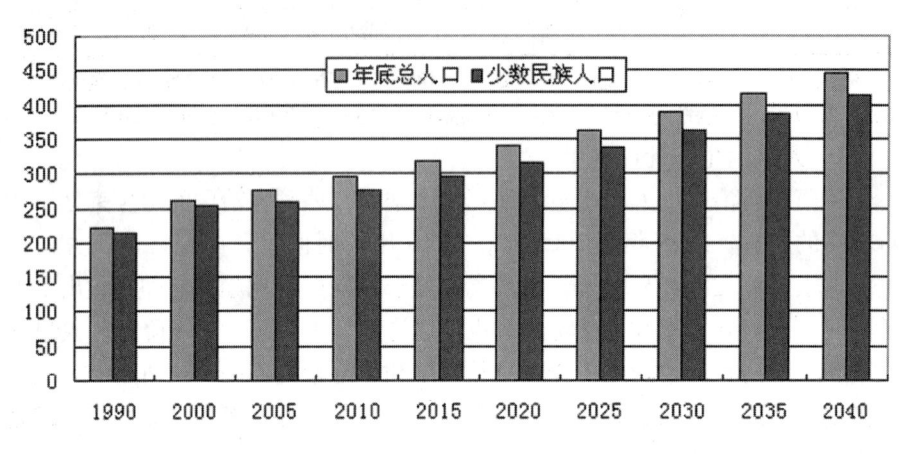

图10 西藏自治区人口及少数民族人口预测(万人)

(四)宁夏回族自治区

1. 宁夏回族自治区人口总量

宁夏回族自治区是一个以回族为主体,汉族居多的多民族聚居的地区。宁夏回族自治区现有汉族、回族、蒙古族、满族、东乡族、藏族、维吾尔族、苗族、壮族等35个民族。回族是宁夏回族自治区少数民族中人口最多的一个民族。据2000年第五次人口普查统计,宁夏回族自治区共有各民族人口549万人,其中回族人口186万人,占总人口的比重为33.95%。汉族人口359万人,占总人口的比重为65.45%。其他少数民族人口3.3万人,占总人口的比重为0.6%。根据国家统计局《中国统计年鉴2006》统计,截止到2005年底,宁夏回族自治区总人口达到596.20万人,其中少数民族人口达到214.51万人,少数民族人口占本地区人口的比重为35.98%。

2. 宁夏回族自治区人口发展历程

中华人民共和国成立后,国家十分关心宁夏回族自治区人民的身体健康,为了提高宁夏回族自治区人口的健康水平,国家先后投入大量资金支持宁夏回族自治区的经济发展，兴建了大量医疗卫生设施，并派出大量内地的医疗卫生专家支援宁夏回族自治区。在国家的大力支持下，宁夏回族自治区的医疗卫生事业得到了较快的发展，人民的健康水平有了很大提高，宁夏回族自治区的人口得到了稳定健康发展（见表9）。

表9 宁夏回族自治区人口增长历程

单位：万人，‰

	总人口	出生率	死亡率	自然增长率		总人口	出生率	死亡率	自然增长率
1949	120				1978	356	28.48	5.46	23.02
1950	126	40.32	20.58	19.74	1979	364	27.56	5.56	22.00
1951	133	43.89	19.18	24.71	1980	374	24.96	4.72	20.24
1952	142	49.90	22.44	27.46	1981	383	29.65	6.08	23.57
1953	151	40.01	19.38	20.63	1982	393	28.95	5.82	23.13
1954	158	42.47	13.05	29.42	1983	399	18.29	4.06	14.23
1955	165	34.9	10.24	24.66	1984	407	18.58	3.77	14.81
1956	172	34.2	10.58	23.62	1985	415	17.18	3.88	13.30
1957	179	43.24	11.06	32.18	1986	424	17.74	3.78	13.96
1958	194	39.32	14.98	24.34	1987	435	20.83	3.77	17.06
1959	209	23.8	15.82	7.98	1988	445	18.97	3.87	15.10
1960	213	16.58	13.90	2.68	1989	455	23.6	4.38	19.22
1961	203	13.03	10.71	2.32	1990	466	24.34	5.52	18.82
1962	199	44.6	8.49	36.11	1991	474	21.96	5.13	16.83
1963	207	50.52	10.22	40.3	1992	482	20.11	5.36	14.75
1964	215	49.37	13.44	35.93	1993	491	19.43	5.36	14.07
1965	227	48.08	9.29	38.79	1994	504	19.67	6.02	13.65
1966	235	42.2	9.35	32.85	1995	512	19.28	5.49	13.79
1967	244	43.13	8.35	34.78	1996	512	19.03	5.25	13.78
1968	255	40.89	6.40	34.49	1997	529	18.9	5.43	13.47
1969	265	42.69	6.68	36.01	1998	537	18.19	5.11	13.18
1970	277	40.27	6.63	33.94	1999	543	17.97	5.65	12.32
1971	287	36.44	6.03	30.41	2000	554	16.49	4.57	11.92
1972	297	39.8	7.24	32.56	2001	563	16.55	4.83	11.72

续表

1973	308	38.21	7.23	30.98	2002	572	16.43	4.86	11.57
1974	317	34.53	6.85	27.68	2003	580	15.68	4.73	10.95
1975	328	36.5	7.77	28.73	2004	588	15.97	4.79	11.18
1976	338	31.63	6.84	24.79	2005	596	15.93	4.95	10.98
1977	347	29.49	5.73	23.76					

资料来源：《新中国五十年统计资料汇编》第842页，中国统计出版社，1999；《宁夏统计年鉴2003》，第59~62页；《中国统计年鉴2006》，中国统计出版社，2006

新中国成立以来，随着经济的发展和医疗卫生条件的改善，宁夏回族自治区的总人口和少数民族人口都得到了较快的发展。1952年宁夏回族自治区总人口仅有126万人，其中少数民族人口46万人，少数民族人口占总人口的比重为36.5%。1964年宁夏回族自治区总人口达到211万人，少数民族人口增长到65万人，少数民族人口占总人口的比重为30.7%。1980年宁夏回族自治区总人口增长到374万人，其中少数民族人口为116万人，少数民族人口占总人口的比重为31.0%。1990年宁夏回族自治区总人口达到466万人，其中少数民族人口达到154万人，少数民族人口占总人口的比重为33.1%。2005年宁夏回族自治区总人口增长到596万人，少数民族人口达到215万人，少数民族人口占总人口的比重为36.0%（见表10）。

表10 宁夏回族自治区少数民族人口及比重

单位：万人，%

	1952	1958	1964	1978	1980	1985	1990	1995	2000	2005
年底总人口	126	165	211	328	374	415	466	512	554	596
少数民族人口	46	63	65	109	116	134	154	172	191	215
比重	36.5	38.2	30.7	33.2	31.0	32.3	33.1	33.6	34.5	36.0

资源来源：《宁夏统计年鉴2002》，第59~62页，中国统计出版社，2002；《中国统计年鉴2006》，中国统计出版社，2006

3. 人口出生和死亡水平

从宁夏回族自治区人口出生率来看，1960年是人口出生率的谷底，人口出生率由1957年的43.2‰下降到16.6‰，1965年人口出生率又上升到50.5‰。此后人口出生率开始稳步下降，1970年下降到40.3‰，1980年下降到25.0‰，1985年下降到17.2‰，1990年上升到24.3‰，2000年下降到16.5‰。与此相应的是，宁夏回族自治区人口自然增长率基本与人口出生率同步。宁夏回族自治区人口死亡率除在1960年左右有显著增高外，其发展状况基本处于稳步下降的趋势。人口死亡率1950年高达20.6‰，1955年下降到10.2‰，1960年增长到13.9‰，1965年下降到9.3‰，1970年下降到6.6‰，此后便处于稳定状态。表明宁夏回族自治区人口发展已经处于低出生、低死亡和低增长的时期（见图11）。

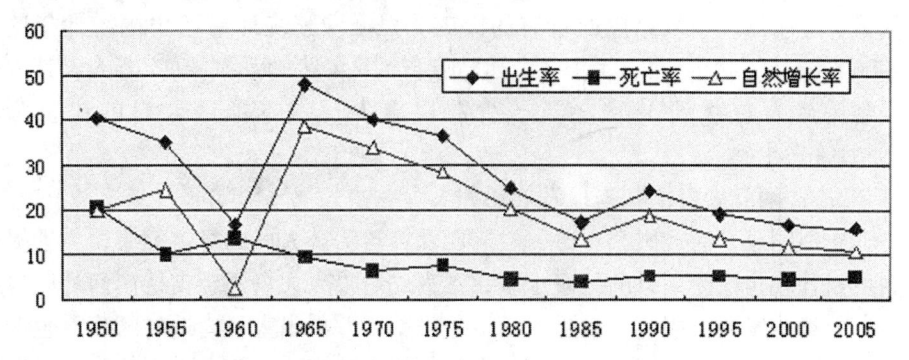

图11 宁夏回族自治区人口出生和死亡水平（‰）

资料来源：《新中国五十年统计资料汇编》第842页，中国统计出版社，1999；《宁夏统计年鉴2003》，第59~62页；《中国统计年鉴2006》，中国统计出版社，2006

4. 宁夏回族自治区人口发展趋势预测

根据宁夏回族自治区1990到2005年的人口增长趋势，对宁夏回族自治区未来人口增长进行预测。预测结果显示，2010年宁夏回族自治区总人口将达到655万人，少数民族人口达到229万人。2020年宁夏回族自治区总人口将达到688万人，少数民族人口达到259万人。2030年宁夏回族自治区总人口将达到765万人，少数民族人口达到293万人。2040年宁夏回族自治区总人口将达到831万人，少数民族人口达到331万人（见图12）。

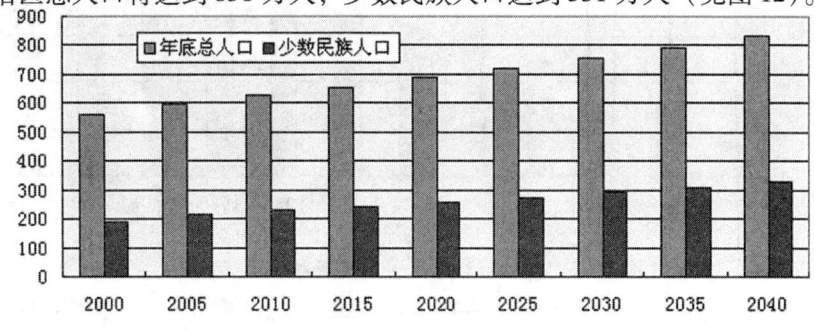

图12 宁夏回族自治区人口及少数民族人口预测（万人）

(五) 广西壮族自治区

1. 广西壮族自治区人口总量

广西壮族自治区是以汉族和壮族为主的多民族聚居区，境内共有 48 个民族，其中汉族、壮族、瑶族、苗族、侗族、回族等是人口较多的民族，仫佬族、毛南族和京族是广西特有的民族。根据国家统计局《中国统计年鉴2006》统计，截止到 2005 年底广西壮族自治区总人口达到 4925 万人，其中少数民族人口达到 1898 万人，少数民族人口占本地区人口的比重为 38.54%。

2. 广西壮族自治区人口发展历程

新中国成立后，国家十分关心广西壮族自治区人民的身体健康，为了提高广西壮族自治区人口的健康水平，国家先后投入大量资金支持广西壮族自治区的经济发展，兴建了大量医疗卫生设施，并派出大量内地的医疗卫生专家支援广西壮族自治区。在国家的大力支持下，广西壮族自治区的医疗卫生事业得到了较快的发展，人民的健康水平有了很大提高，广西壮族自治区的人口得到了稳定健康发展，广西壮族自治区的总人口和少数民族人口都得到了较快的发展。1950 年广西壮族自治区人口为 1875 万人，1965 年发展到 2445 万人，1975 年增长到 3201 万人，1985 年增长到 3873 万人，1995 年增长到 4543 万人，2005 年发展到 4925 万人。从建国后广西壮族自治区的人口发展状况看，广西人口增长基本上处于稳步增长的态势（见图 13）。

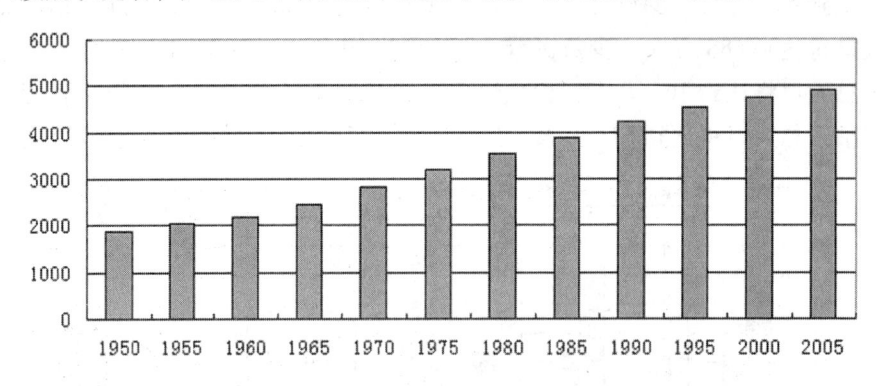

图 13 广西壮族自治区人口增长状况（万人）

资料来源：《新中国五十年统计资料汇编》第 615 页，中国统计出版社，1999；《广西统计年鉴 2003》，第 49 页；《中国统计年鉴 2006》，中国统计出版社，2006

3. 人口出生和死亡水平

建国后广西壮族自治区人口出生率发生了较大的变化。1955年人口出生率为30.3‰，1960年下降到19.4‰，1965年上升到42.4‰，此后便开始稳步下降，到1975年便下降到30‰以下，1990年下降到20.2‰，2005年下降到14.3‰。广西壮族自治区的人口自然增长率基本上与人口出生率同步，1955年为15.7‰，1960年为-10.1‰，1965年上升到33.4‰，1975年下降到22.3‰，1990年下降到13.6‰，2000年下降到8‰以下。人口死亡率1955年为11.6‰，1960年上升到29.2‰，1965年便下降到9.0‰，1970年下降到6.8‰，此后便一直处于较低的水平（见图14）。

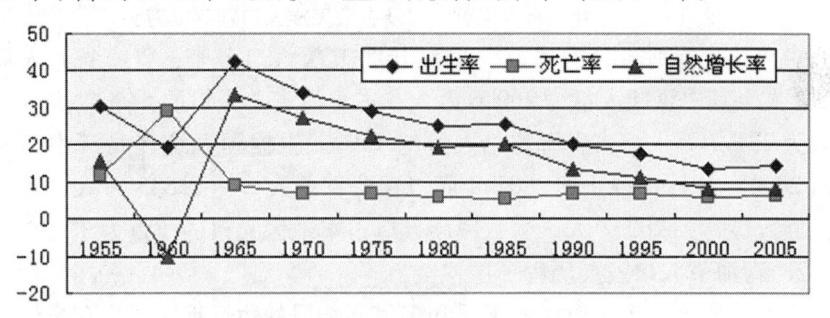

图14 广西壮族自治区人口出生和死亡水平（‰）

资料来源：《新中国五十年统计资料汇编》第615页，中国统计出版社，1999；《广西统计年鉴2002》，第49页；《中国统计年鉴2006》，中国统计出版社，2006

4. 广西壮族自治区人口发展趋势预测

根据广西壮族自治区1990到2005年的人口增长速度，对广西壮族自治区未来人口发展进行预测。预测结果显示，到2010年，广西壮族自治区总人口将增长到5122万人，少数民族人口增长到1993万人。2020年广西壮族自治区总人口将增长到5524万人，少数民族人口增长到2195万人。2030年广西壮族自治区总人口将增长到5969万人，少数民族人口增长到2418万人。2040年广西壮族自治区总人口将增长到6444万人，少数民族人口增长到2663万人（见图15）。

（六）青海省

1. 青海省人口总量

青海省位于我国的西部，青藏高原的东北部，面积72万平方公里。青海省现有汉族、藏族、回族、土族、撒拉族和蒙古族等42个民族，其中土

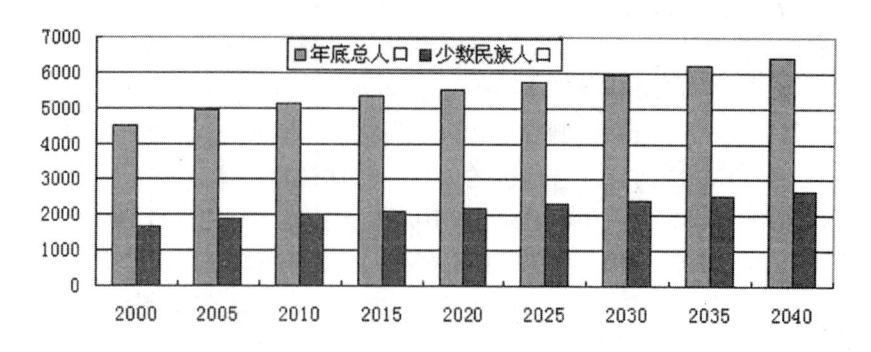

图15 广西壮族自治区总人口及少数民族人口预测（万人）

族和撒拉族为青海省特有民族。2000年第五次人口普查，青海省总人口为482万人，其中汉族人口为260.6万人，占青海省总人口的54%。少数民族人口为221.7万人，占青海省总人口的46%。根据国家统计局《中国统计年鉴2006》统计，截止到2005年底，青海省总人口达到543万人，其中少数民族人口达到202万人，少数民族人口占本地区人口的比重为37.2%。

2. 青海省人口发展历程

青海省作为一个少数民族聚居和多民族杂居的边远地区，生存条件十分恶劣，人口死亡率很高。新中国成立后，国家制定和实施了一系列有利于少数民族地区发展的政策，投入大量资金支持青海省的经济发展，为了提高青海省人口的健康水平，兴建了大量医疗卫生设施，并派出大量内地的医疗卫生专家支援青海省。在国家的大力支持下，青海省的医疗卫生事业得到了较快的发展，人民的健康水平有了很大提高，青海省的人口得到了稳定健康发展，青海省的总人口和少数民族人口都得到了较快的发展。

1953年青海省总人口为164万人，1964年增长到215万人，1982年达到393万人，1990年增长到448万人，2005年增长到543万人。少数民族人口1953年为81万人，占总人口的比重为51%，1964年少数民族人口增长到81万人，占总人口的比重为38.7%，1982年少数民族人口增长到154万人，占总人口的比重为39.4%，1990年少数民族人口增长到188万人，占总人口的比重增长到42.1%，2005年少数民族人口增长到202万人，占总人口的比重下降到37.2%（见表11）。

表11 青海省人口发展历程

单位：万人，%

	1953	1955	1960	1964	1978	1982	1985	1990	1997	2000	2005
总人口	164	179	249	215	365	393	407	448	496	517	543
少数民族人口	81	–	–	83	136	154	–	188	215	235	202
比重	51.0	–	–	38.7	37.3	39.4	–	42.1	42.8	45.5	37.2

资料来源：《新中国五十年统计资料汇编》第817页，中国统计出版社，1999；《青海统计年鉴2003》，第61页；《中国统计年鉴2006》，中国统计出版社，2006

3. 人口出生和死亡水平

青海省的人口出生率显示出较大的波动，1952年青海省人口出生率为30.25‰，1955年增长到35.93‰，1960年青海省人口出生率下降到13.07‰，出现第一个谷底。1965年人口出生率上升到48.72‰的历史最高位，出现一个大的V字型。此后人口出生率开始迅速下降，1975年下降到31.95‰，1985年下降到14.21‰，出现第二个谷底，1990年人口出生率上升到24.34‰，2005年下降到15.7‰。青海省人口自然增长率基本与人口出生率相似，1960年人口出生率下降到谷底时，人口自然增长率也下降到谷底，为-27.66‰，1965年人口自然增长率上升到历史高位39.66‰，出现一个大的V字型。此后开始逐年下降，1985年下降到9.63‰，1990年又上升到16.87‰，到2005年下降到9.49‰。青海省人口死亡率1952年为13.98‰，1960年上升到历史最高位40.73‰，1965年下降到9.06‰，出现一个大的Λ字型。青海省人口死亡率1970年下降到7.52‰，此后便稳定在低死亡率状态（见图16）。

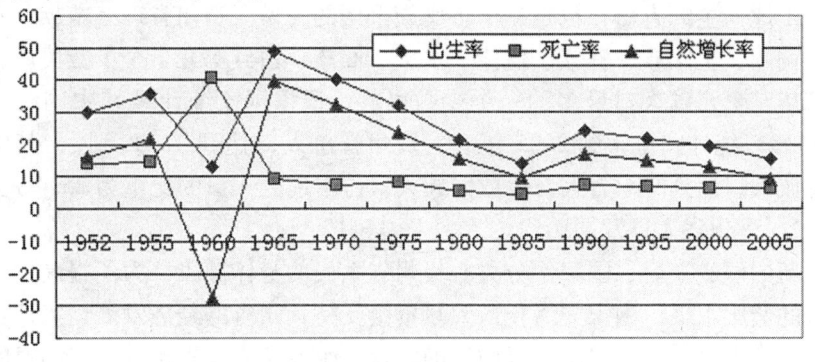

图16 青海省人口出生和死亡水平（‰）

资料来源：《新中国五十年统计资料汇编》第 817 页，中国统计出版社，1999；《青海统计年鉴 2003》，第 61 页；《中国统计年鉴 2006》，中国统计出版社，2006

4. 青海省人口发展趋势

根据青海省 1990 到 2005 年的人口增长速度，对青海省未来人口发展趋势进行预测。预测结果显示，到 2010 年，青海省总人口将增长到 567 万人，少数民族人口增长到 213 万人。2020 年青海省总人口将增长到 618 万人，少数民族人口增长到 237 万人。2030 年青海省总人口将增长到 674 万人，少数民族人口增长到 263 万人。2040 年青海省总人口将增长到 735 万人，少数民族人口增长到 291 万人（见图 17）。

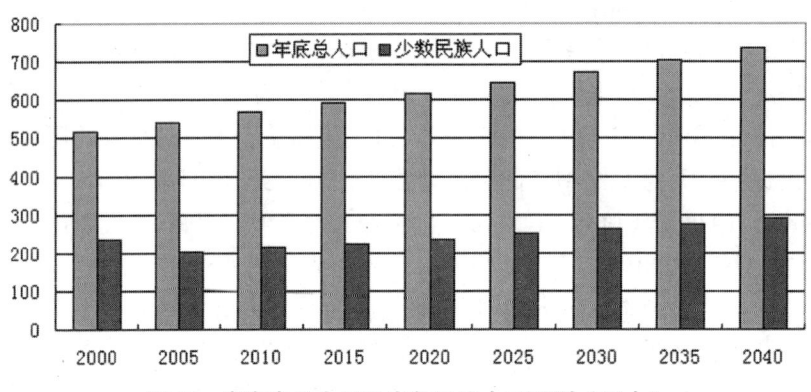

图 17 青海省总人口及少数民族人口预测（万人）

（七）贵州省人口状况

1. 人口总量

贵州省位于我国的西南部，与云南省和广西壮族自治区相连。贵州是一个以山地为主的省份，也是一个多民族聚居的省份。贵州省现有苗族、布依族、侗族、土家族、彝族、仡佬、水族、回族、白族等几十个少数民族，其中苗族是贵州省人口最多的一个少数民族。根据国家统计局《中国统计年鉴 2006》统计，截止到 2005 年底，贵州省总人口达到 3730 万人，其中少数民族人口达到 946 万人，少数民族人口占本地区人口的比重为 25.4%。

2. 贵州省人口发展历程

新中国成立后，国家十分关心贵州省人民的身体健康，为了提高贵州省人口的健康水平，国家先后投入大量资金支持贵州省的经济发展，兴建了大量医疗卫生设施，并派出大量内地的医疗卫生专家支援贵州省。在国家的大力支持下，贵州省的医疗卫生事业得到了较快的发展，人民的健康水平有了很大提高，贵州省的人口得到了稳定健康发展，贵州省的总人口和少数民族人口都得到了较快的发展。1950年贵州总人口为1417万人，1955年增长到1588万人，1965年增长到1821万人，1975年增长到2531万人，1985年增长到2972万人，1995年增长到3508万人，2005年增长到3730万人。建国后贵州省少数民族人口得到了稳定的增长，1953年第一次人口普查贵州省共有少数民族人口394万人，占总人口的比重为26.2%。1964年增长到401万人，占总人口的比重为23.4%。1982年增长到742万人，占总人口的比重为26.0%。1990年增长到1124万人，占总人口的比重为34.7%。2000年增长到1334万人，占总人口的比重为37.8%。2005年增长到1334万人，占总人口的比重为37.8%（见表12）。

表12 五次人口普查贵州省少数民族人口状况

单位：万人，%

	1953	1964	1982	1990	2000
年底总人口	1504	1715	2855	3239	3525
少数民族人口	394	401	742	1124	1334
比重	26.2	23.4	26.0	34.7	37.8

资料来源：《新中国五十年统计资料汇编》第698页，中国统计出版社，1999；《贵州统计年鉴2002》，第49页，中国统计出版社，2002

3. 人口出生和死亡水平

建国以来，贵州省的人口出生率显示出较大的波动。1950年贵州省人口出生率为32.15‰，1955年增长到37.92‰，1960年贵州省人口出生率下降到19.97‰，出现第一个谷底。1965年人口出生率上升到49.96‰的历史最高位，出现一个大的V字型。此后人口出生率开始迅速下降，1975年下降到40.11‰，1980年下降到24.70‰。此后20年维持在20‰以上，一直到2005年才下降到14.59‰。贵州省人口死亡率1950年到1955年维持在16.5‰左右，1960年上升到历史最高位52.33‰，1965年下降到15.16‰，出现一个大的Λ字型。1980年下降到7.04‰，此后便稳定在低死亡率状态。贵州省人口自然增长率1950年为15.54‰，1955年上升到21.68‰，受出生率下降和死亡率上升的影响，1960年贵州省人口自然增长率为－32.36‰，1965年人口自然增长率上升到历史高位34.80‰，出现一个大的V字型。此后贵州省人口自然增长率开始逐年下降，1980年下降到17.66‰，2005年下降到7.38‰（见图18）。

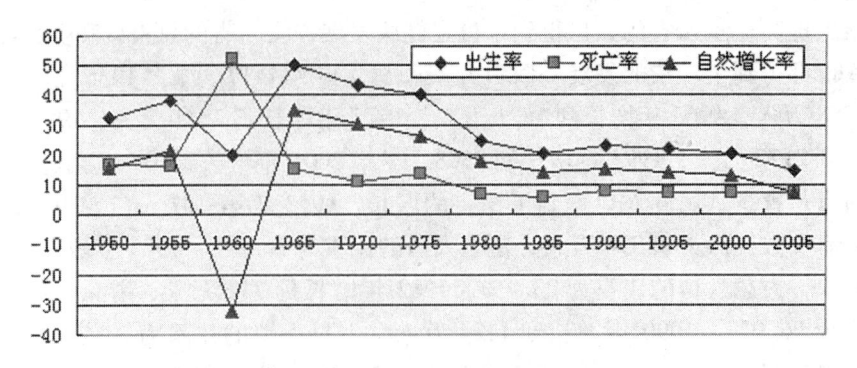

图 18 贵州省人口出生和死亡水平

资料来源：《新中国五十年统计资料汇编》第 698 页，中国统计出版社，1999；《贵州统计年鉴 2002》，第 49 页，中国统计出版社，2002；《中国统计年鉴 2006》，中国统计出版社，2006

4. 贵州省人口发展趋势

根据贵州省 1990 到 2005 年的人口增长速度，对贵州省未来人口发展进行预测。预测结果显示，到 2010 年，贵州省总人口将增长到 3864 万人，少数民族人口增长到 993 万人。2020 年贵州省总人口将增长到 4148 万人，少数民族人口增长到 1087 万人。2030 年贵州省总人口将增长到 4452 万人，少数民族人口增长到 1189 万人。2040 年贵州省总人口将增长到 4778 万人，少数民族人口增长到 1301 万人（见图 19）。

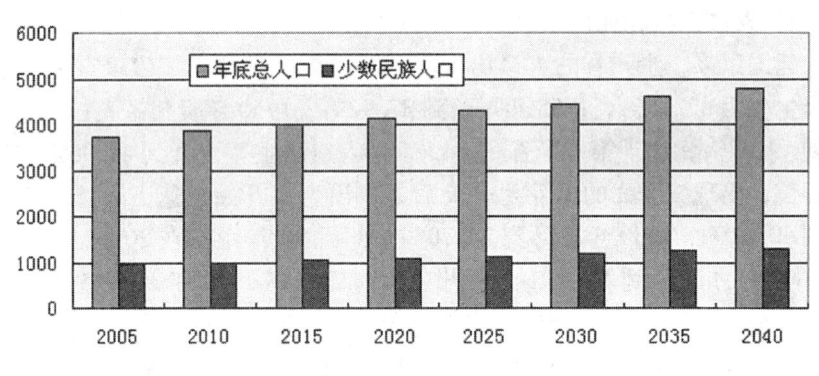

图 19 贵州省人口及少数民族人口预测

（八）云南省

1. 人口总量

云南省位于我国的西南部，是一个以山地为主的省份，也是全国民族成分最多的省份。云南省的白族、哈尼族、傣族、傈僳族、佤族、仡佬族、拉祜族、纳西族、景颇族、布朗族、阿昌族、普米族、怒族、德昂族、独龙族、基诺族这15个少数民族为云南特有，除白族外其他14个民族占全国各民族的95%以上。根据国家统计局《中国统计年鉴2006》统计，截止到2005年底，云南省总人口达到4450万人，其中少数民族人口达到1164万人，少数民族人口占本地区人口的比重为26.2%。

2. **云南省人口发展历程**

新中国成立后，国家十分关心云南省人民的身体健康，为了提高云南省人口的健康水平，国家先后投入大量资金支持云南省的经济发展，兴建了大量医疗卫生设施，并派出大量内地的医疗卫生专家支援云南省。在国家的大力支持下，云南省的医疗卫生事业得到了较快的发展，人民的健康水平有了很大提高，云南省的人口得到了稳定健康发展，云南省的总人口和少数民族人口都得到了较快的发展。1953年第一次人口普查云南总人口为1713万人，1964年增长到2051万人，1982年增长到3255万人，1990年增长到3697万人，2000年增长到4241万人。建国后云南省少数民族人口得到了稳定的增长，1953年第一次人口普查云南省共有少数民族人口563万人，占总人口的比重为32.9%。1964年增长到640万人，占总人口的比重为31.2%。1982年增长到1032万人，占总人口的比重为31.7%。1990年增长到1235万人，占总人口的比重为31.7%。2000年增长到1416万人，占总人口的比重为33.3%（见表13）。

表13 五次人口普查云南省总人口及少数民族人口变化

单位：万人，%

	1953年	1964年	1982年	1990年	2000年
总人口	1713	2051	3255	3697	4241
汉族人口	1150	1411	2223	2462	2825
少数民族人口	563	640	1032	1235	1416
比重（%）	32.9	31.2	31.7	33.4	33.4

资料来源：《新中国五十年统计资料汇编》第723页，中国统计出版社，1999；《云南统计年鉴2003》，第79~81页；《中国统计年鉴2006》，中国统计出版社，2006

3. **人口出生和死亡水平**

建国以来，云南省的人口出生率显示出较大的波动。1950年云南省人口出生率为31.35‰，1955年增长到32.41‰，1960年云南省人口出生率下降到24.19‰，出现第一个谷底。1965年人口出生率上升到44.01‰的历史最高位，出现一个大的V字型。此后人口出生率开始迅速下降，1970年下降到28.53‰，1980年下降到20.91‰。此后20年维持在20‰以上，一直到2005年才下降到14.72‰。云南省人口死亡率1950年为17.86‰，1955年下降到13.73‰，1960年上升到历史最高位26.26‰，1965年下降到12.97‰，出现一个大的Λ字型。1970年下降到8.15‰，此后便稳定在低死亡率状态。云南省人口自然增长率1950年为113.49‰，1955年上升到18.68‰，受出生率下降和死亡率上升的影响，1960年云南省人口自然增长率为-2.07‰，1965年人口自然增长率上升到历史高位31.04‰，出现一个大的V字型。此后云南省人口自然增长率开始逐年下降，1970年下降到20.38‰，1980年下降到13.55‰，此后稳定在12‰左右，直到2005年才下降到7.97‰（见图20）。

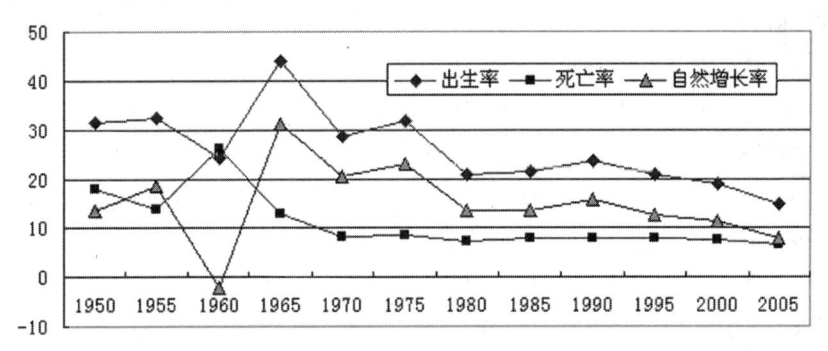

图20　云南省人口出生和死亡水平（‰）

资料来源：《新中国五十年统计资料汇编》第723页，中国统计出版社，1999；《云南统计年鉴2003》，第79~81页；《中国统计年鉴2006》，中国统计出版社，2006

4. 云南省人口发展趋势

根据云南省1990到2005年的人口增长速度，对云南省未来人口发展进行预测。预测结果显示，到2010年，云南省总人口将增长到4405万人，少数民族人口增长到1222万人。2020年云南省总人口将增长到4756万人，少数民族人口增长到1345万人。2030年云南省总人口将增长到5134万人，少数民族人口增长到1480万人。2040年云南省总人口将增长到5542万人，少数民族人口增长到1629万人（见图21）。

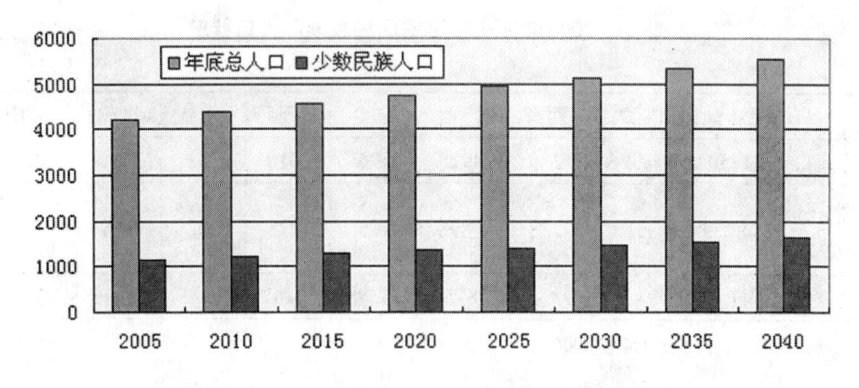

图21　云南省人口及少数民族人口预测（万人）

四、主要民族地区人口总量及发展趋势比较

在民族地区中，除5个民族自治区外，民族人口较多的省区还有青海省、云南省和贵州省。8个省区的民族人口占全国民族人口的77.85%，8个省区的总人口占全国民族地区总人口的1.07%。8个省区的民族人口几乎包含了全国所有的民族，而且在云南省、青海省和贵州省中还有许多特有的民族。研究民族地区的人口状况及发展趋势，有必要将云南省、青海省和贵州省作为民族地区加以分析和研究。

（一）主要民族地区总人口及少数民族人口比较

从民族地区人口总量及少数民族人口比重来看，主要民族地区存在较大的差距。2005年主要民族地区中，总人口最多的是广西壮族自治区、云南省和贵州省，总人口分别为4925万人、4236万人和3730万人。处于第二位的是内蒙古自治区和新疆维吾尔自治区，总人口分别为2386万人和2010万人。人口最少的是西藏自治区，2005年总人口仅为276万人。从少数民族人口占总人口的比重来看，少数民族人口比重最高的是西藏自治区，少数民族人口占总人口的比重为93.48%。处于第二位的是新疆维吾尔自治区，少数民族人口占总人口的比重为60.42%。少数民族人口比重最低的是内蒙古自治区，少数民族人口占总人口的比重为21.61%（见表14）。

表14 2005年8个主要省区民族地区人口状况

单位：万人，%

项目	民族地区	内蒙古	西藏	广西	宁夏	新疆	青海	贵州	云南
总人口	17507	2386	276	4925	596	2010	543	3730	4236
少数民族人口	8239	516	258	1898	215	1215	202	946	1164
比重%	47.06	21.61	93.48	38.54	35.98	60.42	37.2	25.36	27.48

资料来源：《中国统计年鉴2006》，中国统计出版社，2006

（二）五次人口普查8个省区人口出生率、死亡率和增长率变动

从五次人口普查的人口变动情况来看，主要民族地区存在较大的差距。从人口出生率来看，1953年第一次人口普查人口出生率最高的是内蒙古自治区，人口出生率高达58.8‰，最低的是青海省和新疆维吾尔自治区，人口出生率为30.3‰和30.6‰。1965年第二次人口普查人口出生率最高的是新疆维吾尔自治区和广西壮族自治区，人口出生率高达52.1‰和49.4‰，最低的是西藏自治区，人口出生率为22.4‰。1982年第三次人口普查人口出生率最高的是广西壮族自治区，人口出生率为29.0‰，最低的是内蒙古自治区和新疆维吾尔自治区，人口出生率都是21.2‰。1990年第四次人口普查时，人口出生率最高的是西藏自治区，人口出生率为26.0‰，最低的是内蒙古自治区，人口出生率为21.2‰。2000年第五次人口普查时，人口出生率最高的是贵州省，人口出生率为20.6‰，最低的是内蒙古自治区，人口出生率为9.9‰。

从人口死亡率来看，1953年第一次人口普查人口死亡率最高的是内蒙古自治区，人口死亡率为20.9‰。人口死亡率最低的是青海省，人口死亡率为14.0‰。1964年第二次人口普查人口死亡率最高的是贵州省，人口死亡率为20.7‰，人口死亡率最低的是西藏自治区，人口死亡率为5.1‰。1982年第三次人口普查人口死亡率最高的是云南省，人口死亡率为9.9‰，人口死亡率最低的是青海省，人口死亡率为5.1‰。1990年第四次人口普查人口死亡率最高的是西藏自治区，人口死亡率为8.9‰，人口死亡率最低的是宁夏回族自治区，人口死亡率为5.7‰。2000年第五次人口普查人口死亡率最高的是云南省，人口死亡率为7.6‰，人口死亡率最低的是宁夏回族自治区，人口死亡率为4.6‰。

从人口的自然增长率来看，五次人口普查各地区人口自然增长率存在较大的差距。1953年第一次人口普查人口自然增长率最高的是内蒙古自治区，人口自然增长率为37.9‰，人口自然增长率最低的是新疆维吾尔自治区，人口自然增长率为12.9‰。1964年第二次人口普查人口自然增长率最高的是青海省，人口自然增长率为36.6‰，人口自然增长率最低的是西藏自治区，人口自然增长率为17.3‰。1982年第三次人口普查人口自然增长率最高的是宁夏回族自治区，人口自然增长率为23.1‰，人口自然增长率最低的是云南省，人口自然增长率为13.9‰。1990年第四次人口普查人口自然增长率最高的是贵州省，人口自然增长率为20.6‰，人口自然增长率最低的是宁夏回族自治区，人口自然增长率为12.3‰。2000年第五次人口普查人口自然增长率最高的是青海省和贵州省，人口自然增长率均为13.1‰，人口自然增长率最低的是内蒙古自治区，人口自然增长率仅为4.4‰（见表15）。

表15　五次人口普查8个省区人口出生率、死亡率和增长率变动表（‰）

		全国	内蒙古	西藏	广西	宁夏	新疆	青海	贵州	云南
1953	出生率	38.0	58.8	-	36.1	40.0	30.6	30.3	38.4	35.3
	死亡率	13.2	20.9	-	15.2	19.4	17.8	14.0	17.6	15.6
	增长率	24.8	37.9	-	20.9	20.6	12.9	16.3	20.8	19.7
1964	出生率	37.9	41.9	22.4	49.4	42.2	52.1	52.6	45.7	45.7
	死亡率	9.5	11.8	5.1	10.6	13.4	16.3	15.9	20.7	15.2
	增长率	28.4	30.1	17.3	30.4	35.9	25.9	36.6	32.0	31.4
1982	出生率	20.9	21.2	24.5	26.9	29.0	21.2	19.5	24.8	23.8
	死亡率	6.4	5.7	7.7	5.6	5.8	6.7	5.1	7.6	9.9
	增长率	14.6	15.5	16.8	21.2	23.1	14.5	14.4	17.2	13.9
1990	出生率	21.0	21.2	26.0	20.2	24.3	24.7	24.3	23.1	23.6
	死亡率	6.3	7.2	8.9	6.6	5.7	6.4	7.5	7.9	7.9
	增长率	14.7	14.0	17.1	13.6	12.3	19.3	16.9	15.2	15.7
2000	出生率	14.0	9.9	19.5	13.6	16.5	17.6	19.3	20.6	19.1
	死亡率	6.5	5.5	6.6	5.7	4.6	5.4	6.2	7.5	7.6
	增长率	7.6	4.4	12.9	7.9	11.9	12.2	13.1	13.1	11.5

资料来源：国家民委提供，五次人口普查资料，《中国统计年鉴2006》，中国统计出版社，2006

(三) 主要民族地区汉族与少数民族人口增长比较

从主要民族地区汉族与少数民族人口增长比较来看，建国后汉族和少数民族人口均有较大增长。从 1953 年到 2000 年总人口增长状况看，汉族人口增长幅度最大的是新疆维吾尔自治区，1953 年汉族总人口为 33 万人，2000 年增长到 749 万人，增长 22.4 倍。少数民族人口增长幅度最大的是内蒙古自治区，1953 年少数民族总人口为 96 万人，2000 年增长到 486 万人，增长 5.07 倍。1953 年到 2000 年汉族人口增长幅度最小的是贵州省，1953 年汉族人口为 1148 万人，2000 年增长到 2191 万人，增长 1.9 倍。1953 年到 2000 年少数民族人口增长幅度最小的是西藏自治区，1953 年西藏少数民族总人口为 127 万人，2000 年增长到 246 万人，增长 1.9 倍（见表 16）。

表 16　主要少数民族地区汉族与少数民族人口增长比较

单位：万人，%

		1953~1964 年			1964~1982 年		1982~1990 年		1990~2000 年		1953~2000 年
		1953	1964	增速	1982	增速	1990	增速	2000	增速	增长
内蒙古	汉族	514	1074	109	1627	51.5	1729	6.23	1847	68.2	359.3
	少数民族	96	161	67.3	300	56.1	417	39	486	16.6	506.6
西藏	汉族	0	4	—	9	150.8	8	-10.7	16	89.3	429.7
	少数民族	127	125	-1.8	177	41.5	211	19.3	246	16.3	192.9
广西	汉族	1223	1229	0.6	2248	82.9	2567	14.2	2703	52.9	221.1
	少数民族	734	855	16.6	1393	62.9	1658	19	1683	15.3	229.4
宁夏	汉族	100	146	46.0	265	82	311	17.2	359	15.6	359.0
	少数民族	51	65	27.5	124	91.3	155	24.5	190	22.4	372.5
新疆	汉族	33	232	594.2	528	127.6	600	13.5	749	24.9	2242.5
	少数民族	445	495	11.2	780	57.6	996	27.8	1097	10.1	246.6
青海	汉族	82	132	60.1	236	79.3	258	16.1	261	10.5	317.0
	少数民族	85	83	-2.9	154	85.2	188	22.3	222	18.1	259.6
贵州	汉族	1148	1313	14.4	2128	62	2189	2.9	2191	1.1	190.9
	少数民族	356	401	12.6	68	66.5	1051	57.4	1334	26.9	374.3
云南	汉族	1172	1412	20.5	2228	57.7	2462	10.5	2820	14.6	240.6
	少数民族	541	638	18	1028	61	1235	20.2	1416	14.6	261.6

资料来源：国家民委提供，五次人口普查资料；《中国统计年鉴2006》，中国统计出版社，2006

中华人民共和国成立后，国家十分重视民族地区的经济发展和人民生活，制定了一系列民族政策促进民族地区的经济发展，投入大量资金支援民族地区的经济建设，投入大量资金和人员支援民族地区的医疗卫生事业。在国家的大力支援下，民族地区的经济得到了极大的发展，人民的生活水平有了极大的提高。民族地区人民的健康水平有了很大提高，民族地区的人口也得到了较快的增长。民族地区的各民族人口早已从高出生、高死亡、高增长的人口再生产类型，转变为低出生、低死亡、低增长的人口再生产类型，民族地区已经步入了一个人口良性发展的新阶段。

但是，民族地区大多是不适宜人类居住的地区，现有的人口已经超过了民族地区人口的承载能力。民族地区的人口增长已经给民族地区的生态环境造成破坏，导致民族地区的生态环境恶化，影响了民族地区经济的发展和人民的健康。进行民族地区人口、资源环境关系研究，分析人口增长对资源环境的影响，探讨促进民族地区人口、资源环境协调发展的机制，为民族地区的经济发展和生态环境改善营造一个良好的人口基础，是促进民族地区经济和社会发展，实现民族地区发展目标，实现我国可持续发展战略的关键。

参考文献

1. 国家统计局．新中国五十年统计资料汇编．中国统计出版社，1999
2. 国家统计局．中国统计年鉴1990—2006．中国统计出版社，2006
3. 国家统计局人口司，国家民委经济司．中国民族人口资料，1990年普查数据，中国统计出版社，1994
4. 国家民委经济司，国家统计局综合司．中国民族人口资料，2000年普查数据，民族出版社，2003
5. 张呈琮．中国人口发展史．中国人口出版社，1998
6. 蒋正华主编．世纪之交的中国人口．中国统计出版社，2005
7. 云南省统计局．云南统计年鉴1992—2003．中国统计出版社，2004
8. 内蒙古自治区统计局．内蒙古统计年鉴1992—2003．中国统计出版社，2004
9. 新疆维吾尔自治区统计局．新疆统计年鉴1992—2003．中国统计出版社，2004
10. 青海省统计局．青海统计年鉴1992—2003．中国统计出版社，2004

11. 西藏自治区统计局. 西藏统计年鉴1992—2003. 中国统计出版社, 2004
12. 宁夏回族自治区统计局. 宁夏统计年鉴1992—2003. 中国统计出版社, 2004
13. 广西壮族自治区统计局. 广西统计年鉴1992—2003. 中国统计出版社, 2004
14. 贵州省统计局. 贵州统计年鉴1992—2003. 中国统计出版社, 2004
15. 国家统计局人口统计司. 中国人口统计年鉴1992—2005. 中国统计出版社, 2006
16. 国家民委经济司, 国家统计局综合司. 中国民族统计年鉴1995—2000. 民族出版社, 2001
17. 国家民委经济司, 国家统计局综合司. 中国民族统计年鉴1949—1994. 民族出版社, 1995
18. 蒋建华主编. 中华人民共和国资料手册1949—1999. 社会科学文献出版社, 1999
19. 寿孝鹤等主编. 1949—1985中华人民共和国资料手册. 社会科学文献出版社, 1986
20. 孙兢新主编. 跨世纪的中国人口（丛书）. 中国统计出版社

民族地区农村富余女性劳动力转移和就业发展

和云　何佩[①]　张宝东

一、云南自然地理及少数民族基本情况

云南地处祖国西南边陲，是一个典型的多民族山区农业省区，可概括为：一是山区面积大。山区面积占94%，最高海拔6740米，最低海拔76.4米。"一山分四季，十里不同天"是云南立体气候的生动写照。二是地处边疆。全省有25个边疆县，分别与缅甸、老挝、越南接壤，边境线长达4061公里，占我国陆路边境线的1/5，有16个民族跨境而居，有11个国家级一类口岸和8个二类口岸、86条边境通道、103个边民互市点。三是民族众多。全省共有56种民族成分，其中5000人以上的世居民族为26个，独有民族15个，少数民族人口达1460多万，占全省总人口的1/3。四是民族自治地方多。全省有8个自治州，29个自治县，民族自治地方共有78个县（市），占全省129个县（市）的60.47%，还先后建立了197个民族乡。民族自治地方面积占全省总面积的70.2%，人口占全省的48.08%。

二、民族地区农村经济发展及女性就业概况

（一）农村经济发展起伏跌宕

改革开放以来，云南省农民收入运行情况呈现出明显的阶段性特征，按照增收速度和收入主导因素可划分为"四个阶段"：第一阶段1978年~1992年，为增长较快阶段，农民收入在小幅波动中持续稳定增长，年均增长11.7%（名义增长，下同），主因是实行家庭联产承包制使农民的生产积极性高涨、农产品价格提高和乡镇企业稳步发展。第二阶段1993~1997年，为增长加速阶段，年均增长19.5%，主因是农村产业结构调整成效明显，特别是烤烟生产稳步发展。第三阶段1998~2000年，为增长低谷阶段，年

[①] 何佩，男，云南民族大学经管学院研究生。

均增长 3.2%，主因是"两烟"双控、农产品价格持续走低、乡镇企业发展滑坡。第四阶段 2001~2004 年，为增长恢复阶段，年均增长 6.7%，出现恢复性增长势头，增收效果明显。

（二）民族地区农村人均纯收入较低，贫困面广

2004 年云南农民人均纯收入为 1864 元，折合为 225 美元，平均每人每天 0.62 美元，远远不足 1 美元。居全国倒数第 4 位，只比贵州、西藏、甘肃高一点，与全国平均水平和发达地区农民纯收入相比差距十分突出（详见图 1）。

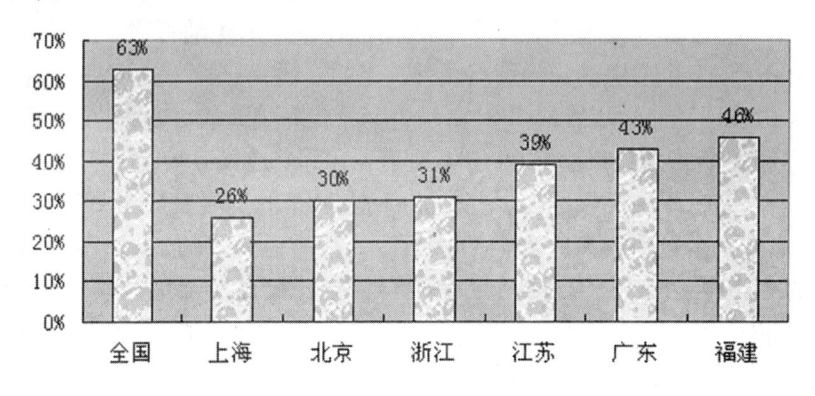

图 1　云南农民人均纯收入占发达地区农民纯收入的比重（%）

数据来源：《云南统计年鉴 2005》，中国统计出版社，2005

云南贫困人口多，贫困程度深，面比较广。按照人均 668 元的贫困线标准和 924 元的低收入标准，全省农村尚有 262.3 万绝对贫困人口和 515.4 万低收入人口，两项指标均占全国的 10% 左右。据农调队对农民家庭收入调查显示，2003 年低收入家庭占有较大比重，收入在 1500~2000 元的农户占 49.5%，850~1500 元的占 33.9%，300~850 元的占 15.4%，300 元以下的占 1.2%。

（三）少数民族女性就业及未就业人数结构概况

根据全国第五次人口普查的职业分类来看，2000 年少数民族总从业人数为 404027 人，在农业的从业人数为 364448 人，占少数民族总从业人数的 43.08%，占女性总从业人员的比例高达 90.2%，在专业技术人员中女性从业者为 11736 人，占总从业人数的 1.39%，农业、专业技术人员的女性从业者与男性从业人员所占比重相近，仅有商业、服务业的女性从业人员人数

超过了男性从业人员，女性为17638人，男性为10295人，但从事专业技术与商业、服务业在少数民族总从业人员所占的比重仅为3.47%（详见表1）。由此可见，少数民族女性从业人员主要还是集中在农业。

表1 以职业大类划分的少数民族就业人数（人）

职业	机关、党群组织、企业、事业单位负责人	专业技术人员	办事人员和有关人员	商业、服务业人员	农、林、牧、渔、水利业生产人员	生产、运输设备操作人员及有关人员	不便分类的其他劳动者
女	721	11736	2768	17638	364448	6621	95
男	4800	14680	8060	10295	380658	23423	146
小计	5521	26416	10828	27933	745106	30044	51

资料来源：2000年全国第五次人口普查资料

全省少数民族未工作人口为137585人，其中女性为76814人，比男性要高11.66个百分点。在未就业者中由于料理家务而未找工作者居多，约有30404人，占女性未就业者的比例接近40%。在校的女性为16703人，仅占在校生数的45%（详见表2）。

表2 少数民族分性别未工作人口（人）

	在校学生	料理家务	离退休	丧失工作能力	从未工作正在找工作	失去工作正在找工作	其他
女	16703	30404	4637	18776	2134	922	3238
男	20377	9960	9847	13811	2363	1372	3341
合计	37080	40064	14484	32587	4497	2294	6579

资料来源：2000年全国第五次人口普查资料

在非农就业中所占的比重除商业、服务业外都低于男性从业人数，农村经济发展总体水平较低、经济总量小、发展不平衡、贫困面大、贫困程度深、贫困富余女性人口较多。充分开发农村女性人力资源，实现农村富余女性劳动力的转移和就业既是女性的最大权益保障，也是女性素质和文化水平提高的关键，更是解决"三农"问题的重要举措。根据第四次世界妇女大会通过的《行动纲领》和《北京宣言》的主旨，为高度重视发挥女性在参与国家经济建设中不可替代的作用，在21世纪初云南经济社会建设的重要战略机遇期的头二十年，充分开发农村女性人力资源，促进农村富余女性劳动力转移和就业发展问题就显得尤为重要和紧迫。

三、民族地区农村女性劳动力特点

据全国第五次人口普查统计显示，2000年云南女性总人口为2016.57万人，其中农村女性人口为1527.60万人，占全省女性人口总数的75.59%。分析1982年第三次人口普查与2000年第五次人口普查的资料，农村女性劳动力呈现以下特点：

（一）农村女性人口比例经历独特的先升后降的波动，但绝对比重偏高，女性劳动力资源丰富

1982年第三次人口普查时，云南城市女性人口共115.68万人，占全省女性总人口的7.12%，集镇女性80.30万人，占云南女性总人口的4.9%，农村女性1429.55万人，占云南女性总人口的87.94%。1990年第四次人口普查时，城市女性113.77万人，占全省女性总人数的6.33%，集镇女性人口24.79万人，占云南女性总人口的1.38%，农村女性人口1659.11万人，占云南女性总人口的92.29%。2000年第五次人口普查，云南城市女性217.92万人，占云南女性总人口的比重上升为10.93%，集镇女性248.91万人，占云南女性总人口的比重上升为12.48%，农村女性人口1527.60万人，占女性总人口比重下降为75.59%。详见表3：

表3　云南省女性人口城乡分布情况

年份	全省总人口（万人）	女性总人口 人数（万人）	女性总人口 占总人口比例（%）	城市女性 人数（万人）	城市女性 占女性总人口比例（%）	集镇女性 人数（万人）	集镇女性 占女性总人口比例（%）	农村女性 人数（万人）	农村女性 占女性总人口比例（%）
1982年	3283.10	1625.53	49.51	115.68	7.12	80.30	4.9	1429.55	87.94
1990年	3697.26	1797.67	48.62	113.77	6.33	24.79	1.38	1659.11	92.29
2000年	4011.0	2016.57	47.61	217.92	10.93	248.91	12.48	1527.60	75.59

资料来源：据云南省人口普查办公室编的全省三次人口普查资料（1982、1990、2000年）计算整理

从表3可见，云南女性人口中，城市和集镇女性人口的比重经历了先降后升，而农村女性人口则是先升后降的波动变化，这在全国是少有的。尤其

近几年集镇女性人口增长迅猛，占女性总人口比例从1.38%提高到12.34%，增幅794.20%，但农村女性人口的比重仍然占绝对多数，为75.75%，人口达到1527.60万人，表明农村女性劳动力资源十分丰富。

（二）农村富余女性劳动力分布以贫困山区为主，且劳动力地域差别突出

云南地势主要以山区、半山区为主，劳动力分布范围也较广。根据云南的相对海拔，有25.23%的劳动力分布在平原和丘陵地带，有14.40%的劳动力分布在半山区，有60.37%的劳动力分布在山区。云南省126个农业县市中有73个国家扶持工作重点县，占全国扶持重点县市总数592个的12.33%。根据第五次全国人口资料显示，73个贫困县总人口为2208.69万人，占全省总人口4236.01万人的52.14%，其中男性1162.73万人，女性1045.96万人，男女性别比为111.16，高于全省110.06水平。2000年少数民族人口1415.88万人，其中贫困地区887.56万人，占少数民族总数的62.69%，贫困地区少数民族人口占贫困地区总人口的比重40.18%，大大高于全省33.42%的平均水平。近年来，随着农村和山区的男性劳动力外出就读、参军、打工等，农村女性劳动力中山区女性劳动力占绝大多数。由于云南特殊的地形地貌，"立体气候"、"立体农业"的特征形成云南农村女性劳动力地域差别突出。

（三）农村富余女性劳动力具有典型民族性，农村少数民族女性人口占全省女性总人口的比重高，且比重呈不断上升趋势

云南是一个多民族的省份，全省有56种民族成分，世居少数民族25个，绝大多数少数民族女性分布在农村。1982年汉族女性1092.32万人，占全省女性人口的68.04%，少数民族女性513.07万人，占31.96%。1990年汉族女性1190.36万人，占全省女性人口的66.22%，少数民族女性607.31万人，占33.78%。2000年汉族女性1330.69万人，占全省女性人口的65.99%，少数民族女性685.89万人，占34.01%。从三次人口普查结果的分析可以看出，汉族女性人口和少数民族女性人口的数量均随着全省女性人口总规模的扩大而增长，但汉族女性人口占全省女性人口的比重逐渐下降，而少数民族女性人口比重则逐渐提高。详见表4：

表4　云南省汉族女性人口和少数民族女性人口分布情况

年份	全省女性总人口（万人）	汉族女性 总人口（万人）	汉族女性 占全省女性总人口比例（%）	少数民族女性 总人口（万人）	少数民族女性 占全省女性人口比例（%）
1982	1605.39	1092.32	68.04	513.07	31.96
1990	1797.67	1190.36	66.22	607.31	33.78
2000	2016.57	1330.69	65.99	685.89	34.01

资料来源：据云南省人口普查办公室编的云南省三次人口普查资料（1982、1990、2000年）整理计算

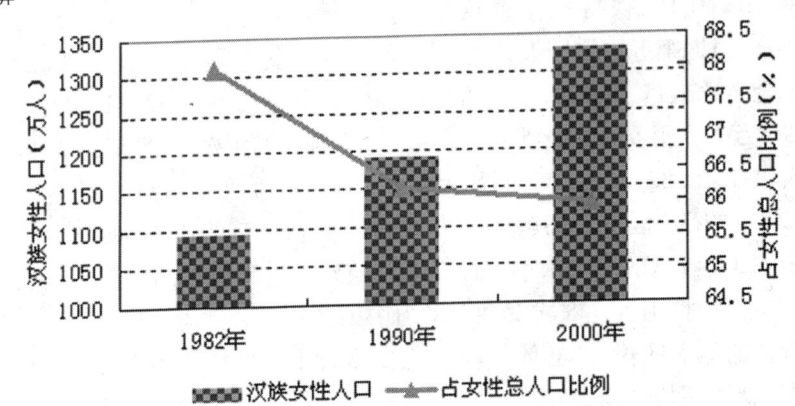

图2　女性少数民族数量变化情况

从图2可见，全省少数民族女性占全省女性人口的比例呈现逐步递增的变化。由于云南少数民族人口的分布农村高于城市，因此，云南农村少数民族女性劳动力呈上升趋势。

（四）农村女性劳动力平均受教育年限较短，文化素质普遍偏低，地区间教育发展极不平衡

据1990年第四次人口普查资料显示，全省女性文盲率高于男性，占全社会文盲人口总数的66.49%，而农村女性文盲率更占农村文盲人口总数的67%以上。在受教育程度方面，女性也低于男性，小学及小学以上文化程度占农业人口的比重，女性低于男性21个百分点。根据2000年第五次人口普查资料的统计，云南农村人口平均受教育年限为5.68年，比全国平均水平约少一年，其中男性为6.36年，女性为4.94年，从事农业的女性受教育程

度低于农业人口中的男性，也低于非农业人口中的女性。据2001年云南省妇女社会地位抽样调查提供的数据，农村女性文化程度为初中以上的占27.1%，比男性低10.5个百分点，72.9%的女性只有小学及以下文化程度。女性受教育年限比男性低约1.5年，仅相当于小学5年级的文化基础。同时，女性受教育地区差距、民族差异十分突出，地区之间发展极不平衡。全省平均受教育年限超过6年的仅有昆明、玉溪、楚雄、保山4个市、州，不到5年的有昭通、怒江、迪庆3个市、州。这种状况制约着农村女性富余劳动力向非农就业的转移，导致她们在参与农村经济发展中处于弱势地位。

（五）人口增长速度快于耕地增长幅度，农村富余女性劳动力总量呈快速上升趋势，劳动力转移就业压力大

农村富余劳动力的测算，可以假定建国初期或其他农业社会时期农业劳动力实现了充分就业，以那一时期平均每个农业劳动力负担的耕地数量，除当前的耕地总量，得出当前农业生产实际需要的劳动力数量，以农业劳动力总量减去实际需要的劳动力数量，差值即为农业富余劳动力。从理论上讲，用农业实有劳动力与农业需要劳动力之间的差额来确定富余劳动力数量，用农作物播种面积与劳均耕地数量的关系来确定农业需要劳动力的数量，思路清晰，比较切合农业生产的实际，也没有过多地涉及复杂的经济理论，在资料比较齐全的条件下，易于计算，可操作性强，便于掌握。

决定农业劳动力需求量的因素主要有农业自然资源状况、社会人口和经济状况、农业生产经营方式和政策因素。然而在当前自然、社会、经济、技术条件下，农业自然资源尤其是耕地资源对农业劳动力资源的需求量具有决定性的影响。根据国家统计局测算，我国农业初步集约化经营水平可以达到农业劳均耕地面积0.67~1公顷。假定2040年云南省[①]达到农业初步集约化水平，劳均耕地面积取0.67公顷。以1952年劳动力充分利用作为固定时期，云南当时的劳均耕地面积为0.1613公顷。[②] 假设由于技术等原因使劳

---

① 中部省份如湖北假设在2030年农业达到初步集约化（参见张中华：《经济转型、结构性约束与就业增长》，载《中南财经政法大学学报》2005年第3期），按照云南现有的农业生产条件，假设比中部省份落后10年实现农业集约化。

② 由于资料的缺陷，只能找到1952年红河州的人均耕地面积为0.1613公顷，近似替代云南省人均耕地面积。《解决失地农民后顾之忧》，新华网云南频道，http://www.yn.xinhuanet.com/newscenter/2004-11/09/content_3183219.htm，2004年11月9日。

均耕地面积每年增加速率为 r，那么劳均耕地面积可通过下面的公式求出：

$$M_2 = 0.1613(1+r)^{2-1952}$$

t 表示相应年份，由 M_{t-2040} 为 0.67 算得 r = 0.1631，因此，可以测算历年的劳均耕地面积（见表1）。由以上分析，可知农业富余劳动力数量测算为：

$$FL = NL - \frac{GM}{M_2}$$

FL 表示农业富余劳动力，NL 表示农村从事农业劳动力，GM 表示耕地面积，M_2 表示劳均耕地面积，测算的是云南农村农业富余劳动力。

表5 云南农村富余劳动力数量测算

年份	农村从业劳动力（万人）	农业劳动力（万人）	t-1952（年）	劳均耕地面积（亩）	耕地面积（万亩）	农业需要劳动力（万人）	富余劳动力（万人）
1978	1097.11	880.89	26	3.686	4096.50	1111.42	-6.56
1979	1120.99	858.01	27	3.746	4114.08	1098.27	22.75
1980	1173.38	806.62	28	3.807	4135.18	1086.18	84.25
1981	1242.61	738.39	29	3.869	4156.28	1074.20	148.64
1982	1298.75	683.25	30	3.932	4177.38	1062.32	209.15
1983	1331.4	651.6	31	3.996	4198.48	1050.55	241.10
1984	1355.33	628.67	32	4.062	4202.00	1034.55	264.97
1985	1397.68	587.32	33	4.128	4167.00	1009.47	296.72
1986	1450.8	535.2	34	4.195	4176.50	995.53	346.47
1987	1490.9	496.1	35	4.264	4186.00	981.78	405.71
1988	1533.27	454.73	36	4.333	4205.00	970.40	459.91
1989	1581.4	407.6	37	4.404	4234.20	961.46	517.34
1990	1617.03	372.97	38	4.476	4267.50	953.46	559.38
1991	1671.1	319.9	39	4.549	4288.50	942.78	620.29
1992	1709.4	282.6	40	4.623	4287.00	927.32	659.82
1993	1742.7	250.3	41	4.698	4282.50	911.48	695.42
1994	1763.83	230.17	42	4.775	4285.50	897.47	721.63
1995	1797.97	197.03	43	4.853	4306.50	887.39	745.71
1996	1828.5	167.5	44	4.932	4334.10	878.75	695.15
1997	1860.6	136.4	45	5.013	4386.60	875.11	755.09

续表

1998	1878.8	119.2	46	5.094	4306.50	845.34	820.16
1999	1881.8	117.2	47	5.177	4941.40	954.40	745.50
2000	1921.9	78.1	48	5.262	5576.30	1059.74	616.16
2001	1971.02	29.98	49	5.348	6211.20	1161.45	530.28
2002	1990.7	11.3	50	5.435	6211.20	1142.81	555.82
2003	2002.7	0.3	51	5.524	6086.40	1101.87	591.51

资料来源：根据《云南统计年鉴》（历年）（云南统计局编，中国统计出版社）数据整理

注：阴影部分数字缺失，作者根据其他年份耕地面积数据测算。《云南统计年鉴》在缺失1999、2000、2001年耕地面积后，2002年耕地面积因不明原因突然大规模增大。在1978年富余劳动力为-6.56万人，意味着农村还富余土地，可能是估计的1952年人均耕地面积值偏低导致

由表5可见，由于云南农村劳动力数量增长速度大大高于耕地面积增长幅度，加之科技不断进步和农业劳动生产率不断提高，使云南的农村富余劳动力快速增长。如果按照农村富余劳动力男女比例约为1:1计算，那么在2003年云南农村女性富余劳动力约有295.76万人。根据以上的测算，伴随农村富余劳动力规模的增大，女性富余劳动力的规模也随之增大。

四、加快民族地区农村富余女性劳动力转移的现实意义

十六届五中全会上提出"建设社会主义新农村是我国现代化进程中的重大历史任务"，并强调"把扩大就业摆在经济社会发展更加突出的位置，坚持实施积极的就业政策"。当前，云南农业和农村经济正处在新的发展阶段，农业产业结构发生重大变化，粮食等主要农产品由长期短缺变为总量基本平衡，其他经济作物产量有所增长，但由于全省农业产业基础薄弱，支柱产业单一，农民特别是农村女性增收难问题依然十分突出，严重影响了农民生活水平的提高，而且农村大量女性富余劳动力还在快速增长。在此严峻形势下，加快女性人力资源开发，大力推进农村女性劳动力转移和就业发展，在构建和谐社会和建设社会主义新农村进程中具有重要现实意义。

（一）农村富余女性劳动力的转移和就业发展是女性最大权益的保障，对充分发挥女性参与云南经济建设有不可替代的作用

《行动纲领》就妇女经济参与向各国政府提出，要通过和执行法律，在劳动市场、征聘和提升、扩大就业福利和社会保障以及工作条件方面，禁止

基于性别、年龄、种族的歧视；采取积极行动促进妇女获得就业、市场和贸易的平等机会。农村女性作为经济活动中的"半边天"力量，在参与云南经济建设中具有不可替代的作用。通过转移农村富余女性劳动力，让女性人才在各个岗位发挥她们的聪明才智，促进其就业发展，真正实现男女平等，既有利于女性自我价值的实现，又是女性最大权益的保障，更能充分发挥她们在云南经济建设中不可替代的作用。

（二）农村富余女性劳动力的转移就业是提高女性素质、转变观念和引导她们创造新生活的有效途径

通过劳动力在产业间的转移，使农村女性劳动力在面临新的工作环境进行新的思考和选择时，对其思想意识、知识结构和技能水平提出新的要求。尽管目前农村女性劳动力在城镇从事的主要是技术要求较低的工作，但与农活相比，对其知识结构、技能水平已提出更高要求。因此，女性劳动力在转移过程中必然会积极提高自身的科学文化素质，转变思想观念，从而带动农村人口文化水平的提高。另一方面，城镇的劳动力素质较高，经济文化繁荣，教育设施齐全，可以为女性劳动力创造和提供更多的文化学习和技术培训机会，加之城镇严峻的就业形势和技能要求，也迫使其在埋头苦干之余努力学习新知识和新技术，从而提高自身综合素质，拓展创造新生活的就业空间。

（三）农村富余女性劳动力转移就业是增加农民收入和解决好"三农"问题的重要举措

解决"三农"问题的关键在于千方百计地保证农民增收，其重要途径是通过改变城乡二元经济结构，走工业化、城镇化、现代化的道路。在统筹城乡经济社会协调发展中，积极推进农村富余女性劳动力的转移，最大限度地解决她们的就业出路，促进农村女性收入增加，有利于解决"三农"问题。实践证明，促进农村富余女性劳动力转移就业，是提高农村女性劳动生产率、帮助广大农村女性增收致富的有效途径。

（四）农村富余女性劳动力的转移就业有利于推动产业结构调整，缩小城乡居民收入差距，对维护边疆稳定，推动各民族的共同繁荣和发展起到重要保障

著名的配第—克拉克定律揭示的产业结构变动及劳动力流动规律为，随

着产业的发展，第二产业收入会高于第一产业，第三产业的收入又高于第二产业，从而导致劳动力先从第一产业流向第二产业，进而从第二产业再流向第三产业的必然发展趋势。据有关方面统计，2003年云南城乡居民收入差距达到全国的倒数第一位（西藏除外），城乡收入比为4.5:1，其根本的原因在于近年来农民收入增长水平持续走低以及农民转移就业困难。通过农村富余女性劳动力从农业转移到非农产业，让女性劳动力从事二、三产业劳动，尤其是从事第三产业劳动来获得更多的收入，这对推动产业结构调整，增加农民收入，缩小城乡居民收入差距将起到积极作用，对维护边疆稳定，促进各民族的共同繁荣和发展起到重要保障。

（五）农村富余女性劳动力的转移就业有利于减轻农村生态环境压力和实现经济社会可持续发展及构建和谐社会

要实现党的十六届三中全会提出统筹人与自然和谐发展的要求，必然要减轻农村地区的生态环境压力。其途径主要有两个方面：一是通过提高农业生产率，相对减少农业人口数量，从而达到减轻对自然生态环境的压力的目的；二是通过大力发展非农产业，引导农业人口向非农产业、城镇转移，使当地农村居民把生存或提高生活水平的努力主要放在发展非农产业上，从而减轻其对土地资源和农业经济的依赖性，最终达到减轻以土地为核心的地表自然生态系统的压力。农村女性劳动力已成为农村劳动力的主体，其富余劳动力的转移对实现农村可持续发展的目标意义更大，通过向非农产业、城镇的转移，有助于改善生态环境，同时随着她们观念转变和素质提高，有利于推动计划生育工作，实现人与自然和谐发展。

五、当前民族地区农村富余女性劳动力转移面临的困境

（一）观念落后

大部分女性劳动力观念比较落后，尤其是少数民族女性，思想封闭保守，受传统观念影响，不愿意转移就业发展。云南是一个边疆、山区、民族、贫困的省份，由于历史和地域的原因，受传统落后思想的影响束缚较深，相当部分农村女性的意识还处在较封闭的落后状态，加上客观的自然条件和较落后的社会生产力水平必然会造成若干制约因素，使许多农村富余女

性劳动力不敢或不善于走出家门外出竞争就业，相当部分农村年轻知识女性（初中毕业以上）外出就业，也往往需要冲破家族和世俗的束缚。主要体现在以下四个方面：一是对妇女的歧视依然存在，男尊女卑的思想在很多贫困山区还比较严重，妇女的社会地位得不到提高；二是受传宗接代和多子多福等传统思想的影响较深，把多生儿女当作是人生的一种成就，广大农村妇女的主要精力被耗费在生养子女方面，有的甚至变成了生育机器。这种成就感和养儿防老的思想严重地阻碍着云南省计划生育工作的开展，也同时影响着云南省脱贫致富方针的实施；三是传统的男女两性的分工，使得妇女的劳动负担更为繁重。在"男主外女主内"的思想主导下，大量的农村妇女留守农村，承担着繁重的农业劳动，维持家庭的基本运行已很吃力，根本无力再谈发展问题；四是在传统的家庭管理模式下，妇女很难获得发展的资源。妇女通常是家中最少获得享受的人，在有限的资源中，衣食总是先照顾老人和孩子，然后是丈夫，在缺衣少粮的情况下，忍饥挨饿最多的是妇女。在有机会获得发展资源时，妇女很难得到支配权。

（二）素质偏低

农村富余女性劳动力整体素质偏低，缺乏技能培训和就业指导，就业发展困难。据2002年对云南2400户农民家庭劳动力抽样调查资料推算，云南省文盲或半文盲占劳动力的17.28%，高于全国平均水平10多个百分点，农村初中及以下文化水平的劳动力的比重仍高达93.88%，受过专业培训的劳动力比重只有6.66%，而受到传统性别歧视的影响，女性更微乎其微。同时，受到各民族社会发展水平差异和生存的地域、贫困程度以及各民族传统文化的制约与影响，少数民族之间女性教育发展极其不平衡。劳动力素质偏低，这样的状况与非农就业岗位对劳动力素质的要求极不适应，就业必然十分困难。文化教育程度不高和从业技能水平低，在就业竞争日益激烈的形势下，不可避免要面临就业难和渠道狭窄的境况。大多数就业者主要从事餐饮、家政、售货、小摊贩等简单体力劳动，一部分文化素质更低、缺乏判断力和应变能力而又急于摆脱农村山区环境的女青年甚至成为被拐卖的对象，这都将极大地制约农村富余女性劳动力转移就业的速度和规模。

（三）就业中的性别歧视、城乡歧视和地区歧视

传统的社会性别观念仍然对云南劳动力市场产生着重大影响。当前部分

用人单位对女性的能力和价值认识仍有偏差，过分夸大生育、养育、更年期对女性就业的负面影响，相当部分女工劳动权益得不到较好的保障，工资较低，工作时间太长，劳动条件和卫生较差，务工女性劳动权益受侵害的现象时有发生，而且她们的身心健康、婚姻家庭和子女教育等问题也需要解决，使女性劳动力转移时顾虑重重，限制了转移就业，加剧了妇女在就业竞争中的不利处境。据调查自1998年以来，云南城镇单位女性从业人员呈下降趋势，到2003年末，绝对数量减少了15.8万（详见图3）。此外，国企下岗女工普遍感到找工作困难，有近一半的人认为自己再就业时受到年龄和性别的歧视，而农村女性劳动力的条件远比不上城镇女性劳动力，面临着性别、城乡双重歧视。

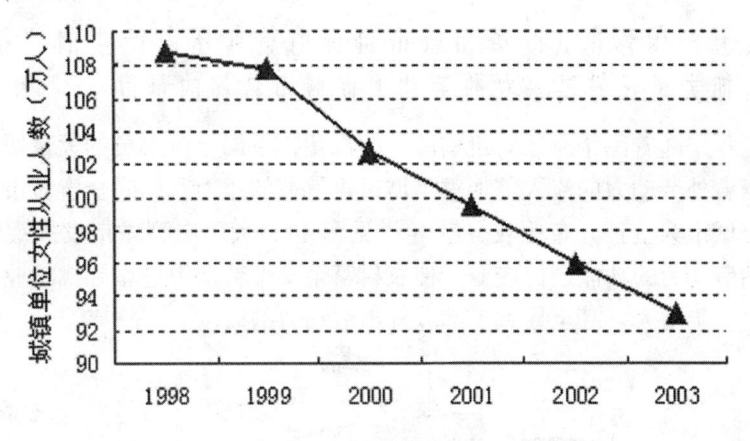

图3 云南省城镇单位女性从业人员变动情况

资料来源：《云南统计年鉴》（2003、2004年出版，中国统计出版社）

（四）城镇化水平较低，非农产业和中小企业发展进程滞后

城镇化水平较低，非农产业和中小企业发展进程滞后，农村市场体系尚不健全，乡村提供的农村女性就业岗位十分有限。据统计，2000年世界平均城市化水平为46%，中国平均城市化水平为36.2%，云南省城市化水平为23.4%，仅超过低收入国家1980年的城市化平均水平（约为22%）1.3个百分点，低于全国平均水平（全国城市化水平为36.2%）12.8个百分点，而且还低于中国西部12个省（区）的平均水平5.6个百分点，与世界中等收入国家和高收入国家的城市化平均水平以及中国发达省区（广东、浙江、江苏、上海、山东等）相比较，云南的城市化水平相差30~40个百

分点。2000年全省非农产业产值占GDP比重为78%,而城镇人口占总人口的比重仅为23.4%,两者相差54.6%。可见,全省城市化水平较低,农业非农经济的发展滞后于农村经济建设的需要。根据2005年1月全省建设工作会议上公布的数据,2004年全省城市化水平仅达到28.5%,目前共有462个建制镇,占全省乡镇总数的25%左右,可见云南农村小城镇建设在改革开放以来虽然取得了较快发展,但与全国平均水平相比仍存在较大差距,这主要体现在人口规模小,城镇功能单一,特色产业建设起步缓慢,潜在的经济优势还尚未形成,吸纳农村富余女性劳动力就业的功能还处在比较弱的阶段,城市化水平仍然不能适应经济增长与发展的需要。加之近年云南乡镇企业发展速度明显放慢,从而降低其对农村女性劳动力的吸纳能力。

(五)国有企业改革和城市自身的就业压力产生的"挤出效应",加大了农村富余女性劳动力向城市转移的难度

近年来随着国企及政府机构改革的深化,下岗分流人员的大量增加,加之大量省外劳动力的流入,加重了城市再就业的压力,同时全省城市规模仍然以小城市为主且分布比较分散(详见图4),大、中型城市发展缓慢,城市吸纳劳动力的功能还比较弱,使农村富余女性劳动力进城寻找就业岗位的难度进一步增大,甚至导致了部分外出劳动力的回流。

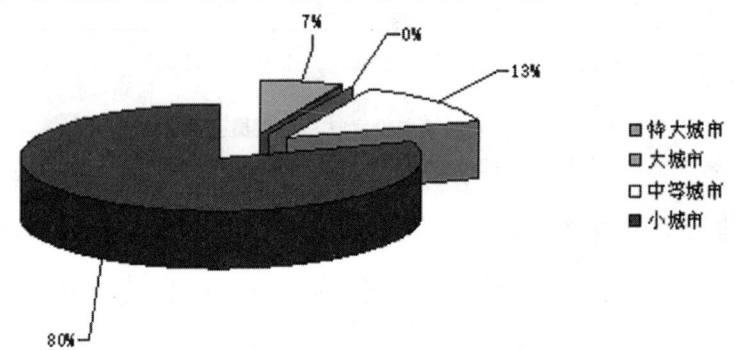

图4 2000年云南城市规模结构(%)

资料来源:《云南统计年鉴》,中国统计出版社,2001

(六)劳动力市场发育缓慢

女性劳动力市场发育缓慢,信息化建设滞后,缺乏转移发展指导和规划,致使女性劳动力就业存在盲目性等困境。目前,全省劳动力市场还不完善，尤其是女性劳动力专业市场发展更为滞后，中介组织也不健全、不规范，加上管理制度、法律制度构建迟滞，使得山区农村女性劳动力转移的形式比较单一，处于无规模化和无序化，主要靠地缘、人缘关系和投靠亲友的方式转移，这种自发性转移就业，往往使外出务工的农村女性劳动力缺乏信息指导，流动就业处于困难境地，盲目性较大。据统计，2004年在贫困地区自然村通路率为75.3%，农村电视普及率、电话普及率分别为68.8%、19.9%。农村基础设施的建设仍需进一步完善，现代化信息设施的覆盖率、普及率远远低于城市，生产生活仍然比较封闭，使得农村女性获取有效的就业信息的手段比较缺乏，加大了女性劳动力转移的难度。

六、加快云南少数民族农村富余女性劳动力转移的对策措施

（一）大力提高农村富余女性劳动力素质，转变观念，增强市场竞争能力

农村富余女性劳动力文化素质偏低成为转移的自身障碍。随着科学技术的迅猛发展，许多非农部门对就业人员提出了越来越高的综合素质要求，即思想、技能、身体和适应环境等的素质。而转移出来的农村女性往往与此不相适应，这使她们在非农领域的就业竞争中处于不利之地。应改变思想观念、强化竞争意识、提高综合素质，从而增强自身的适应能力和保护意识，拓宽她们劳动就业领域和层次，扩大转移规模。从长期看，应注重基础教育，加大农村女性人力资本的投资。重点抓好农村普及义务教育，提高适龄女童入学率，降低文盲率，同时积极发展多种形式的职业教育和技术培训，针对农村富余女性劳动力不同的文化水平，分层次、分对象、分渠道地进行操作性强的实用技术培训，提高其文化知识和技能水平。

（二）积极推进户籍制度改革，加快构建城乡统一的劳动力市场，尤其应加紧建设女性劳动力专业市场，消除性别歧视、城乡歧视

《北京宣言》中提到"防止和消除对妇女和女孩的一切形式歧视"，《行动纲领》提出，要通过和执行法律，在劳动市场、征聘和提升、扩大就业福利和社会保障以及工作条件方面，禁止基于性别、年龄、种族的歧视；采取积极行动促进妇女获得就业的平等机会等。

要消除劳动力市场中的性别歧视、城乡歧视，充分发挥市场机制在配置劳动力资源方面的基础作用，最大限度地开拓就业门路。首先，积极推进户籍制度改革，对省内农村女性劳动力就业不要设置户籍门槛，弱化城乡二元经济结构，为让农村女性劳动力自由流动创造环境。其次，要完善和规范政府对劳动力市场的管理，通过立法和市场监察来制止劳动力市场中的性别歧视、城乡歧视。再次，大力发展多种形式的劳动就业中介组织，逐步形成包括信息、咨询、职业介绍、培训在内的社会化的就业服务体系，帮助女性劳动力对转移成本、收益、风险做出正确的判断以减少因盲目流动而遭受的损失，从而促进农村富余女性劳动力的转移就业。最后，要加快女性专业劳动力市场建设，因为民族工艺品编制、织绣、家政服务、导游服务等专业市场对吸纳农村女性劳动力有特殊意义。

（三）加快向非农产业的转移

加快民族地区社会主义新农村建设，调整农业产业结构，大力发展农村二、三产业，引导富余女性劳动力向非农产业转移，实现就业离土不离乡。

十一届五中全会提出在社会主义新农村建设中要"调整农业生产结构"，"引导富余劳动力向非农产业和城镇有序转移"。农业产业结构的调整，一方面可以充分挖掘农业内部增收潜力，扩大养殖、园艺等劳动密集型产品的生产，发展当地的特色农业，以特色农业带动特色民族产业发展，从而促进乡镇企业的发展；另一方面，可将长期固守农村的富余女性劳动力转移到劳动密集型产品的生产和大力发展的二、三产业之中，使农村富余女性劳动力离土不离乡的就业，既发展了经济，又增加了收入，如"玉烟"、"云烟"的发展壮大就为我们提供了很好的例证。

（四）稳步推进工业化、城市化进程，扩大农村富余女性劳动力转移的容量

加速工业化进程是加速农业、农村经济发展，促进整体经济发展，保持社会稳定，国家长治久安的重大举措，是解决农村富余女性劳动力的治本之策。加大大中城市建设力度，最大限度地扩大人口容纳能力。大中城市如昆明市、玉溪市、曲靖市等，要结合自身的发展，规划城市发展蓝图，努力扩大城市规模，扩大工业规模，增加人口容纳能力和提供更多就业岗位。同时，结合云南省实际，培育具有特色的新兴城市，如以水电、矿业、旅游、烟草、生物资源、边境贸易通商口岸、交通枢纽等为特点的城市群、城市

带，谋划发展带状城市，培育劳动力吸纳新增长点。加快小城市和县级市发展，城镇是云南省农村富余女性劳动力转移的主要集散地和乡镇企业的基地，依靠城镇二、三产业的发展能吸纳大量农村女性富余劳动力。

（五）抓住西部大开发深入推进和中国——东盟自由贸易区建设的机遇，培育规范的有自身特色的女性劳动力市场，发挥政府的有效宏观调控作用

随着中国——东盟自由贸易区建设的推进和国家继续推进西部大开发，云南应抓住这些机遇积极加快培育规范的有自身特色的女性劳动力市场，积极促进农村富余女性劳动力转移和就业。一方面，进一步做大做强以家政服务为主的"临沧保姆"品牌市场，以扎染、蜡染等民族手工艺品为主的"大理工艺"品牌；另一方面，积极开发边境市场，利用通道经济促进女性从事商贸、旅游、家政服务经营；再者，大力发展特色产业，从事种植业和养殖业，为大批工程建设人员提供物美价廉的新鲜产品，以促进西部经济和建设的发展。中国——东盟自由贸易区建设，为云南扩大对外开放，利用国内外两种资源、两个市场和资金开辟了广袤的道路，要加强挖掘资源潜力，大力拓展特色产业，积极发挥优势产业，大容量吸纳农村富余女性劳动力。

参考文献

1. 厉以宁. 中国宏观经济实证分析. 北京大学出版社，1992
2. 和云. 试析人力资源开发管理与云南民族经济发展. 开发研究，2001（4）
3. 黄淳. 云南女性人口发展状况概述. 云南社会科学，2003（6）
4. 云南统计年鉴编委会. 历年云南统计年鉴. 中国统计出版社
5. 云南省人口普查办公室编. 云南省三次人口普查资料. 中国统计出版社，2001
6. 云南省人民政府研究室，云南师范大学商学院. 云南农村妇女在扶贫开发中的地位与作用. 云南发展研究，2005
7. 云南省委党校，省扶贫办. 新时期云南农村扶贫开发机制创新研究. 云南决策咨询研究，2005
8. 康云海，黄亚勤. 云南城市化水平对经济发展的影响. 云南社会科学，2003（6）

浅析少数民族地区农村人口与经济发展

李艳婷[①]

一、人口与经济发展的关系

人口与经济发展的关系是对立统一的。分析这一问题要从人口增长与经济发展的关系、人口质量与经济发展的关系、人力资源与经济发展的关系、人口变动与经济发展的关系等方面作为立足点而展开,现就以上几点进行阐述:

(一)人口增长与经济发展的关系

人口增长与经济发展之间的关系可以反映在社会经济发展中的方方面面,包括人口与消费、人口与分配、人口与投资、人口与就业、人口与耕地、人口目标与经济目标等。如果人口增长过快,即使国民收入增长较快,人均国民收入增长也会受到直接影响。人口的增长强度小,就有利于提高人均国民收入,对经济发展起促进作用。在李竞能(1999)根据人口自然增长率和人均国民收入水平划分的四种人口经济类型中:A类,经济发展较好而人口增长较慢的类型;B类,经济发展较好但人口增长较快的类型;C类,经济发展较慢但人口增长也较慢的类型;D类,人均国民收入低于全国平均指标而人口自然增长率高于全国平均指标,即经济发展较慢而人口增长较快。显然,云南、甘肃、河南、安徽、广西和贵州等13个少数民族较多的省区为D类。

(二)人口质量与经济增长的关系

人口质量对经济增长的影响更为重要,尤其是在知识经济时代的今天,二者的关系更是紧密。人口质量的提高,包括人民的受教育水平的提高,人口道德素质的提高,劳动技能水平的提高等等,这方面的提高,有利于生产技术的提高,从而促进经济的发展。反之,必然会不利于经济的发展,更不用说经济发展速度的提高。在少数民族地区,人口质量较我国其他地区水平

[①] 李艳婷,中央民族大学经济学院2003级本科生。

较低，所以，经济发展水平受到影响，低于其他地区。

（三）人口变动与经济发展的关系

人口的变动主要表现在：人口总量的变化、人口性别的变化、人口产业与职业构成的变化、人口的地区分布和城乡构成变化、人口的社会构成、科技构成和文化构成及其变化、人口老龄化等等。在我国进入市场经济以后，市场经济与人口变动相互影响、相互作用。一方面市场经济导致人口导向产生巨大的影响；另一方面，人口对市场也起着反作用。人口总量的变化对人们生活必需品市场有着不可低估的影响；人口收入和支付能力、购买力的变化是界定潜在目标市场的重要依据；人口的性别、年龄、民族等人口标志及其变化要求商家必须根据上述特征以及变化做出及时的市场策略调整，以求保持和扩大市场份额；人口的产业、职业构成及其变化，不但影响着房地产、交通工具市场的变化，而且也影响着诸多生产要素市场的供求变化；人口的社会构成、科技构成和文化构成及其变化，不但制约着科技、教育、社会服务等设施市场的供求，而且也影响着日用消费品的档次高低；人口的地区分布和城乡构成变化，不但直接制约着商业、服务业网点的设置，而且影响着生产、生活所需各种商品供应数量及其构成；人口迁移、流动规模和频率的大小，对交通、旅游、服务和房地产市场的供求有重大影响等。

（四）人力资源与经济发展的关系

人力资源是指能够推动整个经济和社会发展的具有智力劳动能力和体力劳动能力的人们的总和。人力资源已经成为经济增长的重要源泉之一，是区域经济发展的主要动力和决定因素，主要表现在：一定的人力资源是经济发展的前提，经济的发展主要表现为各种资源要素的增加，以及这些要素的优化组合所形成的效率的提高，它包含着生产发展和消费增长的双重过程。生产和消费的主体都是一定的人口，人力资源作为人口的最重要组成部分，它代表着社会的基本生产力和消费力。随着经济社会的发展，劳动不断复杂化，劳动者的生产技能不断提高，社会财富相伴而生。财富的积累，使人力资源的生产处于更好的境地，而人力资源的再增加又为进一步生产社会财富准备了前提。人力资源的存在和使用过程也是社会的消费过程，这种过程与生产过程同时存在，使生产行为得以最终完成，并为生产过程不断反复提出需要，从而形成经济发展的动力。

实践表明，人力资源的开发利用程度，不仅是经济发展的强大动力，而且是区域经济发展的决定因素。一个地区乃至一个国家，特别是在经济起飞阶段，对资金、技术、人才的需求大量增加，尤其是人力资源的开发显得更重要。随着社会经济的不断发展，信息社会、网络技术、高新技术产业的出现，区域经济的不断变化，人力资源作为一个新的开发领域，已经成为国家人事管理的重要内容，并且对区域经济、国家经济的发展起着决定性的作用。

以上，从人口增长、人口质量、人口变动以及人力资源四个方面简单阐述了人口与经济发展的关系。可见，人口对经济发展起着不可忽视的作用。在知识经济条件下，竞争是综合国力的竞争，归结起来是人才的竞争，而人才正是人口质量提高的表现之一。所以，我们要重视人口因素对经济发展的影响，客观地认识少数民族地区人口存在的问题，以便更好地发展少数民族地区经济，缩减与我国其他地区的差距，从而促进整个国家综合国力的提高。

二、少数民族地区人口因素的基本情况——以云南省红河州为例

(一) 人口增长的基本情况

实施计划生育之前，我国整体的人口增长速度是较快的，少数民族地区更是如此。我们的父辈及之前，都会有三个以上兄弟姐妹，间隔一般也只有一到两岁，可见，我国人口尤其是少数民族地区的人口自然增长率是极其高的。据悉，云南省自1971年实行计划生育以来，人口出生率及人口自然增长率均有大幅下降，但仍高于全国平均水平。去年，云南省总人口为4375.6万人，居全国第12位，西部地区第3位。云南省人口自然增长率在1985年达到了24‰，这是最高年份。实施计划生育之后，到"十五"末的时候，该省的人口自然增长率已经控制在10‰以内。该省计划到2010年，人口自然增长率控制为6.08‰。2003年7月3日，该省颁布了《云南省农业人口独生子女奖励暂行规定》，并陆续在41个县市区进行试点后，到12月25日即有44872个农户领取了《独生子女父母光荣证》。而在此之前的34年里，云南全省颁发的农村《独生子女父母光荣证》仅有18万份。该项政策的贯彻实施，不仅为减轻农民负担、减少贫困人口、从源头上化解

"三农问题"、保护环境和实施可持续发展创造了条件，而且改善了政府与农民之间的关系。

（二）少数民族地区人口的文化教育

一般地，在少数民族地区，受小学教育的人口数量最多，所占比重最大，其次是受初中教育，而大中专以上的人口所占的比重则很小。农村人口基本上是初中以下文化程度，且文盲率较高。由此可见，少数民族地区尤其是农村人口的受教育程度偏低，人口的文化水平不高，尤其是女性的受教育程度与文化水平就更低。例如，在云南省西双版纳的整个经济结构中，从事密集型劳动的生产者仍是主力军，而且是以文化素质偏低且掌握科学技术水平能力低的农村劳动者居多。这些劳动者中，有的具有一定的知识文化，但绝大多数只有小学文化程度，甚至还低于小学文化程度（或文盲）。西双版纳六年义务教育的普及到1999年才在全州实现，而九年义务教育的普及到目前为止还没有全面实现。这就直接反映出总体文化水平的普遍偏低，同时还反映出对全州经济发展速度的影响和制约。

为了提高文化教育水平，该省加大普及九年义务教育的力度，县级达到112个，比例较高，人口覆盖率达到了85%，青壮年文盲率降到了5%以下。为了适应市场需求，更好地转移农村剩余劳动力，该省还进行职前技能培训，提高劳动力的素质。经过培训，该省已经成功地向沿海地区及境外转移了大量的劳动力。

（三）人口流动及城镇化的基本情况

人口流动影响着经济的发展，随着我国经济水平的不断提高，人口的流动强度越来越大，近几年出现的"民工潮"就是最好的证明。这也说明农民不断从土地中解放出来，从事第三产业。为了适应这样的趋势，解决城乡差距，消除我国的二元结构，要求我们进行城镇化建设。少数民族地区的农村人口占全国总人口比重最大，所以，进行城镇化建设面临着很多困难。尤其是人口流动中的制度障碍，以及人口迁移的成本较高。据悉，云南省红河州93%的农村人口居住在山区，人均耕地不到一亩，"山区的生态环境十分脆弱，脆弱的生态环境承载着不可承载的人口压力，如果不把大量的农民集中到条件较好的城镇，是无法脱贫致富的。"而另一方面，红河州城市化虽然在快速发展，但总体上还是显得人气不足。以红河州府所在地蒙自县为例，县城常住人口为12.39万人，仅占全县常住总人口数的37.85%。为了解决户籍管理制度，导致公民待遇不公平，产生了许多歧视性的政策规定，加剧了城乡分割，阻碍了人力资源等要素的充分流动。云南省红河州在这方面作了一些尝试性的改革，取得了一定的成效。红河州的新户籍制度规定："州外公民在红河州拥有合法的住所，或到红河州创业、就业的大中专院校毕业生和引进的人才，与用人单位签订了合法的劳动关系合同，或在州外的父母、配偶、子女，只要本人愿意，均可到红河州落户。红河州居民只要具备这些条件，也可在州内自由迁移。"这一政策从2006年1月1日起开始实施，头三个月就有3000多户迁移进红河州政府所在地蒙自县。这一制度的实施，降低了人口流动的成本，加快了城镇化建设的进程。

虽然在经济发展过程中，人口因素的各方面都得到了发展，而且人口因素发展也促进了经济的发展。但是，由于人口因素的复杂性，导致发展过程中仍然存在问题。

三、少数民族地区人口因素在发展过程中存在的问题

（一）人口就业结构不合理

民族地区，人口就业结构一方面农业人口占绝大多数，存在比较严重的隐性失业，劳动力资源没有有效地转变为人力资源。另一方面农业内部结构不合理，从事粮食生产劳动力占多数，渔业牧业比重较低，从事农产品加工和流通就更加的微乎其微。由此导致少数民族地区一般都只能是农业大省，不是强省，而且农产品外销相当落后，没有有效地抢占市场。农产品没有深加工，就没有高附加值，农民的收入也上不去，进一步打击了农民从事农业生产的积极性，导致近年来许多农田撂荒。不合理的就业结构即使农民收入难以提高，也使农村采用现代化的生产方式的可能性减少，进行经济结构调整难以施行。大量的农民围着农业这一块小蛋糕，使农业资源难以集中，使农业生产停留在自给自足阶段，对市场失去了灵敏的触觉。

（二）受高等教育水平低，高等职业教育无法解决实质问题

虽然义务教育水平提高，但少数民族地区的受高等教育水平是很低的，与中东部地区差距是无法想象的。为了适应市场需要以及人们就业的需要各

地都提供职前技能培训。高等职业教育是一种直接为社会经济服务的特殊类型的高等教育。它的培养目标是以社会经济发展为总目标，以市场需求为指导，培养生产第一线的实用型和技能型的高级技术人才。在少数民族地区，受教育水平较低的大部分都是农村人口，这直接影响着这部分人不能从事技术含量较高的工作，这些人一般为成年人，不可能再对他们进行普通高等教育，所以只能进行高等职业培训，而进行此类培训成本较高，而且培训的时间相当短，不能从实质上解决问题。

（三）人口流动存在负面影响

劳动力流动的负面作用在于：一是使农村优秀劳动力流失，从而使农村日渐衰落。农村人口的流动首先是优秀人才外流，从而使农村经济更加难以发展。二是无序的流动把各种社会负担转嫁给未流动人口，形成不合理的负担，影响社会稳定。在当前云南省农村人口的流动，正面作用是主要的，它为农业生产经营方式的变革提供了宽松的环境，以多种形式对农业生产和农村发展的反哺又为农业和农村发展提供了新的动力。

四、解决少数民族地区人口与经济发展问题的对策

（一）继续坚持计划生育的基本国策，稳定现行计划生育政策，加强对流动人口的计划生育管理，控制人口数量过快增长

控制人口增长是少数民族地区农村实现可持续发展的前提，要控制人口增长必须实行计划生育。在新的形势下，要改变过去那种仅靠行政手段、补救措施和突击活动的单纯生育控制方式。要总结经验，建立与社会主义市场经济相适应的人口控制机制，将计划生育工作纳入社会经济发展之中，促进人口、社会与经济的协调发展。云南省在认真总结经验的基础上，逐步推开农业人口独生子女奖励办法。与此同时，加强对流动人口的管理和服务工作，高度重视少数民族地区的计划生育，从根本上改变"越穷越生，越生越穷"的状况。例如，云南省红河州率先实施了奖优免补的政策，即农业人口只生一胎的，政府给予奖励金，并颁发农村《独生子女父母光荣证》。从实施到现在，该州的农村领取独生子女证的家庭一共有3万多户。

（二）加快少数民族地区的农村教育工作，全面提高农村劳动者文化素质，扩大农村人口就业渠道，改善农村人口结构

全面提高农村劳动者素质，打造人口迁移基础。首先要强化普及农村九年义务教育，提高学龄儿童的入学率、巩固率、合格率，有效地控制和防止流失率，使农村每一个学龄儿童都能得到最基本的教育。然后要重视开展对农村劳动力的职业技术培训，提高农村中等职业教育的比重，扩大职业教育办学规模，逐步形成完善的农村职业培训体系。对农村劳动力的培训包括两个方面：一方面要加强对农业科技的学习，使愿意在农村发展的农民可以掌握先进的生产方式和农业实用技术；另一方面要加强非农产业职业培训和劳务输出培训，在农村推行就业培训，有计划、有重点、分层次建立就业培训网络，通过举办各种类型的农民技术夜校、短训班、电视教学等，开展短期职业技术培训，使农民掌握必要的基本职业技术技能，以适应就业工作的需要，并与就业紧密结合，提高农业劳动者在城市就业的能力。

（三）加速户籍制度改革步伐，彻底打破现行户籍二元结构

目前农村剩余劳动力向城市转移的主要障碍在于不合时宜的户籍管理制度和城乡劳动市场的分割。前者导致进城民工都只能以暂住人口或"三无人口"的身份在城里作边缘人口，不但加大了转移的成本和铁路、公路运输负担，还会加大城市管理的难度，引发一系列与流动人口有关的社会问题（诸如子女入学问题、婚姻问题、计划生育问题、民工合法权益保护问题、社会治安问题等等）；后者导致了信息不对称、劳动力转移的盲目性和劳动力价格的扭曲，降低了资源配置效率。要建立统一、开放、竞争、有序的劳动力市场，改革城镇户籍管理制度，逐步调整大中城市户口迁移政策，保障公民正常迁移和择业权利，促进人口在城乡、区域间合理流动和分布，合理配置人力资源。改革管理体制，以属地化管理为主形成有效的管理和服务网络，为流动人口提供多方面服务。取消农业户口和非农业户口的登记制度和统计方法，代之以按常住地登记的户口分类统计制度。针对人口流动性日益增强，部分人口常住地变动较为频繁的现实，统一设计代表不同居住时间的暂住户口和寄住卡作为对常住人口户口的补充和中间过渡形式。尽快彻底剥离仍然附加在城市非农业户口上的种种利益，使不同类型户口只有统计意义上的差别，而不代表身份、利益和社会阶层的不同。

（四）实施两大发展战略，扫除障碍，实现顺利转移农村剩余劳动力，加快城镇化建设

一是城镇化提升战略，即通过实施城镇化战略加快农村劳动力的开发利用。坚持城市发展多元化的方针，发挥大城市的聚集和扩散效应，引导乡镇企业发展和小城镇建设相结合，积极促进农村劳动力向城镇第二、三产业转移。二是经济结构优化战略，即通过结构优化来扩大农村人口的就业渠道。农村经济结构调整说到底就是人口就业结构的调整。我们要在优化和调整经济结构的同时做到人口就业结构优化，使少数民族地区有劳动能力的人能够充分就业，更好地挖掘人力资源，推动经济更快发展。

（五）推进农村基本保障体系建设

在农村要逐步建立健全农村社区的社会保障体系。我国是一个农业大国，少数民族地区的农村人口多，经济落后，基础薄弱，国家没有能力包揽农民的养老问题，家庭养老与社会保险相结合是解决少数民族地区农村养老的必然选择。

1. 进一步健全农村初级卫生保健体系，以农村卫生体制改革为动力，积极探索和完善农村合作医疗等医疗保障办法，因地制宜地确定农村医疗保障方式，逐步提高医疗保障水平。

2. 逐步建立国家、社会、家庭、个人相结合的养老保障机制，努力提高老年人口的健康和生活质量。在比较发达的地区和乡镇企业，以农民自愿为原则，鼓励参加商业保险，探索多种形式的补充社会保险。要妥善解决城镇化进程中社会保障政策的适用与衔接问题。对进入城镇就业的农民工，要按照有关规定参加相应的社会保险，将城市社区的社会保障覆盖面扩大到所有的外来民工，剥离土地的就业和养老保障功能。

3. 创造保障老年人权益的良好的社会环境。建立健全保障老年人权益的法律法规和政策，加大执法监督力度，打击虐待、遗弃、迫害老年人的违法行为。弘扬中华民族敬老爱老的传统美德，保障老年人的经济供养、医疗保健、照料慰藉、学习教育、文化娱乐，形成愉快、温暖、祥和的养老环境。

除了以上几点，我们还要让少数民族地区农民改变观念，真正地从土地上解放出来，并激励当地政府领导者充分发挥他们的领导能力。

五、结束语

人是社会的主体，人的发展影响到社会的发展，必定会影响到社会经济的发展。所以，发展经济的同时，我们必须重视人口因素。对于经济发展水平比较落后的少数民族地区，必须认真实施我国的计划生育政策，控制人口数量；必须不断地完善教育制度，认真进行职前培训，提高人们的受教育水平和技能，从而提高人口质量；必须注重引导人口流动，改变人们的观念，积极进行户籍制度改革，彻底打破二元结构，促进城镇化建设；必须重视人才，积极吸引人才，培养人才。除此，我们还要不断健全农村社会保障制度及医疗改革制度，保证人的基本生存权和生活质量。总之，人口是经济发展影响因素之一，我们要正确处理二者的关系，重视人口对经济的反作用。利用人口对经济发展的积极作用，促进经济的发展；重视人口因素的发展，防止人口阻碍经济发展。只有这样，才能缩短与其他地区的差距，才能促进整个国家的经济发展水平。

参考文献

1. 李仲生著：《中国的人口与经济发展》，北京大学出版社，2004年
2. http：//www. chinavalue. net/trackback. aspx. tbid
3. http：//www. eduu. com. cn《发展高等职业教育是边疆少数民族地区经济发展的关键》，2004 – 05 – 09 中国教育联盟
4. 聂 曲：《努力促进少数民族地区的经济发展》，http：//www. eduu. com. cn
5. 《中国户籍改革20年》，《市场报》2005年11月18日，第6版
6. 《中国现当代户籍制度的变迁》，《经济参考报》
7. http：//politics. people. com. cn/GB/8198/9533/57091/3989976. html
8. 《云南红河州委书记罗崇敏试解医改难题》，人民网
9. 《农村教育：现状、困难与对策》，http：//www. svtop. com/fanwen/2006/1 – 7/23934 – 4. html

民族地区资源环境问题研究篇

论可再生自然资源的属性及其产权

李克强

随着技术进步、工业化程度的提高以及人口数量的增长，人类对自然资源的利用的广度和深度都不断深化，由此，自然资源、环境承受着越来越大的压力，而且已经造成环境恶化，进而影响到人类的生存以及社会经济的健康发展。对此，人们一般认为是市场失灵[①]和

[①] 市场失灵不是绝对的，它是受制度以及现代技术条件的约束，在一定的技术约束下，通过制度创新可以在一定程度上解决市场失灵问题，特别是产权制度的创新。产权是一种具有结构性特征的权利束。实际上，这其中隐含着一种条件，产权的权利束的运用要在一定的框架内行使，这一框架就是对权利束使用者与相关者的关系的约束，就是以不能损害利益相关者的利益为前提，其根本是如何行使、使用其权利束。之所以会出现这种问题，关键是产权主体在行使权利束时会产生外部效应。当然正的外部效应不会损害他人的利益，但是可能不能产生有效的激励；如果产权主体在行使其权利时产生负的外部效应，就会对利益相关者带来损失。产权制度的作用就是对产权主体在行使其权利的过程中给予相应的规定：一方面是对正的外部效应给予激励，形成激励相容；另一方面，对可能产生负外部效应的行为予以限制。

"经济人"①的结果。可是，资源环境的问题是经济社会发展过程中指导思想出现偏差，并体现在资源的产权制度安排上出现问题，并非是市场机制出了差错，即在自然资源利用过程中对资源环境利用的权利、义务关系不对称，也就是产权失灵，从而导致自然资源的无效率利用以及由此产生的环境问题。进一步而言，在资源开发利用过程中，因自然资源的开发具有较强的外部性，造成个体利益与社会利益不一致，环境问题进一步突出。为此，本文基于对产权和自然资源产权属性的认识，根据自然资源自身稀缺性、外部性和公共性的基本属性，进一步探讨中国自然资源产权制度演进过程中的产权制度安排，以解决自然资源使用过程中的政府产权失灵，个体利益与社会利益不一致的问题，使自然资源在时间上的配置对社会最优，从而实现人与自然的和谐发展。

自然资源可分为两类：一是"可再生资源"，二是"不可再生资源"，亦称为"可耗竭资源"。可再生资源也可分为两类，一类是由生命有机体组成的种群，在经济时间尺度范围内有一个明显的自然增长率，如树木等各种植物；还有一种是资源会在一定时间里产生一个固定的流量，如水资源、空气系统、太阳能、潮汐能等，这类资源没有生物增长率，其再生是通过物理或化学过程来实现的。本文所讨论的可再生资源只限于生物学意义上的可再生资源，例如森林资源、渔业资源、自然景观资源、生物多样性资源等。

1. 可再生自然资源及其属性

资源的属性决定着产权的属性，自然资源的不同属性决定了其产权的归属。对于在现有的技术条件下存在着非排他性和非竞争性的资源，具有典型的公共产品属性，应界定为公有产权，此类资源将以非市场的方式供给，即由政府供给；而对于具有排他性和竞争性的资源，具有私人产品的属性，应界定为私人产权，资源将以市场的方式进行提供，通过价格机制来进行配置。所以，首先要清楚自然资源的属性，这是自然资源产权如何有效界定的

---

① "经济人"体现的是人们在面对每一种选择的可能性都会基于理性地衡量其成本和收益，追求其自身的收益最大化。其中包含着三种命题：第一是"自利"，即人的经济行为的根本动机在于追求自身利益最大化；第二是"理性"，即"人"都是理性的，总是要根据自身的处境和自身利益之所在作出最有利于自己的判断和选择；第三个是"法律和制度的保证"，即只要有良好的法律和制度。之所以在资源环境中"人"追求自身利益最大化时造成资源环境的破坏，其根源还在于对资源环境的制度安排中"人"的约束的缺乏，也就是资源环境的产权界定出现问题，才会使"人"在有意识或无意识中产生了不利于资源环境的行为。

前提。

可再生资源是可以更新的资源，它们所具备的再生或更新能力具有一定的约束条件，并不是它们可以随意地自我再生或更新。因为可再生资源有其自身的生长规律，它的再生能力取决于与外界的交换关系，其中包括自然因素与人为因素，特别是可再生资源与"人"的交换过程影响着其再生状况。大量的研究表明，可再生资源能否实现自我更新，主要取决于自然资源的管理体制，一套注重可持续发展的管理体制有助于资源的自我更新并实现最优配置，而不注重可持续发展的资源管理体制往往会导致可再生资源的退化甚至耗竭[1]。在人类的生产活动中，如果人类对可再生资源的利用率长期超过其增长率，那么可再生资源也是会耗竭的；如果人类的活动破坏了可再生资源赖以生长的特定环境，其再生长能力也将受到影响。

1.1 可再生资源的生态特性

可再生自然资源是由生物系统组成，具有生物学的特性。可再生自然资源在经济时间尺度范围内，具有一个明显的生物增长率，这一增长过程是一个逻辑斯蒂增长过程[2]，在一定的约束条件下，当生物增长率与对其利用率相当或超过对其利用率时，使得可再生自然资源在资源总量达到一定规模并保持可再生资源的原有再生规律。从生物学的角度讲，可再生资源种群的稳定与可持续再生需要一定的规模和条件，如果可再生资源所需要的外部环境遭到破坏并超过了其所能忍受的限度，那么可再生资源的再生能力将受到影响，其种群的数量水平将不断降低，而当低于一定程度时，该种群便会逆向演替，甚至会消失；即使以后其再生的可适条件得以恢复，也无法使之在短期内恢复原状，即其中存在着可再生资源再生的不可逆性。从可持续资源的利用和代际间资源利用的角度来讲，由于不可逆性的存在，增加了当期利用资源的风险和成本，因为人类可再生资源的利用过程中，不仅考虑到对其的利用，还要考虑到对其的保护，使其与人类活动呈现为平衡状态，由此，为了保持对可再生资源的有效利用要付出一定的成本，同时，如果对可再生资源的保护不当，可影响到资源在代际间的合理配置。也正由于可再生资源的不可逆性的存在，可再生资源在资源配置、利用中存在着时间上的影响，即

---

[1] 大卫·皮尔斯等：《世界无末日：经济学·环境与可持续发展》，张世秋等译，中国环境科学出版社，1995年。

[2] 姜学民、徐志辉：《生态经济学通论》，中国林业出版社，1993年。

要考虑到可再生资源在一定条件下的可再生增长率,使其与利用率相当,在资源利用的恒等式中体现在对社会贴现率的影响上。Krutilla 和 Fisher 的研究表明:它们会提高贴现率(或机会成本),受边际收益递减规律的约束,将会使资源的最优开采量增加,资源最优存量减少。①

1.2 可再生资源的区位特性

自然资源的分布具有地域性,其中包含两个层面的含义:一是可再生自然资源总是以一定的数量,在一定时期内具体存在于一定的地域;二是可再生资源受其自身生长规律的影响总是存在于特定的区域,而且具有不可位移性。区位因素是影响自然资源利用率的重要因素,也是影响自然资源可持续管理的重要因素。各种自然资源内部以及各种不同的自然资源之间存在着紧密的联系,一种资源的变化将直接或间接地影响到其他资源的变化,而且还存在着地域间的影响,即一个地域资源的变化将影响到其他地区的资源状况。如上游森林资源的状况将直接影响到下游地区的水资源状况,如果上游将森林全部砍伐,会造成水土流失,使下游水库的使用寿命大大缩短。

1.3 可再生自然资源的经济特性

可再生自然资源的经济特性体现为有用性,或者说具有使用价值,即可为人类的生存提供一定的物质、精神基础。资源的经济价值有多种表现形式,如使用价值、存在价值以及选择价值等。使用价值包括直接使用价值和间接使用价值;直接使用价值是指资源可用于生产过程和消费的经济价值;间接使用价值是指非直接用于生产过程或消费,不直接在市场上交换,其价值是间接表现出来的,如生态功能价值。选择价值是人们为了保护某一自然资源以便将来做各种用途所支付的数额。严格地讲,它是未来的使用价值。如一片森林被开发成工业用地,则未来就不具有其他用途了。由于受对森林功能的价值认识所限,未来其用途可能会有更大价值,为保护这一资源,人们愿意支付的数额就是选择价值。存在价值是指人们愿意为某一资源的存在而支付的价值,如风景区的经济价值以及文化群落的价值等。

可再生性自然资源的使用价值取决于三方面。(1) 可再生性自然资源的丰饶度。丰饶度是自然资源自然属性的总和。如森林资源的丰饶度包括木材蓄积量、木材质量、木材生长速度等。丰饶度是大自然赋予的客观属性。

---

① John. Krutilla、AnthonyC. Fisher:《自然环境经济学》,汤顺龙译,中国展望出版社,1989年。

自然资源的丰饶度与使用价值成正比关系。丰饶度越高，使用价值越大。（2）自然资源的位置。开采自然资源，除了考虑丰饶度，还要考虑它所在的位置，考虑它便于接近的程度。有时，位置对开发自然资源的影响比丰饶度更重要。由于丰饶度与位置的矛盾，开发土地时，可以先开发丰饶的土地，再开发劣等的土地；也可能出现相反的方向，先开发位置便利的劣等土地，再开发位置不便的优质土地。自然资源的位置本身是一个综合的概念。它既包括客观方面的因素，如自然资源与山脉、河川、海岸线的关系，称为自然地理位置；也包括社会的主观方面因素，如自然资源与城市、道路、消费中心的关系，称为经济地理位置。（3）人类对自然资源的附加劳动。人类对自然资源的附加劳动有直接附加劳动和间接附加劳动两类。直接附加劳动改变自然资源的形态，如排干沼泽中的水分，填平凹凸不平的地表。间接附加劳动没有改变自然资源的形态，却增加了自然资源的可用性，如修路筑堤，使得土地免遭洪水灾害，便于通达。

1.4 可再生自然资源的外部性

环境资源利用中存在严重的外部不经济性，即某个微观经济单位的经济活动对其他微观经济单位（包括个人）所产生的不利的外部影响。这种影响是非市场性的，因为它并没有通过市场价格机制反映出来。造成外部不经济性的单位没有计算其经营活动的环境成本，随意向自然环境排放各种污物、废物，而由此造成的各种损害和消除这些损害的费用却要全社会来承担。可再生资源的自身生长以及人类的生产和消费过程中将为社会和他人带来影响，其中既存在正的外部性，也存在负的外部性。正外部性可再生资源生产和消费所获得的私人收益小于社会收益，负外部性可再生资源生产和消费所产生的外部成本由他人或社会承担，其获得的私人收益大于社会收益。首先，可再生自然资源自身的生长和对其生产、消费都存在着正外部性，如森林的生长和植树造林，森林生长可为人类带来环境改善、树木利用等使用价值，植树造林也可生产出更多的木材、果实，同时可保持水土、调节空气等。其次，对可再生自然资源无限制的生产和消费，也可造成水土流失、环境恶化。典型的是公共自然资源如公共草地的使用，使用者因无节制地使用公共自然资源，使每一社会成果的外部成本增加，导致每个成员都成为自然资源外部性的承担者。

小结：可再生自然资源的经济性，即价值与使用价值决定着其具有商品性，也就是具有可交易性，通过价值的转换实现可再生自然资源的有效配置；可再生自然资源的区位性、生态性以及外部性意味着其具有公共性，生态性、区位性和外部性所产生的效应将影响着他人及社会的整体福利。可再生自然资源的经济性和公共性决定了其既具有公共品属性，又具有私人产品属性。

2. 产权与可再生自然资源的利用

产权是现代产权学派、交易成本学派和新制度学派的基本概念，也是一种经济和法律实践。阿尔钦认为，产权是一个社会所强制实施的选择一种经济的使用权利，产权的界定是对必然发生的不相容的使用权进行选择时的排他性权利的分配。它用来界定人们在经济活动中如何受益、如何受损，以及如何补偿的规则。产权的基本内容包括行为者对资源的使用权与转让权，以及收入的享有权。产权是一种抽象的社会关系，是人与人之间由于稀缺性物品的存在（这种稀缺性是相对于人类的需求欲望而言）而引起的与其使用相关的关系。这种关系规定了与经济物品有关的行为准则。产权的本质在于资源使用过程中行为主体所产生的外部性内在化的一种规则、机制。

1. 产权合理界定可提高可再生自然资源的流动性，促进其配置效率，实现其经济收益。可再生自然资源具有经济特征，能为人类的生存与发展提供基本保障。通过有效界定可再生自然资源的所有权或使用权，调配更多的社会资金介入其生产经营，提升资源利用的空间与范围，促进可再生自然资源经济价值的挖掘。

2. 合理界定产权有利于建立经济主体的激励机制与约束机制，解决责任问题。产权的两大功能，一是解决激励问题，二是当存在外部性时，产权可使外部性内在化。通过产权合理界定可以将可再生自然资源生产经营中责任进一步明确，从政府管理角度来讲，对于可产生正外部效应的生产进行激励性产权安排，对可产生负外部效应的生产进行约束，使社会收益与经济收益相均衡。诺思的《西方世界的兴起》揭示了西方世界兴起，实质上是没有个人所有者，就没有个人对所发生的事负责，甚至没有为双方共同利益而与他人进行合作的激励。产权可以解决责任问题，当一个社会使个人负责的收益大于负责的成本的时候，这个社会肯定是一个负责任的社会。所以，社会还有一个负激励，即如果你不好好干，将会承担什么后果，负什么责任。当我们离开了产权、离开了成本—收益来谈责任的时候，最终我们会形成这样一种结局：谁负责任谁吃亏。责任并不仅仅是一个良心问题，而且还有一个经济选择问题。

3. 有效的产权制度是环境保护市场化有效运作的基础和前提条件。人（经济人）都是在既定约束条件下追求自身利益最大化的。通过产权安排来约束人的行为是一个重要的选择。不同的产权安排下人的行为是不一样的。如何发掘人的潜力的问题实质上是一个激励的问题。不同的产权安排之所以影响人的行为是因为不同的产权安排会改变人的行为的收益—报酬结构。市场经济就是一种产权经济。在人类发展历史上，有两种权利一直在交替，相互"争权夺利"，那就是产权与行政权。产权一般根源于社会财富的生产与分配过程，它产生于经济市场，而行政权本是由政府职能的存在而产生的一种权力，它产生于政治市场。正如哈耶克所强调的，市场是一个发现过程，通过市场，人们才能发现人与环境之间的有效平衡。而在人与环境之间的有效平衡形成中产权起着极为重要的作用。从现在大量的个案研究来看，历史与现实中很多环境灾难，并不仅仅是一个自然因素和人与自然的比例失调，而更主要的是人为的因素，而在人为因素中对市场与产权的割裂是最主要的原因。产权失灵一般会导致环境的悲剧。

3. 基于可再生资源属性的产权

自然资源系统纳入经济发展模型中，有别于传统经济的一个根本性的区别在于：它所追求的不是将自然资源最大限度地转化为人造资本，而是为保持生态经济系统的正常运转，资源配置效率标准是在维持系统生态平衡前提下的效用最大化，保持足够的存量以利于资源的再生及维持生态平衡。

可再生自然资源产权研究的核心问题是如何通过产权的界定使之达到一种平衡，也就是人类在不断使用可再生自然资源的过程中，使资源的使用率与再生率相一致。

可再生自然资源产权是行为者对某种自然资源的所有、占有、支配、转让、使用及由此而派生出的其他权力的明确界定。关键问题为使其服从生物学规律，保证可再生自然资源在为人类所利用的过程中达到均衡，如何界定各种权能，即如何对行为主体包括所有权在内的各种权利的规定，哪些应规定为公有产权，哪些规定为私有产权，对私有产权中的权能如何进行规定，使其符合帕累托效率。所以，对于可再生自然资源产权界定中，其所有权归谁所有并不重要，重要的是基于可再生自然资源的属性所规定其进行利用过程中的行为，对于正外部性政府如何鼓励，产生激励相容，而对负外部性应如何限制，使经济性的自然资源如何有效地通过市场进行配置，以及市场化配置过程中如何克服外部性等。

可再生自然资源产权界定的准则：为人类可持续利用自然资源，保持自然资源的生态平衡。产权界定的目的不是单纯地为保护自然资源，根本还在于如何使自然资源为人类的可持续发展提供服务，既要体现自然资源利用的效率原则，又要考虑自然资源长期为人类发展服务，提高人类发展质量与水平等。退耕还林实质上是对使用权的规定。

3.1 可再生自然资源的所有权

一般认为所有权是产权制度的核心，是产权制度安排的基础，其他权利都由所有权派生而来。对一般资源或商品、劳务而言，所有权是产权的核心，它决定着资源的流向、配置，决定着其使用权、收益权和处置权以及剩余索取权。如购买的家用商品，购买的同时意味着所有权的转移，购买者拥有所有权，所有权是其购买商品的权利核心，拥有所有权也与此同时拥有对商品的使用权、处置权等，而使用权与处置权等都是由所有权的产生而产生。所有权作为产权制度安排核心的本质在于其一般商品的属性，一般商品生产与消费的私人收益与社会收益相等。由此，所有权自然衍生出其相应的使用权、收益权以及处置权等，所有权与其他权能具有一致性。

可再生自然资源既具有经济特性又具有公共性，特别是外部性所决定的可再生自然资源生产和消费中存在着生产和消费者的收益与社会收益不一致，私人收益或高于社会收益，或低于社会收益，所以，可再生自然资源的所有权就不可能像一般商品一样自然派生出相应的权能，其所有权与使用权、处置权等产权权能不具有一致性，也就是其所有权不能自然派生出完整的使用权、处置权等，其他权能具有社会责任的规定性，规定的基本在于如何使其私人收益与社会收益相一致。

可再生自然资源的所有权制度可分为公共产权和私有产权，公共产权是指可再生自然资源的所有权归国家或集体所有，私有产权是指所有权归私人所有。此外还有一种是混合产权，即从所有权角度来看既有国家或集体的成分，也存在私人成分。拥有所有权不是目的，而是通过所有权的占有来获得相应的收益。根据可再生自然资源的属性，它既有经济特性也具有公共性或外部性，因而，其收益也体现为经济收益和公共收益，公共收益表现为可再生自然资源的代际利用即可持续利用、环境的保护以及可再生自然资源生产和消费过程中对他人产生的影响。

从可再生自然资源的经济特性来看，其所有权的流动性决定着其经济收益状况，因为经济性的对偶特征是商品性、交易性，资源在不断的交换中产生更多的经济效益。私人所有权制度具有较强的流动性，它更能按照成本收益原则进行资源的有效配置，提高资源配置效率；具有较高公共性的所有权制度安排则具有较低的流动性，一方面是多层委托代理关系制约着效率的实现；另一方面是公共所有权制度安排易产生垄断式的产权制度安排，抑制私人资本的进入，无法使资源进行有效的配置、利用。

从可再生自然资源的公共性来看，其所有权的稳定性影响着其公共收益。公共收益讲求的是社会整体福利的最大化，而非经济收益的最大化；讲求的是消除外部负效应，促进人类与自然的协调发展。所以，在所有权制度安排中，公共所有权制度具有较强的稳定性，追求的是社会效益，而非经济效益，所以，这种所有权制度安排可产生较高的公共收益，也就是有利于外部收益、公共收益的获得；而在私人所有权制度安排下，其具有较强的流动性，稳定性较差，因为私人追求的是其经济收益，其考虑的是个体收益的最大化，而非社会整体收益的最大化，存在着个体理性与整体理性的差异①，所以，这种所有权制度安排对公共利益可产生一定的影响。

可见，可再生自然资源的经济性和公共性在所有权制度安排中存在着矛盾，存在着所有权制度安排是"公"还是"私"的两难选择。从国内外研究来看，对自然资源的所有权制度安排存在不同的观点。一种观点基于可再生自然资源的公共性和经济性特征认为，自然资源的过度公共产权制度安排将有损于效率的提高，其理论基础是所有投入和产出的完全私人产权是社会福利最大化的必要和充分条件，这是基于传统经济学的基本理念，即个人在追求他们自己利益的同时能够为社会带来利益，并且比个人直接追求公共利益所带来的效果更大，即个人利益与社会利益具有一致性，个人在追求私人利益最大化的同时，也最大地促进了社会利益。这是主流经济学的理论硬核。与此相反的一种观点认为过度的私人产权将无法保障足够的公共产品和

---

① 哈丁的"公用地的灾难"揭示的就是个体理性与社会理性的冲突。对"公用地的灾难"，哈丁总结到"这是灾难之所在。每个人都被迫使他在有限的范围内无节制地增加牲畜的制度中，毁灭是所有人都奔向的目的地，在信奉公用地自由化的社会中，每一个人都追求各自的最大利益"。在存在较强的外部性而且没有任何约束的公用地上，每个人都为了追求自身的利益最大化，每个人都选择有利于自身利益最大化的策略，在对公用地的使用博弈过程中，期望对手采取合作策略而自己采取不合作策略可以获得更多的收益，基于这种判断和预期，其博弈的结果是个体人采取不合作的策略。每个人这种不合作策略对具有较强外部性的公用地而言，所产生的效应是外部性不断被放大，形成"公用地的灾难"，形成对所有人的利益损失，产生了个体理性与社会理性的非均衡。

无价格产品①的供应，自然资源的公共性特征将无法有效体现。一些研究也证实了在现实的经济生活中，自利的追求收益最大化的理性行为与现实世界的偏离②，主要体现为个体人追求自身收益最大化的同时并未产生社会福利的最大化，而是损害了社会的整体福利，即个体理性的结果与社会总体不一致。所以，对于可再生自然资源的所有权制度安排，人们普遍反对"极公"或"极私"的所有权形式，更倾向于选择较为折中的混合所有权制度安排，只是针对不同自然资源的经济性和公共性情形，混合的"比例"和形式作出相应的安排。

所以，在可再生自然资源的产权制度安排中，所有权不再像一般商品那样决定其他权能，并起着核心作用，或者说，所有权在可再生自然资源的产权制度安排中已经不再重要了，所有权归谁所有不是决定其配置的基础，其他权能的规定将更为重要。

3.2 可再生自然资源的使用权

可再生自然资源具有的经济性决定了其交换价值，通过对可再生自然资源的利用获取经济利益。与此相冲突的是公共性将被抑制，即可能产生环境破坏、资源的浪费，而这种冲突的根本还在于使用权的安排上。

由于可再生自然资源存在外部性，拥有其所有权并不意味着拥有完整的使用权。为了使可再生自然资源生产和消费过程中实现私人收益与社会收益的一致，往往要对可再生自然资源的使用权作出相应的规定，即其使用权不是无限制的，而是要对其使用方向、使用范围进行规定。

可再生自然资源的使用权界定涉及谁拥有使用权、谁规定使用权以及如何规制使用权、如何保障已明确的使用权等。由此，这其中涉及两个主体，一是可再生自然资源的使用主体，它可与所有权主体相统一，所有权主体行使使用权，它也可与所有权主体相分离，通过租赁、承包等形式实现使用的转移；二是对可再生自然资源使用权制定规制的主体，一般而言这一主体都是政府。为了克服可再生自然资源的外部性，其中核心问题是对其使用权作出科学、合理的安排，使其在生产、消费过程中激励正外部性、消除负外部性，而可再生自然资源使用权的有效性体现为对其使用权的有效约束，即对可再生自然资源使用主体的约束与使用权规制主体的约束。

---

① 无价格产品是无法收回的具有正外部效应的公共产品。
② 张五常：《经济解释——张五常经济论文选》，商务印书馆 2002 年版，第 83 - 84 页。

首先，关于使用权制度安排问题。可再生自然资源的生产、消费过程中产生两个方面的价值，一是能够为人类的发展提供基本的物质保障，提高整个社会的福利水平，即可再生自然资源的使用价值；二是可再生自然资源的生产、消费可使环境得到破坏，过度利用可使可再生自然资源系统不能可持续发展，即可产生"公用地悲剧"，也就是产生了负价值。前者是可再生自然资源使用的收益，后者是其代价或成本，两种价值是同比例增长的，所以，使用权制度安排就是要权衡二者未来的关系，使其处于均衡状态。目前我国实施的退耕还林、退耕还草就是对土地使用权的一种制度安排，土地在我国所有权归国家或集体，是一种公共产权，土地实行承包责任制，农民具有使用权，对于一些相对贫瘠的、生产效益不高的土地，为了保护环境政府规定将其作为生态林地。而且这是一种典型的正外部性的经济活动，中央政府作为纯公共产品保护与倾倒的代理者，要的是退耕还林还草中的正外部性产品生态保护，所以，中央政府为了环境保护的需要，对一些土地作出其使用权的相应安排。

其次，关于使用权制度安排的规制。政府作为自然资源使用权规制的主体，一般使用两种手段：行政规制与经济规制。行政规制是以政策或法律的方式将可再生自然资源的使用权限予以明确，规定可再生资源如何使用，如价格锁定、标准限制等，再如2000年中央政府规定25度以上坡度的山地统一退耕还林、还草。经济规制是以政策或法律的形式对可再生资源的使用中可产生负价值的行为在经济上作出规定，也就是对可产生负外部性的可再生自然资源使用过程产生的负外部性在经济上予以补偿，通过经济性规制抑制外部负效应的产生，或者通过收取税费的方式获取部分资金用以外部负效应的治理。如环境税、排污费、排污权交易等都是经济规制。

行政规制具有直接性，对可再生自然资源的产品质量标准及使用权限作出明确规定，可从根本上解决其负外部性的产生，可是，政府作为规制主体，由于信息不对称以及政府的有限理性，行政规制可使使用权主体缺乏相应的活动空间和经济弹性，不利于自然资源市场的扩展。而经济规制具有灵活性，可使经济者具有相对宽泛的市场空间，可是，经济规制不能从根本上解决外部性的产生。所以，对可再生自然资源使用权规制上应将两者结合起来，促进资源效率的提高，而且，这两种手段的选用应根据规制对象而定，当然如何把握二者的关系并不是件容易的事，正如卡恩在其《规制经济学》中讲的"支撑目前私营企业经济体制的两个主要制度是竞争性市场机制和直接规制,将两者结合起来并不容易,但是如果做不到这一点,就不能提高效率,也不能在其他方面取得良好的经济效果"①。所以,如何将两者有效结合是可再生自然资源生产、消费中处理好经济价值与环境价值的关键。

行政规制中的另一个问题是可再生自然资源使用权的流动。在中国自然资源所有权归国家或集体所有,其流动性较差,市场化空间较小,为了促进资源的流动,提高资源的配置效率,在不改变所有权性质的前提下,应提高使用权的流动,使资源产业在市场空间内发展。

3.3 可再生自然资源的收益权

在所有权制度安排中,无论是公有所有权还是私人所有权,其根本还在于对可再生自然资源利用中的收益问题,而收益权的界定则是使用权得以落实的基础,如果缺乏相应的收益权,使用权主体缺乏利益实现的激励,可再生自然资源的效率难以实现。

从可再生自然资源的经济性和公共性角度来看,可再生自然资源的收益包括两个方面:可再生自然资源利用的经济价值和社会价值。私人使用权更强调经济价值,即从可再生自然资源的利用中获取经济利益,而公共使用权强调的是社会利益,保证可再生自然资源的可持续利用以及环境保护等。对于使用权私人条件下,如何使私人从可再生自然资源利用中同时实现社会价值,又能获得一定的经济价值,即获取一定的经济收益,这涉及到收益权的安排。

可再生自然资源的利用过程中产生的既有正外部性,也有负外部性(外部性实质上体现的就是社会收益),正外部性可增加社会价值,负外部性则减少社会价值。在私人的可再生自然资源的使用权制度安排下,正外部性的存在体现为社会收益大于私人的经济收益,对于正外部性的可再生自然资源的生产经营将存在私人抑制。

为了实现正外部效应,作为政府所追求的公共社会福利目标,政府将对此进行激励,通过进一步的收益权制度安排以激励私人对能产生正外部效应的可再生自然资源的生产经营。激励的根本在于要使私人投资经营效益与社会效益相一致,既要保证社会收益的最大化,同时又要使私人收益得到满足。收益权制度安排的激励方式:一是政府作为收益权供给的主体,直接对

---

① Kshn. A. E. The Economies of Regulation: Principles and Institutions, New York: Wiley, 1970.

私人进行补贴,即对从事具有正外部性可再生自然资源生产的私人给予经济补偿,补偿标准为私人收益与社会收益相一致。我国目前实施的退耕还林、还草过程中政府给予农民的财政补贴体现的就是对农民承包土地使用权范围变更的补偿,退耕还林讲求的是生态环境效益,即公共利益,实现的是政府目标,为鼓励和保障农民的基本生存和生活需要,政府给予一定的经济补偿。二是价格管制,通过对可再生自然资源生产的产品进行价格控制来保证其生产者的收益。

可再生自然资源生产过程中产生的负外部性将导致其公共收益的降低,为此,学界进行过长期的研究,并提出了诸多对策,如行政管制、行政收费以及设定相应税种等,目的是抑制负外部效应的产生。

结论: 可再生自然资源具有经济特性和公共特性,经济特性决定了其具有商品价值,可用于交换;公共特性决定了其具有社会价值,为此,在对可再生自然资源的利用过程中要依此来界定其产权。所有权、使用权和收益权构成可再生自然资源的产权体系,并作为一个整体共同发挥其功能。对于所有权集中于国家或集体条件下,可再生自然资源的使用权和收益权制度安排更为关键,它们决定着可再生自然资源的流动性,决定着其配置的效率,决定着可再生自然资源公共效益与经济效益的实现。

民族地区经济发展中的资源利用与生态建设问题研究

——对内蒙古资源开发与生态建设的调查与思考

马 林[①]

为了深入了解我国民族地区经济发展中的资源利用与生态建设的现状及存在的问题，加快民族地区的经济发展，实现人口、资源与生态环境协调发展。2006年7月12日至8月5日，我们一行人赴内蒙古自治区进行了为期两周的野外考察，途经六大城市，分别考察了沙漠、沙地、草原、农牧交错带等不同景观下的资源开发和生态建设状况，整个行程长达5000公里左右。通过对当地的资源开发和生态建设状况的实地考察、座谈和资料收集，我们对内蒙古的资源开发和生态建设现状有了较为系统的了解，总结了当地资源利用和生态建设中的成就和存在的问题，并对民族地区经济发展中的资源利用和生态建设提出了相应的对策和建议。

一、内蒙古自治区的资源环境概况

内蒙古自治区简称内蒙古，地处我国北部边疆，位于北纬37°24′至53°23′，东经97°12′至126°04′之间，从东到西直线距离2400多公里，南北跨距1700多公里，面积118.3万平方公里，占全国总面积的12.3%，人口2377.5万人，是一个以蒙古族和汉族为主的多民族聚居地区。

内蒙古资源丰富，素有"聚宝盆"之称。全区天然草地面积为8800万公顷，占自治区总土地面积的75%，是目前世界上草地类型最多，保护最完整的天然草原之一。内蒙古已发现120多种矿物分布，在列入储量表的72种矿产中，有40多种储量居全国前10位，20多种名列前3位，7种居全国首位，特别是煤炭资源极其丰富，且品种优良，种类齐全，易于开采。石油天然气的蕴藏量也十分可观，全区已探明13个大油气田，预测石油总资源量为2030亿吨，天然气的最高远景储量可达10000亿立方米。内蒙古的

---

① 马林，男，大连民族学院民族地区可持续发展研究中心、经济管理学院院长、教授，中央民族大学"985"工程民族地区人口资源生态环境问题研究中心外聘专家。

稀土资源丰富，稀土氧化物储量占全国的90%以上，仅次于巴西，居世界第2位；铍、钽、钴的探明储量也分别居世界的第1、2位。此外，黑色金属、有色金属和贵重金属、建材原料和其他非金属以及化工原料等矿产资源，有相当部分在全国也名列前茅。农牧林业是内蒙古最大的资源优势，人均耕地居全国第一，草场面积居全国五大牧场之首，森林面积居全国之冠。

内蒙古自治区地处我国北方干旱、半干旱生态脆弱地区，是我国北疆生态系统的前沿阵地。长期以来，由于种种原因，内蒙古的生态环境持续恶化。全国荒漠化土地2.62亿公顷，内蒙古就占到1/3左右；全国荒漠化涉及471个县，内蒙古就有76个旗县；全国荒漠化扩展速度在4%以上的地区有7处，内蒙古就有3处；全国每年因荒漠化造成的直接经济损失约540亿元，间接损失1700亿元，内蒙古各占1/3。分地区来看，以阿拉善盟为主的沙漠、戈壁地区，年降雨量仅为几十甚至十几毫米，全盟荒漠化土地面积已占全盟总土地面积的85%，生态环境极其恶劣；以晋陕蒙交接地区为主的低山丘陵区，水土流失严重。每年向黄河输入泥沙2亿吨，成为国际重点水土流失区；以阴山北麓为主的风蚀沙化区和以锡林郭勒盟西部及乌兰察布盟、巴彦卓尔盟北部牧区为主的荒漠、半荒漠草原区，地上、地下水资源比较贫乏；草牧场退化日趋严重，全区草场退化面积已占可利用草场面积的60%以上；毛乌素沙地、浑善达克沙地沙漠化土地面积仍在继续扩大；河套灌区、西辽河灌区的一部分地区，土壤盐渍化比较严重；呼伦贝尔地区虽然降雨较多，植被较好，但土层较薄，受损敏感，很容易引起沙漠化。全区绝大多数贫困县都集中在风沙干旱和水土流失区，形成了内蒙古自治区最大的贫困带。

近年来，在内蒙古自治区各级党委、政府和广大干部群众共同努力下，全区在资源利用和生态建设方面做出了许多卓有成效的工作，取得了很大的成绩。例如鄂尔多斯市多年来注重植被建设，沙进人退的现象基本得到控制，生态环境已开始向良性方面发展；通辽市的奈曼旗、赤峰市的敖汉旗等旗县，由于坚持生态建设，生态环境有了很大的改善，经济建设也得到长足的发展；列入全国重点治理的123条小流域，通过多年的综合治理，山乡发生了巨变，人均收入比当年平均水平提高了30~50%，绝大多数贫困户摆脱了贫困。但是，从全区总体情况来看，一方治理、多方破坏，治理一个点、破坏一个面的现象仍然十分突出。如四十年来全区累计治理水土流失面积约为480万公顷，而人为新增水土流失面积约150万公顷；全区草原建设取得了很大成绩，局部草原生态环境得到改善，但由于草场的严重超载过牧，退化已成为全区草场普遍存在的问题。

总之，内蒙古资源利用和生态建设形势不容乐观，局部地区生态环境虽然有所改善，但整体生态环境仍在恶化，其恶化速度在加快。

二、内蒙古资源利用和生态建设的成就

从本次的调研中，据自治区有关文件和生态建设行政主管部门提供的资料，我们深入了解了内蒙古的资源开发和生态建设，取得了一系列的成果。同时，通过对几个示范区的重点考察，我们认识到了资源开发和环境保护与当地人口问题和经济发展的密切关系，认为在民族地区资源的合理开发和利用是生态环境保护的最有效方式，是解决当地人口问题和经济可持续发展的根本出路。

（一）制定和实施了一系列资源利用和生态建设的政策与措施

近年来，在内蒙古自治区各级党委、政府和广大干部群众共同努力下，全区在资源利用和生态建设方面取得了可喜的成绩，先后实施和启动了水土流失、小流域治理、"三北"防护林、平原绿化、治沙工程以及大规模的草牧场建设和开始启动的天然林保护工程，并制定出台了一系列的政策和法规。自1995年自治区人大常委会作出《关于加强资源和环境保护的决定》以来，生态环境保护的力度加大，《内蒙古自治区自然保护区实施办法》、《内蒙古自治区环境保护"九五"计划和2010年远景目标》、《内蒙古自治区自然保护区建设发展总体规划》、《阿拉善生态环境综合治理规划》等有关的政策法规及规划相继出台，生态环境保护的宏观调控能力逐步得到加强。全区大中型建设项目环境影响评价制度和"三同时"制度的执行率达到100％；污染和破坏生态环境的3462家"15小"企业全部取缔；启动了一批绿色工程项目。截止1999年底，全区自然保护区的数量从1995年的14个增加到75个，自然保护区的面积达到6.14万平方公里，占自治区国土面积的5.18％。结合生态环境建设，全区已有三个旗县、91个乡镇（苏木）、村（嘎查）编制完成了生态示范区建设规划并已开始实施。一些盟市、旗县提出了建立生态盟、生态市、生态旗的目标，有的已开始付诸实施。

（二）水土保持

十一届三中全会以来，自治区启动了一系列以水土保持为主体的生态环境建设重点治理工程。如国家八片水保重点治理工程，黄河上中游水土流失重点防治工程，多沙粗沙区重点治理工程，治沟骨干工程，沙棘种植工程，砒砂岩水土保持综合治理工程，昆都仑河流域水土保持综合治理工程，黄土高原水土保持世界银行贷款项目以及中央财政预算内专项资金水土保持项目等重点工程。

截至目前，全区累计治理水土流失面积583.44万公顷，建设骨干工程232座。

（三）造林绿化

自治区人民政府做出了《关于深化改革加快造林绿化步伐的决定》，1997年9月自治区党委、政府又出台了《关于加快沙区山区生态建设的决定》，先后启动了"三北"防护林工程、平原绿化工程、天然林保护工程。全区农牧民群众每年为造林治沙投工投劳达5000多万个工日，农村劳动力年人均用在林业建设上的工日在10个以上。

截至目前，全区森林面积达到1867万公顷（含灌木），排在了全国第一位，森林覆盖率达到14.82%，其中人工造林保存面积533万公顷，排在了全国第二位。按人口平均，内蒙古的这两项指标分别排在全国第二位和第一位；全区的活立木蓄积量达到11.7亿立方米，位居全国第五，人均居全国第二。大兴安岭森工集团、岭南8个次生林经营局和黄河流域的31个旗（县市），占全区67%的天然林面积已列入国家天然林保护工程。

（四）草地建设

自治区出台了《草畜平衡管理办法》，实施草畜平衡管理制度。针对自治区畜牧业工作的实际，制定了"草畜双承包"和"双增双提"增草增畜、提质提效的方针，通过制定完善管护制度，采取分户承包经营、项目区禁牧、轮封、轮牧、牲畜舍饲等措施，强化了草原建设和草牧场的管理保护，严防超载过牧对草原生态环境造成的巨大破坏。草原建设重点采取了飞播种草、建设草库伦、实行浅耕翻等措施。截至目前，草原建设面积达945万公顷，保有面积达995.6万公顷（14933.39万亩），其中草原围栏550万公顷

（8255.9万亩），草原改良145.9万公顷（2188.5万亩），人工种草111.6万公顷（1673.4万亩），飞播种草39.9万公顷（598.32万亩），饲用灌木147.8万公顷（2217.63万亩）。

（五）防治沙漠化

自治区先后启动了北京周边地区沙源治理工程和生态移民工程等，加大了荒漠化治理力度。全区近200万公顷（3000万亩）农田、213万公顷（3200万亩）基本草牧场受到防护林的保护，800万公顷（1.2亿亩）的风沙危害面积得到初步治理，一些昔日沙进人退的地方，如今呈现出林茂、粮丰、草多、畜旺的喜人景象。

乌兰察布盟自1994年开始，大力实施"进一退二还三"战略，每建成0.066公顷（1亩）水旱高效标准田，退下0.133公顷（2亩）旱坡薄地，还林还草还木，恢复植被，防治荒漠化。全盟耕地面积由1994年的160万公顷（2400万亩）压缩到2000年的80万公顷（1200万亩），粮食产量由13亿斤增加到26亿斤，人均占有粮食由400多斤增加到1000多斤，马铃薯总产达100多亿斤，成为全国闻名的商品薯生产基地。仅此一项农民人均收入150元。1999年农民纯收入比1994年增加了1100多元。

（六）水利建设

自治区党委、政府出台了《关于加强水利建设的决定》，强调要充分认识和进一步加强水利在经济、社会发展中的重要地位，把水利建设列入经济、社会发展的总体规划，放到与能源、交通同等重要的位置，切实抓好。全区实施了"380"人畜饮水工程、112集雨节水灌溉工程等，解决了380万人口、1020万牲畜的饮水问题。全区在黄河、西辽河、嫩江及其主要支流修筑堤防4616公里，在抗御1998年特大洪水中发挥了巨大的防洪效果，减少经济损失达525亿元。保护耕地126.78万公顷（1901.76万亩），保护人口720.21万人，建成大中小型水库451座，总库容74.18亿立方米，修筑闸坝工程137座，建成机电井24.64万眼，配套21.93万眼，排灌机械动力达215.71万千瓦。建成万亩以上水灌区198处，灌溉面积达247.46万公顷（3711.96万亩），治理盐碱地52.8万公顷（792.17万亩），除涝面积47.71万公顷（625.67万亩）。水利工程年供水量达162.5亿立方米，解决了692.38万人、2041.2万头牲畜的饮水问题。小水电事业从无到有，装机达3.33万千瓦，年发电量达7000多万度。

（七）与国际合作

近些年来，内蒙古自治区加强了与国际间的合作与交流，先后与国际鹤类基金会、世界人与生物圈、日本、美国、俄罗斯、蒙古国、澳大利亚、韩国、挪威、瑞典、加拿大等国际组织和国家开展了有关自然生态保护方面的合作与交流。完成了中日内蒙古草地生态环境调查研究、中蒙边界地区黄羊资源考察等一批研究课题。达赉湖、锡林郭勒自然保护区分别与美国的马路尔、澳大利亚的布克马克自然保护区建立了姊妹保护区。与蒙古国和俄罗斯共同建立了中蒙俄达乌尔国际自然保护区。启动了澳大利亚政府援华项目"内蒙古兴安盟草场保护项目"、"阿拉善生态环境治理项目"和挪威、瑞典援助的"内蒙古乌梁素海综合治理项目"。2001年启动了加拿大政府援助的"内蒙古生物多样性保护和社区发展项目"。

三、内蒙古资源开发和生态建设中存在的问题

近年来，自治区在资源利用和生态建设方面虽然取得了巨大的成就，然而，长期以来由于过度放牧、不适当的开垦和耕作、森林过度采伐，以及对水资源的不合理利用等原因，致使内蒙古的资源与环境在开发过程中遭到了严重破坏，生态环境的承载能力越来越低，突出生态环境问题也越来越多，生态环境恶化的趋势明显加剧。

（一）水资源贫乏，且分布不均

全区水资源总量为508.85亿立方米，其中地表水资源占72.9%，地下水资源占27.1%。全区人均水资源占有量2200立方米，低于全国平均值。每公顷耕地占有水资源仅430立方米，相当于全国平均水平的23%。全区淡水面积110.89万公顷，占全区总土地面积的1.2%，人均0.7亩。其中，河流水面29.88万公顷，湖泊水面48.00万公顷，水库水面6.65万公顷，坑塘水面9.04万公顷，沟渠15.56万公顷，水工建筑物2.15万公顷。内蒙古水资源分布不均，由东北向西南递减。东部大兴安岭年降水量高达600mm，而西部阿拉善年降水量低于100mm，额济纳旗仅为37mm，蒸发量为降雨量的50倍。

（二）沙漠化仍然是危害最大的自然灾害

沙漠化不仅直接风蚀土壤，使土地生产力衰减，而且导致大范围环境恶化，草场退化，村庄、道路被掩埋，使生产无法正常进行。近几十年来，虽说在防治沙漠化方面做了大量工作，但从总体来看，依旧是"沙漠整体环境恶化，局部得到治理"的状态，内蒙古全境不同土地利用区土地沙漠化状况有所不同，一般林区微弱，农区次之，唯牧区较重。全自治区沙漠化土地总面积达74.36万平方千米，约占总土地面积的64%。有资料记载，内蒙古在20世纪60年代曾有草原13.2亿亩，80年代是11.8亿亩，但如今可利用的牧场只剩下5.8亿亩，仅30年的时间草场惊人地萎缩了56%。现在，内蒙古西部的乌兰察布草原、科尔沁草原和鄂尔多斯草原已基本沦为沙地，东部的呼伦贝尔草原和锡林郭勒草原也正在步前者后尘，每年正在以140多万亩的速度沙化。1958~1960年国营农场在呼伦贝尔草原开垦土地1000万亩，现代化垦殖机器以前所未有的掘土能力将地下粉沙翻将上来，在地表造成风沙活动区。开垦后短期内即出现风蚀沙化，3年后即撂荒226万亩。1988~1995年，呼伦贝尔又毁林毁草新垦耕地500多万亩，造成河流干涸，草场退化，全盟出现四条流动沙带，往昔"风吹草低现牛羊"的草场竟变成风沙肆虐的温床。

（三）全国水土流失严重的地区之一

全区水土流失面积为18.6万平方千米，约占全区总面积的15.7%，主要分布在鄂尔多斯市、赤峰、乌兰察布盟，分别占全区流失面积的25.4%、21.8%、20.9%；其次是呼伦贝尔市，占8.0%，巴彦卓尔盟占7.7%。在鄂尔多斯地区，基岩胶结差，而渗透力不强，因此水土流失十分严重，侵蚀模数个别小流域竟高达38000吨/千米²年，被称为"世界水土流失之最"。内蒙古的黄河流域每年向黄河输送泥沙达1.8亿吨，黄河支流皇甫川地区，土地面积2831平方千米，每年向黄河输送泥沙5300万吨，输沙模数达19000吨/千米²年，平均每年地表流失土层厚度达1.26厘米。

（四）土地盐碱化现象严重

土地盐碱化在内蒙古普遍存在，但河套平原，西辽河平原更为严重。虽然长期以来一直努力治理，但成效并不显著。土地盐碱化是地下水埋深小于

2.5~3.0米的地段，在强蒸发的条件下，土壤溶液沿土壤毛细管上升，通过水分的蒸散，而将盐类携带至地面积累，以致达到影响作物、林木的正常生长，使土地生产力降低。河套地区由于黄河河床高于河套平原地面，灌溉水无法正常排出，虽挖排水沟，但始终配套不够，排水不畅，造成局部地面积盐，呈现不同程度的盐渍化。据调查，河套盐渍化土地占耕地的50.1%，其中轻度占17.8%，中度占16.0%，重度占7.6%。西辽河由于河网较密，水位偏高，盐渍化也较普遍。盐渍化耕地约占总耕地的13%，其中较严重的占一半以上。

（五）草原退化现状非常严重

内蒙古草原的退化现象格外严重，尤其是在居民点、饮水点、河流沿岸及边界草场。一般在放牧半径0.5公里范围以内的草地几乎成为裸地，2.5公里范围以内的植物种类组成多为牲畜不喜食的杂类草或有毒草类。现在全区不同程度的退化草场总面积已达2503.7万公顷，占草场总面积的39.3%，其中重度退化占17.4%，中度退化占35.3%，轻度退化占47.4%；平均每年退化的速度为83.33万公顷，大大超过当前的人工草场的建设速度。从地区来看，哲里木盟、鄂尔多斯市、乌海市、赤峰市及呼和浩特市退化严重，退化草场均占总面积的60%以上。按照中国草地资源评估结果，呼伦贝尔草地退化面积已达152万hm^2，其中轻度退化面积占58.8%，中度退化占34%，重度退化占7.2%；锡林郭勒草地退化面积为957万hm^2，占草地面积的49.6%，占可利用草地面积的54.2%，其中轻度退化占48.3%，中度退化占41.6%、重度退化占10.2%；乌兰察布草地退化面积占可利用草地面积的35.6%，其中轻度退化占76.4%。内蒙古呼伦贝尔草原，草场退化面积从20世纪60年代占草场总面积的15%增加到80年代的49%，单位面积产草量则由60年代每公顷2550公斤减少到80年代的每公顷850公斤。

目前，在草原和荒漠景观中，除一些无水草场受到轻微影响外，地带性的草原和荒漠植被均不同程度地退化，生态环境普遍受损。一些区域的生态环境受到严重破坏，出现了土地沙化、砾石化、盐渍化、水土流失、沙丘活化等生态环境恶化现象，生态环境靠自身恢复已十分困难，全区这样的区域已达到1730万公顷，占自治区总面积的15%。其中，土地沙化面积612万公顷，砾石化面积136万公顷，盐渍化面积210万公顷，水土流失面积436

万公顷，沙丘活化面积365万公顷。除上述人类活动诱发的生态环境恶化现象外，在自然状态下形成的沙漠、戈壁、干谷冲沟、裸岩等面积，全区共有3220万公顷。两者合计，内蒙古自治区生态环境恶劣区域为4950万公顷，占全区总面积的43%。生态环境的恶化，导致自然灾害频繁发生。内蒙古西部阿拉善地区的沙尘暴有逐年向东推移的迹象，被称为绿色净土的呼伦贝尔在草原垦区内也出现了黄沙天气。在世界享有盛名的大兴安岭，除北部林区外，其他区域森林可采资源已近枯竭，林区生态环境已发生明显变化。全区水灾、旱灾频繁发生，水灾的隐患越来越多。

四、民族地区经济可持续发展的对策

实施民族地区经济可持续发展，是一个具有现实意义和长远意义的重大课题。通过对内蒙古自治区资源开发与生态建设的调查，我们认为要实现民族地区经济的可持续发展，必须尽快采取有效措施，科学合理地进行资源开发和生态建设，切实推进民族地区经济可持续发展战略的顺利进行。

（一）实施经济可持续发展，必须树立科学发展观

胡锦涛同志在2004年3月10日中央人口资源环境工作座谈会上强调指出："经济发展需要数量的增长，但不能把经济发展简单地等同于数量的增长。要充分运用我国的体制资源、人力资源、自然资源、资本资源、技术资源以及国外资源等方面的有利条件和有利因素，推动经济发展不断迈上新台阶。同时，发展又必须是可持续的，这样我们才能保证实现我国发展的长期目标。"

人类社会从工业文明的阴影中走出来已经势在必行。走可持续发展之路，理应成为人类社会新文明时期的旗帜与灵魂。因此，民族地区要实现经济的可持续发展，必须树立党的十六届三中全会提出的科学发展观，即坚持以人为本，树立全面、协调、可持续的发展观，促进经济社会和人的全面发展。这就要求我们在推进发展中充分考虑资源和环境的承受力，统筹考虑当前发展和未来发展的需要，既积极实现当前发展的目标，又为未来的发展创造有利条件，积极发展循环经济，实现自然生态系统和社会经济系统的良性循环，为子孙后代留下充足的发展条件和发展空间。

(二) 实施经济可持续发展，必须加强和改善宏观调控

民族地区对重大经济发展战略、重点建设项目、基础设施建设、区域开发、生产力布局、城镇规划、产业结构调整等方面进行调控时，都必须充分考虑可持续发展的基本要求，形成在可持续发展思想指导下的宏观调控新思维；充分发挥政府的主导作用，加快转变政府职能，把人口、资源、环境与经济可持续发展状况明确纳入宏观调控体系，完善宏观调控与管理框架，重点应放在政策制订、规划引导、组织协调、全面服务等方面，提高行政效率。

民族地区应该建立健全高层次的可持续发展综合决策机构，并实现综合决策制度化，设立高级专家咨询委员会，围绕实施可持续发展战略过程中具有全局性综合性长远性的问题进行调查，反复讨论分析论证研究，提出具体的政策建议和报告，同时要鼓励公众团体参与，使得决策逐步走向民主化；要组织力量着手可持续发展指标体系的编制、协调模式的设计等定量工作，为政策制订、规划实施、走可持续发展道路提供定量分析的依据，建立可持续发展网络；适时或准时地获得区域内有关人口、资源、环境、社会、经济等方面的信息，将各部门、各地区的信息库联结到一起，通过调控实现各方面的协调发展；为减少决策失误，应建立反馈和预警机制，对可能出现的危机提前预警，并在实施过程中不断吸取经验、教训，及时调整目标和矫正不利于可持续发展的行为。要建立适应市场经济规律的可持续发展运行机制，因地制宜地制定具体政策、措施，找出制约本地区可持续发展的关键问题，重点突破，着眼全局，统筹各方，整体协调，针对不同地区区情，分类指导。

(三) 实施经济可持续发展，必须大力发展生产力

大力发展生产力，促进经济快速、持续、健康增长，是消除贫困和改善环境状况的最直接的手段，也是实现民族地区可持续发展的根本手段。

要大力发展民族地区的生产力，首先，要解放思想，更新观念，加快建立社会主义市场经济体制和运行机制，以市场为基础有效地配置资源，调整和完善所有制结构，大力发展非公有制经济，建立与民族地区生产力发展水平相适应的所有制结构；其次，要尽快促成产业结构的优化升级，将经济发展建立在产业结构合理化和高级化的基础上，加快民族地区工业化进程和城

市化进程；再次，要发挥资源优势，抓好支柱产业和优势产业的发展，形成特色经济，为经济快速发展提供物质保证，发挥民族地区经济的比较优势，发展开放型经济；最后，还要在发展过程中谋求对生产和国民经济能起到积极的促进作用的可持续消费模式。

（四）实施经济可持续发展，必须致力于人的全面发展

在民族地区经济发展的制约因素中，人口问题是影响民族地区经济可持续发展的关键问题，因此，谋求人口与经济可持续发展是民族地区发展的必然选择。

民族地区在经济发展过程中，应将解决人口问题的对策放到与资源、环境、经济、社会可持续发展的总目标中去体现，应全方位制定内蒙古自治区人口、资源、环境与经济协调发展对策，通过人的全面发展，最终达到经济可持续发展的最终目标。首先，继续贯彻好现阶段我国的计划生育政策及民族地区的计划生育管理条例，严格实施人口全方位控制措施。其次，提高人口素质，把教育作为"超级产业"规划和发展，实施人才开发工程，将自力更生与区外引进相结合，建设人才培养支持系统。再次，加快经济发展的步伐，突破民族地区人口与经济可持续发展的基本障碍——短缺经济与过剩人口的矛盾，关注弱势群体，大力推进下岗职工再就业工程，切实解决人口问题；要运用市场经济机制调节人口资源配置，优化人口区域分布，实现人口、资源、环境和经济社会的协调发展。

（五）实施经济可持续发展，必须提高资源永续利用和环境保护的水平

可持续发展就是既要使人类的各种需要得到满足，又要保护资源和生态环境，不对后人的生存和发展构成威胁，强调的是各种经济活动的生态合理性，要求对经济活动进行全面性分析和全程控制。

民族地区在经济发展的过程中，首先，要树立适应经济可持续发展的资源、环境观，加大对资源和环境的管理力度，建立促进经济可持续发展的资源、环境综合决策机制，健全可持续发展的地方资源和环境法律法规体系，促进资源的永续利用和环境的日趋好转；其次，要大力开展宣传教育，合理利用自然资源，实现资源永续利用，加快实施民族地区生态屏障工程，加强生态环境的综合治理，实现生物措施、工程措施相结合，达到经济效益、生

态效益、社会效益三统一；最后，要运用现代科学技术手段，提高资源利用能力，遏制民族地区生态环境的恶化趋势，以可持续收入指标修正国民收入指标，为我国实施绿色国民生产总值（GNP）战略奠定基础。

（六）实施经济可持续发展，必须消灭贫困

贫困是世界性的重大问题。2004年4月1日，温家宝总理明确批示：赞成把特困少数民族地区作为扶贫重点，在政策和资金上加大支持力度。这充分体现了党中央、国务院对少数民族贫困地区贫困问题的高度重视。因此，民族地区要广泛加强计划生育宣传教育，使广大群众从陈旧的传统生育观念中解放出来，树立科教治贫的思想，把提高人口素质放到首位。

民族地区在发展经济的过程中，可以通过建立党政一把手扶贫工作责任制，一是加强倡导社会扶贫和对口帮扶，继续增加扶贫资金投入，广开扶贫渠道，建立民族地区共同发展基金，从根本上解决扶贫资金的来源问题；二是切实加强扶贫资金的管理，保证各项扶贫资金足额到位，提高资金使用效益，尤其要把城市贫困人口纳入反贫困计划，建立城市居民最低生活保障制度；三是采取灵活的与地区情况相适应的多种治贫方式，加强地区经济的综合开发，加快贫困地区基础设施建设，同时，要加强卫生防疫，提高贫困地区人口的身心健康水平。

（七）实施经济可持续发展，科教兴区是关键

实施科教兴区战略，是民族地区经济发展的核心，是民族地区经济可持续发展的关键。但发展科技的基础在于教育，包括普通教育、职业教育、适龄教育、成人教育、传统教育和卫生教育等，没有教育就没有科技，也就没有可持续发展。

因此，民族地区在发展经济的过程中，各级政府要增加对科技教育的投入，建立多渠道、多形式、多层次的科技教育投入体系。具体要做好以下几点：

一是，要加大实施科教兴区战略的力度，依靠科技进步，大力解放和发展第一生产力，加快科技成果向现实生产力转化，切实把经济建设转移到依靠科技进步和提高劳动者素质的轨道上来；

二是，必须强化科教意识，加强师资队伍的建设，把科技和教育置于优先发展的战略地位，优先发展民族教育，加快普及义务教育，积极发展职业教育，加快财经、外语、工程、法律等专门人才的培养，形成从初等教育到

高等教育完整的教育体系；加大科技体制改革力度，优化科技运行机制；

三是，要加强社会科学研究和应用，有计划有组织地办好高新技术开发区，促进高新技术产业化，加速科技、教育、经济一体化进程。

（八）实施经济可持续发展，必须积极开拓市场

市场是社会再生产的载体，积极开拓市场是经济可持续发展的切入点。目前，买方市场逐步形成，因此，民族地区必须在新形势下提高认识，更新观念，牢固树立大流通、大市场、大营销观念，加强市场调研、分析和预测，提高驾驭市场、开拓市场的能力，加快市场体系的培育和建设步伐，加速民族地区国民经济市场化进程。

民族地区在发展经济的过程中，必须把研究市场、开拓市场、创造市场放在首要位置，加快民族地区国民经济的市场化进程；实施精名牌战略，处理好生产、流通与消费的关系，把资源优势转变为经济优势；为了顺应全球化、网络化的世界经济潮流，要大力发展网络贸易，让更多企业实现网上交易，利用无限的网络商机；要从全社会的整体利益出发，将环境保护视为企业生存与发展的条件，大力发展绿色营销。

（九）实施经济可持续发展，必须建立健全地方可持续发展法律法规体系

可持续发展立法是可持续发展战略和政策定型化、法律化的途径；可持续发展有关立法的实施是把可持续发展战略付诸实现的重要保证。

因此，民族地区在发展社会主义市场经济的形势下，必须加快可持续发展立法步伐，完善地方可持续发展法律体系；应根据国家的有关法律、法规和政策，加快地方性可持续发展法律法规制定工作，使区域可持续发展走上法制的轨道。同时，要加强可持续发展法律的宣传教育，增强可持续发展法律意识，强化可持续发展法律的执行，完善监督管理体制，保证可持续发展法律规范的正确实施，保障民族地区人口、资源、环境、社会、经济的可持续发展。

（十）实施经济可持续发展，需要建立可持续发展实验区，充分发挥其示范作用

可持续发展实验区是一项将自然科学与社会科学相结合，跨学科、综合

性的社会实践活动,是改革与发展过程中产生的新生事物。民族地区建立可持续发展实验区,可以为实施经济可持续发展战略探索经验,提供示范。

民族地区建立可持续发展实验区的指导思想是:更新观念,加快改革,建立新型的社会经济管理运行机制;充分依靠科技进步,解决民族地区人口、资源、生态环境等方面的问题,不断改善民族地区人民生存环境。其目的是提高社会成员的素质,满足民族地区人民日益增长的物质文化生活需要,促进民族地区沿着文明、稳定与和谐的方向健康发展,为民族地区城乡居民尽快实现小康提供示范作用。实验区的数量可不予限制,但要成熟一个建立一个,建立一个成功一个,保证建立区的质量。

建设可持续发展实验区是一项跨世纪的工程,具有探索性、综合性、广泛性、科学性和长期性的特点,涉及经济、社会各个领域。因此,要形成地方上下强化领导、整体规划、重点示范、全员参与的工作格局,拓宽社会各界兴办社会发展事业的路子,使社会资源在共享的过程中发挥更大的效益。

生态保护与青藏高原小康社会建设研究

郭华 盛国滨[①]

全面建设小康社会是中国今后20年发展的主题和基本任务。青藏高原在推进全面小康社会建设的过程中，由于其特殊的地理位置，决定了处理好生态环境保护与全面建设小康的关系非常重要。青藏高原地处我国西部，面积约为250万平方公里，包括西藏、青海两省区和甘西南、川南、新南、滇南。是长江、黄河、澜沧江的发源地，是我国乃至世界上的重要生态区。

一、青藏高原小康社会建设特性分析

1. 生态地位重要，生态环境脆弱

青藏高原，素有"世界屋脊"之称，平均海拔4000米以上，是黄河、长江、澜沧江的发源地，水资源极其丰富，黄河出境水量占黄河总水量的49.2%，长江出境水量占长江总水量的25%。长江、黄河年均给下游输送水量近500亿立方米，因此被称为"中华水塔"，具有"江河源"和"生态源"的重要地位。但青藏高原的自然环境的严酷性决定了生态环境存在着脆弱性、易损性和难复性，使生态问题更加突出，保护难度更大，主要表现在以下几个方面：

（1）水土流失日益严重

青藏高原地区面积约250万 km²，其中水力、风力侵蚀面积达22万 km²，冻融侵蚀面积达104万 km²。地处江河之源的青海省，水土流失面积总计为33.4万多 km²，占全省国土面积的46%，每年增加水土流失0.21万 km²。由于草原过度利用，滥垦乱耕，每年进入青海湖的泥沙达987万吨，流入黄河的泥沙达8814万吨，流入长江的泥沙达1325万吨，土地沙化面积以每年0.133万 km² 的速度推进。致使气候干旱和土壤贫瘠，严重制约了农业生产的发展，

[①] 郭华，青海民族学院经济与管理学院副院长、经济学系主任、教授，中央民族大学"985"工程民族地区人口资源生态环境问题研究中心外聘专家；盛国滨，青海民族学院经济与管理学院讲师。

人们为了生存而过度开发土地资源，逐步形成了"贫困——土地、植被资源过度开发——生态系统退化——严重贫困"的恶性循环。

（2）土地荒漠化趋势日益严重

根据调查的数据，目前荒漠化土地达到了506074.69平方公里，占全区总面积的19.5%，比上世纪70年代净增面积38743.07平方公里，增长率是8.3%。其中增长率最大的是重度沙漠化土地、中度沙漠化土地和沙漠，分别达到311.5%、68.9%和86.9%。荒漠化主要分布于藏北高原、藏南谷地雅鲁藏布江中上游及主要支流年楚河下游、拉萨河中下游、尼洋曲下游宽谷内、柴达木盆地及其周边山地、共和盆地和青海湖周边。目前盐渍化土地面积共有79373.30平方公里，占全区总面积的3.0%。

（3）水资源日渐枯竭

黄河源头的生态环境因水资源枯竭而明显弱化，从1972年首次断流，到1997年的27年中21次出现断流，年份离现在越近断流次数越多，断流出现得越早，断流持续得越长，1998年1至4月，鄂陵湖口以下60km的河段断流98天。黄河源头具有"千湖之县"美称的玛多县十年前有大小湖泊4077个，而到目前所剩湖泊不足千个。此外，青海湖的水位每年退进100米，湖区年均水量只有446毫米，而蒸发量高达1500毫米以上，原补给湖水的70余条河流仅存36条，且都出现季节性断流。

（4）森林和草原生态破坏严重

青藏高原地区大都面临着森林覆盖率低、草原资源退化等严重问题。青海的森林覆盖率只有3.1%，西藏为5.14%。青海中等程度以上的草地退化达733万公顷，占草地总面积的20.1%，严重程度的草地退化达440万公顷，占总草地面积的12.2%。1993年~1997年间青海湖南岸的共和县境内被非法开垦的草地达4866.8亩。

（5）物种生态环境恶化，生物多样性受到威胁

青藏高原因全球气候变化自然因素以及人类不合理的开发利用引起生态环境破坏，导致各类生态系统发生改变，能流和物流失调，物种生存条件急剧变化，物种分布区缩小，一些物种已近濒危。有资料表明，近200年来青藏高原濒于或已灭绝的鸟类有110种，兽类200多种，两栖类30多种以及植物500余种。在青藏高原每年至少有20多个物种灭绝，遭到破坏的生物物种占其总数的60—70%，远远高于世界10—15%的平均水平，尤其是素有"高原精灵"之称的藏羚羊数量从20世纪70年代的200多万只急剧下降

到现在的 1.8 万只，而且每年仍以上千只的速度减少，每天有数十只藏羚羊消失。

2. 国土面积大，经济总量小

青藏高原东西横跨 31 个经度，长约 2900 公里；南北纵贯 13 个纬度，宽达 1600 公里，总面积约 290 万平方公里，在我国境内的高原面积约 250 万平方公里，占全国陆地总面积的 1/4。其行政区划包括西藏、青海两省区及云南的迪庆、四川的阿坝、甘孜藏族自治州和木里藏族自治县，甘肃的甘南藏族自治州、天祝藏族自治县、肃南裕固族自治县、肃北蒙古族自治县等。青海省面积为 72.1 万平方公里，西藏自治区为 120.1 万平方公里，两省区面积约占全国陆地面积的 1/5。但经济总量小，产业结构极度不合理，从产业结构与产业劳动力结构看，青藏高原的工业化水平相当低。第一产业的增加值比重占 25.9%，从业人员比重占 70.2%。从产业增加值结构看，呈现为"三、二、一"结构；从就业结构看，是典型的"一、三、二"结构。可以说，目前高原的产业结构仍是一个依赖农耕业的产业结构。而且青藏高原的工业结构较为单一，工业生产水平较低，国有成分高，大多为中央、省（区）支援落后地区而形成的"嵌入式"项目。

3. 总人口少，贫困人口多

2001 年，青藏高原总人口达到 1204 万人，2005 年青海总人口为 543 万，西藏总人口为 277 万人。但由于受历史、地理、社会、经济等诸多因素的制约，青藏高原虽然地大人少，但贫困面大、贫困人口多、贫困程度深。根据国家统计局农调总队贫困监测结果，青海省 2005 年底统计口径农村贫困人口 119 万人，其中绝对贫困人口（人均年收入 727 元以下）62.73 万人，相对贫困人口（人均年收入 727－969 元）56.53 万人。青藏两省区贫困人口大多分布在干旱山区和高寒牧区等青藏高原地区自然条件相对最差的区域。生存发展条件恶劣，提高这些贫困人口的收入任务十分艰巨。并且城乡居民人均收入差距大于全国。全国城乡人均收入之比为 2.78:1，而青海为 5:1；广大农牧区的基础设施很差，别说钢混砖木结构住房，就连通路通电和保证用水方便在有些牧区也成问题。再如西藏，尚有 18 个贫困县（国家确定的贫困县 5 个，区定贫困县 13 个），此外还有贫困人口 27.5 万人，赤贫人口（人均纯收入低于 300 元）就有 10 万人左右，约占全区人口的 4.76%。所以，解决贫困人口的温饱问题，进而达到小康水平是摆在我们面前的艰难任务。

二、青藏高原小康社会建设的目标模式

1. 青藏高原小康社会评价指标设计

按照国家统计局、国家计委等12个部委制定的标准测算，2005年青藏地区总体小康实现程度达到78.3%，比2000年提高了2.5个百分点。其中青海省城乡总体小康进程距基本实现小康尚有13.6个百分点的差距。16项指标中，人均国民生产总值、城镇人均可支配收入、城镇人均住房使用面积、人均蛋白质摄入量、通公路的行政村比重、恩格尔系数、人均预期寿命、文教娱乐支出比重、农村初级卫生保健基本合格县等9个指标已达到或超过小康标准。农牧民人均纯收入、电视机普及率分别达到92.8%和93.75%。城市人均拥有铺装道路面积、成人识字率、婴儿死亡率等三项指标尚有一定差距。森林覆盖率和农村人均钢筋砖木结构住房面积两个指标由于自然条件、经济发展水平和农村生活习惯等方面原因，与小康标准差距较大。2005年青海省城镇居民小康水平实现程度达到83.4%，比2000年提高了近4个百分点。12项指标中，除了人均公共绿地面积和每万人刑事案件立案数与小康目标差距较大外，其余10项指标均达到或超过小康标准。2005年西藏自治区城镇居民小康水平实现程度达到85.4%，比2000年提高了近2个百分点。

2005年青海省农村牧区小康实现程度达到71.8%，比2000年提高了11.4个百分点，距基本小康要求相差18.3个百分点。2005年西藏自治区农牧区小康实现程度达到67.8%，比2000年提高了11.4个百分点，距基本小康要求相差22个百分点。16项指标中，人均衣着消费支出、每百户电视普及率、已通公路的行政村比重、享受社会五保人口比重、万人刑事案件立案数等5项指标达到或超过小康标准。人均纯收入、基尼系数、人均蛋白质摄入量、人均预期寿命、用电户比重等5项指标基本接近小康标准。恩格尔系数、文化服务支出比重、安全卫生用水普及率等3项指标与小康标准尚有一定差距。钢筋砖木结构住房比重、劳动力平均受教育程度、已通电话的行政村比重等指标与小康标准有较大差距。同时，需要格外重视的是，青藏高原地区农村牧区在实现小康进程中，除了一些指标的差距外，还面临贫困面大，贫困程度深的问题。脱贫任务十分艰巨，青藏高原地区农村牧区实现小康任重而道远。

2. 青藏高原社会经济水平现状分析

2005年国内生产总值中部只相当于东部的1/2，青藏高原不及东部的1/4，人均国内生产总值东部是中部的1.7倍，是青藏高原的3倍多，尤其是对外贸易总额，东部对全国的贡献率为84%，中部不足11%，青藏高原仅为4.9%。东部与中部、青藏高原地带间经济发展中的悬殊差异引发了诸多的矛盾，已成为影响我国新世纪改革开放、经济发展、社会稳定的关键问题之一。我们重点以青藏两省区为例，运用丰富的经过整理、核算的权威机构的统计数据，选择国际通用的统计指标与度量方法，从经济增长速度、经济发展水平、城乡居民收入水平三个不同的角度，尽可能提供某些差距变动情况的基本面貌和认识。

（1）经济增长速度的比较

国内生产总值是衡量一个地区经济发展实力或竞争力大小最基本的总量指标，其增长率的变动直接反映一个地区经济增长速度的快慢。

表1　青藏两省区与全国经济增长速度的关系

年份	年增长率（%）全国	年增长率（%）青藏两省区	与全国经济年增长率的差值（%）
1990	5.6	3.7	-1.9
1991	8.2	4.7	-3.5
1992	13.8	7.4	-6.4
1993	14.4	9.6	-4.8
1994	13.2	8.2	-5.0
1995	10.5	8.0	-2.5
1996	9.6	8.6	-1.0
1997	8.8	9.0	+0.2
1998	7.8	9.0	+1.2
1999	7.1	8.2	+1.1
2000	8.0	9.0	+1.0
2001	7.3	12.0	+4.7
2002	8.3	11.1	+2.8
2003	9.3	12.3	+3.0
2004	9.5	12.3	+2.8
2005	9.9	12.2	+2.3

数据来源：《改革开放十七年来的中国地区经济》、《中国统计年鉴》

表1显示，以1997年为分水岭，青藏两省区的国内生产总值年增长率均高于全国水平，1990－1996年青藏两省区的经济增长率与全国比较均为负值，1997－2003年期间差值均为正值，其中，1997－2000年差距较小，而2000－2005年表现为差距加大。

表2　青藏两省区伴随全国经济周期波动的
幅度、深度、高度、平均位势以及扩张长度的定量比较

周期序号	地区	幅度（%）	高度（%）	深度（%）	平均位势（%）	扩张长度（年）
第一个周期 1990－1996年	青藏两省区	5.9	9.6	3.7	7.1	7
	全国	8.8	14.4	5.6	10.7	
第二个周期 1997－2000年	青藏两省区	0.8	9.0	8.2	8.8	4
	全国	1.7	8.8	7.1	7.9	
第三个周期 2001－2005年	青藏两省区	0.3	12.3	12	11.8	5
	全国	2.0	9.9	7.3	8.3	

数据来源：《改革开放十七年来的中国地区经济》、《中国统计年鉴》

分析：①幅度——是指每个周期内经济增长率上、下波动的离差，它表明每个周期经济增长高低起伏的剧烈程度。

②高度——是指每个周期内波峰的经济增长率，它表明每个周期经济扩张的强度。

③深度——是指每个周期内波谷的经济增长率，它表明每个周期的经济收缩的力度。

④平均位势——是指每个周期内各年度平均的经济增长率，它表明每个周期经济增长的总和水平。

⑤扩张长度——是指每个周期内扩张期的时间长度，它表明每个周期经济扩张的持续性。

以表2的第二个周期来看：当经济增长由波峰到波谷时，青藏两省区的跌幅最高为0.8，而全国为1.7。即在某一经济周期的波动来看，青藏两省区受到的影响相对较小，几乎为全国的1/2，因而在经济扩张时，也会出现青藏两省区与全国经济发展不相协调的情形，即发展差距扩大。基于这样的事实，我们再一次体会到国家实施西部大开发对青藏两省区经济发展的伟大意义，同时也通过这组数据认识到我国的总体小康的标准制订，必须关注到青藏高原这样的特殊区域制定相应的特殊指标。

表3　青藏两省区与全国人均国内生产总值的变动概况

年份	均值 全国	均值 青藏两省区	与全国人均国内生产总值之比（%）	与全国人均国内生产总值的绝对差距（元）
1990	1634	1417	0.87	217
1991	1879	1517	0.81	362
1992	2287	1688	0.74	599
1993	2939	1939	0.66	1000
1994	3923	2447	0.62	1476
1995	4854	2911	0.60	1943
1996	5576	3239	0.58	2337
1997	6054	3628	0.60	2426
1998	6307	4040	0.64	2267
1999	6547	4414	0.67	2133
2000	7084	4823	0.68	2261
2001	7543	5520	0.73	2023
2002	7997	6260	0.78	1737
2003	9030	7076	0.78	1954
2004	10561	8193	0.78	2368
2005	13985	9560	0.68	4425

（2）经济发展水平的比较

一个地区经济发展水平的高低，可以从多个侧面、不同的角度来衡量，如工业化水平、经济结构的转换、基础设施的完善等等，但这些最终体现在综合产出水平或产出效率——人均国内生产总值中，因此，我们选用人均国内生产总值这一指标进行比较。表3是1990－2005年，青藏两省区与全国人均国内生产总值的变动概况，从表3中可以看到，青藏两省区与全国人均国内生产总值的差距的波动性也是十分明显的，符合我们对经济增长率的周期分析，那么怎样或如何达到全国的平均水平，有一个预测，就是青海省的国民生产总值人均增加速度保持在9%以上，人口自然增长率平均控制在10%以内，才有可能在2020年实现与全国人均GDP持平的目标。

（3）居民收入水平的比较

根据《联合国收入统计指南》中确定的统计指标，国际上通常将人均个人收入或可支配的收入（指住户可用于最终消费支出和其他非义务性支出及储蓄的总和）作为衡量地区间收入差异的主要指标，我国城镇居民家庭虽有可支配收入方面的抽样调查资料但很不系统，而农村居民家庭只有人均纯收入方面的系统数据，因此我们只能选用城镇居民家庭人均收入和农村居民家庭人均纯收入两个指标，来近似地反映青藏两省区与全国城乡居民生活水平的差距（表4）。

表4 青藏两省区与全国城乡居民生活水平比较

项目 年 份	农牧区居民人均纯收入（元）		城镇居民人均纯收入（元）	
	青藏两省区	全国	青藏两省区	全国
1990	605	686	1660	1510
1991	632	709	1870	1701
1992	716	784	1889	2027
1993	781	921	2397	2577
1994	923	1221	3282	3496
1995	1115	1578	4098	4283
1996	1264	1926	4299	4839
1997	1258	2090	4567	5160
1998	1292	2162	4840	5425
1999	1372	2210	5351	5854
2000	1411	2253	5810	6280
2001	1508	2366	6487	6860
2002	1587	2476	7292	7703
2003	1754	2622	7749	8472
2004	1933	2936	8243	9422
2005	2122	3255	8745	10493

从表4中可以看出，青藏两省区与全国平均水平的差距，城镇居民收入方面的差距不是特别明显，而农村居民收入的差距较大，自然就得出，青藏两省区农牧区人口的小康，是小康建设的重中之重。从青藏两省区目前情况看，贫困面大，贫困程度深。根据国家统计局农调总队贫困监测结果，青海省2005年底统计口径农村贫困人口119万人，其中绝对贫困人口（人均年收入727元以下）62.73万人，相对贫困人（人均年收入727－969元）

56.53万人。青藏两省区贫困人口大多分布在干旱山区和高寒牧区等青藏高原地区自然条件相对最差的区域，生存发展条件恶劣，提高这些贫困人口的收入任务十分艰巨。

通过以上三方面青藏两省区与全国（平均）差距的度量分析，一方面让我们清楚了现阶段青藏两省区的社会经济现状，同时也提醒我们有必要正确、清醒地看待差距。我们认为区域差距与区域发展是一种辩证的关系，由于一国资源空间分布的异质性和地区经济运行的不平衡性，决定了区域差距存在的普遍性和绝对性，没有区域差距，就没有区域发展，区域差距过大，意味着区域发展失控，区域差距过小，则意味着区域发展停滞。区域差距与区域发展的关系启示我们，要辩证地认识我国目前正在扩大且加速扩大的区域差距问题，既要看到其在区域发展过程中的积极作用，同时又不能忽视其在区域发展中的消极影响，从而及时、主动地校正和调整区域经济发展目标，保持区域差距与区域发展的合理张力。在正确认识以上现状的前提下，找到青藏高原全面建设小康的重点和难点，制定更加符合实际的一系列指标体系，以实现党的十六大报告中提出的全面建设小康社会的宏伟目标。

三、走青藏高原生态主导型小康社会建设对策

我们认为总体思路是：确立生态主导型小康社会建设目标模式。正确处理保护与开发的关系，根据区域生态环境容量、资源承载力和市场需求，对青藏高原产业结构进行战略性的调整和优化，塑造优势突出、特色鲜明、结构优化、效益良好、可持续发展的生态型产业结构体系。

1. 建立生态农业体系

以农牧业为主的青藏高原地区发展生态农业是开发青藏高原的重要内容，是从传统农业向现代化农业转变的必由之路，也是农牧区脱贫致富，实现小康和现代化的有效途径。青藏高原拥有丰富的特色农牧业资源，但如果脱离市场就只能是潜在的资源优势，而缺乏科技的粗放开发，也只能生产初级产品，市场竞争力不强，价值也不高。因此，必须走紧紧依靠市场和高新适用技术的农业产业化道路，结合农牧业综合开发，依靠新兴适用科技成果的引进、开发和产业化，大力开发本地区的优势资源，尤其是特色生物资源，发展有机农业、再生农业、替代农业、自然农业、生物动力农业，生产适销对路、市场需求大的生态化绿色产品。积极推广"联户联村经营"、

"龙头企业+基地+农户+市场"、"市场+中介服务机构+农业企业"的农业产业化模式；根据资源优势形成"一乡一业"、"一村一品"或"多乡一业"、"多村一品"的区域专业化生产，发展农产品精深加工、"保鲜、储存运输机构+农业企业"的农业产业化模式，大力推广生态农业模式，如"温室设施栽培"、"日光温室——沼气池——猪圈——庭院经济"四位一体的生态农业模式，加大高新节水技术开发的力度，促进生态经济系统协同进化和良性循环。由此对农业产业进行重组，形成以加工企业为龙头，以农户为基础，产、加、销一条龙，贸、工、农一体化的良性生态经济系统。

2. 建立生态工业体系

青藏高原应立足比较优势，一是突出钾盐开发与镁、锂、锶、硼等资源综合开发利用相结合的生态盐化工产业链；二是重视水电资源开发与有色、冶金工业相结合的电力生态工业产业链；三是提升石油、天然气的勘探、开发和加工利用相结合的油气开采—油气化工生态化产业链；四是培育高原生物资源的保护、种养与加工增值相结合的生态农业和以中藏药、绿色食品、生物制品为主的生物资源开发利用生态产业链。如医药工业要充分发挥丰富的高原中藏药资源优势，重点发展治疗心脑血管疾病、肝炎、风湿类疾病的系列药品及各类保健药品。因地制宜开展中藏药用动植物资源的繁育和种植，逐步把青藏高原建成全国较大的中藏药材生产和加工基地。凭借资源优势形成资源的深加工与综合加工的产业互依的"工业群落"，最大限度获取区域优势资源的价值，依托资源加工产业链的延伸，减少工业废弃物，减轻对生态环境的压力。

3. 建立第三产业生态化体系

青藏高原第三产业生态化的实现其核心在于发展旅游业。目前，青藏高原拥有国家级自然保护区7个，占全国自然保护区总面积的35%。拥有全国重点风景名胜区1个，有布达拉宫、大昭寺、罗布林卡、青藏高原博物馆等AAAA级国家文物保护单位。在生态脆弱、资源环境承载力较低、剩余劳动力多、社会经济发展滞后的地区，要更加积极地提倡和大力发展以生态旅游业为主导的，包括商业、运输业、边境贸易业、生态型服务业、绿色消费业等生态型第三产业体系。第一，独特的地理环境，千姿百态的景观，多样的气候类型，完整的生物体系，悠久丰厚的古文化遗存，雄浑、神奇的自然风光往往与人文景观融合在一起，保持着独特的文化习俗和民族性情，粗犷、原始、神秘、精绝融为一体，为特色旅游区建设和多目标综合开发提供了有利条件。第二，从旅游的市场需求角度看，一方面随着生产力的发展，生活水平的提高，人们渴望大自然，回归大自然，生态旅游成为人们的时尚追求；另一方面，我国传统的旅游地主要集中在东部、中部经济发达地区，而青藏高原的旅游业还是一个"原始股"，丰富的特色旅游资源对于求新、求异的旅游者有非常大的吸引力，市场前景广阔。第三，从旅游产品竞争情况看，青藏高原生态旅游产品生产要素条件得天独厚，自然人文要素优势突出，尤其对国际游客有很强的吸引力，是参与国内、国际竞争的优势品牌。第四，青藏铁路的开通，为当地以旅游业为龙头的第三产业发展提供了空前的机遇。

4. 发展循环经济，加快全面建设小康社会的进程

发展循环经济可以实现青藏高原地区社会、经济和生态环境的"共赢"，青藏高原经济落后与贫困是生态环境遭受破坏的主要根源。传统经济通过发展污染密集型产业把资源持续不断地变成废物来实现经济的增长，忽视了社会经济结构内部各产业之间的有机联系和共生关系，忽视了社会经济系统与自然生态系统间的物质、能量和信息的传递、迁移、循环等规律，形成了高开采、高消耗、高排放、低利用"三高一低"的线性经济发展模式，导致了青藏高原地区"滥垦乱伐"，使许多自然资源遭受严重破坏，水土流失、土地荒漠化问题严重；森林和草原大面积退化，生物多样性锐减；环境污染加重等。其后果一是造成青藏高原自然资源供不应求而趋向枯竭，二是导致青藏高原自然资源与脆弱的生态环境遭到破坏而失衡，使地区社会经济和生态环境遭受重大损害。而循环经济是以协调人与自然关系为准则，模拟自然生态系统运行方式和规律，实现资源的可持续利用，使社会生产从数量型的物质增长转变为质量型的服务增长，使经济增长与资源节约、环境保护有机结合，彻底抛弃了经济发展与环境保护相互割裂的"先污染，后治理"的传统增长模式，是符合青藏高原承受能力，成本低、效果好、少走弯路的可持续发展途径，也充分体现了青藏高原生态环境重建的内在要求。

5. 扎实推进社会主义新农村建设，加快青藏高原城镇化进程

在自然与人为双重作用下，经济发展相对滞后于生态退化耦合，使得这些地区经济发展与生态建设和保护的矛盾日趋突出。因此，青藏高原社会主义新农村建设的一个很重要的任务就是要建设既有利于生产力持续发展，又有利于人居的良好环境，即生态建设是实现新农村建设生态目标的必经之路。因此，在社会主义新农村建设过程中，必须转变过去那种重生产、轻生

态的落后观念，把生态建设作为新农村建设的一项重要内容。在新农村建设过程中重点围绕20字要求，加强农村的基础设施建设和人居环境治理，从生态、生产、生活三个方面改变农村的自然生态环境，加强村庄整体规划，使农村和农田生态系统在具有居住和生产功能的同时，成为具有乡村特色、地方特色和民族特色的靓丽景观。青藏高原在增加城镇数量的基础上，着力发展中小城市，提高城市经济对青藏高原经济的辐射和带动能力。加快青藏高原城镇化步伐，促进工业化与城镇化协调发展，促进城乡协调发展，全面实现青藏高原的小康社会，构建"和谐青藏"。

总之，要通过产业结构战略性调整，尽快建立特色禀赋与竞争优势相结合的产业结构和经济体系。按照因地制宜、尊重规律、尊重群众的要求，以农牧民增收为中心，以社会主义新农村建设为契机，大力发展高原特色种植业、畜牧业，使特色资源变为特色产业，提高比较效益；按照新型工业化的要求，以矿产循环发展为突破口，提高资源利用率和加工增值水平；以初具规模的高科技工业园为基础，发展技术含量高、低能耗、低排放的高新产业，形成优势互补、配套协作、产业聚集、布局合理的产业集群和产业基地；把发展旅游业和发展生态农业、生态工业等结合起来，把发展生态旅游与发展文化旅游、探险旅游、宗教朝觐、民俗采风结合起来。培育一批工业主导产业，形成地区支柱产业和龙头企业，充分发挥其带动辐射效应。

参考文献

1. 蒲文成. 青藏高原经济可持续发展研究. 青海人民出版社. 2004，7月
2. 温军、胡鞍钢. 民族地区全面建设小康社会的战略构想及政策建议. 民族研究，2003年第3期
3. 西藏自治区统计局. 西藏统计年鉴2006年. 中国统计出版社2006年
4. 青海省统计局. 青海统计年鉴2005年. 中国统计出版社2005年
5. 郝时远. 全面建设小康社会，加快西部地区发展. 民族研究. 2003，1
6. 王希恩. 中国全面小康社会建设中的少数民族人口流迁及应对原则. 民族研究. 2005，3

建立环境资源产业是解决现实生态危机的有效途径

王天津[①]

进入新世纪，中国工业化、城市化进入了快速发展阶段，环境污染的压力持续加大，突发环境事件频发，由此引起国家环境与发展的关系发生了重大变化。环境保护成为现代化建设的一项重大任务，环境容量成为区域布局的重要依据，环境管理成为结构调整的重要手段，环境标准成为市场准入的重要条件，环境成本成为价格形成机制的重要因素。原有的传统产业结构已经不适应这个转变，必须加快建立环境资源产业，化解与消除环境污染事件发生，实现人与自然和谐，提高生产效率，改善生活质量。

一、环境资源产业建设迈开大步

"十五"期间，中国经济社会发展取得了举世称颂的业绩。2005年与2000年相比，国内生产总值增长57.3%，年均增长率达到了9.5%；财政收入增长1.36倍，年均增加3647亿元。[②] "十五"计划中的GDP指标已提前完成。尤其是持久进行的西部大开发战略，使经济发展与环境建设取得了显著效果。

（一）环境资源产业建设势头良好

地球生态环境的好坏与地表的绿色植被状况息息相关。绿色植被覆盖面积越大，原有调节影响发生紊乱的几率就越小，人们的环境安全系数就会大幅度提高。连绵的森林与无边的草地是我国西部的内蒙古自治区、西藏自治区特色非常鲜明的资源性资产。受传统生产方式的制约，在内蒙古、西藏或在西部的其他一些地区，人们开发利用森林和草地的主要目的是获取木材、牛羊，这些只是有形的经济产品。许多事实早已证明，内蒙古高原、青藏高原奇异的自然风光能吸引大量游客，高原特殊的土壤、气候环境能产出疗效

---

① 王天津，男，中央民族大学经济学院教授。
② 温家宝：《2006年政府工作报告》，新华社，2006-03-05. http://www.xinhuanet.com.

神奇的草药，高原强烈的阳光、常年大风可以用来发电。而在西部大开发中进行的大规模植树种草工程，其目标就是充分利用绿色植被调节生态的自然功能，恢复日益恶化的生态环境，建立能够保障长江、黄河中下游广大国土生态安全的绿色屏障。毫无疑问，这种用强化投入的方式来换取绿色，无疑是一种包含人类抽象劳动的价值形态的无形劳动生态产品。这种生产方式与传统产业不一样，是一种新型的环境资源产业。

环境资源产业就是利用各种方式，生产无形劳动生态产品，将以前人们认为是看不见、摸不着的生态环境，纳入到市场经济运作中来。按照客观规律进行经济生产，师法自然，求得发展。例如，退耕还林还草、生态旅游、整治废水、废气和废物排放、开发生态产品脱贫致富等，一些地方在"十五"期间将这些项目进行得红红火火，充分显示了人与自然和谐，经济发展与环境保护协调一致。恩格斯明确指出："人本身是自然界的产物，是在他们的环境中并且和这个环境一起发展起来的。"① 无视环境，等于自毁。换句话说，有形经济产品和无形劳动产品都是人类社会不可缺少的物质基础。由于无形劳动生态产品是人们在20世纪后期出现的可持续发展理论指引下才有目的地产生的，所以它们的生产首先显示出了人类科学理论与技术的伟大成果，还表现出资源性资产的某种特殊功能。在市场条件下，这类产品要达到优质、高效、低耗的目标，必须进入市场交换场所，即实行无形生态劳动产品市场化。这就是环境资源产品运作要实现的重要目标。如果说，以往人们忽视了西部地区资源性资产实体产出的无形劳动生态产品，那么，日新月异的科技发展势头和西部大开发的经济形势给予了这种产品得正名、进市场的历史机遇，这就使社会大众以商业方式同时利用有形经济产品和无形劳动生态产品成为现实。

（二）林业草业获得更大发展

森林绿草是维护生态环境良性循环的主要保障。"十五"期间，中国林业建设以全面启动六大林业重点工程为核心，以实施以生态建设为主的林业发展战略为内容，有力推进了环境资源产业发展，由此取得了丰硕的成果。全国六大林业重点工程是自1998年陆续启动实施的，到2005年底，已经累计完成投资1263.63亿元，完成造林面积2532.90万公顷，工程区生态状况

---

① 《马克思恩格斯选集》第三卷，人民出版社1972年版，第74页。

得到明显改善，初步呈现出山清水秀的喜人局面。国家主导建设的天然林保护工程累计完成荒山造林 432.82 万公顷，森林管护面积每年保持在 9000 万公顷左右，累计少采伐木材 13082.5 万立方米；退耕还林工程累计完成造林 1734.20 万公顷，其中退耕造林 783.45 万公顷；京津风沙源治理工程累计完成造林面积 219.14 万公顷；"三北"四期工程累计完成建设任务 271.50 万公顷，长江流域等 5 项防护林二期工程累计完成造林面积 128.93 万公顷；累计新建自然保护区 763 处，新增自然保护区面积 1700 万公顷，新增保护区面积占国土总面积的 1.67%。全国 18 个重点省区已经营造速丰林 348.13 万公顷，改造低质用材林 22 万公顷。① 这些工程区生态状况得到明显改善，经济社会健康发展，人民群众得到实惠。

（三）违法排污行为受到严厉整治

生产就会带来污染，用科学发展观指导生产，就能减少与控制污染。中国环境保护工作在各地各部门的共同努力下，"十五"期间也取得了积极进展。第一，加强环境污染控制。国家环境保护局会同地方政府，专门深入开展了整治违法排污企业活动，查处环境违法案件近 3 万件，取缔关闭污染企业 2600 多家，处理责任人 300 多人。其中，重点整治了晋、陕、蒙和宁交界地区能源"黑三角"污染、湘、黔和渝交界地区"锰三角"污染。从而使一些重点流域区域、城市和海域污染防治工作得到加强，污染治理工程建设进度得以加快，为积极地保障当地群众健康提供了条件。第二，积极开展环境评价工作。政府职能部门在全国进行了建设项目环评和"三同时"制度执行情况大检查，全面清查了全国 5.5 万个在建和拟建项目，查出不符合环保要求的建设项目 1190 项，叫停了 30 项违法开工的大型建设项目。同时，出动环境执法人员 11.2 万人次，检查企业 4.3 万多家，查出环境安全问题和隐患 2 万多处。对于检查不合格项目，限期整改。第三，开展了生态省建设。创建了一批环保模范城市、生态示范区、环境优美乡镇，将中华悠久的生态文明和现代环境建设有机结合在一起，获得了一批国际奖项。第四，完成全国生态功能区规划。国家编制了《全国重点生态功能保护区建

---

① 国家林业局：《我国六大林业重点工程取得重要成果》，国家林业局网站，2006 - 02 - 12。http：//www.forestry.gov.cn/swhm/index.htm。

设规划》，为环境保护"十一五"建设指明了方向。① 这些重大成就的取得标志着我国环保工作进入了一个新阶段，即以保护环境来推动和优化经济增长。

(四) 通过生态建设脱贫致富

寻求回归自然，追求生活富裕，是当代社会人们行为的大趋势。抓住绿色市场的潜藏商机，进行将"以人为本"作为基本规则的环境资源产业运作，既是国家生态安全的具体表现形式，也是历史发展的必然。四川省林业厅围绕"生产发展、生活宽裕"的社会主义新农村建设要求，高度重视和认真治理已经出现的生态失衡现象，在"十一五"规划纲要起步实施的初期，就采取一系列措施，发挥林业资源优势，大力培育特色产业，增加农民经济收入。四川省集体林区农民人均占有林业用地2.3亩，按照规划纲要分类实行经营管理，引导农民利用条件较好的地方，提倡人均发展1亩以上优质、高效商品林，这样可以每年实现收入稳定在800元以上。同时通过构建生产、加工、营销有机结合的环境资源产业化运行机制，恢复自然界物流良性循环演变的条件，带动农民增收致富，并且在此基础上创建一个适宜人类生存的良好环境。

二、环境建设没有达到预期目标

中国人口众多，人均资源拥有量少，部分生产还使用传统粗放的方法，因此，环境承载压力巨大，所以，尽管人们在环境保护和建设方面付出了极大的努力，但是，国家面对的环境形态依然十分严峻。

(一) 环境建设任务没有完成

"十五"时期，中国经济发展的各项指标大多超额完成，但环境保护的指标没有完成，主要是两个指标：一个是二氧化硫排放量；一个是化学需氧量。2005年全国二氧化硫排放量比2000年增加了27%，化学需氧量仅减少

---

① 周生贤：《加快推进历史性转变，努力开创环境保护工作新局面——在2006年全国环境保护厅局长会议上的讲话》，《中国环境报》，2006-04-18。

了2%，均未完成削减10%的控制目标。① 空气污染和水体污染由于人为因素而加剧，它们直接影响了人们享受蓝天和碧水的质量。我国正在全面进行小康社会的建设，这项历史性的伟大工程不仅包括经济建设、政治建设、文化建设、社会建设，还包括生态环境建设，使整个社会走上生产发展、生活富裕、生态良好的文明发展道路。现在看来，全面小康的经济目标，经过努力完全可以达到，而要达到小康社会对环境的要求难度很大。今后，随着经济总量不断扩大和人口继续增加，污染物产生量还会不断增多，生态压力还会进一步加大，环境问题会更加突出。如果到那时，经济发展了，生活富裕了，但人居环境恶化了，那就不能说全面建成了小康社会。因此，我们必须更加重视环境保护工作，在实现国内生产总值翻两番的同时，把单位资源消耗和污染物排放明显降下来，在环境污染治理和生态建设方面取得明显成效。

（二）粗放型经济增长方式效率低污染大

中国现有的生产方式多数属于外延型或粗放型经济增长方式，它们不仅使经济发展质量难以提高，而且也使资源环境不堪重负。我国单位资源产出水平仅相当于美国的1/10、日本的1/20，单位GDP二氧化硫和氮氧化物排放量是发达国家的8~9倍。所以，国家环境问题日益严重与增长方式转变缓慢的矛盾突出，协调经济与环境关系的难度越来越大；人民群众改善环境的迫切性与环境治理长期性的矛盾突出，环境问题成为引发社会矛盾的"焦点"问题；污染形势日益严峻与国际环保要求越来越高的矛盾突出，环境与发展空间受到挑战。我国现有的一些环境保护与建设的体系组织机制不完善，环境保护方式属于被动的、事后的和补救的消极方式，以至是旧账未还，新账又欠，先污染后治理，边治理边破坏，这样的消极现象屡次出现。

（三）出口遭遇国际抬升的绿色环保门槛阻拦

由于中国一些企业对环保产品的意识及投入不足，导致产品出口面临国际市场上的绿色环保门槛阻拦，出现了跨越上的困难。例如，2003年2月，欧盟颁布了WEEE和ROHS"双绿指令"。前者规定，欧盟市场上流通的电

---

① 中国环境规划院：《国家环境保护"十五"计划指标完成情况分析》，中国政府新闻网，2006-04-12。http://gov.people.com.cn。

气电子设备的生产商（包括其进口商和经销商），必须在法律意义上按其产品所占市场份额的比例，承担支付自己报废产品回收费用的责任。后者要求，2006年7月1日以后投放欧盟市场的电气和电子产品不得含有铅、汞、镉等有害物质。欧盟"双绿指令"涉及的产品主要包括大型家用电器、小型家用电器、IT和通信设备、消费产品等10大类，几乎涉及所有电子信息产品，而且它们多是中国主要的出口电子电气产品。根据欧盟"双绿指令"的要求，我国家电企业的出口成本将提高10%左右，一些达不到指令要求的生产企业和低技术产品将被排斥出欧盟市场。① 从2003年8月13日起，我国大家电、小家电、IT及通讯设备、电动工具等10类机电产品对于欧盟的出口，均已被额外征收了一笔回收费用，用于欧盟回收电子垃圾。今后外贸出口遭遇抬升了的绿色门槛的阻挡更加严重，必须采取重大对策行动，强化环保产品意识和建立环境资源产业，才能变被动为主动。

（四）局部地区环境状况有继续恶化苗头

2006年4月中国连续遭遇了罕见的沙尘暴的袭击，不仅中国北方地区被笼罩在漫天的黄沙之中，仅一次沙暴的侵袭就在北京市降土60万吨，而且沙尘一直吹到韩国、日本。这次沙尘暴的来源地之一，就是我国北方沙化严重的地段，其中有位于陇、宁和蒙交界处的腾格里和巴丹吉林两大沙漠。在远古时期，两大沙漠之间是一片碧波荡漾的湖泊，《尚书·禹贡》、《水经注》里都有过记载，称之为原名潴野泽、百亭海，书中说那里是"碧波万顷，水天一色"。其中最大的一个湖泊在史书上曾被称为青土湖，水域面积4000多平方公里，仅次于青海湖。那个地方现在属于甘肃省民勤县辖区。19世纪后期，民勤县仍散布着上百个湖泊；建国初的青土湖也有100多平方公里的水域面积。

从太空看地球，民勤绿洲像是插在腾格里和巴丹吉林两大沙漠中间的一个绿色"楔子"，形成了一道天然屏障，扼住了沙漠南移的咽喉，阻止两大沙漠合拢。民勤县地域面积1.6万平方公里，目前适宜人居住的绿洲只剩下800平方公里，其他的地方全都成了沙海，在长达400多公里的风沙线上，沙漠还在日夜不停地侵吞着最后的土地。今天的青土湖再也找不到"湖"的痕迹，只有满目黄沙如海，民勤由历史上的泽国变成沙国。民勤绿洲，危

---

① 周文林：《中国企业亟须未雨绸缪应对环保门槛》，新华网，2006-04-23。

在旦夕。从2001年至今，国务院温家宝总理对民勤绿洲总共有6次重要批示——"决不能让民勤成为第二个罗布泊"。[1] 如果民勤绿洲在未来消失，两大沙漠便失去绿洲的阻挡，南下沙化的速度将加快。河西走廊会被拦腰截断，并迅速消失；沙尘暴将更加肆虐。腾格里和巴丹吉林两大沙漠一旦合拢，将会影响到整个北半球的气候。

民勤绿洲的变迁之所以被各界如此重视，就是因为它太典型、涉及的问题太重大和太紧迫，这片土地的沙化是北方土地沙化的典型。近50年来我国北方沙漠化土地面积持续扩大，并呈加速发展趋势，从20世纪50年代后期到70年代中期的1560平方公里/年发展到70年代中期至80年代后期的2100平方公里/年，近10年更是达到3600平方公里/年，到2003年沙漠化土地总面积已达到39.7万平方公里，沙漠及沙漠化面积达到168.9万平方公里，占到国土陆地面积的17.6%。北方土地沙化，形势异常严峻。

要从中华民族生存与发展的战略高度，认清风沙危害、水土流失对国家经济建设的重大影响，用创新精神从事环境保护，使经济建设步入与生态建设并重的新阶段。

三、明确环保任务执行有效政策

中国在发展中面临着的一个很大的挑战，就是经济社会发展与人口资源环境压力加大的矛盾，这个矛盾目前越来越突出。同时，我国目前也进入了工业化、城镇化加快发展的阶段，这个阶段往往也是资源环境矛盾凸显的时期。解决挑战和矛盾，要在科学发展观的指导下，用创新方式发展环境资源产业，那种靠消耗资源和牺牲环境维持经济增长的方式，是不可持续的和必须摒弃的。为此，需要采取以下措施：

（一）明确建立环境资源产业的主导思想

环境资源产业是新型产业，要用创新思想指导产业建设。以邓小平理论和"三个代表"重要思想统领全局，将可持续发展作为中心，以改善生态环境质量和维护国家生态环境安全作为基础，充分尊重自然法则和依照经济规律行事，把社会经济发展与生态环境建设紧密结合起来，坚持从我国的国

---

[1] 苏荣：《民勤生态危急要有断然之举》，《中共甘肃省委文件汇编》，2005。

情出发，动员和组织全社会力量，以现代科学技术为先导，应用产业化运作方式，采用符合市场竞争的形态，促使无形环境资源转化为有形商业产品，将祖国山川建设得更加秀美，不断提高人民生活水平，实现21世纪中国富强的宏伟蓝图，同时也履行签署的有关环境保护的国际公约，为人类文明发展做出重要贡献。

（二）促进经济增长方式转变

建设环境资源产业的关键是要加快实现三个转变：一是从重经济增长轻环境保护转变为保护环境与经济增长并重，把加强环境保护作为调整经济结构、转变经济增长方式的重要手段，在保护环境中求发展。二是从环境保护滞后于经济发展转变为环境保护和经济发展同步，做到不欠新账，多还旧账，改变先污染后治理、边治理边破坏的状况。三是从主要用行政办法保护环境转变为综合运用法律、经济、技术和必要的行政办法解决环境问题，自觉遵循经济规律和自然规律，提高环境保护工作水平。国家"十一五"规划纲要已经明确提出了一系列的环境保护指标和政策，例如，根据不同地区的资源环境承载能力，把国土空间划分为优化开发、重点开发、限制开发和禁止开发四类主体功能区域。要加快制定相应的政策和评价指标，明确各类功能区的范围，规范国土空间开发秩序，把这项措施落到实处，推进环境资源产业发展。

（三）紧紧依靠群众建设美好环境

保护环境是全民族的共同事业，必须深入发动广大群众，调动全社会的力量共同参与环境资源产业运作活动，生产和获取自己的劳动成果。要大力开展环境宣传教育，增强全民环保意识，弘扬环境文化，在全社会形成保护环境的良好氛围。各类企业都要自觉遵守环境法规，主动承担社会责任。应当将对环境保护的考虑和措施应用于整个产品生命周期之中，确保产品的环保理念融入在研发、生产、使用、回收和再利用的全过程中。每个公民、每个家庭、每个单位、每个社区都要从自我做起，不做污染环境的事情，不用对环境保护有影响的物件，从力所能及的事情做起，自觉参加环保活动。依靠人民群众的智慧和开拓创新精神，就能建设起一个美好的生活与生产环境，促进全面小康社会的建设进程。

（四）实施严格的环保控制管理办法

市场经济是法制经济，建立环境资源产业要通过法律途径进行。要加大环境执法力度，强化法治管理，这是治理污染、保护生态和实施环境资源产业化运作的最有效的手段。要通过加强环境立法，健全和完善环境法律体系，把环境保护和建设真正纳入法制化轨道。通过环境执法监督体系，坚决做到有法必依、执法必严、违法必究，严厉查处环境违法行为和案件。深入开展整治违法排污企业、保障群众健康专项行动，决不允许违法排污的行为长期进行下去，决不允许严重危害群众利益的环境违法者逍遥法外。环境保护和建设属于公共产品，因此政府要引领环境工程，积极推动企业重视环保，采取适应全球经济游戏规则的法律约束有关项目行动。例如，2006年4月国家发展和改革委员会、信息产业部、商务部等七部委联合制定并出台了《电子信息产品污染控制管理办法》，并且将在2007年初开始推行。这项法规首先要求进入市场的电子信息产品以自我声明的方式披露相关的环保信息，然后要对进入电子信息产品污染控制重点管理目录的产品实施严格监管，只有经过强制认证（3C认证）才可以进入市场，才能跨越"绿色门槛"。

（五）学习国外先进的环保技术和管理

环境资源产业涉及到一些新技术和新管理，而在这个方面，国外一些生产企业先行一步，并拥有丰富的经验可供借鉴。多年以前，他们在产品研发制造、工艺改良等方面未雨绸缪，在所有法律法规出台之前，就基本完成了对产品技术的革新，从而降低了回收成本，提高了产品的使用性能和环保性能。惠普公司是一个典型代表。材料创新一直是惠普产品环保战略的基石。早在十几年前，惠普公司就已在其产品外壳中停止使用了PVC（聚氯乙烯）和95%以上的溴化阻燃剂（BFR）。2004年，惠普成立了研发小组，专门进行环保型的"绿色PC"研发，并在2005年初发布了一批符合ROHS条例的系列产品。此外，惠普在其招牌产品——扫描打印设备中，注重再生材料，其5种型号扫描仪盒盖材料中都含有回收PET，这些材料有25%来自回收的惠普喷墨墨盒，75%来自回收的塑料饮料瓶。这种未雨绸缪的理念，使产品能有效地应对苛刻的环境要求，为产品占领市场创造了条件。他山之石，可以攻玉。只有虚心学习世界各国不同的先进技术与管理，吸收与创新，不断提高自己企业的发展质量,这样就可以在激烈的市场竞争中立于不败之地。

保护环境,不断推出环保含量高的产品是全球大势所趋。积极创新,建立环境资源产业,利用研制和发展得来的独特技术优势,开拓市场,不断进取,这样就能将我国的经济社会发展切实转入科学发展的轨道,取得更大的建设业绩。

青藏铁路二期工程环境保护机制与推广研究

王天津

2001年6月29日，青藏铁路第二期工程1142公里的格（尔木）拉（萨）段开工建设，2005年10月12日，铁轨铺通，2006年7月1日，正式通车运营。这段铁路跨越的最高点海拔为5072米，经过海拔4000米以上地段有960公里、连续多年冻土区550公里以上。10万筑路大军艰苦奋斗，运用了创新制度、高新科技和宣传教育等多种手段，保护了"地球第三极"的生态环境，创造了人类铁路修建历史上的多项第一的记录。正如胡锦涛总书记在该段通车庆典仪式上所讲："这不仅是中国铁路建设史上的伟大壮举，也是世界铁路建设史上的一大奇迹。"本文将在深入总结这个环境保护创新机制的运作经验的基础上，结合西藏经济发展目标，提出一些在更广阔的领域内实现高原人与自然和谐发展的建议。

一

青藏高原是中国和东南亚地区大河大川的发源地，也是世界山地生物物种的一个重要起源和分化中心，生态环境独特、原始而又十分脆弱。青藏铁路格拉段建在全世界生态条件最脆弱的地区，稍有疏忽就会破坏高原的生态系统，造成不可弥补和不堪设想的损失。但是，施工队伍攻克了"多年冻土、高寒缺氧、生态脆弱"三大世界铁路建设难题，创造出了一套新式的环境保护和经济运行机制。

1. 外部效益内部化的环境监理制度

在当前国内外逐步形成统一市场的大背景下，经济建设和环境保护是一对表现明显的矛盾。工业发达国家流行的经济理论称环境保护为"公共产品"（Public Goods），其效益是外部化的，并坦言以突出效益为特点的市场管理手段对其无效即"市场失灵"(Market Failure)①。中外大量现代化生产作业引起的环境恶化事例举不胜举。就是今日在青藏公路沿线，因为昔日筑路而被破坏的植被不时可见，裸露的沙砾土层虽已历经了50年日照雨淋的滋润，但仍难以恢复绿色植被原状。为了解决这个世界性的难题，2002年3月，青藏铁路建设总指挥部与铁道科学研究院环控卫研究所签订了施工期环境监理合同，实施青藏铁路建设的第三方监理。这是国内铁路建设中首次推行环境监理制度。构建了建设、施工、工程监理、环境监理"四位一体"的环境保护管理体系。这个监理制度运作的秘诀就是把施工期环境管理纳入正常程序，变环保部门被动外部环境控制为施工过程内部主动环境控制。环境监理的工作范围主要包括主体工程、临时工程、生态恢复工程及野生动物通道等。工作方式采取文件核对与现场检查相结合，辅以现场监督，并根据青藏铁路工程进展情况，确定环境监理的重点。仅在2002年至2005年6月期间，青藏铁路环境保护监理站人员就赴施工现场重点检查4000余点次；对存在的问题共计发出环境监理通知60余次；对近140处工点提出了整改要求②。由于"公共产品"外部效益内部化的制度安排，"市场失灵"的缺陷得以弥补，也就促使施工人员加强了对水土流失的控制和对野生动植物的保护。

2. "以人为本"的职工保障机制

世间一切事物中，人是最宝贵的。青藏铁路二期工程建设是在因高寒缺氧而被称之为生命禁区的恶劣自然条件下进行的，因此，党中央非常关心建设者的健康。胡锦涛总书记曾于2002年5月27日专程来到海拔3080米的青藏铁路南山口施工段现场，亲切慰问正在辛勤劳动的一线职工。他反复强调，青藏铁路建设一定要把保障建设者的身体健康和生命安全摆在高于一切、重于一切的地位，把建设者作为最宝贵的资源加以珍惜和爱护，确保广大建设者始终保持强健的体魄和旺盛的战斗力③。青藏铁路建设指挥部采取了各种卫生保健措施，诸如在筑路沿线建立144个三级医疗机构、17座制氧站，配置25个高压氧舱，职工每人每天平均强制性吸氧不低于2小时等。

---

① McConnell, Campbell R. & Brul, Stanley L., Chapter Thirty, Government and Market Failure: Public Goods, Externalities, and Information Problems, Economics: Principles, Problem, and Policies, Fifth Edition, Irwin McGraw–Hill, Inc. 2001, WI, New York, U. S. A.
② 张宗堂、尕玛多吉：《创新机制 依法环保》，新华社，2005-08-15。
③ 《一个世纪的伟大穿越：党中央关心青藏线建设纪实》，《人民日报》，2006-07-07

数十万人次的筑路大军,艰苦鏖战5年,没有出现一个因高原病死亡病例。这是党中央"以人为本"的国家建设的指导方针的具体表现,是世界上由社会主义制度创造的关心人、爱护人的奇迹。

3. 滋润心田的思想教育和环保宣传

自青藏铁路格拉段建设开工之初,建设总指挥部就把增强全员环保意识作为重要一环来抓,教育参建人员自觉保护沿线的生态环境。指挥部为参建人员发放了《青藏铁路施工期管理人员环保手册》、《青藏铁路施工期施工人员环保手册》等资料,并组织开设培训班。仅在前4年间,就办班40多次,培训各类人员4300多名。在最后一年,建设生活营地和施工现场竖立着的环保宣传标语牌有500多块,这既是建设过程中对环保的基本要求,也是广大建设者的心声。通过广泛深入的宣传教育,再加上严格的纪律约束,环保概念深入人心。每个建设者都不忍心因自己行为违规,污染了环境,伤害了野生动物。筑路人员将自己看作是过客,而认为高原是野生动物永远的家。建设者们在一条铁路线上设置了33个野生动物通道,在特殊路段区域实施了大面积草皮移植和种草等,成为中国铁路交通史上的环保典范。正如青藏铁路建设领导小组副组长、铁道部的一位副部长孙永福曾经总结的那样:"爱高原如爱家护草木似亲人,来是一片净土去时一方绿洲。正是因为环保的血液流淌在每个建设者的心中,每个人都从小处入手,从自我做起,青藏铁路周围的生态保护才从根本上得以实现。"[①] 思想教育是一切工作的先导,而滋润人心田的人性化教育和晓理动情的宣传是培养爱家、爱国意识的最佳方法。

4. 一切经过科学试验的建筑施工

青藏铁路格拉段是人类铁路建设史上亘古未有的穿越,所经地区大部分属于生命禁区和无人区。美国现代旅行家保罗·泰鲁在上世纪80年代出版的《游历中国》一书中武断地说:"有昆仑山脉在,铁路就永远到不了拉萨。"然而,中国人民依靠科学实践,创造了世界铁路建设的奇迹。早在1960年,铁道部科学研究院西北研究所就在铁路必经的海拔4700多米的风火山上建立了多年冻土观测站,修建了500米长的冻土铁路试验基地,并设立了28个观测点,连续测取了1200多万个科研数据。1974年,全国1700多名科技人员汇聚青海省,展开了全方位的进藏铁路课题研究,包括对

[①] 张宗堂、尕玛多吉:《小处着手 全员环保》,新华社,2005-08-16。

1000多公里的拟定格拉段进行初步的勘测设计。1994年—2000年，铁道部组织设计人员从青海、甘肃、四川和云南4个方向进行了大规模进藏铁路的踏勘，大面积对比选择最佳入藏铁路线路。

由于青藏铁路具有很强的科研探索性，建设部门坚持试验先行，用获得的试验成果指导环保设计和施工。例如，建设部门为了克服冻土工程这个世界难题，选取了5个不同冻土类型的区段、选取不同地温和地层条件下的路基、桥涵、隧道作为实验工程。设立了39项科研课题，投入6000多万元科研经费，动员路内外科研、设计等单位联合攻关。先后攻克多年冻土隧道、桥梁、路基使用应用技术等世界性难题，不少冻土工程措施在国内外都是首创。青藏铁路也因此被称为"世界冻土工程的博物馆"。尊重科学，实验先行，顺应自然，最大限度运用科技手段做好环保工作，这就是青藏铁路建设者们所遵循的信条。

整个青藏铁路建设中，仅环保投入就达15.4亿元，占工程总投资的4.6%。整个铁路沿线的冻土、植被、湿地、自然景观、江河水质和野生动物迁徙条件都得到了有效保护。

二

在当今世界科学领域，对于青藏高原的研究是门显学，因为这个"世界屋脊"所蕴涵的奥秘实在太多了，其中有很多秘密世人至今仍不知晓，盲目摸索必然出错。同时，青藏铁路的全线通车既带来了推动西藏经济现代化的能量，也是对高原腹地迄今还保留的传统甚至含有原始因素生产方式的巨大冲击。

1. **铁路运营遇到的多种挑战**

科学研究证明，人类对自然界的每一次征服都会得到大自然的报复。第一，分割生态系统。青藏铁路沿线分布5个已建的自然保护区和一个特殊生态功能区，跨越五大水系。铁路本身在客观上分割了自然保护区和自然生态系统，也对生态系统间物质交流和信息传递造成一定影响，其后果要经过一段时间才能显现。第二，防病治病任务繁重。自2006年7月1日这条铁路正式运营以来，夏季去往西藏的客流旺盛。首批运行的北京、成都（重庆）、西宁（兰州）开往拉萨的三列进藏旅客列车均保持着极高的上座率。北京西至拉萨的T27次列车开行头十天来，每天发送旅客在800人以上，上座率达95%以上。同期，拉萨车站每日发送旅客1800人。进出客流的骤然增加使得重要疾病的传播扩散几率加大了，同时，有数百名铁路职工坚守气候恶劣的高原工作岗位。因此，预防高原疾病方面的卫生保障工作任务艰巨。第三，外来物种入侵等增多。铁路运输大幅度增加农牧产品的交换量，也为外来物种进入相对封闭的高原腹地增加了机会。例如，由于外来人员将低海拔地区的犬类不断带入西藏，使得当地特有的纯种藏獒已难找到，这类西藏原生物种基因变异带来的损失已经较为明显地显露出来。还有牲畜口蹄疫等疫源扩散的危险也加大了。此外，由于不法分子也能借机进入西藏，致使捕杀珍稀濒危野生动物等违法行为会相应增加。

2. 维护行车安全遭遇的困难

青藏铁路通过的一段区域是大面积的冻土地带，各类冻土层冻胀融沉强烈。中国科学院沙漠研究所对近40年来青藏高原气温观测资料的分析显示：受全球二氧化碳增多导致"温室效应"等的影响，1984年以后，青藏高原气温升高明显，而且这个趋势还将持续。预计到2050年，那里冬季气温将升高1－2℃。2006年入夏后，西藏降水明显减少，气温也较前段时间有所上升。如6月12日至19日，拉萨市区没有降水，气温与历年同期平均值相比偏高2.5℃。泽当到定日一线连续7天基本无降水。气温与历年同期平均值相比偏高1到2℃[①]。

中国科学院寒区旱区环境与工程研究所的研究也表明，由于全球气温升高，青藏高原冻土几十年来在持续退化。上世纪60年代，这个研究所在可可西里挖了直径为80厘米的试验洞，这个洞现已蜕变为2米深、20多米宽的沟壑。近15年间，青藏高原区高寒沼泽草甸生态分布面积锐减28%，高寒草甸生态分布面积减少8%[②]。目前，冻土退化已呈现出它的影响，前几年国家投入十几亿元维修了进藏公路，但现在某些地段路面又复现坑坑洼洼。虽然青藏铁路建设采取修造旱桥的办法解决了一些冻土难题，但是这种由全球气候变化造成的自然灾害还在继续延续。

3. 铁路治安管理协调中的缺位

铁路通车之后，一些对行车不利或明显危及运输安全的事故苗头露头

---

① 李鸽：《西藏与历史同期相比气温偏高》，《西藏日报》，2006－06－25。
② 张爱林、尕玛多吉、蒋作平：《中科院专家：冻土层退融青藏铁路安全遭威胁》，新华社，2006－01－23。

了。藏北草原畜牧业带有浓厚的原始游牧特点，牧民们看见列车后往往激动地呼喊"竹、竹"（藏语"龙"），可是却没有意识到或者看管好在铁路两旁草原上自由游走觅食的牛羊群，致使牦牛走上铁轨的危险事情多次出现。当地依法管理铁路运输的机构也缺少磨合。铁路在拉萨市境内途经当雄、堆龙德庆两个县，由于以前在西藏未设立过专门的铁路法院，因此上级法院将在这两个县境内的有关涉铁案件管理划分给拉萨市两级法院管辖。但是，实际上的护法、施法的关系并没有完全理顺，特别是预防违法所急需要做的大量宣传教育工作，明确落实到位不够，结果出现了实际管辖权限的缺位，执法松懈，非常不利维护铁路安全。此外，一些县乡甚至出现欲要搭车上访、干扰正常运营秩序的事例。就是安全抵达拉萨的旅客也遇到了烦心事。乘兴而来洽谈生意的商人遭遇了藏区市场上太多的潜规则的磨难，原先高昂的投资愿望被那里过多的非市场性的附加条件所挫削。观景购物的游客在市场上看到商贩借机哄抬物价，只好摇头离开。必须认识到，随高原列车而出现的新事物与传统事物在多个层面发生着摩擦，其实质是新旧制度和理念的碰撞，只有深化改革才能解决问题。

4. 配合铁路商机不当的多种损失

青藏铁路运营带来的商势能量是一股巨大的冲击波，而高原经济机体受传统结构的制约，最初反应却带着低端层级的凌乱无章，甚至与以环保为宗旨的铁路运输背道而驰。例如，当大量进藏游客拉升了藏药保健市场的需求购买量时，一股滥采滥挖野生名贵藏药材的狂风也猛然吹过西藏乡村。在很多牧区山区，民间流传着各种多挖名贵野生药材去拉萨卖高价、赚大钱的言论，这些信息把不少人误导至取小利而毁环境的悲哀之路。为了追逐骤然而至的商机，西藏一些地方有"雪山人参"美称的"红景天"资源已经被任意采挖，几乎绝迹。雪莲花、麝香等其他野生动植物资源也遭到厄运。一些企业明知自己现有的传统工艺非常落后，却仍然用浪费很大的方法生产低效"红景天"产品，其行为动机就是抓住眼前商机赚一点。这些言行无疑是西藏传统产业结构对现代需求做出的本能反应，它带着旧有体制运作时仅有的微薄、短期、粗放的特征。

事实表明，青藏铁路全线通车，这只是高原上演的一幕现代化大戏中又一个新场次的开场白，要精心演唱的情节还在后边。以下仅提出若干丰富剧情的建议。

三

青藏铁路格（尔木）拉（萨）段建成通车之后，西藏市场就与全国统一大市场紧紧连接在一起，一方面使西藏生产与生活资料的成本大幅度降低，让高原广大农牧民群众直接受益。另一方面为高原特色产业开辟了一片广阔的发展空间，它们包括西藏自然人文旅游业、绿色农畜产品加工业、神奇藏医药业和稀缺矿藏采掘业等，这些产业由此会成长为与以往经济结构不同的新经济增长点，并与青海等毗邻省联动发展，从而孕育青藏高原经济带的形成。为了使西藏传统的甚至保留原始因素的旧有生产方式得以转变，还是要靠进一步调整区域原有产业结构，其中很重要的一项内容就是可持续发展，不以短期利益而牺牲生态环境。因此，借鉴青藏铁路环保机制的成功运作经验，维护和突出高原产业的特色，具有重大意义。

1. 继续弘扬青藏铁路精神

格拉路段的建设历时5年，筑路大军锻炼出了"挑战极限、勇创一流"的精神风貌。各级员工团结一心，科学施工，加强协作，克服许多常人难以想象的艰难困苦，在"生命禁区"挑战生理和心理极限，架桥铺路，在雪域高原创造出一个又一个奇迹。千里建设工地上出现了无数感人的事迹，汇集为一批特性鲜明、表现强烈、内容崇高的精神，如"风火山精神"、"唐古拉精神"、"铺架精神"、"尖兵精神"……归结为一个，就是青藏铁路精神。这是艰苦奋斗、自强不息的精神的具体表现，是几千年来中华民族生生不息、发展壮大的优秀文化的生动体现。在未来发展青海、西藏经济的进程中，同样需要弘扬青藏铁路精神，各族人民团结拼搏，群策群力，开拓创新，优质高效建设各类现代工程项目，为中华民族的伟大复兴再做新的贡献。

2. 一切为了人民群众的健康幸福

实现青海、西藏小康社会建设目标，需要进一步发扬光大青藏铁路精神，将"以人为本"的方针在包括整个农牧民群众的范围内贯彻实施。权威统计显示，2000年与1990年相比，青海与西藏两省区的人口平均预期寿命分别增加了5.46岁和4.73岁。但是与全国和东部、中部省份相比，依然存在差距。2000年的人口平均预期寿命，西藏排在全国倒数第一位。与全国、广东和湖北相比，西藏的这个指标分别低6.67岁、8.90岁和6.71岁（见表1）。

表1　分地区人口平均预期寿命对比　　　　　　　　　单位：岁

项目 地区	1990年预期寿命	男	女	2000年预期寿命	男	女
全国	68.5	66.84	70.47	71.40	69.63	73.33
广东	72.52	69.71	75.43	73.27	70.79	75.93
湖北	67.25	65.51	69.23	71.08	69.31	73.02
西藏	59.64	57.64	61.57	64.37	62.52	66.15

资料来源：国家统计局编：《中国统计年鉴2005》，中国统计出版社2005年版，第96页

　　人的生命是无价之宝，而社会主义建设的最终目标也是使人生活幸福。由于高海拔、气候恶劣等原因，青藏高原腹地的人口平均预期寿命与平原、丘陵地区的同样指标存在着客观差距。但是，改革开放提高了西藏农牧民的生活水平，人口平均预期寿命也随之增加。不过，青藏高原农牧区缺医少药的状况目前依然很严重，疑难疾病、地方病发病率较高，不少村庄和农户院落的卫生环境不好。为了缩小人口平均预期寿命方面的差距，就要做好医疗保健工作。首先，充分发挥现有医疗机构的作用。现有的西医和藏医院要不断挖掘内部潜力，对医务人员进行技术培训，提高治愈多发病、高原病的水平。自治区藏医院多次组织院内院外的专家进行学术交流，组织藏医药专家到基层巡诊。仅在2006年6月去林芝地区进行为期5天的专家义诊活动中，就共义诊病人达1600人次，并同地区藏医药工作者进行了业务交流[①]。定期下乡巡回医疗，直接为农牧民群众服务，必将推动藏医药事业向前推进。其次，改善农牧区村落的卫生条件。结合"十一五"规划纲要提出的新农村建设中"村容整洁"的规定，动员农牧民群众，实施与推广村落垃圾处理、清洁饮水供应、家庭厕所改造等卫生工程。在乡村大力普及卫生知识，坚决消除迄今还存留的人畜混居现象，引导农牧民改变不卫生的饮食、生活习俗。人生最大的幸福就是身体健康，以旺盛的精力服务于国家。第三，认真落实青藏铁路卫生保障措施。人口流动规模自铁路运营之后扩大了，这对高原卫生工作提出了新要求。要按照铁道部、卫生部的规定，建立卫生保障联防、联动制度[②]。要确保青藏铁路旅客和职工身体健康，有效预防进藏人

[①] 《自治区藏医院深入基层开展义诊服务》，《西藏日报》，2006-06-15。
[②] 高李鹏：《铁道部卫生部通知要求做好青藏铁路卫生保障工作》，中国西藏新闻网，2006-07-15。

员发生高原病，防止传染病在铁路传播。必须及时救治患病人员，发现病情严重、列车上难以处理的患者，应就近送往铁路沿线有救治能力的医疗机构。同时，要严格动植物进藏出藏的检疫措施，防止疫源扩散和外来生物入侵。

3. 调整结构发展高原特色产业

青藏铁路格拉段建设的环境保护标准很高，施工进度也很快，真正创造了环保与效益的双赢纪录，成为西藏经济发展的示范。近十几年来，西藏农牧民的收入一直在增加，仅在2001年—2004年期间，农村居民家庭平均纯收入的增加额，西藏就增长了457.30元。但是同类额的增加，全国、广东和湖北则分别增长了570.00元、596.08元和537.40元。比较2004年的农村居民家庭平均纯收入，西藏与全国、广东和湖北相比存在很大差距，分别是57.76%；1.35倍；55.27%（见表2）。纵向比收入增加，横向比差距扩大。在实际中，传统生产方式增加收入不仅缓慢或停滞，而且草原超载、地力下降、水土流失。牺牲环境发展生产已经是死路。

表2　分地区农村居民家庭平均每人纯收入对比　　　　　　单位：元

项目 地区	1990	1995	2000	2001	2002	2003	2004
全国	686.31	1577.74	2253.42	2366.40	2475.63	2622.24	2936.40
广东	1043.03	2699.24	3654.48	3769.79	3911.90	4054.58	4365.87
湖北	670.80	1511.22	2268.59	2352.61	2444.06	2566.76	2890.01
西藏	649.71	1200.31	1330.81	1404.01	1462.27	1690.76	1861.31

资料来源：国家统计局编：《中国统计年鉴2005》，中国统计出版社2005年版，第360页

要吸取青藏铁路环保为先的经验，发展高原特有的与生态环境相关的产业，诸如旅游业、藏医药业、绿色食品业、矿业等产业。要师法自然，遵循客观规律，抓住机遇，因地制宜发展经济。鉴于青藏高原市场存在发育不全的缺陷，因而要走政府扶持、政策引导、企业参与、市场运作的发展之路。通过宏观调整原有经济结构，培育新的经济增长点，增强自我发展能力，走区域经济特色化、特色经济产业化、产业发展规模化的道路。第一，发展高原藏族旅游业。高原铁路为旅游业带来商机。2004年，进入西藏的游客数量首次突破百万人次大关，2005年超过180万人次。据预测，青藏铁路开通后，每年进藏的游客人数增长速度将达到15%－20%，到2010年，通过

铁路进藏的游客将达到250万人次，进藏游客总数将达到528万人次[①]。要依托魅力独特的风光人文旅游，提高旅游景点住宿、饮食等服务工作的质量，让进藏游客乘兴而来，满意而去，使一大批参与服务的农牧民的致富愿望得以实现。第二，发展绿色高原产业。藏医药业是藏民族优秀的传统文化之一，是祖国传统医学宝库中的一枝奇葩，有着广阔的发展前景。目前仅西藏就已有藏药生产企业19家，其中的奇正藏药等是发展势头良好的骨干企业。要通过进一步深化改革，形成自己独特的技术门类和产业结构，稳步提高药品质量，增加产品种类，降低成本，扩大产量。在国内带动一批特色优势产业，促进地方经济发展，在国外逐步提高知名度和扩大市场占有率。此外，要坚决制止竭泽而渔的滥挖野生药材的做法，打击偷猎珍稀动物的犯罪行为。

同时要更好地调配GDP增长带来的福利，贯彻国家"十一五"规划纲要所表现的由"以资为本"向"以人为本"转轨的发展战略意图，解决民众最关心、最直接、最现实的利益问题，并将此类问题作为考察青藏高原经济发展质量的核心要素。由此而保障人民群众对改革发展成果的共享，使百姓生活得到更多的实惠。

4. 大力发展多种类型教育

虽然，青藏铁路的建设者刻苦钻研，运用高新技术攻克了筑路时遇到的三个世界性难题，可是，温室效应下的冻土病害在未来随时有复发的危险，科学维护铁路畅通的任务依然很繁重。同时，在青藏高原腹地全面建设小康社会，遇到的制约因素远远多于平原地区，因此需要用更多、更复杂的科学技术去解决问题。可是，主要由于历史原因的影响，西藏社会人口文化程度相对较低。2004年国家进行的人口变动情况抽样调查样本数据表明，文盲、半文盲人口占15岁及以上人口的比重，全国为10.32%，其中妇女为14.86%；西藏为44.03%，其中妇女为54.03%，排在全国倒数第一位。[②]文盲人口比例较高对于经济发展的制约作用是显而易见的。文化知识就是力量，是在激烈的市场竞争中取胜的法宝，是支撑民族进步的脊梁。第一，努力发展义务与职业教育。特别是按照"十一五"规划纲要的规定，真正用好国家免除农村义务制教育收费的政策，提高农牧区学校的教学水平，加强

---

① 徐锦庚：《青藏铁路开通后游客人数增长速度达到20%左右》，《人民日报》，2006-07-07。
② 引自国家统计局编：《中国统计年鉴2005》，中国统计出版社2005年版，第107页。

对寄宿学校的管理,高效率地全面普及九年义务制教育,开办多种形式的职业教育。同时,还要吸收传统文化中的优秀内核,通过各种文化方式,宣传富有浓郁的民族特色和鲜明的时代气息的新思想,引导民众破除落后意识,改变陈规陋习。第二,总结经验保障交通安全。要不断总结铁路维护的经验,继续研究冻土条件下保证行车安全的方法。藏族人民在千百年生产生活中总结出一些建筑经验,农牧民在护路实践中也有一些好的办法。应用科学思维,群策群力,是能够创造出更加科学的养路方法的,解决没有先例的复杂困难。

5. 依法保障铁路运输畅通

铁路运行极大地促进了西藏经济发展、社会进步,造就了社会关系与利益格局的重大变化。要使这些历史性变革有序进行,关键措施之一是宣传法纪,依法施政。为了维护铁路运输正常秩序涉及铁路的法制宣传单就发出了近5万份,为青藏铁路的安全正常运行提供了良好的法制环境[①]。要进一步维护铁路安全,保障参与和享受铁路运输服务的人民群众以及铁路沿线人民群众的合法权益,同时保护国家和集体利益不受损失。第一,法制宣传家喻户晓。要长期有针对性地开展法制宣传教育工作,为铁路沿线群众讲解《铁路法》、《铁路运输安全保护条例》和《治安管理处罚法》,让遵纪守法观念深入人心,让人人爱护铁路蔚然成风。同时,认真做好铁路沿线矛盾纠纷排查调处工作,将宣讲法制的意义首先在处理群众期望解决的具体矛盾中表现出来,把"抓基层、强基础、促发展"的指导方针落到实处。第二,有效疏导化解矛盾。铁路带来的经济冲击力量是巨大的,部分善于经营的人因为铁路运输之便而开始快速致富,新一轮市场竞争日趋激烈,原有的利益格局逐步改变。兴奋、焦急、埋怨等沿海地区经济起飞时发生过的众生新百态在西藏出现了,这是经济社会发展进入新阶段后正常的矛盾变化。要健全完善领导责任制,引导群众理性,西藏那曲地区仅在2006年6—7月期间,就组织了行政和司法部门的专门人员,将区内铁路沿线划分为数个工作责任区,制作通俗易懂的相关铁路法律、法规藏汉文宣传资料,深入到村庄和牧场,对3000余户牧民群众和1000余名外来务工人员进行涉铁法制宣传教育。对于出现于通车运营中的控告申诉事件,一要动之以情,晓之以理,迅速化解矛盾;二要高度警惕境内外敌对势力的捣乱破坏活动,严厉打击敌对

---

① 李远斌:《那曲地区加强涉铁法制宣传》,《西藏日报》,2006-07-13。

势力借机煽动闹事行为；第三，理顺协调管理关系。在新的历史阶段维护铁路运输正常秩序，是拉萨市、那曲地区等地各级法院建功立业的新机遇。法院系统要进一步掌握相关铁路法律，摸清涉铁案件的发生规律，公正、高效地行使国家赋予的司法权力，为自治区各项事业的发展做出应有的贡献。

青藏铁路的两条钢轨在高原的强光照射下闪着金光，藏族人民称之为"天路"。这条金光大道把西藏社会引入了一个历史新阶段，青藏铁路精神也正在激励着各族人民加快步伐，全面建设小康社会。

甘肃省肃南县草地退化成因与不同生态类型耦合模式研究

樊胜岳　张卉　王曲元[①]

肃南裕固族自治县地处甘肃省河西走廊中部，祁连山北麓，东西长650km，南北宽120～200km，是甘肃省的主要畜牧业县之一。地势南高北低，自南向北呈带状起伏，海拔1327～5564m，总土地面积238.9×10^{4}hm^2，可利用草地面积142.2×10^{4}hm^2，可利用草地中，冬春放牧草地76.5×10^{4}hm^2，夏秋放牧草地65.7×10^{4}hm^2，林地33.3×10^{4}hm^2。

肃南县处在蒙新大陆性气候区与青藏高原气候区的交接带，既具有大陆性气候的特点，又具有高山气候的特点，年平均日照时数2200～3100小时，年平均气温0～4℃，昼夜温差较大，无霜期40～145天，年降水量66～600mm，年蒸发量250～2900mm，降水主要集中在6～9月，雨热同季，对牧草生长极为有利。

由于长期利用方式不当以及气候的影响，全县44.5%的天然草地退化，重度退化面积已接近30%。在造成草地退化的诸多因素中，有自然因素，但主要还是人为因素，对此人们已经形成共识。分析草地退化现状、剖析天然草地退化的社会经济原因、提出可持续利用对策对该区草地资源的合理利用以及保证祁连山牧区与黑河、石羊河中下游地区的可持续发展具有重要意义。

一、肃南县天然草地退化现状

草地退化是指由于人为活动和自然因素扰动所引起的草地植被和土壤质地变坏，生产力、经济产出和生态服务功能降低，是草地生态系统远离健康轨迹的演替过程。肃南县草地退化具体表现在以下方面：

[①] 樊胜岳，男，中央民族大学经济学院教授、博士生导师。张卉、王曲元，中央民族大学经济学院博士研究生。

（一）天然草地生产能力下降，植被组成变劣

通过对1968年、1983年和2001年三年的调查资料与有关资料综合比较分析，可以看出肃南县天然草地生产力水平在1968—2001年的38年中总体呈下降趋势，如表1所示：

表1 肃南县天然草地生产能力及草地等级对比表

年份	产草量（kg/hm²）				草原等级（%）					载畜能力（10⁴羊单位）	评价
	平原荒漠区	祁连山中段林草区	高寒草地区	山地荒漠区	I	II	III	IV	V		
1968	750-4125	1875-4500	—	750-1500	45.6	36.0	8.6	9.8	—	124.2	优良
1983	330-510	1350-1875	510-750	870-1050	0.53	40.43	23.5	34.9	0.48	76.82	中上
2001	75-375	1125-2550	375-750	375-975	0.07	23	38.1	35.0	3.84	60	下

资料来源：肃南县农牧局不同时期的草原测算资料。

1968年，肃南县草地一、二等草地占总面积的81.6%。之后随着牧区定居点建设和畜牧兽医科技普及，牲畜饲养量迅速增加到1982年的107.86万羊单位，增长33.32%。牲畜数量的快速增长对草地产生很大压力，天然草地开始出现不同程度的退化，草原产草量下降、等级降低。1983年天然草地牧草产量较1966年下降15%~65.8%，2001年较1983年又下降2%~77%。全县天然草地理论载畜量由1968年的124.2万羊单位下降为2001年的60万羊单位，降幅51.5%，草地等级由一、二等占81.6%转变为三、四、五等占76.9%，牧草高度和盖度均大幅度下降。由于草地生产能力下降造成的食物供给不足严重影响了畜牧业发展，全县天然草地牲畜存栏数由1983年的88万头（只）下降到2001年的60万头（只），在冬春季节有近1/3的牲畜要靠人工补饲。

（二）草群结构逆向演替，毒杂草化严重

在造成草原退化的五大因素当中，毒草化是继荒漠化后第二大严重危害草原的因素。天然草地上，牲畜喜食适口性好的禾本科牧草，但是，如果牲畜过度啃食或践踏而使其失去繁衍生息的机会，它们在草群结构中所占比重

就会下降，这就为毒害草的侵入创造了良好条件，原来在草群中零星分布的毒草快速繁衍从伴生或偶见种演变成优势种或建群种。毒害草占据着地面，吸取土壤中的水分和养料，排挤有饲用价值的优良牧草，从而降低天然草地的生产能力和牧草品质，草地压力加大，退化日趋严重。至目前，全县退化草地 $44.5 \times 10^4 hm^2$，盐碱化草地 $7 \times 10^4 hm^2$，分别占可利用草原面积的 37.79% 和 5.95%。黄花棘豆、狼毒、醉马草、马先蒿、臭草、野决明等毒草和不食性牧草所占比例越来越高，发生面积约 $18.4 \times 10^4 hm^2$。

毒草的广泛分布和大量滋生蔓延，使草群中优良牧草大量减少，直接影响草地质量和载畜量，同时牲畜因误食毒草造成的中毒及死亡事件增加。毒草使草地生产能力每年下降 15 万羊单位，直接经济损失 2475 万元，占 2000 年肃南县农牧业增加值的 25.8%。

（三）草地虫鼠危害严重

肃南县草地害虫主要是蝗虫，种类达 100 多种，以雏蝗（Chorthippus Rieber）、星翅蝗（Cauiptamus Seville）、小车蝗（Oedaleus Rieber）、曲背蝗（Pararcyptera Toorbinsky）等为优势种。多发生在冬春季草地上，全县 5 区 19 乡易受灾，为害面积 $25.47 \times 10^4 hm^2$，占冬春季可利用面积的 33.31%。鼠类有 6 科 30 多种，为害的主要鼠种是高原鼠兔（Ochotonacurzonlae）、长爪沙鼠（Merionesunguiculatus）、中华鼢鼠（Amyospalaxfontanieri）和沙土鼠（Meriones Hnguicalcatus），分布全县 6 区 23 乡，危害面积 $11.03 \times 10^4 hm^2$，占可利用面积的 7.76%。全县因蝗灾损失牧草 $5000 \times 10^4 kg/a$，鼠害损失牧草（鲜草）$7500 \times 10^4 kg/a$，造成秃斑地 $1 \times 10^4 hm^2/a$，蝗、鼠两害使饲养量减少 23 万羊单位/年。

（四）草地植被遭到滥垦、滥伐、乱挖，生态环境严重恶化

马蹄区沿山与邻县接壤地带的草地有 50%～80% 被县内外农民大面积开荒种粮，由于气候条件限制，开垦地只能广种薄收，连种几年后土壤肥力锐减，产量下降，随后便被撂荒，然后再开垦新地。如此多年下来，被开垦然后又撂荒的土地越来越多，所开垦土地的海拔越来越高、坡度越来越大。土地撂荒后逐渐发生逆向演替，可食性牧草产量大大降低，仅占总产草量的 10%～40%，同时由于缺乏植被保护，使本来就相当脆弱的草地生态系统在人为干扰下远离原有的生态平衡，系统被不断带走大量的物质而得不到补

偿，长期的入不敷出违背了生态系统中能量与物质流转应保持平衡的基本原则，进而造成草地退化。

许多牧民在进行生产时，采樵沙竹、大量砍伐红柳、白刺、梭梭等防风固沙植物，使该地区沙生植被遭到破坏，许多固定沙丘变成移动沙丘并进一步向草地、耕地、居民点扩散。肃南县天然草地中药材较多，受经济利益驱动，本县牧民和邻近酒泉、山丹、民乐、高台等市（县）农民在草地上打麻黄，挖甘草、黄芪、柴胡，使近 $20\sim30\times10^4 hm^2$ 草地原生植被遭到破坏。

二、草地退化的社会经济原因分析

草地退化虽然是各种自然因素（包括地质地貌的脆弱性、水热资源匹配差、干旱、风蚀、盐渍化和冻融作用）和人为因素综合作用的结果，而且在不同的发展条件下各因素之间的作用过程、强度均不同，呈强动态特征，但人口增长过快而产生的过度放牧等人为经济活动，是导致草地退化发生、发展和加剧的最直接、最主要因素，这不仅与牧民不合理的经营行为有关，还与政府的管理有关，两者相互耦合形成草地退化的社会经济原因。

（一）制度不完善，导致"公地的悲剧"

早在 1968 年，Garrett Hardin 通过对公共草地的分析，得出结论，他认为公共草地永远长不好，最后只能是一场悲剧。因为公共草地归集体所有，但是在草地上放的是私人的羊，卖羊的收入归个人所得。毫无限制地在草地上放羊，必然造成草地退化，但草地退化的损失却是由全镇人平均负担。如果镇上的人口很多，平均下来每个人摊到的草地损失并不多，但养羊人却得到大量的收入，羊养得越多，得的收益就越大。有些人没有住在草地边上，无法放羊，却同样承担这样的损失。Hardin 认为，在这种体制下，每个人的想法就是拼命地利用草地，放的羊越多越好，争取在草地彻底破坏之前多捞一点。大家都这么想，这么做，公共草地怎能长好？因此他最后的结论是：如果使用公共资源来为个人谋利益，"公地的悲剧"是无法避免的。

长期以来，草地资源被看作是大自然对人类的恩赐，是一种公共财产。由于没有切实落实所有权与使用权，导致草地利用多年来处于草地无主、牧民无权、侵占无妨、破坏无罪的无序状态。肃南县从 1984 年起实行家庭联产承包责任制，冬春草地划分到户，大部分夏秋草地仍以村为单位共同使用、部分草地属区、乡公共草地。牧民为实现自身利益最大化目标，仍盲目加大夏秋草地的放牧时间和放牧强度。虽然在此期间也出台了一些规定（如1994年颁布的《肃南县草地管理暂行条例》），并成立了草地行政执法单位，但由于配套措施不到位，草地监理部门主要负责草地防火、草地边界纠纷调处、矿山企业征用草地管理，在敦促国营农牧场、乡村和牧民以草定畜、保护草地植被、合理划区轮牧、进行草地基本建设等方面根本没有很好发挥作用，对草地保护、管理、利用的责权利并无界定，同时也没有有效防止牧民对草地资源的掠夺式利用，草地退化更加严重。

(二) 过度放牧，草地严重超载

根据2002年肃南县政协的调查报告，各区草场超载情况如表2所示：

表2 肃南县各区草场超载情况比较

	皇城区(%)	马蹄区(%)	康乐区(%)	明花区(%)	大河区(%)	祁丰区(%)
冬春场	+93.6	+64.6	+21.1	+192.5	+79.3	-50
夏秋场	+114.2	+32.6	-31.1	—	-19.5	-49.9

注：超载为"+"，欠载为"-"。

从上面的数据可以看出，肃南县草场过度放牧的问题已经比较严重。长期的过度放牧，必然导致草地退化。下面以草地毒杂草化为例说明其原因，毒草拥有特殊的生态适应性使它们在过度放牧的草地大量生长。以狼毒为例：①狼毒返青期在5月下旬，此时冬春场牲畜准备转场；②狼毒的生长点距地面2cm，避免了牲畜的践踏；③宿根丛生，萌发能力强；④种子水滴型，在地表裸露的草地上，容易萌发；⑤根深，平均根深70cm，侧根30cm；⑥具有强烈毒性，保护自己，牲畜不食。这样，当草地中适口性的优良牧草被牲畜过量啃食，得不到繁衍生息的机会，毒草就大量滋生，表现为草地的毒杂草化型退化。

(三) 农户经营行为封闭，产业结构单一

根据经济学的"理性预期理论"：人都是理性的，影响人支出的，主要是其预期收入水平，而与他当前的收入水平关系不大。虽然牧区资源丰富，对于主要从事传统的放牧畜牧业的农户来说，羊和牛就是他们唯一的收入来源。羊、牛市场价格波动较大，所以农户预期收入也具有较大的不固定性，而他的预期支出，如孩子教育、医疗等，目前则呈刚性增加。由于经营单

一,抗风险能力弱,一遇到灾害,牧民就减收,甚至由富变贫。因此,农户经营策略就是多养牛羊,以保证预期收入的增加,在遇到畜产品大幅度降价时,农户为了确保收入不明显下降,将会养更多的牲畜。这个现象与微观经济学中"生产量—价格"关系理论相背离,但已经被我们在西北地区的许多牧区的大量调查所证实,而这又是与农户经营的封闭性紧密联系的。

在造成生态退化的原因中,过度放牧只是一个表象,农户生产单一而封闭,没有替代收入来源,则是草地退化最主要的原因。产业结构是社会经济发展程度的主要标志,草地资源的利用方式多种多样,但利用家畜自行觅食进行放牧的行为却是最直接、最经济同时也是最原始的发展放牧畜牧业的行为。由于地理位置的边缘性,造成草地畜牧业高度的分散性和流动性,难以促进分工和协作,长期以来放牧畜牧业就成为牧民的唯一产业,以饲养牛、羊为主的单一产业结构,只能提供初级的原始产品。单纯以饲养牛羊为主的传统畜牧业既破坏牧民赖以生存的草地资源,又无法实现畜牧业增效、农牧民增收的目的。肃南县的综合经济实力排名位次在全省县(市)中逐年后移,单一的畜牧业结构已成为传统牧区草地资源可持续利用的主要制约因素。

(四) 草原建设不力,技术缺乏创新

国外畜牧业发达的重要原因是对草地进行科学管理,同时投入大量资金,这是提高草地生产力的根本措施,但我国对于天然草地的管理和资金投入都存在不足。例如肃南县,近年来用于天然草地建设的投资平均每公顷只有1.14元/年,投入产出比为1:40。同时草业技术队伍力量薄弱,技术创新水平较低,使一些极具潜力的应用技术无法推广。

(五) 草地具有巨大的生态外部经济性

在自然生态系统上,草地作为沙漠与森林的中间地带,作为一个巨大的生态系统,拥有不可忽视的生态效益,具有巨大的生态外部经济性。草根系发达,覆盖面积大,既能充分利用土壤深层的水分、养分,也能在土壤中纵横穿插,盘根错节固持土体,减少因风蚀作用对土地表面的破坏,提供清洁的空气等基本的"生态公共产品"。草地在陆地生态系统中有多种功能:调节气候、涵养水源、防风固沙、保持水土、饲养牲畜、提供食品、净化空气、美化环境。在地球上把太阳能转变为生物能的绿色植物中,草是种类最

多、适应性最强、覆盖面积最大、周转速度最快的可更新资源。草地是保持水土、防风固沙的绿色屏障，其防止水土流失的作用超过森林。我国北方地区水土流失严重，近年来沙尘暴发生的次数增加，主要原因是生态环境遭到严重破坏，尤其是草地资源遭到破坏是导致生态环境恶化的重要原因。实际上，草地是治理水土流失、防止土地退化、改善生态环境的有效途径，合理利用与保护草地对实施西部大开发、治理沙尘源地、防治荒漠化进一步扩展具有举足轻重的地位。

三、畜牧业发展的生态经济系统耦合模式

生态系统耦合能够减轻放牧对生态的压力，同时增加裕固族牧民的经济收入。以"山上繁殖、山下育肥"系统耦合模式为例，系统耦合能够给肃南县带来良好的生态经济效益。对肃南县的绵羊育肥的试验显示，羔羊和淘汰母羊育肥的经济收益分别为74.32元/只和74.46元/只。根据谢高地等对中国自然草地生态系统服务价值的评估，得到黑河上游地区的高寒草甸生态系统提供的水管理、水供应、气体管理、干扰管理、土壤保护、废物处理、授粉、生物控制、栖息地、物质生产、娱乐和文化等各项服务的价值。依据每个羊单位占据的草地面积及黑河上游单位高寒草甸草地面积的各项生态系统服务价值，核算出黑河上游开展绵羊育肥的生态效益达1953.44元/羊单位（徐世晓、赵新全，2005）。这些事实可以说明，生态经济系统耦合对于增加裕固族牧民的收入，减轻对草原生态系统的压力有着重要的现实意义，是裕固族畜牧业生态经济发展的正确道路。

（一）生态系统耦合的概念

耦合是控制论中的术语，由于控制论研究的系统是依靠因果关系联结在一起的因素集合，因此把系统（和元素）之间的因果关系叫做耦合。系统耦合理论在工程技术领域得到了广泛的应用，但是在生态经济系统的研究和应用还处于起步阶段。

社会经济系统的再生产过程是社会和自然过程的有机结合。人们不断地干预生态系统以获得再生产所需要的物质和能量，这个过程导致了生态系统和经济系统之间的矛盾。如何使生态系统的反馈机制与经济系统的反馈机制耦合成一个机制是解决这个矛盾的关键所在（张淑焕，2000）。任继周院士

是系统耦合在生态系统中应用的先驱者,他对系统耦合的概念及其在草地农业系统中的应用进行了深入的研究,并做出了突出的贡献。任继周认为,一切系统都是一种结构—功能体,并且结构与功能相比,具有更大的变异性,主要原因取决于能的动态。自由能的一类和由此造成的生态系统的非平衡态是系统耦合的基础。他进一步从理论上指出,农业系统作为一种自然—社会生态系统,是在人为的诱导下,导致生态系统内部自由能的大量积累,使系统失去平衡并趋于同其他生态系统结合,形成不同生态系统的汇聚(Covergence),产生新的较高层的生态系统,从而在能的驱动下形成新的物质流、能量流和信息流的超循环(Hypercycle)构成生态系统耦合,这是生态系统的进化(任继周、万长贵,1994)。在此基础上,任继周提出了生态系统耦合的通俗概念:两个或两个以上性质相近似的生态系统,在一定条件下,可以结合为一个新的高一级的结构—功能体(任继周、万长贵,1994;任继周、贺达汉,1995)。刘学录(刘学录、任继周,2002)等将系统耦合概括为两个或两个以上的具有同质耦合键(性质相似)的系统,在一定条件下,通过能流、物流和信息流的超循环,形成新的高级系统——耦合系统的系统进化过程。这使生态系统耦合的概念更加理论化和科学化。

(二) 系统耦合的理论价值

耦合系统比单个的子系统具有更为复杂的内部组织和更为合理的结构。系统耦合可以强化系统的整体功能,放大系统的整体效益,从而显著提高系统的生产水平。系统耦合从系统耦合的催化潜势、系统耦合的位差潜势、系统耦合的多稳定潜势以及管理潜势中取得能量输出,解放生态系统的自由能,增加农业生态系统的生产力。根据任继周对牧区水平的估算,只要把植物生产和动物性生产两个系统进行耦合就可以提高生产水平 10-100 倍(任继周,1986)。任继周等(任继周、万长贵,1994)估算并比较了河西地区"山地—绿洲—荒漠"三个子系统耦合前后生产水平,发现三个子系统耦合和子系统通过系统耦合的增值系数和通过绿洲子系统向市场输出时的增值系数有关,系统耦合后生产水平提高 6~60 倍。

(三) 系统耦合的基础条件

两个和两个以上的生态系统发生耦合的条件可以概括为:一是子系统之间具有内在联系;二是子系统之间具有物质和能量上的异质性;三是要有联

系各自系统的耦合途径。

子系统之间的内在联系，是系统耦合的基本条件。任继周认为，性质相近似的生态系统具有互相亲和的趋势（任继周、万长贵，1994），河流水系和交通道路是联系山地、绿洲、荒漠三个子系统的纽带，承担着三个子系统之间物质、能量和信息的传输和交换。类型相同并且相互连通的廊道，或者具有相同的景观边界是系统耦合的基本条件（刘学录、任继周，2002）。

系统耦合的驱动力是非平衡态系统的自由能积累，因此，发生耦合的子系统之间要有差异性。系统之间的亲缘关系越远，其位差潜势也越大，系统耦合所导致的增产幅度也越大。各子系统之间的异质性，有利系统内的自由能的积累和系统平衡态的形成，同时也为各自系统之间物流、能流和信息流的交换和循环提供了可能。

子系统之间的物质、能量和信息的循环不会自动发生，在耦合之前他们是独自与外界交换的。耦合系统的形成需要有一个耦合介质也就是耦合途径来担当这一功能，任继周称这一途径为"耦合键"。并将"牧区繁殖，农区育肥"的草地畜牧业作为"山地—绿洲—荒漠"复合系统的耦合键（任继周等，1995）。

系统耦合往往是在外界干扰作用下发生的。系统耦合可以分为自然耦合和人为耦合两种形式。可以通过对人为干扰的控制来优化耦合系统，使其达到最优的产出水平。

（四）系统耦合途径

周立华（周立华，2003）将黑河流域生态经济系统耦合分成了三个层次：第一层次为流域内部三个子系统之间农牧业的耦合；第二层次为系统内部三个子系统之间通过农产品加工业的耦合；第三个层次为黑河流域生态经济系统与系统外的多途径耦合。

第一层次即农牧业耦合途径通过草畜产业，采用"牧区繁殖，农区育肥"的发展模式。周立华认为，黑河上游与中游最理想的耦合场所为民乐与山丹一带的山麓冷凉灌区。

第二层次即农产品加工业在系统耦合中的实现，也可以说成是在农牧业耦合基础上的二次耦合。农产品加工的主要场所线则在中游绿洲区，以张掖为核心，逐渐形成山丹—张掖—临泽—高台—酒泉—嘉峪关的农产品工业带。

第三层次即黑河流域生态经济系统与系统外的多途径耦合,在黑河流域生态经济系统内部各子系统耦合的基础上,流域内的畜产品、特色农产品及其加工产品可以不断向系统外部输出,系统外的资源、资金、技术和信息也同时进入系统,从而形成黑河流域生态经济系统与外部其他系统之间的耦合。

四、系统耦合的效益的模拟计算

任继周等对山地—绿洲—荒漠三个子系统通过"牧区繁殖,农区育肥"的模式进行系统耦合的效益方法进行了模型研究(任继周等,1995)。本文按照其模拟函数,参考当前的生产情况,对现在的系统耦合效益进行了模拟计算。

(一)"牧区繁殖,农区繁殖"模式下牧区的收益

传统放牧模式下,出栏羊一般为3-5岁,而"牧区繁殖,农区育肥"模式下将羔羊(春季羔羊4个月,秋季羔羊8个月)转移到山下育肥。现假设一草场承载力为100个羊单位,母羊繁殖成活率为80%,母羊每胎只生一只羔羊,每个羔羊为0.5个羊单位,在每种模式下母羊都保持定量A。

假设在传统放牧方式下,设出栏羊为2年零8个月,母畜比例为50%。

(1)在传统模式下满足:

A+B*1/2+B+B*2/3≤100

其中A为三岁以上母羊羊单位量,B为当年羔羊、一岁和两岁成羊数量,B*1/2为当年羔羊的羊单位量,B为一岁羊的羊单位量,A*80%*(8/12)为两岁羊消耗牧草数量折合的羊单位量。满足:

(A+B)*50%*80%=B

其中,A+B为当年成羊数量,(A+B)*50%表示当年能够繁殖的母羊的数量,(A+B)*60%*80%表示当年繁殖的羔羊量。求解得:

B≤27.27(只)

A≤40.91(只)

当年的放牧量为:

A+3B≤122.73(只)

2年8个月的成羊价格为220元/只,当年该牧户收入为:

B∗220≤6000.00（元）

(2) 假如牧户将其母畜比例提高到100%，仍然按照传统放牧方式下设出栏羊为2年零8个月。

则满足：

A + B ∗ 1/2 + B + B ∗ 2/3 ≤ 100

其中A为三岁以上母羊羊单位量，B为当年羔羊、一岁和两岁成羊数量，B∗1/2为当年羔羊的羊单位量，B为一岁羊的羊单位量，A∗80%∗(8/12) 为两岁羊消耗牧草数量折合的羊单位量。满足：

(A + B) ∗ 80% = B

其中，A + B为当年能够繁殖的母羊数量，(A + B)∗80%表示当年羔羊的繁殖量。求解得：

B≤41.38（只）

A≤10.34（只）

当年的放牧量为：

A + 3B ≤ 134.48（只）

2年8个月的成羊价格为220元/只，当年该牧户收入为：

B∗220≤9103.45（元）

(3) 设耦合模式下农户的母羊全是两岁以上母羊。农户保持最大放牧量，则在耦合模式下满足：

C + C ∗ 80% ∗ 1/2 ∗ (8/12) = 100

其中C为母羊数量，C∗80%∗1/2 (8/12)为当年羔羊羊单位量，求解得：

C = 78.95（只）

羔羊价格为150元/只，当年该牧户收入为：

A∗80%∗150 + = 9473.68（元）

当年的羊数量为：

C + C ∗ 80% = 142.11（只）

(4) 假设耦合模式下按照传统方式下的羊数量放牧，则满足：

A + A ∗ 80% = 122.73（只）

则 A = 68.18

当年的羊单位量为：

A + A ∗ 80% ∗ (2/3) ∗ (1/2) = 86.36

当年的收入为：

A * 80% × 150 = 8181.6（元）

放牧量由传统方式下的 122.73 只增加到 142.11 只，增加了 19.38 只。该农户耦合后收入增加 3473.68 元。不过主要是由改变母畜比例所带来的 3103.45 元，以"山上繁殖，山下育肥"模式下所增加的收入非常少，为 370.23 元。按照传统放牧模式下的放牧量，耦合后牧户收入增加 2181.6 元，但是草场压力下降 13.64%。

（二）山下育肥的收益

羔羊一般要在山下育肥 2-3 个月。根据在该地区的育肥试验（徐世晓、赵新全，2005），羔羊育肥 58 天，需草料 45.6 元，每只羔羊育肥后的净收益为 74.32 元。则对于上述牧户的羔羊在山下育肥后增收：

C * 80% * 74.32 = 5052.8（元）

则由传统放牧模式下到"牧区繁殖，农区育肥"模式下数量相同的羊最后所得到的分别为 6000 元和 14526.48 元（其中牧户收入 9473.68 元，育肥农户收益为 5052.8 元），不考虑育肥过程，收入增长了 142.11%。如果考虑到农户种植苜蓿等饲料作物收益高于粮食作物，则系统耦合后的效益要更高。由山地—绿洲系统耦合所获得的收益山下获得了比较多的效益。

五、肃南县农业生态经济系统耦合的现状与问题

（一）生态经济系统耦合的现状

1、具有生态系统耦合的条件

肃南县和中游绿洲之间具有生态经济系统耦合的条件，可以实现两个地区之间耦合。首先两个区域通过黑河干流和其水系以及交通线路进行联系。其次，肃南县以草地畜牧业为主，中游为种植业为主的绿洲农业区，地区之间具有明显的异质性。肃南县牧区饲养成本低，夏季牧草资源丰富，而冬季饲草资源短缺。中游绿洲区比较冷凉和湿润，粮食作物种植没有优势，为草产业发展的最佳区域，可以提供冬季牧草。同时中游地区交通和市场信息便捷，有利于草畜产业的规模化和产业化经营。最后，两区域之间通过自然和人为耦合途径实现了生态经济系统耦合（图1）。黑河水资源是两个区域自

然耦合的唯一途径，草畜产业和农产品加工业是人为的优化耦合途径（周立华，2003）。

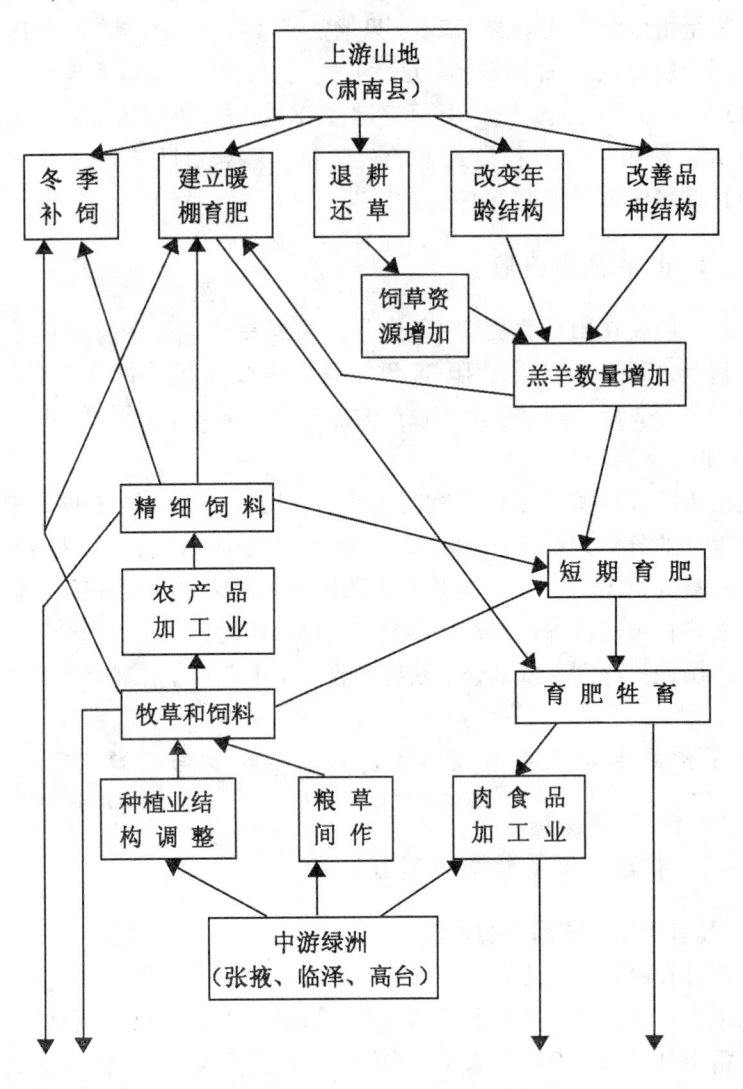

图1 肃南县与中游绿洲区生态经济系统耦合现状示意图

2、生态经济系统耦合初具规模

肃南县山地和中游绿洲之间畜牧业和农业的耦合主要是将牧区的草地畜牧业和农区的种草和畜牧育肥相结合。从山地子系统和绿洲子系统的能流模式运行分析和山地草畜系统分析，山地和绿洲二系统之间耦合的三种模式（雷桂林，2003）：一是绿洲为山地提供补饲饲料；二是良种场向山地提供羔羊；三是出栏前商品羊在绿洲舍饲育肥，即"牧区繁殖，农区育肥"的模式。其中效益最好的是第三种方式，最差的是第一种模式，且山地不能够增收。

肃南县和中游绿洲区之间的系统耦合主要为第一层次，目前比较普遍的是第一种模式，即绿洲为山地提供补饲饲料。肃南县牧户补饲情况普遍，所调查的大河区牧户几乎全部在冬春季对牲畜进行补饲，来缓解冬季草场的压力，同时补饲已经成为牧户增加收入的重要手段。效益最好的"牧区繁殖，农区育肥"的模式发展逐渐实现了规模化，2002年肃南县已经基本建成了15万只羔羊育肥基地（王文学、李含琳，2004）。山下育肥户也在逐渐增多，"十五"期间，肃南县暖棚养羊量达到了37万只。依托草原兴发肃南清真肉食品厂，培育牛羊育肥户1293户（周学明，2005）。该公司与牧户签订销售订单1000多份，年收购订单牲畜7万头（只）。肃南县2003年发展肉羊育肥专业户911户，育肥出栏肉羊16.33万只。

3、生态系统耦合层次以第一层次为主

肃南县畜牧业与绿洲农业之间的系统耦合以第一层次耦合为主，二三层次耦合逐渐发展。补饲是肃南县与绿洲之间的山地—绿洲系统耦合目前主要的耦合模式，山地从绿洲购买饲料，在冬春季节对牲畜进行补饲。另外山地建立暖棚进行牲畜育肥也是一种补饲行为。"山上繁殖，山下育肥"这种效益相对较高的运作模式实施并不普遍。调查中牧户的母畜比例多在50%-60%之间，超过80%的只有一户。

山地所得到的收益主要为增加母畜比例所带来的，而改变繁殖方式所增加的收入比重较小。肃南县山上繁殖的牲畜在绿洲区育肥点主要为临泽的倪家营乡和张掖市甘浚乡，少部分牲畜在山丹育肥。倪家营乡以育肥牛为主，甘浚乡以育肥羊为主。二三层次的系统耦合受制于二三产业特别是农产品加工业的发展水平，耦合状况差强人意。育肥牲畜深加工少，主要为直接销售到外地。山丹新兴畜牧业开发公司就是典型的以收购、育肥、贩运和销售为一体化育肥企业。该公司年育肥贩卖肉羊10000只以上，肉牛2000多头，牛羊主要销往新疆、青海、兰州等地。每只育肥羊获利100元左右，每头育肥牛获利800元左右。采用"山上繁殖，山下育肥"的耦合模式，由于羔羊的食草量低，农户可以养更多的羊，同时收入也有不同程度的提高。由于采用耦合模式，山上、山下都能够获利，这使系统耦合成为了现实。系统耦合所带来的收益是山地—绿洲系统耦合的动力。山地繁殖的羔羊饲养4-8个月，出售价格在130-170元之间，经过3个月的育肥以后，价格在400元左右。除去育肥期间的饲料成本，每只羊可获利100元左右。

（二）山地—绿洲生态经济系统耦合存在的问题

1、生态经济系统耦合的收益及其分配是决定实施的关键因素

系统耦合所带来的收益的分配也决定了系统耦合的模式。山下育肥户为了得到更好的收益，会压低山地羔羊收购的价格。山地如果单纯靠卖出牲畜获益较少，如果就地育肥，也可以获得不错的效益（安进明、董建华，2004）。山上牧户为了得到更大的效益，实施山地育肥也是可行的。这样就形成了"山上繁殖，山上育肥"的耦合模式，这可以发挥当地劳动力价格低的优势，同时也带来了比较高的收益。肃南县目前育肥暖棚建设发展迅速，2003年新增暖棚羊舍225座，2005年上半年新增育肥暖棚277座。肃南县2003年全年出栏牲畜27.34万头，而育肥的出栏肉羊达到16.33万只，占全年出栏量的59.73%，已经形成了"山上繁殖，山上育肥"耦合模式。

"山上繁殖，山下育肥"的耦合模式，能够充分发挥山上夏季牧草丰富、山下充足的饲料资源进行育肥，也能发挥山下交通条件好，市场信息便捷的优势。"山上繁殖，山下育肥"是最优的第一层次耦合模式。"山上繁殖，山上育肥"的耦合模式并不是最优的第一层次耦合模式。首先育肥企业属于典型的原料指向型产业，在原料产地育肥可以减少原料运输的成本。其次，山地冬季温度低于绿洲地区，暖棚育肥效果弱于绿洲暖棚育肥。

2、二三产业水平低，对二三层次的系统耦合带动小

第二产业中的畜牧产品加工业对于第二层次的系统耦合有关键作用。畜牧产品加工业是牧业增值的重要途径，将畜牧产品中的附加值开发出来。畜牧产品加工业与畜牧业的耦合能够带动畜牧业的发展，给牧户带来较高的收益。但由于当前畜牧产品加工业的发展程度还远远不能满足肃南县畜牧产品销售的要求。近几年肃南县大力引进资金，努力发展畜牧产品加工业。目前肃南县的畜牧产品加工主要依赖草原兴发清真肉制品厂，该厂建设规模为年加工20万只优质羔羊肉。肃南县2005年6月末的牲畜饲养量为82.01万头，羊饲养量77.68万头，按照"山上繁殖，山下育肥"模式计算，理论上2005年出产羔羊为34.52万头。正是由于牲畜产品加工业加工能力限制

了畜牧业的发展。

3. **育肥羔羊收益小于育肥淘汰母羊收益对耦合产生了不利影响**

肃南县是以羊为主体的放牧结构，牧民中多以养羊为主。在所有的牲畜中，羊的数量占94.40%，绵羊占67.91%。育肥羔羊和淘汰牧羊成为了"山上繁殖，山下育肥"耦合模式重要的部分。山丹新兴畜牧业开发公司董事长钱广多认为，育肥淘汰母羊的受益要高于育肥羔羊所带来的收益，因此，该公司主要以育肥淘汰母羊为主。育肥淘汰母羊收益高一方面减少了育肥企业、家庭对羔羊的需求量，使"山上繁殖，山下育肥"耦合模式中的山地系统的繁殖需求减小，不利于这种耦合模式的发展。另一方面，肃南县是以细毛羊及改良羊为主的放牧结构，牧民的收入除了卖羊之外最大的收入来自于羊毛的收入，淘汰的老羊年龄越大，来自羊毛的收入就越多，同时淘汰老羊的价格也高于羔羊的价格，这就给牧民带来一种错觉，淘汰老羊的年龄愈大，来自于每只淘汰牧羊的收益愈高。这些都不利于"山上繁殖，山下育肥"模式的推广。

六、生态经济系统耦合模式的推广

（一）改变传统的牲畜养殖方式

由上面的分析我们可以看出，山地—绿洲系统之间的系统耦合能够带来较好的生态经济效益，为了改善裕固族所在的肃南县的生态经济状况，应该大力推广这种生态经济系统耦合。山地—绿洲系统耦合中第一层次中效果最优的是"山上繁殖、山下育肥"模式。山上要改变牲畜的结构，最大限度增加母畜比例，但是由于这种模式的山下育肥阶段发展得并不理想，因此应该大力推广山下育肥。山上的羔羊对于山下的育肥厂属于"原料"，由于山下育肥企业稀缺所造成的原料价格偏低不利于这种模式的推广。只有将山下的育肥企业规模做大，让这些育肥企业能够有足够的能力对山上所产的羔羊进行育肥，使羔羊这种"原料"变得稀缺，才能使羔羊的价格提升上去。

山下育肥的推广需要一定时间，短期内并不能提高山上羔羊价格。尽管成本要高于山下，但山上育肥是牧户提高收入的最快途径。由于育肥暖棚造价较高，政府部门要增加对牧户贷款的扶持力度，解决牧户资金难的问题。山上育肥后所出产的育肥羔羊直接提供给草原兴发清真肉食品厂，牧户可以得到较好的效益。

山下要改变传统的种植结构，增加牧草的种植比重，为牧户和育肥户提供充足的饲草资源，推动系统耦合规模的扩大。

（二）加快畜牧加工业的发展带动农业生态经济系统耦合

畜牧加工业对于山地—绿洲系统耦合具有重要意义。利用畜牧加工业的带动作用，大力推动山地—绿洲生态经济系统耦合。首先要大力发展畜牧加工龙头企业，形成完善的牲畜收购、育肥、加工、销售一体化经营态势。利用龙头企业的辐射带动作用，实现"公司连基地、基地带农户"的农业产业化经营模式。例如肃南县草原兴发清真肉食品厂、山丹新兴畜牧业开发公司等。引导龙头企业完善经营机制，不断拓展销售市场，建立稳定的销售渠道。大力发展龙头企业与牧户之间的订单农业，建立畜牧加工企业与农户之间紧密的利益机制。其次要大力发展牧草加工企业，降低牧户补饲成本和育肥户育肥成本。大力推广草粉加工，为牧户和育肥户提供充足的饲料。充分利用绿洲地区廉价的玉米秸秆，建立饲料加工企业，对玉米秸秆进行青储氨化处理，为牧户提供价廉优质的饲料。最后，为畜牧加工业提供优惠的政策条件，积极引进资金，鼓励和引导畜牧加工业的健康发展。

内蒙古达茂旗生态治理政策背景下的农牧户经济行为分析

樊胜岳、张卉、王曲元

一、达茂旗概况

达茂旗（达尔罕茂明安联合旗的简称）位于内蒙古自治区中部，阴山北麓的乌兰察布高平原。处于北纬41°20′~42°40′，东经109°16′~111°25′，东与四子王旗毗邻，西靠巴彦淖尔盟乌拉特中旗，南连武川、固阳两县，北面与蒙古人民共和国接壤。

达茂旗大陆型气候十分显著：多年平均降水量为256mm，且年际变化大，时空分布不均，干旱年份发生频率达60%。由于干旱多风等原因，致使土壤有机质含量低，超负荷的草原内植株变得低矮，覆盖度稀疏，呈现出零星分布的裸露地表，生态调节能力差，降低了抵御各类灾害的能力。

达茂旗共有11个苏木、9个乡、2个国有牧场和1个国有林场，有51个行政村，44个嘎查，350个自然村，生活着蒙古、汉、回、藏等11个民族，是一个以蒙古族为主体、汉族占多数的民族聚居的牧业旗。全旗的土地利用现状反映出达茂旗经济具有以牧业为主、农牧结合的特点。

二、生态治理政策出台前的背景

（一）生态环境日益恶化

达茂旗历史上曾是水草肥美、广袤无垠的牧场。19世纪开始至新中国成立前，历代统治者实行"开荒屯边"政策，先后经历四次大的"垦荒"，并伴随大量移民迁入，达茂旗土地荒漠化和退化曾一度加速扩大，而境内百灵庙一线以南逐渐演变成以种植业为主的旱作农业区。该旗北部与蒙古国接壤的满都拉苏木是北京周边地区沙尘暴的高值区之一（吕新苗，2004）。

如表1所见，华北北部各地沙尘暴日数逐年减少，但位于达茂旗中部的百灵庙的绝对日数依然要比其他地方高出3~4倍。较为干旱的2000年和2001年分别达到了12次和11次。风沙运动的累积效应不断增加，其影响甚至延伸到华北和华东。

表1　各地不同年代平均沙尘暴日数比较

代表站	50年代	60年代	70年代	80年代	90年代
达茂旗百灵庙	5.6	6.6	4.4	4.1	2.0
乌拉特中后联合旗	8.9	8.0	7.3	3.7	0.5
呼和浩特	12.4	7.7	4.8	1.1	1.2
北京	4.7	4.6	1.4	0.6	0.5
大同	4.2	3.0	6.2	1.3	0.3

注：参见吕新苗，2004。

由于大风和沙尘暴剥蚀了土壤层，南部农区耕地的保水抗旱能力降低，农田沙化面积进一步扩大。在生态环境恶化严重的20世纪70~80年代，农区每年要春播2~3次，有的年份甚至4~6次，农业生产的成本必然增加。不断恶化的生态环境使土地生产力下降，而不断增大的人口压力必然迫使农户扩大耕种面积，从而导致恶性循环。

（二）草场超载放牧严重

达茂旗草原的主体为荒漠草原，西部和北部为草原化荒漠，南部和东南部为典型草原及阴山北麓丘陵区风蚀沙化带的西端。荒漠草原作为草原和荒漠之间的过渡地带，作为一个很不稳定的生态系统，它的平衡与稳定很大程度上取决于人类的利用方式和利用程度。

以位于达茂旗中部的都荣敖包苏木为例，图1反映的是1966—1996年30年间牲畜数量的变化情况。

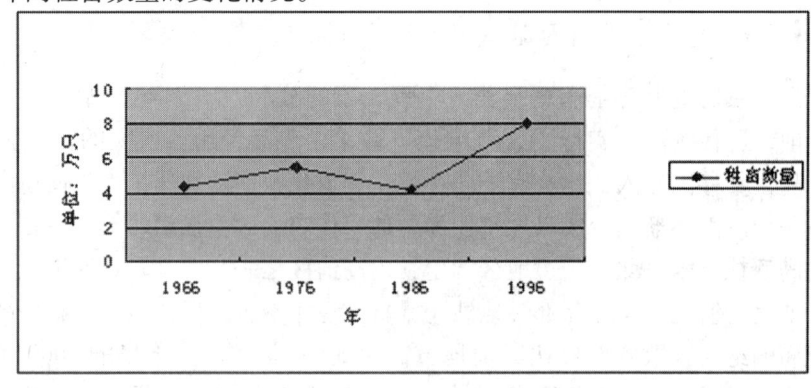

图1　都荣敖包苏木牲畜数量变化图

表 2 达茂旗土地利用现状表（单位：hm²）

类别	总土地面积	耕地	园地	林地	人工草地小计	天然草地	人工草地	居民点工业用地	交通用地	水域	未利用地
总计	1769540.975	112873.853	26.670	3643.263	1627226.564	1626296.028	926.600	4674.261	4423.305	12935.968	3737.091
农区	239082.642	105180.411	15.700	915.600	126348.284	126348.284	0	2747.178	1187.326	1472.430	1215.713
牧区	1523051.573	7414.593	10.380	2690.970	1494459.216	1493528.680	926.600	1685.820	3179.831	11089.565	2521.198
红旗牧场	117344.057	297.348	0	55.786	116664.464	116664.044	0.420	161.632	158.038	4.720	2.069
红格尔塔拉种羊场	55347.666	2472.655	2.370	2028.968	49382.032	49382.032	0	363.108	250.680	812.532	35.321
百灵庙	7406.760	278.849	0.590	36.693	6419.064	6419.064	0	2410263	56.148	373.973	0.180

注：农区包括西河乡、乌兰忽洞乡、腮忽洞乡、乌克忽洞乡、额尔登穆仁苏木、查干哈达苏木、巴音敖包苏木；

牧区包括希拉穆仁苏木、额尔登敖包苏木、坤兑滩乡、巴音塔拉苏木、满都拉苏木、巴音珠日和苏木、新宝力格苏木、巴音敖包苏木、巴音敖包苏木、西营盘乡和小文公乡、大苏吉乡、石宝乡、满都拉苏木、巴音珠日和苏木、新宝力格苏木、巴音敖包苏木、查干敖包苏木。

在牧区，乡镇称之为苏木。

资料来源：达茂旗农牧业资源区划办公室、包头市农业资源管理办公室：《内蒙古自治区达尔罕茂明安联合旗农牧业资源区划》，内蒙古人民出版社，1999，4－5。

1996年比1966年增加了3.67万头（只），增加了84.37%。1996年比1991年增加了2163万头（只），增加了48.79%。1996年的实际载畜量为0.85个绵羊单位/公顷年，即一只绵羊只占有草场面积18亩，而1966年一只绵羊占有草场面积33亩。建国初期达茂旗每头（只）家畜占有草场面积50余亩，即建国初期每头（只）家畜占有的草场面积是现在的3倍。而荒漠草原平年时草场的理论载畜量为0.224个绵羊单位/公顷年，换算过来一只绵羊应占有草场面积67亩。也就是说，1996年一只绵羊占有的草场面积只有荒漠草原平年时草场理论载畜量的1/4，建国初期的1/3。

表3是各类型草场的理论载畜量，表4是30年间每十年的实际载畜量及同表1中荒漠草原平年时的理论载畜量进行比较的情况。结果表明，1966年至1996年的30年间，载畜量增加了2.0~3.79倍。达茂旗草原超载放牧已经导致沙化、砾石化、盐渍化草原面积已达6838.2km^2，占全旗总土地面积的38.53%，占全旗草原总面积的43.22%（1997年内蒙古自治区遥感统计资料，1997）。

表3　理论载畜量表

单位：（个绵羊单位/公顷·年）

年景	干草原	荒漠草原	草原化荒漠
丰年	0.566	0.357	0.402
平年	0.377	0.224	0.276
歉年	0.279	0.155	0.207

资料来源：达茂旗农牧业资源区划

表4　实际载畜量表

载畜量单位：（个绵羊单位/公顷·年）

年份	实际载畜量	是丰年的倍数	是平年的倍数	是歉年的倍数
1966	0.46	1.29	2.05	2.97
1976	0.58	1.62	2.59	3.74
1986	0.45	1.26	2.00	2.90
1996	0.85	2.38	3.79	5.48

资料来源：历年达茂旗统计年鉴

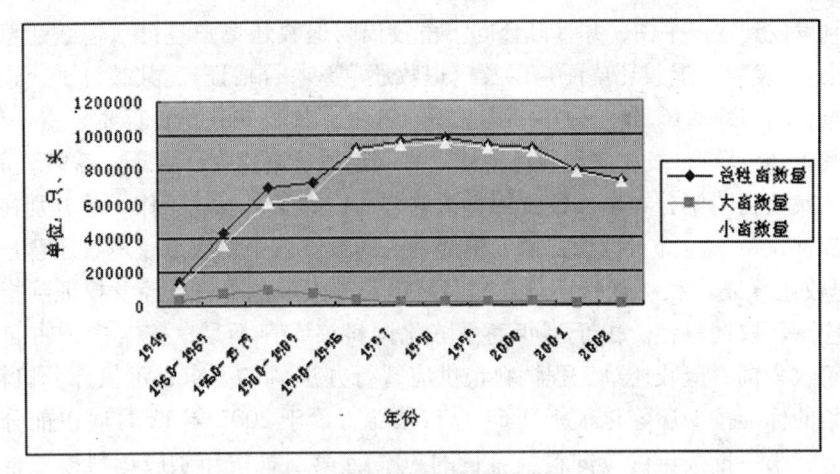

图2 达茂旗牲畜数量变化图

（三）生态环境恢复的重点和难点

1996年自治区草原生态环境监测站用遥感监测方法对达茂旗草原进行了宏观监测，监测结果显示：达茂旗土地总面积1.77万 km^2，其中，荒漠草原面积0.86万 km^2，占48.59%；典型草原面积0.47万 km^2，占26.55%；草原化荒漠面积0.15万 km^2，占8.47%。这三类型草原面积之和1.48万 km^2，占达茂旗土地总面积的83.62%。草原化荒漠面积及荒漠草原面积之和为1.017万 km^2，占全旗土地总面积的1/2强，占全旗土地总面积的57.31%。

所以，要从根本上改善生态环境，还要治理和保护面积最广大的草地。由于其特定的自然条件，唯一可行的利用方式就是牧草地。

三、生态治理政策主要涉及的内容和措施

（一）禁牧及移民搬迁政策

2002年，达茂旗被列入退牧还草试点工程旗县，2002—2003年两年自治区下达退牧还草任务350万亩，合并于2003年实施，共落实退牧还草区7个苏木、15个嘎查、973户、3600口人、23万头牲畜，退牧还草面积458.8万亩，占全旗可利用草场面积20%。旗政府通过新闻媒体宣传政策，并印制《退牧还草证》、《退牧还草工程建设户手册》、《退牧还草合同书》，

分别发放到牧户手中,并签订合同。畜牧局与退牧还草户签订《退牧还草合同书》,发放《退牧还草证》以及《退牧还草验收合格证》,共签订了《退牧还草合同书》2916份(每户一式三份,其中,禁牧户一份,苏木、镇一份,旗禁牧办一份),发放《退牧还草证》和《退牧还草验收合格证》各973份。

旗粮食购销公司全面负责饲料粮的调运、加工、发放工作,并分别在北部满都拉镇、南部希拉穆仁镇、中部百灵庙设立三个供应点,退牧还草户凭《退牧还草证》和《退牧还草合同书》以及本人承包草牧场经营权证到指定供应点领取饲料粮。由于当年商品陈化饲料粮库存不足,按《内蒙古自治区禁牧舍饲、退牧还草工程饲料粮供应暂行办法》的要求,可供部分口粮,口粮的标准按1斤陈化粮折0.64斤口粮兑付。于2003年12月底以前分配供应,第一批按年供应饲料粮总量的30%,第二批按年供应饲料粮总量的70%,三个供应点全部将1917万公斤陈化粮折1497.66万公斤好粮如数兑付到退牧户手中。

旗、苏木镇、嘎查建立了管护和信息网络,实行月报和季报禁牧管护和饲料粮兑付情况,及时准确地反馈工作的进展和存在的问题。退牧户先从嘎查、苏木确定以后,上报退牧还草办公室核定每户的退牧还草面积,然后印刷退牧还草任务及饲料粮补贴数量台账,一式三份,苏木、退牧还草办,旗粮食购销公司各一份。

牧区移民点建成砖木结构棚圈1420座,13.6万平方米,建成灌溉饲草料基地9万亩,种植高产饲草作物东陵白、健宝牧草、苜蓿等,年产鲜草近4亿斤,基本达到饲草自给。退牧还草户搬入移民新村后调整了畜种结构,由过去养羊变为饲养肉牛、奶牛,饲养方式和经营方式发生了转变。

2004年入春后,旗政府以蒙汉两种文字,发布了禁牧令。旗退牧还草办公室分别与禁牧区苏木镇的禁牧管理人员和管护人员签订了《退牧还草工程责任状》和《退牧还草管护合同书》,并明确责、权、利,责任到人、到地块。旗草原监理所10名工作人员分赴禁牧区苏木、镇宣传禁牧管护的有关政策及法规等,并负责监督、检查禁牧区的禁牧情况,对不按时禁牧的牧户停放饲料粮补贴,并限期处理牲畜或就地舍饲禁牧,若在禁牧时间内禁牧区发现有牲畜在放牧,执法人员将牲畜全部扣留并处罚。

旗政府同时提出,在观念上进一步明确由种植业导向型向养殖业导向型转变,种植业就是为养殖业服务,种植业要围绕养殖业转变,要使为养而种、为牧而农的观念深入牧民心中。

从 2003 年 4 月 1 日起，全旗农区范围内全面禁牧，实行舍饲圈养。农区禁牧后，政府提出把奶业作为农区畜牧业发展的主导产业。实行以羊换牛（奶牛、肉牛），搞好专业化养殖。

表5 牧区 2002 年－2004 年移民点分布情况

移入苏木、镇、场	2002 年移民点及户数	2003 年移民点及户数	2004 年移民点及户数
新宝力格	高腰亥 135 户	帕格玛壕 64 户	无
查干哈达	巴音赛汉 100 户	哈拉乌珠尔 20 户	无
查干淖尔	开林河 67 户	查干棚子 42 户	无
		开林河 20 户	无
巴音敖包	巴音乌兰 50 户	红海 20 户	无
		东阿门乌素 90 户	无
		西阿门乌素 49 户	无
满都拉	塔拉赛汉 98 户	无	无
珠日和	无	小布格齐 62 户	无
查干敖包	无	小乌兰花 23 户	无
都荣敖包	塔令宫 58 户	好来 80 户	无
		南营所 70 户	无
希拉穆仁	珠依克 88 户	无	巴音淖尔 30 户
额尔登敖包	无	70 户	无
种羊场	无	30 户	无
大林场	无	无	50 户

注：依据达茂旗林业局统计资料计算而得

（二）京津风沙源治理工程及退耕还林政策

京津风沙源治理工程退耕还林（草）项目是国家六大重点林业生态建设工程之一，2001 年在达茂旗正式启动，近三年累计完成退耕还林（草）任务 19 万亩。

2001 年退耕 1 万亩，涉及两个乡，即乌克忽洞乡和石宝乡，共 11 个自然村，370 个农户，1571 人，直播造林总面积 1 万亩。2001 年项目共投资 50 万元。此外，粮食补助 100 万 kg，农户生活补助费 20 万元。乌克忽洞和石宝两乡毗邻，位于达茂旗东南部，总土地面积 991.3km^2，其中耕地面积 440km^2，土壤为栗钙土，土地贫瘠，肥力差，风蚀沙化水土流失严重。主要产业是农业兼营牧业，农作物主要有小麦、莜麦、荞麦、马铃薯；主要植被为针茂、糙隐小草、冰草、羊草等，植被盖度小。两乡共辖16个行政村，184个自然村，总人口为9002户，33675人，均为以种植业为主的旱作农业区。农耕地总面积为66.1万亩，其中水浇地面积6.2万亩；林业用地总面积15.5万亩，其中有林地面积2.1万亩，灌木林地面积7.5万亩，未成林地2.4万亩，宜林荒山荒地面积3.5万亩。在项目区根据立地条件营造柠条、沙棘为主要树种的灌木混交林，为主要造林模式。混交方式为隔行（带）混交，柠条为两行一带形式，行距1米，株距1.5米；沙棘为单行，柠条带与沙棘间距5米，为了增加植被覆盖度，符合多层结构，改良土壤，沙棘与柠条带间撒播多年生豆科草本植物沙打旺、草木樨。造林初值密度133株/亩。

受气候、地形、人为因素影响，两项目区耕地都不同程度受到风力侵袭，特别是迎风坡耕地以及隔山之间山口平地，风蚀沙化愈演愈烈，土壤有机质含量逐年下降，农作物产量低而不稳，农区经济陷入了土地沙化、退化—生态环境恶化—生活贫困的恶性循环。大风扬沙甚至严重影响着全旗的生态环境。实施京津风沙源工程退耕还林后，提高了项目区林草覆盖度，变农业耕地为林业用地，有效遏制土地沙化，增强单位面积生物产量，使生态环境得以改善。

2002年治理工程涉及五乡一镇91个自然村，3076户，退耕任务8万亩，其中退耕造林4万亩，配套荒山造林4万亩。2002年全旗退耕还林（草）总任务8万亩，其中退耕还林4万亩，宜林荒山荒地造林4万亩，退还比例1:1。分六个项目区，西河乡1.2万亩，乌兰忽洞乡1.3万亩，乌克忽洞乡1.6万亩，石宝镇1.3万亩，大苏吉乡1.3万亩，小文公乡1.3万亩。共计涉及29个行政村，91个自然村，3076户，13012人。

2003年涉及五乡一镇共六个项目区，26个行政村，183个自然村，7189户，退耕任务10万亩，其中退耕地5万亩，配套荒山造林5万亩。工程涉及乡镇普遍存在土地贫瘠、干旱少雨、风蚀沙化严重、且耕地产量少、农民生活比较贫困等特点。六个苏木镇立地类型为丘陵坡地，项目治理主要以治理风蚀沙化为主，林种为防风固沙林。树（草）种选择适宜当地的耐干旱、耐瘠薄树（草）种，灌木为柠条、沙棘、山杏；草种选择沙打旺、草木樨、紫花苜蓿，灌草结合控制风蚀沙化。在南部农区六个乡耕地沙化和水土流失严重的地带，从西至东长350公里，宽1.5公里建设一条绿色屏障。

四、生态治理政策的生态经济效应

京津风沙源治理工程退耕还林项目实施两年来,有效地增加了项目区的林草植被,生态环境已有了明显改观,土地风蚀沙化、水土流失得到了有效的遏制。退耕还林(草)工程不仅是一项生态建设工程,同时也是带动地区经济发展,加快产业结构调整的有效途径之一。达茂旗是国家级贫困旗,以农牧业为主导产业,农业人口占全旗总人口的80%,退耕还林工程实施以来,国家仅兑现粮款一项就向项目区农户投资960万元,这对增加农民收入,带动地区经济发展起到了积极的作用。补助的粮食和现金,使项目区群众的基本生活得以保证,使他们有能力向第三产业、农副业生产方向发展,对剩余的土地也能实现精种高产。从1998年到2002年(2001年因灾情特殊),全旗主要粮食作物播种面积已经呈下降趋势,而经济作物的播种面积有上升趋势。

表6 生态治理政策实施前后的作物产量和面积变化

指标	1998年	1999年	2000年	2001年	2002年
全年粮食作物总产量(万吨)	6.36	6.54	8.12	1.03	7.58
全年经济作物总产量(万吨)	0.52	0.572	0.35	0.082	0.34
粮食作物播种面积(公顷)	59146	58857	58562	40359	43485
经济作物播种面积(公顷)	13538	12843	11819	3922	13326
耕地总面积(公顷)	105560	102540	90640	55414	53564

资料来源:达茂旗历年统计年鉴

同时林带间作的多年生优良牧草又为舍饲圈养打下良好的基础,根据统计,项目区结合世行贷款已购进奶牛1000多头。我们调查的项目区农牧户普遍反应,工程实施两年来,生态环境得到了明显的改善。

达茂旗历年农林牧业产值变化如下图,牧业在农林牧总产值中占了较大比重。总体而言,牧业产值高于种植业、林业,20世纪90年代畜牧业产值明显高于种植业,只是在70年代的第三次大开荒时期和实施家庭联产承包责任制的80年代,种植业稍高于畜牧业。

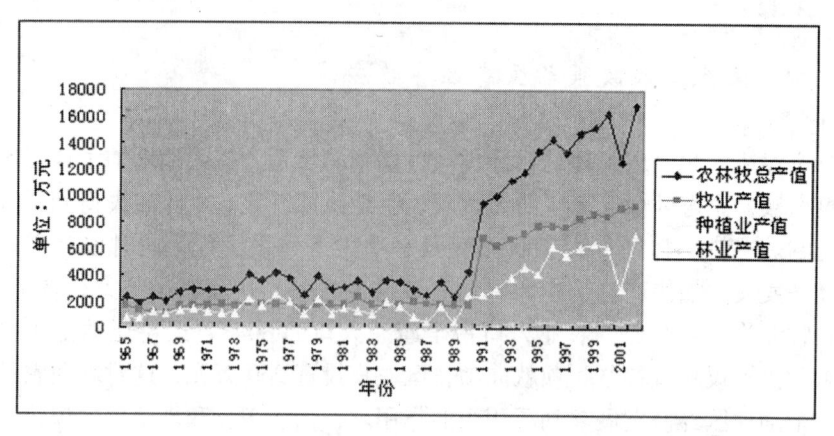

图3　达茂旗历年农、林、牧业产值变化

五、生态治理政策对农牧户的影响

政府和农牧户的生态治理政策实施目标是有差异的。政府追求的是实现特定目标即治理生态环境的成本最小化或特定投入的生态环境改善的最大化。但农牧户追求的是特定收入的要素投入更少、风险更小或特定要素投入的收入最大化。这两者的差异是我们在调查中无时无刻都能感受到的。所以，最大限度地把二者的目标统一起来，必然成为生态治理政策成功实施的一个基点。

由于牧区牧户调查的难度（常常坐大半天的车也找不到一个牧民），本次调查的样本数不是很多。为了减少调查的偏差，尽可能多调查了一些被认为是了解本地情况的老人、乡镇老干部。对乡镇干部的调查主要采取访谈式，对农牧户的调查则采取回答已设计好的调查问卷方式，在调查过程中也会出现一些被采访者非常感兴趣的新问题。

表7　被调查农牧户禁牧、退耕前基本情况统计表

调查地点		被调查人数	户均人数	户均土地持有量（hm^2）
牧区	乌兰察布	8	4	800
	巴音查干	3	4	600
	查干哈达音	2	3	500

续表

农区	红崖湾村	4	3	1.4
	后打石林	3	4	2.6
	腮忽洞	5	4	1.3
	乌克滩	3	4	3.5

资料来源：依笔者调查数据统计得到

（一）经济状况变化

在农区实行的禁牧政策和退耕还林对农户的经济收入的影响主要在以下几个方面：第一，农区农户相对来说本来地就少，再退耕一部分地以后，所得的补助和原来的产值相比较是多了还是少了。第二，农区全面禁牧以后，所有牲畜实行舍饲圈养，外部成本内部化，有的受劳动力限制只好将羊卖掉。

我们在腮忽洞调查的村书记王怀志的看法比较有代表性，"农区全面禁牧和实施退耕还林以后，生态环境确实改善了，沙尘暴少多了，连野兔都多了。但是农民又要种田又要圈养羊，劳动力有限顾不过来，只好把羊卖掉，羊卖掉收入就少了。而农区禁牧以前是放养，基本不用管。而且现在羊的品种不适合圈养，还是季节性禁牧比较好。"当了近20年村书记的王增老书记认为，"虽然从长期来看，生态治理政策是非常好的，对环境的好转这几年就能看出来，风沙明显少了，以前刮沙很厉害。但是从近期来看，农民的收入确实是减少了，主要是不让放羊以后，农民又没有别的收入，所以减少了。"同时认为，"农民的种植结构要改变，还是种经济作物收入要高。"他也强烈主张实施季节性禁牧。

表8 达茂旗典型农户收入变化情况

农户户主	退耕情况 所种耕地/退耕亩数	政策实施之前收入（元）			政策实施之后收入（元）		
		种植业	牧业	其他收入	种植业	牧业	其他收入包括退耕补贴
王怀志	34/6	6000~7000	300	3600	5500~6000	1000	4000~4500
王虎林	72/12	3000~4000	600~800	4000~5000	2500~3000	100~300	4500~5500
刘建	56/16	5000~6000	100~200	0	5000~5500	100	600~1000
阎润贵	100/24	15000~20000	0	0	12500~15000	0	800~1200
路伍锁	70/5	10000	2000	0	8000	1000	200~400
王增	46/9	7500~8000	1000	0	7000~8000	500~600	300~400

资料来源：依据笔者调查统计得到

有学者认为，通过资源利用结构的提升使项目实施区的资源比较优势更好地发挥出来，从而农户的收入可以不依赖于边际土地，是退耕还林还草能否成功的关键所在（李周，2001）。但显然，达茂旗农区还没有做到这一点。达茂旗农区退耕还林还草政策仅仅注重生态恢复，但生产替代方面还有待进一步研究。

生态治理政策对牧区牧户经济收入的影响主要在以下几个方面：第一，禁牧以后原来草场带来的畜牧业收入和现在国家补贴收入的差距。第二，迁入移民点以后，要贷款买牛所带来的风险。

表9 达茂旗典型牧户收入变化情况

项目 牧户	禁牧情况 原有草场/ 禁牧亩数	政策实施之前收入（元）			政策实施之后收入（元）		
		牧业	种植业	其他收入	牧业	种植业	其他收入包括禁牧补贴
那顺吉日嘎拉	9000/9000	30000~32000	0	0	12000	0	14000~15000
娜仁花	4000/4000	10000~20000	0	0	3000~4000	0	7000~8000
道尔基	10000/10000	10000~12000	0	0	40000~50000	0	50000

资料来源同上

查干淖尔苏木的娜仁花说："1988年分草场的时候，在父亲的名下一共有22000多亩，兄弟姐妹几个分了之后就少了"。查干淖尔苏木的布仁副书记说："由于每个牧户的草场面积不等，在政策实施后，收入的变化不等，大部分牧户收入比以前略高了，但也有小部分牧户由于草场面积比较少收入比以前低了"，"而且牧户刚刚搬迁过来，基本上都是支出，还没有收入，刚开始几年比较困难一点，因为原来都是牧民，养牛不怎么会，要有个适应的过程。"

还以娜仁花为例，这位在原居住地有4000亩左右草场的牧民，在政府实施禁牧和移民搬迁政策后，全家刚搬迁到政府统一建造的移民点，原先的草场实行围栏封育。按国家的政策，补贴折合金额7000余元。原来养了400只羊，年出栏量在100~200只。她认为自己现在收入减少了主要是因为家里的草场太少，而且刚搬过来的头几年应该比较困难。因为政府的规划就是打算鼓励移民户做养牛大户，而刚过来的这几年牛的效益还没有出现。相比2003年10月份移民的都荣敖包牧民道尔基，该户在原来居住地有1万余亩的草场，虽然草场面积大，但是由于家里劳动力少，收入也不是很高。但政策实施后，国家补贴粮食一年就有8万斤粮食，按0.5元/斤折算就是近4万元的收入。来了移民点以后，贷款买了26头奶牛，其中包括4头澳大利亚奶牛和14头牛犊。加上卖牛奶的收入，除去还贷款，总的收入明显要增多。他说，"如果效益显现出来，一头奶牛的效益基本能够达到80～100只羊的效益。"还是都荣敖包苏木政府副苏木达（副乡长）斯日右楞说得好，"虽然移民以后收入要高一点，但很多牧民还不很积极，还在观望，因为他们觉得一过来就不得不做养牛大户，牛养得少一点效益不高，饲养等等一些科技含量比较高的技术还要从头学起，而且还有贷款，要承担风险，在原来的居住点虽然收入要低，但是没有贷款，没有压力，日子过得比较轻松。"

（二）对农牧户生态环境意识的影响

可以这么说，农牧户基本上只关注粮食和货币的补偿，对实施生态治理政策以后所实现的生态效益考虑不多，是我们调查得到的一个直观印象。娜仁花说，"我们以前在草原上的时候是不控制牧群规模的，如果现在让我们重新回去，或者以后回去，我想我们也不会自觉去控制牧群规模的。"虽然被调查对象普遍认为生态治理政策实施以后，生态环境得到了很大的改善，"环境明显变好了"，但农牧户总觉得有点不太情愿，原因就是治理政策的实施并没有带来经济收入的提高，反而是经济收入有所降低。

（三）对农牧户生产生活方式的影响

生态治理政策的实施对农区农户的生活方式影响不大。从生产方式来说，仅仅是由原来的牲畜放牧改为舍饲圈养，影响基本不大。

但对牧区牧户来说，却是一种翻天覆地的变化。祖祖辈辈以放牧为生的牧民，卖掉牲畜，围起了草场，统一移民搬迁到政府规划和兴建的移民点，过起了群居的生活。都荣敖包苏木的养牛大户道尔基说，"以前都是单户住，现在聚集着住还真不习惯，尤其是刚来的时候。"对很多牧民来说，这种居住方式的改变也必然给他们的文化传统带来冲击。虽然很多传统节日和节目还保留着，但人与人的关系必然有所改变。在生产方式上，原来牧民的生产方式是粗放、科技含量不高的放牧，过着靠天养畜、靠天然草地放牧的生产方式，完全是一种将私人成本外化为社会成本的生产方式。移民搬迁以后，牧民在某种程度上要被"逼"做养殖大户，从放牧到舍饲圈养的生产方式，对牧民的生产技能和科技知识都有全新的要求。很多牧民觉得不适应，觉得"以前那么轻松的放牧日子也可以过得很好，为什么现在要这么辛苦呢？"生态治理政策以及一系列的配套措施的实施对牧户无论是思想上还是个人生产技能上都产生了重大影响。

六、简要结论

处在农牧业混作背景下的达茂旗实施的生态治理政策主要包括：禁牧以及移民搬迁政策；京津风沙源治理工程及退耕还林政策。笔者的调查表明，在南部农区实行禁牧政策使生态环境有了较大的改善，但也造成了短期内农户收入下降。在没有看到其他的生产替代项目情况下，农户强烈要求实行有弹性的禁牧政策。

在全年禁牧使植被覆盖度达到生态环境质量基本要求，地方生态环境优化和自然生产力恢复的目的达到以后，在水量丰沛、草木茂盛、对群落演替影响较小的年份、季节或地方，可实行适度、有弹性的草地牧场开放，有利于生态建设、资源利用和区域动植物资源效益的发挥。与无差别的禁牧政策比较，弹性禁牧政策使地方政府承担了较多的政策成本，而同时农牧民所分担的政策成本下降，收益增多。这对于很多还处在贫困状态的农牧交错旗县，是值得考虑的。

北部牧区的禁牧以及移民搬迁政策给牧民带来了思想上和生产技能上的一系列冲击。这虽然是政府作出的有利于全局和长远的重大决策，但却对牧户，尤其是近期内产生了重大影响。这样关乎民生的政策能成功实施和长久坚持下去的关键，是改以往的行政命令的方式为引导性的政策，通过经济利益的引导和生态环境意识的提高，转变为牧民自觉的行为，从而使政府的生态目标和牧户的经济目标得到统一。我们的调查还表明，生态政策的实施对农牧户的生态环境意识的提高，在短期内效果还不明显。

无论是政策实施后，农区农户的收入降低，还是牧区牧户对生态治理政策的难以自发接受，从根本上说，都是因为没有通过资源利用结构的提升使区内的资源比较优势更好地发挥出来，农牧户的收入依然要依赖于边际土地或单一的生产项目而导致的。从这个意义上说，对区内的生产结构调整也好，对生产目标调整也好，都应该以市场和区内资源优势这两者为导向。而如何做到这一点，正是我们研究要加强的地方。

三江源地区资源环境变动的驱动力分析

张宏岩[①]

一、研究区域概述

三江源地区是我国长江、黄河和国际河流澜沧江——湄公河的发源地，位于青海省南部，属于海拔4000米以上的青藏高原腹地。行政区域涉及青海省果洛、玉树两个藏族自治州全境，以及海南藏族自治州的兴海、同德两县，黄南藏族自治州的泽库县、河南县，格尔木市的唐古拉乡。共有16县，127个乡，676个村委会。总面积为36.29万平方公里，占青海省总面积的50.3%。2005年全区总人口650166人，其中牧业人口61.3万人，占人口总数的94.3%，说明在三江源地区以农牧人口为主。2005年农村户口为116280户，平均每户5.3人。地理上，北有昆仑山脉，西为可可西里，东有巴颜喀拉山脉，南为唐古拉山脉；境内有2000余座山峰，多为雪山和冰川。冰川总面积超过5000平方公里，储水量约4000亿立方米；湖泊总面积超过5000平方公里，0.5平方公里以上的湖泊188个。境内分布高原湿地、高原沼泽和湖泊、高原草甸以及种类繁多的野生动物和植物资源。

2000年8月19日由江泽民题写的"三江源自然保护区"揭牌仪式，由国家林业局和青海省政府在三江源地区的长江上游海拔3700米的通天河畔举行，这标志着我国面积最大、海拔最高的自然保护区正式成立。2003年，国务院批准成立了三江源国家级自然保护区，保护区规划面积为1523万公顷。2005年下半年，青海省水利、环保、农牧、林业、气象等部门组成了三江源生态监测工作组，深入三江源地区，初步实现了监测资源的整合和生态监测体系的建立。此次国家将三江源生态建设列入"十一五"规划，在国民经济和社会发展规划纲要中提出水土保持工程为国家生态保护重点工程尚属首次。

三江源研究不仅涉及到三江源本身的生态变化以及可持续发展战略，更

[①] 张宏岩，男，青海大学财经学院副院长、教授，中央民族大学"985"工程民族地区人口资源生态环境问题研究中心外聘专家。

重要的是对我国黄河中下游、长江中下游地区的可持续发展均有举足轻重的作用。我们认为，对三江源的研究主要是探求其生态变化的自然因素和人为因素，找出其中的关键所在，分析这些关键因素与生态环境之间相互影响的内在本质，进而给出解决三江源生态退化的方案、策略。

我国面临的生态建设形势十分严峻。新增土地沙化面积2640km^2（相当于一个中等县的面积），全国每年新增草原"三化"面积20万km^2，长江、黄河中下游地区生态环境严重退化。长江洪涝灾害严重，黄河则频频断流，1998年断流时间甚至达到226天，由此造成的直接和间接经济损失约10亿元，接近我国国民生产总值的1%，水土流失、土地沙化、干旱缺水已严重制约着中下游地区社会经济的健康发展。三江源地区是涵养水源的重点区域，其生态环境的变化将会直接导致源头地区水源、水质与水量发生变化，不仅影响三江源地区的水环境和社会经济的发展，而且直接影响到整个流域的水环境及全国范围内的社会经济发展。因此，对三江源的研究从各方面而言，都有非常重要的现实意义，既是环境保护的迫切需求，也是青海及黄河中下游、长江中下游地区可持续发展的必然要求。为了便于研究分析，我们只对16个县进行分析，唐古拉乡不进行研究。

（一）人口发展状况概况

1、人口的基本状况

根据青海省《2005年青海省1%人口抽样调查主要数据公报》的数据显示，2005年11月1日零时，全省常住人口为542.5万人，与2000年11月1日零时第五次全国人口普查的常住人口518.2万人相比，增加了24.3万人，增长4.69%；年平均增加4.9万人，年平均增长0.92%。2005年底常住人口为543.2万人，人口出生率15.7‰，死亡率6.21‰，自然增长率9.49‰。三江源地区人口为650166人，人口增长速度较快，超过青海省的平均增速。

三江源地区人口密度非常低，这和青海的其他地方形成鲜明的对比。三江源是青海重要的牧区，青海牧区人口只有全省总人口的25%，人口密度每平方千米1.6人，在牧业区中，玉树和果洛的情况比较一致，有的地方几百平方千米以内荒无人烟，成为高寒无人区。同样可以对比的是，东部地区不到全省总面积的5%，却居住着全省75%的人口，人口密度约为每平方千米170.3人，其中西宁市高达1982.7人。

表1　全省各州、地、市2005年底常住人口　　　单位（万人）

	全省	西宁	海西	海东	海北	海南	黄南	果洛	玉树
2005年	542.5	209.9	41.9	156	27.23	41.64	22.1	14.94	29.49

2、三江源民族分布

青海是一个多民族聚居省份，世居青海的少数民族主要有藏、回、土、撒拉、蒙古等民族。根据第五次人口普查结果显示，青海省有54个民族，其中汉族人口为2823305人，占54.49%；少数民族人口为2358255人，占45.51%。其中：藏族1134236人，占总人口的21.89%；回族823463人，占15.89%；土族199470人，占3.85%；撒拉族95815人，占1.85%；蒙古族88829人，占1.71%；其他少数民族16442人，占0.32%。与1990年第四次人口普查相比，汉族人口增加了242886人，增长了9.41%；少数民族人口增加了481728人，增长了25.67%。其中：藏族增加了222376人，增长24.39%；回族增加了184616人，增长28.9%；土族增加了36605人，增长22.48%；撒拉族增加了18812人，增长24.43%；蒙古族增加了17314人，增长24.21%；其他少数民族增加了2005人，增长13.89%。

少数民族人口的分布呈现出大分散、小聚居的特征。实行民族自治的地区占总面积的97%，而回族、撒拉族又往往居住在以清真寺为中心的小社区内，其他少数民族也往往集中在一个县境或乡的范围内，形成了独特的生活环境。由于少数民族享有比汉族较宽松的生育政策，少数民族人口的增长速度明显高于汉族，占总人口的比重在不断提高。三江源地区少数民族人口占本地区总人口的92%以上。玉树藏族自治州位于青海省的西南部，面积19.8万平方公里，占全省总面积的27.5%。人口中近97%是藏族，占全省藏族人口的近1/4，是省内藏族分布最集中的地区。

3、三江源地区人口增长率

表2　三江源地区人口增长率

年份	1996	1997	1998	1999	2000	2001	2002	2003	2004
增长率	2.55%	0.78%	0.94%	0.60%	3.59%	0.73%	1.21%	3.45%	2.27%

根据人口经济学的基本理论，人口增长1%至少需要经济增长3%才能维持现有生活水平。以1998年为例，当年东部地区经济增长中的1.56%个百分点被新增人口所消耗，而青海省当年的人口自然增长率达14.48‰，经济增长率为7.4%，其中有4.34个百分点被新增人口所消耗。如此计算，

仅仅在人口增长这一项上，东部地区就赢得了年经济增长中的2.78个百分点用于扩大再生产。同时，也意味着由于人口增长速度过快，使得青海与内地的差距进一步拉大。以1985年与2000年相比，青海人均GDP与全国平均水平的差距由45元拉大到1991元，城镇居民人均可支配收入的差距由比全国平均水平高64元变为反而低1110元。"七五"末，青海的人均GDP在全国排列第14位，"八五"末退为19位，到"九五"末进一步退到第21位。这种差距的进一步拉大，虽然原因是多方面的，但从以上分析可见，人口增长过快是经济发展缓慢的一个重要原因。人口增长过快，导致为人口生存的投入增多，与经济发展投入的矛盾尖锐，其结果必然是有限的资金为了保证低水平的生存而影响经济的发展。

三江源地区的经济发展受人口增长的制约非常明显。三江源地区是青海省人口增长最快的地区，以2004年为例，全省人口增长率为0.987%，而三江源地区的人口增长率为2.27%，超过全省人口增长速度的两倍多。我们认为人口增长率速度较高主要是以下原因造成的。

第一，人口的自然出生率一直较高。

第二，生活条件的改善使人们的寿命增加，各种因素导致的死亡率递减。

第三，不排除各种原因导致的从外迁入的人口的增加。

（二）资源与环境现状概况

三江源地区天然草地面积31707.56万亩，占全区土地总面积的58.21%，其中可利用草地面积28647.5万亩，占全区草地总面积的90.35%。可利用冬春草场面积14680.79万亩，可利用夏秋草场面积13966.71万亩。据最近调查，全区天然草地平均亩产鲜草量为131.06公斤，较20世纪80年代平均下降了34.60%。草地类型以高寒草甸类和高寒干草原类为主，分别占本区草地面积的84.03%和15.80%。两类草地面积之和，占全区草地面积的99.83%。

通过对三江源地区畜草平衡调查分析，全区共有羊单位2116.24万个，全区现饲草总供给量250.63亿公斤，可饲养1716.67万个羊单位，超载牲畜有399.57万个羊单位。

三江源地区现有中度以上退化草地5158.29万亩，占全区可利用草地总面积的18%，其中：黑土型退化草地近5000万亩，俗称为"黑土滩"、"黑土坡"和"黑土山"。主要分布在长江、黄河、澜沧江源头地区，草地平均鲜草产量400.5公斤/公顷，仅占未退化草地产量的13.23%，平均植被盖度为45.42%，在产量组成中优良牧草比例只有14%，毒杂草高达76%，以莎草科植物为群种的植被被毒杂草所取代。退化草地上植物种数明显减少，仅为原生植被植物种数的47.54%。在黑土型退化草地中，有近3000万亩是因草原鼠害所致。由于草地植被盖度的降低，使草地涵养水源、保持水土的能力减弱，加速了水土流失。全省境内长江、黄河流域水土流失面积分别达到1.6亿亩和1.1亿亩。

三江源地区草地生态系统十分脆弱，极易导致生态环境的恶化。高寒草地生态系统一经破坏，很难恢复，不仅直接影响"三江源区"的生态环境和经济的可持续发展，同时也直接造成牧民的贫困和社会的不稳定。仅以玛多县为例：据1998年统计，全县退化草地面积达160.96万公顷，占全县草地面积的70%，占全县土地面积的58.32%，其中重度退化草地面积达92.05万公顷，中度退化面积55.64万公顷，轻度退化13.27万公顷。鼠虫害面积149.95万公顷，占全县草地面积的65%，沙化面积达78.41万公顷。而且沙化、退化草场每年还以20%的速度不断扩展。该县东北地区由于气候干旱已导致该区河流全部干涸，74万公顷草地退化，危及597户2981人的生存。西部、南部地区的扎陵湖至黑河乡、黄河乡一线全部沙化，该地区原居住的20余户牧民，只留下11户。全县现有无畜户、少畜户409户1937人，分别占全县牧业户和牧业人口的26.6%和25.32%。因此，有效地保护好"三江源区"的草地生态环境，合理开发草地资源，是实现"三江源区"经济可持续发展，消除贫困，保持社会长治久安的必经之路。

（三）社会发展概况

社会发展是衡量一个地区进步程度的重要水平，它包括一个地区的教育水平、老龄化、青年人的关怀、家庭及妇女的地位等。三江源地区由于其特殊的地理环境和人口结构，社会发展在青海省处于较低水平。其总体特征是年轻劳动力资源丰富，但人口素质总体偏低，文盲半文盲率较高，人力资本存量低，严重制约着该地区的发展；人口出生率高，民族人口与贫困问题相互交织；人口空间分布极不均衡，人口城镇化水平低，人口城镇化发展受到诸多限制。我们认为解决三江源地区的问题主要是发展教育，在此基础上才能谈可持续发展。由于三江源地区以藏族人口为主体，我们同时分析宗教受经济影响状况。

1、教育状况

三江源地区人口的教育状况较青海其他地方落后，我们认为以下几方面是造成三江源地区人口素质较低的原因。

第一，人口大多生活在农村或者牧区，没有比较好的教育条件。2003年的统计结果显示，在玉树和果洛两州基本没有严格意义上的城市人口，绝大多数人生活在农村或者游牧状态，严重地影响了教育素质的提高。

第二，学生流失严重。我们对1995年到2004年三江源地区小学生在校人数和中学生在校人数作了统计，发现学生流失非常严重，小学生和中学生的比例失调。我们将2003年青海省小学生与中学生的比例进行了测算，青海省这一比例为不足1.9，而三江源地区为6.5。我们同样统计了全国2005年小学生对于中学生的比例，这一数值接近1（2005年全国小学生为1.09亿，中学生为1.0205亿）。当然我们不排除三江源地区有部分学生在小学毕业后转入发达地区读书的可能，但鉴于当地的经济条件、人口因素，能转入较发达地区继续接受教育的人毕竟占少数。我们认为，学生流失严重是由于当地经济落后，承担家庭劳动所致，因此这一现状呈现得非常明显。同样，学生流失严重导致了一种恶性循环，人口始终在低素质徘徊，这种局面的结果是导致对教育对促进发展的认识愈加不足。

表3　三江源地区学生人数对比

时间	1995	1996	1997	1998	1999	2000	2001	2002	2003	2004
小学生在校人数	38897	40236	42856	44944	51097	55997	56974	61313	64130	72192
中学生在校人数	5628	5667	8034	7845	7988	8112	8358	8849	9801	11856
人数比	6.9	7.1	5.3	5.7	6.4	6.9	6.8	6.9	6.5	6.1

第三，经济发展水平制约了当地教育的发展

三江源地区共有16个县，其中7个是国家级扶贫重点县，另有7个县是省级扶贫重点县；全区牧业人口40.89万人，75.5%是贫困人口，成为"生态难民"。经济水平限制了当地教育投资的规模和水平，政府在教育投入方面乏力，导致教学基础建设不能到位。

表4 三江源地区各县2005年人均教育支出排序

地名	教育支出（万元）	人均教育支出（万元/人）
河南县	1443	432
玛多县	536	417
称多县	1583	353
达日县	878	352
久治县	735	334
甘德县	811	327
同德县	1575	314
泽库县	1818	311
兴海县	1658	268
班玛县	664	268
玉树县	2254	252
治多县	608	241
曲麻莱县	570	223
玛沁县	7782	195
杂多县	701	150
囊谦县	972	149

三江源地区人均教育费用偏低，其中：有三个县人均教育经费低于200元，最低的囊谦县不到150元；有五个县人均教育经费低于300元；人均教育经费最高的为河南县，仅为432元。在三江源地区中，以玉树藏族自治州人均教育经费最低，除玉树藏族自治州的称多县外，其余五县人均教育经费处于后列。青海省2005年人均教育经费为374元，三江源地区超过青海省平均水平的只有河南和玛多两县。我国的北京和上海人均教育经费已超过千元，因此三江源地区政府财政投入支持教育建设任重道远。除了教育支出外，三江源地区的一些县在科技投入方面几乎是空白。

第四、教育资源

对教育资源的分布我们统计了三江源地区的师生比，发现小学教育资源分布不平衡。以甘德县和泽库县为例，甘德县师生比为1:9，泽库县为1:34，也就是说泽库县教师人均任务量是甘德县的3倍，接近4倍。在教育资源的分配方面，小学生阶段比较突出，在中学阶段不存在问题。根据教育部要求的标准，小学除泽库县外，其他各县均能满足教学任务要求。通过下表透视的数据，中学教师资源过剩的县有久治县、兴海县、玛沁县、班玛县，小学教师资源基本不存在过剩（教育部门规定的农村师生比为1∶23，高于这一比例认为超编，我们认为从教育的角度看比例过低）。但是，我们从每年的升学率及学生综合素质方面观察，认为应该主要在教师的培训方面加强，以适应现时教学要求。鉴于三江源地区居民的分散状况及学校距离中心城市较远的现状，国家最好在这些地方实行远程教育，信息化工程是解决教师培训、学生上学的最佳方案。该地区以少数民族人口为主，应该有适合他们的教学材料。

表5　三江源地区的师生比

	普通中学专任教师	中学生人数	师生比（中学）	小学专任教师	小学生人数	师生比（小学）
同德县	95	1843	19	375	7411	20
兴海县	425	2545	6	593	9168	15
泽库县	61	716	12	254	8641	34
河南县	44	543	12	215	4160	19
玛沁县	161	1202	7	320	3619	11
班玛县	43	298	7	140	1638	12
甘德县	94	918	10	175	1604	9
达日县	67	707	11	139[①]	1552	11
久治县	170	429	3	153	1769	12
玛多县	34	410	12	76	1228	16
玉树县	250	3294	13	548	12378	23
杂多县	27	404	15	160	3298	21
称多县	106	1061	10	351	5454	16
治多县	23	255	11	106	2008	19
囊谦县	66	892	14	262	7419	28
曲麻莱县	30	356	12	131	2482	19

①达日县小学专任教师人数采用2004年数据，2006年年鉴中2005年达日县小学专任教师人数为33人，笔者疑其有误

第五、对教育的认识比较落后

三江源地区居民分散，对外界认识不足，大多数农牧民的意识制约着教育的发展。存在两个方面：其一，对教育支持发展存在误解，还有能识一些字就满足的观念存在。这方面更多地体现在学生的失学率上（失学率较高有经济的原因，但我们认为不是主要原因）。其二，是关于男女接受教育的比例。我们以2005年为例来说明。

表中：比率＝在校女生人数/在校男生人数

为了能使数据更具有说明性，我们对2005年三江源地区各县的女性人口在总人口中所占比重进行了计算，比重最高的为治多县和河南县，比率为0.52（女性人口多于男性人口），比重最低的为玛多县，比率为0.46。我们选择0.52和0.46作为对比的标准。

其一，基于女性人口在整个人口数量中所占的比率，我们认为如果学生中女生人数占总学生人数的比值超过0.52，就有人为辍学的可能，这种可能反映的是男生过早地进入劳动力市场。下表的比率数值能够反映这一情况，在小学阶段，这一比率普遍低于或等于0.5（最高的达日县是个例外），而在中学阶段，有两个县的比率超过0.5，其中一个县超过0.52（治多县），也就是说，我们可以认为，治多县进入中学阶段后很多家庭需要增加劳动力导致孩子辍学，这与父母的认识有相当大的关系，也许在他们看来教育的唯一目的是识几个字。另外，共有7个县的小学比率低于中学比率，我们认为是同样问题所致。

其二，基于女性人口在整个人口数量中所占的比率，我们认为如果学生中女生人数占总学生人数的比值低于0.46，就有人为辍学的可能，这种可能反映的是农村的保守思想——即重男轻女。这一比率反映的现象比较严重，除了达日县和治多县小学和中学的比率同时高于0.46外，其余县均有低于这一比率的现象。并且一个更为严重的现象是有9个县中学的比率普遍低于小学，最严重的是泽库县，比率由小学的0.44降为中学的0.23。

表6 三江源地区男女接受教育的比率

	中学生人数（女）	中学生人数	比率	小学生人数（女）	小学生人数	比率
同德县	672	1843	0.36	3340	7411	0.45
兴海县	1290	2545	0.51	3997	9168	0.44
泽库县	165	716	0.23	3845	8641	0.44
河南县	219	543	0.40	1927	4160	0.46

续表

玛沁县	465	1202	0.39	1419	3619	0.39
班玛县	134	298	0.45	760	1638	0.46
甘德县	306	918	0.33	642	1604	0.40
达日县	453	707	0.64	985	1552	0.63
久治县	171	429	0.40	849	1769	0.48
玛多县	185	410	0.45	609	1228	0.50
玉树县	1597	3294	0.48	4553	12378	0.37
杂多县	172	404	0.43	1283	3298	0.39
称多县	509	1061	0.48	2618	5454	0.48
治多县	134	255	0.53	979	2008	0.49
囊谦县	321	892	0.36	2918	7419	0.39
曲麻莱县	108	356	0.30	791	2482	0.32

②注：同德县中学女生人数是根据2004年年鉴计算出来的，2005年年鉴的该项目为空白

2、宗教状况

宗教的开展与当地居民的生活习性有相当大的关系，青海主要盛行的宗教为藏传佛教，这与青海少数民族以藏族为主体不无关系。而藏传佛教最为普及的地方在三江源，根据青海藏族研究会会员、省宗教事务局办公室完玛冷智提供的资料，青海藏传佛教各教派的主要寺院共17座，其中有7座位于三江源地区，三江源地区虽然藏族人口占青海省藏族人口的绝大多数，但是比较著名的藏传佛教寺院并不占优势。因此，我们有理由相信，宗教的传播与经济水平息息相关。我们没有就青海省所有的藏传佛教寺庙进行分析，主要是由于数据获取比较困难，但是从下表所反映的情况足以说明问题。在17座有影响的寺庙中，海东地区占5座，而从我们前面提供的数据，海东地区藏族人口仅占青海藏族人口的8.4%。另外，青海省藏区宗教现状存在地区性差异：南部的玉树、果洛、黄南3个州，1980年以来，藏传佛教寺院基本上完全恢复开放，僧尼人数增加较快，群众宗教观念比较浓厚；环青海湖的海北、海西、海南3个州，僧尼人数在信教人口中所占比例大大低于青南3个州，群众宗教观念相对趋于淡化；东部农业地区，宗教职业人员在信教人口中所占的比例更小，各族群众中的宗教气氛更加淡漠。

表7 青海藏传佛教各教派的主要寺院

序号	寺庙名称	所属县	所属州	是否三江源地区
1	塔尔寺	湟中县	西宁	否
2	瞿昙寺	乐都县	海东	否
3	丹斗寺	化隆县	海东	否
4	隆务寺	同仁县	黄南	否
5	夏琼寺	化隆县	海东	否
6	佑宁寺	互助县	海东	否
7	广惠寺	大通县	西宁	否
8	却藏寺	互助县	海东	否
9	阿琼南宗	尖扎县	黄南州	否
10	赛宗寺	兴海县	海南州	是
11	白玉寺	久治县	果洛州	是
12	达那寺	囊谦县	玉树州	是
13	禅古寺	玉树县	玉树州	是
14	尕藏寺	称多县	玉树州	是
15	结古寺	玉树县	玉树州	是
16	阿什姜寺	班玛县	果洛州	是
17	都兰寺	乌兰县	海西州	否

基于上表的数据我们可以得出以下结论：

第一，宗教的影响力与经济水平密切相关，虽然三江源地区在藏族人口方面占绝对优势，在藏传佛教的传播方面要较经济发达地方弱。例如，青海省最有名的藏传佛教寺院在西宁而非藏族人口聚集的三江源地区。

第二，三江源地区藏传佛教对青海整个社会的影响力弱于西宁、海东地区的可能原因是人口居住得比较分散。如果我们将17座寺院对社会的影响力进行量化指标的评定，可以肯定定位于西宁的塔尔寺的综合影响力超过位于三江源地区所有寺院影响之和。主要原因是分散的人口使宗教不能产生应有的效应。

（四）经济发展概况

三江源地区历史上长期受农奴制的束缚，社会经济十分落后。建国后中央政府采取多项有利措施，从根本上解放了广大牧民，牧民生活发生了天翻地覆的巨变。但由于自然环境严酷，公共基础设施严重不足，教育、科技、医疗等公益性事业落后，地方政府财力不足，制约了区域社会经济和生态环境的可持续发展。再加上近年来自然与人类活动的双重影响，生态环境恶化，各种自然灾害频繁，这使长期生活在高原地区、祖祖辈辈靠以放牧为生的藏族牧民在失去优良草场后无法搞替代产业，生活十分困难。加快"三江源"地区社会经济发展，提高牧民生活水平，具有重要的战略意义。三江源以玉树和果洛州为主体，这两个州的各项指标位于青海省的后两位，例如"个体户在青海省各地区分布情况"，果洛的两项指标（户数和从业人员占青海省的比重）为1.64%和1.66%，倒数第一；玉树的两项指标为2.29%和2.42%，倒数第二。其他的如"企业法人单位数及从业人员数在各州（地）、市的分布"，"法人单位和产业活动单位在各州（地）、市的分布"，"工业企业法人单位和就业人员的地区分布"等指标，位于后两位的依然是玉树和果洛。下面我们就三江源地区个别指标进行分析说明。

1、经济发展情况综述

三江源地区是典型的经济欠发达地区，以占全青海省43%的土地，10%的人口，其国内生产总值只占到青海省的3%。社区群众以畜牧业为主要经济来源，仅在东部、东南部有少量耕地。由于经济基础、交通条件等多方面原因，会给保护区经营管理带来很多困难，主要问题有：

①当地群众以畜牧业为主，放牧给保护区内草场保护带来困难；

②当地产业结构单一，替代产业和产品发展缓慢，社区群众的收入增长较慢，产业结构调整难度大；

③当地牧民的传统生产与生活方式、思想观念等与实行保护的措施发生冲突；

④地域大，牧民与牧场分布散，管护难度大；

⑤采金、挖药以及煤、铜矿业等资源性产业给自然保护带来威胁。

2、财政收入

三江源地区的财政支付能力如何，直接影响着该地区的发展与建设。三江源地区是我国环境资源保护的重要区域，国家近几年为该区域投入了大量资金进行环境保护、经济建设。所投入的资金取得了多大的效用，是我们所关注的问题。为了便于研究，我们选取了2000年—2004年各县的财政支出与财政收入作为研究的对象，在此基础上，计算出各县的财政赤字。计算公式如下：

财政赤字＝财政收入－财政支出（具体各项数据见下表）

通过对各县财政收入和支出状况的研究我们发现以下问题值得关注：

第一，五年间三江源地区共计财政赤字147218.8万元，并且财政赤字呈递增的趋势，2002年财政赤字最为严重，为48458万元。对这一原因进行了分析，我们认为主要是2002年财政收入降低所致，2002年比2001年财政收入减少接近1亿元。

第二，五年间财政赤字总计超过1亿元的县有同德、兴海、泽库、河南、玛沁、达日、称多。其中，玛沁县的财政赤字最为严重，五年总计为34853.7，有两年财政赤字超过亿元（2001年、2002年）。

第三，通过财政赤字表的对比，五年间没有发生财政赤字的县为玉树藏族自治州的杂多县和治多县。这一点出乎我们的预料，杂多县和治多县的财政收入能力并不是很强，在三江源地区的所有县中处于中等水平。

第四，三江源地区的财政自给能力比较弱，大部分用于建设的资金来自中央的财政转移支付，可以肯定，每年的大部分财政赤字由中央的财政拨付进行填补。如果所有的财政赤字全部由财政转移支付供给，那么转移支付占到三江源地区财政收入的三分之一。

第五，我们从以下表的数据可以看出，虽然个别县的财政收入在增加，但是由财政赤字推动的当地建设并没有使所有县的财政收入有所好转。财政收入呈递减的有同德县、泽库县、河南县，财政收入基本维持不变的县有兴海县。有五个县的财政收入变化非常明显，一个是玛沁县，2002年财政收入为1258万元，而2003年一跃增长为19246万元，增长超过10倍，一种情况是找到新的经济增长点，第二种情况是当地在计算财政收入方面的口径有所变化，第三种假设是该县2002年有意报低财政收入；另四个县是达日县、甘德县、玛多县、久治县，2000年、2001年、2002年的财政收入均在700万元以下，最低的是玛多县，2001年财政收入为233万元，而从2003年开始，这四个县的财政收入都超过2500万元，增长幅度非常大。我们认为从2003年开始的财政收入突飞猛进值得思考。除了我们前面关于玛沁县的原因描述外，我们还必须关注一个现象：即2002年三江源地区的财政赤字达到五年中最高，为48458万元，财政赤字推动第二年财政收入增长非常明显。上面的五个县同样存在这样的问题。我们没有对财政赤字与财政收支间的关系进行分析，后面可以就其相关性进行研究，如果存在典型的正向相关性，那么，青海三江源地区真的存在"赤字经济"。

表8　三江源地区各县2000年—2004年财政收入（万元）

地区	2000年	2001年	2002年	2003年	2004年	总计
同德县	2822	4207	845	860	608	9342
兴海县	1360	1028	1281	1395	1247	6311
泽库县	3719	4613	588	6233	124	15277
河南县	3484	604	673	751	461	5973
玛沁县	1283.1	1855.2	1258	19246	17260	40902.3
班玛县	1039.3	2340	445	4122	4696	12642.3
甘德县	365	325	356	3431	4174	8651
达日县	309	411	319	3261	5240	9540
久治县	339	679	377	3870	4409	9674
玛多县	326.6	678	233	2696	3911	7844.6
玉树县	3992	5691	6043	6596	8740	31062
杂多县	1874	2893	3234	3143	4425	15569
称多县	2673	3736	3884	4514	6175	20982
治多县	1851	3210	3433	3382	4425	16301
囊谦县	2618	4359	4765	4840	7087	23669
曲麻莱县	2248	3834	3233	2962	4005	16282
总计	30303	40463.2	30967	71302	76987	250022.2

表9　三江源地区各县财政收入排名

名次	2004	2003	2002	2001	2000
16	泽库县	河南县	玛多县	甘德县	达日县
15	河南县	同德县	达日县	达日县	玛多县
14	同德县	兴海县	甘德县	河南县	久治县
13	兴海县	玛多县	久治县	玛多县	甘德县
12	玛多县	曲麻莱县	班玛县	久治县	班玛县
11	曲麻莱县	杂多县	泽库县	兴海县	玛沁县
10	甘德县	达日县	河南县	玛沁县	兴海县
9	久治县	治多县	同德县	班玛县	治多县
8	杂多县	甘德县	玛沁县	杂多县	杂多县
7	治多县	久治县	兴海县	治多县	曲麻莱县
6	班玛县	班玛县	曲麻莱县	称多县	囊谦县
5	达日县	称多县	杂多县	曲麻莱县	称多县
4	称多县	囊谦县	治多县	同德县	同德县
3	囊谦县	泽库县	称多县	囊谦县	河南县
2	玉树县	玉树县	囊谦县	泽库县	泽库县
1	玛沁县	玛沁县	玉树县	玉树县	玉树县

表10　三江源地区各县2000年—2004年财政支出（万元）

地区	2000年	2001年	2002年	2003年	2004年	总计
同德县	2822	4207	5147	6193	8019	26388
兴海县	3565	4520	5435	6279	8129	27928
泽库县	3882	4971	6239	6457	7703	29252
河南县	3609	3195	5679	5834	6241	24558
玛沁县	10541	13375	14018	19768	18054	75756
班玛县	3001	3439	3680	4128	4824	19072
甘德县	1772	2726	3125	3439	4264	15326
达日县	2769	3680	4338	5103	5538	21428
久治县	1800	2757	3234	3865	4471	16127
玛多县	1959	2653	2935	2835	3896	14278
玉树县	4060	5929	6079	6642	8985	31695
杂多县	1644	2893	3208	3143	4425	15313
称多县	2443	4236	4270	5059	6725	22733
治多县	1624	3205	3422	3376	4240	15867
囊谦县	2432	4403	4771	4872	7115	23593
曲麻莱县	2031	3847	3845	3580	4623	17926
总计	49954	70036	79425	90573	107252	397240

表11　三江源地区各县2000年—2004年财政赤字对比（单位：万元）

地区	2004年	2003年	2002年	2001年	2000年	总计
同德县	-7411	-5333	-4302	0	0	-17046
兴海县	-6882	-4884	-4154	-3492	-2205	-21617
泽库县	-7579	-224	-5651	-358	-163	-13975
河南县	-5780	-5083	-5006	-2591	-125	-18585
玛沁县	-794	-522	-12760	-11519.8	-9257.9	-34853.7
班玛县	-128	-6	-3235	-1099	-1961.7	-6429.7
甘德县	-90	-8	-2769	-2401	-1407	-6675
达日县	-298	-1842	-4019	-3269	-2460	-11888
久治县	-62	5	-2857	-2078	-1461	-6453
玛多县	15	-139	-2702	-1975	-1632.4	-6433.4
玉树县	-245	-46	-36	-238	-68	-633
杂多县	0	0	26	0	230	256
称多县	-550	-546	-386	-500	230	-1752
治多县	185	6	11	5	227	434
囊谦县	-28	-32	-6	-44	186	76
曲麻莱县	-618	-618	-612	-13	217	-1644
总计	-30265	-19272	-48458	-29572.8	-19651	-147218.8

3、其他指标对比

总体而言，三江源地区各县的经济水平较低，普遍低于全省平均水平。我们将通过以下指标分析说明。

（1）人均收入较低

我们对青海省和三江源重点地区的农村居民收入进行对比，试图得出一定的结论。我们首先选择农村居民收入作为对比，而不是城镇居民的收入，是因为：①三江源地区居民以农牧民为主，非常有代表性；②三江源地区由于气候恶劣，国家财政的转移支付增加了城镇居民的收入（比如高原补贴），我们有理由相信三江源地区的城镇职工收入要高于青海其他地方，2005年青海省分行业职工平均工资合计中，玉树和果洛州列第二、三位，就是有力的说明。因此，我们认为城镇居民的收入没有代表性。

表12 2005年农村居民人均纯收入

地区	全省	西宁市	海东	海北州	海南州	黄南州	果洛州	玉树州	海西州
收入	2165.1	2592.8	2011.2	2083.6	2442.1	1806.5	1916.9	1793.9	2302.7

通过上表的数据对比发现，2005年青海省农村居民人均纯收入为2165.1元。青海省的平指标低于全国平均水平（全国农村居民2004年人均纯收入为2936元），亦低于西部12省（市、区）的平均水平（西部12省农民居民人均纯收入为2192元）。在青海，三江源地区的农村居民人均收入均表现较低，而最低的正好是三江源的腹地玉树州，与西宁地区的差距为800元。

另一个比较严重的问题值得我们关注，即三江源地区的城乡居民收入差距正在拉大，并且应该高于青海省平均水平（因为，三江源地区城镇居民人均收入高于全省平均水平，而农村居民人均收入低于全省平均水平）。因为农村居民的收入比较单一，除了依靠农牧业外没有其他的经济来源，虽然近几年农民收入持续增长，但增长的幅度在较低水平徘徊。

表13 青海城乡居民收入差距比较   单位：元

年份	农村人均纯收入 绝对额	农村人均纯收入 发展速度	城镇人均可支配收入 绝对额	城镇人均可支配收入 发展速度	乡收入之比
2000	1491	100.3	5170	109.9	1：3.47
2001	1611	108.0	5854	113.2	1：3.63
2002	1711	106.2	6200	111.1	1：3.62
2003	1817	106.2	6732	108.6	1：3.71
2004	2004	110.3	7319	108.7	1：3.65

(2) 经济增长速度

为了确定三江源地区的经济是否良性发展，我们必须分析该地区各县的经济发展速度。经济增长速度是通过经济增长率来量度的，经济增长率是末期国民生产总值与基期国民生产总值的比较。我们以 2004 年三大产业的增加值为基数，计算 2005 年三大产业的增长率。

第一产业：2005 年第一产业发展速度最快的县为玛沁县，增速为 119.60%，增长速率超过 10% 的县有 10 个。第一产业增速超过全省平均水平（5.0%）的有 13 个县，出现负增长的为同德县和泽库县，增长率分别为 -30.50% 和 -0.20%。

第二产业：2005 年第一产业发展速度最快的县为玛沁县，增速为 177.60%，第二产业增速超过 10% 的县有 11 个，超过全省平均水平（15.9%）的有 5 个县。第二产业出现负增长的有两个县，分别为班玛县和河南县，增速为 -6.9% 和 -1.00%。

第三产业：第三产业增速最快的县为玛沁县，增速为 195.50%，增速最慢的县为泽库县。增速超过 10% 的有 9 个县，全省的第三产业增速为 10.2%。出现负增长的有 3 个县，即泽库县、达日县和久治县。

表14 2005 年三江源地区各县经济增长率

	第一产业增长率	第二产业增长率	第三产业增长率
同德县	-30.50%	12.40%	60.30%
兴海县	19.10%	34.10%	81.20%
泽库县	-0.20%	26.70%	-19.50%
河南县	5.80%	-1.00%	0.70%
玛沁县	119.60%	177.60%	195.50%
班玛县	7.00%	-6.90%	12.20%
甘德县	1.20%	16.20%	24.60%
达日县	6.40%	6.10%	-5.80%
久治县	10.20%	10.40%	-3.20%
玛多县	10.50%	9.60%	4.70%
玉树县	93.30%	13.00%	8.50%
杂多县	99.10%	3.00%	3.00%
称多县	42.80%	11.10%	37.10%
治多县	21.10%	13.00%	18.00%
囊谦县	5.20%	19.40%	17.50%
曲麻莱县	65.10%	13.00%	18.00%

根据我们对三江源地区生产总值的对比，2005年生产总值超过3亿元的有3个县，玛沁县（91812.7万元）、兴海县（38048.6万元）、杂多县（35781.8万元），其中玛沁县一枝独秀，占整个果洛州生产总值的2/3；低于1亿元的有5个县，玛多县（7440.1万元）、达日县（8009.5万元）、甘德县（8661.3万元）、久治县（8900.4万元）、班玛县（9568.7万元）。对三江源的几个主要地区玉树州和果洛州作了比较，2005年总产值玉树州为140127万元，果洛州为134393万元，其中玉树州较果洛州多产出5734.1万元；但是我们注意到果洛州的发展极不平衡，玛沁县以超过9亿元的生产总值居三江源地区各县之首，而果洛州的其他5个县2005年生产总值排在三江源地区16个县的后5位，相对而言，玉树州各县发展稍微均衡些。

通过数据分析发现，三江源地区主要以第一产业为主，2005年各产业占生产总值的比重分别为：第一产业51.60%，第二产业14.69%，第三产业33.70%，说明在三江源地区经济主要以农牧业为主，第二产业的影响非常弱，第二产业所获得的收益是否能够弥补其造成的损失应该是我们注意的问题。另一个数据值得我们关注，就是2005年各产业的增长速度，其中增长最快的为第三产业，较2004年增长38.77%；其次是第二产业，较2004年增长31.52%；增长最慢的是第一产业，较2004年增长20.95%。这反映出三江源地区正在积极通过二三产业推动经济增长，这对该地区的可持续发展有怎样的影响，值得我们研究。对玉树州和果洛州各产业的分析发现，玉树州以第一产业为主导，果洛州以第三产业为主导（果洛州第三产业由玛沁县贡献了61541万元的产值）。

表15　2005年玉树州果洛州三大产业发展情况

	产业	产值	增长率		产业	产值	增长率
果洛州	第一	32818.7	0.2442	玉树州	第一	101850	72.68%
	第二	23765	0.17683		第二	16434	11.73%
	第三	77809	0.57897		第三	21843	15.59%

（五）三江源地区主要问题

1、草场退化严重

三江源地区总面积36.31万平方公里，地处青藏高原腹地，是黄河、长江、澜沧江的发源地，提供了长江总水量的25%、黄河总水量的49%、澜沧江总水量的15％，故这里又被誉为"中华水塔"。三江源地区起着调节下游水量和气候的作用，在全国的生态安全中具有十分重要的地位。这里有着世界上海拔最高、面积最大、分布最集中的湿地，冰川资源蕴藏量达2000亿立方米。但是三江源位于青藏高原，平均海拔4000多米，严酷的自然条件导致该地区生态环境极为脆弱，抗干扰和自我恢复能力低下，是国家级生态功能保护的重点区域。三江源区的生态状况一言概之可谓是"位高体弱"。近年来，三江源区生态恶化带来的一系列恶果，令人触目惊心。

青海省玉树、果洛两个藏族自治州是三江源的主体。目前这两个州境内属中度以上退化的天然草原面积已达1.5亿多亩，占两州可利用草原面积的六成以上，天然草原产草量比上世纪80年代平均下降了一半以上。由于草原退化速度加快，现在玉树、果洛两州的草原沙漠化面积已达3397多万亩。

2、水土流失严重

随着三江源区草原退化、水土流失现象不断加剧，其中黄河、长江两大水系源头区的水土流失面积已达1700多万公顷。水土流失面积的增加使输入大江大河的泥沙量大幅提高。玉树藏族自治州通天河直门达水文站的测定表明，近年来这一地区平均每年输入长江源头干流通天河的泥沙量已高达950万吨，而且输入量仍呈逐年增加之势。

在近几十年里，三江源区大小湖泊、河流快速缩小甚至干枯，大片大片的沼泽地消失。被称为"黄河源头第一县"的果洛藏族自治州玛多县曾被誉为"千湖之县"，境内分布着4077个大小湖泊，但在过去短短20多年的时间里，这个县境内一半以上的湖泊干枯消失。长江源区湖泊萎缩、内流化和盐碱化的现象也十分突出。近13年来，长江源头冰川年均退缩75米。

黄河源头断流第一次发生于1996年三四月间，黄河源头地区最大的一对"姊妹湖"扎陵湖和鄂陵湖之间河段首次断流，时间两个月，断流距离三四百米。1997年黄河断流多达7次226天，断流河段704公里，河口300多天无水入海，仅给山东一省造成的损失就达135亿元。2003年12月到2005年5月，黄河源头鄂陵湖出水口出现历史上首次断流，三江源区生态再次亮起了红灯。

据有关资料表明，自20世纪60年代以来，三江源地区草原退化、沙化、荒漠化面积达30%～40%，较严重的玛多县达60%，水土流失面积达22126平方公里，每年输入黄河、长江的泥沙量达10046万吨；水生态不断恶化，1970—1990年的20年间冰川退缩500米。有50%以上的湖泊干涸，现存湖泊水位普遍下降；物种生存环境恶化，生物多样性受到严重威胁，有15—20%的珍贵动植物已濒临灭绝。

3、人口文化素质较低

三江源地区人口快速发展，对社会可持续发展带来很大压力。这种压力主要有两个方面：一方面是人口对社会发展的直接压力，如人口增长带来的教育、卫生、文化、交通、住房、就业、养老等问题；另一方面是通过影响经济对社会产生的间接压力。农牧区的学校危房问题依然存在，学生无钱上学的问题还比较突出，教育"普九"任务十分艰巨。

对三江源地区的分析研究我们不仅仅局限在上面几个方面，后面的数量模型将作进一步的分析。通过上面的概述我们将三江源地区总结为：人口压力较大，突出的表现是人口增速过快，严重吞噬经济；人口素质不高，一方面是学生的失学率严重，另一方面是现有高素质人口的外流；经济增长的外因较多，内部自我发展能力较弱；环境退化现象非常严重，水土流失、草原沙化是必须解决的问题。

二、三江源地区的间接驱动力与生态系统服务功能变化的相关性分析

由于海拔高、气候条件恶劣，三江源区的生态环境十分脆弱，再加之当地人口的过快增长和人类活动强度的日益加大，使得三江源区生态面临严重危机。近年来，三江源区出现冰川后退、雪线上升、湖泊减少、水位下降、草场退化、物种濒危等一系列的生态恶化现象，从而使该地区的生态系统服务功能受到严重影响。为此，我们通过分析影响该地区生态系统服务功能变化的各项间接驱动力因素，以期为该地区的生态系统服务功能的恢复及生态环境的保护提供科学依据。

（一）生态系统服务功能变化间接驱动力的理论框架

生态系统服务功能是指生态系统给人类提供各种效益，包括供给功能、调节功能、文化功能以及支持功能。供给功能是指人类从生态系统获得的各种产品，如食物、燃料、纤维、洁净水以及生物遗传资源等。调节功能是指人类从生态系统过程的调节作用获得的效益，如维持空气质量、气候调节、侵蚀控制、控制人类疾病以及净化水源等。文化功能是指通过丰富精神生

活、发展认知、大脑思考、消遣娱乐以及美学欣赏等方式，而使人类从生态系统获得的非物质效益。支持功能是指生态系统生产和支撑其他服务功能的基础功能，如初级生产、制造氧气和形成土壤等。以上这些效益的变化将以多种方式影响人类的福利状况。生态系统的变化与人类福利的关系见图1：

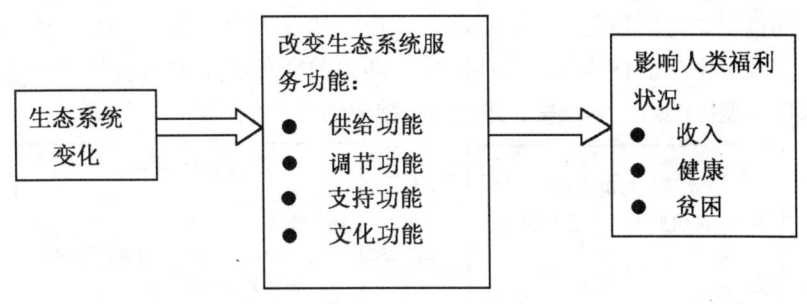

图1 生态系统的变化与人类福利的关系

作为三江源地区主要植被类型的草甸草原生态系统面积占三江源地区总面积的66.40%，为人类提供一系列的产品和服务，但其中仅一部分因具有市场价值而被人们所熟知，例如：肉、奶、羊毛、皮革等。事实上，除了这些具有市场价值的产品外，草地生态系统还给予人类许多常常不被认识的服务，如气体调节、基因库保持、气候调节和土壤保持等等，这些服务的价值远远大于目前人们所熟知的产品市场价值的总和。人类通过在草原生态系统实施的经济活动增加畜产品供给的同时，生态系统其他功能在降低。而这些被降低了的生态系统功能与畜产品供应相比更为重要。[①] 面对三江源地区日益退化的生态系统，且由于人类对生态系统服务功能及其重要性不甚了解，人类对自然资源的过度开发和向生态系统中大量排放生活、生产中的污染物导致了一系列威胁人类生存与发展的生态环境危机，其实质就是无序的人类活动致使生态系统服务功能受到损害和削弱。

因此，了解影响生态系统服务功能发生变化的各项驱动力，设计有效的干预方案以获得有利的效果，同时将由生态系统服务功能弱化而带来的不利影响限制在最小限度。

千年生态系统评估（Millennium Ecosystem Assessment，缩写为MA）将引起生态系统发生变化的因素称作"驱动力"。可将这些因素分为直接驱动力和

---

① 刘敏超、李迪强、栾晓峰、温琰茂：《三江源地区生态系统服务功能与价值评估》，《植物资源与环境学报》2004年第14期，第1页。

间接驱动力。其中，直接驱动力直接影响生态系统的过程；间接驱动力常常通过改变一个或多个直接驱动力作用的效果，而产生比较广泛的影响。直接驱动力主要指那些物理、化学以及生物方面的因素，如气候变化、土地覆盖变化、空气和水污染、灌溉、化肥施用等。而引起生态系统及其服务功能变化的间接驱动力主要包括：人口状况、经济状况、社会政治状况、科学技术状况以及文化与宗教状况。这些间接驱动力的变化将增加对食物、纤维、洁净水以及能源的需求和消费，进而对直接驱动力产生影响[1]（见图2）。

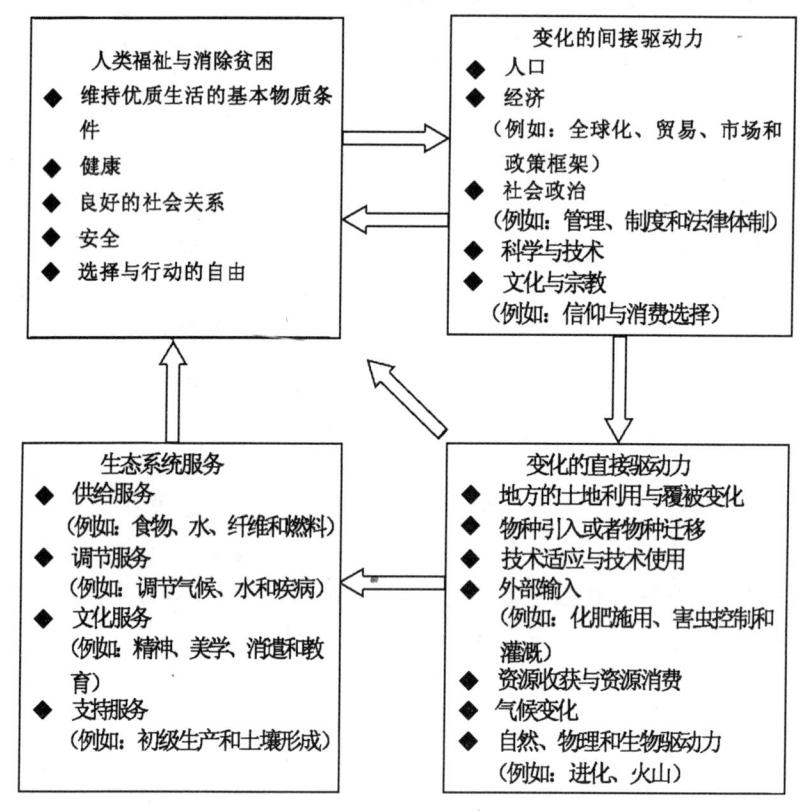

人类福祉与消除贫困
- 维持优质生活的基本物质条件
- 健康
- 良好的社会关系
- 安全
- 选择与行动的自由

变化的间接驱动力
- 人口
- 经济
  （例如：全球化、贸易、市场和政策框架）
- 社会政治
  （例如：管理、制度和法律体制）
- 科学与技术
- 文化与宗教
  （例如：信仰与消费选择）

生态系统服务
- 供给服务
  （例如：食物、水、纤维和燃料）
- 调节服务
  （例如：调节气候、水和疾病）
- 文化服务
  （例如：精神、美学、消遣和教育）
- 支持服务
  （例如：初级生产和土壤形成）

变化的直接驱动力
- 地方的土地利用与覆被变化
- 物种引入或者物种迁移
- 技术适应与技术使用
- 外部输入
  （例如：化肥施用、害虫控制和灌溉）
- 资源收获与资源消费
- 气候变化
- 自然、物理和生物驱动力
  （例如：进化、火山）

图2　评估生物多样性、生态系统服务及人类福祉和
驱动力之间的各种相互作用的千年生态系统评估概念框架

---

[1] Steve R C, Prabhu L P, Elena M B, Monika B Z, Ecosystems and Human Well‐being: Scenarios, Volume 2 [M] Washington, London: Island Press, 2005.

1. 人口驱动力与生态系统变化

人口状况影响生态系统及其服务功能变化主要表现在人口数量、人口的文化素质、人口的城乡结构以及人口产业结构。其中，人口增长是增加生态系统对食物、燃料、饲料和其他生态系统服务功能需求的主要因素。以土地资源为例，在人口增长与生态系统提供的其他服务功能对全部可得土地资源的利用之间存在着一种固有的关系。随着人口的增长，必将出现两种结果：一是不断增加对已利用的土地资源的强化使用；二是努力去开发迄今尚未开垦的土地。那么作为其他服务功能（包括把土地用于休闲娱乐、野生动物栖息地以及水土保持等保护环境的功能）的土地的数量就会减少。很明显，人口增长的一个后果之一就是除了有一定肥力的农用土地之外的自然资源的消失。生态学家们把这种影响看作是全球生态系统中对净初级生产量的竞争性的利用。净初级生产量是随着光合作用把太阳能和二氧化碳固化成可利用的碳化合物而发生的全球的生物量的变化。这种生态学观点的重要性在于：人口增长会提高这一比例——通过增加对可作为食物的净初级生产量的需求、通过砍伐森林、填湖造田并转化为农地（即"重置效应"）应会减少净初级生产量。另外，对于开放资源（如海洋和大气）来说，人口增长必然造成对它的过度利用。大气中的微量气体所造成的温室效应同能源的大量消费有着紧密的联系，也就部分地与人口增长联系了起来。[①]

人口文化素质低下是导致三江源区生态系统恶化以及生态系统服务功能弱化的另一重要因素。因为，生态环境意识同文化素质密切相关。一般地讲，科学文化知识素质高，则认识和掌握自然规律、经济规律、生态经济规律的自觉性会相应增强。反之，与科学文化素质低相伴随的必然是对资源的浪费和利用率的降低以及经济效益的低下，这就意味着经济的发展要付出更多的资源代价，产生更重的污染。20世纪90年代后，乡镇企业迅速发展，由于劳动力的文化水平低，专业技术少，难以向技术密集型、资源集约型的产业转移，只能从事劳动力密集型的初级或粗加工产品的生产。然而，这类乡镇企业由于缺乏合格的管理人员、技术人员和工人，加之资金不足、生产技术落后、设备陈旧，结果造成资源、能源的巨量消耗和浪费以及严重的环境污染。

---

① 贺建林：《关于人口增长、环境退化、贫困与政策取向的深层次思考》，《西北人口》2001年第2期。

人口城乡结构和人口产业结构的不合理加大了对生态系统的影响。三江源地区绝大多数劳动力仍然滞留在第一产业,沉重的人口压力一方面使农牧业经济走向资源扩张的尽头,另一方面又使农牧业生产陷入了劳动密集型而难以实现集约经营。落后的产业结构,远远不适应当今经济发展的需要,第一产业人口比重过高,不仅给土地、草原等农牧业资源造成沉重的压力,而且第二、第三产业落后,不能在资金、物资、技术运输等方面给第一产业以大力扶持,致使第一产业不可能有效地提高劳动生产率,不可能大幅度提高单位面积产量,第一产业只能依靠传统落后的生产方式,以牺牲环境为代价来换取维持生活的农畜产品。

2. 经济驱动力与生态系统变化

经济活动需要投入能源和相应的自然资源生产产品和服务。由原始投入与其转换为具有经济价值产出的投入产出率是影响生态系统的重要因素。根据千年生态系统评估的研究结果表明,每单位经济产出的能源使用量是随着人均 GDP 的增长而下降的,经济增长最终会导致环境保护措施的加强,从而提高环境质量。较高的人均收入水平会刺激对良好的生态环境的需求。在较低的收入水平上,经济增长与生态环境恶化呈正相关关系。但是,当人均收入水平提高到一定的水平时,经济增长与生态环境恶化就呈负相关关系。①

自改革开放以来,粗放型的经济增长方式使我国走上了一条以过量消耗生态资源、生态环境日益恶化为代价的经济发展道路。即"资源——产品——污染排放"的传统经济发展模式。因为在贫穷落后的地区,人民迫于对生活的压力,往往借助于当地的生态资源,以过量消耗矿产、土壤、森林、植被等资源为代价,发展了许多自主型、无序型的效率低下的区域经济。这种经济发展模式只注重当前部分经济利益的所得,却造成了生态环境严重恶化的后果。在这个时期,对经济增长与自然环境的关系具有以下非持续的特点:

第一,高增长。人类误认为自然资源是取之不尽、用之不竭的,自然界和其他生命系统都是以人类为中心,为人类服务而存在。人类的福利和享受可以无限度地达到想要的程度。生产不受资源的限制,生产规模超过了需求量,过度开采廉价的自然资源而忽视资源的浪费与耗竭,更不考虑污染物的

---

① Steve R C, Prabhu L P, Elena M B, Monika B Z, Ecosystems and Human Well-being: Scenarios, Volume 2 Washington, London: Island Press, 2005.

排放对环境的影响。导致自然资源过度利用，最终造成资源稀缺。

第二，高消费。传统的"人类中心主义"生态伦理观，忽视生态环境的客观规律和要求，片面追求经济数量的增长和穷奢极侈的高消费。一味追求方便性产品的消费，造成废物的极度过剩；大量使用一次性产品，长期形成对资源的无限度开采和大量排放的线形经济。

第三，目标单一化。在传统经济模式下，衡量社会发展程度的指标单一化，即社会财富最大化。以国内生产总值（GDP）为唯一的经济衡量和政绩考核指标。它认为自然资源是一种公共的自由财富，而不去考虑其不可再生性和对经济的反作用性，也不考虑如何去修复与解决环境问题。所以，通常一个国家和地区的自然资源消耗越多，其 GDP 增长也就越快。如大面积采伐森林，其产值将纳入国内生产总值，然而其造成的环境破坏则不予考虑。随着土地沙化、草原退化、植被破坏、水土流失、病毒泛滥等一系列国际问题的产生，传统 GDP 的核算缺陷将不能得到掩饰。

在初期阶段，由于人类生产能力有限，自然资源丰富，人类活动对环境的影响并不凸显。随着工业社会的发展、生产力水平提高、生产规模的扩大和人口急剧增长，环境污染问题日益严重，并已成为制约经济发展的一个重要因素。主要表现在以下几方面：

第一，自然生态环境的恶化对社会经济系统产生负面影响。生态环境恶化破坏了生态资源：一是减少了对社会经济活动资源的供应，如原材料、燃料等。二是造成自然生态资源所具有的调节功能的丧失或减弱，从而造成自然灾害面积的加大和遭灾程度的加重，最终造成经济损失。例如，森林生态系统遭破坏后，一方面会降低其为社会生产提供原料等生产要素的价值。另一方面，森林植被遭破坏后引起的水土流失的加重，会造成耕地生产力丧失或下降等直接经济损失。三是由于生态资源的不可逆性，生态资源的破坏影响后代人对资源的利用，实质上就是影响经济的可持续发展。

第二，生态环境恶化会影响到地区生产力的提高。自然生态环境的状况不仅是确保某些产品质量（如绿色食品等）的必备条件，而且会对经济发展的类型、规模、速度以及生产效率和投资效率施加影响。自然生态环境的恶化往往发生在以劳动密集型产业和资源密集型产业为主的经济发展阶段，此时的自然生态环境的恶化对国民经济和社会生产力发展的影响往往更为突出。三江源地区的生态环境破坏较为严重，生态比较脆弱，该区 16 个县，7个是国定贫困县，7 个是省定贫困县。这个区域的主要产业是农牧业，这两种生产对自然条件的依赖性很大。区域自然生态环境的恶化，一方面会对农牧业生产施加负面影响，使其脱贫难；另一方面，由于遭遇自然灾害的概率大，即使脱了贫，也极易返贫。所以，生态环境恶化进而生产力低下，既是贫困地区致贫的因素，也是这些地区的贫困人口初步脱贫后极易返贫的根源。自然生态环境的恶化会制约农牧业生产力的提高，农牧业生产力低下造成的贫困又反过来诱发出一系列导致自然环境恶化的行为，将进一步制约农牧业生产力的发展，从而使该地区更加贫困。

3. 社会政治驱动力与生态系统变化

社会政治因素是形成生态保护机制的稳定器。从宏观角度看，社会在政治上确立何种社会目标，对保护生态环境问题持何种观点和政策，直接影响到生态型社会运行机制建立的方式和进程。不同的国家由不同的上层建筑、政党、社会团体所构成。国家的政治经济政策决定着土地的所有关系和使用权，以及劳动产品的分配关系，国家经济调控、投资倾向、产业布局等都会影响人们的劳动态度和价值取向，以及人类的生产与生活行为，形成不同的土地利用模式和生产方式，这些均会产生不同的生态后果。在我国，"三线"建设时期、"大跃进"时期，乱砍滥伐、围湖造田等破坏了大量的植被，造成至今尚未恢复的生态劫难，这是政治经济运动导致生态退化的一个很好例证。

从微观角度来看，良好的法制环境、高效的行政管理、科学的决策、社会的稳定都对生态型社会运行机制的运行有直接或间接的影响。如水市场交易机制就需要良好的法制环境的支持，而整合机制中心的建立及运作，就需要高效的行政管理的支持，政府应明确自己的行为界限，既能宏观调控、优化配置水资源，又避免对水市场随意干扰。

4. 科学技术驱动力与生态系统变化

科技发展对生态系统变化有正反两方面的作用，一方面，科学技术的发展可以帮助人类更好地认识生态系统各要素之间的关系，更好地改善环境资源的利用方式、方法和强度，控制人类生产生活行为对环境的破坏和污染，以维护自然生态系统的动态平衡；人们还可以利用科学技术进行环境保护。例如，在农业生产中，使高产出农作物多样化意味着在生态系统不变的条件下，单位土地上的生产率提高。"博施"方法的发明可用较低的成本将大气中的氮转化为氮肥，这个过程说明，使用这种低成本的肥料会使达到高产出率的农作物在市场上备受欢迎。因此，就有更多的氮肥被应用于土地，改变了对海洋生态系统有害的自然产生氮的过程。再如，各种先进的生产生活垃圾废弃物处理技术、环境监控技术、环境要素保护技术等的使用使生态环境恶化状况得到改善。

另一方面，科技的发展也可以使生态环境问题恶化，科学技术的发展使得经过科学技术武装起来的人类改造自然的能力明显加强，人类开发利用自然环境资源的能力增强，自然资源的开发速度加快。换句话说，人类破坏和污染环境的能力提高了，因此，人类的生产生活极易造成生态系统被破坏的恶果。

5. 文化与宗教驱动力与生态系统变化

文化（包括各种民俗文化）往往折射着人类的思想、观念与意识，在一定程度上左右着人的行为和对自然的态度。文化可对生态环境产生间接和潜移默化的影响。人类经历了原始的自然与农业文化、工业与城市文化以及当今提倡的"生态文化"三个阶段。在原始的自然与农业文化阶段，人类将自己融于自然之中，甚至将自然中某些事物作为图腾崇拜，将许多自然现象和灾害看成是神或上帝的旨意，人类对自然是无为的和畏惧的。在该阶段，人类对自然生态环境的影响很小。到了工业与城市文化阶段，人类对自然界的认识增多，改造自然的能力增强，使得人类错误地认为人可以凌驾于自然之上，人是世界的主宰，"人定胜天"的思想诞生了。在该阶段，人类对自然肆意和掠夺性的索取，导致了人地关系的严重失调和环境危机。直到目前，人类仍未摆脱这种文化带来的生态阴影。虽然，近年来许多有识之士，极力提倡生态文明，主张人类应与自然协调地持续地发展，但要达到这种生态文化阶段还要相当一段时间。

居住在三江源地区的牧民以藏族为多，藏族传统文化的一个重要观念是"天人合一"，主张人类应该与大自然和谐相处，与大自然"融为一体"。有益于生态环境保护。但是，在实际生活中，人类又往往不能与大自然和谐相处，由于愚昧无知、贪婪与短视，加上科学技术不发达，生产水平低下，人们经常去破坏自己赖以生存的自然环境。上世纪70年代，在全国"牧业学大寨"的热潮中，政府部门迁徙了大批群众到三江源地区放牧，在当时水草丰美的条件下，三江源地区的牧民收入在上世纪80年代一度位列全国首位。然而，随着载畜量的逐渐增多，草场在重压下逐步退化，牧民们不得不一再减少牲畜数量，但仍难以维持生计，成为"生态难民"。因此，不少牧民已经自发地搬到城镇谋生。

(二) 三江源地区生态系统服务功能变化与间接驱动力相关关系的实证分析

2003年三江源区每平方米户籍人口只有1.94人,仅是全国水平的14‰;每平方千米实现生产总值只有8321元,仅为全国平均水平的7‰。但这一地区土地生产能力极低,生态十分脆弱,植被一旦遭到破坏,就难以得到恢复,生态的自我恢复能力、土地的人口和经济承载力都远不能和全国水平相比。从这点来看,人类活动对这里的生态环境的影响不能低估。由于三江源地区生态系统的变化主要表现在:草场退化与沙化加剧、水土流失严重、水资源减少等状况,以下将分别分析各项间接驱动力与以上生态环境恶化的相关性:

第一,人口驱动力与生态系统变化的相关性分析

1. 人口规模对生态环境变化的影响分析

据考证,1914年三江源区的玉树和果洛两州总人口为7万左右,1949年这两州的总人口为13万左右,这个时期人口增长了90%,年均增长率为18.62‰。从1964年开始,三江源地区的人口就处于相对较快的增长过程中,1964年三江源地区户籍总人口为22.27万人,2003年为60.95万人,此期间增长了1.74倍,年均增长率高达26.16‰,平均27年翻一番。而青海全省在同一时间段里,人口从230.45万人增加到533.8万人,净增长了1.3倍。可见,三江源地区的人口增长快于青海省的平均增长速度。表16显示了在不同时期三江源地区与青海省人口增长速度变化的比较,该表显示了上世纪60年代以前,三江源区总人口的年均增长率与青海全省基本一致,从60年代以来,三江源区总人口的增长速度开始超过全省,至今还是如此。以玉树藏族自治州为例(图3),人口自然增长率自1965年有下降趋势,但其自然增长率仍高于青海全省的人口自然增长率。

表16 民国时期以来三江源区与青海全省总人口年均增长率比较

单位:‰

三江源地区		青海省	
时段	年均增长率	时段	年均增长率
1914–1949	18.62	1912–1949	26.06
1964–2003	26.16	1964–2003	23.65

数据来源:景晖:《三江源生态危机与人口发展战略研究》;景晖:《青海研究报告》,青海省社会科学院,2005

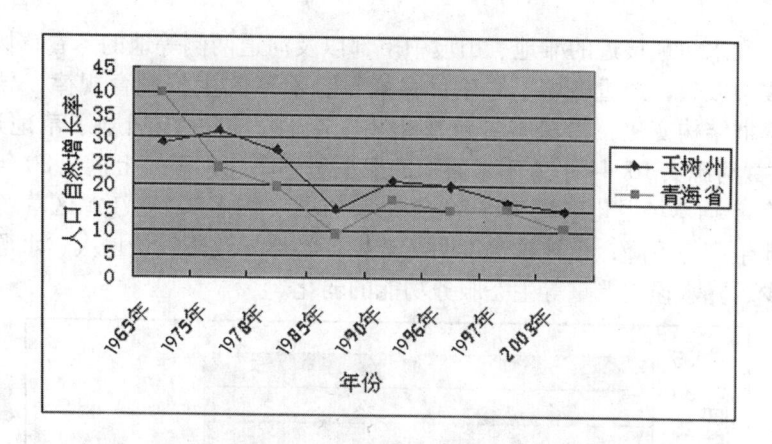

图3 青海省与玉树州人口自然增长率比较图（单位：‰）

数据来源：玉树藏族自治州统计年鉴（1050－2003），青海省统计年鉴（2005年）

人口的迅速增长，对于生产与生活的各种资源与环境自然造成较大的压力，尤其是在一些生态相对脆弱的区域，环境对人口的容纳量是有限的，在体制、技术、政策等方面的外在因素相对稳定的情况下，不断增长的人口压力也就转化成不断增长的环境压力。从图4显示的信息可以看出，三江源区玉树藏族自治州的耕地面积从上世纪50年代到90年代末一直都有增长趋势，该州的耕地面积从1950年的13.29万亩增长到1997年的26.49万亩，增长了近一倍。从1999年以后耕地面积开始减少，减少的原因归功于国家实施的退耕还林还草政策。而1999年以前耕地面积的扩大是以环境的恶化为结果的。为了生产和生活，对资源采取了不合理的开发和利用，资源的损耗浪费严重。其中，土地资源、森林资源、草原资源问题尤为突出。以草原资源为例，三江源地区曾经为解决粮食供应短缺的困难，组织开荒种粮的生产运动，成千上万公顷草地被毁，结果使很多草原变为荒漠。目前，三江源区退化草场面积已占到全区可利用草场面积的26%－46%。在草原面积大量减少的同时，三江源区畜牧业发展迅速，区内各州县家畜数量呈同步波动快速增长模式，各县在畜牧业发展中片面追求牲畜存栏数，1950年以后数量急剧增长，在70年代末80年代初达到最高峰（见图5），牲畜与草地的矛盾变得尖锐起来。由于天然草场载畜能力有限，出现严重超载过牧现象，按理论载畜水平分析，甘德、玛沁和达日超载4～5倍，冬春草场超载率达41.5%。[①] 三江源区冬春草场普遍存在较为严重的超载过牧现象，尤其在离

---

① 数据来源：赵新全等：《三江源区生态环境退化、恢复治理及其可持续发展》，《中国科学院院刊》2005年第6期。

定居点和水源地接近的滩地、山坡中下部以及河道两侧等地的冬春草场，频繁、集中放牧，严重破坏了原生优良嵩草、禾草的生长发育规律，导致土壤、草群结构变化，给鼠害的泛滥提供了条件，进一步加剧了草地退化。"据对黄河源头10.44平方千米面积的卫星遥感图片判读，上世纪80年代—90年代年均草场退化率比70—80年代增加了一倍多"，三江源区草场产量和土地生产力下降，植被覆盖度明显减少，必然导致蒸发量增大、水源涵养量减少、降水损失严重等生态服务功能的弱化。

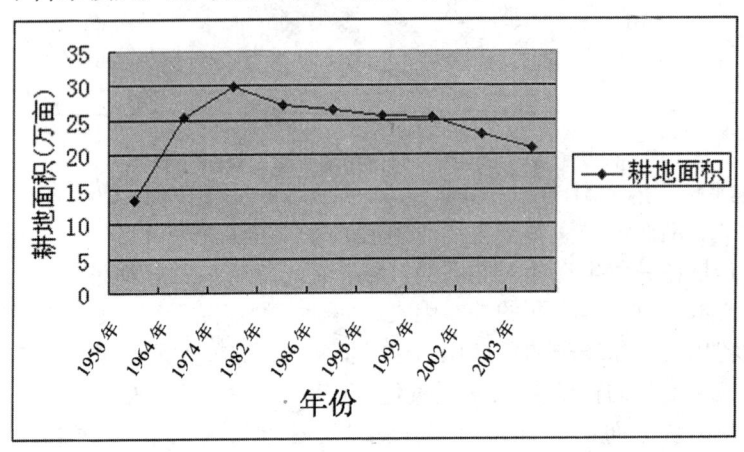

图4 玉树州耕地面积变化趋势图

数据来源：玉树藏族自治州统计年鉴（1950－2003年）

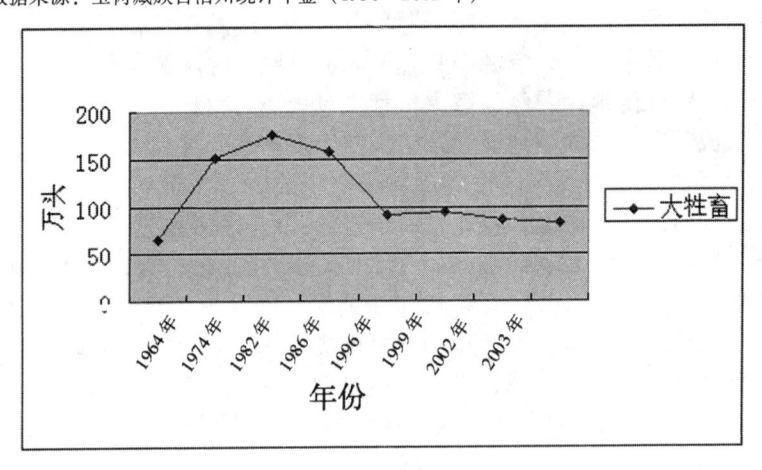

图5 玉树州大牲畜变化趋势图

数据来源：玉树藏族自治州统计年鉴（1950－2003年）

2. 人口文化素质对生态环境变化的影响分析

三江源地区人口素质低也是其生态环境恶化的重要影响因素之一。根据第五次人口普查的结果,三江源区共有 6 岁及以上常住人口 533981 人,其中未上过学的 329048 人,占 61.62%;参加过扫盲班的 23928 人,占 4.48%;小学毕业和在校的 117213 人,占 21.95%;初中毕业和在校的 32379 人,占 6.06%;高中毕业和在校的 9603 人,占 1.8%;中专毕业的 15848 人,占 2.97%;大学专科毕业的 5508 人,占 1.03%;大学本科毕业的 880 人,占 0.16%;研究生毕业的 27 人,占 0.01%。总体评价,6 岁及以上常住人口平均受教育年限 2.64 年,科学文化素质较低。[①]

一般认为,15 岁及 15 岁以上的人口为具备了劳动能力的人口,15 岁及 15 岁以上人口的科学文化素质则反映了劳动力的文化素质,劳动力的科学文化素质直接作用于生态保护意识以及经济建设。三江源地区的 15 岁及 15 岁以上文盲人口比率普遍偏高(见表 17),比率均值为 64.80%,与青海省的平均水平(25.21%)相比,高出了 39 个百分点,与全国农村文盲人口比重的平均水平(6.72%)相比,高出 59 个百分点。12 个县中,玉树县的文盲率最高达 75.96%,其与全省差距为 50 个百分点,其中,8 个县的文盲水平在 60% 以上。

表 17　2000 年三江源地区果洛、玉树两州文盲率

	15 岁及 15 岁以上人口(人)	文盲人口(人)	15 岁及 15 岁以上文盲人口比重(%)
青海省	3739616	956396	25.21
玉树县	36034	27372	75.96
杂多县	19788	12639	63.87
称多县	26455	18922	71.53
治多县	13016	8688	66.75
囊谦县	35292	24280	68.80
曲麻莱县	13544	9463	69.87
玛沁县	15153	7673	50.64
班玛县	13189	5727	43.42

---

① 数据来源:《青海省 2000 年人口普查资料》。

续表

甘德县	15526	8903	57.34
达日县	15023	9840	65.50
久治县	12247	7716	63.00
玛多县	5888	2085	35.41
两州合计	221155	143308	64.80

数据来源：《青海省2000年人口普查资料》。

三江源地区劳动力文化素质低对生态环境保护具有制约作用，主要表现在以下几方面：第一，所受教育有限，大大限制了他们掌握先进科学技术的能力，依然从事较原始的农牧业生产，劳动方式以简单的手工劳动为主，导致他们对资源不能充分利用，造成资源的大量流失和浪费。第二，农牧业人口素质偏低会造成其对少数资源（如草地资源）具有较强的依赖性，从而导致对草地资源的过度使用，加剧了草场生态退化。第三，劳动力人口素质低下制约了他们对新资源的开发，对资源耗竭也只能是望洋兴叹，从而制约了能源的可持续发展。第四，农牧业人口素质偏低制约了他们环境意识的提高。他们无法掌握环境发生和发展的规律，无法摆正人类自身和环境之间的关系，环境保护意识较弱。例如，曲麻莱县有340多平方公里草地被开挖[1]，引起草地严重沙化，举目望去，到处是一堆堆大小不等的砂砾石，白茫茫一片。

人类是生态系统中的一环，必须自觉地把自身置于整个生态系统的相依相存的网络中，在自身的发展活动中积极而主动地促进生态系统的良性循环。而创造高度的生态文明，必然受制于人的科学文化素质。其中最关键的是改变三江源地区农牧民不适当的生产方式和生活方式，放弃传统的高消耗、高增长、高污染的粗放型生产方式，放弃高消费、高浪费的生活方式。这就要求大部分社会成员具备强烈的创新意识、相应的科学知识和能力。很显然，这都涉及到人的素质问题。由此可见，人口素质是环境保护、资源开发中起决定作用的因素。没有高素质的人，就不可能实现资源合理开发利用，就不可能实现环境保护，更不可能实现人口与经济、社会的协调发展。

3. 人口结构对生态环境的影响分析

我们认为人口城乡分布结构和人口产业结构是影响三江源生态系统变化

---

[1] 陈昌毓：《日渐恶化的三江源生态环境》，《气象知识》。

的最重要的人口结构因素。三江源地区农村社会经济和小城镇发展滞后,农牧区劳动力非农就业不充分(见表18),以玉树州为例,第一产业从业人员比重高达85%左右,高出青海平均值近30个百分点。2003年末,玉树州人均占有耕地仅0.77亩,人均可利用草场889亩,[①] 仅靠耕作这样有限的耕地,放牧有限的草场,一方面难以提高农牧民的收入,另一方面,对三江源地区有限的资源环境造成了巨大的压力,促使耕地、草原资源系统遭到破坏并由此为人类提供的服务功能日渐恶化。

表18 玉树州第一产业从业人员比重(单位:%)

	2000年	2001年	2002年	2003年
玉树州	84.78	87.62	88.79	85.15
青海省	55.8	59.6	56.4	54.1

数据来源:《玉树州统计年鉴(2000年-2003年)》、《青海省统计年鉴(2005年)》

三江源地区人口分布的最显著特点是分散性,这是由该区域落后的畜牧业生产方式、自然条件和经济发展水平决定的。该区域海拔高,气候寒冷,牧草生长期短,人、畜生存条件恶劣,农牧业生产力水平低,多数地区仅有靠天养畜的高原畜牧业;人口密度低,果洛、玉树每平方公里不到2人。人口分布分散加之劳动力第一产业从业人员比重高,严重制约了该地区农牧民收入的增加和城镇化的发展。从三江源地区历年城乡人口比重看,农业人口占总人口的比重很高,城镇化水平极低(见表19)。可以看出,从2000年来三江源地区的城镇化水平基本没有变化,果洛藏族自治州的城镇化水平甚至有所降低,而且,城镇化水平提高的速度明显慢于青海全省以及全国的城镇化水平提高的速度。低城镇化水平以及第一产业劳动力就业比重高使得三江源地区农牧民只有通过扩大耕地面积、超载放牧,增加粮食产量和肉类产量,提高收入,以达到提高农牧民生活水平的目的。但是,这种简单的经济劳作是以资源和环境的破坏为代价的。

---

① 根据《玉树州统计年鉴(2004年)》的有关数据计算得出。

表19　玉树、果洛两州城镇化水平比较（单位:%）

比较	2000年	2001年	2002年	2003年
全国	36.09	37.70	39.10	40.53
青海	34.76	36.32	37.7	38.18
玉树州	17.51	17.76	18.52	17.82
果洛州	24.81	25.37	23.41	23.33

数据来源：根据《青海省统计年鉴（2001年—2004年）》的相关数据计算得出

低城镇化水平不利于提高土地资源的使用效率，也不利于控制生态保护区的农牧人口分布和密度，从而会增加水土流失区域，增加现有耕地、草地的压力，不能达到退耕还林还草的目的，并且不能缓解人地关系高度紧张的矛盾，小农经济高度分散的生产方式与统一大市场的矛盾进一步加剧。另一方面，低城镇化水平缺乏第三产业正常发展所需要的空间条件和相应的产业载体。从生产上看，与第一产业相比，第三产业的生产要素具有更强的人力密集特征，从消费上看，第三产业的消费与生产具有高度的同一性，难以异地生产、异地消费。这两条决定了第三产业只有在人口密度大的城镇地区才易于发展，也就是说，第三产业的发展更加依赖于城镇化的发展水平。三江源地区分散居住的农牧民人口比重过大，不但第三产业的发展受到强烈抑制，吸收就业能力难以提高，而且反过来又加剧了农村剩余劳动力的转移摩擦。只有把一部分农牧业人口从第一产业转移到第二、第三产业，才能从根本上缓解三江源地区人口增长、人口消费需求的增长给耕地、草地带来的压力，才能根本解决由于草地大面积退化、水土流失面积增加等生态环境恶化带来的问题。因此，没有城镇化的发展，没有人口的集聚，就没有第三产业。加快城镇化进程是第三产业快速发展的前提，也是解决三江源地区生态系统为人类提供的服务功能弱化的途径。

第二，经济驱动力与生态系统变化的相关性分析

自改革开放以来，三江源地区经济的增长速度较快，其人均GDP的增长速度基本保持在8%以上，甚至有些年份会超过青海省平均的经济增长速度（见表20）。但是，由于三江源地区的农牧民占整个人口的比重相对较大，而且农牧民的文化素质普遍较低，经济收益的取得还在很大程度上依赖于传统的农牧业。因而，在粗放式经济增长方式的主导下，三江源地区经济快速发展的同时，也给该区域的生态环境带来了严重的后果。因为在传统的

经营方式下，区域的经济增长将依靠资源的可利用性的增长。自建国以后，三江源区土地利用类型面积变化加快（见表21），三江源区新增耕地、园地多系开垦牧草地，虽然增加了粮食总产量，增加了农牧民收入，但耕垦破坏了草地的根系，破坏了草场强大的固土能力，形成水土流失，进而变成新的沙源、甚至活的沙丘。由此，影响了草原生态系统提供给人类的各项服务功能，使得该地区人类的福利状况日益下降。然而，脆弱的生态环境反过来又影响了该地区的经济社会发展。主要表现在：影响畜牧业稳定、持续发展；地区产业化程度低，经济发展综合实力不强；经济结构不合理，发展效益不高；财政收入增长缓慢，对地区发展支持力度不大；农牧民群众收入低，贫困发生率高。

表20 三江源地区人均生产总值及其增长趋势

		2003年	2002年	2001年	2000年	1999年	1998年	1997年
地区人均生产总值（元）	玉树州	3523	3167	2926	2330	2213	1590	1550
	青海省	7310	6453	5753	5103	4676	4378	4076
地区人均生产总值增长率(%)	玉树州	11.26	8.24	25.57	5.27	39.17	2.57	18.7
	青海省	13.24	12.05	12.74	9.12	6.76	7.4	8.48

资料来源：青海省统计年鉴（1997年–2004年）

表21 建国以来三江源区土地利用分类面积比例变化（单位:%）

年份	耕地园地	林地	牧草地	居民点工矿交通	水域	未利用
1952	0.03					
1957	0.05					
1973			81.61			
1978	0.12					
1985	0.1					
1996	0.17	3.81	80.63	0.07	3.43	11.89
1999	0.14	3.68			2.39	
2001	0.13	3.37	58.89		2.93	

数据来源：景晖：《三江源生态危机与人口发展战略研究》，《青海研究报告》青海省社会科学院，2005

1. 脆弱的生态环境直接影响畜牧业稳定、持续发展

畜牧业是三江源地区的基础产业，是全区经济发展的立足点。近年来，

生态环境恶化，基础产业正面临着严重威胁，主要表现在：一是草场退化速度加快，致使可利用草场面积减少，引发的畜草矛盾最终使草场载畜能力下降，牲畜数量减少。以果洛州为例，全州所拥有的牲畜数量和草场较好时期相比，有了大幅度下降。1978年全州年末存栏牲畜363.98万头只，1985年294.2万头只，1990年258.42万头只，2003年228.43万头只，2003年比1978年下降了37.24%，比1985年下降了22.35%，比1990年下降了11.61%。造成年末存栏牲畜大幅度下降的原因，除了为提高牲畜出栏和加大出售减少存栏外，最主要的因素是草场退化严重，载畜能力下降导致牲畜数量锐减。二是牲畜个体生产能力下降。由于缺草，牲畜长期吃不饱，个体退化严重，胴体重量不断降低，就以羊为例，其胴体重已由上世纪80年代的35公斤下降到2003年的17公斤，不足过去的一半；每只羊产毛量由1981年的1.53公斤下降到2003年的1公斤，下降了34.6%，[①]使个体牲畜实现的产值大为减少，影响了畜牧业总产值的增长。同时，伴随牲畜胴体重量下降，牛羊体质也发生了变化，抵御各种自然灾害及疫病的能力下降，一些多年来未大面积流行的疫病时有发生；三是对牧民群众生产生活造成极大影响。由于草场退化，一些地区的草场沦为"黑土滩"和沙漠，牧民群众不得不远走他乡走圈放牧，过着游牧生活，甚至引发草山纠纷等许多社会问题。仅玛沁县昌麻河乡两个牧委会每年约有114户、579人，自秋季9月初赶着1.2万头只牛羊，到青、甘、川三省交界地区过着游牧生活，至翌年6月才返回本地夏季草场。更严重的是一些牧民在草场减少后变为少畜户或无畜户，并最终四处流落，成为生态难民，不仅加重了社会负担，而且引发了一系列社会问题。

2. 地区产业化程度低，经济发展综合实力不强

农牧业产业化是将产加销、贸工农结合为一体的生产经营方式，是农牧业适应社会主义市场经济发展，由粗放型向集约型经营转变的必然要求。如果地区农牧业产业化程度高，不仅使畜牧业资源通过产业化途径在市场上获取最大利益，还可以促进畜牧业生产、加工、销售各环节技术含量和经营水平的提高。因此发展农牧业产业化是加快牧区经济发展的必由之路。牧区经济产业化发展的关键是要有基础牢固、起点高、效益好的主导产业畜牧业，但在生态脆弱的三江源地区，不断恶化的生态环境严重削弱了畜牧业具有的

---

① 杨瑛：《生态脆弱地区社会经济发展研究》，《青海统计》2005年第4期。

优势，生产经营主要以牧户分散饲养、游牧经营、靠天养畜的方式为主，科技含量低，基础设施差，抵御自然灾害的能力弱，生产力水平提高缓慢。并表现出生产周期长，出栏率和商品率低，发展效益不高。加之地区缺乏生产加工和适应市场能力强的工业企业，市场流通和服务体系不健全等原因，致使国民经济产业链条短，各产业间的联动作用差，畜产品主要以附加值低的初级产品形式流向市场，创利能力低，导致国民经济运行质量不高，总量小，地区综合实力不强。2004年，三江源地区16个县完成生产总值280040.2万元，仅是青海省的6%，西宁市的16.03%，海东地区的41%。[①]

3. 经济结构不合理，发展效益不高

生态脆弱的三江源地区由于基础产业薄弱，产业化进程缓慢，经济发展不利因素较多。经济结构不合理是该地区较为显著的特征，它使国民经济缺乏活力，发展效益不高。三江源地区的经济结构不合理主要表现为产业结构不合理、所有制结构不合理。

根据表22显示的信息，在三江源区16个县中，有15个县的第一产业增加值在地区生产总值中所占比重超过50%，其中，杂多县的第一产业增加值所占比重高达79.62%，高出全省平均值67个百分点。而该区域的第二产业增加值和第三产业增加值所占比重较小。产业结构中由于第二产业比重最低，特别是工业比重低，使畜产品加工增值能力低下，不能有效地将资源优势变为经济优势，工业对国民经济增长没有拉动作用。

表22　2004年三江源地区三次产业所占比重比较（单位：亿元,%）

产值 地　区	第一产业 增加值 （万元）	第一产业 增加值 占比（%）	第二产业 增加值 （万元）	第二产业 增加值 占比（%）	第三产业 增加值 （万元）	第三产业 增加值 占比（%）
玉树县	10348	53.65	4244	22	4697	24.35
杂多县	15869	79.62	1721	8.63	2341	11.75
称多县	7194	53.12	3515	25.95	2835	20.93
治多县	11626	70.4	1700	10.29	3188	19.3
囊谦县	13994	75.6	1744	9.42	2772	14.98
曲麻莱县	6765	59.33	1731	15.18	2907	25.49
玛沁县	4466	13.67	7373	22.57	20842	63.75

---

① 根据《青海省统计年鉴（2005年）》的相关数据计算得出。

续表

班玛县	4924	55.19	954	10.69	3044	34.12
甘德县	3989	51.39	925	11.92	2848	36.69
达日县	4958	63.51	407	5.21	2442	31.28
久治县	4425	52.15	685	8.07	3375	39.78
玛多县	3215	46.44	136	1.96	3572	51.6
兴海县	15362	54.97	6492	23.23	6091	21.8
同德县	14750	62.07	4019	16.91	4997	21.02
泽库县	19573	66.61	1429	4.86	8382	28.53
河南县	18322	67.39	2341	8.61	6527	24
青海省	578100	12.4	2270600	48.8	1808600	38.8
全国	207440000	15.2	723870000	53.02	433840000	31.78

资料来源：青海省统计年鉴（2005）

所有制结构不合理表现为公有制经济比重高，非公有制经济比重小。以玉树州为例，2003年全州全部工业实现增加值7961万元，其中国有经济实现增加值4933.1万元，占61.97%，而非公有制经济实现增加值3027.9万元，占38.03%。[①] 玉树州的个体私营经济近年来虽取得了一定发展，但局限于规模小、档次低的简单加工业、贸易和传统服务业。

4. 财政收入增长缓慢，对地区发展支持不大

三江源地区地方财政收入总量小，增长缓慢。以果洛州为例，2000年地方财政收入3016万元，为历史最高，而同期财政支出达21869万元，收入仅占支出的13.79%，收支矛盾较大。近年来，随着一些亏损企业破产和为保护生态环境，对班玛金矿等破坏环境严重的企业实行破产后，全州独立核算工业企业已由1998年的37户下降到16户。工业企业的减少对地方财政收入的完成造成很大影响，加之实行农牧业税费改革，免征牧业税、取消特产税等，进一步减少了税源，地方财政已无增收潜力可挖。2003年，全州完成地方财政收入2767万元，比2000年下降8.26%，财政支出37338万元，较2000年增长70.73%。财政收入只占行政事业单位劳动者报酬的

---

① 数据来源：《玉树州统计年鉴（2004年）》。

16.45%，① 与劳动报酬发放存在着较大缺口。这说明果洛州行政事业人员83.55%的工资以及经济建设和社会发展所需要的资金依靠国家投入，地方财力已无法对经济建设提供有效的支持，因此地区发展常处于被动。

5. 农牧民群众收入低，贫困发生率高

截止2005年，三江源区有低收入人口76500人，绝对贫困人口13.59万人，两项指标占全区农牧民总人口的38.21%（按青海省新的脱贫标准，农业区人均纯收入低于625元、牧区人均纯收入低于800元的人口为绝对贫困人口，农业区人均纯收入在800元以下、牧区人均纯收入在1000元以下的人口为低收入人口）。② 在传统的粗放型经济增长方式下，三江源地区存在着"贫困的恶性循环"现象：人均收入低下——滥垦滥采伐——生态日益恶化——人均收入更低；而人均收入低下——内部积累严重不足——技术停滞和劳动生产率低下——在人口增长条件下人均收入更低。产生这种现象的主要原因是三江源地区农牧民收入的增长主要依靠出售畜产品取得，经济来源非常单一。因此，全州畜牧业发展好坏直接影响着牧民群众收入的高低，而畜牧业发展又与生态环境是密不可分的。可以看出，如果以牺牲环境资源、破坏生态系统为代价换得一时的经济增长，是难以摆脱"贫困的恶性循环"的。

第三，科技驱动力与生态系统变化的相关性分析

由于三江源地区农牧民人口文化素质普遍较低，人们为了获得基本的生存，从大自然中得到更多的经济利益，往往就是通过滥用自然资源，为了微小的经济利益而使用最原始的方式利用自然资源，由此，造成三江源地区大量的水土流失、草地大面积退化。因此，这种传统的劳作技术已不适应生态经济的发展，相反的，应为三江源地区生态经济发展引进和开发新型高效的适用技术，提高与严酷自然环境抗衡的能力，提升生态经济发展的技术层次，实现经济、社会与环境的协调发展。科学技术使用的重要推动力就是对有限资源的占有，使用先进的科学技术，充分利用现代可能获得的资源。同时，发展科学技术需要有一定的资金投入，特别是对于高科技项目的研究，更需要较多的资金。三江源地区由于经济综合实力不强，导致该地区的自然

---

① 杨瑛：《生态脆弱地区社会经济发展研究》，《青海统计》2005年第4期。
② 数据来源：《青海省贫困地区有关情况统计手册（2005年度）》，青海省扶贫开发办公室，2006年。

科学研究发展缓慢。然而，随着该地区的经济增长，国家对于该地区生态保护意识逐渐加强，自上世纪末以来，三江源地区的科学研究项目逐年增多，科技经费支出逐年增长（见表23）。科学技术发展改变了人类的生活方式，提高了自然资源的利用率，在增加物质生产的同时减少产品的使用量，以节约自然资源，另外，探索和开发新资源，减少对现有资源形成的压力。发展新型生态农牧业，改善该地区人类的生态环境，从而延续人类的自然资源，实现人类的可持续发展。

表23　玉树州历年自然科学研究发展情况

	1996年	1997年	1998年	1999年	2000年	2001年	2002年	2003年
科学研究项目（个）	3	3	4	3			1	
科学成果推广（个）	2	3	1	1	2	5	3	3
科技三项费投入（万元）	4.9	0.6	39.5	12.5	31.9	20	12.7	26

另一方面，科学技术的发展也会对环境生态造成破坏。这是因为，首先，发展科学技术需要一定的资金投入。对于三江源地区，就会利用现有的初级资源积累资金，投入到高科技的开发中，造成了严重的资源浪费。特别是在资源开采中造成的污染加重了对环境生态的破坏。有时这种破坏具有不可恢复性。其次，在整个竞争中，科学技术的应用结果往往会超过有害后果的意义，许多研究首先将达到的预期效果作为第一目标，其次才是减少对环境生态的危害性。当研究的成果与预期目标一致时，即使对环境有明显的危害，也可能被使用以获得眼前的利益。虽然现代科学技术本身会对环境生态的循环造成失调，但人类的政治、经济活动造成的环境污染和破坏早已超过了科学技术带来的这种影响。

第四，社会政治驱动力与生态系统变化的相关性分析

社会政治驱动力对青海三江源地区的影响主要表现在两个方面：

1. 制度变化缺乏对生态环境变化的约束

在青海三江源地区，体制与政策因为改革开放而有所区别，但这都没有阻止生态环境恶化状态的延续。改革开放以前，农村实行集体经济，农牧民生产是接受上级安排的，虽然国家提倡过植树造林，但无论是在政策效应还是舆论宣传上，绿化祖国还是抵不过以粮为纲。粮食生产是地方政府政绩的表现形式，因而出现农作物侵占草原、森林的状况，而且粮食的地域性扩张是在集体组织下、在地方政府的容许下进行的。体制改革后，青海省普遍实

行了家庭联产承包责任制的形式，农牧民将生产与自己的收入挂钩，经营土地的积极性大为增强，但是在承包土地有限的情况下，生产扩张转向坡耕地、林地或者草地，由于农村集体的管理职能下降，农民致富要求在约束力相对较小的状态下得到极大的发挥，追求个人利益最大化的欲望大大超过维护社会生态环境的需要，对于生态环境造成的冲击并不因为改革开放而中断。虽然改革开放前后促进经济发展的因素由政策性因素转为体制性因素，生态环境破坏的主体由集体转为农牧民个人，但是生态破坏的形式却是一样的。

2. 政府对生态环境的管理不力

环境破坏是市场失灵的结果，但是市场失灵时，如果政府能够不失灵，生态恶化的结果便可以受到限制。在西方国家，当政府缺乏生态治理意识导致环境恶化时，新闻舆论就会提出众多批评意见，而选民可以用手投票将政府领导人选下台，保护好生态环境事关政府的执政能力和形象。在我国改革开放以前，各级政府包括西北地区的地方政府对于生态环境的恶化缺乏足够的重视，政府追求政治目标和稳定目标的意识很强，因为市场本身就不大，政府本身是经济活动的组织者，治理环境在初期又需要较大投入，所以政府失灵的问题相对比较突出。在改革开放以后，青海三江源地区地方政府的经济实力相对较弱，政府应付工资等方面的财政性支出已经捉襟见肘，也谈不到主动大规模投入进行生态环境建设，所以政府失灵的关键在于地方政府无力投入。中央政府的主要精力也放在经济增长上，扩大建设规模、提高增长速度、增加就业机会等问题，环境保护被放在相对次要的位置上，一些环保项目也主要偏重于环境污染的治理上。相对来说，三江源地区的生态环境治理也正是中央政府政策失灵的一个区域。

第五，文化、宗教驱动力与生态系统变化的相关性分析

藏族是青海人口最多的少数民族，人口90万，其中大部分分布于面积占全省96%的广大牧区。三江源地区居住的大部分是藏族，其中，居住在果洛藏族自治州的藏族占全州人口91.62%，居住在玉树藏族自治州的藏族占全州人口的97.15%。[①] 藏族独特的经济条件、传统习惯及宗教等原因造就了特定的生产、生活方式——高寒畜牧业，客观上有利于生态环境保护。长期以来，三江源的牧民一般都过着"逐水草而居"的游牧生活，其"轮

---

① 根据《青海省统计年鉴》的相关数据计算得到。

牧制"的生产方式对草原生态的平衡十分有益，牧民们在自然形成的一定的草场范围内，按季节不同和牧场好坏，有组织、有规律地在不同的放牧点之间进行循环式的来回移动。这种轮牧制度，较好地解决了草场使用与牧草再生的问题，使一些牧场在轮休期内得以恢复，从而很好地保护了高寒草原的生态环境。

但是，自改革开放以后，随着三江源区社会经济的发展，藏族佛教"重来世，轻今世"的观念在广大信教群众中有了很大改变，绝大多数人置业、致富、奔小康的观念明显增强，他们比以往任何时代都重视现实生活。现在的农牧民特别是中青年人，不是比谁家给寺院、活佛贡献的财物多，而是比谁家的庄稼牛羊好，比谁家买了拖拉机、摩托车、电视机，比谁家的房子修得好，比谁家的家具服饰贵重漂亮。因此，在经济利益的驱动下，近年来三江源地区出现牲畜超载，一些地方出现了草原退化现象，由此带来的生态系统服务功能弱化却使该地区的农牧民收入下降。

当前，三江源生态环境的日益恶化，正在威胁着当地人民赖以生存的条件，气候的日益变暖，空气和水的污染日益严重，土壤肥力日益耗尽，许多可耕土地逐渐被沙漠所吞，生物多样性急剧萎缩，各种自然灾害的发生频率和危害程度与日俱增，这些均造成人与自然关系的紧张，以致使当地农牧民面临着全球性的严重的生态危机。这种危机的根源，在很大程度上是人为因素所引起的，主要表现在人口因素、经济发展因素、科学技术发展状况、社会政治因素以及宗教文化因素等方面。

民族地区生态建设与新农村建设的探索

——以内蒙古呼和浩特市武川县为例

张巨勇[①]

党的十六届五中全会明确提出建设社会主义新农村的重大历史任务,这是一个在我国经济发展到适时阶段提出的极其英明的战略举措,是解决"三农"难题的正确决策[②]。2006年作为"十一五"的开局之年,社会主义新农村建设的工作已经在全国各地全面展开,然而,在相当一些农村,重经济发展轻环境保护的现象较为突出,这与社会主义新农村建设的要求极不协调、极不相称[③]。因此,必须把加强农村生态建设作为建设社会主义新农村的一项重要内容,切实加强生态环境保护工作,促进农村环境质量的改善。

内蒙古武川县处于我国西部民族地区,自2000年以来,承担并实施了国家六大工程中的退耕还林和天然林保护工程,同时,于2003年建立了北方生态园。目前,这些项目的实施已明显改善了当地生态环境,促进了当地经济的发展,提高了当地人民的生活水平,在新农村建设中发挥了重要的作用。本文试图通过分析其近年来生态建设的方法及成效,探讨民族地区生态建设在新农村建设中的作用及意义。

一、生态建设与新农村建设的关系

社会主义新农村建设的内涵较为丰富[④],其中,一个很重要的任务就是要建设既有利于生产力持续发展,又有利于人居的良好环境,即新农村建设的生态目标。这个良好环境,既包括社会人文环境,也包括自然生态环境,从根本上改变农村的落后面貌。良好的环境是一个地区经济社会发展的基

[①] 张巨勇,男,大连民族学院民族地区可持续发展研究中心教授。
[②] 许惠渊:《创新观念和系统运作是新农村建设的两大基本要素》,《决策咨询通讯》2006年第4期,第45-48页。
[③] 宋倩:《加强农村生态环境保护推进社会主义新农村建设》,《理论学习》2006年第8期,第26页。
[④] 刘元珍:《建设社会主义新农村的必要性和基本思路》,《理论界》2006年第8期,第25-26页。

础，不仅可以改造人、提升人的素质，而且可以转化为生产力，形成和谐的社会氛围。

　　生态建设是根据现代生态学原理，运用符合生态学规律的方法和手段进行的旨在促进生态系统健康、协调和可持续发展的行为的总称。其目的就是通过协调区域内部、区域之间的生态环境与经济社会发展的关系，实现区域可持续发展的目标，这与新农村建设的生态目标是相一致的。

　　因此，在社会主义新农村建设过程中，必须转变过去那种重生产轻生态、重经济建设轻社会建设的落后观念，把生态建设作为新农村建设的一项重要内容；在新农村建设中要围绕新农村建设的要求，加强农村的基础设施建设和人居环境治理，从生态、生产、生活三个方面改变农村的自然生态环境；加强村庄整体规划，搞好周边环境，使农村和农田生态系统在具有居住和生产功能的同时，成为具有乡村特色、地方特色和民族特色的靓丽景观，从而改善农民的生活生存条件，把我国农村建设成为环境友好、村容整洁的社会主义新农村。

二、武川县生态环境建设现状

（一）武川县概况

　　武川县位于内蒙古自治区呼和浩特市北部，地处内蒙古高原南缘、阴山北麓，地域东西长110公里，南北宽60公里，总土地面积4885平方公里，总人口171692人（2005年）；属中温带大陆性季风气候，年平均气温3.3℃年，平均降水量343.4毫米，无霜期在90~110天，由于所处"后山"地区，气候特点为十年九旱；境内主要河流有8条，内外流4条，多为季节性河流，水量不大；境内地形、地貌由中低山、低山、低山丘陵、波状丘陵和相间穿插的河谷盆洼地构成，南部山地纵横，中部丘陵连绵，沟谷洼地相间其中，是黄河上中游重点水土流失区。

　　武川县不仅是典型的农牧交错区和国家级贫困县，同时也是土地沙化和水土流失严重、自然灾害频发的生态脆弱区。自然与人为双重作用下，经济发展相对滞后与生态退化耦合，使得该地区经济发展与生态建设和保护的矛盾日趋突出。在新的历史条件下，加强生态环境建设对于改善当地生态环境、加快脱贫致富和调整产业结构步伐、增加农牧民收入具有现实意义。

（二）武川县生态环境建设现状

2000~2001年，武川县被确立为国家退耕还林还草试点示范县，当地政府和群众牢牢把握这一历史机遇，把退耕还林、天然林保护工程作为改善武川生态环境，促进地区经济可持续发展的一项宏大工程，贯彻落实党和国家发展林业的一系列方针、政策，认真组织实施了退耕还林还草试点示范工程，采取了得力措施，克服各种自然灾害，使当地的生态环境得到了有效的改善。2003—2004年，中国民主同盟筹资200多万元在武川县建设了民盟北方生态园，大大地推进了当地生态环境建设。

（1）退耕还林工程

退耕还林工程是国家整合林业六大工程之一，也是西部大开发以生态建设为中心的重点扶贫工程。武川县从2000年开始被确定为首批退耕还林试点示范县以来，生态建设区内人民群众生产生活稳定，生态面貌发生了巨大的变化，为全县生态建设起到了重点示范和带动作用。

武川县地处阴山北麓，属于农区向草原过渡地带，垦殖历史长，风蚀沙化、水土流失面积分别占到总土地面积的53%和80%，已到了非治理不可的地步。广大农民渴望治山治水，通过生态治理改善自己的生活生产条件，通过自己的劳动换取生活物质需要。从2000年开始，武川县在退耕还林工程实施中，紧紧围绕"三区三线"总体规划布局来实施，"三区"即北部风蚀沙化区、中部丘陵风蚀、水蚀双相侵蚀区和南部水土流失区，"三线"指沿大青山北部一线的水源涵养林建设，中部八乡联体一线的乔灌型植被建设和北部灌草型覆盖度建设。经过退耕区农民的艰苦努力和专业造林队的配合，使这些区域的生态建设取得了明显的成效。其中，中部八乡联体工程主体30万亩项目被作为自治区成立六十周年大庆献礼项目。在退耕还林工程实施的六年中，涉及全县16个乡镇和3个国有林场。

经过几年治理，从总体情况看，武川县生态建设效果明显。特别是通过禁牧措施和封山育林，林草盖度提升较快，植被类型得到改变，境内草木茂盛，20多年未开花的山樱桃、黄刺玫花团锦簇。目前，全县现有林业用地324.21万亩，其中有林地41.29万亩，疏林地1.69万亩，灌木林地59.9万亩，未成林造林地73.13万亩，苗圃地0.23万亩，无林地147.97万亩，林网四旁树占地2.85万亩，森林覆被率14.2%。农业用地196.49万亩，牧业用地209.35万亩，其他用地2.7万亩。

(2) 天然林资源保护工程

天然林资源保护工程（以下简称天保工程）是国家保护、培育和发展森林资源，改善生态环境，保障国民经济和社会可持续发展的重要举措。武川县从2000年开始正式实施天保工程以来，按照上级的要求，通过"围、封、建"等措施，对天然林保护工程认真实施，不仅使全县的林草植被得到明显改善，许多地方的水土流失明显减轻，工程的生态效益、社会效益及经济效益正在不断显现出来。

土地沙化和水土流失一直是武川县最突出的生态问题。长期以来，在农业生产上，人们把对粮食的需求寄托在毁林、垦荒上，加之广种薄收，造成严重的水土流失；在牧业生产上，沿袭原始放牧方式，掠夺式过载放牧，严重破坏了草场植被，造成土地沙化、荒漠化日盛。生态环境的不断恶化，导致干旱、沙尘暴等自然灾害频繁发生，农民粮食减产生活困顿，严重地影响和制约了当地经济社会的发展和广大人民群众的生产生活。武川县从2000年开始实施天然林保护工程以来，共配备专职护林员131名，全面停止天然林采伐，大幅度调减人工林采伐限额，公益林建设和资源保护两方面都取得明显成效。当地政府和群众通过围栏封育、补植补播、全面禁牧的配套实施，不仅全县的林草植被得到了明显恢复，还促进了生态移民和全面禁牧，为本地区生态环境的改善和畜牧业饲养方式变革创造了条件。"天保"公益林建设工程主要在南部大青山沿线（封山育林区）和西北部风蚀沙化区（模拟飞播区）范围内实施，六年间飞播（模拟）17万亩，完成17.74万亩，封山育林12万亩，完成13.6万亩。

武川县在两大工程实施后，坚决执行国家退耕还林和"天保"工程的有关政策规定，坚持生态优先战略，全面实施禁牧，共保留和恢复了170万亩林地和草场，完成24.34万亩严重水土流失和风沙害土地的林草建设。"十一五"期间，武川县将在退耕还林和"天保"两大工程实施的基础上，全面开展农田林网、荒山灭荒、林业产业化建设，保持林业快速发展态势。同时，在森林保护方面继续加大力度，造管并重、造封飞并举。力争在五年内，新造林合格面积达到75万亩，封山育林面积50万亩，全民义务植树200万株，使森林覆被率由现在的14.2%上升到30%。

(3) 北方生态园建设

北方生态园隶属于武川县大豆铺乡，项目区总面积20平方公里，涉及6个行政村、21个自然村。2003年5月，在民盟中央的直接领导下，民盟呼和浩特市委、北京市委、广州市委、南京市委共同在武川县建设了北方生态园。2004年9月，民盟中央决定在此生态园的基础上，建设民盟北方生态园。截至目前，该生态园共筹集资金200多万元，首期工程设立了畜牧业、植树种草、教育、文化等12个项目，并取得了初步的成果，生态园的二期工程已经全面启动。

2005年10月，武川县大豆铺政府、武川县林业局和河北农业大学组成的调研组，经过近2个月的调研，对于生态园前期工作进展、取得的成效、所需开发、实施的项目进行了广泛了解，调研结果表明：项目区农民对北方生态园建设抱有极大的热情和期待，对于天保工程和退耕还林工程抱有极大的热情和期望，不仅得到了实实在在的实惠，也期望继续增加任务。并且，也从农户自身的实际情况出发，充分表达了对农业产业发展的意愿。项目区1100户农民愿意从事养殖业，其中贫困户有784户。同时，提出今后生态园建设将以新农村建设的"二十字"为总目标，建设布局总体上将按照点、线、面相结合的区域布局进行。"点"是指点以自然村居住范围为核心，筹划实施村容村貌建设、以人为本的可持续发展能力建设，及其能源、引水工程、棚圈等建设项目，改善和提高农牧民生活水平、生产条件。"线"是指以乡村道路为主结合农田林网、道路绿化等项目建设，构建项目区道路体系和绿化体系。"面"是以林业生态环境建设项目、农田基本建设和退化草地建设为主导，建立和完善农业产业体系和生态环境体系。

北方生态园按照项目的建设内容和特点，分别由农业产业体系、生态体系、基础设施体系建设和以人力素质为主导的可持续发展能力体系等四大体系构成，通过四大体系所涉及项目的实施，加快项目区社会主义新农村建设步伐，最终实现"生产发展、生活宽裕、乡风文明、村容整洁、管理民主"的建设总体目标，成为北方干旱半干旱地区社会主义新农村建设的样板。

三、武川县生态建设对新农村建设的几点启示

（一）把生态建设同调整农村产业结构相结合

武川县在两大工程实施中，严格执行国家有关政策措施，坚持"生态救县"战略，林业生态建设与全面实施禁牧同步进行，把发展生态建设项目同调整农村产业结构结合起来，找准生态建设与调整农村经济结构的最佳

结合点，确定了实施退耕还林工程与发展舍饲养殖和高效农业相结合的发展思路，大力推进畜牧业和农业产业化进程，拓宽了农民收入渠道，增加了农民的收入。

北方生态园的基本定位、要求、建设目标都是在实地调研，充分了解项目区经济、社会和环境问题，特别是项目区农牧民对生态环境园建设的基本意愿和实际需求的基础上，以该地区现有的资源和农业发展现状为基础，结合生态园所在地农业、农村、农民现实需求，以生态扶贫、发展生产、增加农牧民经济收入、改善项目区农业生态环境、提高项目区农民素质、增强可持续发展能力为核心来进行建设和发展的。北方生态园的建设，为农民提供了先进、有市场潜力农产品的生产样板，并作为农业科技推广的主要载体，向农民展示生态农业发展过程中需要把握的主要技术环节、关键技术措施的科技示范。

武川县在新农村建设过程中，坚持从实际出发，注重生态建设，把生态建设同调整农村产业结构结合起来的做法，对全国特别是经济落后、生态环境脆弱的少数民族地区具有普遍的意义。

（二）通过生态建设调动农民的积极性和主动性

实现社会主义新农村的生态目标关键是农村的生态建设，而农村的生态建设关键是强调农民的参与和利益，只有当地村民广泛参与并从中得到利益，农村生态化建设才有强大的内在支持力和持久性动力。

武川县根据新农村建设的要求，在生态环境建设过程中用效益吸引农民，用事实引导农民，促进了农业产业化调整，使农民真实感受到实惠，一改过去那种"让我做"为"我要做"，成为治山治水的主人，使农民这一生态建设的主力军和受益者积极投身于社会主义新农村建设中。这对于生态环境较差地区具有一定的借鉴意义。

（三）通过生态建设促进当地经济与社会的发展

"穷生斗，富生安"，离开了发展一切无从谈起。发展落后、发展不快，难以建设社会主义新农村。武川县在生态建设中，不仅改善了当地的生态环境，而且收到了良好的社会效益和经济效益。

武川县通过两大工程的实施和北方生态园的建设，保护了森林，减少了洪灾、风沙等多种自然灾害，改善了生态环境，有效地保护了全县的农牧业生产；通过工程实施和北方生态园建设，使国营林场、圃再次得到了良好的发展机遇，使整个林业生产均进行了合理的调整，分流了大部分富余人员，妥善安置了下岗职工，解决了离退休职工养老保险问题；通过工程实施和北方生态园建设，进一步提高了全社会的生态环境意识，把林业各项改革引向深入，为国民经济持续、快速、健康发展创造良好的生态环境条件，促进少数民族地区的经济繁荣与各民族团结和社会稳定，加快了新农村建设的步伐。

四、结语

生态建设是新农村建设的一项重要内容，是实现新农村建设生态目标的必由之路。武川县在新农村建设中，注重生态建设，通过退耕还林工程和天然林保护等重点生态工程的实施和北方生态园的建设，提高了村庄森林植被覆盖率，保护生物多样性，改善了农村的生态环境，改变了农民的生活观念，调动了农民的积极性，促进了当地经济社会的发展，形成经济与社会、人与自然和谐发展的新观念，走出了一条值得深入研究和推广的路子。

参考文献

1. 许惠渊. 创新观念和系统运作是新农村建设的两大基本要素，决策咨询通讯，2006，4：45-48.
2. 宋倩. 加强农村生态环境保护推进社会主义新农村建设，理论学习，2006，8：26.
3. 刘无珍. 建设社会主义新农村的必要性和基本思路，理论界，2006，8：25-26.
4. 黎祖交. 论"生态建设"提法的科学性，绿色中国，2005，12：13-15.

关于黄河水源补给区"生态环境保护发展机制"的调研报告

——基于甘肃甘南藏族自治州玛曲县的调查

侯超惠[①]

2006年7月18日至23日,"985工程"中国民族地区经济社会与公共管理研究创新基地民族地区资源开发与环境经济研究创新组第一调研组对甘肃甘南藏族自治州,尤其以玛曲县为重点围绕民族地区资源环境补偿机制的建立、欠发达民族地区工业化、民族地区产业经济政策等问题进行了调查研究。

一、基本情况

(一)人员组成

调研小组由民族地区资源开发与环境经济研究创新组项目召集人、经济学院副院长李克强教授带队,成员包括经济学院樊胜岳教授、侯超惠博士,以及三名区域经济学专业和一名民族经济学专业的硕士研究生组成,师生组成比例为3:4,男女比例为5:2,结构比较合理。

(二)进入路线

甘肃甘南藏族自治州不是经济学院"211"工程建立的基地,人生地不熟,因此,选取合理的进入方式是能否迅速进入状态、获取地方支持、掌握有效资料的第一步。而从社会学角度看,通过朋友、师生关系介绍,以感情为基础进入是一种迅速有效的方式。李克强教授通过朋友关系,和当地政府有关部门进行接洽,加之中央民族大学在民族地区的良好声誉和广泛影响,较快地获得了政府支持。该州常务副州长和另外一名副州长都对调研组的到来给予了高度重视,并在资料提供和基层进入方面提供了极大方便,这对调研工作的深入开展打下了良好基础。

[①] 侯超惠,男,中央民族大学经济学院讲师,博士。

（三）调研方式

我们调研主要采取了以下方式：

1. 田野调查

调研组在甘南藏族自治州政府所在地合作市、夏河县和玛曲县进行了实地考查，重点对玛曲县（"玛曲"就是黄河第一曲的意思）和夏河县桑科草原就黄河首曲沙漠化、过度放牧、补偿机制建立、新牧村建设等问题进行了调查，走访牧民20余家。

2. 调查问卷

调查问卷分为两部分，一部分是由基地统一制作的调研问卷，这部分问卷由四名硕士负责，完成问卷27份；第二部分是调研成员根据自己研究方向分工，确定自己问卷内容，三位老师完成问卷9份。

3. 开座谈会

由于进入路线合理，当地政府给予极大支持，调研工作开展得极为顺利，我们先后与甘南藏族自治州发展与改革委员会、环保局、农林局、财政局、国税局、玛曲县政府（包括一名县委副书记、一名常务副县长、财政、发改委、国税、地税、环保、国土资源等部门）、夏河县政府组织了7次座谈会，详细了解了有关情况，并获取了大量第一手资料，尤其是掌握了当地政府的真实想法。

（四）主要感受

甘南藏族自治州人民淳朴豪爽，感情真挚，诚心待人，调研组每到一地，必出城迎接，献上青稞美酒和洁白哈达，调研组成员也抛弃学院风气，和当地同胞真诚相待，结下了深厚的友谊。四位硕士研究生在调研过程中在这一点上感觉深受教育，人格得以升华，这可能也是我们这次调研工作的额外但不意外的收获。调研结束后，调研组还将合影照片冲印寄回，加强了联系。因此，和民族地区同胞真诚交流，真诚相待，以诚待人，他们就会认你为朋友，竭尽所能为你提供帮助，这是我在民族地区开展调研的第一点感受。第二点感受是获得地方政府支持非常重要。民族地区地广人稀，单纯田野调查耗时较长，并且样本量较小，数据恐不具有一般性，因此必须借助地方政府的力量，对获取资料，尤其是调研工作的开展甚为重要。还需要注意的一点是，对于民族地区经济、社会的发展，在相当长一段时间内，必然还是政府主导，因此在掌握资料、进行理论分析的基础上了解政府的意图，进而以研究成果影响政府，使成果转化为现实的生产力，进而能够促进民族地区的跨越发展，这一点尤为重要。另外，调研前的充分准备、行程路线的合理安排、调研成员的饮食习惯等也非常重要。比如我们对高原反应的应急准备就稍有不足，在玛曲县（海拔3400米），就有两位成员出现症状，虽没有影响整体调研进度，但毕竟留有遗憾。

二、甘南藏族自治州玛曲县生态环境的基本状况、主要问题和原因分析

黄河从青海省果洛藏族自治州久治县门堂乡进入甘肃省甘南藏族自治州玛曲县木西合乡，自西向东，绕180°的大弯，从南、东和北三面环绕玛曲县，又入青海省的河南蒙古自治县，形成了著名的"天下黄河第一曲"，简称黄河首曲，玛曲县就在黄河首曲的中心地带。

（一）玛曲县生态环境概况

玛曲县位于青藏高原东端，甘肃省西南部，地处甘、青、川三省结合部4州12个县（市）的中心，拥有亚洲一号天然草场，是黄河上游一个藏民族聚居的纯牧业县。全县海拔3300米至4806米，年均气温1.1度，降雨量615.5毫米，属典型的高寒阴湿区，总面积10190平方公里，其中草场面积1288万亩，境内有畜牧、矿产、水电、旅游、药材等五大资源，并以生物多样性著称，有野生动物140种，属国家一、二级保护动物30多种；种子植物57科、204属、430余种，其中具有重要保护价值和开发利用价值的药用植物39科、100属、151种，已采集利用的药用植物20余种。黄河从东、南、北三面环绕，流程433公里，有较大的一级支流27条，二、三级支流300多条，年补给黄河的水约27.1亿立方米，净补充水量占此段入出量的45%（我们调研过程中，还有一个数字是58%），是黄河上游最大的蓄水池、湿地和三江源头保护区的一部分，也是"中华水塔"重要的组成部分，具有很强的水源涵养和水土保持功能，是维系黄河中下游地区生态安全的天然屏障。

玛曲县由于特殊的地理位置和独有的生态功能，1994年被甘肃省人民政府列为省级湿地类型候鸟保护区；1998年被湿地国际组织和联合国开发

计划署列入中国湿地生物多样性保护与可持续利用项目范围；1999年被国务院列为全国十大自然生态保护县；2000年被联合国开发计划署（全球环境基金会）将首曲湿地（若尔盖湿地的最大组成部分）列为中国湿地生物多样性保护与可持续利用项目。

（二）玛曲县生态环境面临的主要问题

第一，草原沙化严重。全县90%以上的草场都不同程度地存在退化现象，沙化土地面积已达6132.72公顷，共有36处大型沙化点，黄河沿岸已出现长达220公里的沙丘带，沙化草地面积达39996公顷，其中固定沙丘4060公顷，流动沙丘2072.72公顷，沙丘高达12至15米。据甘肃省荒漠化测绘中心运用TM卫星图片解译和实地核对调查，沙丘分布已由以前的斑点状分布的半固定、半沙漠向集中连片、全沙化和流动沙丘演变，并出现了典型的沙生植物和动物。且沙化面积平均每年还以299公顷的速度递增，年增加数值不断增大，沙进人退，可利用草场逐年减少，沙区的2500多牧民，16.8万头牲畜已完全退出沙区，沦为贫困人口。

第二，湿地萎缩，河流断流，泉水干涸。目前，境内数百个湖泊水位明显下降，地下水位下降了约20多米，给黄河注入水量比1980年减少了15%，沼泽湿地面积减少160多万亩；黄河的27条主要支流中，已有11条常年干涸，另有不少二、三级支流成了季节河；数千眼泉水干涸，大部分山谷小溪断流。

第三，河岸塌方与水土流失严重。黄河干支流河岸由于缺乏治理，致使水蚀、风蚀、重力侵蚀现象恶性循环，水土流失向纵深发展，已出现频繁的泥石流灾害。河岸塌方宽处达到1000米，破坏了草地，增加了黄河泥沙量，并逐年抬高河床，致使黄河频繁改道，使原河床河沙裸露，随风泛起，加剧了草原荒漠化进程。每逢冬春枯水多风季节，黄河沿岸沙丘滚滚，黄沙遍地，被风卷起的沙尘高达百米，扬沙波及数十公里，形成严重的沙尘暴天气。

第四，生物多样性锐减。据资料考证，上世纪六七十年代，玛曲有各类珍稀动物230多种，但据目前不完全统计，仅有国家规定的保护种类140多种，减少近90余种，许多珍稀野生动物濒临灭绝。

第五，草畜矛盾更加突出。草地产草量与1980年相比，下降幅度达1/4，草层高度下降1/2，草场理论载畜量下降33.66万个羊单位。

(三) 主要原因

对于出现这些问题的原因，甘南藏族自治州农林局的一位同志认为，过度放牧、鼠虫害严重、沙化面积日益增加和全球性气候变暖四大因素是玛曲"蓄水池"功能萎缩的主要原因：

其一是过度放牧。在玛曲，放牧量已超过草场承载量的一倍甚至更多，但牧民并没有产生警觉，因为除了放牧，这里的藏民没有其他经济收入。

其二是鼠虫害严重。因过度放牧引起了鼠害肆虐，高原鼠兔和中华鼢鼠在草原上大肆"挖掘"，草地中几乎变成黑土滩（老鼠挖洞掏出的黑土堆）。

其三是沙化面积日益增加。我们在"黄河首曲第一桥"附近看到，在黄河沿岸，已经出现大片的流沙，黄河沿岸沙漠化非常严重。据陪同人员介绍中科院寒旱研究所利用遥感测算，黄河首曲两岸沙漠化非常严重，如果按照近20年的退化速度，再有10年这里将是中国的第四大沙尘源。

其四是全球气候变暖。资料显示，玛曲县现今的气温比10年前平均升高了3到5度。因此导致水分蒸发量大幅增加，直接削弱了首曲湿地的蓄水能力。

玛曲退化草场的演化过程是：草场好，狼、狐狸、旱獭、鹰等动物多，老鼠不敢进去，生态链条便相对平衡；反之，过度超载放牧，优良植被大幅缩减，草高大幅降低，对高原鼠类拓开视线、躲避天敌十分有利，加上牧民对狐狸、猞猁的大肆捕杀以及鼠药对蛇、鹰的毒杀，使老鼠的天敌急剧减少；来自天敌的制约少了，老鼠得以大量繁殖，并在草场大肆挖洞，在将草连根吃掉的同时，将地下仅有的不足一尺厚的黑土挖出置于地表；被挖出来的成堆的褐钙土，受到风蚀、冰融等因素的作用，次生裸地连片出现，并不断地扩大，形成了"黑土滩"退化草地，最终演化为沙漠。

让我们逐一分析上述四个原因：气候变暖是客观因素，鼠害是自然灾害，历来都有，湿地草场沙化是结果，这些都不是原因，而从上述草场退化过程分析，过度放牧严重是关键，但它只是现象，而不是根本原因。从经济学的角度分析，我们更应该从人为因素，尤其是制度的因素寻找原因。而从制度分析，在牧区推行承包责任制出现种种问题可能是关键原因：

1. 草场产权不明晰，在实际生产中农牧民没有保护草场的意识。有些草原工作者认为，实行牧户草场承包经营与草场退化存在因果关系。在20世纪五六十年代也有草场退化的迹象，但那时主要是在畜牧业发展中盲目追求高产、滥垦开荒等原因破坏了草场，以及人口增加加重了草场负担等原因。到了20世纪八九十年代，更多的原因是草场承包到户之后，牧户在个人利益最大化的内在驱动下，超载放牧极为普遍，一般对草场"只用不养"，造成草场资源的滥用，导致生态失衡。

2. 草场条块分割，规模经营和流转困难，使当前"退牧还草"中，客观上要求草业规模化经营和多元化发展受到限制。

3. 草场建设和生态保护流于形式。一方面是农牧民没有资金和技术建设和保护草场，另一方面是原来负有建设和保护草场的基层草原站、一些草业科研单位几乎陷入困境，资金缺乏，人才流失，基础工作滞后，一些基层草原站成了"空架子"。

尽管政府部门出台了一些政策，一再延长草场的承包时间，以鼓励牧户增加投入，建设和保护草场，而实际上牧户很少这样做。究其原因：一是一家一户的牧民没有能力承担草场建设和保护的费用。二是如果给草场增加投入，短期收益就减少，平均生产成本会增加，进而长期收益会减少。三是草场的所有权因为不归个人所有，牧民认为，投资草场建设应由草场的所有者——政府完成。四是由于人为或自然等因素的影响，即使投资草场，预期收益也不确定。另一方面，牧户追逐个人收益最大化的一个严重后果就是，外部不经济——草场退化和生态失衡。

除了上述理由，还有两点：一是牧户投入更多费用用于草场建设，如果相邻牧户草场得不到改善，邻居的牛羊会进入自己的草场，由此会引发草场纠纷。二是牧户投资草场建设带来的外部经济效应往往跟牧户个人收益没有直接关系。总之，实行承包责任制导致的结局就是个人收益最大化和外部不经济并存。个人收益越大，外部不经济也越大，但是长期而言收益在减少。这就是今天草场退化越来越重，超载放牧屡禁不止，牧民收入呈递减趋势的内在机理。

三、关于在黄河水源补给区建立"保护发展机制"的思考

加强环境保护、促进民族地区经济发展是落实科学发展观、构建社会主义和谐社会的客观要求，更是维护人民群众环境权益，增强可持续发展能力的迫切需求。

(一) 从单纯的"补偿机制"到"保护发展机制"

黄河是中华民族的"母亲河",对保持黄河上游生态平衡,调节内陆气候,促进沿线九省(区)社会经济发展起着重要作用。加强黄河玛曲生态功能保护区建设,特别是强化玛曲湿地的保护,能进一步增强玛曲段为黄河上游"蓄水池"的功能,有效缓解黄河下游缺水、断流,调节发挥抗洪、防汛压力的作用,对沿黄九省区尤其意义重大。正因为如此,我们在调研过程中不止一次听到这样的声音:"应该建立补偿机制,由国家埋单,然后沿黄九省分担费用",一名当地同志还作过测算,如果每年中央政府拿出4亿元,通过生态移民、退耕还林、还草,限制放牧等种种措施,黄河水源补给区就能保护好。其核心就是一个问题:要钱。

对生态环境补偿的理解有广义和狭义之分。广义的生态环境补偿,包括污染环境的补偿和生态环境功能的补偿,即包括对损害资源环境的行为进行收费和对保护资源环境的行为进行补偿,以提高该行为的成本或收益,达到保护资源的目的。狭义的生态环境补偿仅指生态环境功能的补偿。这里所提主要是从广义角度。但是,如果我们采用这种补偿机制会发现这些问题:

1. 甘肃省通过测算认为自己应该获得较多的补偿,但如果上游青海也测算,认为没有青海就没有黄河,是否我更应该获得较多补偿;同理,下游河南也可以向它的下游山东提出补偿要求。同样,各支流之间也同样要求补偿,所以,这种说法几乎没有任何意义。

2. 从经济学角度分析,每一个地区都有自己的自然禀赋,每个地区都依靠自己的自然禀赋发展,如土地、矿产资源等,这些自然资源的特定在于它可以通过市场进行交易定价,而生态环境则不能,它无法通过市场确定它的交易价格,从而补偿标准也无法确定。

3. 从国家角度分析,每一个地区自然禀赋的不同会使其在国家整体中有所分工,某些地区可以利用资源发展,而有些地区则要更多地负起保护生态环境的重任,从这个角度看,进行补偿是必要的。但我们在调研中也发现,有些地方同志有非常严重的"等、靠、要"思想,比如前面提到的测算,第一年给4个亿,第二年还给,那到底要给多少年,而任何一个县域,国家每年给4个亿,想不发展都难,单纯依靠"输血"而不"造血",绝非长久之计。在甘南,有一位藏族官员说了一段我认为非常有见地的话:"对于我们民族地区,国家资金支持十分必要,但更重要的是政策和制度支持,依靠我们的自立自强，少数民族地区才能得到根本发展。"

有鉴于此，我们提出不提或少提生态环境"补偿机制"，而提出生态环境"保护发展机制"，其内容涵盖"补偿机制"的合理内容，但更加广泛、系统。因为从这些地区的实际情况分析，不是不能保护生态环境，而是在经济发展中遇到了问题，是在通过牺牲生态环境的基础上谋求经济发展，因此，问题的核心是克服片面的生态观（要生态环境不顾经济发展）和单纯的经济观（要经济发展而不注重保护生态环境），解决经济发展和生态环境保护之间的矛盾。

（二）生态环境"保护发展机制"的内涵和主要内容

生态环境"保护发展机制"的内涵是：对生态环境重点保护区提供资金支持，保护和改善现有生态环境状况；同时，以制度设计和运行为重点，着力解决民族地区经济发展和生态环境保护之间的矛盾，达到以发展促保护，实现经济与生态环境之间的和谐共进。

生态环境"保护发展机制"的主要内容应该包括：

1. 通过中央政府财政转移支付方式对地区生态环境保护提供专项资金。
2. 继续推行退耕还林、还草、定量放牧、生态移民等生态环境保护政策。
3. 改革牧区承包制，适度推进合作制。
4. 调整产业结构，提高工业化程度。

（三）现阶段制度设计

第一，改革草场承包责任制。

坚持草场公有，由集体或农牧户对草场长期承包经营，但严格控制经营者，不得在自己承包经营的草场上自由放养牲畜。这种经营形式的合理之处表现在：（1）由于仅长期承包经营草场，产权明晰，可有效保护集体或农牧民对草场的基本权利，如受益权和处置权等。（2）由于控制了农牧户或集体在长期承包的草场上自由放养牲畜，可有效制止超载放牧等承包草场后产生的短期行为，同时，也有利于实施草畜平衡管理。（3）实现草场有偿使用。如对牲畜放养者征收草场建设和保护税。促进草场的规模化经营并有利于专业化建设和保护。

第二，适度推进畜牧业合作化道路。

目前实行的草场承包到户经营责任制，在一定程度上推动了畜牧业的发展，减轻了对草场的一些压力。但是，这一政策使牧业生产方式又恢复到传统的一家一户小规模牧业经营方式上，使广大牧民又重新过上了封闭、保守的生活。牧民以一家一户，守着一座或若干山头、山坡、山沟、草滩及谷地，围绕自己牛羊群及家人，日出而牧，日落而息，很少与外界交往沟通，在这种近乎原始封闭的环境下，怎么能苛求思想开放和畜牧业现代化呢？因此，必须适度推进畜牧业合作化道路，通过政府资金支持，鼓励牧民自主联合等方式发展。

第三，完善财政转移支付制度。

通过财政转移支付，加大国家在民族地区的投资力度，可以弥补民族地区因保护生态环境而造成的财政减收。（1）可通过调整现行财政转移支付的支出结构，增设与生态环境保护和建设有直接关联的专项，增设欠发达地区定向专项，在定向专项的申报条件中附设与生态环境保护和建设有关的内容。（2）要开辟新的资金支付渠道，具体可以参照西部各省已有的专项资金征收管理使用办法，建立生态补偿专项资金，以进一步加大生态补偿力度。（3）征收生态环境补偿税。目前我国还没有真正意义上的生态环境补偿税，对煤、石油、天然气征收的资源税以及城镇土地使用税等，是针对使用这些自然资源所获得的收益而征收的，主要目的是调整企业间的级差收入，促进公平竞争，而不是为了促进生态资源的合理利用与保护。建议在现有税收基础上增设生态专项税种。除国家和地方财政投资外，采取一定形式，建立有社会各界、受益各方参与的多元化、多层次、多渠道的生态环境保护投融资体系。

第四，进行产业升级，大力推进工业化。

工业化是解决民族地区经济发展的根本。黄河首曲生态环境的恶化，除一部分原因来自自然环境的变化外，很大部分原因是人类的频繁经济活动所致。但不同的产业对生态环境的影响是不同的，比如高科技等，对生态环境的影响极小，而高科技等产业在黄河首曲地区不能实现甚至很遥远，而低水平的畜牧业和采矿等又是首曲地区的经济支柱，这样，黄河首曲生态环境的日益恶化现象就容易理解。我们认为，要优化黄河首曲地区的生态环境，就应该先优化其产业结构，建立人工草地带，提高草地总体生产力，推广各种舍饲实用技术，兴建畜牧业深加工企业，硬性合理减少牲畜超载数量，从根源上消除恶化首曲生态环境的隐患，同时以科技创新促进养殖质量和效益提高，使牧民把眼前增收和长远利益结合起来，以达到有效地保护和建设草原生态，增草增畜提高效益，促进草原畜牧业良性循环。同时，大力推进生物制药（比如藏药生产）、水力发电、民族风情旅游等产业，带动相关产业发展。

第五，实行定额放牧和圈地保护的优惠政策。

为了保护湿地生态功能，对黄河上游的草场应加强保护，禁止超载过牧，实行退牧，定额放牧，实施封山育林和封地保湿，搞好"三化"草地治理工程，退牧还草、草原灭鼠、草原灌溉工程，来保护黄河上游湿地生态，使湿地休养生息，永续发挥作用。对湿地实行有效保护，使湿地成为永久性蓄水池。

第六，实施生态移民，完善城镇定居制度。

进行生态移民，既是保护湿地草场的需要，更是推动工业化的需要。没有定居，就不可能有现代化的畜牧业，更没有现代化的工业。牧民定居，不仅可以提高牧民的生活质量，而且还可以解决牲畜的饲草料问题，并可以为发展多种经营创造条件。因此黄河首曲地区必须加快定居化城镇化建设。城镇不仅仅是政治和文化中心，还是生产基地，具有经济功能和巨大的经济推动力，即以城镇为中心，通过市场辐射到广大的牧区，进而引起牧区自发和自立的发展过程，从而逐渐缩小城乡差别。城镇化是牧区发展的必由之路，为了优化黄河首曲地区的生态环境，就得将其人口相对集中，实现定居化和城镇化，发展畜牧之外的经济，以减轻对草原生态的压力。

同时，在生态移民过程中，还必须充分注意到，不能割裂牧民之间的文化联系，避免生态移民的短期效应，应采取社区辅导和技能培训等多种方式，提高牧民移民后的文化认同感和归属感。

附件：十二位院士给温家宝总理的一封信

关于甘南黄河重要水源补给区生态环境恶化严重亟待国家支持保护与治理的建议

尊敬的温总理：

今年8月我去甘肃省甘南藏族自治州考察时，发现那里的生态环境急剧恶化，直接威胁着中华民族"母亲河"黄河流域的可持续发展。为此，建议国务院予以重视。甘肃省甘南藏族自治州是黄河重要水源补给区。境内以草地、森林、湿地生态系统为支撑的水源补给区面积大约44000余平方公里，平均海拔3000米，包括黄河及黄河重要支流洮河、大夏河，长江二级支流白龙江等。据资料显示，20世纪80年代，黄河在玛曲县境内流经433公里，径流量增加108.1亿立方米，占黄河源区总径流量184.13亿立方米的58.7%，占黄河流域总径流量的1/6，故玛曲湿地被誉为"黄河蓄水池"。但近十年来，由于全球气候变暖、人类活动增多和草原超载放牧等多种原因，该区域的生态环境急剧恶化。生态环境的恶化，不仅加剧了区内高原气候的干旱、风沙侵蚀和水土流失，更重要的是失去了草地、森林、湿地涵养水源的生态功能，破坏了生物多样性，成为黄河、长江中下游洪涝灾害和黄河不时出现断流的重要原因。对这个区域的生态状况，中央和甘肃省有关领导曾作过多次重要指示，有不少专家、学者赴该区考察，有关媒体也有多次披露，当地政府也做了大量工作。

今年5月，我和中科院院士、兰州分院院长程国栋等先后分别带领有关专家、学者，就该地区所披露的生态环境问题，特别是其与黄河水源的关系等生态问题进行了专门考察。9月，全国政协环资委也组织有关部门，对该区域的生态状况进行了调研。大家对该区域的生态状况有三个方面的共同感受：一是甘南高原是黄河、长江的产流区、水源涵养区和重要的水源补给区，黄河源于青海，但成河于甘南高原。甘南黄河重要水源补给区事关我国的生态地位，其生态状况不应忽视。二是这个地区是个以藏族为主体民族的藏族自治州，是国家扶贫工作重点地区。藏族群众自古以来就以畜牧业为生。由于该地区自然环境严酷，经济发展滞后，人民群众的生活还很困难。藏族群众为了发展生产，改善生活，满足人口增加的需求，不得不增加牲畜数量。而牲畜数量的增加，又导致超载过牧，不可避免地引发草地"三化"、湿地面积缩小、生物多样性破坏等生态问题。三是应对甘南黄河重要水源补给区的生态保护与建设问题给予高度重视。当前，应尽快采取措施遏止该区域生态环境继续恶化的态势。近年来，当地政府结合退耕还林、退牧还草和实施农牧优势互补战略，大力开展生态环境保护与治理工作，使该区域的局部生态环境略有改善，但生态环境逆向演替的整体态势仍在加剧。贯彻十六届五中全会精神，深入推进西部大开发战略，全面落实科学发展观，构建和谐社会，关注中华大江大河重要源区的生态安全问题成为科学家的一份责任。

为了维系黄河流域生态安全和国家的可持续发展，我倡议有关专家、学者，共同关注和支持甘南黄河重要水源补给区生态环境的保护和治理问题，引起了中科院郑国锠、孙鸿烈等知名资深院士的很大兴趣，开展了诸多研究，并积极在倡议书上亲自签名。目前，甘南藏族自治州做了大量的前期工作，甘肃省政府也组织力量编制了《甘南黄河重要水源补给区生态保护与治理规划》，作为"十一五"生态治理重点项目拟上报国务院，寻求国家支持。我们科学家深知，您担任总理后，愈加重视国家生态安全和西部的生态问题，并有许多重要指示。

为此，向您建议：

一、甘南生态环境问题不仅关系到藏族群众生产发展、社会进步问题，而且直接关系到黄河中下游广大地区的生态安全和经济社会的可持续发展。建议责成国家有关部门和有关科学工作者继续深入关注这一地区的生态变化。

二、鉴于甘肃省、甘南藏族自治州已做了相当的前期研究和规划工作，建议责成有关部门将甘肃甘南黄河重要水源补给区生态保护与治理项目纳入国家"十一五"规划和西部大开发总体规划，由中央财政专项支持，尽快实施治理。

三、甘南高原的地理环境独特，生物多样性特征显著，水源涵养与补给功能强，生态与经济具有较强的典型性，探索出一条生态保护与生产发展相结合的路子，将对青藏高原的生态保护与经济发展有着重要的借鉴与示范作用。因此，结合上述治理措施，还可考虑在甘南藏族自治州建立国家级生态经济功能示范区。

总之，甘南地处青藏高原东北部边缘，是内地通向藏区的门户。保护与建设这一区域的生态环境，不仅对黄河中下游地区广大人民群众的生产生活、维护国家生态安全具有重要意义，而且对加强民族团结、维护祖国统一、促进各民族的共同发展也具有重要意义。（本文有删节）

顺祝大安

北京大学校长
二〇〇五年十月十五日[①]

---

① 见2005年12月29日《甘肃经济日报》。12位院士为许智宏、程国栋、郑国锠、孙鸿烈、任继国、李吉钧、丑纪范、李家洋、汤中立、刘东生、薛群基、吴国雄。

加强生态建设，实现民族地区可持续发展

——对内蒙古赤峰市"生态立市"的认识与管见

曹 阳[①]

当前，我国民族地区在发展过程中都面临着一个共同的问题，即发展经济与生态环境保护的矛盾问题。人们已经关注到，多数民族地区的经济发展是以牺牲环境为代价的，因而造成了环境破坏、生态失衡、生态承载力不足的严重后果，使民族地区的可持续发展受到制约。

多年以来，赤峰市在生态建设和环境保护方面做了很多积极的努力，但是，经济和人口的快速增长给当地生态环境所造成的压力仍然不容忽视。中共赤峰市委在"关于制定国民经济和社会发展第十一个五年规划的建议"中指出，影响赤峰市"十一五"时期经济社会发展的主要问题之一是"生态环境比较脆弱"，所以，"十一五"期间要继续实施"生态立市"战略，以生态状况全面好转为目标，加强生态建设和环境保护，重视开发生态产业，增强可持续发展能力，从而促进地区经济发展。

赤峰市位于燕山北麓、大兴安岭南端，坐落于内蒙古自治区东南部，地处科尔沁沙地和浑善达克沙地的接合部，是我国北方典型的农牧交错地区。辖区内地形复杂多样，山地、丘陵、高原、盆地、平原俱全，属大陆性季风气候。土地总面积约9万平方公里，其中，山地、丘陵、高原（包括台地）占86.8%；平原占13.2%，其中沙地占23.3%，坡耕地占2/3以上，由于坡度大，水土流失严重，有机质含量一般仅1%左右，使赤峰31%的土壤成为脆弱土壤。赤峰市草地面积8655万亩，其中可利用的草地7297.5万亩，草原畜牧业是赤峰基层社区经济的重要组成部分。自20世纪70年代以来，赤峰市天然草场退化加剧，80年代退化面积达6905.5万亩。

因此，赤峰市的气候、土壤和植被状况具有较明显的"生态敏感地带"特征，其生态环境不稳定，且生态环境的变化将引起土地生产力明显下降乃至丧失，进而导致经济严重衰退，地区经济的贫困与之具有高度的相关性。所以，生态与环境保护成为制约赤峰地区可持续发展的最为关键的因素之

[①] 曹阳，女，大连民族学院民族地区可持续发展研究中心副教授、在读博士。

一。通过对赤峰市生态状况和建设情况的考察了解，我们更加深刻地认识到，赤峰市实现"生态立市"仍然任重而道远。对民族地区而言，加强生态建设，实现可持续发展依然是今后不断努力的方向。

一、草原生态退化，草地生产力和承载力大幅降低，地区可持续发展受限

赤峰是内蒙古传统的牧区，是距离北京最近的草原，其严重退化的生态导致了北京和北方地区频发的沙尘暴，同时也带来了赤峰市经济发展的高成本。由于人口和牲畜数量增长过快，对草原压力过大，长期以来，整个草原都处于严重超载过牧状况。赤峰市90%以上草原退化，3100万亩草原严重退化，又加之低层次的产业水平，赤峰的草原已经是一个不能自我维持的、不可持续发展的系统。主要表现在三个方面：

（一）草原生态环境的不可持续性

近年来赤峰市气候特点和气候变化情况是春季多风少雨，夏季炎热干旱，秋季霜期不稳，致使赤峰草原的自然灾害增多，草原环境渐趋恶化。据统计，1999年至2005年7年间全市平均降水量只有355毫米，比近30年平均降水量的401.2毫米减少了46毫米，其中2000年最少，只有321毫米，偏少了近20%，尤其是1999年至2004年，连续六年严重的干旱，甚至于七八月份不见绿色，使草原生态环境恢复困难，牲畜无奈转场几百里放牧。政府投入的救灾费用以及灾害所造成的损失要远远大于畜牧生产的总值。这种状态下，草原是难以实现可持续发展的。

（二）草原生态系统的不可持续性

由于过度放牧、开垦和气候变化，赤峰草原的生态系统状况十分令人担忧。首先，人为过度放牧引起草地退化，草层稀疏，春季大风将土表细土吹起，形成频发的沙尘暴。统计资料表明，赤峰市建国初期大小牲畜的存栏数为91万头（只），到1999年达到487万头（只），50年增长有5倍以上。现在，全市直接遭受风沙危害的农田面积646万亩，占全市农田面积的40.6%，受害草场3810万亩，占全市草牧场面积的57%。其次，植被的破坏和水土流失使草地生产力与承载力降低。一方面草地优质植物大量减少，

毒草、杂草等有害植物增多；另一方面土壤表层硬度增加，粗粒化、沙化严重，土壤腐殖质含量降低，二氧化碳释放加强，且水源的涵养功能也在大大降低，使地力明显下降。目前全市受荒漠化直接危害的地区面积已达8435万亩，占总土地面积的62.5%，其中阿鲁科尔沁旗、巴林右旗、翁牛特旗、敖汉旗和克什克腾旗损害尤为严重，流沙埋没公路231公里，房屋3891件，600多农牧民被迫迁居他乡。

（三）赤峰草原社会经济发展的不可持续性

多种社会因素造成赤峰草原的社会经济成本大幅增加，使地区经济发展的可持续性受到限制。第一，管理的不合理性使草原保护收效甚微，甚至适得其反。如在禁牧舍饲、封育禁牧、划区轮牧、生态移民等退牧还草，保护草原等政策和措施实施中，由于政策的不协调，牧民要付出收入减少的巨大代价，直接后果就是对保护草原的积极性减弱，不执行各项规定；第二，草原产业化程度很低，在缺乏企业带动、几乎没有投入的情况下，牧民只能过分利用草原，以不断扩大牲畜数量来提高收入；第三，人口文化素质低，环保和生态建设意识差，交通不发达，物流不畅，信息交流受限等。这些现实都在不同程度上导致了赤峰草原社会经济发展的不可持续性。

二、人口剧增，土地压力过重，制约地区经济的可持续发展

赤峰市是内蒙古自治区人口最多的地级市。根据《赤峰市志》提供的资料，1949年末，全市共有165.5万人，1970年增长到305.3万人，1989年突破400万人，到1990年达到411.2万人，2000年第五次人口普查数据显示，全市总人口达到451.8万人。从1970年到2000年30年间，赤峰市人口增加了146.5万，与建国初期相比，增加了近2.8倍。而土地却是有限的，不会随着人口的增加而增加。赤峰市2000年耕地总面积为105.43万公顷，与1950年相比，仅增加了37.76%。耕地面积在1971~1990年间呈直线下降趋势，耕地平均增长率为-0.66%，上世纪90年代初期以后，由于受开发政策影响，新垦耕地增加，耕地面积从1991年后开始有所增加，1991~1998年平均增长率4.9%。但由于人口增长的速度过快，赤峰市人均耕地从1971年的0.28公顷减少到1991年的最低0.18公顷，虽然从1992年逐步增加到了1998年的0.24公顷，但均低于自治区同期的人均耕地面

积。同时，赤峰市农业总产值从总量上看在全自治区中尽管处于前列，但由于人口数量多，其农牧民人均纯收入却处在落后位置。1998年，全市农业总产值排在全区第2位，而农牧民人均纯收入却排在全区倒数第2位，总值和人均值水平形成了巨大的反差。

人类要生存就要从自然界中不断摄取物质。有限的土地，有限的生物资源，却不断承受过快的人口增长所形成的人口压力，表现为资源消耗日益增加，供需矛盾十分尖锐，最终使资源短缺，生态系统遭到破坏。如巴林右旗的哈日苏，在上世纪60年代后期还是山杏灌丛草原，草高1米以上，成群的黄羊常常光顾于此。后来由于人们砍掉了山杏树，刨掉了树根，加之搂柴、挖药材，原来的灌木草原已被如今的沙化草场代替。类似的现象和问题还有很多。由人口压力所带来的土地压力造成了直接或间接的人为生态破坏，极大地制约着地区经济的可持续发展。

三、在加强生态建设，实现可持续发展方面的努力

我国民族地区大多处于生态环境脆弱地带，在谋求生存和发展的同时，都面临着共同的生态环境持续恶化的问题。因此，加强生态建设，实现可持续发展是民族地区共同努力的方向。同样，面对着不断恶化的生态环境问题，赤峰市历届政府带领广大干部群众始终坚持治山、治沙、治水，把治理水土流失、改善生态环境作为振兴经济、摆脱贫困的百年大计。赤峰市依托京津风沙源治理工程，并以此为发展机遇，以治理水土流失、改善人居环境、实现经济社会可持续发展为主线，开拓创新，有效地推动了生态建设向深层次、高质量、规范化发展，同时取得了良好的生态效益、经济效益和社会效益，为民族地区在加强生态建设、实现可持续发展方面积累和提供了一定可供借鉴的经验。

（一）因地制宜，务实创新，以切实可行的生态治理模式实施生态建设实践

近年来，赤峰市在生态建设实践中始终坚持因地制宜、务实创新原则，形成一系列切实可行的生态治理模式。

在林业生态建设中，以工程项目为支撑，注重规模效益，实行集中连片治理。先后建成了阿鲁科尔沁旗扎格斯台30万亩治沙工程、巴林右旗巴彦

尔灯 14 万亩治沙工程、胡日哈 14 万亩沙化草牧场防护林工程、克什克腾旗西拉沐沦河沿岸 11 万亩治沙工程、翁牛特旗巴嘎他拉 30 万亩治沙工程、响水 42 万亩治沙工程、敖汉旗长胜镇 12 万亩沙地治理工程、黄羊洼 42 万亩草牧场防护林工程等一大批规模较大、成效较好的综合治沙工程，并实行跨村联乡，连接成片，形成规模效益。在不同的工程中，根据不同地区情况，因地制宜，采取了人工造林种草、封沙育林育草、飞播造林种草和造、封、飞相结合等措施，同时根据治理好转情况的不同分别实行保护性开发、推沙造田、种植农作物、经济作物、药材、以草定畜、轮封轮放等不同治理和开发策略。这些工程的建成，为全市生态建设奠定了坚实的基础。

在水土保持、治理水土流失的生态建设中，赤峰市因地制宜地采取了八种治理小流域的模式，即：综合治理、基本农田建设、山丘区水利开发、农牧结合、沙化区复合治理、产业化开发、林果开发和城郊综合开发等模式，实行山、水、田、林、路、沟综合治理，林、果、草、药、杂立体开发，取得了很好效果。

（二）以先进科学技术手段为支撑，保障生态建设质量和水平的提高

赤峰市在多年生态建设的项目实施中，始终坚持科研与生产相结合，把引进和推广高科技成果、加大科技投入、提高科技含量贯穿于项目建设的全过程，大大提高了生态建设的质量。在此过程中，通过对人员的技术培训，普遍提高了基层干部、技术人员和农牧民生态建设的知识和技能水平，直接或间接保证了生态建设的质量和水平；通过新技术的应用和推广，保证了项目建设的高质量和高水平，已建成了一批集科研、示范和推广于一体的科技样板和精品工程；通过开展技术咨询、技术培训和技术服务，大大增加了全市人民对生态建设的积极性和参与性，为生态建设的顺利进行提供了保障。

（三）以生态和经济可持续发展为指导，坚持治理与保护并重，生态与经济并举，在生态建设的同时实现农、林、牧产业结构调整

第一，赤峰市在多年的生态实践中，坚持人工治理与自然修复相结合。通过部分苏木乡镇实行全年全境禁牧、部分苏木乡镇实行季节性休牧、对所有工程项目建设区全部实行"三禁"政策，保证生态建设成果不被破坏。

第二，采取有效措施缓解林牧矛盾。赤峰市属于农牧结合型经济类型区，在生态建设过程中不可避免地会出现各种矛盾。近几年来，全市普遍实行草牧场有偿使用制度，以草定畜，调整畜群结构，逐步走退牧舍饲的路子，并开展生态移民试点，一定程度上有效缓解了林牧、农牧矛盾。

第三，加大农、林、牧产业结构调整，实现资源型经济向生态型经济转变。赤峰市通过生态建设已取得了较丰硕的成果。2002年敖汉旗被联合国环境规划署授予"全球环境500佳"光荣称号，同时赤峰市先后被授予全国生态建设示范市、全国防沙治沙标兵单位等荣誉称号。在此基础上，赤峰市的农、林、牧产业结构得到调整和优化。近年，赤峰市农业改变了以粮为主的传统生产经营方式，大力发展有机农业，绿色无公害农产品得到长足发展。如现已有蟹岛、绿康、紫晨等多家龙头企业以翁牛特旗为基地，开发生产有机农产品。在农牧方面，赤峰市的农牧业经济正在由种植业主导型向养殖业主导型、被动抗灾型向主动避灾型、粗放经营型向产业化经营型转变。在林业方面，赤峰市加大了林业结构调整力度，积极引进新树种，在以营造防护林为主的同时，加大经济林、速生丰产林和灌木饲料林比重，改变林种树种结构不合理现状。同时开展林农、林牧复合经营，培育林业产业，开发沙产业，有效地提高了生态建设的经济效益，实现了长中短期效益的有机结合。如翁牛特旗、克什克腾旗等地利用沙漠天然景观和治沙绿化成果，融入蒙古民族风情，建设了独具特色的森林沙漠旅游区，获得了较好收益。

（四）深化改革，完善政策，建立全社会投身生态建设的激励机制

赤峰市委市政府为充分调动群众投身生态建设的积极性，本着"谁投入、谁治理、谁受益"的原则，先后制定出台了一系列政策性文件，确定了"谁造谁有，允许继承和转让"的建设和分配方针，解除了群众的后顾之忧，鼓励农牧民参与到以生态建设为核心的生产经营活动中来。据不完全统计，赤峰市现有个体治沙造林户近1000户，其中治理规模在1000亩以上的大户达52户。同时，赤峰市在各项生态建设工程的实施中，坚持市场化运作，以项目招投标或实行股份合作制治沙造林等市场化手段，实现生态建设的高效率。如在翁牛特旗响水工程建设中，由22家法人实体分别以土地、资金、劳动力等出资组建了翁牛特旗响水沙地治理开发（集团）有限公司，取得了较好的建设成效。

四、今后应进一步努力的方向

尽管赤峰市在加强生态建设、实现可持续发展方面的努力已经取得了令人瞩目的成就，但是，现实中仍然存在着一些实质性问题，是今后应进一步努力的方向。主要体现在以下几方面：

（一）在生态建设中要处理好植树与种草的关系，避免重植树、轻种草的倾向。在调查中发现，国家有关政策不协调，退耕还林所获补偿远远多于退耕还草，因此，群众和地方政府退耕还林的积极性更大，由此，盲目开垦草地，在一些本应适宜长草的地方种植树木，导致树木成活率非常低，个别干旱地区年年种树，却只见树坑，不见绿色，进一步加剧了草原沙化的程度。所以一方面必须根据当地实情，制定出切实有效、符合实际、相互协调的政策措施，并明确规定政策的适用范围，避免因政策原因给草原保护带来不良后果。另一方面退耕还林还草应避免一刀切，要按照不同地理环境和气候条件，宜林则林，宜草则草，采取不同方法扎扎实实进行建设。

（二）要处理好生态建设与农牧民增收的关系，生态建设要与农牧民收入增加紧密结合。实际中，赤峰市实行的全年禁牧舍饲、草畜平衡、划区轮牧等政策使牧民必须改变生产方式，其间的转换成本非常高，对农牧民的收入造成很大影响。而目前国家对于农牧户的损失只是象征性补偿，致使许多农牧民在生态建设中收入减少，本来贫困的生活变得更加贫困。所以，一方面国家应尽快建立草原生态补偿机制，针对牧民在生态环境建设和保护中所作出的牺牲，给予有效弥补。另一方面地方政府应作出努力，将改善生态环境与农牧民收入增加纳入协调发展轨道。如通过股份制合作经营，扩大规模，大量吸收劳动力就业，使农牧民收入得到提高；以市场为导向，进行生态畜牧业产业化建设，大力发展草产业、林产业和沙产业等，培养和开辟新的经济增长点，真正实现"山绿了，人富了"，形成可持续发展的良性循环。

（三）要加强市场体系建设，完善产业化生产的社会化服务体系。赤峰市市场体系建设远远落后于经济发展的要求。巴林右旗作为一个典型的牧业区，每年的羊绒产量达400吨左右，是我国重要的羊绒产区，但整个旗县却竟然没有一个农畜产品交易市场，更谈不上信息的交流和沟通。由于缺乏完善的市场体系，流通环节多，渠道不稳定，信息不畅，导致畜产品价格低且波动频繁，严重影响了产业的发展。另外，包括咨询、技术支持、流通服务、信息传递等社会化服务也严重缺乏，没有形成有利的产业发展空间。赤峰市政府应该根据产业发展要求和产业发展实际情况，在必要的旗县大力发展各种中小型的农畜产品批发市场或零售市场，减少流通环节，建设完善包括信息网络、技术支持、流通服务等在内的社会化服务体系，努力实现资源有效配置，为农牧产品实现产业化发展创造更有利的发展空间和发展条件。

防治沙漠化，发展沙漠旅游业

——对内蒙古响沙湾和恩格贝旅游区的调查与思考

张振国[①]

提起沙漠，人们不免会打怵。当今世界上，沙漠正在逞强施威，危及人类的生存。在非洲是这样，在亚洲是这样，在中国乃至内蒙古也是这样。据统计，近年来我国为治理土地沙漠化投入大量人力物力财力，取得了显著成就，完成综合治理开发面积540多万顷，10%的沙漠化土地得到初步治理。但是，目前我国仍处在严重的沙漠化威胁之中，沙漠化面积每年在扩大，全国沙漠化土地面积174.3万平方公里，沙化土地面积正在扩大，由1994年前的每年2460平方公里，增加到现在的3436平方公里。同时，有关专家指出，防沙治沙需要长期投入巨额资金。据测算，对于治理难度不大的沙化地，每治理1亩也需要平均投资300元，耗时4年至6年。按这一标准，要将我国沙区可治理的52.9万平方公里沙化土地基本治理好，需投资2340亿元之巨，这一数字，尚不包括具有明显沙化趋势土地的预防费用。因此，要想单纯依靠国家的投入来防治沙漠化，所需的投资将是一个难以想象的天文数字。

一、"沙产业"的提出

在长期的实践中人们认识到，要想彻底改变我国生态环境恶化的局面，不能仅仅依靠由政府出钱种树种草的生态建设机制，而需要鼓励动员更多的社会力量来参与。需要把防治沙尘暴、沙漠化与沙区经济发展结合起来，在改善环境的同时，发展当地的特色经济，帮助当地人民群众早日脱贫致富。1984年，我国著名科学家钱学森教授首次提出"沙产业"的概念。他认为，沙产业是在"不毛之地"上，利用现代科学技术，包括物理、化学、生物等科学技术的全部成就，通过植物的光合作用，固定转化太阳能，发展知识密集型的农业型产业。他设想，沙产业作为知识密集型的农业型产业，能够

[①] 张振国，男，助教，大连民族学院教师。

让我国16亿亩的沙漠戈壁每年提供几千亿元的产值。他在总结了我国西部开发经验和教训后认为西部开发要积极发展沙产业。沙化地区的自然条件虽有恶劣的一面，但丰富的光热资源和独特的沙土地，又成为其发展特色产业的优势。沙漠综合治理技术的发展，还使得开发沙漠资源成为现实。

沙产业和其他产业一样，具有"基地、研发、生产、销售"等十分完整的产业链条。不同的是，沙产业充分利用了沙漠化地区独有的光照强、积温高、温差大、土地广、无污染等资源优势。沙产业的目标是盈利，因此不同于传统的防沙治沙、造林绿化。亿利集团总裁王文彪说："企业参与防沙治沙，在追求经济效益的同时，实现了生态效益和社会效益。"

二、内蒙古沙漠旅游业的发展

内蒙古沙漠资源丰富，具有发展沙漠旅游业的比较优势。自治区从西到东分布有巴丹吉林、腾格里、乌兰布和、库布齐、巴音温都五大沙漠和毛乌素、浑善达克、乌珠穆沁、呼伦贝尔五大沙地，沙区总面积达11.2亿亩，占全区土地总面积的63.3%。近年来，根据市场需求，结合现有的技术水平和沙区资源特点，自治区大力发展沙漠旅游业，开发的响沙湾旅游区和恩格贝旅游区目前已成为全国4A级景区，并且有效地改善了当地的生态环境，促进了当地的经济发展，为自治区旅游业的发展作出了重大贡献。

（一）响沙湾沙漠旅游区

响沙湾也叫银肯响沙（"银肯"为蒙古语，意为"永久"），居中国响沙之首，堪称响沙之王。位于内蒙古鄂尔多斯市境内库布齐沙漠中，距内蒙古包头市30公里。响沙湾旅游景区是国家旅游局推出的"首批国线旅游景点"之一、中国AAAA级风景区。

响沙湾景区自1999年7月1日由民营企业家王文骏买断其经营权至今已近7年，体制的变革使景区得到突飞猛进的发展，旅游收入一路飙升。从1999年到2001年，王文骏共投入1500万元人民币修路、建停车场和宿营地，而响沙湾的经营收入也从1999年的120万元人民币增长到了2005年的300多万元。在这里游客可以组成骆队，行走在金黄色如软缎般的沙地上，极目远眺那天沙相连的曲线，观赏平坦如镜的沙面。2003年在遭受非典重创的情况下，仍取得骄人的成绩，接待游客9.5万人（次），旅游收入也较为可观；投资20多万元排练的一场阵容强大、声情并茂、极具民族特色的大型歌舞剧《鄂尔多斯婚礼》，引起轰动效应；投资1100多万元完成210国道包东高速路到景区出入口工程、从达旗树林召到景区的高压线输电专线工程、在罕台川施工的截伏流工程，使水、电、路顺畅，为游客提供了更加舒适稳定便捷的旅游环境。2004年以来，公司更加注重民族文化内涵的挖掘，在旅游旺季即将到来之际，除保留原有的《鄂尔多斯婚礼》及民族歌舞演出外，还将推出《响沙湾的神话传说》、《鄂尔多斯高原古大陆的形成》、《蒙古族历史》等涵盖神化、科幻、民间、宫廷四部分内容的大型歌舞剧及《全国旅游景区百幅优秀作品展》、《响沙湾大漠沙雕艺术展》、《第二届响沙湾沙漠文化服装设计暨表演大赛》、《人体彩绘艺术展》、响沙湾旅游公司成立5周年庆典等丰富多彩的文化活动。与此同时景区建设也将迈上一个大台阶。投资2000万元到3000万元建设沙漠科教馆等一批规模宏大，品位、档次上乘，集科教、演出、会展、娱乐、服务于一体的旅游项目，使响沙湾不仅成为沙漠文化与民族文化的教育基地，更让游客尽情享受舒适、梦幻、浪漫的沙漠之旅。公司在拓展市场方面又出新举措，为响沙湾输送人数列前十位的旅行社免费在全国旅交会上租展位，并免费提供一个人的食宿、路费，这一经营理念，无疑将促进旅游企业间的横向联合，提高旅行社组团积极性，使响沙湾及周边景区的客流量大幅增加。2005年全旗计划接待旅游人数70万人次，仅响沙湾接待旅游者达25万人次，实现旅游收入2500万元，成为自治区新的经济和税收的增长点。

  目前，景区已形成"食住行游购娱"配套的一体化服务体系。餐饮方面有提供民族风味的鄂尔多斯婚宴厅、高雅的生态景观餐厅、满足大众口味的自助餐厅，餐饮日接待能力达到4000人次；景区已具备了同时容纳近300人的住宿条件；景区除传统的骑马、骑骆驼、篝火晚会、沙漠探险等沙漠旅游活动外，还新引进了沙漠滑翔伞、沙漠太空球、沙漠冲浪车等一系列深受游客喜欢的项目，共有近20个丰富的沙漠活动项目。以经营民族工艺品和沙漠旅游纪念品为主的购物中心大厅，满足了游客购物休闲的需求。文化活动方面除了品牌演出节目《鄂尔多斯婚礼》，还增加了沙漠文化服装表演等内容，每年定期举办的沙漠摄影、服装大赛已日趋成熟，影响广泛，有力地提升了响沙湾的文化品位和品牌形象。响沙湾景区文化建设与旅游设施建设独树一帜，精品经典，成为内蒙古沙漠旅游的一大亮点。

（二）恩格贝沙漠生态旅游区

恩格贝地处内蒙古自治区鄂尔多斯市库布其沙漠腹地达拉特旗乌兰乡镇内，总面积约30万亩，其中沙漠18万亩，草场12万亩，是著名的治沙中心。恩格贝（蒙古语，意为平安、吉祥）过去全部是荒漠化土地，如今她已被国家环保局命名为国家级生态建设示范区，享誉中外，充满传奇色彩，每年都有大批的国际友人前往植树和参观。

库布齐沙漠是中国八大沙漠之一，平均年降雨量仅250毫米左右，风狂沙漫，植被稀疏，被称为不可治理的地球癌症。历史上的恩格贝曾绿草如茵，牲畜成群，召庙香火缭绕，人民世代生息，但掠夺性的开垦、过牧，加上战争因素，作用于此地脆弱的生态环境，这里逐渐地被夷为沙海，土地资源丧失，人民被迫迁徙他乡。1989年11月，鄂尔多斯羊绒集团副总裁王明海和一批志愿者放弃优厚的待遇和舒适的生活，来到荒无人烟的恩格贝建设绒山羊基地，开始整治沙漠这项具有重大意义的工程，从此，30万亩土地开始发生了日新月异的变化。1990年，日本沙漠绿化实践协会会长、世界著名的沙漠专家远山正英先生带领他的协力队也来到恩格贝。在他的影响下，国内成千上万青年志愿者不计报酬地来这里进行义务植树和开发建设。恩格贝的事业，寄托着人类对自身生存环境的忧患与希冀，来自各地的志愿者用他们真诚的手，在沙漠中留下了珍贵的绿色。十多年来，恩格贝沙区初步形成带、网、片、乔、灌、草结合的综合防护林体系，为保护母亲河——黄河形成一道绿色的屏障。

恩格贝的绿化事业得到了党和国家领导人的肯定，得到了各级政府部门的支持，得到了各国友人和全社会的关注，同时也吸引了大批国内外游客前来观光旅游。1997年恩格贝被国家环保局命名为国家生态建设示范区（试点），2000年自治区人民政府又将恩格贝定为自治区级生态示范区。目前的恩格贝已发展成为集沙漠珍禽动物观赏、大漠风景观赏、生态农业观赏、沙生植物观赏和游客休闲度假综合服务为一体的沙漠生态旅游区，开发了植树旅游、观沙漠绿洲、观珍稀动物和水上娱乐等旅游项目，形成了五大旅游景区，二十余个旅游景点。其中的"漠中河"长3.5公里，乘快艇或荡舟随着沙丘的蜿蜒曲折直入沙漠腹地，堪称天下一绝。2005年，旅游人数已达到了20万人次。

恩格贝生态旅游区独特的天然沙漠风景，景观壮美，风景独特，700公里黄河呈无比巨大的"几"字形，宛如弓背，迤逦东去的茫茫沙漠，宛如一束弓弦，组成了巨大的金弓形。大漠浩瀚，长河如带，沙海茫茫，朝日浑圆，气魄宏大，如诗如画。诸多的沙漠自然神奇景观，原汁原味的大漠风光，能给人以发自内心的震撼。

三、两点启示

（一）防沙治沙需要新思维

沙产业的兴起，使人们以全新的视角审视沙地及其资源，防沙治沙工作由过去的被动防治走向主动开发利用沙地资源，寓环境保护于经济发展之中，既控制了沙漠化的蔓延，又为实现人类与自然的和谐发展探索出一条新路。

治沙与治穷结合是形成沙区生态与经济良性循环的根本出路。沙产业是改善生态的积极对策，沙产业的发展弥补了国家治沙资金的投入不足，对加快沙化土地治理步伐、增加就业机会和帮助农牧民脱贫致富，具有重要意义。钱学森先生曾提出沙产业是第六次产业革命，并预言沙产业能提供上千亿元的产值。我国沙化土地分布在30个省、区、市，开发潜力不可限量。随着大量企业把沙漠中的千家万户带动起来加入沙产业大军，钱学森先生的预言就可能变为现实，中国的沙漠也有希望变成绿色家园。

（二）结合当地资源特点，积极发展沙产业

发展什么类型的沙产业？如何发展？必须根据当地沙区资源的特点，合理开发。内蒙古自治区根据市场需求，结合现有的技术水平和沙区资源特点，在"十五"期间重点开发了十大沙产业。响沙湾旅游区的开发是根据"响沙"的特点；恩格贝旅游区的开发是根据当地目前的绿化示范作用；根据沙棘和山杏都是内蒙古沙区特有的植物，也是开发新型食品的重要资源，建设西部沙棘综合开发利用产业化示范工程；根据沙区内蕴藏着许多珍贵的药材资源，如麻黄草、苁蓉等，都具有极高的营养保健价值及医用价值，鄂托克前旗麻黄素厂计划投资1.5亿元人民币，建设人工麻黄草基地5万亩，使鄂尔多斯市麻黄素生产规模达到200吨。另外，"十五"期间，内蒙古还重点培育一批高新技术产业化项目，力争在某些领域取得突破，提高高新技

术产业在经济中的比重。在风积沙微晶材料产业化开发方面，大连理工大学和内蒙古东信公司经过两年多的探索，以沙漠风积沙为主要原料，利用浮法生产工艺，成功地研制出高质量的浮法微晶玻璃板，经国家建筑材料测试中心检测，各项技术指标均达到国际标准。目前，内蒙古东信公司计划投资1.2亿元人民币，在乌审旗建设年产50万平方米浮法微晶材料板生产线。项目建成后，该公司可实现年销售收入1.5亿元人民币。此外，沙柳、有毒灌草、荒漠藻治沙及藻类、天然胡萝卜素等产业的开发，也具有相当大的潜力，是内蒙古今后的重点投资方向。

民族地区林业生态建设与新农村建设的思考

——以赤峰市敖汉旗为例

王 亮[①]

一、林业生态建设在新农村建设中的重要作用

林业生态建设是社会主义新农村建设的重要组成部分，二者息息相关，相互促进，共同发展。林业具有自然和经济两大属性，既是一项公益事业，又是一项基础产业，具有生态、经济和社会三大效益，社会主义新农村建设所提出的"生产发展，生活宽裕，乡风文明，村容整洁，管理民主"的总目标和总要求，都与林业生态建设密切相关。林业生态建设在社会主义新农村建设中具有巨大潜力。充分发挥林业的多种功能，对于改善农业生产条件，增加农民收入，促进农村经济社会协调发展，推进社会主义新农村建设，都有着不可替代的重要作用。

（一）林业生态建设有助于实现新农村建设的总目标

第一，林业生态建设是加快农村生产发展的重要内容。解放和发展农村生产力，是建设社会主义新农村的根本任务，是促进农村社会全面进步和农民全面发展的物质基础。一方面，林业作为一项基础产业，通过延伸林业产业链条，能够直接创造和催生新的农村生产力。另一方面，森林能够有效地防灾减灾，改善农业生产条件，从而保护和提高农业综合生产能力，促进农业稳产高产，间接解放和发展农村生产力。

第二，林业生态建设是实现农村生活宽裕的有效途径。新农村建设的核心问题是如何实现农民收入持续较快增长，提高农民的生活水平和质量。实践证明，大力发展林业产业，特别是大力发展以林业产业为依托的林果业、种苗花卉业、森林旅游业以及林下种养业、野生动植物繁育利用业等林业产业，是增加农民收入最直接、最快捷、最有效的途径。

第三，林业生态建设是促进乡风文明的重要载体。乡风文明是对社会主

---

① 王亮，男，助教，大连民族学院教师。

义新农村在精神层面上的要求,是具体的,不是抽象的,需要靠建设来培育,靠载体来承载,靠行动来体现。森林是人类文明的摇篮,也是陶冶情操、树立文明乡风的重要载体。广大农民群众与植树造林有着天然的、质朴的情感。通过植树造林,能够使农民群众在生动具体的实践中,进一步提高思想道德素质、科学文化素质和健康素质,提高自我教育、自我服务、自我管理的本领,提高勤奋致富、科技致富的能力,提高关心生态、保护环境的自觉性,从而促进农村经济社会的全面发展。

第四,林业生态建设是实现村容整洁的重要措施。村容整洁是新农村的基本特征之一,是农村社会发展迈向现代化的重要标志,也是新农村建设的外在表现和农民生活质量提高的重要体现。村容整洁主要体现在四个方面:一看路,二看树,三看卫生,四看住,通过发展林业生态建设、绿化宜林荒山、构筑农田林网、绿化村庄和发展庭院林业,可以从根本上改变村容村貌,为广大农民群众的创造一个物质文化生活丰富多彩、人与自然和谐相处的良好生活环境。

第五,林业生态建设是推动农村管理民主的重要手段。建设社会主义新农村,必须扩大农村基层民主。通过参与和决策林业生态建设调动了广大农民群众的积极性、主动性和创造性,广大农民群众依法行使了当家作主的权利。特别是,各地在改革林权制度、实施森林生态效益补偿制度过程中,林农群众的权属更加清晰、责任更加明确、利益更加直接,使得广大林农群众更加积极地参与林业项目的决策、实施、管理和利益分配的全过程。由此推动了村务公开和民主管理,使村干部懂得了依法行政,群众懂得了依法维权,极大地增强了农民群众的法制观念,推进了农村管理的制度化、规范化和程序化。

总之,抓好林业建设,肩负起时代赋予林业建设的重大使命,对于改善中国的生态环境,促进经济社会的全面发展,推进新农村建设意义重大。

(二) 林业生态建设对民族地区新农村建设的重要意义

在民族地区,走林业生态建设推进新农村建设的道路具有双重意义。我国的民族地区经济发展落后,工业化水平较低,生态环境破坏严重,恶劣的生态环境一直是制约民族地区经济发展的重要因素。走林业生态建设之路,一方面可以改善民族地区的生态环境、生产条件,实现村容整洁的新农村建设目标;另一方面还可以通过发展林业产业促进经济增长,帮助农村剩余劳动力就业，实现农民生活宽裕的新农村建设总要求。近年来，内蒙古赤峰市敖汉旗正确处理生态与产业两者之间的关系，牢固树立林业生态优先的发展思路，立足本地资源优势，不断探索新农村建设的长效机制，通过林业生态建设推动全旗新农村建设，走出了一条民族地区新农村建设的新路子，取得了喜人的成绩。

二、敖汉旗以林业生态建设促进新农村建设的发展模式

敖汉旗位于赤峰市东南部，地处燕山山脉东段努鲁尔虎山北麓，科尔沁沙地南缘。总土地面积1245万亩，总人口59.3万人，是国家扶贫开发重点县和京津风沙源治理重点县。自2001年以来，敖汉旗人累计完成营造林170.14万亩，其中人工造林125.54万亩，沙源项目飞播造林5万亩，封山（沙）育林39.6万亩。占全旗总土地面积1245万亩的13.7%。

表1 林业建设一览表

人工造林（万亩）								封山（沙）育林（万亩）		沙源项目飞播造林（万亩）
退耕地造林	荒山匹配造林	沙源项目防护林	造林沙源项目	保护造林	德援项目	意援项目	其他造林	沙源项目	德援项目 荒山匹配	飞播造林
33.5	24.5	4.6	23.3	0.7	6.35	4.5	28.09	27.99	8.61　3	5

目前，全旗有林面积达533万亩，森林覆被率达39.96%，是1978年前124.4万亩的4倍；全旗保存治理水土流失面积495万亩，治理程度达到51.4%，蓄水量提高到85%，生态环境和区域小气候状况明显改善，据监测结果显示，与以往相比全旗年平均降水量增加30.5毫米，无霜期延长2天，平均风速降低1.65米/秒；农村的生产条件也显著提高，农民收入稳步上升。初步估计，农田防护林对粮食和秸秆年均增产价值达0.95亿元，农牧民人均增收178元；生活环境良好，社会影响不断扩大，先后被授予全国治沙先进单位、全国造林绿化先进单位、全国平原绿化先进单位、全国科技兴林示范县等荣誉称号，特别是2002年获得了联合国环境规划署授予的全球"500佳"环境奖。初步实现了"生态、经济和社会效益的"三效统一，完成了新农村建设的各项指标要求，为进一步深入开展新农村建设打下了坚

实基础。

敖汉旗以林业生态建设促进新农村建设之所以能够取得明显成效，原因在于敖汉旗始终坚持以林业生态建设促进新农村建设为目标，以林业产业化为手段，以政府为主导，以农民为主体，以科技服务、产权改革等为辅助的发展模式。

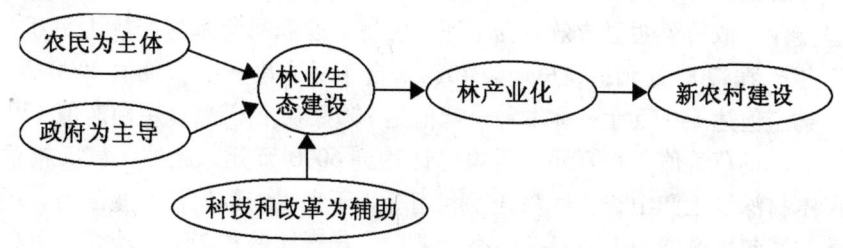

图1　敖汉旗以林业生态建设促进新农村建设的发展模式

（一）以政府为主导

敖汉旗在以林业生态建设为主体推进新农村建设的过程中，始终坚持政府为主导的工作思路。政府为主导就是要求政府发扬接力赛精神，统一规划，规模治理，发挥领导和引导作用。敖汉旗历届领导始终用科学发展观指导生态建设工作，将生态建设作为立旗之本、生存之本、发展之本、振兴之本。20世纪80年代初以来，敖汉旗委换了七任书记，政府换了七任旗长，生态建设不仅从未间断，而且形成了一任比一任建设得多、建设得好的势头。旗委、旗政府先后出台了多项关于敖汉旗林业生态建设的规划方案和实施意见，不同程度地为该旗生态建设绘制了近期、长远发展的蓝图，提出了基本建设的目标和指导思想。为了加快生态建设步伐，实现规模效益，每年都确定四至五个重点乡镇，实行农牧统一规划，综合治理。这样不仅加快了治理速度，而且形成了工程体系，实现了集中连片治理，保证了治理的数量和质量。此外敖汉旗还运用一系列优惠政策调动农民群众积极整地、筹款买种买苗。广泛宣传先进典型的成功经验和英模人物的先进事迹，全旗上下形成了"比、学、赶、帮、超"的良好生态建设氛围，进一步加快了造林绿化和新农村建设的步伐。

（二）以农民为主体

敖汉旗在以林业生态建设为主体推进新农村建设的过程中，始终以农民为主体。农民为主体就是要充分调动广大农民群众的积极性和首创性，让农民群众真正成为林业生态和新农村的建设者，切实考虑他们的自身利益，特别是经济利益。为了确保农牧民增产、增收，把新农村建设落到实处，敖汉旗坚持引领广大农民群众走林业产业化道路。加大了杨树商品林、山杏经济林、沙棘经济林、饲用和能源转化灌木林、蚕桑基地等五大林业产业基地的建设步伐，取得了明显成效。据不完全测算，全旗每年木材产量达5万立方米，年产值1300万元；农户烧柴40%来自于林木副产品，价值2900万元；经济林产值达140万元；林木种子产值达700万元；天然食用菌产值120万元；林木饲草价值930万元。六项总计达到6090万元。此外，敖汉旗重点抓了木材深加工和山杏、沙棘开发利用等骨干项目，以拉长产业链条。还先后建立了年生产能力1.2万吨的杏仁乳厂、年产沙棘茶2吨、沙棘油200公斤的成天源茶厂。目前正在筹建具有5条沙棘系列产品生产线的内蒙古康健沙棘有限责任公司。同时为了解决"小老树"更新利用和小径材销售难的问题，投资建设了年生产能力为3万立方米的中密度纤维板厂和60多个星罗棋布的小型木材加工厂点，加大了木材加力度。饮品加工业、灌木饲料加工业、蚕丝加工业和野生动物驯养繁殖业等五大林业主导产业的建设与开发，为敖汉旗农民群众就业、增收和致富提供了机会。

（三）坚持科技兴林，提高建设质量

敖汉旗在以林业生态建设为主体推进新农村建设的过程中，始终坚持科技兴林，注重林业建设质量。敖汉林业的快速发展，仰仗了科技的全程支撑。"三北"防护林工程建设以前，大多采取埋干、埋条、直播、实生苗造林，造林成活率不足40%，需要经过1—3次补植，才能成林。"三北"防护林工程启动以后，敖汉旗发明、制造和应用了开沟犁造林技术，使造林成活率提高到85%以上，比传统方法提高30%，大大加快了全旗造林绿化进程。在这一发明的启发下，敖汉旗提出了"不整地、不造林"的技术措施，形成了深沟大坑整地、良种壮苗、苗木保湿、浸苗补水、适当深栽、扩坑填湿土、分层踩实、培抗旱堆等八个以开源节水为中心的抗旱造林系列技术，为全旗林业快速发展提供了技术保证，在"三北"地区得到了广泛推广应用。从"九五"后期开始，敖汉旗造林进入攻坚阶段，宜林地多处于石质山、大沙地，难度大、成活率低。为有效地进行治理，敖汉旗又在山地综合治理上，采取了客湿土、泗湿土、营养袋、覆膜、坐水栽植等造林新技术，

大力推广应用ABT生根粉、根宝Ⅱ号、保水剂等植物生长调节剂，引进和推广黄柳网格沙障技术，使流动、半流动沙地一次性得到治理。同时，充分尊重生态平衡和水分平衡规律，因水定林，全旗所有造林全部实行两个以上树种混交造林，大力优化林种树种结构。在营造林中充分兼顾农林牧三业的最佳组合，对人工造林进行全面质量管理，并开始对重点林进行集约经营，以全面提高林业建设的整体水平。敖汉旗始终把林业科技攻关放在科技兴林的突出位置，有9项林业科研成果获得省部级以上奖励，其中有1项获得国家科技进步三等奖。由此可见，科技力量在新农村建设过程中的贡献力量不可忽视。

（四）坚持改革

敖汉旗在以林业生态建设为主体推进新农村建设的过程中，始终坚持林业产权制度改革，经过扎实、稳妥的工作，改革取得了明显成效，一是全旗林业建设出现了"四个转变"：由过去"要我造林"向"我要造林"转变，实现了造林主体多元化，出现了争要造林的好局面；由过去单一树种造林向多树种造林、引进速生、新品种造林的经营模式转变，林业结构调整步伐明显加快；由过去以国家投资为主的单一模式向多层次、多渠道、多形式投资造林的模式转变，大大缓解了造林资金紧缺的矛盾，较好地解决了有地无钱和有钱无地的矛盾；在经营思路上由过去的"林业经营靠天收"的传统观念向林业生产集约经营、高投入、高产出的现代林业经营理念转变，注重发挥科技的支撑作用，使科技在林业建设中的贡献率不断提高。二是盘活了集体资产，使林业资产保值增值。在使集体经济不断发展壮大的同时，群众也同样通过管护树木而获得较高的经济收入。三是明确了产权关系，强化了群众主人翁意识，走出一条全社会投资办林、护林、管林、齐抓共管的新型林业发展道路。四是拓宽了群众增收致富新领域，开辟了农民增收新路子，农民群众能够自发地利用荒山、荒沟、荒沙做文章，实行林农林牧结合，全面增效增收致富，为新农村建设做出了新的贡献。所有这些都是多年来少有的，产权改革使民间资本参与林业生态建设的潜能得以释放，显示了非公有制林业发展的强大生命力。通过改革有效地解决了林业生态建设和新农村建设进程中出现的矛盾和问题。

三、敖汉旗模式对民族地区新农村建设的启示

敖汉旗长期坚持林业生态建设和新农村建设两手抓、两条腿走路。其所取得的成果和积累的宝贵经验是值得我们借鉴和思考的。

（一）民族地区新农村建设应走多样化道路

新农村的建设目标是唯一的，要让广大人民群众过上富裕、整洁、舒适的生活，但实现这一宏伟目标的途径和方法却是多样的，各地应因势利导、因地制宜，积极探索适合自身实际的新农村建设之路。就民族地区而言，经济发展落后，工业化、城镇化水平低，走工业反哺农业、城市支持农村的建设道路有困难。这就要求我们以创新的精神努力探寻适合民族地区建设新农村的道路。敖汉旗针对自身地域的特点，把发展林业生态建设作为建设社会主义新农村的切入点和突破口，仅仅围绕新农村建设，坚持生态优先、兼顾经济效益、大兴植树造林、延伸林业产业链条，硬是把沙丘荒漠变成了绿洲，使农民生活富裕，村庄和自然环境和谐优美，真正把新农村建设落到了实处。为其他民族地区的新农村建设积累了宝贵经验，提供了学习典范。

（二）民族地区新农村建设必须大力发展经济不动摇

在民族地区搞新农村建设首要任务是发展经济。民族地区如何才能走出经济和财政的困境一直是一个难题。成功的发展经济模式主要有两种。一是农业产业化推进型，二是资源开发型。就实际情况而言，后者更适合民族地区，这是由民族地区的地域特点和资源优势共同来决定的。敖汉旗在发展经济和新农村建设过程中，充分挖掘自身林业资源优势，发展绿色经济，大作富民文章。用环境的投资换取投资的环境，用农村经济的发展换取农村发展的活力。

（三）正确处理政府主导地位与农民主体地位的关系

建设新农村，政府是主导，须发挥引导作用；群众是主体，是新农村建设的直接建设者和受益者，要积极发挥自身的建设热情和首创精神。我们应注意处理好主导与主体的关系，政府既要明确自身在新农村建设中肩负的责任和主导作用，也要切实尊重农民的主体地位。在新农村建设中，尊重农民

的主体地位，就是要注重满足农民最迫切的真实需求，给农民带来实在的利益和好处，就是要注重充分调动和发挥农民自身的积极性和创造性，就是要进行民主决策和监督，就是要避免形式主义。政府要做到领导、引导而不误导，统筹计划而不包办代替，真正把新农村建设变成农民自己的事业。我们应向敖汉旗那样，把新农村建设、林业生态建设和增加农民收入紧密结合起来，让广大农民群众在新农村建设过程中得到真正的实惠，让广大农民群众自觉地加入到新农村建设的任务中来。只有政府和农民协调一致，新农村建设才能形成有效的合力，才能取得实效。

（四）新农村建设应以科学的发展观为指导

社会主义新农村建设是一项系统工程和长期任务，功在当代，利在千秋。敖汉旗人经过数十年的奋斗，才有今天的硕果，足以说明新农村建设任务的长期性和艰巨性。我们要以科学的发展观为指导，按照可持续发展的原则，遵循客观事务发展规律，稳步推进新农村建设。切不可急于求成，急功近利。

敖汉旗的实践证明，以林业为载体建设新农村是可行的、成功的。我们应努力发掘本民族本地区的优势，积极探索适合自己的新农村建设道路。

参考文献

1. 李育材：《生态建设与构建和谐社会》，《宏观经济管理》，2005年第12期
2. 殷传杰：《林业在新农村建设中大有作为》，《中国林业》，2006年第17期
3. 胡德铮：《论社会主义新农村建设的政府主导作用》，《重庆社会主义学院学报》，2006年第3期
4. 《加快发展现代林业推进社会主义新农村建设》，河北省建设社会主义新农村专题网站
5. 《敖汉旗生态建设情况汇报》，2006年7月27日
6. 《敖汉旗"十五"期间林业生态建设汇报提纲》，2006年

论玛曲县的生态保护、生态建设与可持续发展

刘俊峰[①]

"十一五"时期，我国将逐步改变过于依赖行业政策进行经济管理和调控的模式，进一步探索建立科学合理的功能区划，按照不同的功能区制定并实施因地制宜的区域政策，促进区域经济的全面协调发展。其中就包含保护区。保护区的空间分布范围较大，根据其内部的差异性，又可划分为三种类型，即：江河源区生态保护区、干旱荒漠脆弱生态保护区、林业生态保护区。而江河源区生态保护区包括西藏、青海省大部、甘肃省甘南藏族自治州、云南西北角、四川省西部，共168个县（市）。2002年人口为1200多万人。其发展要点是：调整畜群结构，合理轮牧；积极扩展生态保护林，加强林地更新和生态恢复；引导人口向自然条件相对较好的谷地集中，甚至向区外转移；全面推行生态补偿制度，不断改进补偿方式；适度发展高原特色生态旅游业。

玛曲县就隶属于保护区中的甘南藏族自治州；暑期调研我们去了甘肃省甘南藏族自治州，重点考察了玛曲县的自然资源及生态环境保护方面的状况，因此就玛曲县的生态保护、生态建设与可持续发展谈一下自己的看法及建议。

一、玛曲县的自然地理概况

玛曲是镶嵌在青藏高原东部边缘上未曾被污染的净土，是一块尚待开发的"处女地"，被人们誉为"人间天堂香巴拉"。在开发利用中实施的保护不仅是玛曲县本身的保护，更是对黄河流域十几个省市的保护，是对亚洲最优良的天然牧场的保护，更是对一个民族文化的保护。她的保护成为了全社会和全人类的保护。甘南藏族自治州玛曲县位于黄河上游，甘肃省西南部，甘青川三省交界处，地理位置属青藏高原东端，东经100度45分45秒——102度29分00秒，北纬33度06分30秒——34度30分15秒。东北以西倾

[①] 刘俊峰，男，中央民族大学经济学院2004级区域经济学专业硕士研究生。

山为界与碌曲县接壤，东南以四川省若尔盖、阿坝县相邻，西南、西北分别与青海省久治县、甘德旦、玛沁县相连，北邻青海省河南县。是青藏高原东部边缘上一个藏民族为主、多民族聚居的纯牧业县。1955年6月设县。总面积10190.8平方公里，总人口3.82万人。黄河对这片神奇土地的特别眷顾，形成了水草丰美的天下第一湾——黄河首曲。

玛曲气候属典型的高原大陆性高寒湿润区气候，高寒多风雨雪。冷季长达172天左右，无霜期平均只有19天，全年无绝对无霜期。年平均气温为1.1℃。年平均降雨量615.5毫米，全年降水日数150天。无降雪时间只在盛夏，高山全年积雪。玛曲自然资源得天独厚，黄河从东、南、西三面环绕本县，流程433公里，全县可利用草场面积为8302.1平方公里，亚高山草甸草场是玛曲县天然草场的主体和精华，是牧草资源丰盛的优良牧场。当地特产河曲马、欧拉羊、牦牛等是青藏高原特有的畜种。盛产虹鳟鱼、雪豹、白唇鹿、马鹿、梅花鹿、棕熊、水獭、天鹅、雪鸡、金雕、猞猁、麝香、虫草、贝母、水母雪莲等。矿产资源品种繁多，资源丰富，储量可观。主要旅游资源除了久负盛名的黄河首曲外，还有西科河美朵滩、木西合"七仙女"石峰和曲哈时措龙天池、阿万仓的贡赛卡木多等。植被属高寒常绿草叶灌丛、草甸、沼泽化草甸。草原植被类型，可分为黄型草甸、高寒草甸、沼泽化草甸和盐生草甸四个植被类型。牧草种类有413种，禾本科和莎草科为各类草地的主要建群种和优势种，素以亚洲第一牧场著称。玛曲县地处黄河上游，地势平坦，水草丰盛，是高海拔从事纯畜牧业生产的边远藏族地区。天然草地是当地最主要的自然资源和牧民群众赖以生存的生产资料和生活资料，是黄河主要的水源涵养地和生态屏障。天然草地状况的好坏，直接对黄河中上游地区的生态安全有着跨区域影响。

二、玛曲县的主要生态环境问题

玛曲县地处青藏高原东缘、黄土高原南缘与陇南山地西缘的交界地带，以及黄河、长江两大水系的分水岭，独特的地理位置和自然地理特点决定了其属于生态过渡带和脆弱带的根本生态属性。由于玛曲高原自然条件与自然资源的特殊性、全球性气候变化大背景的影响，以及长期以来，随着畜牧业的不断发展、人口的不断增加，人类的生产活动对植被资源过度开发而且缺乏对草地生态系统的应有保护和建设，使原有的草地、森林植被系统受到严重破坏，向着不利于人类生存发展的方向演化，导致玛曲高原的生态环境日益恶化，直接威胁到玛曲县乃至黄河、长江流域社会经济的可持续发展。制约该区域可持续发展的主要生态问题有以下两个方面。

（一）草场"沙化"严重

在黄河上游的玛曲，自上世纪90年代以来，在全球气候变暖的大背景下，随着人口的不断增长和畜牧业的迅速发展，该区气候日趋干旱、地表径流减少、地下水位下降、植被破坏、草场严重退化及水土流失等生态环境问题日趋严重，尤其是土地沙漠化问题已相当突出。近年来玛曲草原沙漠化以1%－3%的年增长率发展着，沙漠化面积年平均以近300平方公里的速度递增，沿黄河分布有120多公里长的流动沙丘带，并以每年5－15m的速度向草场延伸，生态环境的恶化致使草地植被涵养水源功能大为降低，严重制约着该区资源的可持续开发利用及畜牧业的发展，已向整个黄河流域敲响了生态恶化的警钟。

现在，玛曲境内的草原沙化面积已多达4万多公顷。在这些沙化区，生物的多样性受到严重的破坏，很多珍稀野生动物的栖息环境不断恶化，许多国家级保护动物濒临灭绝。1997年，国际湿地组织的专家在玛曲进行考察后，对这片沙化草场深感忧虑，专家呼吁，如不治理这片沙化草场，任其恣意扩大，黄河首曲在不远的将来会变成高寒荒漠，其结果是流淌了数千年的母亲河会慢慢变成小河小溪，直至消失。

据甘肃省环保局和沙漠研究所的有关专家调查，玛曲草原的沙区范围集中在欧拉乡、尼玛乡、河曲马场和曼尔玛乡这三乡一场。沙漠化的中心在曼尔玛乡境内。黄沙因风力所致在草原上形成大大小小的沙丘，脚踩下去就会下陷，稀疏的牧草的沙生植物大多根茎裸露，几近枯死。在黄河边上的植被区也被黄河水长期侵蚀，淘空了植被下面的泥沙层，形成大面积塌陷沙滩，严重影响了黄河流域的水土保持和牧民的生产生活。沙进人退，导致该地的可利用草场面积逐步减少，沙区的人畜开始退出沙区，沦为贫困人口。

有的牧民回忆说，在30年前，这里的沙丘才一点点，不知什么原因，后来风也大了，沙也多了，慢慢地便出现了一个个几米深的沙窝，一堆堆十多米、几十米高的沙丘。在黄河岸边的沙化带，其植被厚度仅有5cm左右，有的地方的草皮用手轻轻一提，下面的沙土便裸露出来，其生态的脆弱状况可见一斑。难怪有人叹息：昔日"风吹草低见牛羊"的胜景，已被"大风起兮沙飞扬"的景象取代了!

由于草场干旱化、退化和荒漠化现象的加剧,降水量减少,沼泽地大面积减少,地下水位下降,部分泉水干涸,致使黄河在玛曲地域的大部分支流流量减少,玛曲草原黄河"蓄水池"的水源涵养功能、对黄河水量的补充作用正逐步被削弱。据统计,近十年来,由于生态环境的严重破坏,玛曲向黄河的补给水量减少了15%左右。虽不能说由此而造成了前几年黄河中下游经常断流,但也不能否认,这的确是近年来黄河水量减少的主要原因之一。

(二) 水资源日趋短缺

玛曲县是黄河首曲段,黄河流程约433km,流域面积8850km²。据玛曲县水文站的资料,在1967—1980年的14年间,年均降水量为608mm,1980—1998年的18年间年均降水量为586.48mm,降水量呈现出波动性减少的趋势。在1960—1980年的20年间,黄河年均径流量为145.13亿 m³;在1980—1989年的10年间,年均径流量为143.4亿 m³;而在1990—1997年的8年间,年均径流量为119.5亿 m³。玛曲县境内发源于阿尼玛卿山的黄河支流在20世纪80年代以前有23条,流域面积达79043km²。这些河流的水量主要靠降水补给,在80年代中期还是流量大而较稳定,只是冬季枯水期都在$0.5 \sim 1.5 m^3/s$左右,而现在许多支流已经干涸。

由于水资源的减少,玛曲县境内的许多沼泽草甸因连年干涸而盐碱滩化和草丘化,湿地面积由6.89万 hm²缩小到3.4万 hm²。冰草等旱生和超旱生植物在沙化草场已随处可见。

三、生态建设与可持续发展的对策建议

(一) 充分认识玛曲的重要生态地位

草地资源是大自然的主体部分之一,是人类赖以生存和发展的物质基础,是生态平衡的重要环节。地处青藏高原东缘、黄土高原南缘与陇南山地西缘交界地带以及黄河、长江两大水系分水岭的独特地理位置和自然地理特点更决定了玛曲具有重要的生态地位。玛曲的植被资源不仅是玛曲县畜牧业发展和牧民群众赖以生存的物质基础,而且是黄河、长江上游的重要水源涵养区,是防止黄河、长江上游水土流失和保护生态环境的天然屏障。不仅对

玛曲国民经济发展具有举足轻重的作用，而且对黄河、长江上游的生态环境与经济发展具有重要作用，甚至对黄河、长江下游地区的生态环境与经济发展有重要影响。保护和建设好玛曲的生态环境，不仅对玛曲的经济社会可持续发展意义重大，而且对黄河、长江流域生态环境的改善具有深远影响。因此，充分认识玛曲资源的重要生态地位，改变以往主要重视森林的生态功能而忽视草地在涵养水源、调节气候、保持水土环境等方面所具有的重要生态功能的错误认识和倾向，对保护玛曲的生态环境具有重要作用。

(二) 坚持草地生态保护与生态建设并重的指导思想

由于玛曲的特殊地理位置和气候条件，决定了其草地生态系统的极端重要性及脆弱性。高寒草甸和灌丛是高寒区的独有植被群落，这些脆弱的草地生态系统一旦遭到破坏，便很难恢复，因此，草地生态系统的保护是草地生态系统良性循环发展的基础。另一方面，已遭"三化"的草地生态系统的恢复与建设，有利于草地生态系统的保护和可持续开发利用。因此，要以草地生态系统的保护为基础，以草地生态建设促保护，坚持草地生态保护与生态建设并重的指导思想，促进草地生态系统的良性循环和可持续利用。

(三) 草地生态保护与生态建设的发展方向——草地生态农业

坚持草地资源的可持续利用，是草地生态效益、经济效益和社会效益相统一的草地畜牧业可持续发展的必由之路。以建设草地生态农业为根本宗旨，切实加强草地保护、防止植被退化；以建设优质高产的人工、半人工草地为重点，科技兴草；大力调整畜牧业结构，应用高效畜牧养殖技术，科技兴牧，发展"两高一优"畜牧业，促进草地畜牧业经营向集约化、科学化方向发展，由数量型畜牧业向效益型畜牧业转变，促进畜牧业的产业化发展和推动草地生态环境的改善，建立草地生态系统演替与畜牧业发展之间的动态平衡，实现草地生态系统的良性循环。

(四) 建立健全草地生态保护与生态建设机制

1、建立适应市场经济规律的草场经营管理体制

草地资源不仅是农牧民赖以生存的物质基础和畜牧业赖以发展的重要自然资源，更是保护生态平衡的不可替代的生态屏障。导致玛曲草场"沙化"的主要原因是草场的保护和建设工作没有跟上，而保护和建设草场的根本出路在于激发广大牧民投身于草场保护和草场基本建设的热情和自觉性。即必须树立草地资源价值观，建立适应市场经济规律的草场经营管理体制，全面推行草场的有偿使用和承包经营，彻底改变以往牧区"草场无主、放牧无界、使用无偿、建设无责"的传统思想和牧民重牧轻草、用草不养草、只索取不建设的畜牧业发展方式，树立"草场有界、使用有偿，建设有责"的新观念，调动农牧民建设草地生态的积极性，促进农牧民保护、管理和合理利用草地资源。

2、严格以草定畜，控制载畜量

超越过牧是玛曲草场退化的主要原因之一，牧民户只知增加牲畜头数、不知养护建设草场，加剧了草与畜之间的矛盾，对草场的无限制掠夺利用已远远超过了其再生能力，导致草原生态环境日益恶化。因此，有多少草，养多少畜，严格以草定畜，控制载畜量，无疑是玛曲草地生态保护的一项重要措施。牲畜超载部分要限期出栏，加快周转，提高出栏率，减轻草场承载负荷；加强抗灾保畜基地建设，彻底改变靠天养畜的被动局面，缓解草畜矛盾，切实保护草原生态环境。

（五）实施草地生态保护与生态建设重大工程

1、实施"三化"草场综合治理生态工程

科学论证、因地制宜立项并尽早实施"沙化"草地综合治理的生态建设工程，如，草地水土流失防治工程、水源涵养草地工程、退化草场治理工程、沙化草场治理工程、草地鼠虫害控制工程、草地围栏封育工程等，以不断加大对草地生态的治理力度，从根本上遏制住草地生态环境持续恶化的趋势，并逐步恢复草地生态系统的良性循环。

2、建立草地生态环境动态监测体系和数据库

建立草地生态环境动态监测系统和数据库，为草地生态系统保护、草地生态建设以及草地畜牧业的发展提供动态的详实数据，促进草地生态保护与建设和草地畜牧业发展的科学决策。

关于内蒙古地区草地沙漠化的调查报告

刘永博[①]

内蒙古的天然草地是我国草地畜牧业的重要生产基地,是我国少数民族赖以生存和发展的基础,是我国主要江河的发源地,也是保护我国东部经济发达地区生态环境的绿色屏障。为了能够了解内蒙古经济和环境协调发展的状况,我们一行7人带着中央民族大学交给我们的课题,来到了美丽的草原,进行实地调研。

调研期间我们途经呼和浩特市、包头市、达特拉旗、鄂尔多斯市、武川县、四子王旗、苏尼特右旗、二连浩特市、苏尼特左旗、锡林浩特市、克什克腾旗、赤峰市。包括了干草草原、草甸草原、沙漠、农牧交错地区。

由于中国经济的发展和人民生活水平的提高,中国的老百姓对牛、羊肉的需求量大大增加。这给草原人民带来了更多的收入,但同时给草原也带来了更大的压力。过度放牧导致了草原的生态环境遭到严重破坏,一片片绿油油的草场变成了沙漠。这块土地被荒废掉,牧民们去寻找其他草原进行放牧,直到变成了沙漠,就这样循环下去。整个内蒙古西部大部分地区都被沙漠覆盖。一到春天,黄沙四溢,漫天飞舞,而且规模越来越大,给当地居民造成的经济损失成倍的增长,同时也影响到了周边的省市地区。北京就是个严重的例子。每到春天和秋天,漫天黄沙,给北京的2008绿色奥运带来了极大的威胁。为了解决这一问题,国家拨出了大量的资金用于治理内蒙古的沙漠,并总结出一系列的措施来具体实施。

1. 围封禁牧

用铁丝、生物围栏将退化草地围封,围封后草地植物生长发育,植被种类成分和草地生长条件均得到改善,草地生产力可提高1-3倍。

2. 松土改良

对土壤紧实、土壤通气透水性差的草地用缺口耙、松土补播机进行松土,改善土壤的通气透水性,促进微生物活动,改进土壤肥力,提高草地生产力。研究表明,松土改良第2年牧草产量可提高2-3倍。

[①] 刘永博,男,大连民族学院经济与管理学院教师。

3. 草地补播

在不破坏或少破坏原有草地植被的情况下，补播适应性强的优良牧草，增加草地的种类成分，提高草地牧草产量和质量。补播草木樨、冰草、沙蒿、木地肤、羊草等牧草均能使草地生产力提高1-3倍。补播机具一般有松土补播机、鼠道犁等。

4. 飞播牧草

使用飞机对沙地播撒牧草种子。包括围栏、置种、种子处理、租机等内容。

5. 推行季节轮牧和划区轮牧制度

主要包括围栏、补种、补播、管护等内容。

这些措施实施后，内蒙古的草原环境明显得到改善，但是近几年来由于国家颁布了一系列的措施，尤其是"三农"和新农村建设问题，将退耕还林（草）等一系列有利于改善草原现状的措施的经费降低，认为此项举措的投资成本太高，但收益太低，且效果不明显。这就给当地的环境和经济的发展带来了一定的压力。为什么国家会认为此项措施的成本高但是收益少、效率低呢？我们用锡林郭勒盟做个例子来具体分析一下。

自20世纪70年代以来，由于受自然气候和各种自然灾害的影响以及落后传统畜牧业生产方式的制约，锡林郭勒草原退化、沙化日趋严重，天然植被逐渐稀疏。牧草覆盖度由35.5%降低到27.2%，平均高度由40.9厘米降低到26.1厘米，平均亩产量由32.9公斤减少到21.24公斤。退化沙化草场由48.6%扩展到64%。到2001年，西部荒漠半荒漠草原和部分典型草原约有近5万平方公里出现"寸草不生"的景象；浑善达克沙地沙漠化土地面积达到2.7万平方公里，流沙面积以每年130多平方公里的速度扩展，全盟大范围的浮尘、扬沙和沙尘暴天气由50年代平均每年6天左右增加到2001年的20多天。由于草原生态严重退化，农牧民经济遭受重大损失，农牧民收入大幅度下降，贫困面不断扩大。2001年，全盟农牧民人均可支配收入由1999年的2236元下降到1823元，农村牧区贫困人口由"八七"扶贫攻坚结束时的5.2万人增加到24.2万人。

2000年5月，时任国务院总理的朱镕基受江泽民的委托亲临锡林郭勒盟视察后，做出了"治沙止漠刻不容缓，绿色屏障势在必建"的重要指示。国家和自治区将锡林郭勒盟列入生态治理的重点地区，在相继实施的京津风沙源治理、生态移民、退耕还林、舍饲禁牧等生态建设工程中给予了重点支持。在这以后，党和国家领导人胡锦涛、温家宝、曾培炎等先后到锡林郭勒盟视察，作出了一系列重要指示。借助国家生态建设项目的支撑，锡林郭勒盟在深入开展灾后反思活动的基础上，于2002年又启动实施了以"围封禁牧、收缩转移、集约经营"为主要内容的围封转移战略，确定了"四区、五带、十二基点"的治理布局和"三步九年"（2002年—2010年）的规划目标。

但是同时锡林郭勒盟得到了很好的发展：

一是草原植被得到初步恢复。到2005年，全盟共实施休牧禁牧面积达2.73亿亩，占草场总面积的92.5%，其中，国家禁牧舍饲项目区休牧禁牧面积为15363.4万亩，占草场总面积的51.9%。据内蒙古草原勘察设计院2002年以来连年监测结果表明，休牧区与非休牧区相比，牧草高度平均增加了6.5～25厘米，盖度提高了8.2～50%，亩产鲜草提高了35.6～229斤。浑善达克沙地流动半流动沙丘面积由2001年的7120平方公里减少到目前的4053平方公里；西部荒漠半荒漠草场植被平均盖度由17%提高到41%。全盟的浮尘、扬沙和沙尘暴天气明显减少，由2000年的27次下降到2005年的6次。

二是农牧业基础设施得到加强。全盟围栏草场总面积达13462万亩，过冬畜畜均14.6亩；人工种草生产能力达到1.64亿公斤以上，过冬畜畜均17.76公斤；全盟青贮玉米生产能力稳定在15亿公斤以上，过冬畜畜均162.5公斤；畜棚总面积达667.3万平方米，畜均0.72平方米；畜圈总面积达1995.9万平方米，畜均2.2平方米；水源开发4273处，节水灌溉3094处，购置饲料机械7485台套，人畜饮水设施、牧业机械化程度都得到有效加强。这些成绩的取得，不但为春季休牧、禁牧舍饲、抗灾保畜奠定了基础，而且为引进良种、发展奶牛业创造了良好条件。

三是农牧业生产经营方式转变效果明显，后续产业开发迈出实质性步伐。禁牧、休牧区以放牧为主的饲养方式正在向舍饲半舍饲转变；牲畜良改化程度明显提高，早接羔、早出栏、多出栏、快周转的饲养管理方式得到普遍推广。通过近几年的不断探索和实践，在后续产业开发上有了突破，多数移民区形成了奶牛饲养、牛羊育肥、蔬菜苗木饲草料种植三种主导产业，基本实现了迁得出、稳得住、发展生产的目标。农牧业产业化开始起步，五个重点产业初步形成龙头带基地的产业化格局。

四是畜牧业效益提升，农牧业收入恢复性增长。畜牧业出现数量适度压缩，质量稳定提高，效益明显提升的好势头，过冬畜控制在900万头（只）左右，但改良种畜、优质基础母畜比重提高，既减轻了对草场的压力，又提高了畜牧业的效益。畜牧业产值由2001年的22.38亿元增加到2004年的34.85亿元，农牧民人均纯收入由1823元增加到2568元，贫困人口由24.2万人减少到12.2万人。

上面得出的结论是国家所进行的这一系列活动，最终给内蒙古人民带来了相当大的收益。通过这次实地调研确实发现内蒙古尤其是锡林郭勒盟地区的草原环境得到相当大的改善，白云下面马儿跑的景象也随处可见。但是，生活在北京的人们会发现2006年的沙尘暴不亚于往年，甚至还吹到了国外。为什么会出现这种状况呢？

内蒙古本身的地质差异和环境因素决定了内蒙古东部和西部的环境不同。东部主要以草原和农田为主，西部主要是荒漠和荒漠草原，因此在治理方面所面临的难度也不同。尤其是西部地区矿产资源丰富且大部分埋藏在草原和沙漠下面，这就直接导致了为了获得资源就得破坏草原的现象出现。

以草原钢城包头为例，包头市地处内蒙古自治区中西部，属黄河中上游，总土地面积27768km^2，年均降水175~400mm，年均蒸发量为2100~2700mm。降水量和蒸发量之间几倍的差异就决定了当地的干旱程度。这种地方的草原和生态环境一旦被破坏，想恢复是非常困难的。

也许有人会说只闻内蒙古大草原，何来内蒙古大沙地。那我从西至东给你数数有案可查的地理名称：阿拉善沙漠、毛乌素沙漠、巴丹吉林沙漠、巴彦淖尔沙地、科尔沁沙地、鄂尔多斯沙地以及锡林郭勒、呼伦贝尔草原被千万知青建设兵团开垦后遗弃返城如今已成为沙地的无数个小块沙化地，在整个中国8大沙漠沙地中内蒙古就占了其中4个，面积多达4亿多亩！而且它们每年以大约500万亩的速度扩大着沙地的领土。

居住在沙漠上的人们现在在忙于搞沙漠经济，搞旅游，人民的收入和生活水平都提高了，可是这却存在着很大的隐患。如果只有一部分沙漠，则发展多样化的经济发展方式是健康经济。可是如果整个内蒙古的草原都变成了沙漠，到处都是沙漠景点，则到那时候内蒙古的旅游业恐怕要瘫痪了。人们躲沙尘暴还来不及呢，又有谁会去主动参观。

民族地区人口、资源、环境与经济发展篇

云南红河哈尼族彝族自治州经济发展调查

王文录　王立源①

2006年7月底，我们利用暑假，对红河哈尼族彝族自治州（以下简称红河州）的经济发展，特别是产业发展情况进行了比较全面的调查。发现这个州是一个经济发展潜力很大的民族自治州，现依据我们调查的资料，对红河州的经济发展情况做一个基本评述。

一、区位及资源优势

红河州位于云南省南部，因红河水流经中部而得名。全州23个县市，国土面积32931平方公里，南部与越南接壤，有848公里的国境线，泛亚铁路的东线通过红河、越南、柬埔寨最后到曼谷，这里成了西南边最好的通道。红河州地处中国—东盟自由贸易区和昆河海经济区之中，具有非常特殊、有利的区位，红河依托东盟自由贸易区和相通的语言文化，使得物流非

---

① 王文录，男，河北省社会科学院社会发展所副所长、研究员，中央民族大学"985"工程民族地区人口资源生态环境问题研究中心外聘专家；王立源，男，河北省社会科学院社会发展所助理研究员。

常方便，为红河搞边境贸易，搞边境示范区，在口岸发展贸易，提供了便利条件。红河州东边与文山壮族自治州相连，西边与玉溪、普洱两市连接，北边与昆明、曲靖相望，具有一定的区位优势。另外，红河州又借助于泛珠三角规划，得到了发展的特殊性机遇。

红河州是云南省资源比较富集的一个大州。水能在实施绿色开发过程中有500万千瓦的蕴藏量，有300万千瓦的开发量；煤藏量将近50亿吨；有色金属，特别是锡、金、铜等矿产蕴藏量丰富，已经探明但还未开采的储量潜在价值量就多达4000多亿人民币；霞石矿为全国最大，这种矿石中主要含有三氧化硅和氧化铝（氧化铝是我国的稀缺资源），同时还有我们国家短缺的钾。此外，红河州还有由于立体气候形成的高海拔的植物资源，如高山石榴、烟叶等。

二、经济发展水平及产业特点

1、经济发展水平不断提高

红河州的经济发展态势良好。2005年全州实现GDP308.53亿元，按可比价格计算，比上年增长9%，其中第一产业完成57.4亿元，比上年增长5.3%，第二产业完成166.7亿元，增长10.7%，第三产业完成84.43亿元，增长8.4%；完成财政总收入80.3亿元，增长10%，其中完成地方政府财政收入26.74亿元，增长13.3%；完成外贸进出口5.1亿美元，比上年增长23.6%，其中出口3.74亿美元，列全省第一，比上年增长15.5%，进口1.36亿美元，增长53.2%；国税、地税实现80亿元；人均生产总值达到920美元，在岗职工人均年工资14862元，增长15.9%，城镇居民可支配收入7947元，增长6.94%，农民人均纯收入1991元，增长10.2%。重要的经济指标在全国30个少数民族自治州中排在第一位。基础设施有了明显的改善，最突出的是交通，自主建设了高速公路，另外，加大了电力、水利，包括人畜饮水、水库加固、城市防洪等基础设施建设投资，加快了相应物资积累，正在构建中国西南到东南亚的传输光缆，发展计算机网络、数字电视等IT产业，为红河州的迅速发展奠定了有利的条件。

2、农业产业化步伐加快

红河州将农业产业化、现代农业发展定为政府工作的重点。到2006年，农业产业化（一个品种超过10万亩）的经营达到了13大类，集约化的方向也比较明显。目前，全州确定了16类优质农产品、绿色食品。红河州发改委主任丁兴忠说："我们有国家级的农业示范区，即云南省红河高新农业示范区，是云南省乃至西南地区仅有的一个；在农业科技推广方面，红河这几年也走在了全省的前面，很多水稻品种的推广、更新、培育甚至在全国都是领先的，863计划，也在我们这里设了点。"

3、七大支柱产业支撑红河经济发展

烟草、冶金材料、稀贵金属、化工、建筑建材、能源、生物资源加工，七大产业是红河经济发展的主要支柱。

在冶金方面，红河州的金属锡已经排位世界第一，产量和销售额均占世界25%。在稀贵金属方面，稀贵金属铟的产量，红河州占世界的1/3，每吨的价值量达到1500万（纯利润），产生利税十多亿。在化工方面，红河州正向多元化发展，丁兴忠主任介绍：红河有一套磷酸二氨的设备是全国第二，生产的磷肥主要销往泰国和越南；现在我们在构建煤化工，像煤变气，2005年开工了一个项目，15万吨二甲煤，是中国最大的装置；拥有世界25%的电解铝资源，准备建一个100万吨电解铝的项目，100万吨加上现在建设的30万吨，130万吨加上深加工，一个企业的产值就超过我们全州现在的工业总产值了；红河还要建成世界最大的砷化工基地。在建筑建材方面，红河州是云南省最大的水泥生产基地，而且水泥企业与法国法拉基——世界最强的企业，直接联合在一起，形成一个股份共同体。在能源方面，能源利用是红河这几年的工作重点，到2005年全州的能源，电的装机才是140万千瓦，但是2006年我们要投产的就是160万千瓦，另外到2010年全州将通过火电矿相结合的方式拥有550万千瓦的装机，成为整个红河经济增长最重要的一个能源基地。在生物资源开发、加工方面，生物资源、医药、农业也是红河发展的一个重点，全州8600平方公里（总共30000平方公里）属于热带亚热带地区，整个红河气候立体化的特征非常明显，像屏边县一个大为山自然保护区，它的面积大约只有30多万平方米，而它的生物物种等于西双版纳500多万平方米的自然保护区的所有物种。

2005年，红河州的卷烟、有色金属、化工、建材、生物资源加工等产业实现了量的扩张和质的提升；电力、钢铁、锡深加工、铝、铜、锌材料工业的建设和发展成为新的亮点，七大支柱产业支撑红河经济发展的格局初步形成。

4、旅游业发展迅速

2005年,红河州全年共接待国内外旅游者455.97万人次,比上年增加21%,海外旅游者3.03万人次,比上年增加28%,国内旅游者452.94万人次,增长21%。全州实现旅游收入20.24亿元,增长52%,其中:实现国内旅游收入17.64亿元,增长59.4%,实现旅游外汇收入3253.28万美元,增长18.8%。

三、影响经济发展的四大因素

1、边疆概念影响

红河州凭借区位优势不断地给自身带来发展机遇。但是,红河边境线一带曾属于战区,过去在与越南的对峙中,国家对战区的基础设施等方面十多年基本上没有投资,直接导致这些地区经济发展,再加上人才的外流,边疆的地理位置始终影响着当地的经济发展。

2、人口素质偏低

制约红河州经济发展的一个最重要因素是人的因素。在文化素质方面,尽管红河州的文化素质在云南是比较好的,但总体上看,红河州的文化素质还是不适应经济发展的要求。少数民族比汉族的入学率低,如绿城县,68%的哈尼族,受教育年限人均只有5年左右。尤其是南部贫困地区教育相对落后,有很多初中生外出打工。在科技素质方面,由于红河州是一个重化工业地区,粗放经济占一定比例,技术含量低。很多先进科技的研发和技术改进,需要相关的机构进行人才储备和专门培养。在开放意识方面,红河人的开放意识、风险意识和创新意识明显不足。一个重要表现是劳动力流动非常缓慢。一方面红河人到外面去闯荡世界的人比较少,从我们调查的情况看,多数人不愿意离开家乡到远方去创业。另一方面,尽管红河的户籍限制几乎被打破,但走出田间的农民仍然很少。

3、经济结构不合理

红河州是一个重化工业地区,占能、耗能工业还非常多,产业结构不尽合理。突出地表现为一、二、三产业比例失衡,第一产业所占比重大,农业内部粮食种植比重较大,经济作物单一;第二产业水平低,高附加值、高技术含量的产业、产品比重太低,产业内部缺乏优势互补和分工协作;第三产业层次低,主要以批发零售贸易和餐饮业为主,有的县域餐饮服务占第三产业的60%以上，房地产业、金融保险业、通信业等新兴产业发展缓慢，而且组织形式、服务手段也比较落后。特别是在不发达县和部分欠发达县表现突出，如红河、元阳、金平、绿春四县第一产业占其国内生产总值都为45%以上，而其他部门的经济活动也大都或多或少地与农业生产有联系。这种经济支撑点过于集中的结构，使得县域经济发展一荣俱荣，一损俱损，波动性较大。

南北地区经济发展欠平衡。北部地区是云南省经济比较发达的地区，而红河以南是云南省比较贫困的地区，两者之间的差距非常大。像红河州个旧市2006年的GDP超过了100亿，财政总量超过了10亿，但是南部红河县的财政总量才达到3000万。

4、交通不便

山区县基础设施相对滞后。由于地形复杂，地势陡峭，红河州山区县目前只有公路与外界联系，而且公路等级低，路况差，路网不完善。在红河州13个市县中，有7个县远离大中城市和交通主干线。由于人流、物流的通行不断加速，口岸物流的出口量发展速度受限。滇越铁路复通后，运量也不能满足需求。

四、发展建议

1、以交通为突破口，促进区域经济一体化

以交通为突破口，开展基础设施建设，缩小南部6县和北部7县经济发展差距；同时，分类指导，通过实施一县一策、一县一个特色产业战略，促进全州南北部平衡，使边疆县得到了长足发展。例如依托蒙自到个旧的公路开展个开蒙城市群建设，建立个开蒙半小时经济圈，在公路两侧开发经济发展带，加快城市化进程和区域经济一体化。

2、加大教育投资，提高师资水平

加大教育投入，高质量地普及义务教育，关键要加大师资的配备，解决师资的现实问题，如提高教育人员的素质，提高他们的文化水平，对现有的教师进行再培训，提高教师的工资待遇，想法留住老师；加大校舍的建设；提高适龄儿童的就学率，限制初中生外出打工等等。大力发展农村职业教育，探索适合当地发展要求的新路子，逐步培养一批初、中级技术人才；积极发展当地成人教育，实施劳动力转移培训工程，抓好劳务输出工作；把科

学技术教育作为人力资源开发的主要内容和形式，大力培养科技人才。

3、优化经济结构，走集约型发展道路

总体上，发展集约型经济，占能、耗能的生产应得到明显改善；调整三次产业结构，第一产业要继续下降，第二产业要注重质量和产品的科技含量，第三产业得到充分的提升。在县域经济中，调整县域经济结构，对13个市县实行分类指导、分层发展的方针；建立资源节约型的生态工业体系，要应用生态原理布局生产企业，尽量减少有害废弃物；要加快县域工业产业结构调整，发展资源消耗小、产品附加值高的高新技术产业，降低工业生产对不可再生资源的依赖程度，降低资源消耗，减少工业废弃物排放量。

4、加强优势资源开发，建立特色优势产业

坚持以市场为导向，发展县域特色经济，把县域的经济优势、产业结构、生产布局放到市场经济的环境中加以考虑。如河口县作为国家级口岸应大力发展边境贸易和跨国旅游；元阳、红河、绿春应根据各自的自然气候特点，大力发展反季蔬菜和反季水果，并立足哈尼梯田，大力发展民族文化旅游；建水、泸西应走旅游带动经济增长的路子；弥勒应立足烟草、葡萄产业等做大做强；蒙自应立足红河工业园区，城市化建设做大蒙自；个旧、开远应根据自己的工业优势，大力发展新兴生物资源产业、高新技术产业。

5、依托特色文化，打造旅游品牌

发挥旅游资源优势，使元阳梯田、建水古城、燕子洞和焕文山三大景区、泸西阿庐古洞、河口—老街、中越边境游等形成旅游链；开发红河州丰富的旅游资源，支持各县发展旅游经济，加大旅游和现实经济的联系，促进旅游资源优势向现实经济优势的转化，进一步发挥旅游经济在县域经济发展中的先导作用及关联带动功能。

甘肃省不同类型区循环经济发展的路径选择

——以石羊河流域核心区为例

樊胜岳

一、研究背景与问题的提出

(一) 研究背景

发源于祁连山北麓的石羊河是甘肃省三大内陆河之一，东起乌鞘岭，西止大黄山，北与巴丹吉林沙漠和腾格里沙漠相接，包括武威、金昌两市以及张掖市肃南裕固族自治县、山丹县和青海省门源县的一部分。石羊河流域总面积 $4.16 \times 10^4 km^2$，多年平均自产水资源总量为 $1.66 \times 10^9 m^3$，人均水资源占有量仅为 $743m^3$，比国际公认的 $1700m^3$ 严重缺水警戒线低60%，属于典型的资源型缺水地区。

随着人口的增长和社会经济的发展，在以传统农业为主导的生产方式影响下，石羊河流域的生态环境不断恶化。上游过度放牧、大量砍伐植被，造成雪线上升，植被涵养水源的功能降低，引起较为严重的植被退化和水土流失；中下游绿洲区过度开垦耕地，建成了武威、民勤、金川—昌宁三大井灌区，石羊河向下游输送的水量逐年减少，水资源供需矛盾日益尖锐，下游的生态不断退化，荒漠化不断发展，成为我国四大沙尘暴源地之一。因此，石羊河流域不仅成为我国内陆河流域人口密度最大、人均 GDP 较高的地区，还是人均水资源占有量最少、中下游水资源供需矛盾最突出、生态环境恶化程度最严重、水资源对社会经济发展制约性最强的地区，也是生态经济系统不可持续发展的典型地区。

石羊河流域的生态环境保护与建设，不仅影响到流域内的经济发展、群众的生产和生活，还影响到西北乃至华北地区的经济发展和社会主义和谐社会建设。多年来，中央领导和甘肃省委、省政府及社会各界对石羊河流域极度恶化的生态问题给予了高度关注。2001年7月30日，时任国务院副总理的温家宝同志在《国内动态清样》（第1162期）中，对《河西走廊石羊河流域生态环境恶化》一文做出重要批示："当务之急是石羊河流域生态综合治理应提上议程。建立流域统一管理机构，大力实施节水工程，有效控制土地沙化和草场退化。绝不能让民勤成为第二个罗布泊"。近几年，温家宝总理对石羊河流域的治理又相继做出了多次批示和指示。甘肃省委、省政府和石羊河流域的广大干部群众在流域的治理方面已经做了大量艰苦的工作，但由于生态问题和社会经济问题的复杂性和尖锐性，治理成效仍不明显。

从2002年起，甘肃省组织力量编写了《石羊河流域近期重点治理规划》，拟对石羊河流域实施水资源初始水权分配、生态移民等专项治理。2006年2月，在武威市凉州区举行了石羊河流域重点治理暨应急项目启动大会，即从西营河向民勤调水，标志着石羊河流域重点治理工程进入全面实施阶段。另外，位于石羊河中游的武威市凉州区，为了应对社会经济和生态环境对水资源的极高依赖程度，开始实施了发展循环经济的行动。在此基础上，武威市政府也编制了《武威市循环经济发展规划报告》，开始了发展循环经济的试点工作。这些重大措施能否真正地起到保护生态、促进经济发展的作用，有待于实践的检验。

（二）问题的提出

随着全球人口的增长和经济的发展，不断恶化的生态退化和环境衰退等一系列生态与经济问题的出现，引起了国际社会对传统线性经济增长模式的反思，在经济发展过程中掀起了如何保护环境的运动。发达国家开始了实施以增长模式转型为核心的经济发展战略的调整。自20世纪90年代国际社会召开环境与发展大会以来，发达国家确立了可持续发展战略，纷纷把发展循环经济、建立循环型社会作为实现可持续发展的重要途径，德国、日本、美国等国家甚至以立法的方式加以推广。循环经济不仅得到发达国家政府的推动，还得到了企业界的积极响应。目前，我国在不断深化循环经济理论研究的同时，开始了加快循环经济实践的步伐。2005年7月2日，国务院印发了《国务院关于加快发展循环经济的若干意见》（国发［2005］22号文），极大地推动了我国循环经济的发展，也为内陆河流域社会经济与生态环境的协调发展提供了政策保障。

石羊河流域的水资源供需问题和生态环境问题尤为突出，社会经济活动对水资源依赖性极高，水资源的供需状况成了决定本流域发展的生命线。对于石羊河中游的凉州区来说，水资源数量的多寡对社会经济的发展具有决定性影响：如果减少下泄民勤的水量，不仅能缓解工业用水的紧张局面，还能促进种植业的发展,但这将使石羊河下游民勤县的生态进一步恶化,这是下游地区的群众所不允许发生的事实;如果增加下泄民勤的水量,虽能缓解民勤县的需水缺口,但极不利于凉州区的工业和种植业的发展,甚至会影响到社会系统的有序发展,这是凉州区的干部和群众不愿意接受的现实。从一定意义上说,凉州区在对待水资源调配问题上处于两难境地。因此,如何从石羊河流域生态、经济和社会发展的关键因素出发,选择与之相适合的循环经济发展路径,是当前凉州区所面临的重大战略性研究课题。

二、研究区自然与社会经济环境概况

(一)自然概况

1.1 地理位置

凉州区是武威市的一个县级行政单位①,位于甘肃省的中部、河西走廊的东端（36°29′~39°27′N,102°02′~103°23′E）,东西长122km,南北宽90km。该区东邻古浪县、内蒙古阿拉善左旗,南接天祝藏族自治县,西与张掖市肃南裕固族自治县相接,北与民勤县和金昌市的永昌县毗邻（图1）。凉州区处于内陆河流域生态环境问题极为严重的石羊河流域的中游,是该流域承上启下的关键部位。该区历史悠久,是古丝绸之路的重镇,是自兰州进入河西走廊地区的第一个中转枢纽,自古以来就以"通一线于广漠,控五郡之咽喉"的重要战略地理位置而闻名遐迩。兰新铁路和312国道横穿凉州区,交通条件极为便利。

1.2 自然环境特征②

凉州区地势南高北低,西高东低,自西南向东北倾斜。平均海拔1632m,地形分为三部分:西南部为祁连山地,中部为走廊平原绿洲区,东北部为沙漠,山区、川区和沙区分别占土地总面积的37.9%、32.8%和29.3%。凉州区属于典型的干旱半干旱气候区,具有日照充足、干旱少雨、昼夜温差大的特点,适宜各类农作物进行光合作用和养分的积累,为提高农作物的品质奠定了基础。流经区内的西营河、金塔河、杂木河和黄羊河是凉

---

① 武威市辖三县（天祝县、古浪县、民勤县）一区（凉州区）,是石羊河流域的躯干。
② 参考了中国环境科学研究院2004甘肃省武威市凉州区循环经济规划（初稿）。

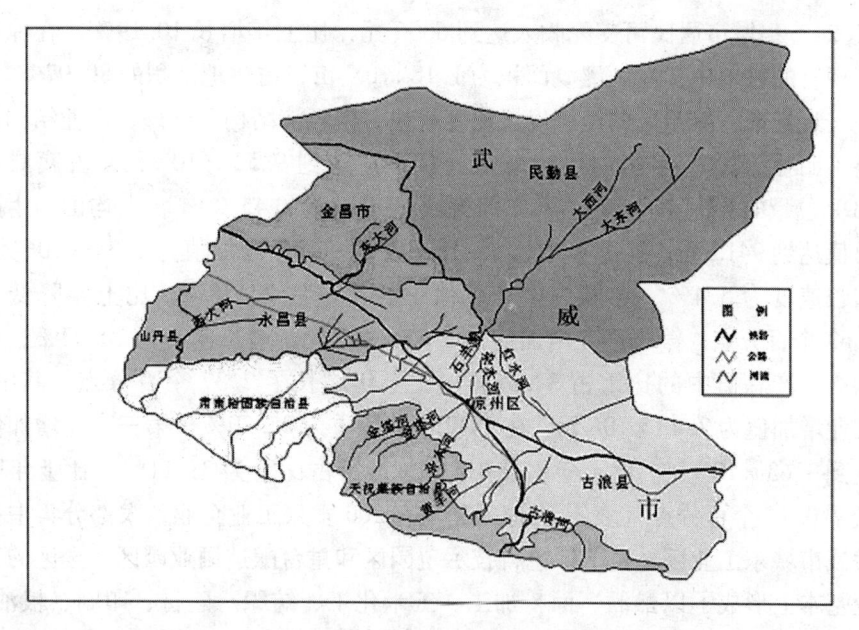

图1 凉州区在石羊河流域中的位置

州区主要的地表水源，多年（1993—2002）平均地表径流量为$6.8 \times 10^8 m^3/a$。近10年来，地下水可利用量为$2.82 \times 10^8 m^3/a$，而实际取水量为$5.25 \times 10^8 m^3/a$，处于严重超采状态。水资源短缺，严重制约着社会与经济的可持续发展，也使生态环境不断恶化。

凉州区的耕地面积为1.46×10^6亩，人均拥有量不足1.5亩，远远低于甘肃省人均3.08亩的水平。这就表明，人对土地资源的需求关系十分严峻。矿产资源相对比较贫乏，主要有煤炭、石英沙、萤石、陶土等，除煤炭的开采规模比较大之外，其余均为近几年发现的储量不大、分布分散的矿产。

2 社会经济概况

凉州区是武威市政府所在地，辖37个乡镇、7个街道办事处和448个行政村。聚居着汉、藏、回和蒙古族等25个民族，土地总面积$5.08 \times 10^3 km^2$，占武威市国土总面积的15.29%。凉州区是河西内陆河流域经济较为繁荣的城市，固有"银武威"之美称。

据统计，2005年凉州区的总人口为1.01×10^6，占武威市总人口的52.20%，约占石羊河流域总人口的44.44%。人口自然增长率为5.71‰，城市化率为38.37%，比全国的城市化水平低4.6个百分点。2005年农民人均纯收入达到3423元，比同期武威市的水平高621元，比上年增长

11.24%；城市居民可支配收入达到 6606 元，比上年增长 10.19%。在凉州区现有的耕地中，保证灌溉面积为 1.18×10^6 亩，占耕地面积的 80.97%。

近年来，凉州区的经济发展速度较快，但经济结构不合理，产业结构调整不明显。2005 年国内生产总值（GDP）达到 9.52×10^9 元，占武威市 GDP 总量的 67.14%，约占石羊河流域 GDP 总量的 45.20%，人均国内生产总值达到 9415 元，比上年增长 15.18%。第一产业增加值为 2.34×10^9 元，增长速度为 5.4%，在国内生产总值中的比重占 24.58%，比上年降低了 1.63 个百分点；第二产业增加值为 3.55×10^9 元，增长速度为 20.03%，在国内生产总值中的比重占 37.31%，比上年增长了 2.37 个百分点，其中，工业增加值为 2.43×10^9 元，在 GDP 中的比重为 25.50%；第三产业增加值达到 3.63×10^9 元，比上年增长 10.51%，所占比重为 38.11%，比上年降低了 0.74 个百分点（表1）。凉州区现有 200 多家工业企业，大部分集中在武威市城东工业区、黄羊绿色科技示范园区和皇台酿造酒业园区。全区的工业基本上形成了以酿酒、面粉加工、玉米化工、纺织、建材、印刷、粮油、食品和饲料加工为主体的地方工业体系，而机械制造、煤炭化工、新材料技术等产业发展缓慢。从上述分析可以看出，凉州区的经济结构仍然是以传统的农业和商贸流通等服务业为主，工业发展水平较低，产业结构不合理。

表1 凉州区国内生产总值统计表

指标	单位	2004 年	2005 年	2005 年比 2004 年增长（%）
GDP	万元	8.23×10^9	9.52×10^9	12.65
第一产业	万元	2.16×10^9	2.34×10^9	5.40
第二产业	万元	2.88×10^9	3.55×10^9	20.03
第三产业	万元	3.20×10^9	3.63×10^9	10.51
人均 GDP	元	8174	9415	15.18

资料来源：凉州区统计局.2005.凉州区社会经济主要统计指标（2004－2005）

凉州区的粮食生产和畜牧业生产发展较快，是河西地区重要的农副产品基地和畜产品基地。2005 年粮食总产量为 6.10×10^5 t（图2），比 2001 年增加了 1.50×10^5 t，年均增长 8.19%，粮食总产量占武威市的 63.65%，约占石羊河流域的 52.21%。猪的存栏量由 2001 年的 4.90×10^5 头增加到 2005 年的 6.44×10^5 头，增加了 1.54×10^5 头。羊的存栏量由 2001 年的 4.56×10^5 只增加到 2005 年的 6.72×10^5 只，增加了 2.16×10^5 只。大牲畜的存栏量也由2001年的2.46×10^5头增长到2005年的2.70×10^5头,增长速度相对平稳。牲畜养殖业的快速发展推动了畜产品加工业的发展,肉类总产量由2001年的4.77×10^4t增长到2005年的6.51×10^4t,增长了1.74×10^4t,肉类总产量约占武威市的60.09%。

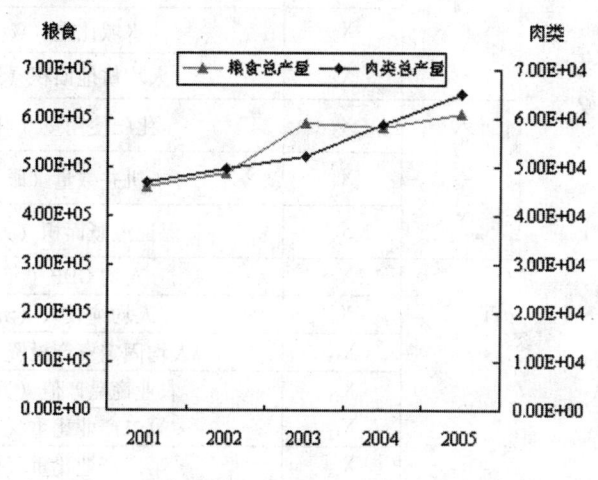

图2 凉州区粮食和肉类生产变化(单位:吨)

三、石羊河流域人地系统现存的主要问题

凉州区不仅是武威市的政治、经济和文化中心,还是石羊河流域的政治中心、经济中心和文化中心,是石羊河流域的核心部位。因此,石羊河流域的社会经济和生态环境的演变直接影响到凉州区的发展。评价石羊河流域"生态—经济—社会"系统的协调度,分析该流域生态和社会经济所面临的问题,有利于从系统的角度客观地确定凉州区发展循环经济的具体模式与路径优化方案。

1 EES系统的协调度评价

1.1 评价指标体系的建立

石羊河流域EES("生态—经济—社会")系统的协调度评价是对生态子系统、经济子系统和社会子系统或系统的要素之间在组织、结构和变化上的对应关系,是系统之间或系统内部各要素之间比例得当、关系和谐、共同促进的互惠互利的状态或态势(周国富,2004)。因此,客观地选取评价指标对评价结果有重要影响。

表2　石羊河流域协调度评价的指标体系

第一层次	第二层次	第三层次	第四层次	
生态—经济—社会系统	生态 Z_1	自然因素 Y_1	X_1	林地覆盖率（%）
			X_2	草地比重（%）
			X_3	水域比重（%）
			X_4	人均耕地面积（亩）
		人为因素 Y_2	X_5	化肥使用量（吨）
			X_6	机井数量（眼）
			X_7	保证灌溉面积（万亩）
	经济 Z_2		X_8	人均GDP（元）
			X_9	人均纯收入（元）
			X_{10}	人均固定资产投资（元）
			X_{11}	农业商品产值（万元）
			X_{12}	第二产业比重（%）
			X_{13}	第三产业比重（%）
	社会 Z_3	人口 Y_3	X_{14}	总人口（万人）
			X_{15}	人口密度（人/平方公里）
			X_{16}	人口自然增长率（‰）
			X_{17}	劳动力平均受教育年限（年）
			X_{18}	平均预期寿命（年）
		生活 Y_4	X_{19}	通公路的行政村比重（%）
			X_{20}	城市化率（%）
			X_{21}	恩格尔系数（%）
			X_{22}	城乡基尼系数（%）

1.1.1 参评因子选取的原则

①主导因素原则。所选取的参评因子对石羊河流域的"生态—经济—社会"系统能起主导性的作用；②稳定性原则。所选取的参评因子应该具有较好的稳定性，尽量避免变动因素；③差异性原则。所选取的因子在不同的时间阶段应有不同的参数值；④可度量化原则。所选取参评因子的数值应该具有较好的可获取性，并且易于量化。

1.1.2 评价体系的确定

石羊河是西北干旱区典型的内流河，流域内的生态要素、经济要素和社会要素的发展态势对流域的演变具有重要影响。因此，该流域EES系统的协调度评价必须从生态、经济和社会角度选取参评因子。在调查研究的基础上，经过反复筛选，确定了四个层次的评价指标体系。第一层次的指标一个，即石羊河流域"生态—经济—社会"系统；第二层次的指标三个，即生态子系统、经济子系统和社会子系统；第三层次的指标有四个，即生态系统中的自然因素和人为因素，社会系统中的人口和生活质量；第四层次是基础指标，共计22项（表2）。

1.1.3 评价指标权重的确定

采用 AHP（analytic hierarchy process）决策分析法（徐建华，2002；杨爱民等，1998）确定评价指标的权重。

首先，邀请15位相关领域的专家组成专家系统，按照标度说明（表3）填写判断矩阵表，得到15份判断矩阵表。

表3 标度说明表

标度值	说明
1	两个指标同等重要
3	一个指标比另一个指标重要
5	一个指标比另一个指标强烈重要
7	一个指标比另一个指标绝对重要
2、4、6	判断中值

注：$b_{ij} = 1/b_{ji}$ 即指标 i 与 j 比较的标度为 b_{ij}

第一位专家对"生态—经济—社会"系统的权重判断矩阵可以表示为：

$$A = \begin{vmatrix} 1 & 3 & 3 \\ 0.33 & 1 & 1 \\ 0.33 & 1 & 1 \end{vmatrix}$$

省略了其他层次的判断矩阵。

其次，计算评价指标的权重和一致性检验。以矩阵 A 为例，进行详细说明。

① 矩阵中的每行元素连乘并开 n 次方：$W_i^* = \sqrt[n]{\prod_{j=1}^{n} a_{ij}}$，$i = 1, 2, \cdots n$

② 求权重：$W_i = W_i^* / \sum_{i=1}^{n}$，$i = 1, 2, \cdots n$

③ 矩阵中的每列元素求和：$S_i = \sum_{i=1}^{n} a_{ij}$，$j = 1, 2, \cdots n$

④ 计算 λ_{max} 的值：$\lambda_{max} = \sum_{i=1}^{n} W_i S_i$

用上述方法求得矩阵 A 的 $\lambda_{max} = 2.99$，通过查表（岳超源，2003）可知，小于 3 阶矩阵的临界值 $\lambda'_{max} = 3.116$，可以通过检验，这时的权重为[①]：

$[0.6008, 0.1996, 0.1996]^T$

再次，用同样的方法计算其他专家的判断矩阵和其他层次指标的权重，并用算术平均法计算相同层次的权重，如矩阵 A 的平均权重为：

$[0.5148, 0.3142, 0.1710]^T$

最后，计算参评指标的最终权重（权重系数）。

$$F = \begin{cases} w_i Y_1 Z_1 & (i = 1 \ldots 4) \\ w_i Y_2 Z_1 & (i = 5 \ldots 7) \\ w_i Z_2 & (i = 8 \ldots 13) \\ w_i Y_3 Z_3 & (i = 14 \ldots 18) \\ w_i Y_4 Z_3 & (i = 19 \ldots 22) \end{cases}$$

公式（1）中，Y_1、Y_2、Y_3 和 Y_4 表示第三层次因子的权重，Z_1、Z_2、Z_3 表示第二层次因子的权重。

1.2 EES 系统协调函数模型的构建

1.2.1 功效函数与协调函数的建立

石羊河流域 EES 系统是由许多要素构成的，系统中的每一个要素在一定的时段内都有较为明确的发展目标，并且可以通过一定的数值进行量化。根据目标取向存在的差异把要素划分为两种类型，一种类型的要素追求目标的极值（即接近某一值），另一种类型的要素追求目标的最值（最大值或最小值）。要素的实际值与目标值通过某种转化关系得到的结果，就是反映要素在系统中的作用或功效，称之为要素的功效系数（Efficacy Coefficient），用 EC_i 表示。通常要求 EC_i 介于 0 和 1 之间（$i = 1, 2, \cdots n$），当要素的目标最满意时，EC_i 的值取 1，最差时取 0，这种描述 EC_i 的关系式称为功效函数（Efficacy Function）。由于单一要素的功效系数还不能说明 EES 系统的综合发展态势与状态，因此，还应建立一个以全部功效系数为自变量的关系式，用以描述全部指标的综合作用或功效。一般地，把该函数称为 EES 系统的协调度函数（Function of Harmony Degree），其值称之为协调度（HD），取值范围也是 $0 \leq HD \leq 1$，HD 愈大，说明 EES 系统整体的协调性愈好，反

[①] 为突出对比，这一部分（包括协调度）的数值采用了常规表示方法。

之，则说明 EES 系统整体协调性愈差（杨世琦等，2005）。

EES 系统评价要素 X_i（i=1, 2, …n）的实际表现值为 x_i（i=1, 2, …n），α_i、β_i 为系统稳定时要素指标变量临界点的上下限，即 $\beta_i \leq x_i \leq \alpha_i$，根据协同论，当系统处于稳定状态时，状态函数应为线性关系，函数的极值点是系统稳定区域的临界点（黄润荣，1998）。同时，慢弛豫变量在系统稳定状态时也发生量的变化，这种量的变化对系统的有序度有两种功效：一种是正功效，即慢弛豫变量的增大，系统有序度的趋势增加，另一种是负功效，即慢弛豫变量增大，系统有序度的趋势减少。因此功效函数可以表示为：

若 X_i 具有正功效时，

则，$EC(X_i) = (x_i - \beta_i)/(\alpha_i - \beta_i)$，$(\beta_i \leq x \leq \alpha_i)$

若 X_i 具有负功效时，

则，$EC(X_i) = (\alpha_i - x_i)/(\alpha_i - \beta_i)$，$(\beta_i \leq x \leq \alpha_i)$

协调度函数一般采用加权求和进行计算，就是对每个指标的功效系数 EC_i 乘以相应的最终权重系数 F_i，即：

$$HD = \sum_{i=1}^{n} F_i \times EC(X_i)，其中 \sum_{i=1}^{n} F_i = 1$$

1.2.2 协调度等级的划分

在不同的发展阶段，EES 系统存在差异，因此，反映协调度也不尽相同，有时候差异可能很大，有时候差异很小。为了直观反映 EES 系统的协调程度，把协调度 0.0000—1.0000 划分成 7 个等级（杨世琦等，2005），协调度等于 0.6 是系统失调与协调状态的分界线，当协调度在 0.0000–0.6000 区间时为失调状态，当协调度在 0.6000–1.0000 区间时为协调状态（表4）。

表4 EEPS 复合系统协调度的等级划分

协调度	0.0000–0.1500	0.1501–0.3000	0.3001–0.4500	0.4501–0.6000	0.6001–0.7500	0.7501–0.9000	0.9001–1.0000
等级	1	2	3	4	5	6	7
含义	极度失调	高度失调	中度失调	低度失调	弱度协调	中度协调	高度协调

1.3 EES 复合系统协调度评价

1.3.1 功效系数的确定

根据石羊河流域生态、经济和社会发展的现状，在分析石羊河流域 EES 系统协调度时，选择了 1992、1996、1999 和 2003 年四个年份的数据。在参考石羊河流域近期治理规划和甘肃省武威市循环经济发展规划报告的基础上,确定指标的上限,又根据 1985-1992 年石羊河流域发展的现状确定了指标的下限。在此基础上便可计算出参评指标的功效值(表5)和流域 EES 系统的协调度(表6)。

表5 石羊河流域 EES 复合系统功效值

系统	指标	权重系数	功效值 EC(X_i)			
			1992	1996	1999	2003
生态 经济 社会	X_1	0.12062	0.6012	0.9435	0.9435	0.6082
	X_2	0.01492	0.0715	0.6491	0.6494	0.9444
	X_3	0.03454	0.6250	0.1375	0.1375	0.9500
	X_4	0.24177	0.7714	0.3200	0.8800	0.9200
	X_5	0.01670	0.8100	0.4894	0.3830	0.3928
	X_6	0.05154	0.8218	0.5419	0.1544	0.0091
	X_7	0.03473	0.8847	0.6377	0.5601	0.4935
	X_8	0.15352	0.9498	0.7731	0.6716	0.4826
	X_9	0.00073	0.9326	0.8991	0.4964	0.3969
	X_{10}	0.00159	0.9951	0.9747	0.9552	0.8033
	X_{11}	0.00001	0.8841	0.3570	0.3395	0.4069
	X_{12}	0.01242	0.6493	0.8118	0.5574	0.1419
	X_{13}	0.14593	0.7228	0.5219	0.3939	0.2604
	X_{14}	0.01823	0.9904	0.9838	0.9807	0.9792
	X_{15}	0.00447	0.6133	0.3753	0.2667	0.2000
	X_{16}	0.02005	0.0352	0.5299	0.3767	0.9862
	X_{17}	0.04067	0.7353	0.5882	0.3824	0.4471
	X_{18}	0.00208	0.8000	0.7333	0.6667	0.6667
	X_{19}	0.03896	0.9310	0.6552	0.4828	0.0517
	X_{20}	0.02143	0.9714	0.9121	0.8785	0.3566
	X_{21}	0.02503	0.1000	0.4000	0.5500	0.7250
	X_{22}	0.00008	0.2500	0.7500	0.8750	0.5000

1.3.2 协调度分析

从表6和图3可以看出,石羊河流域 EES 系统的协调度呈现出波浪型的降低趋势,即由 1992 年的 0.7426 降低到 1996 年的 0.5818,又由 1999 年的 0.6392 降低到 2003 年的 0.5682;协调度等级由 5 级降低到 4 级,即由原来的中度协调演变为低度失调。在 EES 系统的协调度中,生态子系统占有绝对优势,由 1992 年的 39.75% 提高到 2003 年的 61.46%,是左右石羊河流域生态经济演变的关键因素。另外,由于1999年以来实施了退耕还林(草)工程,所以生态子系统的协调度有所提高。但是,由于土地沙化、盐碱化等生态退化的根源还未消除,生态问题依然面临着很大的威胁。因此,石羊河流域急需从生态保护、经济发展和社会协调角度进行综合治理。

表6 石羊河流域EES复合系统的协调度与等级

系统	1992 协调度	1992 比重	1996 协调度	1996 比重	1999 协调度	1999 比重	2003 协调度	2003 比重
生态	0.2952	0.3975	0.2138	0.3674	0.3474	0.5435	0.3492	0.6146
经济	0.2212	0.2978	0.1710	0.2939	0.1324	0.2071	0.0933	0.1641
社会	0.2952	0.3047	0.2138	0.3387	0.3474	0.2494	0.3492	0.2212
EES	0.7426	等级:5	0.5818	等级:4	0.6392	等级:5	0.5682	等级:4

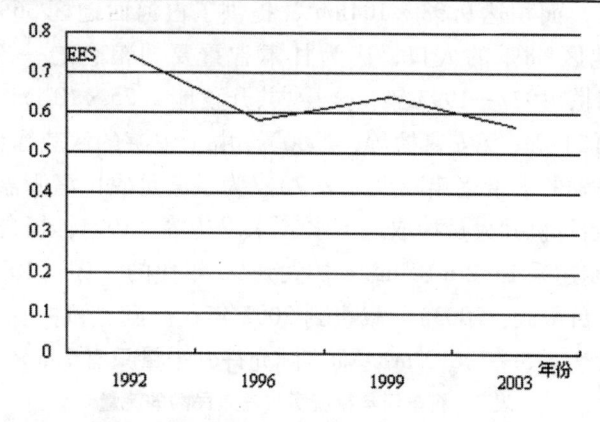

图3 石羊河流域EES系统协调度变化曲线

2 生态环境面临的主要问题

2.1 上游大量砍伐植被,水源涵养功能减弱

祁连山的森林草原带和高山灌丛草甸带是石羊河流域的主要水源涵养林带。然而,由于历史上的开发和建国后的过度经济活动,祁连山区的森林和草原遭到了严重破坏。据《河西志》记载(马全林等,2004),祁连山2000余年前约有天然森林 $6 \times 10^6 hm^2$,到新中国成立初期,森林面积大约为 $1.5 \times 10^6 hm^2$。从20世纪50年代初到70年代末,祁连山林地面积减少 $2.17 \times 10^5 hm^2$,森林面积减少了16.5%,森林覆盖率减少了8%。石羊河上游森林由东大河、祁连、上房寺、夏玛、哈溪、乌鞘岭、十八里堡和昌岭山等几大林区组成,由于该区域为进入河西走廊到西域的门户,破坏程度最为严重。森林资源的减少使祁连山涵养水源能力下降,雪线不断上升。如冷龙岭冰川

从1956年至1976年的20年中，年均后退12.5—22.5m。研究表明（张健民，1990），每亩林地比无林地至少可多蓄积水量20m³，5×10^4亩森林所涵蓄的水量相当于$1\times10^6 m^3$的水库容量。水涵养林区的退缩，造成了水源涵养功能的降低。此外，在祁连山浅山区，由于过度放牧和开矿等经济活动，引发了严重的水土流失，如武威市有5087km²的土地发生了水蚀，冻融侵蚀达12km²（康国玺，2005；马全林等，2004）。

2.2 中、下游过度开发，超采用水，造成流域的用水失衡

过度开发耕地是石羊河流域人类活动对生态环境影响最为显著的因素，也是影响其他生态因子变化的重要因素。近半个世纪特别是20世纪70年代以来，石羊河流域展开了大规模的农业开发，建成了武威、民勤、金川—昌宁三大井灌区，面积达$9.93\times10^4 hm^2$，提供了占河西地区36%的商品粮，养活了河西地区48%的人口，成为甘肃省重要的粮仓之一（朱震达等，1994）。据统计，1977—1993年，全县①共开荒地$2.25\times10^4 hm^2$，约占1993年耕地面积的21.7%（安富博等，2000）。由于中游的武威绿洲大量用水，石羊河流入民勤的水量逐年减少（表7），为了满足农田灌溉需要，民勤县从70年代开始打机井大量抽取地下水（朱震达等，1994；杨自辉，1999），由70年代中期超采$1-2\times10^8 m^3/a$扩大到90年代的$3.91\times10^8 m^3/a$（邹应双等，1999；吕甲武，2003）。截止到2002年，民勤县机井保有量为9519眼，年提水量达6.5—$7\times10^8 m^3$，而实际允许开采量只有$7.3\times10^7 m^3/a$②。

表7 石羊河年径流量与进入民勤的流量

年份	年径流量($10^8 m^3$)	中游年耗水量($10^8 m^3$)	入民勤流量($10^8 m^3$)	入民勤流量占径流量的比重（%）
1957	13.31	8.67	4.64	34.5
1969	13.05	9.11	3.94	30.2
1976	14.04	11.36	2.68	19.1
1980	13.00	10.79	2.21	17.0
1990	14.09	12.39	1.70	12.1
2000	13.03	12.05	0.98	7.2

资料来源：甘肃省水利水电勘测设计研究院，清华大学，2005．石羊河流域近期治理规划，第34页

① 1985年4月15日，经国务院批准，武威县改为武威市（县级）；2001年5月，撤销武威地区和县级武威市，设立武威市（地级），将原武威市（县级）改设凉州区。

② 数据来源：甘肃省民勤县水利局。

2.3 下游生态严重退化，农民流离失所

新中国成立后的50多年，由于对石羊河流域进行大规模的农业开发，特别是武威、民勤、金川—昌宁三大井灌区的建设（朱震达等，1994），致使石羊河上游向下游的输水量减少（丁宏伟等，2003）。为弥补灌溉水源，下游的民勤县大规模超采地下水，使地下水水位普遍下降4-17m，形成三个大型地下水漏斗，进而导致植被的衰亡，人口外流，农田弃耕，教训十分深刻（申元村等，2001）。民勤从水草丛生、可耕可渔的湿生环境演变成了"十地九沙，非灌不殖"的荒漠景观（颉耀文等，2004）。

由于流入民勤的地表水越来越少，在强烈蒸发作用下，一方面致使土壤盐分逐年增加（图4），面积不断扩大，土地生产力下降，开始发生土地退化；另一方面当灌溉用水不足时，大部分土地又不得不被弃耕，强烈的蒸发使耕作时淋溶到深层的盐分向表层富积，使土地盐渍化。据调查，民勤县东湖镇维结村因土地缺少灌溉水源撂荒466.67hm²，占当年耕种面积的82.35%（表8）。

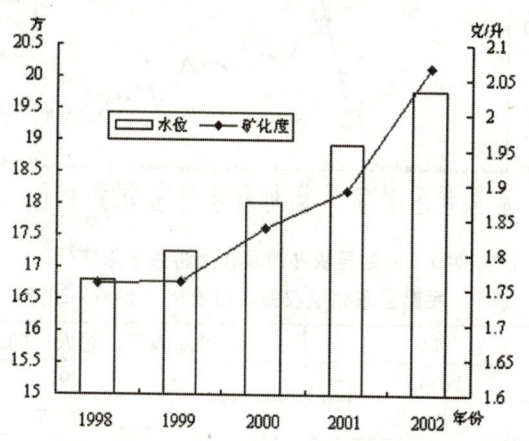

图4　民勤县泉山区地下水位动态变化

表8　民勤县东湖镇部分村庄的撂荒情况

行政村	撂荒地面积（hm²）	实有耕地面积（hm²）	撂荒地占耕地面积的比重（%）
维结	466.67	566.67	82.35
下润	313.33	400	78.33

据研究（安富博，2000），1977年民勤县的沙漠化土地面积[①]为

[①] 为突出土地沙漠化面积的变化，采用了常规的数字表示方法。

1487620.45hm², 1993 年的面积为 1496391.03hm², 16 年的时间增加了 8770.58hm²。但是，到了 1998 年，沙漠化土地的面积发展到 1525528.3hm², 5 年的时间增加了 9137.27hm²。

近5年来，由于气候干旱、石羊河上游来水逐年减少、地下水严重超采等原因（图5），民勤县已有 2×10^4 hm² 耕地受风沙危害, 1.34×10^4 hm² 耕地盐渍化。严峻的生态环境使民勤绿洲到了"一方水土难养一方人"的境地，有相当一部分农民为了谋生，携儿带女，背井离乡，远到内蒙古、新疆和玉门等地投亲靠友，谋求生计。民勤东湖镇的人口流失比较严重，每年以千余人的速度在下降（表9）。

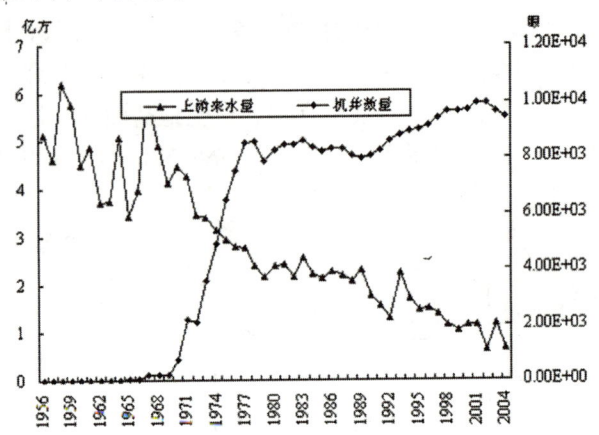

图5 民勤县机井数量和上游来水量变化

表9 民勤县东湖镇农业人口变化（2000－2002）

年份	种地人口（人）	种地人口占总人口的比重（%）
2000	16745	79.6
2001	15714	74.7
2002	11200	53

3 社会经济环境所面临的问题

3.1 缺乏有效的水资源管理机制

石羊河流域的水资源缺乏统一的管理和调度，流域内行政单元各自为政的现象严重。上游地区大量无序地用水，致使上游地区的经济用水挤占了下游的生态用水，使上下游的用水严重失衡。近20年来，进入民勤的地表水大大减少，由 20 世纪 50 年代的 5.42×10^8 m³ 减少到 2003 年的 1.17×10^8 m³, 2004 年的来水量仅仅为 0.65×10^8 m³（图6）。土地资源的过度开发造成了整个流域水资源分配的失衡。

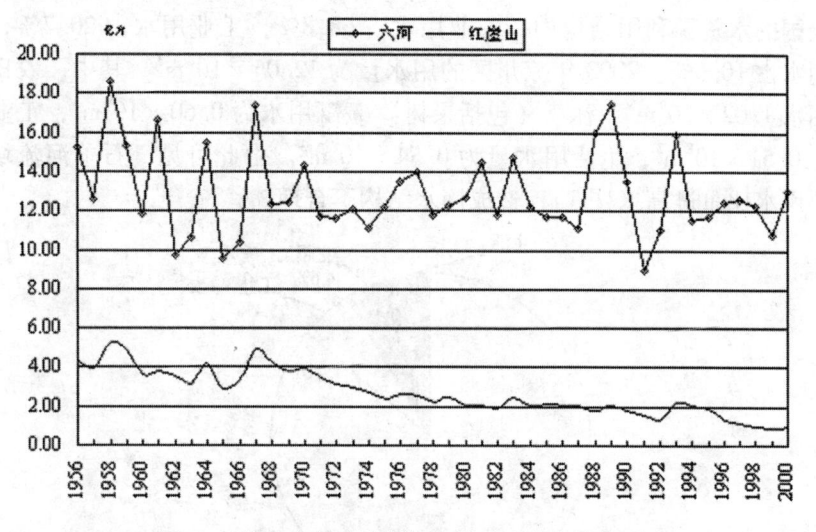

图6 石羊河上游来水量与红崖山水库入库量对比

3.2 社会经济发展与水资源供给的矛盾

石羊河流域多年平均自产水资源总量为 $1.66 \times 10^9 m^3$，人均水资源占有量 $743 m^3$，仅为全国人均水资源量的1/3，比国际公认的 $1700 m^3$ 严重缺水警戒线低60%。亩均水资源量 $369 m^3$，仅为全国的1/4，远低于人均 $1000 m^3$ 的国际水资源紧缺标准[①]。人均水资源占有量、单位耕地面积占有量严重不足，是石羊河流域用水紧缺和生态环境恶化的主要根源之一。

近20年来，石羊河流域的人口增加了 5.6×10^5，大约增长了34%，农田有效灌溉面积由1980年的 3.47×10^6 亩增加到2003年的 4.50×10^6 亩，增长幅度超过 1×10^6 亩。同期的粮食总产量大约翻了一番，2003年国内生产总值达到 1.38×10^{10} 元，与1980年相比，增长了8.4倍。与此同时，水资源的总量不但没有增加，反而减少了1%。流域的水资源负荷还在继续上升，现状水资源开发利用程度达172%，如果考虑地下水的超采量，缺水程度高达35.4%，居内陆河流域之首[②]。这势必导致社会经济用水挤占生态用水。

3.3 用水结构不合理，水资源产出效率低

2000年，石羊河流域总用水量 $2.84 \times 10^8 m^3$，其中，农田灌溉用水占

[①②] 甘肃省水利水电勘测设计研究院、清华大学：《石羊河流域近期治理规划》，第28、29页，2005。

85.7%，工业用水占5.4%，生态用水占4.6%，生活用水占4.3%，而在同期全国的水资源利用结构中，农业用水占68.8%，工业用水占20.7%，生活用水占10.5%。2003年凉州区的用水量为$12.05 \times 10^8 m^3$，其中，农田灌溉用水$1.02 \times 10^9 m^3$，林草（包括果树）灌溉用水为$0.60 \times 10^8 m^3$，工业用水为$0.51 \times 10^8 m^3$，生活用水量为$0.54 \times 10^8 m^3$。由此可见，石羊河流域的农业用水比重过高（图7），造成用水结构不合理。

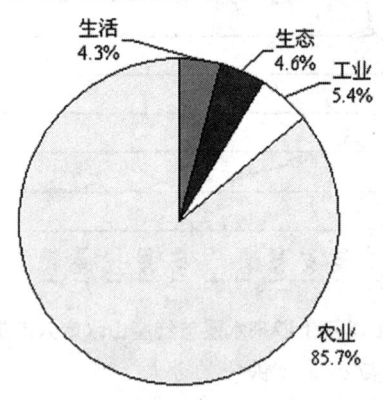

图7 石羊河用水结构图（2000年）

另外，石羊河流域的水资源生产效率低，远远低于全国的平均水平，如2000年全流域水资源的生产效率为$3.33 元/m^3$，不足全省的50%，仅为全国的20%（图8）。

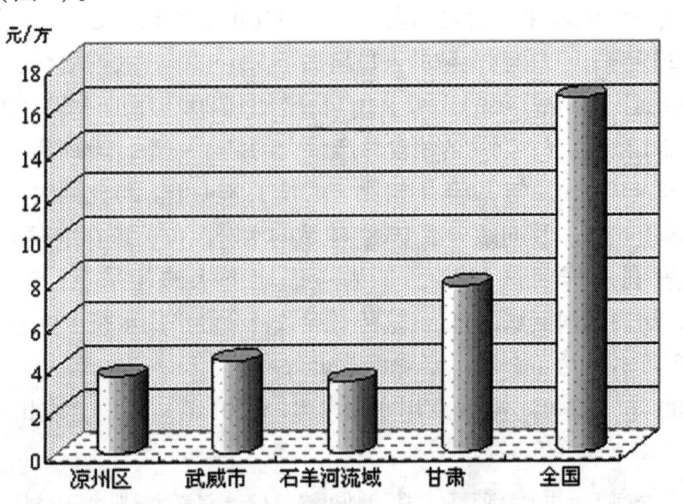

图8 石羊河流域水资源产出效率与甘肃、全国的比较（2000）

3.4 工业用水定额过高

石羊河流域的工业主要以冶炼、酿酒和食品加工为主，高新技术产业所占份额较小，其特定的产业结构决定了工业用水定额高于全国的平均水平。现状万元工业产值取水定额为153m³，不仅比甘肃省高12m³，还比全国平均水平高75m³（图9）。因此，在严重缺水的环境中，发展传统的"线性经济"已经没有出路。

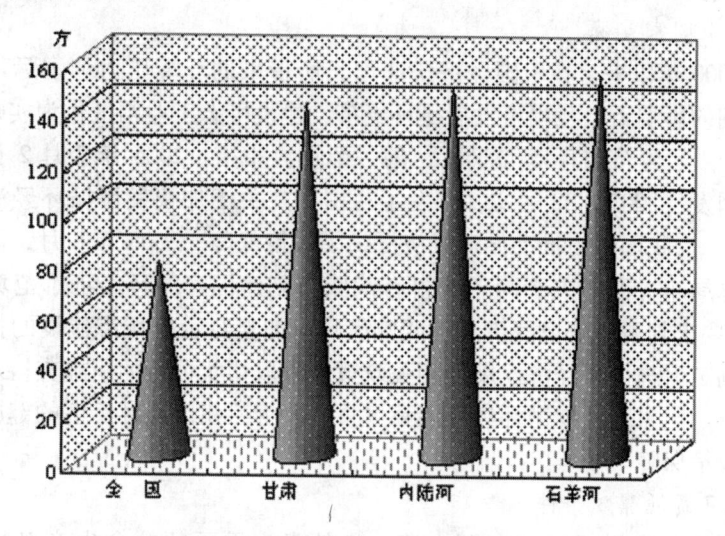

图9 万元工业产值耗水量比较图

3.5 工业排放的大量废水，进一步加剧了生态危机

随着人口增长、城市化和工业化的发展，石羊河流域中游地区的生活污水和工业废水的排放量也随之增长。在污水处理设施不完善的情况下，石羊河成了接纳凉州区生活污水和工业废水的主要河流，致使石羊河的水质严重恶化。据武威市环保局统计，2000年武威市排入石羊河的生产和生活废水为$2.47×10^7$t，2003年的废水排放量达到$3.15×10^7$t，废水中COD排放量为$1.27×10^4$t。石羊河干流河流地表流量小，流程短，河道自净弱，纳污量有限，进一步恶化了下游的生态。

因此，在上述背景下，发展循环经济是石羊河中游的凉州区未来发展的根本出路。

四、发展循环经济的可行性、总体目标与框架

(一) 发展循环经济的可行性

1 有利条件

1.1 国家重视

2000年以来,在中国经济快速增长所带来的环境压力和国际环境保护新思潮的影响下,我国将发展循环经济、建设生态工业园区作为实现区域可持续发展、经济与环境"双赢"的一个重大举措。2005年7月2日,国务院以国发〔2005〕22号文,印发了《国务院关于加快发展循环经济的若干意见》,为我国大力推动循环经济提供了政策保障。2005年8月,国家环境保护总局印发了《关于同意甘肃省武威市创建国家循环经济示范城市的复函》,要求甘肃省环境保护局与武威市政府加强对示范城市建设的指导与协调,制定促进循环经济发展的相关政策,采取切实可行的措施支持示范城市的建设。国家对发展循环经济的高度重视,为凉州区循环经济的健康发展提供了政策保障。

1.2 资源禀赋条件

武威市凉州区物产资源丰富,是甘肃省重要的粮食生产基地,享有"银武威"之称。该区气候资源丰富,农副产品品种多、质量好,大阪瓜子、黄河密瓜、无壳瓜子和酿酒葡萄等享誉全国,西瓜、辣椒、洋葱、啤酒花和大麦久负盛名,畜产品种类繁多,皮肉品质优,是河西地区重要的果蔬种植基地和畜牧业养殖基地,为食品工业的发展奠定了物质基础。矿产资源有煤炭、铝土矿、萤石和花岗岩等,为工业的发展提供了丰富的能源和原材料。

1.3 产业的比较优势

近年来,凉州区在农业产业化开发和经营上进行了许多有益的探索和尝试,农业经营规模由原来的小型、分散向集约化、区域化发展,由单纯农业生产向农工商一体化延伸,农副产品加工已具有一定规模。目前,工业取得了较快发展,已经形成了酿酒、化工、食品加工和机械制造等门类较为齐全、粗具规模的工业体系,特别是扶持和培育了一批以农产品加工为主的龙头骨干企业。莫高集团、西凉啤酒厂、皇台酒厂、荣华集团、黄羊面粉厂等

食品加工企业的辐射作用和带动作用明显，已经成为凉州区工业经济的支柱企业。

2 产业关联分析

凉州区是一个以农业为基础、以食品工业为主导的区。经过多年发展，玉米淀粉循环产业体系、酿酒循环产业体系、面粉和饲料加工循环产业体系、调味品产业循环体系和绿色食品产业体系初具规模，已经基本形成了农业和工业相互耦合、食品加工企业之间互利共生的经济发展模式。首先，农业生产过程中产出的大量农畜初级产品，除部分直接外销外，其余部分可作为食品工业的基本原料。其次，农业生产过程中产生了大量秸秆和粪便等废弃物，前者可以以粉碎和青贮的方式发展畜牧业，后者可以通过设计沼气工厂，变牲畜的粪便和秸秆残渣为绿色能源和有机肥料，将种植业、养殖业和沼气工程有机连接起来，形成以沼气为纽带的多位一体的生态农业循环模式。再次，食品加工业通过延伸产业链条，获得了高附加值的深加工产品，不但增加了初级农副产品的价值，还拉动了社会就业，提高了农民收入。此外，在食品加工过程中产生的副产物，经过再加工过程可以转变为精炼油、饲料和有机肥料等产品，可以连接农牧业生产系统①。

上述发展模式，不仅提高了资源的利用效率，实现了产品的增值，还减少了污染物的排放，降低了环境风险，取得了一定的社会经济和生态效益，客观上为循环经济的发展提供了良好的基础和范式。

3 循环经济雏形分析

凉州区的荣华集团是武威市玉米淀粉产业的"龙头"企业。在多年的发展中，基本上形成了以玉米、小麦为原料的淀粉加工产业，以淀粉为原料进一步加工成淀粉糖、味精和其他高附加值的下游产品，并对各个生产环节中产生的废弃物进行循环利用，初步形成了横向耦合、纵向闭合的循环经济雏形（图10）。荣华集团的循环经济雏形是一个多产业共生、多链条交错、多产品输出的生态工业网络，其工业代谢类型包括产品代谢和废物代谢，前者的代谢链包括：玉米→玉米淀粉→味精；玉米→玉米淀粉→糖浆→麦芽糊精；玉米→玉米淀粉→变性淀粉。后者的代谢链包括：玉米浸泡液→肌酸、黄色素；玉米胚芽→玉米精炼油（胚芽饼）；玉米纤维渣→DDGS饲料；高

---

① 中国环境科学研究院：《甘肃省武威市循环经济发展规划报告》，2005。

浓度废水→复合肥①。

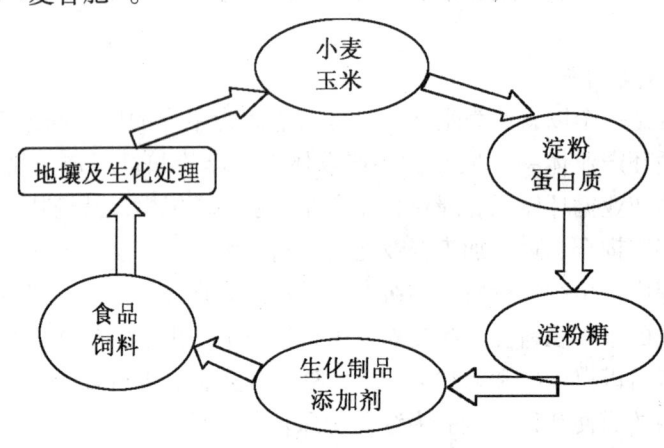

图10 荣华集团循环经济雏形图

(二) 总体目标与框架

1 总体目标

凉州区发展循环经济的总体目标应该以生态经济学理论和区域经济学理论为指导，以经济发展、生态保护、水资源合理利用和废物循环利用为核心，构建以农业高效节水、工业低排放、工业与农业共生的物质循环为特征，以循环物质为载体的循环经济产业体系。调整土地利用结构，大力发展节水农业和生态农业，进一步扩大节水农业规模，彻底改变传统的农业发展模式，将水资源需求总量控制在可补给的范围之内，使水资源利用得到有效配置，使需水缺口不断缩小，使农业用水挤占生态用水的现状得到有效遏制，使生态环境得到有效保护。在企业和流域层面上实现资源的高效利用，提高水资源的产出效率，最大限度地减少废弃物的排放量，从而实现节水和固体废弃物的循环利用。调控国民经济内部的投入结构，特别是增加工业投入，大力推进新型的工业化进程，形成工业化带动循环经济持续发展的良好局面。增加废弃物的治理投入力度，建立废弃物回收利用体系，保证污染物排放量低于环境的承载力，推进区域内部经济结构的合理调整，加快工业向高效益、低污染和生态化方向发展。在现有工业基础上形成一批高效益、辐射带动面大、产业链条长的产业集群。

---

① 中国环境科学研究院：《甘肃省武威市凉州区循环经济规划》（初稿），2004。

2 总体框架

根据石羊河流域的社会经济发展现状和生态环境所面临的问题，应该主要从水资源可持续利用、生产和废物（水）的循环利用三大领域构建凉州区发展循环经济的总体框架（图11）。

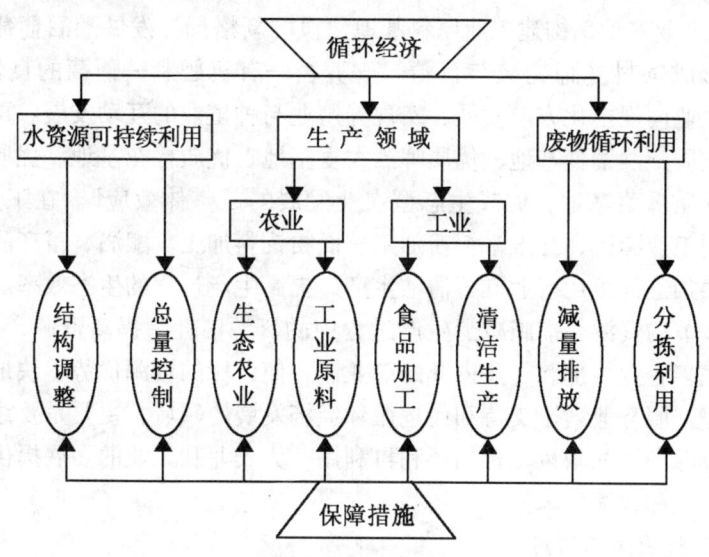

图11 凉州区发展循环经济的总体框架

2.1 水资源可持续利用

水资源的可持续利用不仅是凉州区可持续发展的永恒主题，还是循环经济发展的纽带。首先，在可预测的城市化发展速度条件下，确保城乡人口正常的生活用水，并通过适当调整畜群结构，稳定牲畜需水量。其次，调整农业内部的土地利用结构，压缩耕地面积，由传统的粮—经"二元"结构向粮—经—草相结合的"三元"结构转变，确保林草的生态需水。同时，调整复种指数，采用滴灌等方式发展节水农业。再次，合理调整林草地面积的比重，在稳定林地面积规模的前提下，着力发展草业，提高生态水的配置效率。最后，降低万元产值的水资源耗用量，提高工业用水的循环利用程度，加强工业废水和生活废水的处理力度，使之达到农业灌溉标准，形成废水处理后的循环利用体系。通过实施上述水资源利用方案，达到水资源供需平衡的目标。

2.2 生产领域

发展凉州区的循环经济，应该以提升经济运行质量和改善农业生态环境为前提，因地制宜地调整产业结构，形成"以林护农、以草养畜、以工带农、产业互补"的良性循环。一是，调整三次产业的投入结构，加大工业的投入力度，提高新型工业化的运行质量，形成农业、工业和服务业协调发展的局面。二是，在农业方面，加快以优质工业原料基地建设为核心，坚持"龙头"企业带动，构建工业原料基地建设的新格局。发展酿酒葡萄与苜蓿间作，形成饲料（葡萄枝与苜蓿）—养畜—有机肥料—葡萄的良性循环，推进养殖业向规模化方向发展，实现养殖业与种植业的互动发展。重点培育和发展优质酿酒葡萄基地、优质啤酒大麦基地、优质棉花基地、优质糯玉米基地和优质瓜菜基地，促成生态型农业发展的"整体效应"。在工业方面，科学规划工业园区，在玉米淀粉加工、面粉饲料加工、酿酒、畜产品加工和绿色蔬菜加工等生产行业推行清洁生产，提高生产过程的生态效率。通过实施节水、节约资源等措施减少生产过程中的资源消耗，提高资源产出效率，建立和完善企业内部和行业内部的产业链，使区域的资源优势尽快地转化为经济优势。服务业属于支持和促进循环经济发展的领域，主要是要注重服务过程中资源利用的减量、再循环和再利用，为农业和工业的发展提供必要的技术、信息和政策保障。

2.3 废物循环利用

首先，通过企业实施清洁生产，提高资源的利用效率，减少废弃物的排放，在企业层面促进资源利用和废弃物排放的最小化。其次，在社会层面加大治污力度，提高固体废弃物的回收率，提高废弃物在园区的循环利用程度，促进区域资源消耗和废物产生量的最小化。再次，完善发展循环经济的政策和措施，根据废物生命周期管理方法，鼓励个体和社区参与废弃物的治理，推行工业固体废弃物和生活垃圾的分拣、回收和循环利用，提高资源的利用率。最后，还应倡导绿色消费观念，以此来促进循环经济的发展。

此外，还需要在政府层面上加大交通等基础设施建设力度，健全和完善发展循环经济的保障措施。

五、经济发展的制约因素与产业发展方向

1 制约因素

内陆河流域的经济发展必须主要依靠本流域的资源。因此，客观认识资源条件对经济发展的制约性成为凉州区产业发展的关键。

1.1 水资源总量不足，用水结构不合理

凉州区是石羊河流域古老的灌溉农业区，其水源主要源自祁连山冷龙岭的黄羊河、杂木河、金塔河和西营河4条内陆河流，多年平均径流量不足 $9 \times 10^8 m^3$，多年平均渠首引进量为 $6.8 \times 10^8 m^3$。近年来，无论是年径流量还是平均渠首引进量都出现了减少的趋势。如2000－2003年的年均径流量为 $8.47 \times 10^8 m^3$，平均渠首引进量为 $6.13 \times 10^8 m^3$。根据全区水资源需求状况分类调查，2000—2003年，凉州区的年需水量为 $1.21 \times 10^9 m^3$，而实际可利用的水量仅为 $9.28 \times 10^8 m^3$，这就表明，该区的水资源一直处于超采状态。水资源严重不足成为制约经济发展的主要因素之一。另外，凉州区的用水结构极不合理（图12），农业生产需水量占94%，而工业需水量仅占3%，前者是后者的31倍。这说明农业为用水大户，也反映了农业灌溉对水资源的依赖性和对粮食增产的重要性，同时还反映了该区的工业化和城市化水平还比较低[①]。

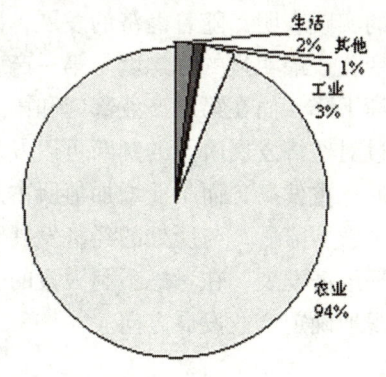

图12　凉州区用水结构图（2003）

1.2 生态环境脆弱

脆弱的生态环境也是制约凉州区经济发展的另一个重要因素。凉州区地处祁连山北麓、腾格里沙漠的西南边缘。在气候带上，该区位于温带干旱气候区，年均降水量为155mm，而年均蒸发量高达2020mm。受特殊的地理位置和严酷自然条件的双重作用，以干旱为主的自然灾害较为频繁，土地荒漠化严重，在水资源过度超采的情况下，引发了一系列的生态环境问题，如土地次生盐碱化、水质下降等，从而决定了凉州区的农业不宜进行粗放式

---

① 中国环境科学研究院：《甘肃省武威市凉州区循环经济规划》（初稿），2004。

经营。

1.3 产业结构不合理

首先，农业内部结构不合理，种植业所占比重偏大。1996年以来，种植业在农业总产值中所占比重持续增长，而畜牧业所占比重呈下降的态势。在种植业中以粮食为主，饲料种植比重低，二元经济结构极其明显。1999—2003年，粮食作物的种植比重始终保持在74%以上，而经济作物和饲料种植的比例仅占36%，其中饲料种植比重不足4%。饲料种植比例小，产量低，严重影响了畜牧业的发展。其次，凉州区的工业经济基础比较薄弱，工业增加值在国内生产总值中所占比重偏低，工业化水平还比较低，在一定程度上制约了国民经济的发展水平。在工业结构中，以食品加工工业为主导产业，产业链条较短，产品附加值较低，尚未形成产品附加值较高、经济效益较好的产业集群。

2 产业发展方向

国内外经济发展的实践表明，随着经济的发展，国民经济内部的产业结构会发生不同程度的变化，最明显的标志就是第一产业部门的就业比重和国民收入所占的份额逐渐下降，而在第二产业部门和第三产业部门所占的比重逐渐上升。但是，通过对经济发展阶段的判断可以发现，凉州区的农业增加值在国内生产总值中的比重偏高，而工业增加值所占的比重还比较低，产业基础薄弱，工业化水平发展滞后，与所处的经济发展阶段不相适应。

加快凉州区的循环经济发展，在考虑不利因素的基础上，需要充分挖掘本区的比较优势，客观地确定产业发展方向。

2.1 新型工业化

发展以延长产业链条和节约水资源为核心的新型工业化是武威市凉州区循环经济发展的重要内容。该区虽然有2000多家规模不等的工业企业，但具有带动作用的"龙头"企业的数量少，多数企业的经济总量偏小，没有表现出"主要种群"的比较优势，尚未形成以"主要种群"为核心的工业集群。工业企业之间缺乏直接或间接的物流关系，共生程度低，产业关联度小，没有进行有效的能源共享、废物或副产业的交换活动。对此，必须提高工业运行质量和发展水平。一是，扶持和培育荣华集团、皇台集团、红太阳面粉集团等一批食品加工"龙头"企业，形成玉米淀粉产业体系、酿酒产业体系、面粉和饲料加工产业循环体系，形成具有较强共生能力和辐射带动效应的产业集群。二是，适度调整和重组现有的产业结构和产品结构，营造以主导产业为核心，整合上下游企业的工业共生环境，提高资源的利用效率，减少污染物的排放，形成资源共享、废物和副产品合理交换的循环经济产业发展体系。三是，培育企业的自主创新能力，运用高新技术改造和提升食品加工产业结构，增强可持续发展的能力，延长和扩张生态工业链网，进一步增强生态工业系统的稳定性和抗市场风险的能力，形成资源效率高、经济效益好的新型工业体系，形成对区域经济发展的带动作用。

2.2 生态农业

生态农业就是按照生态学原理，建立和管理一个生态上自我维持的低输入、经济上可行的农业生产系统，该系统能在长时间内不对周围环境造成明显改变的情况下具有最大的生产力（周文宗等，2005）。凉州区发展生态农业应该围绕以下几个方面的内容展开：一是，大力调整农业内部结构。调整农业内部结构的关键是大力发展饲草基地，为畜牧业提供稳定的饲料来源，使农业由原来单一的粮—经"二元"经济结构向粮—经—草"三元"经济结构转变。二是，优化农业和农村经济结构。生态农业需要根据当地的资源条件和经济发展水平合理组织农业生产和农村经济活动，形成以市场为导向、以加工业为龙头、以无公害农产品生产为主体的农业发展新格局。三是，发展安全、优质的农畜产品，形成畜牧业与种植业联动发展的格局，发挥生态农业的整体优势。

2.3 沙产业

1984年，我国著名科学家钱学森教授首次提出了"沙产业"概念（樊胜岳等，1998）。他认为沙产业是在"不毛之地"上，利用现代科学技术，包括物理、化学、生物学等科学技术的全部成果，通过植物的光合作用，固定转化太阳能，发展知识密集型的农业型产业。沙产业以"多采光，少用水，新技术，高效益"的技术体系为支撑，是沙漠和沙漠化地区在可持续发展前提下的现代农业和农产品加工业。

酿酒葡萄种植是发展沙产业的主要内容之一。地处腾格里沙漠边缘的凉州区，得天独厚的条件决定了种植葡萄的品质优于国内其他省市。新疆地区种植葡萄的含糖量过高，酸度过低，适宜晒制葡萄干，不适宜酿造。东部省市种植的葡萄酸度虽然适中，但含糖量过低，而且由于年积温高，气候湿润，病害多，农药施用量大，其种植葡萄的农药残留量高，这是东部地区种植葡萄过程中一个难以克服的弱点，影响了葡萄品质的提高。而凉州区气候干燥，葡萄病虫害少，农药施用量也很低，在一些沙漠地区，可以不施用农药。这种条件决定了凉州区在葡萄种植和酿造方面具有很强的比较优势。该区种植的葡萄不仅含糖量较新疆低，酸度也较新疆高，而且二者的成分比较协调，符合国际上酿造干酒的标准，这就决定了凉州区种植的葡萄适宜酿造，特别是干酒酿造。

六、循环经济发展的主要模式

1 生态农业模式

1.1 传统农业所面临的问题

凉州区属于西北干旱地区，水资源极度匮乏。诸多的因素困扰着传统农业的发展。一是，在水资源的产出效率方面，农业不具备与工业竞争的实力。2003年凉州区的农业耗水量为 $1.02 \times 10^9 m^3$，占全社会用水总量的94%，农业增加值为 1.61×10^9 元，占国内生产总值的26.41%，单方水所产生的农业增加值仅为1.58元。同期，工业耗水量不足 $0.33 \times 10^8 m^3$，仅占全部用水量的3%，工业增加值为 1.59×10^9 元，占国内生产总值的26.03%，单方水所产生的工业增加值为57.11元。就单方水的效益而言，工业是农业的36倍。2004年，凉州区第一产业的产值比重为26.21%，但农业耗水量却占全社会用水总量的94%。并且，稀缺的水用于工业比农业能创造出更多的就业机会。因此，农业的用水效益远远低于工业。

二是，与全国相比，传统农业已不占优势。凉州区所处的石羊河流域灌溉农业发达，是甘肃省重要的商品粮生产基地、重要的农副产品生产基地和加工基地。2005年粮食总产量为 $6.10 \times 10^5 t$，占全省粮食总产量的7.30%，为甘肃省的粮食安全做出了一定贡献。但粮食的增产是建立在对土地资源、特别是水资源过度索取的基础之上的。在粮食生产方面，凉州区已经失去了比较优势，如2003年单方水生产粮食不足0.6kg，与全国 $0.6 \sim 1.0 kg/m^3$ 的平均水平相比，还有很大的差距。实际农田灌溉定额为 $606.27 m^3/亩$，明显高于全国和全省水平（图13）。因此，在粮食生产不具备比较优势的现实背景下，凉州区以农业生产为主导的产业格局必须得到调整。

三是，集约化生产的程度不高，产业化经营的程度低。制种产业还处于产业化经营的起步阶段，专业化程度低，储藏、包装、销售等环境相对薄弱，企业实力弱，缺乏参与市场竞争的能力。畜牧业营销加工"龙头"企业的数量少，专业化程度低，生产基地分散，辐射带动作用不强。草产业尚

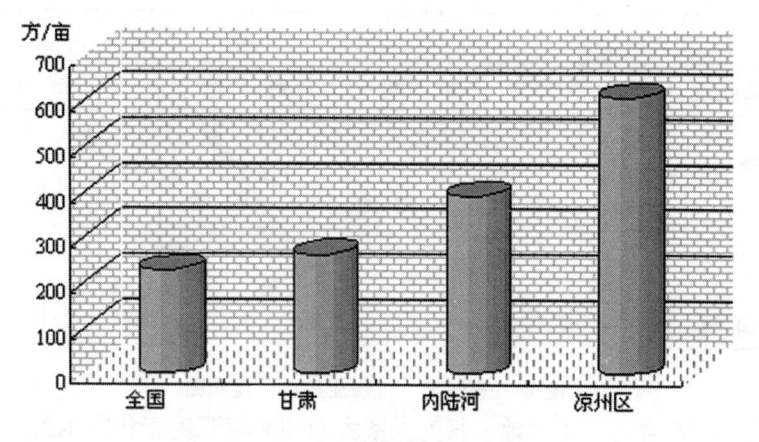

图13 农田灌溉定额比较图

处于雏形阶段,规模化、商品化的程度低。

四是,缺乏比较成熟的品牌运作方式。与工业产品相比,凉州区现有的绿色农产品品牌意识比较淡薄,没有建立起优质优价的产品购销机制,质量观念不强,不利于品牌的推广和产品质量的提高。

1.2 发展模式

1.2.1 畜牧业+种植业产业链模式

种植业在凉州区农业中的比重比较大,将生产过程中产生的大量秸秆与牲畜养殖结合起来,是生态农业的主要模式之一。该模式主要依托当地的饲料资源,实施畜牧业和种植业的结合,利用生物肥料提高土壤肥力,从而构建生态种植—饲料加工—生态养殖—有机绿肥—生态种植的良性循环。主要循环过程有:首先将小麦、玉米和洋芋等农作物的秸秆经过青贮处理后转化为优质的饲料进行畜牧业养殖,再将牲畜的排泄物经自然发酵后形成的有机绿肥,实施追肥还田。其次是将种植业生产的粮食作为牲畜养殖所需的饲料进行加工,另一方面,对部分粮食进行酒类加工,并对发酵过程中产生的酒糟,作为饲料用于牲畜养殖。再次是对畜牧业养殖过程中的畜产品和酒类酿造中的最终产品进行市场销售(图14)。这不仅有利于养殖业的快速发展,有利于增强土壤肥力,提高粮食单产,还有利于提高农业系统内部的物质循环效率。

1.2.2 畜牧业+绿色蔬菜产业链模式

凉州区在适宜发展畜牧业的同时,也适宜于发展绿色蔬菜种植,已经初步形成了畜牧业+绿色蔬菜联合发展的模式(图15)。该模式在农户的庭院

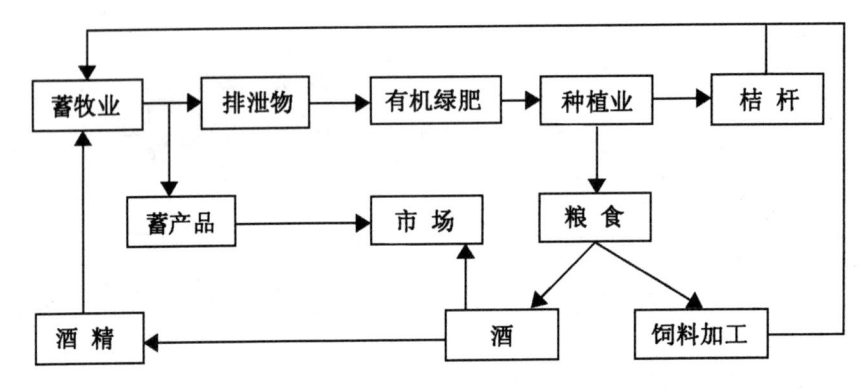

图14　畜牧业 + 种植业产业链模式图

或田园，将畜禽舍、沼气池、日光温室大棚构成能源生态利用体系，形成一个密闭的小环境，使物流交换得到合理配置，从而实现产气与积肥同步，种植与养殖并举，能量和物质流动的良性循环。畜牧业 + 绿色蔬菜模式在开发上，以蔬菜大棚建设为中心，发展无公害蔬菜生产，不仅增加了土壤的有机质，提高了土壤肥力，还促进了农民脱贫致富、农业产业结构调整和农村经济的可持续发展，在推动当地经济与环境的协调发展方面，发挥了极其重要的作用。

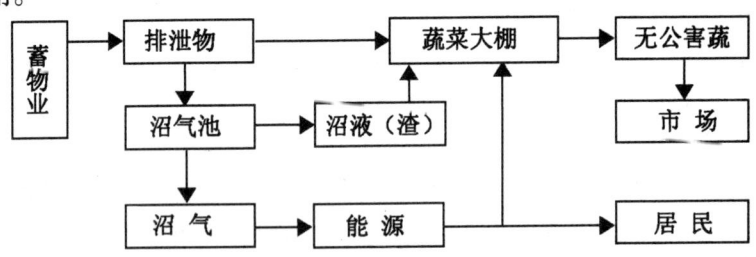

图15　畜牧业 + 绿色蔬菜产业链模式

1.2.3　葡萄种植（加工） + 畜牧业、蘑菇栽培产业链模式

近年来，随着国家葡萄产业的发展和西移，甘肃省把武威市葡萄建设列为"再造河西"农业产业化项目之一，为大力发展葡萄酒产业提供了坚实的基础和得天独厚的条件。

目前，在凉州区注册的甘肃威龙有机葡萄酒有限公司，已建成酿酒葡萄种植基地 1.3×10^4 亩，建成葡萄原汁榨汁厂1处，生产能力达 1×10^4 t，2005年生产葡萄原汁 1×10^4 t，上缴利税 1.8×10^7 元，是国内有名的葡萄酒生产企业之一。

该企业发展葡萄种植（加工） + 畜牧业、蘑菇栽培产业链模式的主要内容为：以葡萄产业为核心，充分发挥葡萄种植中葡萄枝的资源优势，采用温室大棚培育市场价值较高的香菇，利用葡萄酒生产过程中葡萄皮渣作为饲料养牛，对蘑菇培养基、葡萄残渣和牛的排泄物实施入池发酵，对沼液和沼渣实施返田种植葡萄，为有机葡萄种植提供大量的有机绿肥，并对畜产品、蘑菇和葡萄酒等最终产品实施市场销售，从而实现了葡萄种植、畜牧业发展与蘑菇栽培的良性循环（图16）。

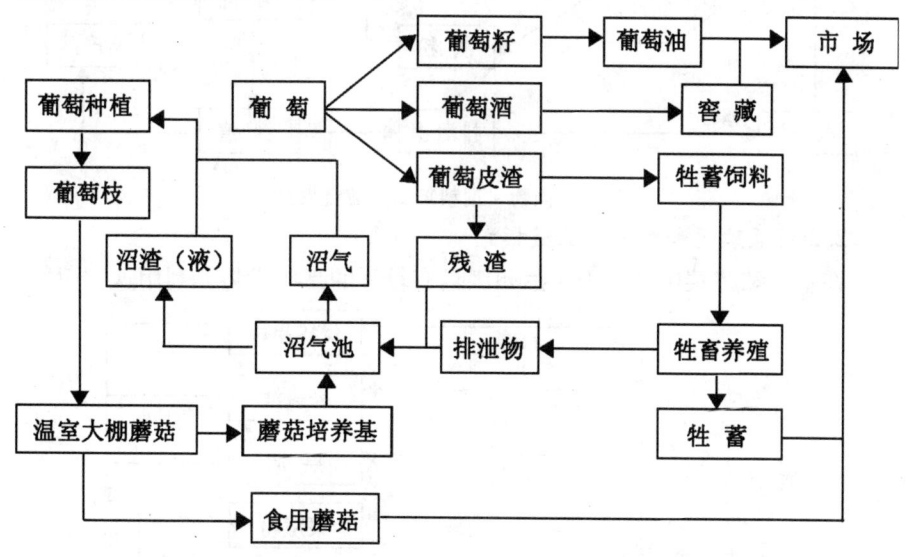

图16 葡萄种植（加工）+畜牧业、蘑菇栽培产业链模式图

由此可见，葡萄种植是一个产业链条比较长，综合利用效率高，增值效果显著的产业，并且对农业中的温室大棚技术、养殖技术和沼气技术，具有很强的整合提升能力，必将成为带动凉州区经济发展和产业结构调整的支柱产业，对提高凉州区的经济实力和带动广大农民脱贫致富具有重大作用，并对周边地区产生很强的带动作用和示范作用。

2 生态工业循环模式

2.1 面粉+饲料加工产业链模式

在进行小麦面粉加工的过程中，产生了麸皮和次粉等副产品。面粉可以进一步加工成小麦淀粉、谷朊粉以及系列面食品；而副产品可以作为饲料用于畜牧业养殖，带动整个凉州区养殖业的发展。另外，对养殖业所产生的粪便等排泄物实施追肥还田，为小麦的生长提供了有机绿肥，从而形成了面粉、饲料加工+养殖业的产业链模式（图17）。

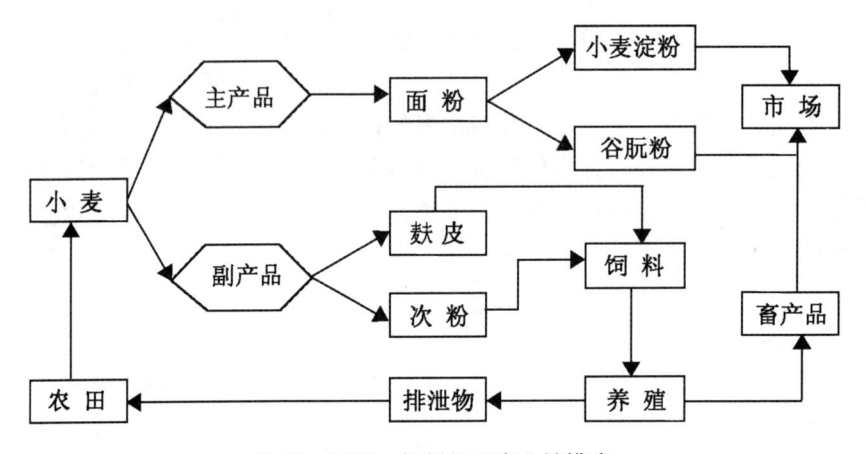

图 17　面粉 + 饲料加工产业链模式

2.2 蔬菜贮运和加工产业链模式

在水果和蔬菜生产方面，凉州区具有较强的品质优势，利用这方面的优

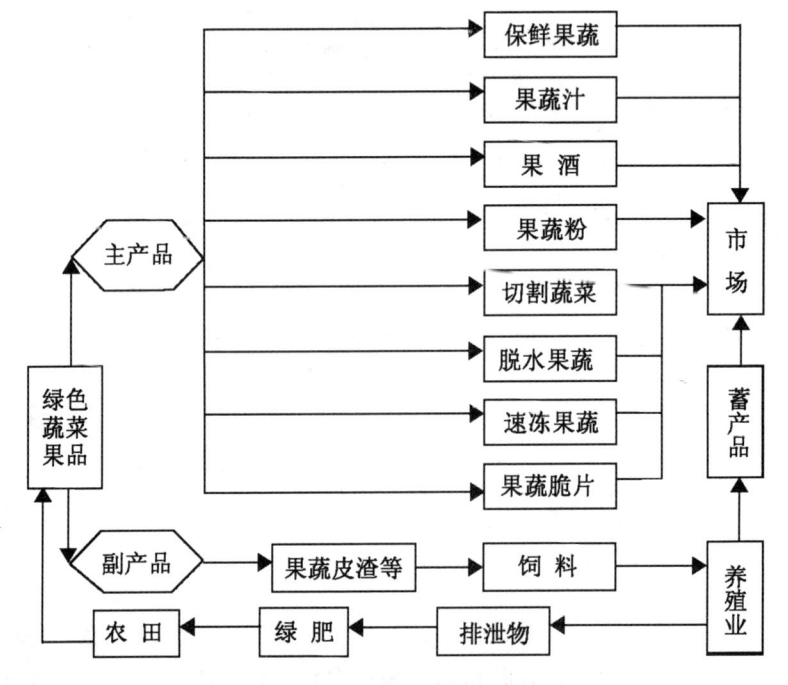

图 18　面粉 + 饲料加工产业链模式

势适度增加调味品产业链对提高农副产品的附加值具有至关重要的作用。对此，在"原料—加工—流通"各个环节建立全程质量调控体系，用现代的

生物技术、现代分离技术改造提升水果和蔬菜加工工业的工艺水平，发展果蔬贮运保鲜、果蔬汁、果蔬粉、切割蔬菜、脱水蔬菜、速冻蔬菜和果蔬脆片等产品，并对果蔬皮渣用作养殖业的饲料。同时，对养殖业的排泄物实施追肥返田（图18），可以为绿色蔬菜和果品提供有机绿肥，极大地提高了资源的利用效率。

2.3 调味品产业链模式

凉州区调味品原料品质高、来源广，具有发展调味品产业的良好基础，开发出了新型家庭食用的综合调味品。凉州益民公司和黄羊酱醋厂是生产调味品的骨干企业，在发展食醋和酱油的同时，开发出了熏醋、保健醋、麸醋、葡萄酒醋、红曲醋、醋胶囊和小麦胚芽醋等产品，其中，后三种产品的降血脂疗效已经得到消费者的认可。另外，在生产调味品的过程中，产生的醋糟等副产品是品质较好的牲畜饲料，又可促进养殖业的发展。另外，对牲畜的排泄物实施追肥还田，为小麦等原料的种植提供了肥沃的有机绿肥（图19）。

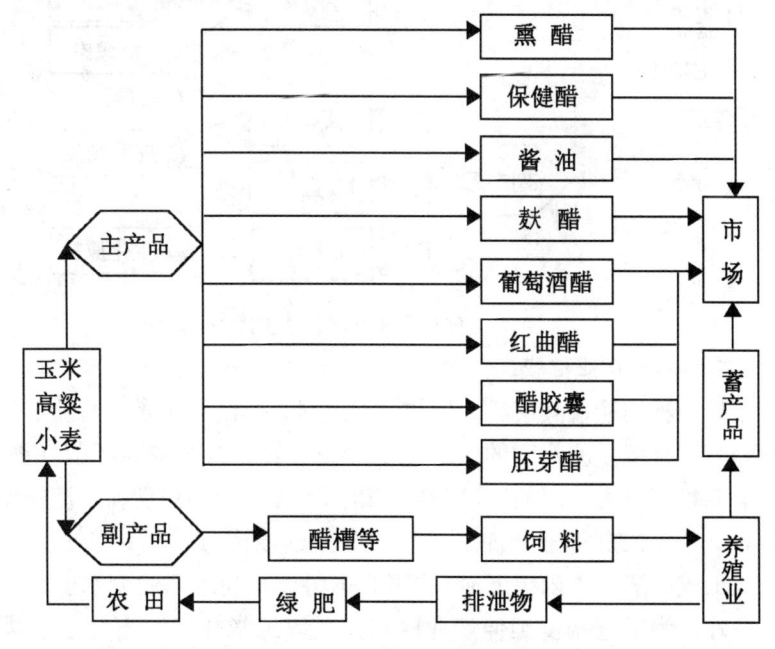

图19 调味品产业链模式

2.4 畜产品加工产业链模式

凉州区具有发展畜产品加工的基础条件，大力发展畜产品加工能够带动养殖业的发展，促进农业产业结构的调整和优化。目前，畜产品加工已经初步形成两个主要环节（图20）：一是乳制品加工环节，即把奶牛产出的原奶加工成含乳饮料、酸奶和学生奶，由此形成了以乳制品为主的多条产业链；二是肉类加工环节，即将畜牧业养殖系统的猪、羊和肉牛等活体，通过检疫、放血等环节，加工成熟肉制品、分割肉和排酸肉等产品。同时，在畜产品加工过程中还产生了多种有价值的皮、毛和脏器等副产品，这些产物通过废物代谢过程可生产出皮毛制品和生化用品，由此形成了畜产品加工产业链模式。

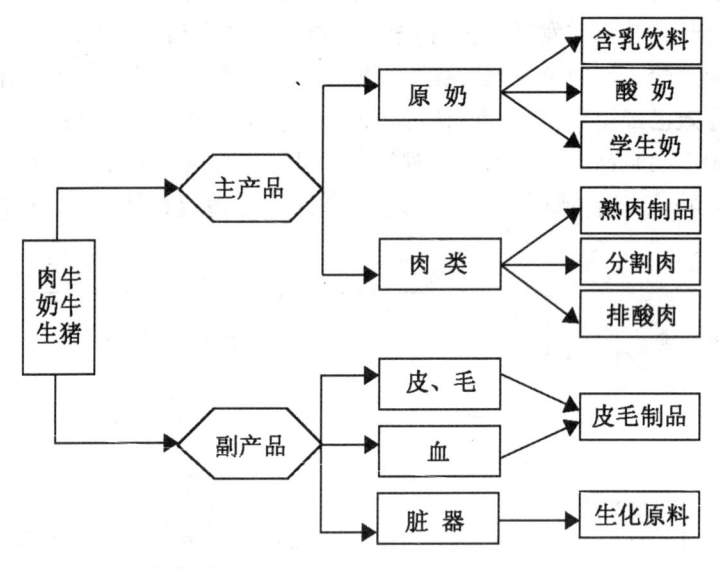

图20 畜产品加工产业链模式

2.5 玉米化工产业链模式

玉米是一种用途极其广泛的生物化工原料，广泛用于食品行业、医药工业和制糖产业领域。凉州区的玉米化工已经形成了两个主要环节（图21）：一是玉米淀粉可以通过深加工进一步获得高附加值的药用淀粉、淀粉糖和变性淀粉等产品；二是将玉米加工过程中产生的浸泡液、胚芽和玉米渣副产品，精加工成肌酸、玉米精炼油、DDGS饲料，并利用工业废水生产有机复合肥。另外，为了进一步延伸产业链条，发挥玉米化工和畜牧业的耦合效应，将工业废水制成的有机复合肥直接实施还田；将产生的DDGS饲料用于畜牧业养殖，并将排泄物实施追肥还田，构成了玉米化工拉动牲畜养殖的产业链模式。

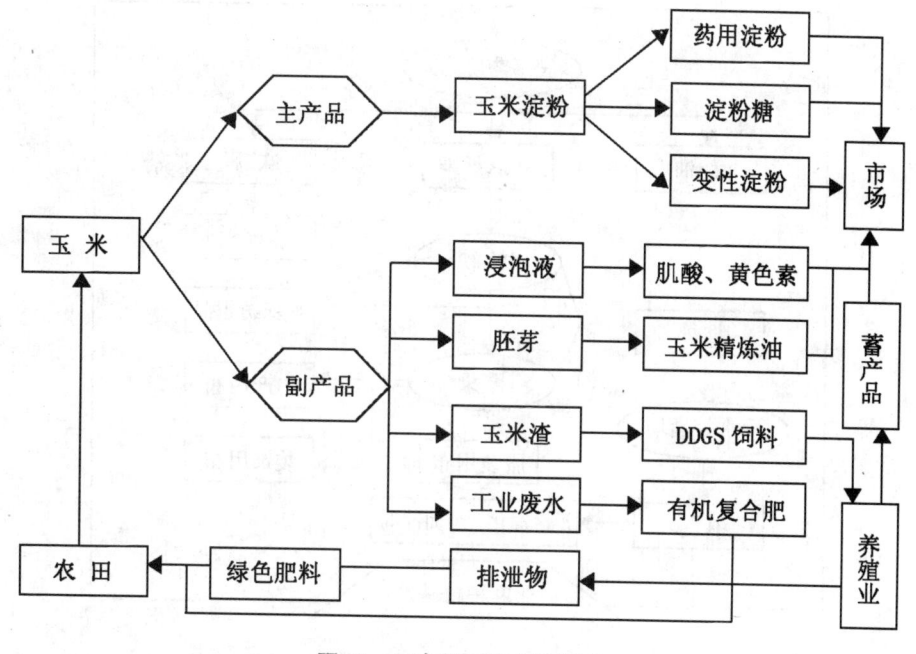

图21 玉米化工产业链模式

2.6 亚麻纺织产业链模式

亚麻是麻纺织业的重要原料，其纤维强韧、抗腐蚀、耐磨擦、耐高温、散热快、无静电等独特的优点，深受消费者的青睐。凉州区在气候条件、原料品质和种植等方面具有无可比拟的优势，是西北地区重要的亚麻种植基地之一，已经初步形成了亚麻种植、纺织和加工为一体的产业体系。主要产业链有：亚麻经过粗加工产出麻纤维，经过纺织、印染等生产环节产出亚麻纺织品、生产用布、装饰用布和服装用布等亚麻制品；亚麻加工过程中产生的麻屑可用来制作高密度压缩板，亚麻籽可以提炼麻油，使废弃的资源得到合理利用；纺纱和印染过程中产生的废水经过污水处理后可以用于厂区绿化和亚麻种植。由上述四条产业链构成了亚麻纺织的产业链模式（图22）。

此外，在凉州区还形成了精细化工产业链模式和造纸产业链模式。笔者认为由于石羊河流域的水资源供需紧张，并且，上述两个产业链属于高污染型的模式，治污的成本非常大，不宜在该区发展。

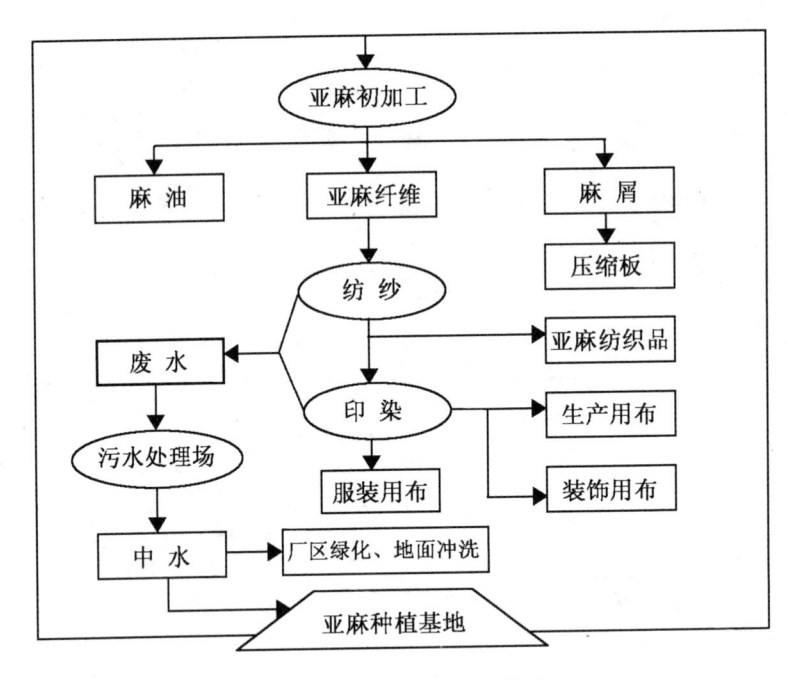

图22 亚麻纺织产业链模式

七、发展循环经济的保障体系

（一）组织机构的建立和政府的职能

1 组织机构的建立

发展凉州区的循环经济必须强化政府的行政领导角色，建立强有力的组织机构。首先，建议成立由武威市委常委凉州区委书记为组长，凉州区区长为副组长，发展计划委员会、经贸局、环保局、规划局、建设局、水利局、国土房产局和农业局等单位一把手为主要成员的凉州区发展循环经济领导小组，负责协调有关政府职能部门的纵向管理、组织、协调和督察凉州区发展循环经济的规划、立项和建设方面的工作；负责凉州区有关循环经济发展的重大决策，协调解决石羊河流域在发展循环经济过程中遇到的重大问题，并对土地审批、工商注册和企业监管等方面的事项进行资格审查和全过程的管理。其次，成立循环经济领导小组办公室，负责人才引进、发展循环经济相关的试点和示范的申报、项目引进、基础设施建设和企业管理方面的事务；

负责循环经济的宣传，指导公众和企业积极发展循环经济工作。另外，由于凉州区处于石羊河流域，在流域层面上确定发展循环经济的组织机构也极为重要。对此，建议由省委常委、常务副省长任组长，甘肃省发展和改革委员会主任和武威市市长为副组长，武威市发展和改革委员会、环境保护局、国土资源局、水利局和凉州区主要负责人为主要成员的石羊河流域循环经济领导小组，负责未来石羊河流域发展循环经济的建设与规划、监督与协调方面的事务。

2 政府的职能建设

2.1 建立健全相关的法律和法规体系

由于循环经济与传统经济有着不同的发展理念，因此，它比其他任何一种经济模式更需要完善的法律和法规体系做保障。发展循环经济的关键是在循环型社会中建立健全相关的法律和法规。我国已经颁布了《节能法》、《固体废弃物污染环境防治法》和《清洁生产防治法》等法律，对环境污染的防治、资源的综合利用、废物的资源化和促进清洁生产起到了一定的促进作用（薛东辉，2005）。但是，由于凉州区地处偏远的西北地区，法制观念淡薄，在循环经济的试点过程中，并没有杜绝有法不依、执法不严、违法不究的现象。更为重要的是，凉州区发展循环经济的关键是解决尖锐的水资源供需矛盾，因此，在整个流域层面上建立适合石羊河流域循环经济发展的法律和法规体系对促进该流域循环经济的有序发展起到至关重要的作用。另外，还需要在社会层面上加快制定《水资源综合利用条例》、《资源综合利用条例》、《废旧家电及电子产品回收处理管理条例》和《包装物回收利用管理办法》等发展循环经济的专项法规。

2.2 强化宏观调控职能，通过政策机制促进循环经济的发展

市场经济的实践表明，在发展循环经济问题上，政府的目标和企业的目标完全不同。政府的目标是代表国家的利益，促使企业在生产过程中节约资源和能源，并实现社会的可持续发展；而企业的目标是在市场竞争中实现低投入、高产出，并获得更多的利润。这就不可避免地在发展循环经济的目标上产生了矛盾。对此，政府要强化自身的宏观调控职能，以税收杠杆和信贷政策为手段，对率先改进工艺、提高技术、更换设备的企业，给予大幅度的税收减免和贴息贷款，促进企业自觉地发展清洁生产，自觉地进行减量化和资源化作业。通过调节和影响企业的生产行为，建立自觉节约资源和保护环境的长效机制。

2.3 开展"三绿"活动,建立政府优先采购制度

"绿色产品、绿色采购、绿色伙伴"构成的"三绿"网络是推进循环经济发展的重大举措①。政府开展"三绿"活动能够从源头上控制污染物的排放,减少废弃物排放,从而实现发展循环经济的最终目标——废水、废弃物的减量排放。企业开展"三绿"活动不仅能够提高企业品牌的知名度和产品质量,还改善了社会环境,从而实现了社会效益和经济效益的"双赢"。政府需要积极地制定相关的采购政策(陈静,2006),对办公用品、办公建筑与装修实行绿色采购。通过绿色购买行为,优先采购具有绿色标志体系认证的产品,以此来引导消费者的消费行为和企业的生产方向。此外,政府对企业从事绿色原料采购的行为,应予以一定的经济补偿,从而促进凉州区循环经济的发展。

2.4 大力推进技术创新,建立循环经济发展的技术支撑体系

技术进步和创新是推动循环经济持续发展的动力源泉,也是从根本上解决经济发展与环境保护的矛盾,推进循环经济发展的主导支撑力量。因此,凉州区循环经济发展的首要任务是技术变革。大力推进技术创新,建立相关的技术支持和激励体系,通过技术进步支撑循环经济的发展,主要包括四个方面的内容:一是,尊重人才,重视人才。创造优良的激励环境,让更多的循环经济技术能够被发明和利用。充分利用和发挥凉州区的人力资源和技术力量,对有技术发明与创造的技术人才,进行必要的物质奖励,并在经济可行的条件下,率先采用并加以推广。二是,进行脆弱生态防护技术、沙漠化防治技术、水资源安全保障技术和生态安全保障措施的研究与创新,可以吸引跨国公司、国内大型企业、有一定实力的个体和高等科研院所进行研发。三是,利用产品的生命周期理论对经济系统进行物质与能量流程的分析,以便对不符合循环经济发展方向的产业进行技术改造。四是,对各类生产系统的物流利用和排放做出技术上的科学规范,监督各生产单位的生产和排放状况,对于那些资源利用过度、技术落后、排放水平超标的企业,应在重罚的基础上,责令进行技术改造,改造不合格的,予以坚决取缔(冯健等,2005)。

2.5 发挥环境管理工具的作用,使外部不经济性内部化

发展凉州区的循环经济离不开有效的环境管理工具,主要包括以下四个

---

① 中国环境科学研究院:《甘肃省武威市循环经济发展规划报告》,2005。

方面的内容：一是，建立废物生命周期管理体系。通过对废物的整个生命过程（包括从原材料获取和生产、产品制造和使用到废物搜集、回收、再用乃至最终处置）中物质、能源的输入以及相应的环境排放物进行识别和量化，评估各个阶段的物质、能源利用效率以及排放物的环境影响，尽可能减少废物的产生、排放，降低整个过程的环境影响。二是，启动应急管理计划，提高公众对恶性环境污染事故的了解和认识，组织制定应急计划，以应对工业事故所造成的环境紧急事件，确保凉州区群众的生命健康、财产安全和环境安全。三是，发挥调节型环境经济政策的作用，通过政府的干预解决环境问题，由外部不经济性的制造者承担全部的外部费用。四是，以企业为主体，在整个凉州区认真贯彻和落实《清洁生产促进法》，明晰产权，发挥市场配置资源的基础性作用，形成企业自觉地实施清洁生产的激励机制。

2.6 加强生态园区的布局与管理

生态园区的布局是否合理直接影响到循环经济的实施效果，生态园区的管理模式也将直接影响到园区的生态产业特性。对此，应该在以下几个方面加强生态园区的布局与管理。一是，根据园区的规模和引入企业的类型，对园区的道路交通、垃圾处理场、能源管线和废水处理等基础设施进行先期规划，并使园区的规模和设计能力具有一定的回旋能力。二是，工业企业的布局要相对集中，以便更好地利用基础设施和末端废弃物的循环利用。三是，要求园区的企业尽可能按照产品的生命周期开发和生产低能耗、低消耗、低污染、再循环的产品，尽可能在企业本身实现清洁生产的同时建立ISO14000环境管理体系。四是，建立园区层面的ISO14000环境管理体系、园区APPEL（地区级紧急事故意识和准备）计划、园区废弃物交换系统和园区的生态系统公告制度[①]。

2.7 建立绿色GDP核算体系

发展循环经济要从根本上改变以往的评估标准，建立绿色GDP核算体系，用更科学的指标衡量凉州区的经济发展。循环经济不仅是对传统经济增长模式在社会生产和物质消费层面上的变革，还对发展循环经济的制度条件提出了新要求。考核地方的经济发展，应该在传统GDP的基础上考虑资源消耗和对环境的影响，并在健康指数、幸福指数等方面反映居民的生活质量。通过建立绿色GDP核算体系，在经济发展过程中，能够让人们更清楚

---

① 中国环境科学研究院：《甘肃省武威市循环经济发展规划报告》，2005。

地看到对资源的消耗及对环境的破坏（杨梦琪，2006）。此外，要把绿色GDP的实施效果作为官员考核的重要指标，以便在领导层面上更快地转变经济增长方式，迈向经济、社会与自然和谐相处的可持续发展之路。

（二）投资与融资能力建设

1 投资与融资的重点领域

凉州区发展循环经济的突破在于发展新型工业化。无论是万元产值的耗水量，还是单方水的产出效益，工业远远优越于农业。但随着工业化的发展，很多地方的生态环境出现了"先污染、后治理"的困境，严重影响到当地社会经济与生态环境的协调发展。因此，把凉州区发展新型工业化的重点放在资源消耗低、环境污染小、经济效益高的产业上，并且在发展工业化的过程中实施清洁生产。对此，凉州区政府要把投资与吸引其他资源的重点放到以下几个方面：一是扶持和培育一批农产品加工企业，以便形成具有较强辐射和带动作用的产业集群。二是，整合上下游企业的工业共生环境，支持淀粉加工产业循环体系、酿酒产业循环体系、畜产品加工产业体系、绿色瓜蔬加工产业、饲料加工产业和绿色肥料产业体系的发展。三是以国内外市场为导向，发展"优质、精品、特色、低耗、高附加值"的生态农业。四是，不遗余力地吸引具有一定科技含量的高新技术产业，从而为凉州区循环经济的发展提供技术支撑。

2 投资能力

武威市凉州区周边的经济条件比较落后，资金严重不足是制约循环经济有序发展的主要障碍之一。首先，在发展循环经济的过程中，要加大国家的投资力度，从而为循环经济的发展提供必要的资金支持。其次，甘肃省政府要结合自身的实力，在基础设施建设和改造当地传统产业方面提供必要的资金，以便使资源优势尽快地转化为经济优势。再次，武威市和凉州区两级政府需要创新招商引资机制，不断改善和提高引资的软环境，特别是完善投资的法制环境、市场环境、服务环境和信用环境，进一步提高服务的社会化和透明度，把提供"优质、高效"的服务作为吸引国内外资金的重要手段。

3 融资渠道

发展凉州区的循环经济，需要不断拓宽融资渠道。一是，争取世界银行、亚洲开发银行、世界粮农组织等国际金融机构和组织的贷款；二是，争取加拿大政府发展中国家环境保护贷款、欧盟与日本等相关国家环境保护的贷款和赠款；三是，争取国家星火计划、国家火炬计划及成果推广等方面的贷款。根据国家的高新技术产业政策，促进凉州区具有一定科技含量的企业上市融资，以发行股票的方式提高企业的知名度、信誉度和融资能力。四是，在加强政府间横向联系的同时，鼓励民间资本参与融资，广泛利用项目融资，促进融资渠道的多样化，使现有的城市建设管理与治污模式向以公司为主体的城市建设与管理模式转变，更好地发挥资源的配置效率。

（三）建立水资源合理使用的调配制度

1 实施用水权可交易的许可证制度

凉州区所在的石羊河流域是甘肃省河西地区内陆河流域人口最多、水资源开发利用程度最高、用水矛盾最突出、生态环境问题最突出、水资源对社会经济发展制约性最强的地区，水成为维系绿洲文明的命脉，水资源的数量、调配状况及利用方式是左右绿洲规模及其发展演变的最重要因素（李并成，2003）。对此，应根据石羊河流域的社会经济与生态问题，制定全流域的用水分配协议，实行全流域的统一用水管理机制，实行全流域统一用水调配机制，合理确定水资源的价值，建议采用季节调配价格，杜绝用水许可范围内的超强度用水。改变农田大水漫灌的现状，采用先进的节水技术指导农业生产，对于从事生态节水型产业的发展，政府应提供必要的财力支持。在加强全流域水资源管理的基础上，实行上中下游用水的许可证制度（Ma et al.，2006），上游地区可以根据本地区水资源的供给形势和下游地区的用水紧急情况，向下游地区交易用水权，以保证石羊河流域对稀缺水资源的需求。

2 严格执行水量分配方案

发展凉州区的循环经济固然重要，但生态环境的保护也不容忽视。因此，凉州区政府应该根据优化方案所确定的生活需水量、牲畜需水量、农业需水量、工业需水量和生态需水量，在社会经济和生态系统中合理分配水资源。不但要满足社会经济的需水量，还要保证生态系统的需水量；既不能以牺牲生态为代价来发展经济，也不能以牺牲经济为代价来保护生态，而应走经济发展与生态保护相协调的发展模式。

八、结论

1 "生态—经济—社会"系统的协调性失调

凉州区所处的石羊河流域属于西北干旱区典型的内陆河流域,流域内的生态要素、经济要素和社会要素的发展趋势对流域的演变方向具有重要影响。采用 AHP(analytic hierarchy process)决策分析法确定了石羊河流域 EES("生态-经济-社会")系统协调度评价指标的层次体系和参评因子的权重,并构建了协调度函数。对石羊河流域的生态、经济和社会系统的评价结果表明,EES 系统的协调度呈现出波浪型的降低趋势,即由 1992 年的 0.7426 降低到 1996 年的 0.5818,又由 1999 年的 0.6392 降低到 2003 年的 0.5682;流域的协调度等级由 5 级降低到 4 级,即由原来的中度协调演变为低度失调。而生态子系统在 EES 系统中的协调度中占有绝对优势,是左右石羊河流域生态经济演变的关键因素。由于生态退化的人为因素还未消除,所以,急需从生态保护、经济发展和社会协调角度进行综合治理。

2 凉州区处于工业化初期,新型工业化是今后经济发展的方向

产业结构由低级向高级演进是当今世界经济发展的客观规律。这种演进又明显地表现在经济发展阶段过程中。因此,对经济发展阶段的判断不仅是区域经济发展战略、发展目标的基础和出发点,还是确定经济发展任务的关键。从人均收入、产业结构、就业结构、工业内部结构、工业化率和工业化实现程度角度,判断了凉州区的经济发展阶段。结果表明,本区的经济发展水平还比较低,处于工业化初期,主要表现在以下两个方面:一是工业结构主要以酿酒、玉米淀粉、小麦面粉加工和调味品加工为主,而电力、钢铁、机械制造、高新技术发展滞后,属于典型的以农副产品加工为主体的轻工业结构类型。二是,从业人员的就业结构主要以农业部门为主,其次是从事商贸流通的服务业,而第二产业部门的从业人员比重不足 20%。所以,大力发展新型的工业化是今后凉州区经济发展的主要方向。

3 生态产业链是发展循环经济的有效模式

发展内陆河流域的循环经济最基本的就是要在现有产业的基础上健全产业链,并实现畜牧业与种植业、农业与农产品加工、农产品加工与畜牧业以及与农副产品精细化工产业链的有效对接。在发展循环经济的实践中,主要有以下几种生态产业链初见成效,成为发展循环经济的有效模式。一是,充

分利用农区的秸秆资源，构建生态种植—饲料加工—生态养殖—有机绿肥—生态种植的良性循环。二是，考虑无公害蔬菜对有机绿肥的需求，构建牲畜养殖+绿色蔬菜种植的产业链模式。三是，抓住我国葡萄产业向西转移的机遇，使葡萄种植和加工过程中枝条和残渣资源化，形成了葡萄种植（加工）+畜牧业、蘑菇栽培的产业链模式。目前，该模式的生态经济效果已经得到了企业的认可，并得到了政府的支持。四是，为了提高农副产品的附加值，形成了农副产品加工、调味品生产和养殖业相结合的产业链模式。五是，利用凉州区在水果和蔬菜品质方面的比较优势，构建以"原料—加工—流通"为链条的蔬菜贮运和加工产业链模式。六是，围绕畜产品养殖，发展乳产品加工、肉产品加工和皮毛等副产品加工产业链。七是，以玉米化工为主导，形成了玉米化工—饲料加工—畜牧业养殖的产业链模式。八是，发挥在亚麻种植方面的比较优势，构建亚麻种植、纺织和加工为一体的生态产业链模式。

4 结构调整是循环经济发展的必由之路

从对凉州区制定参数的模拟结果来看，虽然这种方案能够使经济保持较高的发展速度，但是土地利用结构调整不明显，国民经济内部结构不合理，工业生产过程中产生的废弃物未得到最大限度的资源化，废水也未得到最大限度的净化利用。更为重要的是，这种方案将产生 $3.49 \times 10^8 - 4.16 \times 10^8 m^3$ 需水缺口，必然造成经济用水挤占生态用水，将会导致生态环境的破坏。这与发展循环经济的目标是不相容的。在这种条件下，提出了以结构调整为核心的优化方案，即大力调整土地利用结构，由原来的粮—经"二元"结构调整到粮—经—草"三元"结构；较大规模地发展滴灌、喷灌、管灌等节水灌溉方式；改变投入结构，调整三次产业结构的比重，提高城市化和工业化发展水平，用新型工业化带动循环经济的发展；提高废弃物的回收率和废水的循环利用率，提高资源的利用程度。在这种优化方案中，实现了经济的较快发展、资源的高效利用和生态的有效保护，从根本上消除了用水缺口，是凉州区发展循环经济的必由之路。

5 健全的制度体系是发展循环经济的有效保障

凉州区地处石羊河流域，与东部发达地区相比，生态环境脆弱，经济发展的基础薄弱，在吸引人才方面不具有比较优势。在这样的背景下发展本流域的循环经济面临着很大的压力。对此，本文提出以下几个方面的保障措施：一是，应该在政府层面上建立行之有效的组织机构，负责协调有关政府职能部门的纵向管理、组织、协调和督查凉州区发展循环经济的规划，并有效地解决在发展循环经济过程中遇到的问题。二是，在整个流域层面上制定和健全相关的法律和法规体系，强化宏观调控职能，实施绿色采购制度，通过政策杠杆和环境管理工具激励企业实施清洁生产。三是，创造优良的激励环境，大力推进技术创新，建立相关的技术支持和激励体系，从而支撑循环经济的发展。四是，政府应当加强生态园区的布局与管理，以便实现基础设施的共享和末端产品的资源化。五是，建立绿色国民经济核算体系，从源头上改变经济增长方式，用更科学的指标衡量凉州区的经济发展质量和水平，用更客观的国民经济核算体系考核官员的政绩。六是，凉州区的经济基础还比较薄弱，企业技术升级和设备改造的资金障碍还比较大，政府要创造良好的投资和融资渠道。最后，水是石羊河流域社会经济发展的关键，合理确定水资源的价值，实施整个流域水资源的统一调配和用水权可交易的许可证制度，对提高整个流域水资源的利用效率极为重要。另外，还需要根据优化方案所确定的用水结构，严格执行行业内的分水标准。

实现经济发展与生态环境的和谐

王天津

21世纪是一个信息知识凸现势能、科学技术迅速发展的时代。2006－2020年又是中国社会主义经济建设的一个极为重要的历史阶段，全国人民既面临着严峻的国际风云变幻局势，又面对着难得的世界和平与发展机遇。如何完成中华民族伟大复兴的历史重任？中国共产党胡锦涛总书记在2006年1月9日全国科学技术大会上提出："坚持走中国特色自主创新道路，把我国建设成为创新型国家。"这是一个高屋建瓴的全新战略，为西部少数民族地区环境资源开发指明了一条道路。

一

中国拥有丰富的自然资源，这些资源主要集中在民族自治地区。中国民族自治地区总面积611.73万平方公里，占全国土地面积的63.72%。在这片民族自治的土地上，牧区、半农半牧区草原面积达到3亿公顷，占全国同类面积的75%；森林总面积5648万公顷，占全国同类比重42.2%，森林蓄积量52.49亿立方米，占全国比重51.8%；水力资源蕴藏量4.46亿千瓦，占全国66.0%。改革开放以来，民族自治地区的自然资源开发力度不断加大，生产的产品数量持续增加。例如，西部12个省、市、自治区2004年主要的农产品产量达到12971.3万吨，占全国同类产品量的27.6%；棉花为201.7万吨，占全国比重31.9%；油料733.3万吨，占全国23.9%。[①] 如何高效率地开发这些丰富的资源，避免曾经出现的以牺牲环境为代价的单纯的GDP增长，是"十一五"期间经济社会发展的重要问题。

由于历史和地理等方面的原因，中国少数民族地区在生产方面存在着沿袭传统的和非科学的耕作制度情况，此类行为不仅效益低，而且造成环境恶化。以下举例说明：

---

① 引自国家统计局编：《中国统计年鉴2005》，中国统计出版社2005年版，第41、43、465页。

1. 传统耕作制度消耗大、效益低

中国西部地区水源缺少，蒸发强烈，可是西部许多农村却沿用传统的大水漫灌方式浇地。例如，在黄河河套地区、宁夏回族自治区、内蒙古自治区的农村常常可以看到这种情况。漫灌行为消耗、浪费的河水很多，加剧了黄河水资源短缺的状况。漫灌又造成土地盐渍化。宁夏、青海、甘肃和新疆4个省区主要因此而使1573万公顷土地盐渍化，其中重度盐渍化的部分农田被迫撂荒。统计数据显示，全国盐渍化土地总面积约占国土总面积的8.5%，其中大部分位于西部地区。

由于随意大量围垦、不断地截流引水灌溉，加剧了土地荒漠化。21世纪初，中国荒漠化土地面积为262.2万平方公里，占国土面积的27.3%，是全国耕地面积的2倍，相当于14个广东省的幅员；全国沙化土地面积为168.9万平方公里，占国土面积的17.6%。宁夏、内蒙古、陕西、青海、甘肃和新疆6省区的荒漠化土地就占全国荒漠化土地面积的80%左右。[①] 由于大量土地退化沙化，西部地区出现了一些生态难民。这种状况于民于国都不利。

2. 过度开采、捕杀动植物药材资源

中国的中医药学是中华民族对人类文明的伟大贡献。中医药治疗疑难疾病的奇效、中药无副作用等神奇功效已经被世人公认。目前中国中药材资源的年需求量约为6000万公斤，而且逐年递增。中药材的开发量正以每年超过10%的速度增长。可是由于不合理的采掘制度，中药材资源受到严重损失。2006年6月完成的一份研究报告指出，名贵中药金刚藤主要产自湖南省，2005年的产量约390万吨，主要出自湘西土家族苗族自治州。但是现在该省金刚藤的蕴藏量与上个世纪末期相比下降了约1/3。甘草属于用量较大的中药，主要产自内蒙古自治区、宁夏回族自治区和新疆维吾尔自治区等西部民族地区，上世纪50年代蕴藏量是200万吨以上，目前不足35万吨。麝香价格昂贵，野生麝因此遭到滥杀。全国现有野生麝资源约200多万头，与上世纪50年代中期相比下降了1/3以上。遭此厄运的药用动物资源还有蕲龟、蕲蛇、塞加羚羊、梅花鹿等。[②] 这种杀鸡取卵的方式危害极大。

---

① 参阅拙著：《西部环境资源产业》，东北财经大学出版社2002年版。
② 戴劲松、侯晓敏：《中药材资源越来越少》，新华社，2006－07－06。

3. 城镇生活垃圾污染日趋严重

现代化在某种程度上就是城镇化。随着经济增长，人们生活逐步富裕起来。城镇内商品供应增加，民众日常消费量加大，生产生活垃圾也增多。可是这些垃圾处理却严重滞后。不少城镇的生产生活垃圾只是简单地运到城外，倾倒或掩埋于农村原野。结果导致，一是城镇被巨大的垃圾场包围，二是严重污染农村自然环境。海南省在全国素有"生态岛"、"健康岛"的美名，那里具有绮丽的热带自然风光，独特的民族人文景象。蓝洋温泉国家森林公园就是一个镶嵌在宝岛上的绿色明珠。可是由于对生产生活垃圾疏于管理和没有实施无害化处理，这个公园成为附近儋州市的城市垃圾倾倒场。垃圾占地数十亩，堆积约有 10 米高。臭气熏天，污水横流，蚊蝇鼠肆虐。附近数千城乡居民被迫与垃圾和被污染的河水相伴，已经 7 年有余。① 垃圾污染严重影响人民身心健康。

上述事例表明，改革不合理的经济体制，解决环境污染，实现可持续发展，刻不容缓。

二

环境保护与建设是西部大开发的根本，为了遏制目前日益严重的生态环境恶化趋势，必须要有应对挑战的新体制、新办法，找出曾经隐藏在传统生产生活方式表象之后的结构性经济缺陷，通过经济体制改革加以弥补与完善。

1. 明确实施三大转型

20 世纪后半期中国经济建设的经验与教训表明，要实现四个现代化的发展目标，必须通过三大转型，即从计划经济转型为市场经济；从农业社会转型为工业社会；从封闭社会转型为开放社会。每一个转型都是破旧立新，都是创新型国家建设的一个步骤或阶段，是不以人的意志为转移的革命。为此，要加强政府的宏观调控，集中人力财力物力，以可持续发展战略和促进经济增长方式转变为中心，以改善生态环境质量和维护国家生态环境安全为基础，充分尊重自然法则，依照经济规律行事，把社会经济发展与生态环境建设紧密结合起来，坚持从中国的国情出发，动员和组织全社会力量，建设

---

① 报道：《海南国家森林公园成了城市垃圾场》，新华社，2006-07-06。

社会主义新农村。

要积极改革不合理的耕作制度，废止大水漫灌的高消耗、低效益的做法。实施灌溉用水收费制度，物尽其用，提高水资源利用率，降低土壤盐渍化。同时，要采用科学先进的耕作方法，耕播良种，合理施肥，中耕除草，精耕细作，遏制土地荒漠化势头。

2. 积极推行科技创新

当今的经济发展靠的是高新科学技术的支持，而强者制胜的诀窍几乎全在于拥有自主知识产权的科技创新成果。没有自主创新，企业生产就难以突破知识产权壁垒的限制，难以从根本上解决企业自身发展所面临的重大战略问题。自主创新也是国家安全和生存发展的基础。

政府要制定科学可行的激励政策，支持基层经济组织和鼓励农户走自主创新之路，坚决制止过度采掘和捕杀野生动植物的错误做法，严厉打击违法犯罪活动。扩大人工种植和饲养药用动植物品种，积极寻找更加简单易行的替代办法。用技术革新和技术革命的方法，提高生产中医药产品的原材料产量。要在公共服务方面为企业创造条件，为农户提供支持，通过农牧业生产中关键技术的提高和核心竞争力的加强，促进整个社会形成放弃眼前小利、追求长远福祉的氛围，将生产者的眼光引向从宽广的全球市场来判断利益得失的全面创新境界。将祖国山川建设得更加秀美，履行签署的有关环境保护的国际公约，为人类文明发展做出重要贡献。

3. 深入实行体制改革

自然环境恶化的现象容易被人们看见，但是落后的生产方式对环境的破坏，则不容易被人们发现，而制度缺陷对环境造成的威胁就更难被人们察觉。落后的生产方式破坏了生态环境，导致水土流失、土地荒漠化，而资源枯竭又阻碍了经济发展，使改造陈旧生产方式缺少资金支持。西部地区似乎陷入一个发展与环境矛盾交织的怪圈之中。实践表明，怪圈的中心有个危机源：旧有体制的滞后和新兴体制的缺陷，或者新旧体制的摩擦。这种制度内耗使一些民族地区的生态环境遭到毁灭性的破坏。显然，只有通过政府制定深化经济体制改革的政策，才能保护生态环境，确保城乡居民生活在一个适宜居住的环境之中。

要对未来发展方向做出合理的预期，积极建设垃圾处理工厂，及时分类收集城市生产生活垃圾，实施无害化处理。同时，通过耐心细致的说服教育和严肃法制惩罚相结合的工作，扭转一些地方出现的城乡环境污染的状况，保障人民群众身体健康。

4. 大力生产绿色产品

目前，全球饮食文化正在发生新的变革，大众由过度消费热量食品转向消费更卫生和保健的食品，食品的安全性与营养性受到人们的高度重视，绿色食品逐渐成为日常消费的主流产品。这是由于人类曾经在一段时间内追求短期效益，过度掠夺土地与草原，过量排放废气，使环境污染加重，从而危及生存，于是绿色食品和绿色产业便为人们所期盼。调查资料显示，2005年，全世界绿色食品的消费量超过了350亿美元。自然绿色产品不仅指食品或农业产品，它们几乎囊括了所有生产领域，是随改善和保护生态环境而兴起的新潮流，是以高新技术为依托的产业结构转型。

绿色产品开发展示了一种新的发展观念，其生产的目标是，通过适度的生产技术、理性的经济行为，加工安全优质食品和其他更富有人性化和亲自然的产品，以保持人类生命力、自然生命力、经济生命力和社会生命力，并且使她们和谐持续发展。民族地区企业要抓住世界民众消费的潮流，深度合理地开发当地的自然资源，生产特色绿色产品，满足人民日益增长的物质需求，方便群众多样化的生活。

5. 调整结构升级换代

在日益激烈的国际绿色产品竞争中，发达国家依靠其雄厚的科技实力占据明显优势。民族地区企业生产绿色产品不能简单模仿，亦步亦趋从事，要因地制宜，利用现代生物技术和信息技术，加速农业、牧业等产业的科技进步与创新，完成产业升级进程，实现自己的绿色生产目标。

民族地区的企业要通过培育优质新品种发展高档次农牧水产品来提高竞争能力，通过提高土地阳光等自然资源利用率来降低绿色农产品的生产成本，通过发展丰富的农牧水产品加工业来转移农村剩余劳动力。在这方面内蒙古自治区的蒙牛企业集团做出了表率，该企业集团的产品是通过科学研究开发的无病毒、无污染、营养成分高的优良乳制品，是包括良畜饲养、牛乳加工、保鲜储运、包装技术等系列化的畜牧商品。这种依靠产业换代生产的高质量绿色产品，不仅可以为企业带来可观的利润，还会改善农村生态环境，增加农民收入，为建设新农村添砖加瓦。

6. 必须批判泛市场化思潮

在过去一段时间内，中国社会主义经济建设冲破了阻力向前进。只要认真地分析，就会发现各种阻力中危害性最大的是一种荒谬的论调。这个论调蛊惑人心地宣扬用市场经济法则处理一切事务。属于商品的东西交易，不属于商品的事务也要安排交易，什么问题都用买卖方法来解决。国家对经济事物的管理和调控，被贬之为"走计划经济的老路"。其实这是一种鼓吹泛化的市场建设的谬误，而且在一段时间内，这种荒唐的伪经济学理论披着科学的外衣横行于中国大陆。用一个贴近生活的说法，这是一种错误的"泛市场化"思潮或者潮流。在此种带有浓烈煽情形式的思潮的误导下，一些部门与行业实际操作也是十分的市场化。甚至天真地认为可以通过泛化的市场经济改革，在中国达到一个经济社会全面发展的结局，这就从根本上歪曲和异化了邓小平总设计师所指定的中国改革的真正目标和方向。

马克思主义认为，人类社会是经济、政治、文化形态和自然环境的有机统一体，人类文明也是由物质文明、政治文明、精神文明和生态文明有机构成的统一体。有中国特色社会主义市场经济，这是国家改革所要建立的正确的有效率的体制，是有别于在其之前的资本主义等所有阶级统治形态的崭新社会经济制度。"社会主义"四个字不是可有可无，"中国特色"四个字也决不能丢，那是画龙点睛之笔。

"泛市场化"思潮谬误就在于否定了改革的目标，并且导致了一些激进的市场经济变革行为，而这种激进改革不是好方法，因为那种不顾一切的市场化类型的改革，非常容易适得其反。俄罗斯曾经引进实施的"休克疗法"改革是很极端的泛市场化行为，是用心险恶的西方国家新自由主义经济学流派代表人物的作品，其结局非常糟糕，全世界公认。"泛市场化"的根源部分来自西方社会的新自由主义思潮，特别是其中一些乔装打扮了的伪善的经济学观念，它们具有很大的迷惑性。时至今日，越来越多的人们意识到了前些年来"泛市场化"思潮的谬误，或者说是遭受到了它带来的厄运。

具有浓郁环境资源特性的产品具有公共产品的特性，是市场机制无法调节的商品。因此，在建立人与自然和谐一致的经济社会过程中，加强国家的宏观调控功能，具有十分重大的意义。同时，随着有利于制度创新的国家政策的相继出台，环境保护工作将会逐步成为亿万群众的自觉行为，可持续发展的目标就一定会实现。

参考文献

1. 马凯."十一五"规划战略研究．科学技术出版社，2005
2. 娄洪．公共基础设施投资与长期经济增长．中国财政经济出版社，

2003
3. 樊纲、张晓晶. 面向新世纪的中国宏观经济政策. 首都经济贸易大学出版社, 2000
4. 陶德麟主编. 社会稳定论. 山东人民出版社, 1999
5. 王亚南主编. 资产阶级古典政治经济学选辑. 商务印书馆, 1979
6. Parkin and Bade, Modern Macroeconomics, Prentice – Hall Inc., Canada, 1992

建设青藏铁路经济圈　实现跨越式发展

王天津

青藏铁路被藏族人民称颂为"天路",它为开发"地球第三极"丰富的资源带来了历史性的大机遇,推动高原社会以高昂的热情实现着"十一五"期间跨越式发展的蓝图。其中,一个显著的变化是青藏铁路经济圈正在形成,推进了高原社会与毗邻省区的共同发展。

一、青藏铁路带来的发展机遇与势能

青藏铁路工程的全面竣工是人类铁路建筑史上的奇迹,其建设之际与安全运营都带来了一连串的商机,形成了新的发展力量。

(一) 构造一个新发展格局

青藏铁路全线运营,为科学规划产业布局,奠定了良好的基础。青藏高原总面积290万平方公里,在中国境内面积达250万平方公里,占全国陆地总面积的1/4以上,包括西藏自治区和青海省的全部,还有新疆维吾尔自治区、甘肃省、四川省和云南省的部分地区。区域内各族人口约1300万,是藏族、维吾尔族和回族等少数民族集聚区。进入新世纪,青藏高原区域经济建设快速发展。例如,2001年-2004年期间,按照当年价格计算的地区生产总值,西藏由138.73亿元增长至211.54亿元,青海由300.95亿元至465.73亿元。[①] 由于历史、地理等原因,该区域交通不便,导致相对东部沿海地区发展滞后。然而,青藏铁路的建设投资为藏族群众创造了很多的机会,专家估计仅给西藏带来的直接和间接经济收入就达40亿元。这条铁路全线通车又把雪域高原与祖国内地紧紧联在一起,对海外商家产生了极强的投资吸引力,形成一个全新的经济发展态势。

在铁路铺轨的5年期间,全国十几个省区、一百多个单位、十万筑路大军团结一心,共创伟业。同时在通车前后,各种商贸旅游活动的红火场景也

---

① 引自国家统计局编:《中国统计年鉴2005》,中国统计出版社2005年版,第58页。

是激动人心。上海市政府与国有企业自2002年起多次加大援建西藏自治区日喀则地区的力度,投资优质高产农业开发项目、修建集培训、远程教育为一体的旅游培训中心等。拉萨市啤酒厂与丹麦嘉士伯签约合作开发铁路经过的当雄县境内矿泉水资源,建设一条年产20万吨的现代化生产线。内蒙古自治区鄂尔多斯市一家民营企业在林芝地区陆续投资近亿元,先后开发6个旅游景点。青海省在通车前夕举行的2006中国盐湖城旅游文化艺术节暨青海省柴达木循环经济试验区项目推介会上,首场签约仪式就有28家企业获得了国家开发银行、中国银行等228.185亿元的支持柴达木循环经济项目贷款。[①] 这些事实显示,在铁路的催化作用下,社会主义制度的政治优势和市场经济体制的优势被有机地结合起来,那些体现科学发展观的生动事例与经验对未来建设具有具体而又深刻的指导意义。

(二) 推动特色产业发展提速

还在青藏铁路二期工程施工期间,西藏自治区政府未雨绸缪,牵头从事了《西藏青藏铁路经济带发展规划》系列化课题研究。原有的旅游业、藏医药业、矿业、农畜产品加工业和民族手工业等被重新认识与定位,突出高原农牧业特色和开发创新产品成为工作重点。2005年,西藏仅农口就整合资金1.65亿元,全面启动和实施了牦牛、青稞、白绒山羊和藏猪等27个特色产业项目建设,使种、养、加工业产业链开始形成,促进了种植业的结构调整。2005年,全区粮、经、饲作物的种植比例由2004年的71:19:10调整到69:20:11,增强了综合生产能力。当年,西藏粮食总产量达到95.5万吨,与上年基本持平;肉、奶产量分别达到21.2万吨和27.4万吨,比上年分别增长5%和4%。农牧民人均纯收入达到2075元,比上年增长11.5%,连续三年保持两位数增长。[②] 人们在可持续发展战略指引下,扎扎实实地为铁路经济时代的跨越式发展奋斗拼搏。

列车运输激起的投资热潮不仅是大家熟知的有形产业,而且拉动了毗邻省份的无形产业。四川省一位投资者在青藏铁路通车之际,通过向国家法定机构申报并获得批准,拿下了包括"藏羚羊"、"纳木错"和"羊八井"等

---

① 王志远:《2006中国盐湖城旅游文化艺术节隆重开幕》,《青海日报》2006年6月23日。
② 拉巴次仁、丹增卓嘎:《西藏农牧民人均纯收入连续三年保持两位数增长》,《中国西藏新闻网》2006年1月27日,http://www.chinatibetnews.com。

在内的10余个"青藏系"商标，其市值估算已至数千万元。据知识产权界的资深人士预测，如果运作得当，主动为高原其他相关旅游景区提供知识产权保护服务，四川商标界有可能仅在"青藏系"商标投资方面赚回上亿元。可以说，高原列车一声鸣笛，就为如何从草原上的原始游牧业跨入知识经济产业提供了无数机遇，促使经济样板产生。

（三）开辟草原保护和建设的新道路

平均海拔4000米以上的青藏高原具有"江河源"与"生态源"的独特生态功能，而高原绿色植被在涵养水源、调节气候的过程中起着它物不可替代的作用。"青藏高原湿地"被世界《湿地公约》单列为一种内陆湿地，并唯一以地域名称冠名。因此，青藏铁路建设者在破解影响施工的难题之一生态脆弱时，最费思考的问题是如何保护湿地。建设者们遵循"预防为主、保护优先、开发与保护并重"的原则，在海拔4300米以上的不同地段用科学方法进行植草、植被恢复，如在海拔4700米的那曲县古露镇移植的人造湿地牧草植被达到了98%的成活率，比自然成活率高一倍多。这项自我创新的成功为人工草原建设开辟了新路，对高原生态保护与畜牧业发展均具有深远的意义。

整个青藏铁路建设中，仅仅是环保投入就达15.4亿元，占工程总投资的4.6%，这是以往铁路建设没有先例的。[①] 如今沿着铁道两边已经出现一条用科学方法培植建设的数百公里的"绿色长廊"，不仅成为高原上的一条亮丽风景线，而且对改变高原牧区几千年沿袭下来的原始游牧生产方式也是一个很好的示范。

（四）弘扬民族优秀文化

用钢铁、水泥制造的青藏铁路蕴涵着丰富的人文精神，处处闪现着中华各民族优秀文化的光芒。2006年7月1日，中共中央胡锦涛总书记在青藏铁路二期工程通车庆典上发表了重要讲话并且发出号召，"全党全国各族人民学习和弘扬挑战极限、勇创一流的青藏铁路精神，为全面建设小康社会、把中国特色社会主义伟大事业继续推向前进而团结奋斗。"[②] 青藏铁路建设

[①] 王大鹏：《青藏铁路为环保多花15亿》，《北京晨报》2006年2月22日。
[②] 胡锦涛：《在青藏铁路通车庆祝大会上的讲话》，《人民日报》2006年7月2日。

者们开拓进取，将建筑工地变成一个实践科学发展观的大课堂，克服了多年冻土、高寒缺氧和生态脆弱三大世界性难题。建筑单位围绕施工难点，确立近80个科研攻关课题，投入6000多万元，研发了大量新设备、新材料、新技术和新工艺，创造了多项世界铁路之最。例如，首次成功为野生动物开辟33个迁徙通道，包括桥梁下方、隧道上方及路基缓坡3种形式等。青藏铁路是科学与劳动、智慧与勇气、实事求是态度与艰苦奋斗精神相结合的结晶。

　　随着隆隆奔驰的列车，新信息、新事物大量进入长期较为封闭的山乡牧区，现代文明的又一个波浪迅猛地冲击着雪域高原的传统组织构成，促进了社会的现代化变革。在青藏铁路建设和运营的各项工作中，有一大批藏族员工参加，从事不同种类的工业生产作业。一些铁路运输的专业术语迅速融入藏语词汇之中。铁路作为现代工业的经典事物开阔了这些人员的眼界，高原社会具有高度组织性，掌握先进技术的工人阶级队伍在壮大。很多农牧民在第一次亲眼看见、亲自乘坐列车后，思想观念发生了大幅度的转变，走出高原闯市场成为时下牧区最流行的话题。

　　正如胡锦涛总书记的概括："青藏铁路建成通车，是我国社会主义现代化建设取得的又一个伟大成就。"[①] 这条铁路是推进高原社会和毗邻省区经济社会发展的强大动力。

二、面对现代化冲击波的准备缺陷

　　由于原有交通与信息闭塞解除之后高原内外统一大市场开始快速形成，给青海省、西藏自治区带来了经济社会与利益格局的重大变化。例如，新的生产方式要求产业结构合理，新的市场竞争要求强化自主创新，挑战与机遇共存，推陈出新和迟疑守旧相逢。不可否认，面对奔驰的列车这个工业化的经典产物，主要以农牧业经济为基础的高原社会显露出一些不足。以下仅举几例说明。

（一）产业结构契合不严

　　比例适当、连接紧密的生产链条是产品销得快、利润高的保障，青藏高

[①] 胡锦涛：《在青藏铁路通车庆祝大会上的讲话》，《人民日报》2006年7月2日。

原社会经济活动却受制于不合理的产业结构。其一，畜牧产品销售困难。西藏经济基础的重要组成部分是畜牧业，可是区内没有完善的畜牧产品交易市场，多数皮货要在西宁市或更远处交易。从拉萨市运往西宁市一卡车羊皮货需耗时一周，支出约 2000 元高额运费，最终完成交易，一张羊皮只能赚一元钱。其二，矿产品附加值较低。青海省矿产资源保有储量潜在价值 17.2 万亿元，占全国矿产资源保有储量潜在价值的 13.6%。但是由于矿藏开发的基础与配套设施陈旧，生产出的矿产品附加值低。青海省建有全国最大的氯化钾生产企业，年产量达 200 万吨，但是其钾肥效率仅有以色列同类肥料的一半。其三，产品质量存在缺陷。资源效益变为经济效益靠产品，而产品的价值实现靠质量。2004 年的产品质量情况是，优等品率全国平均值和青海值分别是 27.76 和 2.37；一等品率全国平均值和青海值分别是 41.71 和 17.14；新产品产值率全国平均值和青海值分别是 22.15 和 8.07。① 调整结构，提高质量，乃是当务之急。

（二）创新工作亟待提速

21 世纪是高技术激烈竞争的时代，青藏铁路就是新发明、新技术的结晶。可是由于历史地理等方面的原因，青藏高原社会的科技事业发展仍然滞后。专利技术拥有量是反映区域社会技术水准的重要标志。青海与西藏两省区 2004 年国内三种专利申请受理数分别是 124 项和 62 项，授权数分别是 70 项和 23 项，均分别占国内同类项排名的倒数第二和第一位。② 与此相关联的是科技资源整合不够、资金投入不足。2005 年，青海省科技研发总投入占全省 GDP 比重为 0.65%，仅为全国平均水平的 1/2。③ 差距明显存在。

无论是绿色农牧产品生产，还是特有藏医药材合理采集，以及森林草原的保护、城乡生活垃圾的处理，都需要应用新科学、新技术。自我创新不足，导致青海、西藏两省区的工业企业设备整体陈旧，生产工艺落后，农牧业沿袭千百年来流传下来的传统方式作业，这样自然就缺乏竞争能力。因此，必须采取有力措施，切实加强创新工作。

---

① 引自国家统计局编：《中国统计年鉴 2005》，中国统计出版社 2005 版，第 735 页。
② 同上，第 723 页。
③ 参见《宋秀岩省长在青海省科学技术大会上的讲话》，《新华网青海频道》2006 年 6 月 12 日。http://www.qh.xinhua.org/2006-06/12/content_7234222.htm。

(三) 文化教育不适应发展

由于历史原因，西藏社会人口文化程度相对较低。2004年国家进行的人口变动情况抽样调查样本数据表明，文盲、半文盲人口占15岁及以上人口的比重，全国为10.32%，其中妇女为14.86%。青海同类值为22.08%，其中妇女为30.86%，排在倒数第二位；西藏为44.03%，其中妇女为54.03%，排在倒数第一位。[1] 缺乏文化知识，就无法完成现代化建设任务。

现在前往拉萨洽谈商务的人士越来越多，可是软件因素的制约作用非常突出，诸如为投资者提供咨询的机构与资料严重不足，行政管理与商务经营界限不清，遵守市场法纪和恪守信誉意识没有成为经营者的行为规范等。还有一些牧民"惜杀"观念很强，认为财富充足的标志仅是帐圈外牛羊的数量众多，畜产品迅速实现市场价值的意识淡薄。有些农民的"自足"思想浓厚，小富后不思进取。都市内的一些工作人员习惯于等、靠、要，面对困难缺乏创新冲动。此类现象在很多场合下都有不同表现。学习文化，解放思想，这方面未做的事情还很多。

青藏铁路全线通车极大增强了物流、信息流的交换，原有的封闭状态被大幅度地打破了。在肯定成绩的同时，必须清醒地看到上述缺陷，并且积极主动地进行修正弥补。

三、实现跨越式发展的若干对策

中国共产党执政兴国的第一要务是引导经济社会快速发展，不断增强国家的综合国力。青藏铁路运输带动起了巨大的贸易往来交流浪潮，高原上寂静的商业生态正在悄然颠覆与改变。这是一个难得的实行区域经济力量重组、提升原有产业结构高度化的历史机遇，必须紧紧抓住不放，全面贯彻落实科学发展观，"把青藏铁路沿线逐步建设成经济发展、社会和谐、环境优美的地区"。[2] 为此，要继续弘扬青藏铁路精神，艰苦奋斗，再创一个建设铁路经济圈的伟业。

---

[1] 引自国家统计局编：《中国统计年鉴2005》，中国统计出版社2005版，第107页。
[2] 胡锦涛：《在青藏铁路通车庆祝大会上的讲话》，《人民日报》2006年7月2日。

(一) 建设铁路经济圈实现跨越式发展

自从北京到拉萨的 T27 次列车第一次安全往返,世界经典佳作《一千零一夜》中"芝麻开门"而展现稀世宝藏的传奇故事就在中国青藏高原成为现实。例如,依据青藏铁路运营一个阶段的统计数据测算,青藏高原仅仅因其独特的自然人文风光,就能在不久形成一个每年能产生近 60 亿直接效益的旅游市场。依靠几个支柱产业的壮大,逐步引导青藏铁路及其延伸线区域率先走向城市化和工业化,周边区域的农牧民也将随之进入城市成为市民,西藏与内地的差距就会越来越小。这就是实实在在地通过铁路经济圈建设,较快地完成跨越式发展的历史总体进程。如今,任何商家都会得出这样的结论,越来越多地出现的铁路经济圈建设商机如同夏夜天空,繁星一片璀璨。

首先,规划铁路经济带。青藏铁路运输产生了巨大人流、物流、信息流和资金流,这些对区域经济产生了全方位的影响,需要因时顺势规划实施铁路时代的区域经济。例如,西藏自治区那曲地区正在实行依托青藏铁路的新经济战略,即"走南闯北、东接西连"的区域大发展。具体讲是,向南发展,以拉萨为中心辐射地区周边各县;向北开拓,加强与格尔木、西宁的商品交易,挺进内地纵深市场;向东前进,连接昌都、林芝地区乃至四川省部分地(市),向西连接,进入阿里地区、新疆维吾尔自治区。落实规划,组建点、线、面构成的经济带或者经济区,刻不容缓。其次,加快建设铁路网络。青藏铁路全线竣工的东风鼓舞了西部其他省区,抓紧建设西部地区铁路网络已经成为共识。例如,云南省已经做出了相应的计划,在"十一五"期间,总投资约 500 亿元,新建铁道线路 1500 公里,延伸与扩大中国西部交通网络。其中重点是大理市至迪庆藏族自治州首府香格里拉市的铁路,还有大理至瑞丽段铁路等。要建成以昆明市为中心的国内区域铁路网络和西南地区的物流中心,并且准备建设连接境外国家的泛亚铁路,让世界了解有"世外桃源"美名的藏族宝地。第三,充分利用铁路运输效能。青海省海西蒙古族藏族自治州境内的柴达木盆地是闻名于世的"聚宝盆",已探明储量的矿产达 84 种,其中湖盐、氯化钾、氯化镁、锂、锶、芒硝、石棉、化工石砂岩和硅灰岩 9 种矿产储量居全国之首。仅钾资源藏量约占全国同类资源量的 14%,其他各类资源潜在的经济价值占青海全省矿产资源价值的 90%。国家投资的归属青藏铁路一期工程西宁市至格尔木市段的增建二线应急工程已早于二期工程完工,这条全长480.55公里的铁路已经缓解了青海省铁路货运的"瓶颈"制约。为了管好用好这条线路,需要铁路部门和沿线相关县、乡、村联合维护铁路运行,在铁路沿线的村庄大力宣传《铁路法》、《铁路运输安全保护条例》等法律法规,清查与整改铁路安全隐患。铁路串接起一个大市场,顺势行事,定能获得更多效益。

(二)用科技创新开拓前进道路

青藏铁路建设的成功是自主创新的胜利,沿铁路线建设的经济圈也要依靠技术进步。要在铁路连接的大区域内,深化科技体制改革,为高原社会与毗邻省区经济又快又好发展注入新的活力。首先,突出解决重大科技问题。青藏高原科技进步和创新的重点在于应用,目标是不断提高科技对经济增长的服务能力和贡献率。"十五"期间,青海省立足应用,共取得科技成果557项,其中达到国际领先的11项,国际先进的39项,国内领先的122项,国内先进的213项。国内先进水平以上科技成果占总数的69%,比"九五"提高16.4个百分点。在科技创新的支持下,全省粮油平均单产比"九五"末分别提高93公斤和54公斤,牲畜总增率、出栏率、商品率和个体效益明显提高。[①]"十一五"期间,青藏高原地区要继续突出战略重点,加强省、区间的联合,尽快研发掌握一批带动性强的关键技术,突破妨碍产业发展水平提升的瓶颈。其次,用科学技术提高农牧业生产力。西藏自治区把科技成果推广应用作为"三农"工作的一项重点,大力组织实施,传输先进适用技术。西藏2006年上半年牲畜短期育肥出栏达到50.5万个绵羊单位,同比增长2.2%,直接增加农牧民收入5421万元。[②]要继续通过农牧业新技术示范,扩大实用技术推广覆盖面,为推进社会主义新农村建设提供物质财富保障。第三,加大科技资金投入。青海与西藏存在着科技力量薄弱、专利项目拥有量低的缺陷。为扭转这种不利局面,青海省"十一五"规划纲要指出,全社会5年间的科技经费投入总额要达到60亿元,全社会科技经费投入的增长速度高于同期生产总值的增长速度,达到13%左右,全社会R&D经费

---

① 参见《宋秀岩省长在青海省科学技术大会上的讲话》,《新华网青海频道》2006年6月12日。http://www.qh.xinhua.org/2006-06/12/content_7234222.htm。
② 参见兰金山:《西藏上半年生产总值预计达111亿元》,《中国西藏新闻网》2006年7月11日。http://www.chinatibetnews.com。

支出占生产总值的比重达到1.5%左右。① 为获得投入产出最佳效果，需要增强各类开发园区的创新功能，发挥企业在整合技术创新资源中的核心作用。加强国内外科技合作与交流，鼓励民间资本参与风险投资，建设多边区域利益共享的创新体系。

（三）开创农牧业增收新渠道

广开致富路增加农牧民群众收入，是新农村建设的核心任务，也是青藏铁路经济圈建设的核心目标。西藏"十一五"规划纲要提出，要使农牧民人均收入年均递增13%。之所以制定这样高的目标，青藏铁路运营占了很大因素，然而还要加紧落实规划。第一，全面布局，重点突破。总体上用现代装备支持农牧业，用科学经营理念发展农牧业。积极挖掘种养业增收潜力，大力推进农产品精深加工，提高农业比较效益，把资源优势转化为经济优势。第二，发展特色农牧业。高原牦牛、无污染蔬菜等是典型的绿色保健食品，市场销量看好。2005年，昌都地区建起了类乌齐县牦牛产业基地、昌都县青稞良种扩繁基地等建设项目，总投资1580.67万元，直接增加农牧民收入316万元。② 西藏已经启动了青藏铁路沿线牦牛产业带建设，正在加紧落实项目。为此，需要着重进行牦牛品种改良、集中育肥示范和系列绿色牛肉产品加工基地的建设，使牦牛产品等特色产业真正成为西藏农牧民增收致富的重要支柱。第三，完善市场运作机制。农牧业的利润是在流通领域，青藏铁路则为农牧民提供了便捷的运输条件。2005年末，西藏拥有农贸市场57个，占地面积89752平方米，年交易额达11.08亿元。③ 要抓紧建立铁路、公路和市场的联运机制，实行热心、安全和优质服务，建立起农牧民与市场之间有效而稳定的生产销售联系渠道。第四，建立社会保障体制。青海省从2003年开始启动农村新型合作医疗改革试点，到2005年底，合作医疗已覆盖全省农牧民，受到群众的欢迎。需要继续健全完善体制，积极扩大公共财政覆盖农牧区的范围，逐步建立老有所养、病有所医、贫有所济、弱有所助的农牧区社会保障体系。

---

① 特讯：《提高自主创新能力推进创新型青海建设》，《青海日报》2006年6月9日。
② 巴桑次仁：《昌都特色产业带千家万户致富》，《中国西藏新闻网》2006年6月19日。http://www.chinatibetnews.com。
③ 参见西藏自治区商务厅：《西藏市场体系建设初见成效》，《西藏日报》2006年1月6日。

(四) 全力开发人力第一资本

快速漂亮的新式列车驶入拉萨，"科学技术是第一生产力"的理论也直观通俗地进入了农牧民的脑海。文化与知识是青藏铁路经济圈运作的根本动力，因此加大发展全民教育力度，意义重大。首先，普及基础教育。义务教育是立国之本。2006年，青海省加大了对农村牧区义务教育的投入，省财政两次下拨保障机制改革资金、免费教科书补助等专项资金共16862.5万元。同时，抓住国家实施的"农村中小学远程教育工程"试点省的机遇，积极为农牧区所有初小和教学点配备教学光盘播放设备和成套教学光盘。为保障教学质量，需要轮训教师，编写教学资料，夯实义务教育的基础。其次，抓紧职业培训。农牧民搏击市场获利的基本条件是身怀一些技能，而且要经常更新。青海省2006年财政安排资金4600万元，用于支持农牧区劳动力技能培训，比上年增长76.9%。为了提高资金利用率和增强培训效能，需要增添一些铁路经济时代的致富技能，诸如怎样捕捉瞬息万变的市场信息，如何利用铁路长途贩运农牧土特产品等。快速反应方能在快速运输中获利。第三，培养铁路运营人才。维护青藏铁路并不比修路容易，需要一支技术过硬的队伍。国家已经作为主体投资建设了"青藏铁路西宁综合调度楼、培训中心"工程，该项目总建筑面积达35254.9平方米，建筑主体由地下两层和地上12层组成。为了保证2007年末投入使用，目前不仅要抓紧项目建设，还要加快培养专业技术人员，训练调度管理人员。青藏高原社会经济发展的每一步跨越都离不开人才的因素。

(五) 组建高原产业群体

青藏高原蕴藏着丰富的矿产资源和旅游资源。世界著名的特提斯—喜马拉雅成矿域横贯西藏全区，昌都地区玉龙一带拥有巨大的铜矿，并有伴生的锌、银、锡、金等，藏北地带是条"资源走廊"，矿产资源潜在价值高达6万亿元。

青海省柴达木盆地素称"聚宝盆"，蕴藏着价值达17万亿元的矿产资源。其中氯化钠的储量达3000多亿吨，氯化钾的年生产量达200万吨，这都是全国第一。青藏铁路沿线的旅游资源优势突出，在长达1956公里的铁路沿线分布有日月山、青海湖、可可西里、长江源、唐古拉山、羌塘草原等景区景点，其组合而成的旅游线路在世界上具有很强的竞争优势。大力开发资源，组建特色产业群体，是构筑青藏铁路经济圈的基础框架。

第一，科学开发矿产资源。青海在石油天然气资源、盐湖资源和水电资源等方面的比较优势非常明显，开发前景广阔。一是，加紧实施循环经济作业。青海省已在2006年初正式启动实施国务院批准的《青海省柴达木循环经济试验区实施方案》，建设石油、天然气、煤炭、盐湖化工、矿产深加工等项目共213个，总投资1150亿元。总结前一段时间的实践经验，需要进一步调整产业结构，贯彻落实"综合开发、有效配置、循环使用、永续利用"的原则，不断推进原有的资源开发向精深加工、综合利用和联合开发转型。二是资源开发不能牺牲生态环境。将增强自主创新能力作为支撑资源开发的战略基点，积极采用新技术、新工艺，推进资源减量化、再利用，建设好沿铁路线布局的资源开发基地。用最小的环境代价，获取最大的经济效益，走出一条科技含量高、经济效益好、资源消耗低、环境污染少的新型工业化之路。

第二，增加旅游产业的魅力。因为雪域高原的绝世风光，坐火车游西藏立即成为国内旅游最火暴的项目。2006年暑期旅游高峰期，仅经过青藏铁路前往西藏的旅客每天达到3000人以上，加上公路、航空运输，每天进入西藏游客超过5000人。仅7月份共接待过夜游客31.9万人次，比上年同期增长50%。预测进入西藏旅游的人数，全年在250万人次以上。为了促进青藏旅游业从接待型向产业型的转变，需要总结经验，再创奇迹。一是让青藏铁路旅游成为精品。预计2007年以后，每年进入西藏的游客不会少于210万人次；2010年，游客人数可上升到528.24万，能产生的直接经济效益58.11亿元。因此，要尽快按照世界顶级旅游线路标准，通盘调整旅游工作计划，诸如提升西藏珠峰文化节档次、丰富环青海湖国际自行车赛的内容等。还要提高旅游宾馆饭店的食宿服务质量，整顿旅游景点周围的商品市场秩序，让游客乘兴而来，尽兴而去。二是开发"大香格里拉"旅游资源。继青海与西藏达成旅游开发协议之后，云南、四川和西藏又联合起来，宣布在未来10年内，三省区联合投资500亿元，打造"大香格里拉"生态旅游区。各省区需要通过更加详细的行政法规程序、投资合同协议和旅游景点设计，明确职责，加快实施，让规划蓝图早日成为现实。

（六）开创对外贸易新局面

世界经济一体化是当今全球大趋势。"十五"期间，西藏实现进出口贸易8.15亿美元，比"九五"期间增长28.86%。其中，出口总额58059万美元，同比"九五"增长57.56%。实际利用外资总金额3193.21万美元，比"九五"时期增长64%。① 外商投资领域主要包括制造业、旅游服务业、建筑业、运输业、矿产勘探业和酿酒业等。外资主要来自尼泊尔、日本、美国、英国、韩国、丹麦和澳大利亚等国家和地区。青藏铁路的全线通车推动着对外贸易上了一个新台阶。2006年7月6日，西藏日喀则地区亚东县与印度锡金段交界处的乃堆拉山口举行了中印双方边贸通道重开仪式，随后两国分别开放仁青岗边贸市场和昌古边贸市场，恢复了这条中断44年的边贸通道。同期，许多巴基斯坦领导人开始议论修建一条铁路连接本国和青藏铁路。巴基斯坦总统穆沙拉夫2006年7月初来到距离巴中边界约80公里的巴基斯坦苏斯特口岸，为中巴两国合建的这个口岸揭幕，他表示巴基斯坦所处的地缘位置可以成为中国的"能源和经贸走廊"。② 巴方已经邀请中方派专家讨论建设该铁路的技术和资金问题。可以说，亚洲大陆上的一个充满希望和繁荣的新时代就要开始了。

第一，加快建设通向边境口岸的铁路支线。西藏"十一五"规划纲要表明，还要建设三条青藏铁路支线，其中拉萨至日喀则支线铁路会在五年内修通，接着修建日喀则至亚东支线，计划十年内通车。③ 如从亚东口岸朝南行数十公里，即可与印度铁路连接。需要全面完成勘探、设计等前期工作，组织队伍，尽快施工。第二，通过增加交流而求得双赢。扩大同南亚国家的商贸往来，不仅西藏、青海等西部省区可以获得经济效益，而且也会加强中印、中巴人民间的文化交流。例如，中印双方都是文明古国，两国人民占到世界人口总数的40%。因此，两国间贸易文化的合作双赢具有划时代的意义，既造福于两国人民，又有利于世界和平与稳定。

青藏铁路已经创造了一个历史辉煌，勤于学习，善于创造，继续建设青藏铁路经济圈，就能攀登上新的高峰。

---

① 高玉洁：《"十五"期间：西藏实现进出口贸易8.15亿美元》，《中国西藏新闻网》2006年2月2日。http://www.chinatibetnews.com.
② 马晶：《巴基斯坦新铁路有望直通中国 或成我国能源走廊》，《新京报》2006年8月2日。
③ 周音：《总投资拟达百亿青藏铁路还将续建三条支线铁路》，中国新闻社，2006年6月27日。

关于内蒙古自治区产权交易市场的调查报告

侯超惠　刘文纪[①]

内蒙古自治区产权交易市场的形成以 2002 年底内蒙古产权交易中心的建立为标志，经过多年的发展，已经成为集实物产权、债权、股权、知识产权为一体的综合性交易平台，并通过会员制体系和电子信息网络发展成为覆盖全区、联通全国的较为完整的产权交易市场体系。产权交易业务发展迅速，截止到 2005 年底共完成交易业务 80 宗，成交金额近 200 亿元，托管非上市股份制公司 9 家，托管资产 7 亿多元。

一、内蒙古自治区产权市场发展的基本情况

经过几年的发展，内蒙古自治区产权交易市场发展迅速，通过制度规范、创新经营模式、注重人才培养等方法，本着"集中、公开、公正、规范"的原则，以区域性国有资产流动平台、区域非公开资本市场平台、公共资源配置平台、金融资产、债权超市、科技成果转让平台、产权信息服务平台为职能定位，有效发挥了产权市场的信息积聚、价格发现、中介服务等功能。

（一）产权制度体系建设逐步完善，市场运作程序规范

内蒙古产权交易中心是经国务院国资委认定的全国 58 家产权交易机构之一，经过多年的工作实践，在国务院国资委、财政部《企业国有产权转让管理暂行办法》的基础上，总结积累了一系列的产权交易规则，如《内蒙古产权交易中心交易暂行规则》、《内蒙古产权交易中心拍卖暂行规则》、《内蒙古产权交易中心招投标暂行规则》、《矿权交易规则》、《电子竞价现场规则》、《内蒙古产权交易中心一次报价竞价规则》等，在内部管理制度方面制定了《内蒙古产权交易中心会员管理暂行办法》、《内蒙古产权交易中

[①] 刘文纪，就职于内蒙古自治区党委办公厅，中央民族大学中国少数民族经济专业 2005 级博士研究生。

心股权登记托管服务办法》等一系列规章制度，初步建立了比较完整的制度体系，工作流程一目了然，工作效率大大提高。

（二）形成以会员制和分佣制为特征的产权市场运营模式

内蒙古地域东西狭长，要有效的整合资源，就必须把自治区各盟市纳入统一的产权交易体系中来，而通过会员制和分佣制建立起来的产权市场运营模式可以借助会员单位的信息网络，特别是盟市会员、中介服务会员的业务渠道，按照经纪业务与交易鉴证逐步分开的资本市场原则和强化监管、坚持双赢原则开拓产权市场业务。按照"一个中心、多个支点、统一鉴证、功能齐全"的原则，即以内蒙古产权交易中心为自治区产权交易的核心机构，在各盟市发展有实力的经纪会员作为支点开展业务，由内蒙古产权交易中心统一出具交易鉴证书，并且发展评估、法律、拍卖、招投标、担保、审计等专业服务会员，共同围绕产权交易开展配套服务。做到功能齐全，最终建立以投融资机构为主体的经纪类会员和以律师事务所、会计师事务所、资产评估、拍卖、招投标等中介机构组成的服务类会员以及提供各类信息查询服务的信息会员联合组成的辐射全区的专业产权服务构架。目前内蒙古产权交易中心共有各类会员机构28家，其中经纪会员9家，服务会员16家，信息会员2家，特别会员1家。会员分布在全区7个盟市，已形成自治区产权市场的服务支撑体系。

（三）在建立初级资本市场信息平台基础上形成全方位信息披露系统和项目合作机制

经过几年的发展，内蒙古产权交易中心已建立并逐步完善了综合信息服务平台，形成了网站、纸媒体、推介会三位一体的综合性信息披露系统，包括内蒙古产权交易网、内蒙古国资网、北方共同市场、黄河共同市场、西部共同市场、区外100余家产权交易合作机构网站，与全国联网的产权交易市场大屏幕网络信息发布系统；主流纸媒体是《北方经济报》，另外还有全国范围发行的《产权导刊》、自办投融资专业刊物——《内蒙古产权资讯》，信息发布渠道通畅。为挖掘有投资价值的项目，加强推介的针对性，交易中心组织不定期举办项目招商会、项目推介会及项目路演等。交易中心安装了产权交易操作系统、电子网络竞价系统、股权托管系统等专业系统软件，可以实现交易标的异地实时集合竞价，并在许多交易案例中得到了成功运用。

通过收集整理包括区内企业的各类客户信息，可以随时了解、跟踪企业发展的最新动态，通过信息共享改变投资方与转让方之间信息不对称的局面，有效地提供投融资通道。

（四）人才合作与培养机制初步形成

在企业内部实行总裁负责制，员工专业背景涉及金融、财务、会计、审计、法律、工程、计算机等多个领域。在企业外部实行人才合作共享机制，与会员单位专业人员形成团队整体优势，提供包括会计、审计、信用评级、评估、法律、拍卖、招投标、担保、管理咨询、资产重组、策划上市等一系列延伸增值服务。同时，通过举办培训班、学术论坛等方式，对员工和经纪人队伍进行培训，使相关人员紧跟经济发展现实，工作效率显著提高，市场运作也得到进一步规范。

二、内蒙古自治区产权交易市场存在的主要问题

内蒙古产权交易中心经过多年的发展，积极融入全国产权交易大市场，以实现产权的跨行业、跨地区、跨所有制流动，提升了本地区经济的融合力与竞争力，促进了产权的合理有序流动。但与产权市场肩负的使命相比，仍存在较多的问题，主要表现在：

（一）国有产权交易总量不足，交易不活跃

与三大产权交易市场及一些东部地区相比，内蒙古自治区国有企业可转让的存量资源明显不足，国资系统监管的国有企业数量有限，各类国有产权条块分割严重，产权转让缺乏主动进场交易意识，交易不活跃，且竞价率明显偏低。

（二）产权交易的市场机制没有形成，产权交易市场的功能不完善

从全国范围看，产权交易市场发展水平不齐，交易项目不同，交易规则不统一，产权市场条块分割，各部门政令不统一，统一的市场机制没有形成。同时，产权交易市场从产生至今，产权交易的商品品种主要是非标准化的实物资产，业务范围的狭小使得产权交易市场类似一个功能不完备的并购

市场，这种交易方式限制了市场发现价值功能的实现。从某种意义上讲，产权交易机构在交易运作过程中只起到了交易鉴证功能，而功能的不完善很难吸引市场中潜在买家与卖家的注意力，造成目前一些产权交易机构有场无市的现象，这在很大程度上制约了产权交易市场的发展。

（三）信息披露缺少统一的渠道和标准

由于缺乏监管机构，市场要求交易企业披露的信息内容、形式、范围等没有统一的标准格式。实践中往往出现信息不能完全公开，因重要企业信息被隐匿而形成暗箱操作，使交易进场成为走形式。没有实现市场对价格的发现功能，从而也就不能从信息披露制度上保证国有资产在产权交易中的保值增值。

（四）进场交易的保障机制尚未形成

上海、天津、北京、深圳、青岛和郑州等地都有强制国有资产必须进入产权交易市场的规定，内蒙古自治区也有这方面的规定，但执行落实情况不好，进场挂牌转让的比例不高。政府对产权交易缺乏统一协调，各部门配合力度不够，对不进场交易的行为检查监督力量不足，不进场交易行为较为普遍，这是亟待解决的问题。

（五）产权交易人才的培训相对落后

随着内蒙古自治区经济的快速发展，国有企业改革不断深化，逐步建立起现代企业制度，股份制经济得到充分发展，更加清晰化、标准化的股权流动重组的需求日益旺盛，这就必然要求多层次的资本市场体系为其股权流动提供服务平台，产权交易市场的业务范围也将向为标准化的股权转让服务扩展，使产权交易市场逐步融入中国多层次资本市场体系，形成真正意义上的非公开权益性区域资本市场。这就需要大量的专业人才构成的产权交易的服务队伍，相比东部发达省份，自治区产权交易人才的培训显得相对落后。

三、关于发展内蒙古自治区产权交易市场的具体建议

随着国有企业改革攻坚的基本完成，建立在国有企业产权改革基础上的产权交易市场在这方面的业务逐步萎缩，因此，必须开拓新的业务领域，拓

宽业务职能,才能有效推进产权交易市场的发展。

(一)继续加强国有产权交易工作,积极开展非国有产权交易业务

国有产权交易仍将是中心的核心业务,要充分利用中心在国有产权交易领域中的品牌、人员素质、市场网络等方面的优势,力争业务稳步发展。同时,从产权交易市场的内在机能上看,本来就是一个权属交易的平台,本身就没有所有制界限,因此,应逐步发展非国有企业产权交易的比例,优化项目结构。同时大力发展异地并购,实现标的物类型多样化。通过多样化深层次发展,使产权市场逐步成为各类权属进行交易的场所,切实发挥配置资源、促进生产要素流转的功能。

(二)完善配套条件,加快市场创新,推进新型业务快速增长

根据产权交易市场的具体情况,应大力推进非上市股份公司的股权托管业务,与担保公司合作创新性开展股权质押融资业务。应加快在非上市股份公司股权托管相关业务的拓展,并适度开放柜台交易,实现技术成果的产业化。要充分发挥产权市场作为权益交易平台的作用,通过与信托公司、资产管理公司、担保公司等相关机构间的功能与资源的嫁接,在区域资本市场开拓交易的创新品种。

(三)大力引进机构投资者和创业资本

从现阶段看,产权交易市场的发展和部分产权经济组织密不可分。但产权经济组织的执业能力仍停留在规范性、程序性事务方面,资源配置的功能远没有发挥出来。面对众多的投资机会,引进资本实力雄厚、各种人才齐全的机构投资者可以使产权交易市场快速发展,这不仅有利于民族地区产权交易市场更快地融入全国统一产权交易市场,而且可以使产权交易市场向更高层次市场水平演化。另外,从国外的经验看,引入风险投资和创业投资是民族地区企业发展的必然选择,其目标就是高新技术成果、产品和企业,发展产权交易市场,就可以为创业投资的进入和推出提供便捷的通道,有利于其股权管理和运作,实现民族地区各种资源的有效整合。

（四）搭建电子商务平台，培养矿权交易专版市场

在产权交易转让的形式上，借鉴其他产权机构的先进经验，内蒙古自治区在二手车交易项目上创新性试行了电子网络竞价，并取得成功。网络电子竞价方式具有无需拍卖师、部分实现意象受让人分离、观众席影响减少以及过程更加客观等特点，这也标志着产权交易电子商务平台建设的新取向和交易方式的创新。另外，应根据内蒙古自治区经济特点，着重培养矿权交易专版市场，实现交易产品的创新，办成具有特色产品和特色交易模式的产权交易市场。

（五）引进专业性人才，加强对现有人员素质技能的培训

产权交易涉及领域众多，包括评估、拍卖、托管、投资银行、劳动保障等，需要通晓金融、企业管理、市场营销、资本运作、财务会计、经济法律、工程技术、计算机等各方面的专业人才，而现有工作人员多为现有政府机关工作人员，人才队伍不尽合理。因此，必须下大气力引进各种专业性人才，只有这样，才能进一步拓宽业务范围，完善工作职能，提高交易水平。同时，要加强对已有人员的素质教育和技能培训，提升服务意识，提高素质技能。

民族地区旅游开发与新农村建设模式的探讨
——以吉林省延边朝鲜族自治州安图县红旗村为例

祁洪玲[①]

一、新农村建设提出的宏观背景和意义

改革开放以来,中国GDP年均增长速度达到9.3%。2005年,中国GDP总量世界排名第四位,中国的落后面貌得到极大的改变,人民正享受到改革开放的巨大成果。但是,占中国人口57%的农民虽然也从改革开放中受益,但是仍然明显落后于经济的发展,中国城乡之间的差距正在显著扩大,并逐渐成为建设和谐社会的瓶颈。2006年初出台的《中共中央国务院关于推进社会主义新农村建设的若干意见》指出,建设社会主义新农村是中国现代化进程中的重大历史任务,"十一五"时期(2006-2010年)是农村全面建设小康的关键时期。

建设社会主义新农村,是中央统揽全局做出的重大决策。中国是统一的多民族国家,推进民族地区新农村建设,不仅关系全国新农村建设的全局,而且关系到各民族的团结稳定和和谐社会的建设进程。民族地区新农村建设,既是从根本上解决民族地区"三农"问题的重大决策,也是推动民族地区经济社会更快更好发展的重大举措。只有积极推进民族地区新农村建设,才能尽快改变民族地区的落后面貌,不断缩小民族地区与全国的发展差距,让改革发展的成果更好地惠及民族地区的各族群众。因此,如何加强民族地区建设,巩固和发展民族团结成为亟待解决的重要课题。

从2004年开始,大连民族学院在安图县建立了旅游实践教学基地,每年组织师生赴安图县和长白山进行考察和实践教学,研究总结安图县旅游发展状况,红旗村是我们关注的热点之一。2006年7月,参与中央民族大学"985"项目时再次赴内蒙古和延边地区进行调研,了解民族地区新农村建设情况。安图县旅游开发在短短的三年内发生了巨大的变化,特别是安图县红旗村作为该县以旅游拉动新农村建设的试点成效显著,对民族地区新农村

---

① 祁洪玲,女,助教,大连民族学院教师。

建设有重要的借鉴作用。本文通过对安图县红旗村旅游开发的研究，试图总结出符合民族地区新农村建设特点的新模式。

二、民族地区旅游开发与新农村建设的关系分析

（一）民族地区的新农村建设有助于旅游开发

旅游业的发展依赖于良好的环境和文明的民风，新农村建设的重要目标和旅游开发的基础具有很大的相似性。国家提出建设社会主义新农村的目标，必然对民族地区的生态环境建设、基础设施建设和精神文明建设等发挥巨大的推动作用，同时会提供给旅游开发众多的政策支持和优惠，进而为旅游开发提供良好的自然环境和人文环境。

（二）旅游开发有助于民族地区新农村建设目标的实现

中国的社会主义新农村建设提出生产发展、生活宽裕、乡风文明、村容整洁、管理民主五个主要目标。其主要含义包括努力发展农村经济，提高农村人口生活水平和精神文明水平，建设生存环境良好的社区，保障农村人口的各项权利，积极施行农村地区的科学管理。

旅游业是一门综合性产业，对目的地经济的发展具有十分突出的关联带动作用，特别是在第三产业中处于一个产业群的核心地位，发挥着带动很多其他相关产业发展的作用。旅游业在目的地经济发展中的关联带动功能，十分有利于促进经济结构的优化和产业布局的调整。

旅游业本身也发展成了一个没有民族界限的行业。据国家旅游局近年来的调查表明，旅游者对民族风情的兴趣要高于自然风光和名胜古迹，这充分说明了旅游活动的倾向是在对异族风情的追求和向往上。因此，发展民族旅游业不仅可以为旅游业提供广阔的市场，而且也为各民族铺设了友好交往的桥梁。特别是现代旅游，实质是一种地区间的文化和经济的交流。随着民族地区国际旅游业的兴起，可以有效地改变民族地区长期所处的文化封闭状态，使之经常性地与现代文明和外来文化和经济相互交流，取长补短，加快民族地区新农村建设的步伐。

（三）旅游开发是实现民族地区新农村建设目标的首选

对经济基础薄弱的民族地区来讲，旅游业是发展的最佳选择。首先，旅游业对于民俗文化深厚的地区，是一个依托于资源发展的投资少、见效快、创汇高、收益多、劳动密集型高度综合的产业。民族地区发展旅游业不仅可以平衡区域收支，为建设积累资金、支持地区经济发展，而且可以促进区域资源的开发和提高人民的物质生活水平，从而有助于文化教育事业的发展，最终达到各民族地区新农村建设的宏伟目标。其次，旅游业是一个和谐产业，旅游业发展有利于维护民族地区安定团结，加强经济和文化的沟通和交流。建设社会主义新农村和全面建设和谐社会，一方面，不仅要满足人民群众的物质需求，还要满足他们精神、文化、环境等多方面的需求；另一方面，最低收入人群的生活水平也要达到小康，即实现全体社会的共同富裕。建设和谐社会的过程和目标必然为我国民族地区旅游业提供新的发展机遇，并产生积极而深远的影响。

三、吉林省延边州安图县红旗村旅游开发和新农村建设

（一）红旗村简介

红旗村位于明东（明月镇——东清）公路69公里处长白山下，是延吉、安图等地赴长白山旅游途中唯一的纯朝鲜族居住村。全村共有86户，326人；现有耕地80公顷，其中：水田65公顷，旱田15公顷；红旗村距县城71公里，距二道镇67公里，距长白山山门96公里，距长白山天池117公里。2004年，在吉林省财政支持下，完成了村路硬化、浆砌边沟、农房改造、仓房建设、修建围栏、改厕、自来水管网改造、通讯线路和有线电视网络改造、梅花鹿场建设等工程，使红旗村发展环境和发展条件得到极大改善。这些工程的建设，不仅全面提高了村民的生活质量，也为民俗旅游开发提供了良好基础。

（二）红旗村旅游开发状况

自2003年以来，安图县红旗村依托长白山的丰富客源，充分利用民俗、生态旅游资源和环境优势，大力开展民俗旅游、生态旅游，全力打造"中

国朝鲜族第一村"品牌，并逐渐形成了以朝鲜族特色餐饮、民俗表演、民俗风情体验、家庭度假和农业观光为主的民俗旅游产业体系。以旅游引领全村经济和各项事业发展，呈现出了"旅游发展、全村繁荣"的喜人景象。现全村共有农户85户，总人口326人。旅游饭店发展到15家，家庭旅店35家，旅游购物网点4个，民俗表演队2支，养殖专业户7家，人参、沙参、红景天等各种中药材留存面积达到30多公顷。全村村民参与旅游服务的达90%，有近1/3的人已经完全脱离农业，专门在表演队、旅饭店、纪念品销售点就业。

2005年，红旗村班子牵头与延边白山国际旅行社签订合作协议，共同发展民俗旅游业。以村班子为主成立了红旗村旅游协会、红旗村中药材协会两个新型经济组织，负责对外联络、组织、管理村民发展旅游业、中药材业，带动全体村民走共同致富之路。红旗村迅速成为长白山旅游沿线的重要产品组成，同年被评为国家AAA级景区，接待游客超过15万人次，其中过夜旅游者近1万人次。旅游促进了全村经济快速发展，2005年农民人均纯收入达到5113元，其中旅游业直接收入占40%以上。

经济的快速发展推动了红旗村精神文明水平的进一步提高，民风有了很大的变化，农民的观念有了很大的变化。一是等靠意识淡了，创业意识强了，条件好的开饭店、旅店，条件一般的打工挣工资或卖旅游纪念品。农民在积极参与创业的过程中改掉了很多落后的保守思想，勤劳致富、勤劳起家的意识逐渐地确立了起来；二是自我意识淡了，公德意识强了，村民们每家都自觉维护门前屋后的公共环境和卫生，并定期对公共场所的卫生和设施进行集中整治和维护。人们一些小的习惯也在潜移默化地改变，整个村的环境有了根本的改善；三是封闭意识淡了，开放意识强了，他们改变了排斥外人的观念，家庭旅店开始争抢游客，村民积极参与与游客互动的节目，而且主动要求引入更多更大的合作伙伴共谋发展，就连老年协会的老人们也开始身着节日盛装参与村里和企业举办的活动，与游客互动联欢，开放与发展成为全村的主调。

2006年，红旗村凭借着本地良好的旅游基础条件，把建设"中国朝鲜族第一村"作为发展目标。积极聘请延边大学的专家对红旗村进行科学规划，拟定了重点工程建设项目，成立了旅游服务发展公司，修复了民俗活动广场，改造了秋千、跳板等朝鲜族体育设施，增添了健身器材，改造了标准民居户型和卫生所，修建了民俗展馆，新设了鹿场旅游项目和购物商场。旅游开发走上了科学化、规范化的可持续发展道路，作为新农村建设中的农业示范村联系点，大步向"中国朝鲜族第一村"迈进。

四、安图县红旗村旅游开发思路

（一）依托区位优势和品牌优势，大力开展民俗旅游

红旗村乡村旅游的发展，紧紧依托长白山旅游业的发展。红旗村是前往中华名山——长白山北坡旅游景区的必经之地。随着生态旅游热的升温，长白山的客源日益增多。每年有数十万以长白山为目的地的游客路经安图县红旗村，给红旗村带来了充足的客源。近年来，中国的生态旅游和乡村旅游逐渐兴起，依托旅游业的两大热点，红旗村乡村大力发展旅游业，形成了自己特色的乡村民俗旅游产品，迅速成为长白山旅游沿线重要景区。

其次，红旗村紧紧依托李德洙题词的"中国朝鲜第一村"，充分挖掘朝鲜族原生态的民俗风情，依靠广大村民积极开发旅游业。红旗村朝鲜族风俗浓郁、特色鲜明，从民族服饰、歌舞、餐饮、民居和生活习惯等方面挖掘民俗旅游的优势。相继开发了朝鲜族民族餐饮、朝鲜族舞蹈、朝鲜族民居、朝鲜族语言、朝鲜族商品等一系列的朝鲜族民俗旅游产品。并结合当前旅游需求市场发展的趋势，开发了游客学做朝鲜族打糕、体验朝鲜族婚礼等淳朴的民俗风情等参与性、体验性较强的旅游项目，不断提升红旗村的民俗旅游内涵。

（二）坚持政府引导，借助社会各方力量发展旅游

红旗村旅游业的发展不是靠一村一镇之力，而是得到了省、州、县各级政府以及社会方方面面的支持。安图县委、县政府相关部门多次深入红旗村调查研究和指导，帮助协调解决建设资金。2004年以来，县委、县政府在省财政的大力支持下，按照"路面硬化、路灯亮化、卫生洁化、环境优化"的标准，结合小康示范村建设，对红旗村进行了全面改造。先后共投资1102万元进行基础设施建设，其中自筹资金近800万元，先后完成了村路硬化1.9公里，浆砌边沟3.8公里，投资115万元；农房得到全面改造，投资172万元；仓房建设工程62个1201平方米，投资23万元；改厕83个，投资40万元；修建围栏7030延长米，投资52万元；自来水管网改造2500

延长米，新建60吨蓄水池一座，投资40万元；改造通讯线路和有线电视网络，投资23万元；建设梅花鹿场4400平方米，投资292万元；土地综合治理工程（防渗渠道1000米，分水闸7座，排水涵洞1处，堤防650米，农道2000米，平整土地12公顷，植树造林15公顷），投资225万元；绿化5000平方米，投资20万元；农村合作组织投资10万元；民俗旅游综合项目小区建设，投资90万元。小康示范村的建设，使红旗村发展环境和发展条件得到极大改善。全村人均居住面积达30平方米，人均拥有绿地150平方米，自来水、电话和有线电视覆盖率达100%。这一举措，不仅全面提高了村民的生活质量，也把红旗村打造成了规范的"民俗旅游村"。2005年，红旗村的民居被中国建筑学会评为"优秀民族建筑"，为"乡村游"开发带来了巨大商机。

（三）以"公司+农户"、"旅游协会+农户"为主体，探索"乡村游"新路子

2005年，红旗村班子牵头与延边白山国际旅行社签订合作协议，大力发展民俗旅游。以村委会为主成立了红旗村旅游协会、红旗村中药材协会两个新型经济组织，负责指导村民开发住宿、餐饮接待设施及旅游产品、中药材产品开发等，规范旅游接待民居标准制定、评定和管理。村委会成为带领全村百姓致富奔小康的领头雁，党员成为带动群众的骨干，协会成为引领旅游业发展的龙头。2006年年初，红旗村申请成立旅游有限责任公司，负责对外联络、宣传促销、组织客源、与旅行社对接、组织村民开展民族风情等旅游活动，形成具有浓郁特色和吸引力的乡村旅游产品，吸引和招徕国内外旅游者，负责村容村貌整治的招商引资，改善旅游发展环境，使红旗村的旅游业由原来的村委会经营管理转变成公司化运作，为把红旗村打造成为名副其实的文明富裕的"中国朝鲜族第一村"，成为带动其他村屯向社会主义新农村目标迈进的示范村奠定了坚实基础。

（四）坚持科学规划，提高项目水平

当前，旅游业的高速发展催生了一大批以各类民俗文化为背景的民俗村庄，许多民俗村低水平建设严重，特色主题不鲜明，品牌力度不强。针对这些问题，红旗村坚持高水平的开发和科学发展观的指导。首先，红旗村的旅游设施和项目建设突出朝鲜族民俗文化主题，体现白山黑水背景下的朝鲜族

民俗特色，在项目开发上，根据自身经济水平和经验水平，按照先易后难的顺序开发。按照边开发、边建设、边经营的发展思路，通过聘请旅游专家、园林设计专家、经济学家还有文史研究人员对各开发项目进行可行性研究，对开发景点进行科学研究，科学规划，使其具有极强的吸引力和特色。同时，开发过程中注意民俗生态和生态环境的保护，尽量保持原汁原味，杜绝低级建设对朝鲜族传统民俗文化的损害。

（五）提高村民素质，为发展旅游奠定良好基础

在发展旅游产业的同时，村委会一直致力于村民道德建设和提高旅游服务素质。一是创建形式多样的村民道德建设的载体，开展评选"十星级文明户"、"五好家庭"、"好媳妇、好婆婆、好妯娌"等活动。印制了道德建设标语，制作道德建设墙报，与全村每户签订了"道德规范建设"目标责任书。在村中开展集体主义、法制观念等教育，制定村规民约，解决农民在集体观念和风俗习惯等方面存在的突出问题。加强家庭美德建设，开展"美德在农家"、"不让黄赌毒邪进我家"等活动，弘扬中华民族的传统家庭美德。加强青少年思想品德教育，开展理想信念、遵纪守法、文明礼仪教育，组织社会实践活动，把青少年学生培养成社会主义"四有"新人，在红旗村形成"爱国守法、明礼诚信、团结友善、勤俭自强、敬业奉献"的基本规范。目前，勤奋敬业、崇尚科学、遵纪守法、家庭和睦、邻里互助的良好风尚已在全村迅速形成，为开展"乡村游"营造了良好的氛围。二是不断加大对村民的旅游服务技能培训，提高村民旅游服务素质。旅游协会、旅游公司和村委会通过举办旅游服务技能大赛、与县文化部门结对子、邀请旅游饭店、旅行社及旅游业界的教师授课等形式对村民进行培训，2005年参加培训村民占全村居民总数的93%，村民旅游服务意识明显增强，旅游素质大幅度提高，为发展旅游业注入了强劲动力。

五、延边州安图县红旗村旅游开发对民族地区新农村建设的启示

（一）寻找民族地区新农村建设的最佳切入点，培植优势产业

生产发展是社会主义新农村建设的经济建设目标，它是社会主义新农村建设的经济基础，所以，发展经济，努力实现"生产发展"的目标是推进

民族地区社会主义新农村建设的首要任务。同中国其他地区相比，民族地区新农村建设任务更重、难度更大。一是民族地区经济发展水平相对落后，经济实力不强，财政收入困难，工业化和城镇化水平低，工业反哺农业、城市支持农村的力量弱；二是民族地区城乡二元结构更为突出，农业和农村经济发展更为落后，基础设施和公共设施更为薄弱，社会事业发展更为滞后，城乡居民收入水平和生活水平更低、差距更大。因此，在发展思路上不能照搬其他地区的思路和做法，要结合本地实际情况进行创新，寻求符合自身特点的切入点。

民族地区的现状决定了民族地区经济发展的局限性，必须寻找适合民族地区特点的产业进行积极培育与扶持。由于受现代文明的冲击小，民族地区的农村村落一般都具有特色鲜明的民俗文化，在当前旅游业大繁荣的背景下，许多村落都可以依据自身特色和相对优势，开发"民俗+乡村"等特色的旅游产品。红旗村在准确定位自身特色的基础上，把握长白山景区发展对其带来的发展机遇，积极进行民俗旅游开发，充分利用李德洙"中国朝鲜第一村"的品牌效应，充分挖掘红旗村的朝鲜族民俗文化，形成了特色鲜明的朝鲜族民俗文化产品体系，并取得了巨大的经济收益，大力推动了民族地区的经济发展和居民富裕进程。

（二）积极发挥政府的引导作用

民族地区经济发展中的问题众多，相当数量的农民受教育程度低，现代文明程度不高，资金匮乏、思想保守、观念落后等不利条件成为限制他们发展经济的重要问题。政府必须在新农村建设中充分发挥其主导作用，积极组织项目的开发和科学规划，致力于基础设施建设和环境的改善，加大资金支持和先进管理经验的引入，同时致力于政策的改革，给民族地区的经济发展保驾护航。

（三）坚持可持续发展观战略

民族地区发展经济的需求迫切，发展要求和生态环境保护的要求通常会成为一对矛盾，只有坚持科学发展规划，很好地处理这一矛盾，才能实现新农村和和谐社会的建设目标。处理这一问题只有依靠科学的发展规划，注重地区生态、环境、经济的可持续发展才能够取得长足发展。

可持续发展的一个原则是公平原则，在民族地区的经济发展中主要体现为获益公平。同时民族地区居民贫困人口比重大，生存环境比较恶劣，自我发展能力比较低，旅游业的发展在带来先进文明冲击的同时，也会给当地的生态环境等造成一定不利影响，同时会影响当地物价水平，提高当地居民的生活成本。如果当地居民没有从旅游业的发展中获取经济利益，或者获得的收益很小并且不均衡的话，十分容易引起当地居民心理上的不平衡，造成东道区居民对游客的仇视，引发一系列的冲突，妨碍新农村建设和实现和谐社会的建设目标。只有东道区居民能够普遍获益，从旅游开发中获得精神文化和物质生活水平上的提高，东道区居民才能够积极维护当地的旅游形象，爱护自身的环境，并对游客持有十分友好热情的态度，从而促进旅游业的进一步发展。

关于甘南生态与经济协调发展的调研报告

周　琼[①]

一、问题的提出

甘肃省甘南藏族自治州是黄河重要水源补给区，环境区位十分重要。甘南境内以草地、森林、湿地生态系统为支撑的水源补给区面积大约44000余平方公里，平均海拔3000米，包括黄河及黄河重要支流洮河、大夏河、长江二级支流白龙江等。据资料显示，20世纪80年代，黄河在玛曲县境内流经433公里，径流量增加108.1亿立方米，占黄河源区总径流量184.13亿立方米的58.7%，占黄河流域总径流量的1/6，故玛曲湿地被誉为"黄河蓄水池"。但近十年来，由于全球气候变暖、人类活动增多和草原超载过牧等多种原因，该区域的生态环境急剧恶化，生态环境的恶化，不仅加剧了区内高原气候的干旱、风沙侵蚀和水土流失，更重要的是失去了草地、森林、湿地涵养水源的生态功能，破坏了生物多样性，成为黄河、长江中下游洪涝灾害和黄河不时出现断流的重要原因。甘南地处青藏高原东北部边缘，是内地通向藏区的门户。保护与建设这一区域的生态环境，不仅对黄河中下游地区广大人民群众的生产生活、维护国家生态安全具有重要意义，而且对加强民族团结、维护祖国统一、促进各民族的共同发展也具有重要意义。因此甘南的环境保护迫在眉睫。

但与此同时，甘南的经济发展也是急需解决的问题。甘南是以藏族为主体民族的自治州，是国家扶贫工作重点地区。藏族群众自古以来就以畜牧业为生，由于该地区自然环境严酷，交通不便，经济基础薄弱，人民群众的生活还很困难。藏族群众为了发展生产，改善生活，满足人口增加的需求，不得不增加牲畜数量；而牲畜数量的增加，又导致超载过牧，不可避免地引发草地"三化"、湿地面积缩小、生物多样性破坏等生态问题。这就要求甘南既要保护环境，又要发展经济，到底保护环境重要还是发展经济重要，能不能找到两者的结合点实现双赢？这是甘南社会经济发展过程中面临的重要

[①] 周琼：女，中央民族大学经济学院区域经济学专业硕士研究生。

问题。

二、调研方法

调研过程中,通过查阅地区资料文件、发放问卷、走访、与相关部门座谈等多种形式,深入甘南对该地区的概况、环境保护现状、财政收入情况、经济发展水平和结构、农牧民生活现状、资源补偿机制实施情况等方面进行了全面的调研,通过对该地区情况的分析,提出了一些思考。

三、基本情况

甘肃省甘南藏族自治州地处青藏高原与黄土高原接壤带,位于甘、青、川三省交界处,总面积4.5万平方公里,占甘肃省总面积的7.93%,人口66万,是以藏族为主体,藏、汉、回等24个民族共同生活的多民族聚居地。自治州成立于1953年10月1日,辖七县一市,首府合作市,距省会兰州市260多公里。甘南是内地通往藏区的门户,是古丝绸之路、唐蕃古道的重要通道,自古以来就是广大藏区同内地进行经济文化交流的桥梁和纽带。这里较完整地保存了藏民族传统的游牧文化、佛教文化和民俗文化,是整个藏区经济文化的缩影,被誉为"中国的小西藏、甘肃的后花园",是人们向往的人间仙境——香巴拉。

甘南自然资源丰富,民俗风情浓郁,发展前景广阔。天然草原4084.87万亩,占全州总土地面积的70.82%,属青藏高原和全省天然草场中自然载畜能力较高、耐放牧性最大的草场。矿产资源270多处,储量潜在价值超过100亿元,其中金、铀、砷、汞、铋、泥炭储量为甘肃省第一位,铁、锡为第二位,铅、锑为第三位,铜、硫铁矿为第四位,银、磷为第五位。黄河、洮河、大夏河、白龙江和百余条支流落差大,水能蕴藏量达367万千瓦。野生动植物资源种类繁多,已查明的野生动物有231种,野生植物有1000多种,而且是甘肃省主要的药材区之一,境内蕴藏的纯天然野生中藏药材850余种,中藏药材蕴藏量为5243万公斤。现已有部分中藏药材进行人工栽培种植阶段,截至2003年底,全州已种植的中藏药材600多种,产量达到13621.1吨,占全国主要中藏药材数的62.5%。甘南还位于世界文化遗产敦煌和世界自然遗产黄龙——九寨沟之间的黄金旅游线上,美丽迷人的自然风光、古朴神秘的宗教文化、闻名遐迩的历史遗址、绚丽多姿的民俗风情，旅游资源非常丰富。

但目前甘南尚处于工业化的前期阶段，城镇化水平较低，经济综合实力弱，2005年全州GDP25.1亿元，虽比上年增长15.3%，但在甘肃省仅占一个多百分点，位于倒数第一，在30个少数民族地区中也只排23位；人均GDP3800多元，而全国人均GDP为13950元（1703美元）。由于受历史、地理等因素影响，甘南交通、能源、市政等基础设施发展滞后。交通不便，运距长，运输成本高，尤其是境内既无铁路和机场，又无一条高等级公路，人流、物流全靠低等级公路支撑，严重制约着商贸流通和对外开放。企业发展生产力水平低，工业化程度低，产品加工程度低，第三产业发展滞后，传统产业科技含量低、效益差；整体经济结构单一，投资项目回旋余地小，投资风险高，投资环境不够理想。此外，甘南藏族自治州重点税源主要集中在电力、矿产品、建材、畜产品等四大主要行业，财政供给能力不足，对经济发展的推动力小。民营经济发展落后，自我增长能力弱，农业生产条件差，小康水平落后甘肃省平均水平10年。

目前甘南藏族自治州经济工作的发展思路概括为"1422253"，就是围绕一个中心（加快小康社会建设进程），实施四大战略（工业强州、科教兴州、开放带动、项目拉动），实现两大产业（水电、旅游）的跨越式发展、两大产业（矿产开发和农畜产品加工）的快速发展、两大产业（农牧业产业化和藏药及山野珍品开发）的稳步发展，搞好五大建设（基础设施、城市<镇>、生态环境、社会保障体系和非公有制经济发展），建成三大基地（把甘南建成甘肃重要的畜产品生产加工基地、能源工业基地、特色旅游基地）。

四、通过调研提出的一些想法

（一）正确看待环境与经济之间的关系

生态环境是人类生存和发展的基本条件，是经济、社会发展的基础。保护和建设好生态环境，实现可持续发展，是我国现代化建设中必须始终坚持的一项基本方针。但在现有的经济发展水平上，要做到发展经济而又一点都不破坏环境是不可能的，甚至在一定程度上可以说，只要有经济开发活动就伴随着对环境的破坏。经济发展不能以惨重的环境破坏为代价，这已经成为人们的共识，但是，是不是可以为了保护环境就不发展经济呢，这当然也是不可行的。从理论上说，环境保护需要有发达的经济为其提供基础，没有经济发展，就没有环境保护需要的资金、技术、人才；从现实情况来说，只要有经济利益，就有人的经济活动存在，为了保护环境而限制经济活动，这种做法是不实际的。

  甘南环境区位非常重要，有人就提出把甘南整个保护起来，给甘南的人民发工资养起来，或者进行生态移民，猛的听起来好像很有道理，但仔细一想，这是行不通的。首先，甘南有着丰富的资源，开发潜力无穷，人们不会放弃这些资源，放弃这片美丽的土地，就算给甘南居民发工资，也会有人继续放牧、挖草药、开矿；其次，世代生活在这片土地上的人民，已经习惯了现有的生活方式，不可能通过行政手段生硬地把他们和他们的文化、习俗割裂开来；再次，移民是一个复杂的问题，不只涉及经济，还会涉及政治、宗教、文化等各个领域的问题。人的需要是分阶段的，如果人们还处于饥饿阶段，他们的目标就是温饱，温饱之后才会考虑精神文明、环境保护等更高层次的需要，我们要考虑到当地居民的利益，让还处于经济落后阶段的甘南人民放弃经济发展以保护环境，这当然是不可取的，也是不合情理的。

  从经济学角度来看，任何经济开发活动都是有成本的，环境破坏是经济开发的成本，但是限制经济活动，使一些可开发的资源闲置，这也是一种机会成本。因此，甘南的环境保护与经济发展都很重要，要加大环境保护与治理力度，通过合理开发资源，大力发展循环经济，探索建立地区间生态利益补偿机制，实现环境与经济的双赢。

（二）加大环境保护与治理力度

  甘南草原退化严重，一方面是由于地方财政的紧张，很多地区对于高污染企业的进驻都是睁一只眼闭一只眼；另一方面是随着人口的增加，畜牧量成倍增长，而且实际数字比官方数字大上许多，大大超出了草原承载力，给甘南的生态环境带来了严重的影响。这就要求我们坚持预防为主、综合治理，以影响草场质量、人民健康和生产生活的突出问题为重点，抓紧抓好环境保护与治理工作。预防为主，就是要严格规划和审批，全面推行重大决策和建设项目环境影响评价制度，从源头上杜绝严重污染的企业进驻甘南；打算进驻的企业要建立污染治理系统，建议赋予环保部门特殊权利，对没有环保部门审批的企业，工商、矿产部门不给其发证。综合治理就是要重点整治高污染、高耗能、高耗水企业，实现由末端治理向源头治理和全过程治理转变。坚持"污染者负担、治理者受益"的原则，合理确定城市污水、垃圾处理收费标准，鼓励社会资本参与污水、垃圾治理等基础设施的建设和运营。鼓励污染治理产业化，促进集中治污专业化。继续实施对污染排放的总量控制。还要健全环境监测体系，加强环境保护执法和监督。此外，还要充分利用当地人民传统的保护草场、水源的习俗，保护草原、保护环境。北京大学校长许智宏等12位两院院士还提出，对该区域彻底进行科学考察，建立国家级自然保护区，设立专门保护机构，科学管理。

（三）大力发展循环经济与特色经济

循环经济就是要按照"减量化、再利用、资源化"的原则，走低投入、高产出、低消耗、少排放、能循环、可持续的路子。特色经济就是要依靠甘南的特色资源和比较优势，发展甘南的特色产业。

草原是甘南的命脉，坚持草地资源的可持续利用，走草地生态效益、经济效益和社会效益相统一的草地畜牧业是可持续发展的必由之路。以建设优质高产的人工、半人工草地为重点，科技兴草；大力调整畜牧业结构，应用高效畜牧养殖技术，科技兴牧，发展"两高一优"畜牧业，促进草地畜牧业经营向集约化、科学化方向发展，由数量型畜牧业向效益型畜牧业转变，促进畜牧业的产业化发展和推动草地生态环境的改善，建立草地生态系统演替与畜牧业发展之间的动态平衡，实现草地生态系统的良性循环。除此之外，还要大力发展畜产品深加工，甘南的畜牧业经济是其农村经济的主体和国民经济的支柱，是甘南的传统、特色所在，建议吸引资金、技术进行畜产品深加工，这样不仅可以充分利用资源，还能吸收一大批劳动力，把一些牧民从草原上吸引到工厂中，完成自然移民，减少草原上的人口压力。

水是甘南的灵气所在，甘南水资源丰富，水电资源有着广阔的开发前景，加快水电资源开发是一项可持续发展的能源政策。甘南水电资源具有明显的特点：一是甘南水电资源相对集中，各流域坡度陡，落差大，径流丰富；二是综合利用性，具有调节库容的水电站一般都兼有防洪、灌溉、供水、水产养殖、旅游等综合效益；三是全州水能资源分布广泛，大中小型齐备，有利于不同层次、不同规模的开发，以适应国民经济不同发展阶段的需要。流域、企业和地方三个建设、管理单位的密切结合，协调协作已成为水资源开发管理问题的关键。要做到以水促电，以电养水，以水促环境，以环境涵养水源，形成开发利用上的良性循环。

藏医药和山野珍品资源是甘南的另一特色。甘南境内有1000多种藏药材和中草药，蕴藏量5243万公斤。藏药以"雪线"上下纯天然野生药材为主要原料炮制而成，现能批量生产300多种优质、高效、安全的常用药和70多种名贵药，有13种藏药获得国药准字号。甘南林区草地盛产营养价值较高的羊肚菌、蕨菜、沙棘、蕨麻、冬虫夏草等百余种山野珍品，许多产品是绿色食品中的珍品，很受国内外市场青睐，开发前景十分广阔。现在为了保护环境，玛曲已经全面禁止挖中草药，建议今后可加大人工种植、培养力度，加大科技含量，开发甘南宝贵的动植物资源。

加大重要矿产资源的勘查开发力度。加大政府投入和政策引导，鼓励社会资本参与，重点做好矿产资源潜力调查评价，做好国家、省内急缺矿种及甘肃省优势产业所需资源的勘查、勘探与开发。加强资源管理，完善资源开发利用补偿机制，促进重要资源向优势企业集中，增加资源储备，提高接续能力。对重要矿种和矿产地实行科学开发与合理利用，延长资源利用年限。促进企业技术改造，提高贫矿和共生资源的利用水平，充分利用尾矿资源，提高资源综合利用率。同时要拓宽资源利用渠道，充分利用周边省区以及国外资源和市场，推进矿产资源开发的国际国内合作，扩大资源供应来源，实现资源互补互利。抓住公路、铁路建设的新机遇，加强与资源丰富的周边地区和国家的联系，鼓励重点企业到省外国外进行资源勘探与开发合作，逐步形成多元化进口渠道和较为稳定的原材料供应基地。

旅游资源是甘南的另一个特色所在。甘南旅游资源以藏族民俗风情、藏传佛教文化建筑和草原风光为主，以夏河、合作、碌曲和玛曲最为集中。甘南是兰州——四川九寨沟旅游线的必由之路，近年开辟的兰州—临夏—拉卜楞寺—则岔石林—尕海湖—郎木寺—黄龙寺—九寨沟—牟尼沟旅游线，被公认为是最为安全经济的黄金线路。今后甘南应加快交通建设，进一步整合旅游资源，形成旅游品牌，加快旅游事业的发展。

（四）探索建立地区间生态利益补偿机制

此次调研表明，地方上都很重视生态补偿问题，都希望尽快落实相关政策，建立地区间生态利益补偿机制。但当前生态补偿机制不管在理论上还是在实践上都存在着一定的缺陷。在理论上，还没有彻底解决谁补偿、怎么补偿的问题。建议完善现行保护环境的税收政策，增收生态补偿税，开征新的环境税，调整和完善现行资源税；建立以政府投入为主、全社会支持生态环境建设的投资融资体制，积极利用国债资金、开发性贷款以及国际组织和外国政府的贷款或赠款，努力形成多元化的资金格局；积极探索市场化生态补偿模式，引导社会各方参与环境保护和生态建设，使资源资本化、生态资本化，使环境要素的价格真正反映它们的稀缺程度，可达到节约资源和减少污染的双重效应，积极探索资源使（取）用权、排污权交易等市场化的补偿模式；确定生态补偿重点突破领域，以点带面，推动生态补偿发展。

在实践上，还存在着贯彻"生态目标不到位"和"给农牧民的补偿不到位"的问题。前者表现在农牧民出钱出力确保生态效益的动力不足，后者表现为经济补偿没有及时全部兑现给农民，或者不考虑当地实际，发放一些不适宜的树种种植，加上后续产业开发未跟上，一些地区出现了贫困面增大的趋势，不仅使退耕还林还草难于持续或出现反复，还可能在一些地方加剧社会矛盾。在今后的补偿机制中，要注意补偿的连续性、适宜性，保证以农牧民的利益为中心，进行生态补偿。

（五）其他方面

除了以上四个方面外，为了协调环境保护与经济发展，我们还应制定合理的规划，以协调各部门、各地区之间的利益；还应改革个别地区领导干部的考核制度，对于生态区位及其重要的地区，要加入环境保护指标，不能单一地用经济指标来衡量，这样能够正确引导干部的工作方向；大力支持非公有制经济加快发展，在甘南地区，民营经济发展还很落后，导致甘南经济发展不活跃，应充分利用甘南的区位优势，鼓励非公有制经济的发展；还要大力发展教育，吸引人才，提高当地居民的文化素质水平，人是社会的根本，经济发展是人的发展的一种表现，没有人的素质的提高，就没有环境与经济的可持续发展。

关于沙漠地区生态建设和经济发展的调研报告

刘 睿[①]

2006年暑假期间，我有幸参加了中央民族大学经济学院所进行的"985项目"，也就是完成"百万问卷"项目，最终的目的是要完成对全国各地区的调查并做成一百万份调查问卷，其中涉及到全国各少数民族地区、农村地区、生态环境的特殊地区。以这些实地调查得出的数据和资料作为基础，进行下一步的计划。而我所在的组是由大连民族学院的老师带领，到内蒙古作实地调研，我们所研究的是内蒙古地区的生态环境以及经济发展的情况。

我们一行人于7月23日出发前往内蒙古，8月4号结束调研回到学校，这期间我们从呼和浩特开始，途经包头市、达特拉旗、鄂尔多斯市、武川县、四子王旗、苏尼特右旗、二连浩特市、苏尼特左旗、锡林浩特市、克什克腾旗，最后由赤峰市返回学校。在途中我们看到了内蒙古地区的干草（典型）草原、草甸草原、沙漠、农牧交错地区的生态环境，初步了解了内蒙古当地的生态环境建设情况和经济发展情况。作为一个西部地区来的人，我能深刻感受到内蒙古地区与其他西部地区的环境差异以及相似和相同之处。

首先，让我们了解一下内蒙古概况：内蒙古自治区简称内蒙古，成立于1947年5月1日，是我国建立最早的一个民族自治区，自治区首府呼和浩特。她疆域辽阔，地跨"三北"（东北、华北、西北）地区。东起东经126°04′，西至东经97°12′，东西直线距离2400多公里；南起北纬37°24′，北至北纬53°23′，南北跨距1700多公里。内蒙古东部与黑龙江、吉林、辽宁三省毗邻，南部、西南部与河北、山西、陕西、宁夏四省区接壤，西与甘肃相连，北与蒙古国为邻，东北与俄罗斯交界，国境线长达4221公里。土地总面积110多万平方公里，占全国总面积的12.3%，仅次于新疆维吾尔自治区、西藏自治区，是中国第三大省区。内蒙古自治区处于著名的蒙古高原东南部，大多数地方海拔在1000米以上，地形地貌多种多样。内蒙古高原是我国四大高原中的第二大高原，从东北向西南绵延3000多公里，可划分为

[①] 刘睿：女，大连民族学院经济与管理学院教师。

呼伦贝尔高原、锡林郭勒高原、乌兰察布高原和巴彦淖尔、阿拉善及鄂尔多斯高原四部分，占据内蒙古疆域的2/3，构成了内蒙古地形的主体。高原上东部分布着辽阔的草原，西部分布着巴丹吉林、腾格里、乌兰布和、库布其、毛乌素等15万平方公里的沙漠。高原边缘的山峦，主要有大兴安岭、阴山、贺兰山等。在大兴安岭的东麓、阴山脚下和黄河岸边，有嫩江西岸平原、西辽河平原、土默川平原、河套平原及黄河南岸平原。这里地势平坦、土地肥沃、光照充足、水源丰富，是自治区的粮食和经济作物主要产区。在山地向高原、平原的交接地带，分布有丘陵、低地、谷地、盆地，水土流失较严重。全区高原面积占全区总面积的53.4%，山地占20.9%，丘陵占16.4%，河、湖、水库等水面面积占0.8%。全区共有大小河流1000余条，其中流域面积在1000平方公里以上的就有70多条；流域面积大于300平方公里的有258条。内蒙古的河流分为外流河和内流河。主要的外流河有黄河、永定河、滦河、额尔古纳河、嫩江和西辽河六大水系，流域面积53.4万平方公里，占全区总流域面积的46.2%。内流河流域面积17.4万平方公里，占全区总流域面积的15%。内蒙古的大小湖泊总数千余个，总面积约7000平方公里以上。除个别属构造湖外，多数为风蚀洼地形成的浅小湖泊，面积一般均不足1平方公里，稍大的也不过4~5平方公里，水面积超过100平方公里的甚少。主要有：呼伦湖（又名呼伦池、达赉湖）、贝尔湖（中蒙界湖）、达里湖（达里诺尔湖）、乌梁素海和居延海等。其中呼伦湖是内蒙古最大的湖泊，也是我国五大淡水湖之一。在腾格里、乌兰布和、巴丹吉林和毛乌素等沙漠中还有许多沙漠湖泊。内蒙古地下水有明显的干旱、半干旱地区的水文地质特征。

从以上资料我们可以知道，内蒙古地区由东到西，环境逐渐呈恶化趋势，东部有大部分的原始森林，而到了西部则有国家级的大沙漠，从草原的类型来看，东部多为"豪华"的草甸草原，到西部逐渐变为干草草原直至荒漠草原。所依赖的动物也是东部草原上以绵羊为主，到西部逐渐过渡为山羊、骆驼等耐旱动物。这与内蒙古的气候环境是分不开的。我们调研去的前几天中，正值内蒙古雨季，接连下了好几天雨，之后的大部分天气都是艳阳高照。根据当地的数据显示，内蒙古的年降雨量由东到西依次减少。以我们所到的二连浩特市为例，二连浩特所属的锡林郭勒盟年降雨量大部分地区200~350毫米，大兴安岭余脉西坡及阴山余脉北坡局部400毫米以上，西部地区局部不足150毫米，全年雨量大部分集中于6~8月间。全年蒸发量

1700~2600毫米之间。如此干旱的气候，如果不进行合理的生态规划，土地沙化将是不可避免的！

近40多年来，土地沙漠化在我国十分严重，且有进一步扩大的趋势。据权威部门统计，从20世纪50—70年代，我国沙漠化土地以年平均1560km^{2}的速度扩大，进入80年代，每年扩大2100km^2，90年代后土地沙漠化以1.32%的速度扩大，平均每年沦为沙漠的土地达2370km^2。而我国现已形成的沙漠化土地，主要成因是长期以来形成的不合理的耕作方式和过度的砍伐、垦殖、放牧以及破坏，导致了大面积的森林、草原、植被退化消失，再加上当地脆弱的生态环境干旱、多风、土壤疏松等，都加速了沙漠化的形成。历史上曾经是水美草鲜、羊肥马壮、自然环境良好的地方，如今已沦为沙地，部分地方人类甚至无法生存。内蒙古近30年来，伴随着经济建设的发展，大面积砍伐森林，无科学依据地大面积垦殖、拓荒，兼之放牧过度，使得沙漠和沙漠化土地每年以3000km^{2}的速度扩大了近10.66×10^{4}km^2。内蒙古的沙漠、沙地、戈壁的面积约30万平方公里，约占全区总面积的25%。这里的沙漠由形态多样的流动沙丘或沙山组成，茫茫无际，自然条件严酷，不易改造，是典型的荒漠地貌。主要的大沙漠有巴丹吉林沙漠、腾格里沙漠、乌兰布和沙漠、巴音温都尔沙漠、库布其沙漠等，都分布在内蒙古的西部，其中最大的是巴丹吉林沙漠，它是我国第三大沙漠，世界第四大沙漠。内蒙古有世界最高的沙山，高度超过500米。此外，还有毛乌素沙地、浑善达克沙地、科尔沁沙地、乌珠穆沁沙地、呼尔贝尔沙地，主要分布在内蒙古中、东部地区。

对于此次的调研，我认真思考了以下两个问题：

一、沙漠化控制与治理的目标就是要维持健康生态系统，达到资源与环境的可持续利用，实现社会效益，经济效益，环境效益的共同发展

此次我们同样到达了沙漠治理的典范——恩格贝，在那里，沙漠不可治理的理论失效，同样我们可以将治理其的方法用在治理当地的沙漠化土地上。首先，我们可以先了解一下恩格贝的治理过程：

从包头市区出发，经过黄河古渡口和昭君墓，沿着公路往南驱车约70公里，我们便来到了沙漠中的"海市蜃楼"——恩格贝。恩格贝是蒙古语，就是"平安、吉祥"的意思，是一个集沙漠景观、人文历史和现代沙产业为一体的地方。恩格贝地处内蒙古自治区伊克昭盟达拉特旗乌兰乡，西部和南部均为库布齐沙漠，东以黑赖川为界，北临黄河，总面积约为30万亩。过去，恩格贝也是一块水草丰美、风景秀丽的好地方，曾经是整个地区的经济、文化中心。恩格贝召是鄂尔多斯的一个著名喇嘛寺，一度喇嘛众多，终年香火不断，后毁于日寇侵华的战火。由于气候的变化和过度的开垦，恩格贝的生态环境遭到了严重的破坏，库布齐沙漠逐渐吞噬了恩格贝。建国后，蒙汉人民努力治沙，恢复植被，虽经多年努力，但收效甚微。库布齐沙漠地下水位低，沙丘经常移动，树木难以成活，每年盛夏雨季，暴雨将库布齐沙漠的3亿吨黄沙冲进黄河，在黄河下游肆虐，治理沙丘沙漠堪称为世界难题。1992年全国治沙会议上，有的专家认为库布齐沙漠是不可治愈的"地球癌症"，但参加会议的库布齐沙漠所在地伊克昭盟负责人不同意这种观点，他认为沙丘沙漠是可以治理的，因为这里已经有过尝试，并且也出现了奇迹。早在1985年6月，鄂尔多斯集团公司的龙头企业——鄂尔多斯羊绒衫厂就与旗政府协商买下这块地方，作为该厂提高白绒山羊质量，发展原料基地的种公羊繁殖场。鄂尔多斯羊绒集团公司虽为企业，却着眼于全社会，首先将目标投向沙漠治理，实为难能可贵。集团公司在副总裁王明海的带领下，大胆地将洪水引入库布齐沙漠，在沙漠腹地构筑巨大沙坝，形成洪水库，以"水力、人力、风力"三力治沙，几年间淤出良田5000余亩。这种"三力"治沙法被专家认为是投资少、见效快，集防洪、治沙、造田、挡风为一体的开发治理沙漠的有效途径。在治沙的同时运用科学技术成果，修筑水库、塘坝，开垦荒沙漠地种植优良牧草，使这里的植被得到一定程度的恢复，种山羊场发展迅速。1990年世界著名治沙专家远山正瑛先生及日本沙漠绿化实践协会（远山为会长）积极组织日本沙漠绿化协力队参与了库布齐沙漠的绿化工作，中日人民的友好协作加快了沙漠治理开发的步伐。经过恩格贝人的辛勤努力，恩格贝的生态环境得到了极大的改善，现在恩格贝拥有改造草场21万亩，人工种植优良牧草场6万亩，各种树木100余万株，果园200亩，苗圃100亩，修建水库2座，库容800万立方米，滞洪淤地1万亩，并且种植药材、粮食、蔬菜、花卉等，每年可解决恩格贝人的部分口粮，示范区还架设了高压输电线路，安装了无线电通信设备，架设德国制造的风力发电机2台。

对于沙漠化土地治理，我们可以：1. 以防为主，防治并重的原则；2.

以流域和区域整体协调发展为中心的原则；3. 技术集成与综合应用的原则；4. 三个效益统一的原则，即生态、社会和经济三大效益的统一；5. 循序渐进、因地制宜和有所为有所不为的原则；6. 全社会同防同治的原则。

二、其次，沙漠带来的不光是负面的效应，如果我们能合理地利用，那也能使沙漠发挥出它另一方面的效应

在去恩格贝的当天，我们花了两个小时的时间在响沙湾。响沙湾位于内蒙古鄂尔多斯市达拉旗境内，地处库布其沙漠的东北部。我们从包头市出发，跨越黄河公路大桥，往南行驶30余公里，穿过树林召乡窑窑村，沿着罕台川向西南行走约5公里，便来到展旦召苏木。这里有一座沙坡弯如新月，丘高约90米，宽约60米，面积约一亩余的"大骆驼沙"，这就是银肯响沙。"银肯"是蒙古语，翻译成汉语是"永远"的意思，当地一般都称其"响沙湾"。响沙湾呈东南向月牙状陡坡，下为罕台川河床，系熔岩沙坡，没有植被。远道的朋友，来到响沙湾，主要观赏的内容应该是沙海、响沙，然后参加以沙漠为基本条件的各项旅游活动。

在老师与响沙湾经理谈话时，我们得知响沙湾的日接待游客量已经很多，除去门票的收入，响沙湾里面的各种游乐项目可以让游客过足瘾，而过瘾的同时也让游客掏空了腰包，游客完全可以在响沙湾玩一整天，这一整天的时间里所带来的经济效益是非常可观的。我们当时是下午5点左右到的，而里面的游客还非常多，直到我们返程时，依然有零星的游客进入，相比大城市里的游乐园，响沙湾是另一种形式的游乐场所，所构建的平台是"沙漠"这个特殊的地理环境，这也是内蒙古当地的特点。因此，在治理沙漠的同时，我们也要看到其中蕴藏的巨大经济效益，并充分合理地加以利用，这样才能有所发展，并带动当地的经济发展。

这次的实地调研，使我从一方面看到了内蒙古的风土人情，也看到了当地经济的飞速发展。然而问题也存在，内蒙古的环境问题不是一两天能解决的，经济能否持续发展也是内蒙古面临的一个问题。

云南民族旅游经济发展研究

董 宁[①]

"西部大开发，旅游应先行"——西部各省已把旅游业作为本省的主要产业或支柱产业加以开发，形成了不同层次的在国际、国内具有一定影响力的旅游产品。云南具有得天独厚的自然旅游资源和丰富多彩的、以民族历史文化为特色的人文旅游资源，旅游市场蕴藏着巨人的潜力和十分广阔的前景。这一人才、资金、技术密集型的现代旅游业，是云南省有条件率先与国际先进生产力水平相接轨的行业，完全具备了将现代旅游发展成为云南支柱产业的基础。云南民族旅游在其中具有相当重要的地位。可以毫不夸张地说，云南旅游实质上就是除自身所拥有的自然生态优势而外，少数民族多元文化独特资源对国内外游客产生极大诱惑力的旅游。

一、旅游的含义

国际著名的旅游人类学研究专家柯恩一直关注和研究东南亚的民族旅游，他在《东南亚的民族旅游》一文中，阐释了东南亚少数民族群体在旅游活动中游客及旅游民族之间的互动关系及民族认同的变形对旅游的回应，并将"民族旅游"定义为："针对在政治上、社会上不完全属于该国主体民族的人群，由于他们的生态环境或文化特征或独特性的旅游价值，而进行的一系列观光旅游。"[②] 另一美国旅游人类学家布鲁诺诠释的民族旅游指："国外或国内的旅游者通过旅游可以观察其他群体，而这些群体不仅被认为有明显的自我认同、文化和生活方式，而且他们通常被贴上诸如种族、国家、少数民族、原始、部落、民俗或农民的标签。"[③] 可见，两位学者都将被观光

[①] 董宁，女，中央民族大学经济学院2005级政治经济学专业硕士研究生。
[②] 〔美〕Eric Cohen:《东南亚的民族旅游》，(Ethnic Tourism in SoutheastAsia)，杨 慧、陈志明、张展鸿主编：《旅游、人类学与中国社会》，云南大学出版社，2001年，第19页。
[③] 〔美〕Edward M. Bruner:《民族旅游：同一族群，三种场景》(Ethnic Tourism: One Group, Three Contexts)，杨 慧、陈志明、张展鸿主编：《旅游、人类学与中国社会》，云南大学出版社，2001年，第44页。

对象的文化特征、独特性和少数民族视为民族旅游的要义。

二、云南发展民族旅游的优势

云南有着特殊的地理环境、独特的气候类型及特有的社会发展历史、壮美的山河、绮丽的风光、风格各异的民族风情、源远流长的历史文化、引人入胜的名胜古迹，形成了十分丰富而具鲜明特色的旅游资源。云南少数民族"小聚居、大分散"的民族分布特点，也造成了其与外界交往的藩篱，以至于许多少数民族间的交流较少甚至隔绝，形成了少数民族文化多样性的格局。同时，也为少数民族的原生文化的传承和长期延续提供了一种屏蔽条件。随着旅游开发进程的不断加速，游客对异文化的渴望和追求，少数民族文化的价值在旅游人潮中得到重新诠释。

云南经济落后地区虽然都是弱势文化聚集区，但由于千百年积淀和延续的文化资源，对人类文化的发展有着特殊而重要的历史意义和现实意义，是发展旅游业的重要条件。云南有25个少数民族，为全国多民族省区之最，各民族在长期的历史发展中，形成了自己独特的生活方式、社会结构、民风民俗、语言文字。绚丽多彩的历史文化、多姿多彩的节庆活动，构成了云南极为丰富、最具魅力的民族风情旅游资源。而这些经济落后地区，要在其基础上去发展高新科技产业，显然是缘木求鱼。发展民族旅游却有着强势文化无法比拟的优势。云南的这些少数民族弱势文化聚居区蕴藏着丰富的人文、自然旅游资源。一般说来，民族旅游的源起，取决于旅游开发地区的民族文化与其他文化的巨大差异性，民族文化中蕴藏的古朴和神秘等奇异特征是旅游发展的重要推动力。"一个国家的民俗，如果其民族品格越鲜明，原始气味越浓，历史氛围越重，地方差异越大，生活气息越足，那么，正是一种最能吸引异国异域游客的特色旅游资源。"[①] 从本质上说"人们旅游的目的是为了了解和体验与自己周围环境和文化氛围不同的东西，差距越大，体验就越深，对游客的刺激也就越大。"[②] 这就是近几年来，云南民族旅游火暴、高潮迭起的深层原因。

[①] 田 里：《论民俗旅游资源及其开发》，杨 慧、陈志明、张展鸿主编：《旅游、人类学与中国社会》，云南大学出版社，2001年，第286页。

[②] 彭兆荣：《"参与观察"旅游与地方知识系统》，杨 慧、陈志明、张展鸿主编：《旅游、人类学与中国社会》，云南大学出版社，2001年，第144页。

另外，云南的雪域高原、热带雨林、高山草甸、江河湖泊、物种基因库、地质博物馆、社会活化石和千姿百态的民族风情大部分都分布在少数民族地区，构成云南少数民族旅游发展的优势。因此，从弱势文化区域的自然和人文条件分析抉择，发展民族旅游业是最合理、最明智的选择，是最有利于云南少数民族文化延续、人与自然和谐发展的产业，也是前景最好而又最具有可持续性发展的产业。

三、云南民族旅游发展的现状及制约因素

改革开放以来，云南旅游业走上了迅速发展之路。云南旅游业完成了从始创到初具规模的转变，综合效益不断提高。但由于云南省域经济整体发展水平不平衡和传统观念的限制，对旅游业发展的制约因素还比较突出，还没有充分发挥出作为云南优势产业所应产生的功能，主要表现在：

（一）旅游资源开发缺乏广度和深度，品牌优势不明显

旅游资源的开发，是指对各种自然旅游资源、人文资源及旅游文化娱乐设施的开发及利用，使现有的资源形成旅游产品，吸引广大旅游者进行消费的旅游活动。近年来，云南在旅游业方面投入了大量的资金和人力进行开发，但缺乏广度和深度。每个景区、景点的民族风情特色及内涵丰富的少数民族文化，并没有充分挖掘展现在旅游者面前。由于旅游产品单一，给旅游者的只是一种单调的自然风景和乏味的所谓"人文景观"的拼凑。目前，云南省旅游产品主要是以自然风光、民族风情为主的观光性产品，景区单体容量较小，难以在日益激烈的竞争中立于不败之地。因而必须加快实施旅游产品名牌化发展战略。

（二）对餐饮文化业重视不够、开发力度不足

民族旅游餐饮文化产业是一种整合概念，它不是简单的罗列，而是指以餐饮为核心、以文化为表现、以民族为特征、以促进旅游为目的的一系列商业经济活动和由此形成的相关产业。它包括了旅游经济活动中一切与饮食有关的民族文化现象。然而民族餐饮文化一直未能得到云南省有关部门应有的重视，至今未纳入日程加以扶持，致使饮食业只靠自身发展，步履维艰。

（三）民族旅游资源优势与经济优势之间存在矛盾

好的旅游资源只是开发旅游精品的基础，资源优势是经济优势的前提。将民族旅游资源优势转变为经济优势的确存在一些不利因素。例如，可开发条件与旅游资源品位呈反比，基础设施和接待条件稍好一些的城镇，自然资源、民族文化资源则破坏较重；而资源保存较完好的地方，基础设施又非常落后。

（四）交通、通讯及旅游服务没有形成网络

云南旅游产业在近年发展很快，基本形成了包括食、住、行、游等在内的初具规模的产业。但以现代旅游业来要求，仍有许多不足。一方面，民航、铁路等交通工具运力有限，可供旅游团队租用的空调旅游车辆有限，热点地区宾馆、饭店有限，这些基础设施不能完全保证旅游团队的需要。尤其在旅游旺季，即使旅行社按程序预定了机票、车票、房间，实际上也难满足游客需要，使得旅游不能按计划运作，影响了云南旅游的形象和声誉。另一方面，在春节、泼水节、三月街等地方民族传统文化节日期间，大批游客云集几个旅游热点地区，致使这些地区超负荷运转，接待质量下降。

（五）旅游人才缺乏，导游人员整体素质仍待提高

国际旅游组织提出：高质量的员工，高质量的旅游。这一提法说明旅游"软件"是关系到旅游业上档次、上水平的重要环节。而云南旅游的实际情况是，旅游人才的供需矛盾严重，旅游人才培养不规范，教学质量不尽如人意。因此人力开发、培养、造就高素质的市场型旅游人才，是加快旅游业走向市场化的重要因素。

四、发展云南民族旅游经济的几点建议

旅游业的兴起和发展，是社会经济发展的必然结果，是生活质量提高和消费观念改变的表现。云南发展民族文化旅游的核心是突出民族特色，把自然景观、人文景观和民族文化融合在一起，创建旅游品牌，形成自身独特的优势。

（一）把握资源特色，实施品牌战略

在旅游产业结构调整中，一定要注意突出资源特色，强化精品意识。应充分研究旅游者消费需求的心理预期，要在保留民族文化传统、特色的基础上不断创新，注入更多体现民族文化内涵的东西，才能创造出市场所需要的旅游产品和旅游商品。旅游产品的开发也要实施品牌战略，例如"香格里拉"就是在云南已成功开发的一个旅游品牌。中国香格里拉生态旅游区是泛指藏东南、川西南、滇西北三省区高原地区以藏族为主体的多民族文化形态和以三江流域为地域概念、以保护自然生态实现可持续发展为前景目标的三省区联合开发建设共同受益的旅游大景区。2002年5月首届川、藏、滇"中国香格里拉生态旅游区"座谈会以后，四川、云南、西藏三省区达成了加强区域经济联合、共同开发建设"中国香格里拉生态旅游区"的共识。香格里拉目前已经成为旅游热线，成为世人共知、梦寐以求的世外桃源。可以说香格里拉已经是一个被全世界所接受的大品牌。

（二）构建民族、旅游、餐饮、文化为一体的新产业

在诸多旅游产品中，民族餐饮文化产品不仅是旅游六大要素的重要组成部分，而且已逐渐发展成一项独立的产业。四川省提出把川菜作为第六大产业进行开发。每年山东青岛举办的青岛啤酒节也吸引了众多的国内外游客。从国外来看，很多国家都十分注重对民族餐饮文化产业的研究、开发和促销，使民族餐饮文化产业成为当地的一大经济支柱产业。国外称为DEVELOPING CULINARY DESTINATION（餐饮胜地开发），而且已经把富有特色的餐饮地开发提高到了与度假区、旅游区开发同样的高度，并提出通过餐饮旅游促进餐饮胜地开发的思路。把民族餐饮文化作为景观旅游的点缀，变为景观旅游的龙头，是旅游业向深层次发展的一个突破口。云南民族旅游餐饮文化产业需要政府各部门和社会各界支持，尤其是在税收、管理、工商金融、交通、城市规划等方面得到支持，对此需要有统一的政策。任何一个产业的形成，都要按市场经济规律办事，不能政府包办代替，强行组合，而应采取"政府宣传，政策引导，多方配合，企业主角"的操作模式进行。

（三）突出旅游的民族特色

云南旅游实施优势发展战略的基点就是发展特色旅游，包括自然特色、

人文景观特色、民族旅游特色。经过 20 多年的努力,云南民族文化旅游已经颇具知名度。例如云南民族村举办的有较强参与性的"民族大联欢"、石林的"火把狂欢夜"、腾冲的"火山热海旅游节"、丽江的"东巴文化旅游节"、罗平县的"菜花节和三月三布依族对歌会"、楚雄的"彝族太阳女选拔赛"、迪庆的"香格里拉艺术节"、曲靖的"珠江源马樱花节"等等。正是云南旅游产业多年努力形成的这些名牌和精品,充分体现出云南旅游资源的优势。丰富悠久的历史、积淀深厚的文化遗产、多姿多彩的民族风情和民族文化,是云南实施可持续发展战略和建设民族文化大省的基础。

(四) 实施集约型的综合开发战略

目前,云南旅游企业普遍规模较小,旅游业分散经营,地方割据突出,行业平均成本高,使旅游经营难度增加,且缺乏龙头企业,结构松散,整体效益不高。为此,旅游业的发展应走集约化经营的道路,组建跨行业、跨地区、跨所有制的大型旅游企业集团,发展以相互参股、资本运营、设置分支机构等形式,以资本的品牌为纽带的联网经营和市场营销的网络化,推行多景区联网旅游,从而降低行业平均成本,提高利润水平。要以各个旅游品牌为核心,把区域内的旅游资源组合起来,组建大型旅游开发集团,用集约化的模式开发经营。

(五) 建立民族旅游文化培训基地,开展民族文化国际合作与交流

民族旅游文化产业的形成,要有教育培训作支撑,因此,建立教育培训基地,培养适合现代市场经济,又熟知云南民族文化的人才是产业形成的关键。云南旅游业近年来在硬件实施方面取得了很大成绩,这为旅游业的发展奠定了基础,因而再加上一支富有创新精神的基层和管理层的人才队伍,将成为云南民族旅游业健康发展的保证。而成立民族旅游文化国际交流中心可为云南民族旅游文化走向世界建立一条交流、言传的通道。

参考文献

1、李毅、李耀平. 发展云南民族旅游经济和名牌战略的思考. 思想战线,2000,(4)

2、陶犁. 论云南文化旅游资源开发. 思想战线,2000,(6)

3. 丁健、彭华. 民族旅游开发的影响因素分析. 经济地理, 2002, (1)
4、仇学琴、姜若愚. 云南民族旅游餐饮文化产业发展研究. 经济问题探索, 2003, (4)
5、杨慧. 民族旅游与族群认同、传统文化复兴及重建. 思想战线, 2003, (1)

浅谈对临夏经济的认识

周 蓉[①]

回族是一个善于经商的民族，回族聚居的甘肃临夏回族自治州自清代以来就是西北的一个商品集散地。临夏，古称"河州"，素有"小麦加"之称，是中国伊斯兰各教派的发源地之一。全州辖7县1市，面积8169平方公里，总人口192万人，占甘肃省总人口的7.38%。其中，回族、东乡族、保安族、撒拉族等少数民族占全州总人口的56.67%，是一个典型的少数民族聚居地区。

1978年改革开放给临夏商品经济发展带来了生机和活力，当地各民族群众充分利用善于经商的民族传统，曾使临夏州经济社会发展取得过令人瞩目的成就，被西北人誉为"购物天堂"、"小香港"。1986年，费孝通先生亲临临夏考察，对临夏民营经济的发展大为赞誉，称之为"东有温州，西有河州"。

然而，这一发展势头并没有持续下去，没有像温州那样形成带动沿海一些地区发展的模式，未能成为民族地区摆脱贫困、加快经济发展的有效途径。

一、存在的问题

（一）思想观念落后

临夏经济发展缓慢的原因多种多样，既有客观原因，也有主观上和其他方面的原因，但最根本的原因就是思想还不够解放。认真反思，临夏与发达地区的差距不仅表现在经济发展的数量上，更主要的是在解放思想的广度和深度上。温州人在经商致富以后，会持续地把利润投入生产经营领域，不断把生意做大，甚至有些人已跨出国门，把业务拓展到欧美发达国家，同当地的企业展开竞争。在这一过程中，其观念不断更新，视野大为开阔。临夏商

[①] 周蓉：女，中央民族大学经济学院2004级区域经济学专业硕士研究生。

人的选择则恰恰相反，多数人满足于"小打小闹"，不愿意对经营活动继续投入，即使有些人走出国门，也是去经济落后于中国的发展中国家经商。这种选择，使临夏商人缺乏现代竞争意识，观念比较守旧，在我国市场经济取向日益明了的今天，其商品集散中心地位丧失的结果也就顺理成章了。

（二）工业发展缓慢

当然，工业发展缓慢与当地除水资源外的其他资源匮乏也是分不开的。上世纪90年代以来，临夏工业得到了长足的发展，但与全省的差距也在不断扩大：一是工业总量在全省所占的比重不断下降，工业总产值由1990年的3.17%，下降到2005年的1.89%；二是工业发展的速度低于全省平均水平，1990年到2005年临夏工业年均增长10.82%，全省工业年均增长14.7%，高出临夏3.9个百分点；三是工业经济效益不理想，2005年临夏工业企业综合经济效益处于全省第9位，全员劳动生产率65386元/人，比全省平均水平低29095元，居全省第8位，资产负债率68.75%，高出全省10.05个百分点，都处于后位，可见临夏的落后主要是工业落后，存在经济差距的关键也在于此。

（三）民营经济弱小

临夏是西北地区的商品集散地，当地有很多的私营个体企业，但大多数均为家庭小作坊，能力弱小，导致经济发展缺乏活力。2005年临夏个体私营企业2.2万户，从业人员13.4万人，由于个体私营经济总量小，产品结构单一，科技含量低，生产工艺落后，缺乏品牌产品，集约化、集团化水平低，市场竞争能力弱，对经济发展的拉动不大，在临夏的经济增量中民营经济仅占68%，民营经济弱小是发展缓慢的主要原因。

（四）农业经济薄弱

临夏农业优势明显，制种业、马铃薯、中药材、花椒、蚕豆、油菜籽、畜牧业等特色产业初具规模，但龙头企业始终没有发展起来，缺乏像内蒙古的蒙牛、鄂尔多斯、草原兴发等全国知名企业，也没有像定西市那样把马铃薯、花卉等支柱产业做大做强，仍然存在着生产规模小、产业链条短、缺乏深加工、产品附加值低的问题，使农民收入与工业化、城镇化发展进程相脱节，加大了全面建设小康社会的难度。

(五) 教育落后，人才短缺，发展缺乏竞争力

在成为西北最大商品集散中心以后，临夏没有抓住群众生活水平提高，政府财力增强的大好机会，大力兴办教育事业，提高劳动者的文化教育水平，导致在社会生产力整体水平提高以后，流通领域科技含量增加时，本地从业人员难以适应现代商品流通的需要，被迫从现代商品流通中撤出。此时，临夏丧失其商品集散中心地位的事实就不难理解。全州刚刚实现普及初等教育，尚未整体实现"两基"，人均受教育年限只有3.68年，劳动者素质普遍较低。全州机关、事业单位大专以上学历的从业人员9929人，占从业人员的19.24%；企业、事业单位专业技术人员23331人，其中初级专业技术人员14713人，中级专业技术人员5014人，高级以上专业技术人员418人，高级以上专业技术人员只占专业人员的1.79%。专业队伍层次明显偏低，科技研发单位少、成果少，科技对经济的支撑能力弱。临夏需要大量的高尖人才、企业家和商务人才，但是人才外流现象严重，形成了外地人才招不进来、本地人才留不住的局面。因此，缺乏人才是临夏提高竞争力的忧患所在。

二、潜在的发展机遇

(一) 西部大开发政策的实施

一是国家提出建设社会主义新农村，继续推进西部大开发战略，实行城市支持农村和逐步实现公共财政均等化的方针政策，将为临夏加强农村基础设施建设、小城镇建设，加快社会工业发展和农民增收带来新的发展机遇。二是国家和省上把加快少数民族地区的发展放在更加突出的位置，继续执行民族地区发展的优惠政策和扶持政策，使临夏的区域优势更加显现。三是国家继续实施宏观调控政策，东部部分产业将向中西部地区转移，为临夏充分发挥地域性资源优势，承接产业转移提供了发展空间。

(二) 水利资源优势

一方面临夏有黄河、洮河、大夏河、广通河、牛津河等穿境而过，尚有62万千瓦水能可供开发利用。另一方面，刘家峡、盐锅峡等水库面积较大，

尚有23.1万亩水面可供养殖利用和水上休闲娱乐开发。

（三）旅游资源优势

临夏位居黄土高原与青藏高原的结合部，又是回、汉、东乡、保安、撒拉、土、藏等多民族文化的交汇点。其独特的地理环境和地域文化，孕育了黄河三峡、松鸣岩、莲花山等星罗棋布的自然景观，以及炳灵寺石窟、马家窑彩陶、古生物化石群等绚丽多姿的文化遗存，加之独特的民俗风情和"河州花儿"，构成了地域民族特色旅游业的一道亮丽风景线。

（四）畜牧业优势

在畜牧业方面，临夏拥有得天独厚的优势：首先是太子山、积石山麓一带有广阔的草场，适宜发展畜牧业；再次东乡的羊产业、北塬的奶牛业、康美公司和川区的畜肥业已初具规模；还有全州2005年末大牲畜存栏33.8万头，羊存栏101.6万只，猪存栏29.2万口。畜牧业产值占农业产值的35%，收入占农民人均收入的25%以上；再加上近邻青海、甘南等地牧区，有西北地区规模较大的畜产品交易市场，广大群众具有长年贩运的传统和经验。所以，畜牧业具有明显的区域、资源、传统、比较、品牌和市场六大优势。

从以上分析可以看出，临夏的经济发展有问题也有机遇，但事实上对于今天的临夏，如何解决问题，发挥优势才是人们应该认真思考和面对的。

三、对策建议

（一）经济发展的最终归宿是提高人的综合素质，而高素质的人又是地区发展的决定因素，因此，在西部开发过程中，各地区都应实现经济发展、劳动者素质提高之间的良性循环。而对于思想观念落后的临夏来说，要提高人的素质首先想到的就是教育。国家应当将支持民族地区的教育作为战略任务。为此，我们考虑：（1）中央财政设立专项资金，振兴民族自治地方基础教育；（2）全面落实"普九"计划。加大对贫困学生实行"两免一补"（减免学杂费和书本费、补助寄宿生活费）政策的实施力度，提高适龄儿童的入学率。居住分散的少数民族地区，应当设立以寄宿为主和助学金为主的公办小学和中学。有计划地组织民族地区中小学教师到沿海地区进修，提高民族地区的师资质量；（3）扩大高等教育预科和高等院校民族班的招生规模，加大民族院校建设的投入；（4）建立沿海发达地区大、中城市与民族自治地方县级对口支援机制。沿海发达地区大、中城市定期选派中小学教师到民族地区工作两到三年，支持民族地区教育发展。

同时，我们还要解放思想、破除四平八稳、封闭保守以及"肥水不流外人田"等传统观念，树立人人都是投资环境，改善投资环境是发展生产力的新观念。让每一个干部群众都成为环境的营造者、维护者，从日常生活的细节入手，自觉践行"社会主义荣辱观"和公民道德建设实施纲要，形成改善环境的强大合力。

（二）在说对策建议之前，我们先看一个实例：一个临夏市知名企业的老板曾对记者说："企业目前遇到了很大的困难，就是缺流动资金。我跟几家银行的关系不错，原来以为我把生产线弄好，开始正常生产，产品又有市场，把银行的人请来看看，他们就会给我贷款。没想到银行的朋友告诉我，现在贷款必须得有房产、土地作为抵押，我的厂房是租的，不能作为抵押，因此我贷不到款。这些天把我急坏了，银行的朋友也很想帮我，但他们说现在管得很严，不敢干……我认为目前这种'一刀切'的贷款政策不利于我们少数民族贫困地区私营经济的发展。就拿我们临夏来说吧，由于长期处于贫困，没有什么存量资产，拿不出多少可以抵押的东西，也就贷不到大笔的款来开发大一点的项目。我认为国家应该制定扶持少数民族贫困地区的特殊金融政策。国家关于'西部大开发'的口号喊得很响亮，但我需要看到实实在在的东西，比如具体的文件，多少数额，如何操作，落实的时间表，等等。"所以说在西部大开发中，对民族地区实施的各种优惠政策，我们应该建立良好的实施互动反应机制，真切地了解他们需要什么，有什么样具体的困难，而不是凡民族地区，具体政策实施办法都千篇一律，应该做到因地制宜，真正发挥政策的作用。

（三）首先对比一下现在的温州和河州：温州民营经济比重达90%以上，河州民营经济也占到GDP的36.5%，民营企业占全州工商登记在册总数的84.35%，占全州社会消费品零售总额的75.5%，从事民营经济的人数占经济领域社会就业人数的70%，经济特点和所有制结构也很相似。我国在改革开放和社会主义现代化建设实践中创造出的三种典型经济模式中，苏南模式以国有集体经济为主导，深圳模式以外向型经济为主导，温州模式以民营经济为主导。通过分析比较，只有温州模式与临夏实际最贴近。要学习温州，就要学温州靠抢抓政策机遇驱动，靠市场机制运作，靠民营经济发展，靠现代化建设做强做大的温州模式。民营经济是临夏经济发展的一大支柱和主要经济增长点，是增加城乡居民收入的重要来源，扩大就业的主要场所，增强地方经济实力的主要力量。今后以"打民族牌、走民营路、谋富民策"为宗旨（"三民"宗旨），把大力发展民营经济放在政府工作的突出位置。这其中的重中之重就是让临夏的民营经济摆脱"家庭小作坊"，出现几个甚至更多的龙头企业，从而带动临夏的经济发展。

（四）当然作为民族地区的临夏不能简单模仿东部地区的发展模式，也不能盲目追求"高、精、尖"。应当以自然资源开发利用为基础，将资源优势转变为经济优势；发挥比较优势，加强与中部、东部地区的经济联系，从而形成相互补充、相互配合的产业结构梯度；有重点地发展高新技术产业，建立区域性的特色经济。

临夏旅游资源丰富，资源开发既是国家资源战略的重要组成部分，也是民族地区经济发展的基础。在现阶段，资源开发是民族地区经济发展的主要增长点，临夏应当按照国家的资源开发规划，优先合理开发利用资源优势。例如，可以从自身的特点和优势出发，挖掘旅游资源潜力，因地制宜作出开发规划，精心策划推出黄河风情、自然景观、民族风情和名胜古迹旅游等多条旅游热线。所辖县市也根据自身特点，加快景区景点建设，着力改善基础设施，努力提高服务质量，使旅游产业与民族文化、宗教文化、民俗文化、艺术文化交相辉映，从而收到打旅游牌、唱开发戏的好效果，使旅游业成长为带动地方民族经济可持续增长的优势产业。

（五）临夏是一个穆斯林集中聚居的地方，境内信仰伊斯兰教的回、东乡、保安、撒拉等族群众逾100万人，被誉为中国的"小麦加"。近20年来，临夏穆斯林群众每年赴麦加朝觐者近200人；目前在沙特、阿联酋等中东阿拉伯国家侨居的临夏人约有180多户、1100人。同时，来自沙特、阿联酋及伊朗、苏丹、埃及、巴基斯坦等国的驻华大使、穆斯林社团和商人，也纷纷踏上临夏的土地，考察访问，交友经商。由于在宗教信仰、风俗习惯和民族感情上的广泛联系及民间友好往来，成为两地间经贸合作的良好契机，也是临夏招商引资的良好契机。经济的发展离不开资金的支持，落后民族地区的经济发展更是如此，既然临夏有这么得天独厚的条件，就更应该好好地加以利用，比如提高自身的投资环境，在外资进入州内重点发展的产业时要大力支持，在土地供给、税收优惠、财政补贴、信贷支持等方面予以倾斜，推动外资投资规模的加速扩张。

解析中蒙经贸格局及其优化路径

咬 亮[①]

一、中蒙经贸关系的阶段性划分

追溯历史，自新中国成立以来，中蒙经贸虽然只走过了短短56年的历程，然而，鉴于两国的政治格局、经济水平以及社会意识形态的差异性，却经历了从友好开始到对峙中断、从稳定恢复到攀升发展四个阶段的演进过程。

（一）友好开始阶段（20世纪50年代初至60年代初）

中蒙两国于1951年开始建立经贸关系，并陆续签订了《关于中蒙贸易支付结算议定书》、《中蒙交货共同条件议定书》等文件，特别是1955年中蒙苏铁路的通车，为发展中蒙经贸创造了良好的环境。在此期间，中国先后向蒙古派遣了约2万名专家和工人从事基建工作，还以无偿和低息贷款的形式为其提供了大笔发展资金，并出口了种类繁多的轻工产品、食品和药品等，而蒙古对中国则主要出口马匹、畜产品、原木和动植物药材等传统商品。据统计，1961年较1951年的双边贸易额增长了近66倍，达4994万美元，占当年蒙古贸易总额的20%以上[②]。

（二）对峙中断阶段（20世纪60年代初至70年代末）

进入60年代，随着国际政局的改变以及中苏关系的恶化，中蒙关系随即沉入低谷近20年之久。1963年的中蒙贸易额比1961年下降了46%[③]。1967年，中国政府为防止蒙古牲畜染病传入国内，停止从蒙古进口活畜，进口货物仅限于原木等，两国贸易额甚至降到历史最低点35万美元。虽然70年代后中蒙贸易额有所回升，但由于中国停止从蒙古进口活马，以及蒙

[①] 咬亮，男，中央民族大学经济学院2005级政治经济学专业硕士研究生。
[②][③] 邱济洲、许冀萍、储建君：《中蒙经贸关系及发展前景》，《世界经济文汇》，1998年第2期。

古停止供应中国绵羊皮、羊绒、驼毛等传统商品等原因,两国贸易额又有所下降,经贸关系一直处于低迷状态。

(三) 稳定恢复阶段 (20世纪80年代初至90年代中期)

这一时期,中蒙关系因为中苏关系的缓和而有所改善。1985年,中蒙外贸部门正式换文提出开放边境,恢复二连浩特与扎门乌德之间的边境贸易,贸易额在1990年时,升至4102万美元,1991年8月,国家主席杨尚昆访问蒙古,访问期间,中蒙双方签署了《关于中国向蒙古提供贷款的协定》和《关于相互鼓励和保护投资协定》等文件,对推动中蒙经贸发展具有历史意义。据统计,1992年中蒙贸易额达到1.8亿美元,占蒙古对外贸易额的14.4%。在1990年至1996年期间,中国向蒙古提供了达1.3亿人民币的无息贷款,在蒙投资的企业达847家,投资额超过2.82亿美元,占投资总额的42.4%[1]。自1999年中蒙贸易额跃升为2.63亿美元时,中国已成为蒙古国最大贸易伙伴。

(四) 攀升发展阶段 (20世纪90年代末以后)

世纪之交,中蒙经贸有了长足的发展,除单项的商品易货贸易外,双方还开展了诸如来料来样加工、补偿贸易、合资经营、承包工程、提供劳务等经贸合作。随着蒙古经济的复苏,2004年中国对蒙古进出口都有较大幅度的增长,贸易额已达到6.9亿美元,投资额占在蒙外国总投资的38%[2],主要集中在矿产资源的研发、农牧品加工、基建和旅游等方面,中国继续保持着蒙古第一大贸易伙伴国、出口目的地国和第二大进口来源国等重要地位,以及目前正在筹建的满洲里中蒙俄自由贸易区,都标志着中蒙经贸已踏入一个新的平台。

二、新世纪中蒙经贸格局

无论是通过动态比较优势理论,还是历年的实务操作,都可以有力地证

---

[1] 常志忠:《中蒙关系的回顾与前瞻》,中国网,2003年6月3日。
[2] 张秀杰:《蒙古经济发展对中蒙经贸合作的影响》,《俄罗斯中亚东欧市场》2005年第11期。

明：中蒙经贸具有典型的互补性。虽然中国在劳动力、资本和技术的投入力度以及市场的规模性和活跃性上较蒙古具有绝对优势，但相对而言，蒙古却拥有得天独厚的资源优势，因此，深入而广泛地开展中蒙经贸合作，毋庸置疑成为中蒙在新世纪必要和必然的战略选择。如今，蒙古的进出口贸易基本依靠中国的铁路和港口，而且蒙古有近60%的商品出口中国，18%的进口商品和40%的外资来自中国[①]，不仅如此，中国政府还每年向蒙古提供一定的经济技术援助。21世纪强调国际多元化、全方位的"双赢"合作格局，中蒙只有在优惠政策带动下，充分发挥地缘人文优势，形成以矿产资源、基础建设、农业和旅游业为主体的经贸格局，才能推动两国政治体制、经济制度和文化领域上的全面"双赢"。

（一）矿产资源

蒙古矿产资源丰富，现已探明90多种矿产资源、3663个矿化点和417处矿床，主要矿物包括煤、金、铜、钼、钨、铁、锡、萤石、铅、锌、铀、稀土、石油、宝石、石膏等，其中铜、磷、萤石、煤、石膏的探明储量居世界前列。2002年，蒙古又发现了新的金刚石矿床和伴生矿，其储量和质量可与南非媲美。据估计，蒙古的矿产资源仅次于中国、俄罗斯和美国。

1、石油资源

蒙古石油主要分布在南部和东部省份，据初步估算储量可达60~80亿桶，仅与中国接壤的东、南、西地区就有13个较大的石油勘探区，储量约30亿桶以上[②]。目前，蒙古石油年产品消费量在40~50万吨，绝大部分从俄罗斯进口，也有少许来自中国，为了扭转能源长期依赖俄罗斯的不利局面，有意以原油换取中国的成品油。尽管中国是世界上的第五大石油生产国，但国内石油消费仅次于美国、日本，居世界第三位，而且供不应求。据推测，到2020年，中国的石油消费最少也要4.5亿吨，届时石油对外依存度可能有60%，与目前美国的情况不相上下。因此，中蒙合作的重点就集中在双方的边界地区，加之两国地理结构相似，中国又在石油钻探和开采方面不仅积累了宝贵的经验，更拥有先进的技术和设备，这一切都为双方经贸

[①] 张秀杰：《蒙古经济发展对中蒙经贸合作的影响》，《俄罗斯中亚东欧市场》，2005年第11期。

[②] 娜琳：《中蒙经贸关系现状及双方在矿产领域的合作》，《当代亚太》2004年第10期。

合作创造了优越的环境。

2、铜矿资源

蒙古铜矿储量丰富，已探明储量约 24 亿吨，而且品质优良，主要分布在北部、中部和与中国接壤的南戈壁省、东戈壁省。作为现代工业的核心基础原材料之一，铜历来被各国视为重要的战略物资，因其蕴藏量分布极不均匀，所以世界各国都在竭力争取铜矿产地的控制权，而中国铜矿资源较为缺乏，据中国有色金属工业总公司预测，到 2010 年中国对铜的需求将达到 170 万吨，国内铜矿石的生产仅能满足铜需求的 41%~47%，近年来，中国从蒙古进口的铜约占进口总量的 20%-25%[①]，这成为深化中蒙经贸关系的又一切入点。

3、其他矿产资源

蒙古的金矿具有分布广、蕴藏丰富的特点，现已发现 130 多个金矿，地质储量约 3000 吨，主要分布在与中国接壤的西部、南部和东部各省。蒙古政府自 1992 年开始实施"黄金计划"以来，已开采黄金约 70 多吨。此外，据蒙古地质专家考察，蒙古磷矿的探明储量居亚洲第一，世界第五，蒙古北部库苏古尔省和扎布汗省共发现了 50 多个磷矿床，储量达 57 亿吨。虽然中国的黄金探明储量居世界第五位，磷矿的探明储量也居世界前列，但对中国的资源需求量来说，仍属供应短缺的矿产品，而蒙古其他蕴藏丰富的矿产资源中，钾盐、铬、金刚石和钼族金属等，也存在一定的供给缺口。

21 世纪初，中国正经历着一系列波澜壮阔的改革，而运转这一切的矿产资源，首当其冲成为中流砥柱，然而，中国社会发展中的高消耗性，使其正面临着巨大的资源压力，资源贸易成为中国贸易的核心部分，因而，作为矿产资源极为丰富的蒙古，中蒙贸易在资源方面的合作潜力极大，而且，蒙古正在实施"出口中国"的主导型战略，这与中国"走出去"的开发战略不谋而合，但是基于资金技术的匮乏，蒙古迄今尚不能大规模勘探开发地下资源，迄今为止，仅对全国 16.4% 的土地进行过地质考察，而中国拥有参与蒙古开发矿产资源的丰富的劳动力、资金、技术、较现代化的管理经验以及拉动蒙古经济发展的巨大市场，一言以蔽之，中蒙经贸的互补性可以通过双方矿产资源项目的合作而得到淋漓尽致的体现。

---

① 娜琳：《中蒙经贸关系现状及双方在矿产领域的合作》，《当代亚太》2004 年第 10 期。

(二) 基础建设

蒙古的基础设施一直很薄弱，加之国内环境的不稳定，绝大多数基建项目处于停工或半停工状态，这固然成为蒙古社会发展的桎梏，所以，蒙古政府首要的任务就是加快基础设施的建设，降低外资涌入的门槛，尽早有计划、分步骤地开始实施基建项目。早在50-60年代中国曾派遣大量的专家、技术人员和工人为蒙古完成20多个大中型成套生产项目，如砖瓦厂、玻璃厂、水利工程、道路、桥梁、排闸水管道、房屋预制厂、胶合板制造厂等等，并在双方合作中积累了一定的实践经验，也得到了蒙古政府的认可，这为中蒙进一步贸易合作打下了可靠的基础。

随着东北亚区域经济合作的盛行，蒙古位于亚欧大陆咽喉地带的位置日益凸显，通过蒙古的铁路、公路、航空、能源管道建设的构想纷纷提上议程。对中国来说，加强与蒙古的基建合作，不仅有利于降低与俄罗斯、欧洲国家来往的运输成本，推动中蒙贸易合作的进一步升级，更有助于边疆社会的稳定发展。

(三) 农业

第一，由于干旱少雨的气候以及粗放式的耕作，种植业成为蒙古农业的薄弱环节，粮食产量不仅低，甚至不能保证稳产；第二，蒙古畜牧业作为传统的农业部门，据蒙古畜牧业专家估计，虽然拥有100多万平方公里牧场，载畜量最少可达8000万头，但是其实际载畜量却远远不够；第三，蒙古国内畜牧产品的开发和加工力度非常低下。据报道，全国约60%的乳品资源得不到利用，其主要出口产品羊绒、羊毛等畜产品也由于加工技术不高，经济效益和创汇能力很差。与此相比，中国却拥有先进的育种、灌溉和蔬菜栽培等技术，而且具备广阔的深加工市场，更在资金和技术上具有绝对优势，因此，中国有能力帮助蒙古提高种植业水准，并对农产品进行深加工、开发和出口，推动蒙古农业结构升级，所以，双边经贸合作前景广阔。

(四) 旅游业

蒙古是北半球中纬度里人类对自然干预破坏最轻的地区，拥有辽阔的草原、清洁的空气、清澈的水源和保持原貌的自然景观，是现代旅游业发展的绝佳选择。广袤无边的国土上不仅聚集着大量的野生动物，如黄羊、野驴群、野骆驼和戈壁熊等，更保存着不少文化遗址，包括早期的如突厥石碑、哈拉霍林古都遗址以及中、近期的诸多喇嘛教寺庙等，而中国的旅游业正在崛起，中国公民出境旅游的人次迅速增加，预计不久的将来，中国将成为名副其实的旅游业大国。同时，蒙古政府也提出，要把旅游业作为优先发展的产业①。由于两国相邻和蒙古交通的过境性，蒙古可以有效地分享中国的旅游资源，况且，随着蒙古基础设施条件的改善，赴蒙古旅游人次定会迅速增加，这也会给中国产生一定的过境效应。

三、优化中蒙经贸格局的途径

蒙古虽然在草场、森林、矿产和能源等自然资源方面较中国人均具有绝对优势，但其国内经济水平低下，计划经济成分较多，劳动力、技术和资金短缺，加之法制并不健全且经常朝令夕改，使中蒙贸易面临着诸多的机遇和挑战。我们要在巩固中国贸易地位的基础上，通过商品质量的提升、贸易结算的现代化、自由贸易区的构建等途径，使中蒙贸易达到东北亚最高水平。

（一）提升商品质量

当前，由于中国内地某些厂商唯利是图，出口大量的伪劣商品到蒙古，导致中国商品在蒙古，甚至俄罗斯和欧洲产生一定的负面影响，就此，中蒙双方应加强密切合作，严格执行1994年两国签署的保证进出口商品质量和相互认证的协定，与此同时，中国出口商品的经营方式应该贯彻"以质取胜"的战略，靠信誉开辟新的销售渠道，扩大市场份额，最大限度地提高中国出口商品供给结构与蒙古市场需求结构的对接率。

（二）现代化的结算方式

人民币币值稳定，因而成为中蒙贸易结算时的主要币种，并在蒙古境内的流通量较大，但蒙古境内却很少有公开的人民币与蒙币的兑换点，加之中国国内金融机构均没有与蒙古城市建立起人民币账户关系以及开通本币结算业务，迫使人民币和毗邻国家的货币不能直接汇划，影响了中蒙贸易的顺利

---

① 杨青山、高莎丽、李秀敏：《蒙古国地理》，东北师范大学出版社1994年8月版。

开展①。因此，中蒙政府应从以下三点着手：

第一，早日构筑人民币账户结算这条资金流动"快车道"，在中蒙边境口岸增加金融机构结售汇网点，经办货币兑换和现金存取业务，鼓励边境地区商业银行发展和毗邻国商业银行间的账户行关系，拓展账户结算币种、结算工具和辐射面。

第二，政府部门对实力雄厚、经营效益好又急需信贷资金支持的外贸企业进行一定的风险担保，提高企业的资金运作速度，促使中蒙贸易达到高速高效的现代化结算水平。

第三，建立完善的管理制度，认真对跨境流动的人民币资金贸易背景的真实性进行审定，加强与境外银行的联系和沟通，及时了解和掌握人民币在境外流动、兑换和沉淀量的信息，对人民币进行边境流通的监控、输导和利用，保证结算的安全性。

（三）辟建自由贸易区

自由贸易区从功能、产业构成和豁免程度上看，是以贸易开发为主，产业开发为辅；全部或绝大部分外国商品可以豁免关税进出口，吸引国内外资金设厂发展加工业，允许外资从事商业、金融业以及旅游业。虽然自由贸易区仍主要分布在发达国家，但随着经济全球化一体化的发展，更多的国家会考虑辟建自由贸易区，获得更多贸易上的实惠。

从目前的边境经贸合作看，中蒙两国仅局限在边境贸易、边境工程承包和劳务合作和边境旅游等范围，这远远不能发挥两国间存在的劳动力、技术、资本、市场、资源和产业结构梯度等方面的巨大优势。辟建中蒙边境自由贸易区，通过其商品、技术、信息、资本的聚集效应和产业结构的提升效应，为边境区域经济创建一个从未有过的"增长极"，改善整个边境区域的经贸环境。同时，辟建自由贸易区能够消除关税以及一些非关税壁垒，从而促进资源的自由流动，以自由贸易区为据点很容易形成生产、贸易和服务的最佳结合，符合效益最大化的原则，这也是辟建自由贸易区的内在经济规律所致②。

---

① 人民银行呼伦贝尔市中心支行课题组：《中蒙边境贸易发展的金融服务思考：阿日哈沙特个案》，《华北金融》2005年增刊，总第339期。

② 胡格吉勒图、毅敏：《自由贸易区对中蒙经济合作的影响》，《武警学院学报》2004年10月第20卷第5期。

综上所述，新世纪中蒙经贸的发展方向，应在友好合作的基础上，充分发挥两国贸易的互补性以及地缘人文优势，最终确立多领域、多形式、多层次的"双赢"经贸格局。多领域是指中蒙两国不单在普通商品交换领域是贸易伙伴，而且应横向拓展在文化、科技、教育、卫生保健、邮政通讯、交通运输、房地产开发、金融服务等领域的合作。多形式是指中蒙贸易除了搞易货贸易、现汇贸易、各种劳务合作外，还可以大力发展经济技术合作、转口贸易等，使中蒙贸易企业以灵活务实的贸易方式拓展经营的品种和领域，同时促进边境小额贸易和互市贸易持久、稳定的发展。所谓多层次旨在提高中蒙合作项目的创新水平，增加产品的附加值，搭建稳步上升的中蒙经贸合作平台[1]。在中蒙"双赢"经贸格局优化的基础上，推动国际化"多赢"式自由经济区的构建。

---

[1] 郝春虹：《二连浩特口岸中蒙边境贸易现状及前景》，《内蒙古财经学院学报》1998年第4期。

民族地区农村信用社改革研究

——以云南峨山彝族自治县为例

胡恒松[①]

从1951年中国人民银行决定大力发展农村信用社到现在，信用社这一特殊的金融机构伴随着国家的发展做出了巨大的贡献，然而政策等方面的不确定性使得信用社先后受管于人民公社、生产大队、农业银行、人民银行、省政府等，这一不确定性增加了信用社的运行风险和成本，并且国家的各种政策安排使得信用社的性质定位一直处于模糊状态，对于信用社应该选择"民办"还是"官办"一直存在争论而没有定论。目前，诸多问题已经把信用社推到了破产的边缘。近年来学者们开始关注并试着提出了信用社的改革方向，期间引发的争论主要涉及中国是否具备合作制的生存土壤、农村信用社是应该选择合作制还是股份制、合作制的衡量标准怎么界定等问题。2003年6月，在有争论而无定论的情况下国务院颁布了《深化农村信用社改革试点》的文件，分别在东、中、西部各选择了3—5个省（市）进行试点，2004年8月，国务院将此改革在全国进行了全面推进。在县域经济被高度重视的今天，结合国有商业银行撤并县域支行的行为，信用社发挥着农村经济发展过程中金融主力军的作用。

新农村建设是实现社会主义和谐社会的必然过程，这个过程离不开政府的引导，更不能离开农村居民自身的努力，而农民短期内凭借自身的能力是难以实现突破性发展的，寻求外力是农民实现自身发展的必然选择，在国家财力有限的情况下，金融机构的贷款是帮助农民实现发展的最好选择，而在金融系统积极开展金融风险防范工作和四大国有商业银行撤并县域支行的背景下，农业生产发展和农民生活主要甚至是唯一贷款来源是农村信用社。民族地区的欠发达性决定了民族地区新农村建设应该包含着更大的范围，对于民族地区的"农村"概念的界定应该包含着更大的区域，"绝大部分民族地区是落后的农村地区，新农村建设必然要包含绝大部分民族地区的建设"。[②]

[①] 胡恒松，男，中央民族大学经济学院2004级民族经济专业硕士研究生。
[②] 胡恒松：《建设社会主义新农村和民族地区经济发展》，《北方经济》2005年第12期。

峨山彝族自治县这一新中国成立以来第一个成立的彝族自治县,应该以县域为新农村建设的对象,通过这次建设进一步提升县域经济发展能力。

一、民族地区农村信用社改革和发展中存在的问题

我们此次选取了全国第一个彝族自治县云南省峨山彝族自治县作为调研的地点,以信用社改革和新农村建设作为关注的对象,通过问卷调查、座谈以及实地观察等方式跟县联社、乡信用社、城镇居民、农村居民以及政府工作人员进行了交流。通过整理归纳,我们认为民族地区信用社在改革和发展过程中主要存在如下问题:

(一) 对信用社的性质定位有争论而无定论

对于农村信用社是选择走合作制、股份合作制或者股份制的模式,目前学界的争论较多,根据学者们的研究思路和主要观点大致可以归纳为三种。第一种认为应该坚持合作制下的农村信用社模式。尽管目前我国农村信用社没有达到初期的合作制的构想,但是从合作制的目的来看,这种模式可以兼顾社会公平,扭转市场经济给农村金融带来的负面影响,学者们提出在现有欠规范的农村信用合作社基础上进行改革,实现规范化的农村信用合作社经营管理,相关的研究有 2000 年应宜逊发表在《浙江金融》上的"农村信用合作社应该走合作制道路"等。第二种认为应该发展股份制形式下的农村信用社。2001 年谢平在《金融研究》上发表论文"中国农村信用合作社体制改革的争论",认为中国 50 多年来的合作制还不是真正意义上的合作制,根据现在的发展环境作者认为农村信用社不具备实现真正的农村信用社的条件,股份制的商业银行才是最好的出路。第三种认为应该根据各地经济发展情况,因地制宜地实行信用社的合作制或股份制形式。2001 年中国人民银行临沂市中心支行课题组一文"农村信用社的外部监督与体制内改革",认为信用社采取合作制或者股份制并不重要,重要的是它是否能够更好地服务于市场;宋磊等人提出"最终的纳什均衡分析结果是,在现有农村信用社基础上搞统一的合作制规范不可能成功,农村信用社改革必须走'多元化'

产权组织模式道路"。① 陈雪飞认为"合作制与股份制是我国农村信用社并行不悖的两种制度选择：在以农户为主要生产单位的广大农村地区，农村信用社进行合作制改革既有必要，也有可能。与此同时，在以农户为主要生产单位的非农产业发达的农村地区，农村信用社进行合作制改革既无必要，也无可能，必须进行股份制改革"②。

尽管如此，国务院在2003年8月审批通过了《深化农村信用社改革试点方案》，方案要求深化农村信用社改革试点要坚持因地制宜、分类指导的原则。在产权制度改革中，允许各地综合考虑农村经济发展的不平衡性，不搞一刀切，选择股份制、股份合作制、合作制等多种产权制度和农村商业银行、农村合作银行、县联社等多种组织形式，并且方案中明确地把信用社由中国人民银行转交给了各省政府管理。我们通过对峨山彝族自治县全县21%的信用社工作人员的问卷调查统计，有47%的人认为信用社不应该划归省政府管理，有80%的人反对把信用社改制为商业化的农村银行，100%的被访者认为"县联社为一级法人，乡镇农信社作为县联社的派出机构"这种经营模式优于"县联社与乡镇农信社为两级法人，两级各自独立经营、核算"的模式。在与信用社联社领导的座谈会中了解到，当地农民甚至在急需100元的时候也会来信用社办理借贷，并且信用社的工作人员一致认为当地居民的信用状况非常好，他们只要有钱就会提前还贷，在与某个乡级信用社主任的交流中，他感慨地说："我们的农民离开了我们信用社真的没有办法活的，离开信用社支持的新农村建设，将是一场扶贫运动"。

（二）国家有关农村信用社的政策缺乏稳定性和连续性

大到国家小到企业，如果翻来覆去地换领导、变政策，由此带来的成本必然是高昂的，信用社从建国至今的业务范围一直是服务于农民、农村和农业，它对于农村经济的发展作出了巨大的贡献，但是随着经济的发展，信用社暴露出来的问题越来越多，这一切与国家政策供给的不连贯性是存在直接关系的。首先，国家的政策安排让信用社一直摇摆于"民办"与"官办"的发展道路之间，进而使得信用社偏离了最初的合作制"自愿加入，自愿

---

① 宋磊、王家传：《基于博弈分析的农村信用社产权改革路径》，《金融理论与实践》2006年第2期。

② 陈雪飞：《农村信用社制度：理论与实践》，中国经济出版社2005年版，第234页。

退出，一人一票，民主管理"的宗旨。其次，信用社面临监管部门的多重性与主管部门的不确定性所带来的相当的显性成本和隐性成本。目前信用社要面对银监会、中国人民银行以及上级联社的各项频繁检查，其中省联社下设的地市办事处职能正在膨胀，给下级机构带来了更多的成本，因此县级信用社通常要抽出来一个精干的副主任来应付各项检查，给本来员工编制较少的信用社带来了一定的压力。信用社在发展的过程中先后变更了多个主管单位，分别是信用社的社员代表、人民公社、生产大队、农业银行、人民银行、省政府等，根据峨山彝族自治县信用社联社的情况看，信用社在中国农业银行的托管和分离的过程中，农业银行转嫁了部分不良贷款给信用社，这使得信用社的不良资产比重进一步增大，濒临破产；在中国人民银行的监管期间，由于监管制度的不健全，产生了较多的坏账。

根据目前的改革试点方案和改革的实际情况，我们认为这次改革试点还不成功，尚处于探索阶段。主要原因包括：第一，试点方案规定将农信社的管理权交给省级政府，并明确要求不将管理权逐级下放到地（市）、县（市）政府，这就引发了省联社的集权经营思路，省联社的工作重点也逐渐放在人、财、物的管理和审批上，根据峨山彝族自治县的调研情况发现，县级联社虽然是一个独立的法人，但是没有人事权，就连县联社的主任人选都是上一级机构选定，目前整个运营模式趋同于政府的行政模式，进而出现了重管理、轻服务的倾向。第二，行政管理凌驾于行业管理的不和谐的运营模式正在发生。试点方案规定省级联社是由辖内农村合作银行和农村信用社组成的法人联合体，每个法人单位都交有一定股金，享有一个代表权。但目前省级联社理事会中基层联社理事所占比重不大，并且基层信用社参与省联社建设与决策的渠道存在问题，基层信用社的声音很难及时准确地传递给省级联社。第三，试点后的各级信用社都以经济效率为终极目标，信用社的每一个管理者和员工都担负着不同程度的放贷任务，这一模式有利于提高信用社的工作效率，同时也引发了"把完成上级贷款任务放在信用社工作的第一目标"这一不科学的运营方式。

（三）农村信用社面临效益性和社会性取向的"两难"

国家要求信用社要按照《中华人民共和国商业银行法》、《中华人民共和国公司法》、《农村信用社省（自治区、直辖市）联合社管理暂行规定》等法律法规运营，并且要求各信用社"自主经营，自负盈亏，自担风险，自我约束",无疑信用社必须以自身的利益最大化为取向,有些地区的信用社一直积极谋求把资金投向收益较高的城镇或非农业部门,而真正需要资金贷款的农户难以得到金融支持,农村信用社正在离农民越来越远。严格按照市场经济的价值规律进行各项业务。可是信用社过去长期在执行着国家的各项补贴任务,现在国家希望它能够在服务"三农"方面做出贡献,同时老百姓已经习惯了信用社的小额信贷帮助,可见国家一方面要求信用社要像商业银行那样追求经济效益,另一方面却希望它去协助完成一些以社会效益为取向的工作,显然忘记了"鱼和熊掌不能兼得"的道理。即便学界对信用社的改革问题争论得不可开交,国家依旧执意在2003年颁布了《深化农村信用社改革试点》,于2004年将此工作在全国全面推进,试点方案中第一次明确地把信用社划归各省政府管理,在此我们可以大胆地揣测,省政府在没有一分钱入股信用社的情况下而取得了信用社的监管权,这种监管权带来的直接结果就是信用社成为省政府的金融工具,政府有无限的权力而没有承担这种权力造成后果的能力,因此必将有更多的政府意志参与信用社的运营,而运营的收益性跟全体股民即县级联社相关,而与省政府无关。省政府既参与经营又参与管理信用社,这种模式就是一个矛和盾的难题,正在演绎着计划经济的思路。

(四) 农村信用社改革过程中存在的博弈

在信用社改革的过程中存在着两种层面上的博弈,第一个博弈是发生在信用社和央行、银监会之间的。人民银行调查的数据显示,农村信用社的不良资产率多数在50%以上,在某些省份甚至高达90%以上。因此信用社的改革是一个紧迫的和必须的工作,2003年8月国务院下发了《关于深化农村信用社改革试点的方案》,方案提出农信社历年亏损和资产损失原则上将由中央和地方共同分担。其中,中央提供了两种可选的资金支持方式:一是由人民银行按照2002年底农信社实际资不抵债数额的50%,安排专项再贷款;二是人民银行按2002年底实际资不抵债数额的50%,发行专项中央银行票据,用于置换信用社的不良贷款。显然第二种方案更有诱惑力,央行、银监会和农信社之间的支付结构是根据信用社选择的资金支持方式的变化而变化的,选择第二种资金支持方式的前提条件是要达成相应的资本充足率和不良贷款比例降幅,于是各信用社在当地政府的协助下通过各种措施来实现增股做大分母而实现置换条件,"截至2002年底,全国农信社法人机构

34909个，亏损面高达55%（亏损期长达10年），但到了2005年底，全国农信社净资产总额、平均资本充足率、盈利总额三项指标全部由负转正，仅用了两年时间。银监会网站显示，截至2005年末，全国农村合作金融机构（含农村信用社、农村商业银行和农村合作银行）不良贷款余额3255亿元，比2002年末下降1892亿元；不良贷款比2002年末下降22.1个百分点"[①]，对此央行和银监会是心存疑惑的，但是信用社的确符合了兑换的条件而砍掉50%的长期负债，鉴于此双方的博弈必将继续下去，最近央行、银监会在信用社推行五级分类考核标准就是证明，这样的分类方法抬高了票据兑付条件。

　　第二个博弈发生在信用社和股民之间。增资扩股的压力下，信用社对所在辖区内的各种形式的经济组织作出了承诺，信用社的承诺主要体现在年终分红上，而股民的价值取向是在如何更多地取得信用社的贷款，在信用社和股民的博弈过程中，信用社是不敢"放马"的，而银监会规定"当年亏损的农信社不得向股东分配红利；而当年盈利的农信社在未全部弥补历年亏损挂账或资本充足率未达规定之前，应严格限制分红比例，其红利分配原则上应采用转增股金的方式，不得分配现金红利"。显然股民既不能实现更多的贷款又得不到分红，他们唯一可以做的就是退股，鉴于此信用社为了稳定股金、实现套取央行票据，选择了年终分红以平争战。在这场博弈中，信用社甚至制定了霸王条款来限制社员退股，云南省联社规定的退股条件是农村信用社和农村合作银行的股权分为资格股和投资股两种，其中投资股只能转让、继承与赠予，但不得退股。资格股满足以下条件可以退股：1. 社员（股东）提出退股申请；2. 农村合作银行当年盈利；3. 农村合作银行资本充足率达到规定要求，并且在退股后仍能达到规定要求；4. 持满三年并转让所持全部投资股；5. 经董事会同意。资格股退股原则上应在当年年底财务决算后办理，在年底财务决算前办理退股的，不支付当年股金红利。

二、因地制宜地进行农村信用社改革，促进民族地区社会主义新农村建设

　　我们认为，新农村建设在全国各地有着不同的内涵，民族地区的新农村

---

① 唐双宁：《农信社改革中的两大层次博弈》，《21世纪经济报道》，2006年8月11日。

建设更具有特殊性和重要性，在此我们仅从民族地区的金融环境角度来分析信用社的作用，并由此探讨民族地区信用社生存环境的特殊性。随着经济的发展和改革的深化，人们对金融的认识也逐渐从"金融无用论"发展到"金融促进论"，金融是经济发展的一个主要推动力。因此，西部大开发和新农村建设是需要金融支持的，而西部地区金融生态的落后性决定了西部地区金融改革和创新是不可缺少的，作为县域经济中支农的金融主体，农村信用社必然要被推向前台。全国各地的经济发展阶段不一样，信用社所面临的情况自然存在差别，全国各地的农村信用社改革绝对不能搞一刀切，民族地区信用社的改革应该因地制宜。

（一）树立正确的改革方向，因地制宜地选择发展之路

我们认为，我国尚处于社会主义初级阶段，世界绝对贫困人口最多的国家是中国，即使在我国经济相对发达的地区也必然存在农村人口，农村人口中也必然存在着贫困人口，因此农村信用社在我国转制为商业银行的发展模式还不符合我国的国情。农村信用社的发展应该以"自愿入股、互助共济、科学管理、淡化赢利"为宗旨，建议各地自主选择合作制或者股份合作制，如果本地非公有制经济活动活跃，经济发展相对发达，信用社可以采取股份合作制的方式，大胆引进非公有经济的实体入社，通过淡化决定权而强化贷款优先权和利率优先权等方式去引导他们入社的价值取向，对于经济发展相对落后的地区应该坚持合作制的发展方向，通过宣传引导，争取更多的农村居民入社，信用社也应该以"群众无小事"的原则积极帮助他们排忧解难。最后需要说明的是，农村信用合作社还没有真正实现最初的"自愿加入，自愿退出，一人一票，民主管理"的宗旨。

信用社是一个特殊的金融机构，我们不能把它等同于商业性银行，更不能把它完全抛向市场，因为我国农村金融生态环境的发展十分滞后，在推动农村金融环境发展方面，农村信用社是一个专业型的选手，最近几年它推出的"信用村"评比活动，一定程度上推进了农村金融和农村信用的发展。我们认为处于社会主义初级阶段的中国，需要有一个以社会效益为价值取向并且服务于广大农村地区的金融机构。

（二）制定因地制宜的发展政策，不搞一刀切

信用社改革微观层面上的操作搞全国一刀切、甚至全省一刀切是与科学

发展观相悖的，我们认为信用社的改革在宏观上可以有个标准，但是在微观层面上，特别是在具体考核指标方面应该因地制宜地制定发展政策，比如云南省联社要求各县级联社的理事会由13人组成，其中要求职工4人，非职工9人，显然给县联社日常的工作带来了挑战，每一次遇到重要问题需要召开理事会的时候，召集非职工理事与会是非常困难的，因为非职工理事与信用社是没有直接的经济利益的，即使非职工理事与会了，他们都是业外人士，对一些行业内的问题也无法作出正确的评判，这样的理事会结构安排是不科学的，也是对股民不负责的表现。另外信用社到底是采用一县一社还是一县多社的模式；是维持一县一社的小范围垄断模式，还是引入竞争。而一旦引入竞争，采取何种模式，引入哪些机构，都是值得商榷的问题，对处于不同经济发展阶段的地区，可以选择符合自己的发展模式。

（三）扶持信用社的发展，促进县域金融环境的改善

农村信用社的发展必须破除政府行政行为的干扰，同时也离不开政府的支持，农村信用社属金融机构范畴，它的稳定性关系到地方金融的安全。国务院在2003年8月通过的《深化农村信用社改革试点方案》中给予了农村信用社资金、财政补贴、税收和利率政策等四项支持，有力地帮助了信用社的发展。根据此次入户调查发现信用社和部分农民之间的关系犹如鱼水般，在民族地区尤为突出，据信用社的工作人员反映，峨山当地有的农民甚至在急缺100元购买农资的时候也会想到信用社，凭借农户手中的贷款卡和信用社的农户经济档案就可以一个工作日内实现借贷，根据峨山县塔甸村信用社2006年7月7日的统计数据，此村信用社总计发放贷款1918万元，其中涉农贷款为75.6%，其中不良贷款的构成主要是行政事业单位拖欠的114万元和企业拖欠的98万元，而老百姓的贷款偿还率几乎达百分之百，可见民族地区的信用社在服务三农方面作出了贡献，尽管如此还要承受由于政府干预而带来的坏账。

根据民族地区的产业结构和贷款结构，可以断定民族地区的信用社目前是不可能也没有条件离开"三农"去寻求高资本回报率的相关产业。鉴于农村信用社扎根农村的特点，民族地区的信用社应该重视"三农"，发挥"扎根农村五十载、风雨同舟共患难"的专业优势，政府也应该在发展县域经济的大背景下，借助信用社的优势，引导其健康发展，促进它发挥更大的金融作用。对于这一地区的农村信用社，国家应长期坚持"多予、少取、

放活"的原则,给予他们更多的优惠政策,更大的扶持力度,通过税收优惠等政策扶持,进一步降低信用社的运营成本,进而降低农户的借贷利率。当地政府应该积极配合信用社贷款追缴以及信用村评比等活动,共同推进农村地区良好信用的形成。

(四)民族地区新农村建设担负着更多的历史使命,信用社改革不仅仅是一个经济问题,更是一个社会问题

对于民族地区而言,离开信用社的金融支持,新农村建设将是一场扶贫运动。根据峨山彝族自治县的实际情况,山区面积占总土地面积的96%,农业人口占总人口的80%,烟草种植是全县的主要收入来源,一旦遇到干旱等自然灾害,部分农民的生活就难以为继,此时的信用社就成为了能够帮助他们实现生产生活持续下去的求助对象。民族地区的新农村建设是更大范围内的建设运动,按照"生产发展、生活宽裕、乡风文明、村容整洁、管理民主"的要求,民族地区的新农村建设应该比其他地区担负着更多的内容,如果一个地区尚处于绝对贫困状态,那么仅凭借短期的运动实现"富裕、文明、整洁、民主"的新农村是不可能的,民族地区的新农村建设必须是一个分阶段的、长期性的运动。因此,我们认为在相对贫困的县区,信用社的改革和发展要更多地考虑到当地的实际情况,在政府没有能力为老百姓提供及时帮扶的时候,合作制的发展方向应该是这些地区改革信用社的最优选择。

民族地区新农村建设的关键问题探索

杨玉文①

党的十六届五中全会通过的《中共中央关于制定国民经济和社会发展第十一个五年规划的建议》，明确了今后5年我国经济社会发展的奋斗目标和行动纲领，提出了建设社会主义新农村的重大历史任务，为民族地区做好当前及今后一个时期的"三农"工作指明了方向。民族地区应适应新形势，探索新办法，建立新机制，抓住发展这条主线，为社会主义新农村建设铺就充满希望的金光大道。

一、用科学发展观统领民族地区新农村建设

民族地区新农村建设，必须始终以科学发展观为指导，坚持以人为本、科学发展，顺应农民群众迫切要求改善生产、生活、生态条件的强烈愿望，坚持以农民群众为主体，充分发挥党政主导、规划先导、投入利导、政策指导、改革引导的作用，在工作决策、建设内容、推进机制和工作方法上都注重体现科学性。要按照统筹城乡规划建设和统筹经济社会发展的思路和方法来推进，以村庄整治和示范村建设为切入点，把改善村容村貌与发展生产结合起来，把村庄规划建设与农村基础设施建设、社会事业建设、公共服务体系建设结合起来，以农民思想教育、农村民主政治建设和基层党组织建设来推动工程建设，全面体现社会主义新农村建设的精神实质和科学内涵。

二、以市场为导向积极调整农业结构

民族地区经济发展水平相对落后，基础设施相对薄弱，条件相对落后，信息闭塞，农民素质和市场意识也相对较差，过去那种自给自足的小农经济显然已经不能适应市场经济的要求，已成为当前农业发展缓慢和农民增收困难的主要瓶颈。因此，应牢固树立市场观念，坚持以市场需求为导向，大力

---

① 杨玉文，男，大连民族学院经济管理学院讲师。

推进农业结构调整，逐步提高农业市场化水平，充分挖掘农业内部增收潜力。

1. 切实增强农民的市场意识。引导农民树立由依赖国家对农产品的提价增收转向依靠市场增收的经营理念，依托市场自主经营，不断提高适应市场的能力，增强在市场经营中的主体地位。

2. 要突出市场的导向作用。按市场需求组织生产和经营，立足现有基础和资源优势，大力发展优势产业和优势品牌，做大特色产品，做强特色产业。

3. 优化农业内部结构和农村经济结构。要立足于推动农业结构的调整，提高农产品的质量和产品效益。重视推进农村经济结构的战略性调整，提高农村经济的结构效益，加快发展农副产品加工业和运销服务业，大力扶持发展农村民间流通服务合作组织，以此带动农民多渠道增收。

三、强化科技进步和创新对新农村建设的支撑作用

历史经验表明科技进步是农业生产发展的强大动力。纵观人类农业发展的每一个阶段，无不以技术变革为动力、以技术进步为标志。民族地区农业生产科技含量低，科技推广力度不够大，科技成果转化率比较低，已不能适应现代农业的要求。解决农业发展的深层次问题，实现农业发展从保证食物安全的第一目标向节约能源、保护环境、提高效益的多重目标的转变，根本出路就在于以科学技术武装农业，提高农业的科技化水平。

1. 深化改革，创新农村科技体制。要在进一步深化改革的基础上，着力解决结构性和体制性问题，整合资源，优化结构，转变机制，加大对基础性、公益性科研的支持，在整体推进农业科技创新体系和多元化的农村科技服务体系建设上加以落实。

2. 发挥好农民在农村科技进步中的主体作用和龙头企业的重要作用。农村科技进步，需要充分调动农民的积极性，使其发挥主体性作用。农业龙头企业和科技企业与"三农"存在着天然的"血脉关系"和利益关系，要积极引导企业发挥其优势，带领农民闯市场，增收致富。

3. 加速农村科技成果转化和推广。我国农村科技成果转化率较低，技术推广效率不高。要切实加强科技成果转化和推广，在加大支持力度，壮大农村一线科技力量上加以落实。

4. 加强农村科技教育和培训。重点加强对村干部和种养专业大户的培训，通过大户示范，带动千家万户，不断提高农民的科技文化素质，增强农民对科技的吸纳和运用能力，造就出一代能运用科学技术经营和管理农业的新农民。

只有大力增强农业科技创新和转化能力，尽快取得一批具有自主知识产权的重大农业科技成果，加强农业技术推广和服务，深入实施农业科技入户工程，积极推进重要农时、重点作物、关键环节和粮食主产区的机械化作业，才能突破农业发展面临的资源瓶颈制约，提高农业的综合素质和整体效益。

四、加大农业产业化经营力度

推进农业产业化经营在民族地区社会主义新农村建设的过程中，是一项全局性的工作。抓住了农业产业化经营这一关键，就抓住了新农村建设的重点；加快了农业产业化经营进程，就加快了新农村建设的步伐。必须牢固树立和全面落实科学发展观，紧紧围绕建设社会主义新农村这个主题，以形成产业发展新格局为主要任务，以培育优势特色产业为重点，以发展农产品加工为突破口，加快龙头企业发展，加强基地建设，强化市场开拓，创新产业经营机制，全面提高农业产业化经营水平，为增强农产品竞争力和实现农业增效、农民增收作出新贡献。

1. 抓龙头企业发展。强化龙头企业建设，增强其辐射带动功能，既要抓好龙头企业质的提高，增强龙头企业发展活力，推进企业组织形式升级，又要抓好量的扩张，积极兴办新龙头。特别要大力培植龙头加工业，不断提高农产品的质量和效益，不断扩大农业产业规模，从而促使农民在提供产品的过程中获得最大的效益，充分挖掘出农业内部的增收潜力。

2. 抓专业化生产。按照"分析优势、面向市场、制定标准、质量监控、注重品牌和规模效益"的现代工业生产方式来推进农业产业化经营，不断加快传统农业改造，提升产业发展水平。一方面应选准主攻方向和突破口，提高农业综合生产能力和整体效益；另一方面应进一步优化农业区域布局，形成规模化、基地化、企业化的经营格局。重点抓好生猪和草食动物、优质稻米、果蔬、中药材、楠竹五大产业，搞好基地建设，改良品种质量，提高农贸市场竞争力。

3. 抓品牌培育和开发。品牌就是市场，品牌就是效益。应从培植品牌、扩大品牌市场着手，进一步抓好市场开拓，扩大发展空间，加快构筑多元化、多口岸的市场营销格局，力争将品牌出省、出国，通过品牌带动，促进农业效益提高，农民收入增长。

五、推进农村城镇化水平

西部民族8省区2000年的城镇化平均水平仅为29.75%，低于全国36.09%的平均水平。从地区看，东部地区各省份城市化水平均高于全国平均水平；西部12个省区市除内蒙古外，都低于全国平均水平。由于民族地区城镇化水平低，人口的过快增长加剧了人地之间的矛盾，加重了生态环境的负担，并导致生活在恶劣生态环境中的人们愈来愈贫困，而贫困人口愈来愈集中在生态环境恶劣区。这既是制约规模化生产的一个重要因素，也是农民增收困难的一个主要原因。

发达国家的历史表明，一个国家、一个民族的发展史，都是传统意义上的农民不断减少的历史。因此，要致富农民就要减少农民，就应跳出就农业论农业、就农村论农村、就农民论农民的传统思维方式，坚持城乡统筹互动发展，大力推进农村城镇化，加快农村富余劳动力向二、三产业转移，促进农业生产向规模化、专业化发展。这既为促进农村增收拓宽了渠道，也为新农村建设中村镇的整体规划提供了良好契机。由于条件限制，小城镇的城镇化道路是民族地区的最佳选择。应主要考虑以下三个方面：

1. 大力发展民族区域经济，培育现代产业，推动农业产业化，使民族地区城镇化具有坚实的物质基础。

2. 充分考虑区域自然地理特点和民族特色，不一哄而上地搞城镇化，更不能盲目地提出"缩小同东部地区城市（镇）化的差距"等口号，而是因地制宜，依据产业发展，实行非均衡发展战略，比如在青藏铁路沿线、西气东送沿线、一些重要旅游区域增设建制镇。

3. 在推动城镇化方面，中央应给予西部民族地区更多的经济投入与政策支持，尤其是在基础设施投入和推进市场化方面更应加大力度。这是因为城镇化与经济发展、与市场发育程度之间存在很高的正相关关系，而不论是建设城镇或培育产业，都离不开经济投入与政策支持。

六、大力实施农民知识化工程

2000年全国人口中,文盲人口比例为6.72%,西部民族地区的平均文盲人口比例为11.72%,从省区分布来看,除广西、新疆的文盲人口比例低于全国平均水平外,其他省区都高于全国平均水平,西藏的文盲人口比例高达全国的4.84倍。由于农民观念陈旧,小农思想严重,特别是农民的文化知识程度不高,民族地区的发展,急需大量"短平快"的技术人才,这些人才的培养,必须依托学校教育来实施,通过具有这方面相应知识的教师来传授。因此,民族地区的教育发展,与其他农村地区一样,要使学生"升学有基础,务农有技术",避免造成农村学生"升学无望、就业无路、致富无术"。面对新形势下社会主义新农村建设的要求,必须采取各种有效措施,推动农民知识化进程,这是加快少数民族和民族地区农村经济社会发展的关键性因素。

1. 每年要坚持举办县处级少数民族干部培训班和科级少数民族干部培训班,组织人事部门加强对民干班学员的跟踪调查,在同等条件下优先考虑选拔任用,逐步使民族地区各级少数民族干部比例与人口比例相适应,民族乡招收公务员应适当对少数民族报考人员降分录用,使民族乡干部队伍后继有人。

2. 加强农村基础教育,提高农村后续劳动力文化知识水平。农村基础教育是提高农村劳动力素质的主要渠道。要使农民整体素质上升到一个较高层次,就必须重视和大力发展农村基础教育,从新生劳动力的素质教育抓起,培养出有较高素质的新型农民。加强学生思想道德素质、文化素质、身心素质等方面的教育;加大农村教育投资力度,改善教学环境和条件,避免青少年失学现象,防止新的农村青壮年文盲的产生,大力推进"希望工程"的实施,拓展多种办学形式,使农村基础教育有一个大的提高;制定一些优惠政策,稳定教师队伍。通过提高教师的工资水平,改善工作条件,稳定教师队伍,特别是留住优秀的教师,并鼓励有真才实学的教师到农村从事教育。

3. 大力发展职业技术教育、农村成人教育,加强各种形式的技术培训。加大对民族地区农村,尤其是村干部和各种乡土人才、科普能手的培训力度,提高他们建设社会主义新农村、发展农村经济的能力,成为带领群众致富奔小康的带头人。还要加强免费的实用技术培训,提高现有农村劳动力就业能力,这是有效地提升现有农村劳动力文化素质的重要措施。按照"实际、实用、实效"的原则,通过举办多种形式的专业技术、技能、知识、文化培训班,紧密围绕当地农业特色产业来开展实用技术培训,将免费培训和有偿培训结合起来,培养出当前农村经济发展所需要的各类专门人才,全面提高农村劳动力素质。大力加强非农产业就业技能、就业知识的培训,为农民进入乡镇企业,进入城镇务工、发展提供技能保证。

4. 要通过理论宣传、政策导向和典型示范,增强农民科技兴农、科技致富的观念和意识,变"要农民学习"的被动为"农民要学习"的主动,形成学科技、爱科技、用科技的良好风气。

5. 强化对边远民族乡村教师的学历培训和业务培训,提高教师队伍整体素质。

七、不断完善乡村治理机制

随着基层民主政治建设的逐步推进,不少地方农村党支部选举实行"两推一选",村委会选举实行"直选";实行村务公开、政务公开;民主议事等,这些丰富多彩的民主形式深受农民群众拥护和支持,取得了积极成效。民族地区在建设社会主义新农村中,要进一步适应新农村建设主体多元化,农民利益结构、生活方式多样化,民主素质和民主诉求不断提高的新情况,以改革创新精神积极探索农村管理民主的新形式,实现管理民主的制度化、规范化、程序化,不断完善建设社会主义新农村的乡村治理机制。

1. 完善村民自治运行机制。要进一步完善村官民选、村务公开、村事民议、村务民管等制度,拓宽广大农民民主参政的渠道,不断推进农村基层民主政治向纵深发展,让农民群众真正享有知情权、参与权、选择权、管理权和监督权。

2. 完善村务公开制度。村务公开是管理民主的重要基础和组成部分,在建设社会主义新农村中要进一步深化村务公开,提高村务公开的质量,为推进管理民主奠定坚实的基础。要在公开内容、公开程序、公开机制上下工夫,使村务公开经常化、制度化、规范化、程序化。要进一步完善已有的公开制度,如计划生育政策落实、救灾救济款发放、宅基地使用、村集体经济所得收益使用、村干部报酬、土地征用补偿及分配等,还要把新农村建设中各级财政到村到户的优惠政策和支农资金、社会各界的帮扶资金和建设项目以及村民要求公开的其他事项,及时纳入村务公开的内容和范围。

3. 完善管理民主的监督机制。只有加强监督,才能保证管理民主各项措施的贯彻执行。要进一步加强村务公开监督小组、村民民主理财小组、村民代表大会和村民大会、村"两委"联席会议制度建设,提高村务活动的透明度,强化对村务公开、财务公开的民主监督,建立并执行村务公开民主管理责任追究制度,同时加强县乡党委、政府对村干部的监督,加大对村级管理民主制度执行情况的指导和监督,实现各方面监督的互补联动。

4. 培育农村新型社会化组织。农村社会中介组织是农民自我管理、相互扶助、共同提高的非政府组织。积极培育农村各种新型的社会化服务组织,并加强对这些社会服务组织的管理,有利于壮大农村经济实力,提高农业竞争力,也有利于实现农村管理民主和促进农村社会稳定。在发挥国家政权机关对农村经济社会事务的管理服务功能的同时,要积极培育服务农村的社会中介组织,鼓励、引导和支持农民自己组织起来,成立农村合作社,发展各种农业协会,开展经济技术服务,提供法律援助、财务咨询等,使农民能够依靠自己的力量,提高与外部市场竞争的能力,维护农民自身的合法利益。

八、创建民族地区新农村实验示范区

实验区是一项将自然科学与社会科学相结合,跨学科、综合性的社会实践活动,是改革与发展过程中产生的新生事物。建立民族地区新农村实验示范区,可以为民族地区建设社会主义新农村发展战略探索经验,提供示范。

建立民族地区新农村实验示范区的指导思想是:通过实验,更新观念,加快改革,建立新型的社会经济管理运行机制;充分依靠科技进步,解决民族地区人口、资源、生态环境等方面的问题,不断改善全区人民生存环境,提高社会成员的素质,满足人民日益增长的物质文化生活需要,促进民族地区沿着文明、稳定与和谐的方向健康发展,为民族地区城乡居民尽快实现小康提供示范作用。实验区的数量可不予限制,但要成熟一个建立一个,建立一个成功一个,保证建区的质量。

建设民族地区新农村实验示范区是一项跨世纪的工程,具有探索性、综合性、广泛性、科学性和长期性的特点,涉及经济、社会各个领域。因此,要形成地方上下强化领导、整体规划、重点示范、全员参与的工作格局，拓宽社会各界兴办社会发展事业的路子，使社会资源在共享的过程中发挥更大的效益。

九、发挥生态优势建设和谐新农村

要保护民族地区具有的得天独厚的自然资源，发挥生态优势，把促进农村经济社会发展与推进农村生态环境建设紧密结合起来，走生产发展、生态良好的发展道路，努力建设社会主义和谐新农村。统筹人与自然和谐发展，既是贯彻落实科学发展观、构建社会主义和谐社会的必然要求，也是建设社会主义新农村必须遵循的重要原则。丰富的生态资源、良好的生态环境是农村特别是山区农村最大的优势。要立足山区实际，充分发挥生态优势，把生态建设与经济发展、基础设施建设和各项工程的建设有机结合，寓生态建设于新农村建设之中，努力探索经济发展、社会文明、生活富裕、环境优美的以人为本的新农村建设路子。

浅谈红河哈尼族彝族自治州城镇化建设

张佩烽[①]

加快城镇化进程既是优化城乡结构拉动需求、促进经济可持续发展的重要推动力，同时也是协调长期存在的人口、资源和经济发展之间矛盾的有效手段。随着国民经济持续、快速发展，综合国力的不断增强，城镇化战略的实施已成为当今社会发展的必然趋势。推进城镇化、加速城市发展、提升城市功能已成为红河州经济结构调整的重要内容。近年来，红河州紧紧抓住国家西部大开发战略和扩大内需的契机，大力实施城镇化带动战略，把加快城镇化建设作为推动红河州经济社会发展的重要任务来抓，为全州经济持续发展和构建和谐红河奠定了良好的基础。

一、城镇化的基本内涵和特征

推进城镇化建设，必须正确认识城镇化的基本内涵和特征，其主要表现为：一是产业结构和社会结构的转换，劳动力从第一产业向第二、三产业转移，人类社会从传统的农业社会向工业化社会转变，第一产业从业人员逐渐减少，第二、三产业从业人员越来越多，城镇的就业容量不断加大；二是城乡人口分布结构转换，越来越多的人由分散的农村向城市集中，农民进城的规模和速度不断增长，农村人口比重日渐减小，城镇人口比重日渐增多；三是城镇数量不断增多，城镇规模不断扩大，城镇基础设施、服务设施不断完善；四是人们价值观念和生活方式转换，城市文明、城市生活方式和价值观念向乡村地区渗透和扩散，传统乡村文化融入现代城镇文化，最终实现城乡一体化；五是在技术创新和制度创新的双重推动下，人口、资本等经济要素更健康、高效地在城乡之间流动、重组，城镇化进程加快了工业化的发展。

---

① 张佩烽，男，中央民族大学经济学院2005级区域经济学硕士研究生。

二、城镇化是红河州经济社会发展的必然趋势

随着红河州经济社会的不断发展，实施城镇化战略已成为红河州四大发展战略之一，纳入了经济社会发展的总体规划，并从人力、物力、财力等方面加大了投入力度，这是因为：

（一）城镇化是解决红河州"三农"问题的根本途径

城镇化是全面建设小康红河的一个战略性问题。解决农业、农村、农民问题的根本途径就在于推进城镇化，减少农民。推进城镇化是增加农民收入，全面建设小康社会的必经之路。城镇化滞后，农村富余劳动力过剩是红河州经济发展面临的最大结构性问题。长期实行的城乡分割的二元经济结构，导致农民收入上不去，工业发展的空间也受到限制，整个国民经济难以形成良性循环。因此解决农村问题，很重要的一个方面就是加快城镇化，相应地加快农村劳动力向非农业产业和城镇的转移，增加农民就业机会，减少农村人口，增加农村人均资源占有量。

（二）城镇化是扩大内需，保持经济稳定增长的客观需要

十六届五中全会通过的第十一个五年规划的建议强调，经济增长与人民生活水平同步提高，这就意味着中国经济在经历了出口拉动型、投资拉动型增长之后，"十一五"期间开始注重增强拉动经济增长的"第三驾马车"——消费的拉动力，开始以扩大内需为经济发展的基本立足点和长期的战略方针。红河州是个农业大州，消费拉动的最大潜力在农村。全州加快城镇化进程的目标是：到2010年，城镇化水平达到37％，力争蒙自、建水、弥勒、河口实现撤县设市，建制镇占乡镇总数达49％。扩大非农业人口的比例，统筹城乡协调发展。实现农村劳动力的转移和农民收入的增加，对扩大内需，保持经济的稳定增长至关重要。以实施新区开发、城镇改造、乡村小集镇建设为突破口，以抓好城市重大工程建设为重点，加大招商力度，走以地生财、以财建镇、以镇招商、以商带农的路子，带动红河州城镇化建设全面发展，以城市经济带动农村经济，促进城乡协调发展。推进城镇化进程是现代文明向农村传播的重要传导机制，推进城镇化用城市文明影响农村文明，改造农村文明，带动农村文明，是促进农村社会进步，提高农民

素质的有效方法之一。

三、红河州城镇化建设存在的主要问题

（一）城市化水平较低，城镇规模小，空间布局不合理

到"十五"末，全州城镇化水平仅为23%，比全国平均水平低9个百分点。除个旧市区接近中等城市规模外，其余都是小城市、小城镇，而且空间分布不尽合理，城市发展不平衡，差别大。从城市化水平来看，全州只有个旧、开远接近60%。许多县城所在城镇规模都偏小，边疆的一些县城规模甚至还达不到内地一个镇的水平。

（二）市政建设规划滞后

红河州的许多城镇是在近20-30年内发展起来的，在这些城市的发展过程中，规划严重滞后，不能很好地起到指导城市长远发展的作用，使城市建设重复投资，严重制约了城市化建设的进程。

（三）城市基础设施建设落后，城市整体水平较低

城市供、排水管网、（强）弱电管网建设不配套，城市的污水、垃圾处理能力比较低，城市道路不适应城市发展的需要，使城镇功能不配套，"以路为街，以街为市"的现象十分突出，功能分区不明显，影响了城市功能的正常发挥。

（四）城市管理水平不高

全州较高水平的卫生城市太少，绿化、美化不足，"脏、乱、差"现象突出，目前尚无生态化建设的城市。

（五）城镇产业结构不合理，缺乏经济活力，城市经济辐射带动作用差

全州依托城镇形成一定产业的只有个旧、开远、蒙自、弥勒等几个老工业、能源、化工、烟草基地。其他各县城市只是作为一般的人口聚集地，没有充分发挥其经济的辐射带动作用。

四、城镇化发展的目标和主要任务

(一) 城镇化发展的目标

基本确立适应社会主义市场经济体制的新型城乡关系,初步形成加快城镇化进程的体制框架、政策框架和规划体制。以个开蒙城市群的建设为龙头,积极发展中等城镇,大力发展小城镇。到 2005 年,全州非农业人口以及从事非农产业人口增加到 125 万人,城镇化水平达到 30%;争创省级园林城市 5 个,县以上城市人均公共绿地面积达到 8 平方米以上,绿地率提高到 30% 左右,绿化覆盖率在 35% 以上。

(二) 城镇化发展的主要任务

1. 逐步开展信息技术在城市规划管理中的应用。建立州(市)、县二级城市规划信息网,编制完成 13 个市、县城镇体系规划;完成 40 个重点乡集镇详细规划、重要集市贸易点、交通沿线、区位较好中心村的规划编制;完成 12 个市、县城平面、高程系统控制网改造及 1:500 基本比例尺数字地形图测绘,普及 GPS (GIS) 新技术及数字化测图技术;完成国家级、省级历史文化名城、名村(名镇)保护规划编制或修编,加强对历史文化名城、名村(名镇)的保护工作。

2. 加强城市基础设施建设。全州县以上城市供水能力达到 41 万吨/日以上,人均日综合用水量 350 升,供水普及率 99%。努力实现重点城市污水处理率达到 80% 的目标。全州城市污水处理率平均达到 40%;全州县以上城市垃圾处理无害化处理率达到 50%;县城以上城市使用燃气、炊电户数达到 7 万户,用气普及率达 70% 以上;县城以上城市道路总长度达 608 公里,人均城市道路面积 9 平方米;合理规划城市动、静态交通设施,提高城市道路通行能力。"十五"期间现有的县城以外的 29 个建制镇要达到:总体规划科学合理,供排水、通讯、道路、照明、绿化等基础设施配套,商业网点、文教卫生、幼托、集贸市场和各类服务设施比较齐全,乡镇企业集中连片发展,形成规模效应,住镇平均人口达 9000 人以上(其中 2 万以上的达 3 个,1 万人以上的达 8 个)。

3. 以人为本,加强城镇公共服务设施建设。逐步加大政府资金投入,拓展资金来源渠道，吸引多元投资主体参与城镇公共设施建设。合理规划建设城镇图书馆、博物馆、影剧院、体育场馆等公共设施，发展文化产业，丰富文化生活，强化城镇的文化中心功能。积极开展面向城镇迁入人口的各类社会服务，为迁入人口提供创业、就业、生活等方面的条件，并在住房、子女教育、医疗等方面提供相应的服务。

4. 建立合理的城镇体系。到2010年，将蒙自、弥勒、河口三个县撤县设市，全州城市数量达到6个。按照以个开蒙城市群建设为龙头，积极发展中等城市，重点发展小城市，大力发展小城镇的原则，经过努力，使现有的109个乡政府所在地的小城镇，有13个达到撤乡建镇。每个镇有一个科学合理的规划，建一个自来水厂，修一至二条镇内道路，建一个规范的集贸市场，建二至三个符合标准的公厕，有发展乡镇企业的基地，搞好镇内的环境绿化和垃圾处理。选择一些条件较好的村，合理地实行迁村并点，统一规划，配套建设，节约土地，建成一批社会主义的新农村。

五、推进红河州城镇化建设的意见

红河州经济社会的快速发展，一方面为加快城镇化建设奠定了物质基础，另一方面也对加速城镇化建设提出了更高的要求。

（一）准确定位，不断提高城镇规划水平

改革开放以来，红河州在城镇化建设方面迈出了很大的步伐，取得了显著成效，目前全州城镇建成区面积已达102.6平方公里，城镇化水平达到了29.1%，高于全省平均水平1个百分点。但客观看，有些城镇建设还缺乏科学规划，布局不合理，结构不协调，功能不完善，乱占耕地，盲目乱建，使得城镇建设水平受到一定影响。因此，在推进城镇化建设中，一定要不断创新发展理念，坚持以人为本、全面、协调、可持续发展的科学发展观，以战略思维和全局观念来策划城镇的发展。要按照市场经济的要求，摆脱小农经济的束缚，跳出就城镇建设谋划城镇建设的思维模式。要坚持从实际出发找准城镇的发展定位。既要立足当前，又要着眼长远，科学定位城镇的发展规模；既要从当前的实际需要考虑，又要突破行政区划的局限，在一个适度区域内确定城镇的功能定位；既要遵循城镇发展的一般规律，又要注重找准切入点，着力培育特色，发展特色。特色的培育一般应重点在县城和交通沿

线，物流、人流、信息流畅通，自然资源和人文景观等特色鲜明的地方求得突破，既要加快经济发展，又要考虑社会各项产业的全面进步，促进经济社会的全面协调发展。要站在全局的高度，科学制定城镇的总体规划，统筹考虑，合理布局，形成结构合理、功能完善的城镇化体系。

（二）加强指导，不断提高城镇管理水平

一要在鼓励和引导农民进城的同时，有计划地调节农民进城的规模和速度，解决好进城农民的就业问题，这既是加快红河州城镇化进程的核心问题，也是保持社会稳定的关键问题；二要认真研究红河州城镇人口增加、人口流动加快而带来的新情况、新矛盾、新问题，对城镇容貌和环境进行综合治理，彻底消除域内环境形象建设中的死角，使城镇管理纳入规范化、法制化的轨道，确保城市安全和社会稳定；三要处理好红河州城市化进程中的土地占用和土地流转问题，防止盲目滥占，防止侵占农民利益。红河州人多地少，必须实行严格的土地管理制度，"合理使用每一寸土地，切实保护耕地"。要积极引导村民居住用地，集中建设多户居住的公寓式住宅，使城镇中村民的居住环境逐步趋于城市居民，既有利于整体管理，又有利于土地的集约使用。

（三）创新理念，不断提高经营城市水平

首先，要确立经营城市的理念，把土地资源作为经营城市的主要对象和建设资金的重要来源，集中统一管理城建用地，高度垄断土地一级市场，对土地实行统一征用、统一储备、统一整理，通过推行土地使用权公开招标拍卖，挂牌出让，提高土地增值效益，积累建设资金，推进城镇建设和房地产开发；其次，要深化城建投资体制和城镇市政公用事业改革，将一部分经营性的城建资本通过产权转让、入股拍卖、使用权出让、经营权出让以及新建区域的街道冠名权、广告宣传权等方式，广泛吸纳国有资产之外的其他资本参与建设与运营。

（四）调整结构，不断提高项目支撑能力

从某种意义上讲，以经济建设为中心就是以成功的项目建设为中心，以发展为第一要务。以项目拉动城镇经济，以项目调整经济结构，以项目扩大就业机会，以项目招商引资，以项目增强发展后劲。一要适应市场需求，提

高农产品的市场竞争力和商品率，大力培育发展农产品加工业，坚持以科技为导向，努力形成公司＋基地＋农户的产业链，构建农工商、贸工农、产供销一体化的产业化经营格局；二要依托自然资源，因地制宜地发展符合国家环保要求的矿产资源加工业，以及各类工业产品加工业，形成支撑城镇发展的工业产业群；三要着力发展第三产业，在改造提升传统服务业的同时，加快发展现代服务业，促进流通服务业、科技和信息服务业、特色旅游业等的快速发展，以增加就业岗位，增强城镇发展的活力。

（五）优化环境，不断扩大对外开放力度

从一定意义上讲，环境也是生产力。要招商引资，要扩大对外开放，就必须注重创造一个良好的发展环境。除了塑造一个环境优美、秩序井然、文明的城镇形象外，最核心的是社会管理和公共服务。因此，要把改善发展环境的重点放在搞好管理和服务上。一是加大整治力度。在各级政府和公务人员中开展改善经济发展环境的教育，使各级干部树立围绕中心服务大局，促进发展的执法行政理念和行为准则；二是创造一个宽松的政策环境。坚持多支持，少干预，给创业、投资、发展以最大的自由度；三是加强社会服务体系建设。按照"简捷、周到、诚信、高效"的原则和现代管理的要求，重点加强金融市场、物流中心、人才市场、法律服务、信息咨询等方面的服务，搭建好一个高水平的服务平台，不断优化发展环境，营造招商、重商、亲商、爱商氛围，推动城镇建设的跨越式发展。

附 录

甘南藏族自治州重点林业生态工程建设情况

甘南藏族自治州农林局

1. 天然林资源保护工程

1998年长江洪灾后，党中央、国务院及时做出了全面停止长江上游、黄河上中游地区天然林采伐，实施天然林资源保护工程的英明决策，10月1日甘肃省人民政府也做出了停止全省天然林采伐的决定。甘南藏族自治州积极响应党中央和国务院的号召，坚决执行省上的决定，州、县（市）及时成立了天然林资源保护工程建设领导小组，并于当年9月底全面停止了全州天然林采伐，关闭木材市场，顺利实现了停采、停运。商品材产量由1997年的3.72万立方米直接调减为零。

2000年，以恢复和扩大森林植被，改善生态环境为主要目标的天然林资源保护工程在全州七县一市正式启动实施。2002年8月《甘南藏族自治州天然林资源保护工程实施方案》得到省林业厅的正式批复，《方案》规划甘南藏族自治州天然林资源保护工程从2000—2010年，实施公益林建设封山育林43.72万亩，管护森林509.71万亩，到2010年末时，全州新增有林地57.22万亩，森林覆盖率提高1.41个百分点。

工程启动实施以来，全州各级党委、政府和林业部门高度重视，把天保工程当前林业建设的头等大事来抓，层层签订责任，狠抓措施落实，强化监督检查，保证了工程建设健康、顺利的进行。截止2005年（累计投资7656万元），全州共完成公益林建设封山育林22.08万亩，每年管护森林面积509.71万亩，保护和培育了森林资源，促进了地方经济健康持续发展。为了确保天然林资源保护工作顺利进行，在工程建设中主要采取了以下措施：一是加强组织领导，强化监督检查。工程实施以来，州、县（市）政府和林业主管部门把天然林资源保护工程作为实施西部大开发战略的一项重点工程来抓，每年初都要召开全州林业生态建设工作会议，对全州以天保工程为主的林业生态建设工作进行全面安排部署。2002年，州政府还在碌曲县双岔林场召开了全州天然林资源保护工程建设现场会，通过互相学习，交流经验，增强了天然林保护工程建设的责任感和质量意识。各县（市）政府结合实际，专题研究，不断加强对工程建设的领导，进一步推动了全州天然林资源保护工作。州、县（市）林业主管部门进一步发挥职能作用，州上多次组织人员深入工程建设一线进行督促检查，并明确地提出建立三个系列的工作责任制，即县（市）、乡（镇）政府到行政村的行政责任制；林业主管部门、林场、管护站到管护人员的业务部门责任制；州县森林公安局及其派出所和木材检查站的林业执法单位责任制。通过加强领导，督促检查，有力地推动了天保工程建设。二是实行目标管理，层层落实责任。天保工程实施以来，州政府每年都要与各县（市）政府签订以天保工程为主的林业工作目标责任书，州农林局与各县（市）农林（林业）局签订林业工作年度目标责任书。县（市）林业主管部门、林场、管护站三级按照"定面积、定责任、定管护费、定管护时间"和责任区内"无乱砍滥伐、无森林火灾、无毁林开荒、无乱占林地、无森林病虫害、无乱捕滥猎野生动物"的"四定六无"要求，层层签订管护责任书，做到"面积、责任、管护人员、承包管护时间"四落实，提高了森林管护成效。三是健全制度法规，推行依法护林。为了切实加强天然林资源保护工作力度，州人大、州政府先后制定出台了《甘南藏族自治州天然林资源保护条例》、《甘南藏族自治州人民政府关于加强天然林保护、加快林业生态建设的决定》、《甘南藏族自治州生态公益林建设质量管理办法》、《甘南藏族自治州天保工程森林资源管护管理考核办法》等一个条例、一个决定、两个办法，同时还进一步加强了护林工作的图、表、卡、册、工作日志等制度建设，为甘南藏族自治州天然林保护工作顺利开展提供了强有力的制度保证。

工程实施6年来，全州生态环境不断恶化的趋势得到了有效遏止，森林保持水土、涵养水源、调节气候、保护牧场的功能开始逐步加强，生态效益更趋于明显，充分发挥了维系国土生态安全、推动经济社会可持续发展的基础保障作用。近年来，全州依托林业生态环境进行的水电能源工业、旅游服务等产业开发得到迅速发展，仅2004年全州发电总量达到30794万千瓦时，接待各类游客100多万人（次），住宿、餐饮、消费等服务业不断升温看好，产值高位递增，全州GDP每年都以高于10%的速度快速稳定增长，农牧工商业持续健康发展，人民群众生活水平得到了较大改善和提高，林业在促进自治州经济社会协调发展、拉动经济增长中的作用和地位进一步得到巩固和加强。

2. 退耕还林工程

2000年，根据省上的统一安排部署，全州在舟曲、卓尼、夏河、合作四个县（市）开展了退耕还林试点建设工作，2002年工程在全州除玛曲县以外的六县一市正式启动。工程实施以来，州、县（市）认真贯彻执行《退耕还林条例》和"退耕还林、封山绿化、以粮代赈、个体承包"等政策措施，加强领导，精心组织，广泛发动，深入实施，工程建设收到了良好的成效。

截至2005年全州退耕还林工程区涉及舟曲、迭部、卓尼、临潭、夏河、碌曲、合作等六县一市81个乡（镇、场）546个行政村1082个村民小组，参与退耕还林的农户达42789户205091人。完成工程建设任务35.6万亩，其中退耕还林16.1万亩，荒山造林15.5万亩，封山育林4.0万亩。工程实施以来，国家先后共投入甘南藏族自治州退耕还林工程建设总资金12943.8万元，其中投入种苗补助资金1780万元（其中2005年当年投资260万元）；投入2000—2005年度退耕还林粮款补助资金11163.8万元（其中含原粮1952.34万公斤，已折算成现金；含2005年粮款补助资金2253万元）。全部补助粮款目前均已兑现到户，保障了退耕农民群众的切身利益。此外在工程具体实施中，通过不断调整种植业结构和实施压粮扩经措施，农牧民群众增收明显，按照县（市）不同区域气候和资源等实际条件，在舟曲等地大力实施了以大红袍花椒、优质核桃等为主的名、特、优经济林果基地建设，在卓尼、临潭、合作、夏河等地大力发展畜牧养殖和优质牧草、藏中药材基地建设，退耕还林后续产业建设不断得到加强，部分群众从中获得了较好的经济收益。

为了确保退耕还林"还得上、稳得住"，在工程建设中主要采取了以下措施：一是落实目标责任。通过实行州、县（市）、乡（镇）三级政府退耕还林目标责任制和县级领导包乡、乡（镇）领导包村、一般干部包组、专业技术干部包技术服务的行政、技术双轨承包责任制，做到了目标明确，责任到人，促进了工程建设。二是强化质量管理。在退耕还林工作中，州、县（市）坚持"质量第一"的原则，以全面提高退耕还林工程质量为核心，严把"六关"：一把设计关。退耕还林工程作业设计由具有资质的林业调查设计单位承担，无资质的实行工程师负责制。作业设计严格按《甘肃省退耕还林工程年度作业设计编制方法》及有关技术规定编制，并实行县级审查，州级审批，省级检查制度，确保了设计质量。二把整地关。根据作业设计的整地技术要求和整地方法认真整地，基本做到了春整秋栽、秋整春栽和不整不栽。三把苗木质量关。各县（市）在确定造林树种后，除了引进少量名优品种外，坚持自己育苗、就地供苗、就近调苗，并严格实行"一签两证"制度；禁止跨省区，跨气候带调运苗木。确保了造林苗木质量。四把栽植关。在技术人员现场指导下，严格按作业设计和人工植苗技术要求操作，同时积极推广截干造林、地膜覆穴等抗旱栽植技术。五把管护关。针对甘南藏族自治州林牧矛盾突出，退耕还林管护难度大的实际，各县（市）建立了铁丝围栏、篱笆围栏、生物围栏、专人管护等多种管护形式，部分县（市）在工程建设资金严重不足的情况下，自筹资金修建管护房，指定专人管护，并与管护人员签订管护合同，管护成效与报酬挂钩，做到措施、报酬、责任、人员四到位。六把检查验收关。根据《甘肃省退耕还林工程建设检查验收办法》的规定和要求，认真组织开展县（市）级全面自查和省、州级核查工作，核查验收实行"谁核查、谁签字、谁负责"的责任追究制度。根据检查验收结果，对面积核实率、核实面积合格率低的县（市）、乡（镇）进行通报批评，责令采取有效措施给予补救；对两率达标的县（市）、乡（镇）给予表扬，鼓励先进，鞭策后进，有力地推动了退耕还林工程的顺利实施。三是整章建制，科学管理。科学的管理是确保退耕还林工程顺利实施、巩固退耕还林成果的关键。为了加强对退耕还林工程建设的管理，州人民政府制定下发了《关于进一步加强和改进退耕还林（草）工作的意见》，工程区各县（市）政府及有关部门结合各地实际，分别制定了"四荒地"治理、种苗供应、粮食供应、资金管理、档案管理等相关管理办法，并认真落实，为工程建设规范运行提供了政策和制度保障。

甘南生态环境现状、存在的问题及对策

甘南藏族自治州环保局

一、基本情况

甘南藏族自治州是全国十个藏族自治州之一，地处青藏高原东北边缘，总面积4.5万平方公里，总人口68.29万，其中藏族人口占49.7%。全州分为三个自然类型区：南部为岷迭山区，森林茂密，气候温和，以农业生产为主，有全国"六大绿色宝库"之美誉；东部为山地丘陵区，气候较为阴湿，农、林、牧兼营；西北部为青藏高原边缘，草地广阔，水草丰美，是全国"五大牧区一"。

甘南地区集中了陆地生态系统几乎所有的生态类型，这里有广袤草原、原始森林、高原湿地、星罗棋布的河流、湖泊和种类繁多的野生动植物，这些得天独厚的生态系统，共同在青藏高原东部及长江、黄河上游构成了一道天然生态屏障，发挥着巨大的生态功能。

甘南境内有闻名遐迩的尕海湖、则岔石林、莲花山国家级自然保护区和冶力关国家级森林公园、白龙江南部大熊猫自然保护区；"有如花的海洋"的夏河桑科、玛曲西麦朵塘；有黄河首曲大草原及久负盛名的"天下黄河第一湾"等几十处自然生态的绝胜佳境。

甘南地区河流、湖泊众多，水质优良。黄河、白龙江、洮河、大夏河及其120多条支流，纵贯全境。黄河从青海省流入甘南玛曲，在这里蜿蜒迂回433公里，形成了举世闻名的"天下黄河第一湾"。发源于甘南碌曲郎木寺的白龙江，是嘉陵江的一级支流，在甘南境内长达170公里。境内有国家级自然保护区——尕海湖，面积达1591公顷，这里栖息着多种国家一、二级保护动物。

甘南草原辽阔，水草丰美。全州草原面积4084万亩，其中可利用草场面积3848万亩，80%的天然草场集中连片，53%的草场是草质优良的亚高山草甸草场，自然载畜力高，耐牧性强，被专家誉为"亚洲第一天然草场"。

全州共有林地1382万亩，占甘肃省的30%，蓄积量占全省的45%。林区蕴藏着丰富的野生动植物资源，其中价值较高的藏药材850多种，特有名贵药材220多种，山野珍品近百种。甘南湿地独具特色。甘南湿地是面积较大的高原湿地之一，面积达680多万亩，特别是玛曲首曲湿地，是目前国内状态最原始、特征最明显的高寒沼泽湿地，对黄河水源起着重要的涵养作用，被称为"黄河之肾"、"黄河蓄水池"。

二、生态环境现状及面临的主要问题

甘南藏族自治州地理环境独特，境内多种复杂的生态系统，具有重要的涵养水源、水土保持、维持生物多样性、调节气候等功能，特别是补给水源功能十分明显和重要，对黄河中下游地区的生态安全具有举足轻重的作用。但是，近年来，由于气候变暖、降雨量减少等自然原因，加之人口持续增加、草原超载放牧、森林过度采伐等人为因素，以及其他复杂因素的多重作用，使这里的生态环境日趋恶化，生态功能逐渐减退，直接影响到黄河流域生态安全和甘南经济社会的可持续发展。

1. 草原严重退化，生产能力大幅下降。目前，全州已有90%的天然草地出现不同程度的退化，其中重度退化面积高达77.9%，草地鼠虫害面积有1630万亩，黄河沿岸沙化草地面积达80多万亩。并且沙化带正在不断扩展。全州重度退化草地产草量下降75%以上，中度退化草地下降42%，轻度退化草地下降24%。2004年全州天然草场亩均产草310公斤，比1980年的384公斤下降74公斤。从载畜能力看，1980年一个羊单位牲畜所需草场为5.1亩，2004年则需草场7.7亩。在433公里的黄河段上，两岸出现沙化带的已有220公里，植被厚度仅为5厘米左右，有些地方的草皮用手轻轻一提，下面沙土便裸露出来，其生态环境之脆弱由此可见一斑。

2. 湿地面积锐减，"黄河之肾"濒临衰竭。由于天然草地退化、沙化和盐碱化趋势加剧，目前，被中科院兰州分院有关专家认为是"黄河之肾"的甘南湿地正在迅速萎缩，大部分沼泽地干涸，湿地面积锐减。全州湿地面积现在仅剩190万亩。仅玛曲县境内的沼泽湿地干涸面积达153万亩之多。原有的大部分水草滩已变成植被稀疏、草质很差的干土滩和干沙滩。在2004年甚至发生了湿地着火的现象。

3. 水源涵养能力普遍降低，重要河流水量急剧减少。由于天然草地退化、湿地萎缩和林地面积的缩减，导致地下水位下降，不少河流断流，小溪和泉水干涸。根据水文资料记载，20世纪80年代以前，黄河干流在玛曲入境时的径流量为38.9亿立方米，流经433公里出境时，水量达到147亿立方米，径流量增加108.1亿立方米，占黄河源区总径流量184.13亿立方米的58.7%。洮河在甘南境内的年径流量为45亿立方米，大夏河的径流量为10亿立方米，分别占黄河年均径流量140亿立方米的31.1%和7.1%。从20世纪80年代到现在，玛曲段补给黄河的水量减少15%左右，洮河径流量减少14.7%，大夏河径流量减少31.6%，白龙江径流量减少20.6%。

4. 水土流失不断加剧，严重威胁群众生产生活。草地和森林植被遭破坏后，土壤的渗水和蓄水能力大幅下降，导致暴洪、泥石流和滑坡等灾害频发，水土流失加剧。20世纪80年代初全州水土流失面积为80万公顷，目前已达115.6万公顷，增长45%。山体滑坡地段有139处，面积达2984平方公里，直接威胁210个行政村528个村民小组群众的生命财产安全和正常的生产生活。同时，由于水土流失，目前白龙江含沙量比80年代初增加12倍，洮河含沙量增加了73.3%，大夏河含沙量增加了52.4%。

5. 生物多样性遭到破坏，鼠虫害泛滥。生态环境的恶化，使原来的生态系统遭到破坏，打破了原有的生态平衡和生物链，使许多物种消失，生物多样性日趋减少。在草原生态系统中，甘南草原历史植被覆盖度为85%～100%，多样性为29.1种/平方米，而现在中度退化的草地植被覆盖度为45%～65%，多样性为22种/平方米；重度退化的草地植被覆盖度小于45%，多样性仅为8.7种/平方米。森林生态系统中，目前约有75种植物正在减少或濒临灭绝，高寒灌木近二十年减少近50%。野生动物也在不断减少，20世纪六七十年代尚有各类珍稀脊椎动物230多种，而目前仅存的各类野生动物只剩140余种。完全绝迹的动物有11种。与此相反的是鼠虫害却泛滥成灾，全州草原鼠虫害面积达1630万亩，占草原总面积的42%。据统计，每公顷平均有中华鼢鼠22只，破坏草地面积2372平方米；达乌尔鼠兔109只，洞口824个，破坏草地面积1000平方米。被鼠类破坏的草地，牧草再生能力丧失，造成草地大面积退化、沙化，形成斑秃。

面对生态系统失衡、生存环境日益恶化的严峻趋势，甘南藏族自治州高度重视，采取了一系列强有力的措施，统筹兼顾，突出重点，科学规划，分步治理，取得了初步成效。然而，面对大面积、迅速恶化的生态环境问题，仅靠地方政府已难以解决。

三、对策和建议

甘南的生态环境问题,直接关系黄河、长江源头及其中下游地区的可持续发展,关乎整个黄河流域的生态及广大人民群众生产生活的安全。但目前由于自然、气候和人为等多种因素的影响,甘南的生态环境已变得极度脆弱,局部地区已不堪重负,被誉为"中华水塔"的甘南草原和"黄河蓄水池"的甘南湿地正在干涸。据有关专家测算,仅黄河中下游因洪灾或断流造成的损失中,有20%以上与甘南草原及以上地段的生态植被有关。1997年黄河断流仅山东省造成的100亿元损失中,有20亿元以上的损失可以被认为是由甘南及其以上地段生态恶化造成的。

1. 为从根本上解决甘南生态恶化问题,甘南藏族自治州经过论证,正在编制《甘南黄河重要水源补给区生态保护与建设规划》项目,争取被列入国家"十一五"生态保护与建设的总体规划。

2. 建立黄河上游甘南生态功能保护与建设示范区。从甘南所处的地理环境和生态地位看,建立"黄河上游甘南生态功能保护与建设示范区"显得非常重要和紧迫。这不仅是促进甘南农牧民脱贫致富奔小康、维护民族团结、构建和谐社会的需要,也是探索作为黄河重要水源补给区的甘南乃至整个藏区生态环境建设和经济社会协调发展模式的需要,而且是保持青藏高原"中华水塔"地位,保护我国生物多样性和生态净土,保障黄河中下游生态安全和人民生产生活安全的战略需要。同时,甘南地处青藏高原向东突出的边缘地带,集中了多种生态类型,其结构最为复杂,功能最为完善,信息最为集中,对相关生态环境最有影响,是研究青藏高原的标本区,对青藏高原生态建设与保护具有示范带动作用。因此,甘南藏族自治州完全具备建立国家级生态功能保护与示范区的条件。

3. 强化项目对生态保护与建设的支撑作用。国家在天然林保护、退耕还林(草)、退牧还草、禁牧休牧、牧民定居、沙化草地治理、草原鼠虫害治理、湿地保护、高原野生动植物保护以及小城镇建设和基础设施建设等方面的项目安排上应实行计划单列,加大对甘南的投资力度。坚持工程措施和生物措施相结合,生态效益和经济效益相结合,资源开发与生态保护相结合,通过项目带动生态保护与建设。

4. 建议国家建立并实行黄河中下游受益区向甘南黄河重要水源补给区

补偿机制，或者设立中央专项补助资金，对甘南生态进行重点保护。

5. 国家要像保护"三江源"生态环境那样，重视和保护甘南生态环境。

敖汉旗基本情况

课题组整理

一、自然概况

敖汉旗位于内蒙古自治区赤峰市东南部，地理坐标为北纬41°42′~43°01′，东经119°32′~120°54′。东邻通辽市奈曼旗，西北隔老哈河与翁牛特旗、松山区相望，西南和东南与辽宁省建平县、朝阳市、北票市接壤。全境南北长176公里，东西宽122公里，总土地面积1244.1万亩。

（一）地形地势

敖汉旗总的地势为南高北低，由南向北由低山丘陵向松辽平原过渡。北部为黄土漫岗和风沙坨沼地貌，海拔高在400~500米之间，相对高度100米以下，多为固定、半固定和流动沙地。中部为黄土丘陵，海拔在500~600米之间，相对高度150米左右，多数地方被深厚的黄土覆盖；南部为低山丘陵，属努鲁儿虎山余脉，海拔高在600~800米之间，最高峰1225米，相对高度在200米以上，上部山体为裸露的岩石或风化残积物，中下部为黄土或黄土状物质，山间河谷两岸为壤质洪积——冲积物形成的阶地。孟克河、教来河、老哈河、蚌河沿岸有宽度不一的冲积平原，地势较平坦。

（二）气候

敖汉旗属于温带干旱、半干旱大陆性气候区，由于地形复杂，各种气候因子南北差异较大。年平均气温4.9~7.5℃，年≥10℃积温2600~3200℃，极端最低气温-30.9℃，极端最高气温39.9℃。年均无霜期143天。年降水量310~460mm，由北向南递增，多集中在7~8月份，降水年率变化大，蒸发量2000~2600mm，为降水量的6~8倍；全旗年平均风速4m/s，大风持续日数40天左右。

（三）水文

敖汉旗境内有两大水系，五条主要河流，即西辽河水系的老哈河、教来河、孟克河；大凌河水系的老虎山河、牤牛河。每年平均地表水总量15.87亿立方米，地下水储量2.74亿立方米，每平方公里水资源拥有量22.4万立方米，人均水资源占有量1000立方米。

（四）土壤

土壤分布以褐土、栗钙土和风沙土为主，沿河平川分布着一定面积的草甸土。南部山区以褐土为主，总面积357.8万亩，占全旗总面积的28.7%；中部为栗钙土，由南向北呈地带性分布，总面积393.1万亩，占全旗总面积的31.6%；北部沿科尔沁沙地为风沙土，总面积260.4万亩，占全旗总面积的21%。其间分布有一定面积的沼泽土和草甸土。

（五）植被

敖汉旗地带性植被以疏林草原为主。北部以沙生植物为主，主要植物种类有黄柳、柠条、沙蒿等，人工植被以柠条、黄柳、杨树为主；中部植被稀疏，多为低矮的丛生小灌木及杂草，人工植被以杨树、山杏、柠条、沙棘为主；南部为低山丘陵森林草原，原生植被面积狭小，主要树种为白桦、椴树、山榆树、丁香、虎榛子、绣线菊等，人工植被以油松、山杏、沙棘为主。

二、社会经济状况

（一）人口、劳动力情况

截至2005年年末，全旗总人口59.3万人，其中，农业人口52.4万人，农村劳动力27.84万人。

（二）交通通讯现状

全旗交通运输业比较发达，有四通八达的公路运输网，京通铁路横贯本旗西北部，公路总里程2407公里，305、111国道也贯穿敖汉旗。程控交换机容量5.6万门，移动电话覆盖全旗各乡镇苏木。

（三）国民经济状况

敖汉旗总土地面积1244.1万亩，其中耕地面积255万亩。2005年，农牧业总产值141910万元，牲畜总头数189.8万头（只），粮食总产量78.4万吨，财政收入17028万元，农民人均收入2626元。

三、生态环境现状

全旗总土地面积1244.1万亩，其中，农业用地290万亩，占全旗总土地面积的23.3%；林业用地600万亩，占全旗总土地面积的48.2%；牧业用地198万亩，占全旗总土地面积的15.9%；其他用地156.1万亩，占全旗总土地面积的12.6%。在林业用地面积中，有林地面积533万亩，宜林地面积67万亩。

新的目标　新的跨越

——敖汉旗林业"十一五"展望

敖汉旗林业局

目前，敖汉旗林业进入了全新的发展阶段，为如期实现到"十一五"期末基本实现山川秀美的奋斗目标，"十一五"林业规划已新鲜出炉。规划确定，全旗林业今后五年的发展目标是：到2010年，全旗有林面积将达到600万亩，森林覆被率达到44.54%，使一切能够绿化起来的地方都绿化起来；建设生态公益林398万亩，稳定和发展杨树商品林、仁用杏、沙棘、叶用桑、饲用和能源转化灌木林等五大林业产业基地；森林蓄积量达到878万立方米，林业第一产业增加值达到2.8亿元，使林业生态体系、林业产业体系和林业管理体系进一步健全，为全旗林业基本实现现代化建设目标奠定基础。

六大工程开辟林业生态建设新天地

围绕全旗基本实现山川秀美总体目标，为促进林业生态建设布局合理、功能齐备，将对林业生态薄弱区域进行大规模的治理，"十一五"期间，要实施好六大林业生态工程，建设面积为94.5万亩。一是5万亩科尔沁沙地治理工程，实施重点为北部四乡；二是28万亩退耕还林工程，实施重点为全旗低质耕地；三是35.3万亩公益林建设工程，实施重点为已规划的公益林区的宜林地，并加强对现有公益林的管护；四是6.2万亩城镇村屯厂区道路绿化工程，实施重点为乡镇政府所在地、居民点、矿山、工业园区、机关学校、企事业单位、农牧业产业化小区、各级道路绿化美化；五是8万亩河沟道治理开发工程，实施重点是河沟道及两岸，重点实施好老哈河、教来河、孟克河沿河林业开发；六是12万亩低效林改造工程，重点抓好农牧场防护林、小老树、疏林地改造。逐步形成以山区、沙区林业生态建设工程为主体，城镇和村屯绿化为依托，公路和沟河两侧"绿色通道"为链接的新的绿化格局。在清洁发展机制（CDM）下，积极参与国际碳汇贸易，扩大生态建设成果的影响力。

在六大林业生态工程建设中，实施"南封北治"战略，南部山区治理以封育为主；北部沙区要加大治理力度，造封飞并举，使沙地治理再迈上一个新的台阶。全面实行混交造林，推广乡土树种造林，发展自然林业。同时重视培育优势树种，在南部山区灌木林中补植针叶树种、封育地块适当配置针叶树种，形成复层林，改变林种树种单一的状况。把公益林建设放在更加突出位置，努力维护全旗生态安全。

五大产业基地为林农带来福音

通过人工造林、封山育林、低效林改造，扩大杨树商品林、仁用杏、沙棘、叶用桑、饲用和能源转化灌木林等五大林业产业基地。主要布局是：中南部沟道和三河（教来河、孟克河、老哈河）沿线河道开发治理，建设杨树商品林基地5万亩、沙棘基地7万亩、叶用桑基地7万亩；中部丘陵区仁用杏、饲用和能源转化灌木林建设，建设仁用杏基地5万亩、饲用和能源转化灌木林基地4万亩；北沙区杨树商品林、饲用和能源转化灌木林建设，建设杨树商品林基地4万亩、饲用和能源转化灌木林基地5万亩。

在五大林业产业基地建设中，要利用退耕还林、宜林地绿化、采伐迹地更新，加大林种树种结构调整力度，重点发展大叶桑、条桑、玫瑰、沙棘、柠条、山竹子、文冠果、紫穗槐，适当压缩杨树和山杏造林比重。落实中幼林抚育管理措施，坚持新造幼林地连续抚育五年；加强过密用材林的间伐抚育，保持水分平衡，促进林木健康成长。

通过五大林业产业基地建设和管理，到2010年，全旗农牧民人均林业纯收入将达到1000元。

四大主导产业齐奏绿色产业畅想曲

通过招商引资、争取上级投入、制定优惠政策等措施，全力培植打造四大林业主导产业。一要重点培育以木材和"三剩物"为主要加工原料的木材深加工企业，提高现有加工企业技术含量和产品档次，着力扶持和培育资源利用率高、经济效益好的木材加工企业。到2010年使年产值稳定在500万元以上的木材加工企业达到8家。二要重点培育林副产品加工业，扩大以山杏仁、沙棘果、沙棘叶为主要加工原料的饮品加工企业生产规模，建设和引进灌木饲料林系列加工企业，建设缫丝厂一座。三要用足用活国家产业政策，加大林木资源开发力度。四要利用生态品牌、生态精神和人文资源，主动融入和挂靠全市旅游平台，发展生态旅游，建设大黑山、清泉谷、小河沿湿地、萨仁诺尔、环新惠镇城区、沙区人工生态系统等六处生态旅游区，做强做大生态旅游业。

五项改革再添林业发展新动力

继续深化林业产权制度改革。"十一五"时期改革方向是：保持集体重点公益林产权不变，充分发挥重点公益林补偿基金集中使用效益；将集体地方公益林产权全部落实到户；对已到户的个体林重新签订全旗统一印制的林地林木承包经营合同，作为林权证的补充要件；进一步明确建设、经营、保护和利用责权利，明确林权所有者各个时期的经营标准。为强化此项工作，将进一步强化林权管理部门的职能，加强对全旗林业产权制度改革工作的综合指导、承包合同的监督履行，并做好及时换发林权证和维护林权所有者合法权益等项工作。建立健全林地林木评估交易中心，进一步探索促进林地林木产权加速流转机制。深化林业分类经营改革，管严公益林，管活商品林，探索林业分类经营管理的有效途径，不断增强林业的生态和经济功能。深化国有林业改革，按着分类经营的要求，促进国有民营，进一步活化管理机制。推进种苗市场化进程，大力培育和规范种苗市场。深化林木采伐管理制度改革，促进林木采伐管理步入规范化、科学化、便民化轨道。

四大保护体系为建设成果带上护身符

一是建立健全资源林政管理体系。坚持木材凭证限额采伐制度，加强木材采伐源头管理。坚持木材凭证运输制度和加工经营许可制度，规范流通和加工管理。加强基础设施、技术装备和队伍素质建设，健全和完善森林资源行政管理体系、调查监测体系、木材检查站体系、林政稽查体系和资源监督体系。建立数字林业，基本实现资源林政管理的数字化。加强林权管理，及时发换林权证。强化林地管理，建立林地总量控制系统，征占用林地实行依法有偿和许可证制度，做到像保护耕地一样保护林地资源，确保全旗林业用地稳定在600万亩左右。建立健全森林资源评估体系，活化活立木市场。强力推行舍饲禁牧，促进生态环境持续好转。建立野生动物保护管理体系，加强野生动物保护法律法规的宣传，提高公众的保护意识，依法管理野生动物驯养繁殖、经营、运输等行为，坚决查处违法经营活动。及时调处林权纠纷，维护社会稳定。

二是建立健全森林草原防火体系。进一步深入完善以抓基层、抓基础、抓落实为中心，行政、经济、法律、技术相结合的森林草原火灾综合治理工作，实施重点火险区的综合整治。狠抓野外火源和坟头管理，加强自防自救、群防群治的宣传力度，有效提高全社会的防火意识和责任感，使森林火灾受灾年率继续控制在0.2‰以下，草原火灾控制在0.4‰以下。加大投入力度，加强基础建设，实现防火工作"四网两化"，即建立林火预测预报网、通讯网、瞭望监测网、林火阻隔网和扑火队伍专业化、扑火工具机具化。5年内修建防火瞭望台10处；开设防火隔离带和防火道路500公里；增加防火中继台5台、基地台10台、手持机30部、风力灭火机和灭火枪等扑火机具100台；建设生物防火林带5万亩；增加火情监测、预报人员10人，半专业扑火人员600人，组建一支50人的森警大队，建设现代化的防火指挥监测系统、防火应急通讯系统，实现防火工作耳聪目明。

三是建立健全有害生物防治和植物检疫体系。大力加强林业有害生物监测预警体系、检疫御灾体系、防治减灾体系、应急反应体系和防治法规体系建设，实现林业有害生物防治标准化、规范化、科学化、法制化、信息化，促进森林健康，逐步实现林业有害生物的可持续控制。到2010年，成灾率控制在1‰以下，无公害防治率达到90%以上，灾害测报准确率达到90%以上，种苗产地检疫率达到100%。森防站由国家级标准站晋升为国家级先进站。

依托项目，加强松毛虫、沙棘木蠹蛾工程治理。完成松毛虫工程治理22.5万亩，其中封育防治20万亩、营林改造防治2.5万亩，以人工冬防为主，化防为辅，大力推广无公害防治技术。完成沙棘木蠹蛾工程治理17.2万亩，其中清除有虫株15.6万亩、营林改造1.6万亩。

四是进一步加强森林公安建设。按照国家关于森林公安派出所达标建设的总体要求，切实改善基层森林公安基础设施和装备条件，全面加强森林公安队伍建设，努力提高森林公安预防控制和打击违法犯罪的能力。5年内将所属四个基层派出所全部建成国家一级标准所。解决公安干警编制、人员身份和办案经费不足问题，高标准建设四家子警务区。到2010年，旗森林公安机关与派出所建立网络互通平台，建成以"金盾工程"为核心的森林公安队伍管理信息系统、案件查处、日报系统，并建立森林违法犯罪人员档案信息库。

四大基础建设奠定林业现代化基础

一是夯实林木种苗基础。认真贯彻《中华人民共和国种子法》，落实良种壮苗繁育措施，到2010年新建成20万亩采种基地、1.3万亩良种基地、1处良繁中心；增加2处标准化种检室，每处面积100m²，并配有现代化种子检验设备；增加2处种子库，每处库房面积为200m²、晾晒场面积为1000m²，并配有种子加工设备。开展杨树、山杏等主要造林树种的良种选育工作，提高良种使用率。切实做好林木种质资源的普查、保护和利用工作。加强林木种苗执法体系建设。通过采取综合措施，使苗木质量合格率达到90%，种子质量合格率达90%，一级苗率达75%，基地供苗率达75%，良种种苗所占比例达到85%，容器苗所占比例达到30%。

二是大力发展林业科技事业。加快林业现代化信息系统建设，建立数字林业，筹建林业网络管理系统。进一步完善森林病虫害防治检疫信息系统、森林火灾等级预报系统和卫星终端系统，建立森林资源监测网络、野生动植物管理网络、木材检查监督网络等信息系统，提高全旗林业生态建设的现代化管理水平。加强林业科技推广体系建设，开通"敖汉林业科技推广网"；建立旗林业技术服务中心——基层林工站（国有林业场圃）——科技示范户（示范基地）——农牧民、旗宣传部门——乡镇苏木电视差转台——农牧民两个科技普及网络体系。实施林业标准化工程，大力引进和推广苗木组织培养和微体快繁技术、工厂化育苗技术；建立乡土树种造林、人工促封育、植物生长调节剂应用、沙棘雌雄株快繁、营林等五项林业科技示范基地；产研结合，强化沙棘木蠹蛾防治、山杏花果期冻害、低成本雨季造林、杨树品种选优四项林业科技攻关。

三是大力繁荣国有林业场圃经济。坚持林业分类经营，大力推进国有林业改革，促进资源增长、职工增收和场圃增效。实行林业生产基地化，完成造林10万亩，其中杨树兼用林3万亩，山杏林3万亩，沙棘林1万亩，灌木饲料林2万亩，大叶桑、大扁杏、苹果、苹果梨经济林0.5万亩，其他林0.5万亩。完成10万亩低产林改造、100万亩次中幼林抚育、1000亩水作型林农复合经营基地开发、1万亩人工种草。大力开展多种经营，每年完成1000亩特色种植，养殖草食家畜、肉鸡、肉鹅，实行林牧结合，草食家畜年存栏8000头只以上，年出栏10000头只以上，年出栏肉鸡、肉鹅5万只。到"十一五"期末职工年人均收入达到12880元，家庭人均收入达到4300元，林业场圃年总收入达到800万元。

四是全面加强基层林工站建设。利用五年时间，把乡镇苏木林工站建成"六有"林工站，即有一处标准的办公场所；有一支稳定的、高素质的队伍；有一定规模的试验推广基地；有一套必要的技术设备；有稳定的经费来源渠道；有一批好的推广项目。

"十五"成就映衬下一轮新辉煌

"十五"期间，在旗委、旗政府的正确领导下，在国内外项目的支持下，经过全旗各族干部群众的共同努力，克服了严重自然干旱和"两工"取消带来的不利影响，敖汉旗林业生态建设取得了长足发展，成为全旗林业发展史上速度较快、质量较好的五年，同时也是资金投入最多、农牧民获得实惠最多的五年，其发展成就必将成为敖汉旗林业生态建设史上浓墨重彩的一章：全旗完成营造林170.14万亩，占全旗总土地面积1245万亩的13.7%，年均增长2.74个百分点。国内外总投资达2.32亿元，是1949－2000年51年国家累计投资总额1656万元的14倍。"十五"期间的森林面积、蓄积量和覆被率继续保持了"三增长"，全旗现有林总面积达到533万亩，蓄积量达到522万立方米，森林覆被率达到39.96%。2002年6月5日，敖汉旗荣获全球"500佳"环境奖，同年9月4日温家宝总理做出重要批示，2003年被全国绿化委员会、国家林业局授予"再造秀美山川先进旗"称号。

"十五"期间的敖汉旗林业建设成效在敖汉林业发展史上是具有里程碑意义的，这为"十一五"林业全面、协调、可持续发展奠定了良好的基础。经过下一个五年全旗社会各界的共同努力，几代人山川秀美的目标一定会如期实现，那时山一定会更绿、水一定会更清、天一定会更蓝，人与自然和谐相处的绿色乐章一定会更美妙！

敖汉旗"十五"期间林业生态建设基本情况

中共敖汉旗委员会

敖汉旗人民政府

(2006年7月)

敖汉旗位于赤峰市东南部,地处燕山山脉东段努鲁儿虎山北麓,科尔沁沙地南缘。总土地面积1244.1万亩,辖15个乡镇苏木,总人口59.3万人,是一个以农牧业经济为主体的旗县,是国家扶贫开发重点县之一,是京津风沙源治理重点县。2005年财政收入为1.7亿元,农牧民人均纯收入为2626元。

新中国成立时,敖汉旗有林面积只有16万亩,经过全旗各族干部群众半个多世纪的努力,特别是三北防护林工程启动实施以来的20多年不懈奋斗,到本世纪初,全旗有林面积达502万亩。

2001年以来,退耕还林、京津风沙源治理、生态建设与保护、公益林建设、德援、碳汇等六大主体工程的深入实施,为敖汉林业发展注入了新的动力,成为全旗林业生态建设的重要依托。敖汉旗委、旗政府紧紧抓住这一历史机遇,带领全旗各族干部群众艰苦奋斗,克服了严重干旱和"两工"取消带来的不利影响,林业生态建设取得了长足发展,成为全旗林业发展史上速度较快、质量较好的一个时期。五年来,全旗完成营造林170.14万亩,占全旗总土地面积1245万亩的13.7%,其中人工造林125.54万亩,飞播造林5万亩,封山(沙)育林39.6万亩。国内外总投资达2.32亿元,是1949-2000年51年国家累计投资总额1656万元的14倍。"十五"期间的森林面积、蓄积量和覆被率继续保持了"三增长",全旗现有林总面积达到533万亩,蓄积量达到522万立方米,森林覆被率达到39.96%。

在六大主体工程的支持下,敖汉林业跨入了可持续发展阶段,林业建设质量明显提高。一是推行乡土树种造林,发展近自然林业,乡土树种造林使用率达80%以上。二是坚持不混交不造林原则,全旗所有造林全部实行两个以上树种混交造林,生态平衡理念深入人心,在赤峰市率先实现了全面混交造林。三是大力探索经济树种选择的有效途径,建设了山葡萄、无刺大果沙棘、薄壳杏、玫瑰、大叶桑、沙棘雌雄株配比等示范园,引进和培育了三倍体毛白杨、四倍体刺槐等众多新树种，生态与经济双赢发展模式已成为全旗各族干部群众的广泛共识。四是实施大工程带动大发展战略，重点抓了退耕还林工程、山区综合治理工程、沙区综合治理工程、沟河道治理工程、宽带路林建设工程、黄羊洼草牧场防护林升级改造工程、城区森林体系建设工程等一大批具有典型性和带动性的工程，用工程项目管理思维谋划林业生态建设。五是在工程建设过程中，突出生态区位和防护布局，使全旗森林防护体系进一步完善。六是依托工程带动，敖汉旗实现了全年全境舍饲禁牧，在人工和自然的双重作用下，林草植被恢复迅速，为全旗山川秀美又赋予了新的内涵。七是广大农牧民在工程项目建设过程中得到了实惠，五年来，农牧民人均累计增收467元。

在工程建设过程中，我们也积累了宝贵的经验，一是加强组织领导，强化政府行为，是搞好林业生态建设的关键；二是实施工程带动，严格项目管理，是搞好新时期林业生态建设的有效途径；三是强化生态保护，巩固建设成果，是维护生态安全的基础；四是完善相关政策，深化配套改革，是加快林业发展的动力；五是坚持科技兴林，推进科技进步，是林业发展提质增效的重要保证；六是发展林业产业，延伸产业链条，是林业可持续发展的重要依托。

在下一步工作中，敖汉旗将进一步深入贯彻上级关于加快林业发展的一系列文件和会议精神，切实抓好林业改革试验区建设，以改革促发展，以项目为依托，实施"南封北治"战略，加快宜林地绿化，对南部宜林荒山实行封育治理，对北部宜林地实行沙地综合治理，大力发展沙产业；根据生态区位和防护体系布局的需求，合理安排退耕地造林地块，增强防护功能。

尽管敖汉旗林业生态建设取得了明显的成效，但距离建成较完备的生态体系和较发达的产业体系目标仍然任重而道远，为此，恳请自治区林业厅在生态投资上对敖汉旗给予更多的倾斜，以推动敖汉生态建设不断迈上新台阶。

治 沙 英 雄

——记敖汉旗敖润苏莫苏木治沙大户、蒙古族牧民鲍永新

王国疆 刘忠友

鲍永新今年39岁，已经在沙漠中奋斗了16年。他硬是靠自己的一双铁手，把1.1万亩黄沙改造成了绿洲。他的这一壮举得到了父老乡亲们的高度赞誉，也得到了各级组织的一致肯定。他先后被苏木、旗政府授予"治沙劳动模范"和"生态建设先进个人"光荣称号；2003年12月，他被自治区人民政府授予"全区林业建设劳动模范"称号。对这样一个典型，新华社的记者两次前往采访和报道；2004年9月，中央电视台的《走遍中国》、2005年6月17日的《焦点访谈》和6月3日中央人民广播电台的《人物春秋》先后对鲍永新一家进行了专题报道。

从新房走进"炼狱"

鲍永新所在的敖润苏莫苏木荷也勿苏嘎查是典型的风沙危害区，过去被人们称为"东沙窝儿"。"东沙窝，穷沙窝，草稀树少大风多，夜里大风难入梦，早起沙土埋被窝"，风沙让乡亲们吃尽了苦头。鲍永新的家虽距沙窝较远，但他意识到如果不把沙漠治住，沙地以南大量的肥田沃土就会惨遭风沙的浩劫。所以鲍永新从走向社会的那天起，心里就有一个愿望：改变家乡的面貌，让黄沙变成绿洲，让沙窝窝变成为人类造福的金窝窝、银窝窝。

1990年初春，刚刚度完新婚蜜月的鲍永新，不顾家人的极力反对，告别了父母及乡亲，离开了有路、有电、有水、有学校的现代家园，与新娘于艳文一起搬进了漫无边际的道兰图沙地，踏上了艰苦漫长的治沙之路，开始了他苦难的炼狱生活。

俗话说，万事开头难。道兰图沙地位于嘎查的西北部，距苏木所在地30多华里，方圆十几里不见人烟。每到春天，这里沙龙翻滚，危及南面六七个村5万亩肥沃的耕地和十几万亩广袤的牧场。

这里不通电、不通车、不通电话，缺水少柴。他们夫妻俩临时搭起一个马架子式的小窝铺，权作栖身之处。起初，吃、喝、烧都十分困难，由于沙

地里不通车，吃粮买货靠人背。吃水就更难了，由于沙窝子10里之内没有水井，鲍永新就在附近找了个臭水泡子，在泡子旁边挖个深坑浸水，吃的时候用沙罩滤一滤，算是解决了吃水问题。用鲍永新妻子于艳文的话说，水泡子的水又臭又腥，一般人别说喝了，就是看上一眼也会恶心的，里边经常漂着枯枝落叶和死虫子。烧的也成了女主人最头疼的事，茫茫沙地光秃一片，每天俩人都要跑出四五里路去拾柴，遇到大风天气，就只能过着饭不熟、炕不热的"原始"生活了。

光阴荏苒，不觉间他们度过了苦累艰难的一年时光，他们的大儿子在阳春三月出生了。为了让儿子见证他们治沙的经历，也为了让儿子伴着沙漠中的绿色一块成长，他们给儿子起了一个极具特色的名字："沙特"。后来他们的二儿子出生时，淳朴的牧民们竟顺口命名为"阿拉伯"。从此，鲍永新夫妇苦战荒沙的事迹竟同"沙特"、"阿拉伯"的名字紧紧地绑在了一起，成为敖汉治沙史上的一段佳话。

然而，他们艰苦的日子并没有因为儿子的出生而结束。相反，两个儿子的呱呱坠地，给鲍永新夫妇平添了不尽的负担。一个风雨交加的夜晚，大儿子沙特高烧39度多，夜间11点多钟，孩子突然抽搐起来，这下可把小两口吓坏了，俩人一个抱着大儿子、一个背着小儿子，深一脚浅一脚地走了大半宿，才找到了沙地外的一个诊所。沙特得救了，阿拉伯却因风吹雨淋着了凉，又感起冒来了。

1993年夏天，连绵细雨几天不停，家里没了粮食。鲍永新徒步走出沙地去买粮，当他半夜赶回家时，他们的窝铺已被雨浇塌了。风雨中，妻子正搂着两个孩子，在新支起的塑料小棚里瑟瑟发抖。风一更，雨一更，泪水伴雨水，他们的心在痛，在痛……

16年，风吹雨淋沙压毁掉了他们的三处住房。现在，他们的第四处住房正在建设中。

近似原始般的生活，没有改变夫妻俩治沙的决心。无悔的人生选择，在支撑着他们的治沙事业。

发了疯的治沙人

治沙谈何容易！

一开始，他们用牛车往沙子里拉玉米茬子，摆成"茬子阵"，再往茬子上撒草籽，种草固沙。后来用人工插黄柳，种柠条、山竹子和沙打旺等，一个沙坑一个沙坑地治，一小块一小块地推进。两年后，窝铺附近的几千亩沙地终于有了些绿色。

1993年的春天，鲍永新找到苏木、嘎查领导，按照国家"五荒拍卖"政策，将道兰图沙地的1.1万亩沙地作价承包下来，签订了承包15年的合同。

他承包的1.1万亩沙地，有5000亩为流动、半流动沙地，6000亩只有5%的植被。望着"哗哗"流动的沙丘，亲戚朋友惊讶地问："你包这些白沙子，是不是疯了？"他坚定地说："我没有疯，但拿出疯劲去治沙，没有治不好的，沙子怕的就是发了疯的治沙人。"

说干就干，他请来了苏木林业站的技术人员，帮他进行科学地规划设计。为了解决治沙费用，他把自己饲养的30多只山羊全部卖掉，用卖羊的7500元钱和林业部门的投资补助，当年飞播山竹子、柠条和沙打旺牧草7000多亩。由于雨水调和，飞播的沙打旺和山竹子很快长起来，秋后还采了一些草籽。从1994年开始，每年光草籽就能收入一万多元钱。不仅如此，黄柳条也开始见到了效益，1996年初秋，他以每捆4毛钱的价格出售，收入2000多元钱。

得到第一笔收入，鲍永新看到了希望，也增强了战胜荒沙的信心。他常年奔波在茫茫的沙海之中，像看护自己的孩子一样看护着这里的一草一木。在他的精心呵护下，沙子终于被封住了，植被在逐年增加，绿色在逐年延伸，一个更大的治沙计划也随之付诸实施了。

1997年春，在亲朋好友的帮助下，鲍永新筹措资金2万多元，开沟栽杨插条3.7万株；投资1.5万元，架设输电线路1600米，购置安装变压器一台，解决了用电问题。1998年，他又筹措4万余元，开沟栽植杨树5万余株，成活率近100%。1999年春，筹资6万余元，开沟植杨树4万株，栽山杏5万株。三年治理沙地8700亩，总投资13.5万元。

2000年春，鲍永新再次投资3万多元造林，从外地雇来两台拖拉机，大干一个月，栽植山杏5万株，杨树3.5万株。当年却遇上了大旱，8.5万株树苗成活率仅为10%。尽管如此，依然没有动摇他治沙的决心，依然发疯般地植树种草治沙不止。为了治沙事业，鲍永新不知吃了多少沙土，也不知扒了几层皮、掉了几斤肉、跑了多少路，他克服了常人难以想象的艰难困苦，把赌注都压在了治沙事业上，他甚至为此还借了十几万元的贷款。终于，他在苦难的炼狱之中修成了正果。

黄沙变成了绿洲

鲍永新十几年治沙不止的举动，得到了有关部门的大力支持。苏木党委政府动员全苏木牧民开进道兰图沙地，支援鲍永新治沙插柳2000亩，给他注入资金1万余元，提供的树苗、草籽等折款2万余元，还提供网围栏4800米，协调低息贷款10余万元。旗林业局无偿为他提供樟松营养袋苗1000余株、山杏5万株、柠条15万株，价值2万余元。为了支持他在沙地里走出一条种草养畜、集约高效的畜牧业路子，旗委、旗政府的领导多次到沙地调查研究，协调林业、畜牧等部门为他争取项目资金7万余元，帮助他新建标准化棚圈225平方米，种草1000亩，沙地围封4000亩，营造杨树防护林300亩。

梅花香自苦寒来。鲍永新一家的艰辛付出和16年的不懈治理，终于有了回报。昔日寸草不长的道兰图沙地，胸径在14厘米以上的杨树就有两万多株，10厘米以下的杨树有3万多株，林草植被覆盖率已达70%多。每年仅草籽一项收入就达3万多元。2005年7月，他从敖汉种羊场购进120只敖汉细毛羊，每年可获收入2万元。当年一无所有的他，如今已变成了拥有百万元沙产业的"富翁"。

2005年6月10日，《焦点访谈》摄制组在这里采访时，收入镜头的是一行行挺拔的白杨，一丛丛蓬勃的黄柳，一片片苍翠的牧草和一群群逍遥的鸟雀。这草茂林丰的景象给他们留下了极为深刻的印象。他们在"世界防治荒漠化日"这个特殊的日子，以《一家人和1万亩沙地》为题，报道了道兰图沙地的巨大变化，向国人展示了治沙标兵鲍永新改造自然、恢复生态、人与自然和谐发展的成功路子。2006年春，鲍永新在旗林业主管部门的规划指导下，修建高标准穿沙公路2500米，造林80亩，完成丘间地人工造林120亩，完成退耕还林75亩，重点公益林补植面积4570亩，完成春插黄柳100亩，封沙育林1000亩，总用苗102268株，其中樟子松容器苗18674株，柠条50000株，踏郎82000株，杨插条15000株，杨大苗30000株。如今，鲍永新，这个名不见经传的普通牧民，因为治沙而"走遍了中国"，已经成为国人心目中的治沙英雄。

敖汉旗生态建设基本情况

课题组整理

一、基本情况

据《明史》记载，敖汉曾是"沙柳浩瀚，柠条遍野，鹿鸣呦呦，黑林生风"的繁茂之地。后来由于滥垦、战争等原因，到新中国成立之初全旗有林面积只有 16 万亩。但当时人口较少，植被条件较好，到处还是"天苍苍，野茫茫，风吹草低见牛羊"的自然景观。上世纪 60 年代初到 70 年代中期，由于人口剧增、滥垦滥牧，土地沙化、水土流失加剧，流动半流动沙地以每年 7 万亩的速度递增，每年有 3 万亩良田被洪水冲成河滩、大沟，到 1975 年，全旗沙化土地面积达 259 万亩，水土流失面积达 960 万亩，分别占全旗总土地面积的 20.8% 和 77.3%，形成了"沙化——水土流失——贫困化"的恶性循环。农业生产处于"种一坡，收一车，打一簸箕，煮一锅"的境况之中，中北部沙区每年翻种几次才能抓住春苗，玉米、高粱等高产作物根本无法种植。以 1972 年为例，全旗粮食总产量仅为 0.45 亿公斤，当年吃返销达 0.55 亿公斤。牧业上，由于草牧场严重退化、沙化，载畜量急剧下降，陷入了"夏壮、秋肥、冬瘦、春死"的窘境。全旗铁（公）路沙阻现象时有发生，每年交通部门都要耗费巨资，清理沙阻，埋设沙障，阻挡风沙。

严酷的现实，坚定了敖汉人民根治沙害、防治水土流失的决心和信心，从上世纪 70 年代开始，敖汉人民坚持不懈地开展了大规模的以植树种草为中心的旨在改善生态环境和生存、生产、生活条件的生态建设大决战，特别是"三北"防护林工程、京津风沙源治理工程的启动实施，为敖汉林业的发展注入了新的动力。1978 年到 2005 年的 27 年间，全旗造林保存面积达 409 万亩，年均 15 万亩。依托退耕还林、沙源、生态建设与保护、德援、意援项目，全旗生态建设步伐进一步加快，自 2001 年以来累计完成营造林 170.14 万亩，占全旗总土地面积 1245 万亩的 13.7%，其中人工造林 125.54 万亩，沙源项目飞播造林 5 万亩，封山（沙）育林 39.6 万亩。在人工造林中，退耕地造林 33.5 万亩，荒山匹配造林 24.5 万亩，沙源项目防护林造林 4.6 万亩，沙源项目造林 23.3 万亩，生态建设与保护造林 0.7 万亩，德援项目造林6.35万亩，意援项目造林4.5万亩，其他造林28.09万亩。在封山（沙）育林中，沙源项目封山（沙）育林27.99万亩，德援项目封山（沙）育林8.61万亩，荒山匹配以封代造3万亩。目前，全旗有林面积达533万亩，占总土地面积的42.8%，森林覆被率达39.96%，是新中国成立之初有林面积的33倍，是1978年前的4倍；全旗保存治理水土流失面积495万亩，治理程度达到51.4%；全旗重点治理小流域土壤侵蚀量减少80%，蓄水量提高到85%。

几十年坚持不懈的努力，敖汉旗的生态环境已由五六十年代的黄沙滚滚、荒山秃岭变为今天的绿洲片片、千峰叠翠，生产、生活条件也随之发生了根本性的变化。一是生态环境明显好转。根据2004年全国第三次荒漠化和沙化监测结果显示，敖汉旗沙区经过多年治理，流动沙地已由1975年的57万亩减少到现在的5.22万亩，半流动沙地由171万亩减少到8.79万亩，固定沙地则由31万亩增加到98.87万亩。有100万亩农田、150万亩草牧场实现了林网化。带网片、草灌乔相结合的防护林体系已初步形成。全旗控制水土流失面积635万亩，基本实现了水不下山、土不出川。区域小气候有了明显改善，上世纪九十年代与六七十年代相比，全旗年均降水量增加30.5毫米，无霜期延长2天，平均风速降低1.65米/秒。二是经济效益显著提高。从1991年开始，敖汉旗农业连续八年获得大丰收，成为全区产粮大县；畜牧业产值突破9亿元大关，成为"全国畜产品生产先进县"。2005年全旗林业产值达1.88亿元；活立木蓄积达522万立方米，人均8.8立方米；林木总价值达9.4亿元，相当于人均在绿色银行存有保值储蓄1764元；林业生态经济效益总价值达122.3亿元。全旗农村经济初步走上了"林多草多——畜多肥多——粮多钱多"的良性循环之路。三是社会效益突出。在敖汉旗，形成了一任接着一任干、一张蓝图绘到底的领导机制和一整套政策保证体系；形成了用生态建设绩效评价干部的用人机制和良好的"生态立旗"社会氛围；形成了实事求是、与时俱进的工作作风和宝贵的"不干不行，干就干好"的创业精神；形成了集中会战创精品、分散会战保任务的生态建设组织形式和较成熟的营造林科技支撑体系。由于敖汉旗生态建设成就显著，国家有关部委先后授予敖汉旗三北防护林体系一、二、三期工程建设先进单位、全国治沙先进单位、全国造林绿化先进单位、全国平原绿化先进单位、全国科技兴林示范县、全国林业宣传先进单位、国家级生态建设示范区、全国林业生态建设先进县等荣誉称号，2002年联合国环境规划署授予敖汉旗全球"500佳"环境奖，2003年全国绿委会、国家林业局又单独授予敖汉旗"再造秀美山川先进旗"称号，这些荣誉不仅鼓足了敖汉人民再造秀美山川、建设美好家园的信心和决心，更提高了敖汉的知名度，成为敖汉对外交往的一张"绿色名片"。

二、生态建设采取的措施

敖汉旗生态建设之所以能够取得明显成效，其原因在于坚持做到了以下几点：

（一）坚持综合规划，绘制宏伟蓝图

从1980年开始，敖汉旗以小流域为单元，坚持山水田林路统一规划、综合治理。1989年，旗政府针对敖汉旗生态建设实际，做出了《七年绿化敖汉的规划》，并形成人大决议。1992年，结合赤峰市生态经济建设方略的提出，敖汉旗生态建设实现了单一生态型向生态经济型的转变。1997年制定了《敖汉旗水土保持规划》、《敖汉旗生态建设近期规划》和《敖汉旗坡改梯规划》。1998年，旗委以1号文件下发了《关于加强敖汉旗生态农业建设的决定》，1999年，敖汉旗第十三届人大一次会议通过了《关于加强水平梯田建设的报告》。2001年，旗委、旗政府又出台了《关于加强生态建设的实施意见》。2003年，旗委、旗政府在上三级林业部门的指导下，制定《敖汉旗生态建设规划》。这些规范性文件都不同程度地为敖汉旗生态建设绘制了近期长远发展的蓝图，提出了基本建设的目标和指导思想。

（二）坚持加强领导，发扬接力赛精神

敖汉旗历届领导始终用科学发展观指导生态建设工作，将生态建设作为立旗之本、生存之本、发展之本、振兴之本。从1979年开始，旗委、旗政府先后四次做出关于大力植树种草和治沙治山的决定，对每一发展阶段都进行了精心规划。在工作中，始终坚持党政一把手亲自抓，分管领导具体抓，几大班子共同抓，坚持一届接着一届干，一张蓝图绘到底的接力赛精神，换人不换目标，换届不换蓝图。20世纪80年代初以来，敖汉旗委换了七任书记，政府换了七任旗长，但是生态建设不仅从未间断，而且形成了一任比一任建设得多、建设得好的势头。在干部使用方面，实行生态建设一票否决制

度，几年来，有10多个乡镇的干部因生态建设滞后被一票否决；有近百名在生态建设中做出突出成就的干部先后被提拔任用。

（三）坚持服务社会，促进协调发展

敖汉旗始终把生态建设置于全旗经济社会发展大局中进行谋划，优先解决生态状况恶劣制约经济社会发展的"瓶颈"问题。如：针对农田牧场沙化退化，从20世纪70年代开始，集中连片地建设了农牧场防护兼用林，使100万亩农田、150万亩草牧场实现了林网化，全国最大的草牧场防护林——黄羊洼草牧场防护林就是其中的典型代表之一；针对水土流失，在中南部丘陵山区大力营造水土保持林、经济林和用材林，使该地区有林面积达到264万亩，森林覆被率达到37.8%，实现了水不下山、土不出川；针对京通铁路沙阻，1982年，旗委、旗政府组织七乡两场9179人在敖汉境内全长94.2公里的铁路两侧营造护路林31267亩，被称为"万人百公里大会战"，使京通铁路彻底告别了沙阻；为了减少山湾子水库的淤积，延长水库使用寿命，1975年，旗委、旗政府组织水库上游三个乡镇大力营造水保林，目前三个乡镇有林面积已达52.6万亩，占总土地面积135.6万亩的38.8%，理论上1996年就达到使用寿命的山湾子水库，现在水利库容仍达1274万立方米，仍在为中北部27.8万亩农田灌溉发挥着重要作用。

（四）坚持三效统一，突出农牧民增收

1996年以前，为治理沙化和水土流失，敖汉旗主要实行带网片、草灌乔相结合，以生态效益为主的方针。随着全旗防护林体系的初步建立，旗委、旗政府开始围绕农牧民增收，重视生态、经济、社会效益相统一，加大了杨树商品林、山杏经济林、沙棘经济林、饲用和能源转化灌木林、蚕桑基地等五大林业产业基地的建设步伐，取得了明显成效。据不完全测算，全旗每年木材产量达5万立方米，年产值1300万元；农户烧柴40%来自于林木副产品，价值2900万元；经济林产值达140万元；林木种子产值达700万元；天然食用菌产值120万元；林木饲草价值930万元。六项总计达到6090万元，每年为农牧民增收114元。农牧场防护林体系的建立，还促进了农业和草业的发展，初步估计，农田防护林对粮食和秸秆年均增产价值达0.95亿元，农牧民人均增收178元；草和草籽年均增产价值0.49亿元，农牧民人均增收92元。

（五）坚持政策吸引，强化利益驱动

敖汉旗长期坚持"谁造谁有，一次到户，过期不补，长期不变，限期治理，允许继承和转让"的优惠政策，用政策调动群众积极整地、筹款买种买苗。同时，加大产权制度改革力度，大力发展非公有制林业。在种苗供应上，最初由财政无偿为群众供苗，1985年后实行半价供苗和以奖代补政策。在幼林期实行以耕代抚，不仅节约了抚育成本，促进了林木生长，而且增加了农牧民收入。进入20世纪90年代以后，采用家庭承包、联户承包、集体开发、租赁、股份合作、拍卖使用权和无偿划拨等多种形式治山治沙，利益机制得到充分体现，群众积极性空前高涨。随着国家对生态建设投资的加大，敖汉旗又把足额兑现国家政策充实到政策体系中，将"国家要绿"和"群众要利"有机结合起来。《中共中央国务院关于加快林业发展的决定》出台后，敖汉旗进一步加大了政策调整力度，目前正在全力推进林业产权制度、国有场圃、林业分类经营、任期目标管理责任制、重点工程项目管理、种苗市场化和舍饲禁牧七项重大变革，并已取得突破性进展。

（六）坚持典型引路，加快绿化进程

20世纪80年代，南部山区的刘杖子、北部沙区的乌兰巴日嘎苏就已初显三大效益，是全旗最早的生态建设典型。90年代，大规模的生态建设会战展开后，敖汉旗又出现了六道岭的精神、大青山的气魄、黄羊洼的规模、黄花甸子的模式、玛尼罕的路子、治沙林场的效益等可资借鉴的典型。许多可歌可泣的英模人物，如造林英雄李儒、绿林好汉马海超、沙漠之狐孙家理、绿色旋风郑宪铭、大漠骄子张富、绿化老兵姜云汉、治沙勇士王国泰、治沙标兵鲍永新等，也在造林绿化中涌现。其中有7人荣获全国绿化奖章，1人荣获"全国十大绿化标兵"称号，1人荣获"全国造林绿化劳动模范"称号。通过广泛宣传先进典型的成功经验和英模人物的先进事迹，全旗上下形成了"比、学、赶、帮、超"的良好生态建设氛围，进一步加快了造林绿化进程。

（七）坚持集中会战，实现规模治理

为了加快生态建设步伐，实现规模效益，从20世纪80年代起，敖汉旗采取了大兵团集中攻坚的办法，每年都确定三至五个乡为会战重点，集中联片治理。90年代中后期，面对远山、石质山、大沙等治理难度大的流域，敖汉旗又采取了联乡联村会战的办法，几万人甚至十几万人集中在一个大的区域会战，各乡镇在特定的行政区域内，推磨转圈，轮流治理，以工换工，齐工找价，大体平衡。这样不仅加快了治理速度，而且形成了综合完善的工程体系。近几年，在国家投资加大的新形势下，很多乡镇又推出了集中会战和专业队治理相结合的全新生态建设组织形式，都取得了明显效果。

（八）坚持科技兴林，提高建设质量

敖汉林业的快速发展，仰仗了科技的全程支撑。"三北"防护林工程建设以前，大多采取埋干、埋条、直播、实生苗造林，造林成活率不足40%，需要经过1~3次补植，才能成林。"三北"防护林工程启动以后，敖汉旗研究开发并应用了开沟犁造林技术，使造林成活率提高到85%以上，比传统方法提高30%，大大加快了全旗造林绿化进程。在这一发明的启发下，敖汉旗提出了"不整地、不造林"的技术措施，形成了深沟大坑整地、良种壮苗、苗木保湿、浸苗补水、适当深栽、扩坑填湿土、分层踩实、培抗旱堆等八个以开源节水为中心的抗旱造林系列技术，为全旗林业快速发展提供了技术保证，在"三北"地区得到了广泛推广应用。从"九五"后期开始，敖汉旗造林进入攻坚阶段，宜林地多处于石质山、大沙，难度大、成活率低。为有效地进行治理，敖汉旗又在山地综合治理上，采取了客湿土、泅湿土、营养袋、覆膜、坐水栽植等造林新技术，大力推广应用ABT生根粉、根宝Ⅱ号、保水剂等植物生长调节剂，引进和推广黄柳网格沙障技术，使流动、半流动沙地一次性得到治理。同时，充分尊重生态平衡和水分平衡规律，因水定林，全旗所有造林全部实行两个以上树种混交造林，大力优化林种树种结构。在营造林中充分兼顾农林牧三业的最佳组合，对人工造林进行全面质量管理，并开始对重点林进行集约经营，以全面提高林业建设的整体水平。敖汉旗始终把林业科技攻关放在科技兴林的突出位置，有9项林业科研成果获得省部级以上奖励，其中有1项获得国家科技进步三等奖。

（九）坚持种苗先行，提供物质保障

在多年的林业生态建设中，敖汉旗坚持把育苗工作作为林业工作的首要任务来抓，一是以国有育苗为主、乡镇育苗为辅进行育苗。每年育苗面积都保持在2000亩以上，年产合格苗木2500万株以上，切实保证了全旗每年20~30万亩人工造林用苗。二是引进优良林木品种，调整树种结构。淘汰了

部分树种，逐步筛选确定了一些适宜本地生长的速生抗逆杨树主栽品种，并先后引进了落叶松、沙棘、条桑、枸杞和优质果树品种，使全旗造林工作步入了树种多样化和良种化发展的轨道。三是应用育苗新技术，提高苗木质量。在育苗中，推广应用了化学除草、地膜覆盖、容器育苗、ABT生根粉育苗、叶面施肥、喷灌育苗等先进适用技术，同时，用扦插育苗取代了杨树直播育苗，大垅育苗取代了床式育苗，机械掘苗取代了人工掘苗，使苗木质量和作业质量都有了明显的提高，一、二级苗木比例由过去不足40%提高到现在的85%以上。

（十）坚持保护优先，巩固绿化成果

敖汉旗把保护建设成果作为生态建设工作的重中之重，认真贯彻《防沙治沙法》、《森林法》、《野生动物保护法》等法律法规，坚持"一分造，九分管"，旗里成立了森林公安、资源林政等林业执法机构，各乡镇都成立了护林护草机构，全旗现有护林组织82个，共有专兼职护林护草员3500名。几十年来，没有发生重大毁林毁草案件。以对敖汉人民高度负责的精神，认真做好森林有害生物防治和森林草原防火工作。2003年，旗委、旗政府出台了《关于加强生态保护工作的决定》，从2004年起，所有草食家畜实行全年全境舍饲禁牧，进一步加大了森林资源的保护力度。

（十一）坚持产业开发，谋求持续发展

敖汉旗重点抓了木材深加工和山杏、沙棘开发利用等骨干项目，以拉长产业链条。1992年敖汉旗建立了年生产能力1.2万吨的杏仁乳厂，现在转为民营，年产2000吨，产值1000万元，上缴税收100万元；1994年利用沙棘叶成功地制出了沙棘茶后，建成天源茶厂，现年产沙棘茶2吨、沙棘油200公斤，产值32万元，上缴利税2万元；位于河东新区投资1.2亿元5条沙棘系列产品生产线的内蒙古康健沙棘有限责任公司正在紧张施工之中；为了解决"小老树"更新利用和小径材销售难的问题，1995年投资建设了年生产能力为3万立方米的中密度纤维板厂。此外，全旗还有60多个星罗棋布的小型木材加工厂点，使原木增值1倍以上，2001—2003年仅木材加工产值就达5295万元，原木产值达1313万元。同时，加大了木材加工业、饮品加工业、灌木饲料加工业、蚕丝加工业和野生动物驯养繁殖业等五大林业主导产业的建设与开发力度，努力把林业产业做强做大。

赤峰市京津风沙源治理工程实施情况

赤峰市发展与改革委员会

赤峰市京津风沙源治理工程、退耕还林还草工程在国家和自治区的大力支持下，经过各级党委、政府的精心组织，各有关部门的密切协作和广大基层干部群众的辛勤劳动，圆满地完成了各年度的治理任务。

一、投资及治理任务完成情况

自2000年国家京津风沙源治理工程启动以来，赤峰市12个旗县区被列为项目区。自治区六年累计下达给赤峰市京津风沙源治理工程（含退耕还林和赤峰市林业生态建设和保护工程）投资191111万元，其中国债投资154730万元（含退耕还林还草投资28550万元，不含粮食补贴和现金补助），地方配套及群众投工投劳折款36381万元；六年累计下达治理任务1677.75万亩，其中退耕还林还草治理任务571万亩（含宜地荒山造林280万亩）；累计下达禁牧舍饲面积2241.25万亩（不包含在治理任务之内）。

截止2005年底，赤峰市共完成投资170462.38万元，占累计下达总投资的89.2%，其中国债投资143322.9万元，占累计下达国债资金的92.6%。完成治理任务1608.895万亩，占下达治理任务的95.9%。其中：人工造林163.25万亩，农防林33.82万亩，飞播造林73.9万亩，封山育林280.96万亩，林木种苗0.39万亩；人工种草100.38万亩，飞播牧草39.52万亩，围栏封育213.28万亩，基本草场建设16.42万亩，草种基地3.37万亩，棚圈建设100.37万平方米；小流域治理112.605万亩，水源工程6528处，节水工程2870处；退耕还林还草571万亩。

二、主要治理成效

京津风沙源治理工程启动以来，各级党委和政府发扬"一届接着一届干，一张蓝图绘到底"的精神，带领广大群众艰苦奋斗、矢志不移，生态环境建设取得明显成效。赤峰市先后获得了"全国生态建设先进市"、"全国防沙治沙标兵单位"等荣誉称号。2002年联合国环境规划署授予敖汉旗"全球500佳环境奖",全市有5个旗县区被命名为全国水土保持生态环境建设示范县。通过坚持不懈的治理,已经产生明显的生态效益、经济效益和社会效益,全市生态恶化的趋势基本得到控制,农牧业生产条件明显改善,环京津绿色屏障正在形成,有力地促进了地区经济的可持续发展。

（一）绿色屏障初具规模,生态效益开始显现。在京津风沙源治理工程拉动下,六年来共治理万亩以上流域22条,5000至1万亩的流域75条,形成治理面积100平方公里以上的大示范区20处,建成3000亩以上的人工草地57块。全市累计治理面积1608.895万亩,其中治理退化沙化草地36万亩、治理小流域112.605万亩。治理区草原植被达到80%以上。2005年全市森林覆盖率达到30.1%,比2000年提高近5个百分点。通过实施造林、种草、流域治理、水源工程配套等综合治理措施,增加了土壤肥力,涵养了水源,改善了区域性生态环境及人居环境,减少了自然灾害的频数。全市6级以上大风和沙尘暴灾害性天气特别是北部旗县明显减少,农田、草牧场沙化的趋势得到初步遏制。

（二）促进了结构调整,经济效益日趋显著。六年来全市新增加人工种草面积100.38万亩、飞播牧草39.52万亩、基本草场16.42万亩,同时增设了大量棚圈设施和饲草料加工机具。按人工种草平均亩产干草200公斤、飞播牧草平均亩产150公斤、围栏草场亩产60公斤（利用率60%）,基本草场平均亩产400公斤（使用周期平均5年）计算,全市实现草业总产值6.74亿元。通过沙源项目的带动,各类养殖小区、专业村如雨后春笋,形成千帆竞发、百舸争流的喜人局面,目前全市肉羊小区已达到220个,肉牛小区170个。2005年6月末全市大小畜存栏1454万头只,比2000年同期增加619.5万头只,其中,草食家畜达到1300多万头（只）。饲养量增速之快、增幅之大前所未有。除各地区组织领导得力、专项推进扎实有效外,得益于沙源项目的带动,从而有效地解决了养殖业再上新台阶的瓶颈问题。

退耕还林还草工程和禁牧舍饲项目的实施,也带来了直接的经济实惠。到2004年,全市已退耕还林面积221万亩。按照国家补助的标准计算,当年现金补助4420万元,粮食补助2.21亿公斤,折资30940万元,合计补助资金35360万元；实施禁牧舍饲享受粮食补助1.08亿公斤,折资9726.75万元。上述两项补助粮食3.29亿公斤,相当于全市农牧民人均持有粮食增加近100公斤；折资合计45086万元,相当于全市农牧民人均增收130元。

（三）实现了生产方式的逐步转变，社会效益显著。在沙源治理工程的实施过程中，赤峰人始终坚持生态效益、经济效益兼顾，把生态建设与转变农牧业生产经营方式、与农村牧区经济结构调整、与牧民脱贫致富、与推进城镇化进程有机结合，促进了具有地区特色的草产业、中药材、花卉种植业、林果（山杏、野葡萄、沙棘）以及特种养殖业（马鹿、山鸡）等生态产业的开发，如宁城的桑蚕产业、喀旗的中药材基地、万寿菊基地等多元化特色产业都已达到一定的规模。通过沙源项目的实施，全市土地利用结构发生了较大变化，劣质的农业用地转变为林、牧业用地，畜牧业经营方式发生了变革，实现了由散撒放养到禁牧舍饲、由头数畜牧业向效益畜牧业的转变。通过工程建设的实践，还锻炼了队伍，培育了人才，形成较为完善的建设技术、管理办法和典型模式，群众的生态建设与保护意识普遍提高，为今后更好地开展生态建设与保护奠定了基础。另外，据测算，全市通过退耕可形成十几万人的节余劳动力，这些人通过科学种田、劳务输出等方式增加了收入，同时劳动者素质得到提高，致富门路拓宽，这方面的效益是难以用数字表达的。

三、主要措施和做法

（一）提高认识，切实加强对工程建设的领导。京津风沙源治理工程启动以来，市委、市政府把握机遇，从可持续发展的战略高度出发，不断加大对生态建设的领导力度，明确地把"生态立市"列为地方三大发展战略之首。2002年市委、市政府作出了《进一步加快生态建设与保护步伐的决定》，市四届人大九次常委会审议通过了《赤峰市生态建设保护规划》，使赤峰市的生态建设与保护走上了法制化、规范化的轨道。把构筑京津绿色屏障作为实践"三个代表"重要思想、支持北京奥运的重要行动。层层建立健全党政主要领导负总责，有关部门各司其职、分工负责的生态建设与保护领导机制，并作为考核干部政绩的重要内容，实行领导干部任期生态建设目标责任制。工程实施以来，各级政府用沙源治理工程统揽生态建设全局，精心组织实施，每年市里都召开一次生态建设与保护工作会议，总结交流经验，通报全市生态建设及治理情况，对生态建设中做出突出贡献的单位和个人给予表彰。在前两年计划和资金下达较晚的情况下，为了不误农时，各旗县政府积极筹措生态建设资金，保证了工程适时建设。

（二）发动群众，创新机制，大打生态建设人民战争。多年来，赤峰市的生态建设一直坚持每年利用春播前、夏锄后、秋收后的农闲时间，组织群众开展三次"大会战"，集中人力进行治沙、造林种草和小流域治理。沙源项目也是通过"大会战"的方式进行的，在"大会战"中，一方面把任务、时限要求下达到基层，坚持用行政手段发动群众、组织群众。另一方面通过利益驱动机制调动各方面的积极性，努力做到按市场经济要求办事，与农牧民的切身利益紧密结合。对跨村、跨乡的会战全部采取轮流治理、以工换工，不搞平调，确保农牧民的利益不受损害。"两工"取消以后，在统一规划的前提下，按照"谁投资（投劳）、谁建设、谁受益"的原则，注重完善机制和机制创新。如克什克腾旗风沙源治理工程水土保持项目，由水利局与拥有土地所有权的项目区所在村签订委托协议，确立业主地位，独立组织施工，乡政府和村委会在施工期间做好协调工作；整地等工程措施通过公开招标或邀请招标的方式由二十余个有资质的专业队施工队伍施工，既保证了工期又保证了质量。造林工程则落实到户，签订造林合同，按合同发苗，验收合格后，发给造林补助费。通过引入竞争、激励、监督机制，提高了管理水平。同时还积极探索股份合作开发建设方式，鼓励农牧民以投劳折股，法人以土地、资金、技术参股，变荒山、荒沙为绿色股份制企业。松山区龙潭生态工程按股份合作方式建设，群众投工投劳的积极性非常高，两年完成治理面积2.2万亩，其中新修水平梯田1.4万多亩，栽植林木6000多亩，每年仅土地承包一项收入达30多万元，投劳入股的群众已经见到效益。

（三）依靠科技，提高整体建设水平。在京津风沙源治理工程建设中，我们牢固树立科技兴农、兴林、兴牧的思路，注重科技创新、科技培训和实用技术的推广应用，按自然规律办事。在建设内容上，根据气候特点、土地类型和水资源条件，宜乔则乔、宜灌则灌、宜草则草，乔、灌、草相结合，大力发展耐干旱、耐贫瘠、经济利用价值较高的优良灌木树种和针叶树良种。在建设方式上，算好成本、速度、质量和效益账，宜封则封、宜飞则飞、宜造则造，做到"种、改、保、封、飞、造、禁、退、还"相结合。特别加大了封育力度，充分发挥自然力在恢复生态方面的作用。在措施配置上，坚持生物多样性原则，做到工程措施、生物措施和农艺措施相结合。对沙化退化特别严重的地区、林区、重点生态建设项目区，坚持长期禁牧；牧区实行季节性休牧；农区、半农半牧区全部禁牧。对水土流失、风沙危害严重的生态脆弱地区，实施生态移民。在沙源治理中，全市每年确定50~60

个重点项目,建设20个精品工程,在人力、物力和财力等方面向重点项目、精品工程倾斜,以带动沙源治理工程创造高水平、迈上新台阶。几年来,先后建成了巴林右旗303国道绿化工程、大—巴线封禁工程、宁城县老鹰山生态建设工程、松山区双塔山高效林业工程等新典型。这些工程的建成,为全市京津风沙源工程的实施提供了样板和有力支撑。为克服持续干旱给工程建设带来的困难,采取了多种抗旱措施,凡有水源的地方,全部采取坐水造林;无水源的地方,苗木装袋假植,冷藏等雨造林;水源不足的地方,采取了打机电井、小土井、冬季运冰补墒等措施,各种抗旱措施并用,保证了造林种草成活率。

(四)调整结构,提高生态建设的综合效益。在实施京津风沙源治理工程过程中,我们积极调整优化树种、林种结构,切实加强林草种苗基础建设,适应生态建设对品种、质量的要求,注重新树种引进和乡土树种保护繁育,逐步加大经济林、速生丰产林和灌木饲料林的比重,积极探索和推广多树种混交造林模式。近几年来,赤峰市经济树种的育苗比重已由21%提高到28%,针叶树育苗比重由27%提高到44%。林种树种结构的调整,使生态建设与农牧民脱贫致富有机地结合起来,既体现了生态效益,也兼顾了经济效益和社会效益。

(五)保护优先,保护与建设并重。总结多年来生态建设的经验和教训,在风沙源治理工程建设中,我们坚持保护优先、保护与建设并重的原则,把生态保护摆在了突出位置。一是坚持把退耕还林还草作为沙源工程的重中之重,向水土流失、风沙危害严重的生态脆弱地区优先倾斜,并严格按照国家和自治区的规定认真落实退耕的各项政策。二是大力实施封山禁牧。禁牧、禁垦、禁樵是生态保护的重要手段,凡沙源工程项目区一律实行封禁。林西县、松山区实行了全境封山禁牧;巴林右旗除对200多万亩重点项目区实行常年禁牧外,在全旗范围内实行了季节性休牧;其他旗县区也都根据本地区的实际情况划定了封山禁牧的时间和范围。三是对生态环境十分恶劣的地区,实施生态移民。近四年(包括2005年)全市安排生态移民资金8460万元,计划移民17000人,到目前已有近13000人搬迁,部分沙化草场得到了恢复。四是建立健全了生态管理管护队伍,注重依法保护生态,加大了对乱开乱垦、乱砍乱伐、乱挖乱采等破坏生态环境行为的打击力度,取得了显著成效。

(六)严格管理,确保工程顺利实施。自沙源项目启动以来,赤峰市按照国债资金管理办法和自治区生态环境建设资金管理办法,对沙源资金进行严格管理,保证专户、专账、专人管理,资金封闭运行,严格按程序报账。市委、市政府高度重视,每年几次组织有关部门,对资金使用和项目建设及时检查和抽查,各旗县区也进行相应的检查和自查,审计部门对各年度的项目按旗县进行资金审计,对检查和审计中发现的问题及时进行纠正和处理,保证了国债资金安全和资金的及时到位,保证了项目的顺利完成。

(七)强化配合,充分发挥各部门的职能作用。京津风沙源治理工程是一项跨地区、跨行业、跨部门的系统工程。我们在实施过程中,坚持各级政府负总责,有关部门各负其责,通力合作,齐抓共管。发展和改革部门负责总体规划、年度实施方案的编制下达,搞好综合协调,督促稽查;财政部门加强对资金使用的管理,设立专户,封闭运行,按计划及时拨付资金;林业部门负责造林、治沙工程建设;畜牧部门负责实施草地治理,禁牧舍饲;水利部门主抓水源工程建设和小流域治理;纪检、审计部门严格项目资金审计,确保国家下达资金专款专用。各级主管部门根据自身的职能,加强对工程建设的指导,协调解决工程建设中出现的问题,积极主动地为基层搞好服务。通过明确各部门的责、权、利,加强部门之间的协调配合,使工程进展比较顺利。

四、存在的主要问题

赤峰市生态保护和建设工作虽然取得了较大成效,但也存在一些问题。

(一)认识上还存在偏差。目前在生态保护和建设问题上,存在着三种认识误区。一是荣誉使一部分人产生自满情绪。赤峰市有半个多世纪的生态奋斗史,有过辉煌的生态建设业绩和骄人的荣誉。一些人总是感到,在生态建设上我们各方面做得都很好了。因此,对生态保护和建设工作的重视程度和工作热情不如过去高了,建设步伐不如过去大了,出现了骄傲自满情绪。二是对生态保护与建设与当地经济社会发展的关系认识不足,认为搞生态建设,主要是为了京津地区,和我们关系不大。三是对生态建设的战略高度认识不足,从全局的高度对生态建设重视不够,抢抓机遇的意识有所放松。一些领导干部认为搞生态建设不如搞经济项目建设政绩来得快,投入的精力不足,没有把"工业强市、科教兴市、生态立市"摆在同等重要的位置上来抓,出现了重此薄彼的现象。由于认识上存在着误区,表现在工作上有畏难情绪、松劲情绪，缺乏艰苦奋斗、顽强拼搏的精神。

（二）工程管理和管护工作还需进一步加强。在工程管理上，几年来随着国家对生态建设的重点投入，有些地区只重视向国家要项目要投资，平时对项目工程管理抓得不够，没有严格的检查和验收制度。有的地方随意变更建设地点、建设内容，存在着把关不严、降低检查标准、应付检查验收现象。有的地方作业设计把关不严，批复滞后，有的到验收时部分项目的作业设计仍未批复，有的建设单位根本就没有作业设计，有的作业设计脱离了实施方案，造成建设单位无法施工或延期施工。在管护上个别地区禁牧政策执行得不够彻底，出现昼舍夜牧、借故偷牧和转场放牧等情况，造成了部分地区的林木毁坏和草场超载过牧。个别地方对管护工作重视程度还不够，重建设、轻管护思想还存在，管护队伍不健全，管护措施不到位，给生态保护工作带来隐患。另外，随着生态建设力度的逐年加大，项目区植被恢复迅速，火险等级逐年增高，防火形势严峻，个别地方防火意识不强。

（三）个别工程存在质量问题。有的地区工程质量不高，成活率、保存率低，没有达到验收标准。有的地方造林树种单一，结构不合理。有的地区棚圈建设没有与舍饲禁牧结合，施工与设计不符，设计面积与建筑面积出入较大。有的重复安排项目，把人工种草安排到退耕地里，或退耕地间种牧草顶人工种草。有的封育项目区确定得不合理，把不该封育的地块也列入封育区。个别旗县在安排工程项目时存在重点不突出，任务、投资平摊现象，精品工程不多。

（四）资金管理还存在一些问题。一是个别单位"三专一封闭"制度执行不到位，个别乡镇生态建设资金与财政其他资金相互混淆，没有封闭运行。二是政府采购不规范，个别旗县政府采购透明度不高，本应当实行政府采购的物资未实施政府采购，由部门或项目单位自行采购。有的政府采购的种苗、物资质次价高，一些部门工作人员利用职务之便违反国家规定倒买倒卖生态建设项目所需的苗木、草籽等，还有的甚至强行推销。三是虚列支出，转移资金。一些单位采用税务代开发票、甚至用过期发票顶账，虚增作业量、提高物资采购单位价格、超出作业设计或违背常理扩大采购物资量等手段，虚列支出转移资金。四是挤占、挪用、滞留资金。一些单位直接将国债资金用于经费支出等非项目区建设。五是个别工程建设项目存在高估冒算。一些单位在工程建设中，施工单位高套定额、虚增工程量。

五、几点建议

（一）进一步增加赤峰市的工程建设任务。一是需要治理的面积仍很大。有些已治理的面积由于人为因素，不断反复出现而成为新的需要治理的面积。二是治理难度增大。北部沙地，流动性沙丘多，南部丘陵山区，远山陡坡和石质山多，增加了治理难度。三是气候因素时刻威胁着生态安全。赤峰市十年九旱，气候因素对生态保护与建设的影响也十分明显，因干旱近年来牧草和树木死亡增多，病虫害严重。按目前的治理速度，在合理有效保护的前提下，仍需若干年的艰苦努力。建议继续增大赤锋市的治理任务和投资额度，以便加快建设进度。

（二）加大对生态后续产业开发的扶持力度。大力培育资源，积极发展后续产业，引导和扶持龙头企业，如舍饲畜牧养殖业、林纸、食品加工业，有机农业等。生态建设是一项系统性工程。尽管沙源治理已经呈现良好的经济、生态和社会效益，但比较而言，木材加工、药材、山杏以及草产业等后续生态产业的开发，从整体上看还处于起步阶段、基地建设阶段，即使有龙头企业，其带动力还很有限，生产规模较小，加工精度不高，技术水平较低，品种单一，高附加值的产品很少，缺乏市场竞争力。京津风沙源工程项目旗县，自然条件较差，多数地区经济发展还比较落后，人民生活水平普遍不高，不考虑经济效益或少考虑经济效益是不现实的，在明确生态效益优先的基础上，还要强调经济效益的重要性。为此，建议国家、自治区可否从长远和反向拉动的角度，从生态建设资金中适当划出一块用于支持以下几方面：一是以旗县为单位，扶持1—2家重点龙头企业，使之尽快发展壮大，发挥带动作用。二是加强产业政策引导，多渠道筹集后续产业开发资金，促进后续产业项目建设。三是切实加强基本农田建设、舍饲圈养等方面的投入，提高集约生产能力和水平。

（三）对沙源建设的资金管理方式和投向做必要调整。国家和自治区可否在提出建设原则和建设重点的前提下，只下达具体的投资定额和总投资规模，以便旗县区从实际出发，因地制宜安排工程建设任务。如赤峰市一些旗县已全部禁牧，实行舍饲圈养，在实施围栏的同时，应该将更大一部分投资用于棚圈、青贮窖、小草库伦建设。再如赤峰市各旗县的农防林已经基本配套成型，而国家和自治区仍下达了很多的营造任务，致使完成起来非常困难。

（四）适当修订某些工程的定额标准。部分项目投资标准较低，实施起来较困难。如水源工程、节水灌溉每处补助1万元，搞大一些的水源工程投资缺口较大，上小水窖又用不了，而且生态水源工程太小的又不起作用。因此建议提高水源工程定额，按工程投资总额的70%-80%补助。还有农防林定额明显偏低，建设一亩农田林网至少需350元，同时从政策上讲，同为耕地造林，退耕造林有粮食补助和现金补助，而农防林则没有粮食补助，因此任务难落实。人工种草定额资金也不足。近几年农牧业生产资料价格上涨，农村牧区劳力缺乏，用工费成倍增加，杂粮豆价格一路上涨，人工种草比不上种粮的收入，影响了工作的开展。建议将人工种草每亩的60元提高到80元，以保障人工种草工作的实施。

（五）合理有效地利用项目区。已经初步恢复的围栏封育区和飞播牧草项目区，应该引导牧民合理利用，除打草利用外，可以采取划区轮牧方式利用，发挥项目的综合效益。

（六）治理措施要因地制宜。为了确保项目实施效果，建议飞播项目根据各地实际情况，适宜飞机播种的使用飞机播种，适宜模拟飞播的模拟飞播，不搞一刀切。另外，为了从源头上治理风沙，建议在京津风沙源治理工程项目中增设一项流动、半流动沙地综合治理项目，中央投资400元/亩；主要采取再生沙障、稻草网格、飞播造林、围栏封育、穿沙作业路等综合治理措施，重点是以修路促治沙、以治沙来护路的综合治理工程。

（七）不断健全和完善沙源建设管理机制。年度任务下达、实施方案批复、作业设计批复较晚，致使任务落实、前期工作及物资准备、项目实施过于仓促，特别是在造林季节使部分造林项目建设质量受到一定影响。建议沙源年度实施方案和作业设计要及早审批，以不误农时，不误工期，今后可否考虑下放到盟市审批，报自治区备案。

（八）结合社会主义新农村、新牧区建设，整合项目，集中使用，建立生态园区。

武川县生态环境建设基本情况

武川县林业局

武川县地处内蒙古高原南缘，隶属呼和浩特市，东西长110公里，南北宽60公里，总土地面积4885平方公里。全县现有林业用地324.21万亩，其中有林地41.29万亩，疏林地1.69万亩，灌木林地59.9万亩，未成林造林地73.13万亩，苗圃地0.23万亩，无林地147.97万亩。农业用地196.49万亩，牧业用地209.35万亩，其他用地2.7万亩。

全县土地资源相对面积较大，但土地肥力较低，生产能力不高，农业旱地、坡地和沙质耕地占95%，以旱作农业为主，产量低而不稳。农作物以"两麦一薯"著称于世，即莜麦（武川莜面）、荞麦（出口日本）、马铃薯（武川土豆）。粮食总产量44699万斤。农民人均粮食产量3346斤。

水资源总量88.92亿立方米，地下水87.62亿立方米，地表水1.30亿立方米。河流多为季节性间歇河流。

2003年来，全县大小畜存栏总量19.5万头（只），其中大畜1.5万头、小畜18万头（只）。县境170万亩可饲草场改变传统放牧方式，可饲畜34万头（只），牧业有待进一步发展。

县辖13乡3镇，总人口17.18万人，农牧业人口13.36万人，其中贫困人口6260人，占全县总人口的4%。全县工农业发展并举，年国民生产总值121433万元，人均0.71万元。农业总产值45606万元，占37.6%。全县城镇人均收入3612元，农牧民人均2136元，贫困人口仅1216元。

武川县交通便利，公路网四通八达，南距呼和浩特市区仅38公里，省道呼锡公路纵横南北，集固公路横穿东西，促进了当地经济发展。全县电力充足，邮电通讯方便快捷，扩大了与外界的联系。

自2000年以来，武川县承担的主要项目有国家六大工程中的退耕还林和天然林保护工程。

退耕还林工程实施五年来，涉及全县16个乡镇和3个国有林场。退耕还林工程计划任务68.89万亩，作业面积80.37万亩，合格面积79.27万亩。其中五年退耕地造林计划任务23.34万亩，作业面积23.34万亩，合格面积23.34万亩。荒山造林计划任务45.55万亩，作业面积57.03万亩，合格面积55.93万亩。

天然林保护工程主要在武川县境内大青山区域范围内实施，五年间计划任务飞播17万亩，完成17.74万亩，封山育林11万亩，完成12.5万亩。

在退耕还林工程实施中，武川县紧紧围绕"三区三线"总体规划布局实施，"三区"即北部风蚀沙化区、中部丘陵风蚀、水蚀双相侵蚀区和南部水土流失区，"三线"指沿大青山北部一线的水源涵养林建设，中部八乡联体一线的乔灌型植被建设和北部灌草型覆盖度建设。经过退耕区农民的艰苦努力和专业队的配合，使这些区域的生态建设取得了明显成效。其中，中部8乡联体工程主体30万亩项目被作为自治区成立60年大庆献礼项目。现在，生态建设区内人民群众生产生活稳定，生态面貌发生了很大变化。为全县生态建设起到了重点示范和带动作用。

武川县地处阴山北麓，属于农区向草原过渡地带，垦殖历史长，风蚀沙化、水土流失面积分别占总面积的53%和80%，已到了非治理不可的地步，广大农民热望治山治水，通过生态治理改善自己的生活生产条件，用自己的劳动换取生活物质需要。退耕还林工程及其配套政策的出台，让农民真实感受到实惠，一改过去那种"让我做"为"我要做"，成为治山治水的主人。经过几年治理，从总体情况看，生态建设效果明显，特别是通过禁牧措施和封山育林，林草盖度提升较快，植被类型得到改变，境内草木茂盛，20多年未开花的山樱桃、黄刺玫花团锦簇。短短五年治理，已取得巨大成效，这是写在大地上的变化。还有明显的变化，就是农民观念上的变化，"为牧而种，为钱而种"和"种草种树也能致富"，已成为农民真切感受和现实。工程建设促进了农业产业化调整，农民群众从农业产业调整中得到了实惠，过去广种薄收、游牧、小富即安的习惯正得到空前的荡涤。

武川县从2000年开始实施天然林资源保护工程，共配备专职护林员131名。全面停止天然林采伐，大幅度调减人工林采伐限额，公益林建设和资源保护两方面都取得明显成效。

天然林保护工程实施以来，通过围栏封育、补植补播、全面禁牧等配套措施，不仅全县的林草植被得到明显恢复，还促进了生态移民和全面禁牧，为本地区生态环境的改善和畜牧业饲养方式变革创造了机会。

土地沙化和水土流失一直是武川县最突出的生态问题。长期以来，在农业生产上，人们把对粮食的需求寄托在毁林、垦荒上，加之广种薄收，造成严重的水土流失；在牧业生产上，沿袭原始放牧方式，掠夺式过载放牧，严重破坏了草场植被，造成土地沙化、荒漠化日盛。生态环境的不断恶化，导致干旱、沙尘暴频繁发生，农民粮食减产，生活困顿，严重地影响和制约了当地经济社会的发展和广大人民群众的生产生活。

两大工程实施后，武川县坚决执行国家退耕还林和天保工程的有关政策规定，坚持生态优先战略，全面实施禁牧，共保留和恢复了170万亩林地和草场，完成23.34万亩严重沙害土地的林草建设。

在工程实施中，严格执行国家有关政策措施，坚持生态优先战略，生态建设与全面实施禁牧同步进行，把发展生态建设项目同调整农村产业结构、发展农村经济、防治水土流失、保护和建设基本农田、加强农村能源建设、实施生态移民结合起来。严格遵循统筹规划、分步实施、突出重点、注重实效的原则，遵循自然规律、因地制宜、综合治理的原则。建设与保护并重，在完成国家下达的任务的同时，配套实施相关的政策、法规和产业建设。兼顾生态效益、社会效益和经济效益的并行发展。所有这一切，为武川生态建设乃至今后的发展，奠定了坚实的基础。现在的武川是：以植树造林建起了绿色家园，以封育禁牧再造了秀美山川。

锡林郭勒盟沙源治理情况简介

(2005年6月30日)

一、沙源治理总体情况

自20世纪70年代以来，由于受自然气候和各种自然灾害的影响以及落后传统畜牧业生产方式的制约，锡林郭勒草原退化、沙化日趋严重，天然植被逐渐稀疏。牧草覆盖度由35.5%降低到27.2%，平均高度由40.9厘米降低到26.1厘米，平均亩产量由32.9公斤减少到21.24公斤。退化沙化草场由48.6%扩展到64%。到2001年，西部荒漠半荒漠草原和部分典型草原约有近5万平方公里出现"寸草不生"的景象；浑善达克沙地沙漠化土地面积达到2.7万平方公里，流沙面积以每年130多平方公里的速度扩展，全盟大范围的浮尘、扬沙和沙尘暴天气由50年代平均每年6天左右增加到2001年的20多天。由于草原生态严重退化，农牧民经济遭受重大损失，农牧民收入大幅度下降，贫困面不断扩大。2001年，全盟农牧民人均可支配收入由1999年的2236元下降到1823元，农村牧区贫困人口由"八七"扶贫攻坚结束时5.2万人增加到24.2万人。草原生态屏障的作用明显削弱，成为京津地区扬沙、沙尘暴的主要沙源地，对首都和华北地区生态安全构成了严重威胁。

这一严峻的形势，引起了党和国家的高度关注。2000年5月，时任国务院总理的朱镕基受江泽民的委托亲临锡林郭勒盟视察后，做出了"治沙止漠刻不容缓，绿色屏障势在必建"的重要指示。国家和自治区将锡林郭勒盟列入生态治理的重点地区，在相继实施的京津风沙源治理、生态移民、退耕还林、舍饲禁牧等生态建设工程中给予了重点支持。在这以后，党和国家领导人胡锦涛、温家宝、曾培炎等先后到锡林郭勒盟视察，作出了一系列重要指示。借助国家生态建设项目的支撑，锡林郭勒盟在深入开展灾后反思活动的基础上，于2002年启动实施了以"围封禁牧、收缩转移、集约经营"为主要内容的围封转移战略，确定了"四区、五带、十二基点"的治理布局和"三步九年"（2002年—2010年）的规划目标。

自2000年京津风沙源治理工程在锡林郭勒盟实施以来，到2004年底，国家累计投入生态建设资金12.3亿元，下达沙源治理任务1195.6万亩。共完成沙源治理面积1209.4万亩，其中，营林造林325.8万亩、草地治理831万亩、小流域治理52.3万亩。2001年—2004年，累积完成退耕还林93万亩，配套荒山荒地造林90万亩，造林成活率达89%。通过生态移民和异地搬迁移民工程，累计移民9049户、40250人。

2005年，国家给锡林郭勒盟投入建设资金28230万元，其中，沙源治理专项23530万元，生态移民专项4700万元。同时，自治区安排了暖棚、基本草牧场建设、饲料机械等项目，共计投资4595万元。其中，暖棚3495万元、基本草牧场建设538万元、饲料机械562万元。截至目前，锡林郭勒盟共完成沙源治理建设面积132.82万亩，其中，营林造林54.68万亩、草地治理70.48万亩，牲畜暖棚建设18万平方米、已完成6.97万平方米，饲料机械1800台套；水源工程已完成1338处，小流域治理7.66万亩；灌溉青贮玉米种植任务40.88万亩，目前已完成41.69万亩；已实施移民1211户、5646人，已建移民住宅12280平方米，建牲畜暖棚13513平方米。

沙源治理工程的实施使锡林郭勒盟草原生态环境有了明显的改善，农牧业基础设施得到加强，农牧业生产经营方式转变效果明显。

一是草原植被初步恢复。到2005年，全盟共实施休牧禁牧面积达2.73亿亩，占草场总面积的92.5%，其中，国家禁牧舍饲项目区休牧禁牧面积为15363.4万亩，占草场总面积的51.9%。据内蒙古草原勘察设计院2002年以来连年监测结果表明，休牧区与非休牧区相比，牧草高度平均增加了6.5~25厘米，盖度提高了8.2~50%，亩产鲜草提高了35.6~229斤。浑善达克沙地流动半流动沙丘面积由2001年的7120平方公里减少到目前的4053平方公里；西部荒漠半荒漠草场植被平均盖度由17%提高到41%。全盟的浮尘、扬沙和沙尘暴天气明显减少，由2000年的27次下降到2005年的6次。

二是农牧业基础设施得到加强。全盟围栏草场总面积达13462万亩，过冬畜畜均14.6亩；人工种草生产能力达到1.64亿公斤以上，过冬畜畜均17.76公斤；全盟青贮玉米生产能力稳定在15亿公斤以上，过冬畜畜均162.5公斤；畜棚总面积达667.3万平方米，畜均0.72平方米；畜圈总面积达1995.9万平方米，畜均2.2平方米；水源开发4273处，节水灌溉3094处，购置饲料机械7485台套，人畜饮水设施、牧业机械化程度都得到有效加强。这些成绩的取得，不但为春季休牧、禁牧舍饲、抗灾保畜奠定了基础，而且为引进良种、发展奶牛业创造了良好条件。

三是农牧业生产经营方式转变效果明显，后续产业开发迈出实质性步伐。禁牧、休牧区以放牧为主的饲养方式正在向舍饲半舍饲转变；牲畜良改化程度明显提高，早接羔、早出栏、多出栏、快周转的饲养管理方式得到普遍推广。通过近几年的不断探索和实践，在后续产业开发上有了突破，多数移民区形成了奶牛饲养、牛羊育肥、蔬菜苗木饲草料种植三种主导产业，基本实现了迁得出、稳得住、发展生产的目标。农牧业产业化开始起步，五个重点产业初步形成龙头带基地的产业化格局。

四是畜牧业效益提升，农牧业收入恢复性增长。畜牧业出现数量适度压缩、质量稳定提高、效益明显提升的好势头，过冬畜控制在900万头只左右，但改良种畜、优质基础母畜比重提高，既减轻了对草场的压力，又提高了畜牧业的效益。畜牧业产值由2001年的22.38亿元增加到2004年的34.85亿元，农牧民人均纯收入由1823元增加到2568元，贫困人口由24.2万人减少到12.2万人。

二、浑善达克沙地治理情况

浑善达克沙地位于内蒙古高原东部、阴山北麓，东西长约450km，南北最宽处约300km，总面积达7.1万km^2。其中，锡林郭勒盟境内为5.8万km^2，行政区划涉及多伦县、正蓝旗、正镶白旗、镶黄旗、苏尼特右旗、苏尼特左旗、阿巴嘎旗、锡林浩特市8旗县市的61个苏木（乡、镇），人口33万人，其中农牧业人口13万人。

浑善达克沙地海拔高度1000—1400m，东半部以固定半固定沙地为主，沙丘高度10—15m，西半部以半固定、流动沙地为主。浑善达克沙地地处中温带，属干旱、半干旱大陆性气候，年平均气温0℃~3℃，年降水量200~350mm，由东向西递减；年蒸发量2000~2700mm，由东向西递增；年平均风速4~5m/s，无霜期为110~120天。由于干旱少雨，地面组成物质疏松，地表径流不发育，有临时性地表径流和地下水补给的淖尔（湖泊）约110个，主要分布在沙地东半部，沙地丘间低地地下水埋藏较浅，2~10米不等。土壤主要为沙质栗钙土。

浑善达克沙地中荒漠化土地2.5万km^2，占沙地面积43%；潜在沙漠化土地0.45万km^2，占沙地面积8%；非沙漠化土地2.84万km^2，占沙地面积49%。

浑善达克沙地从1949年到1995年的46年间，沙漠化土地由原来的3855万亩增至4605万亩，增加了750万亩，平均每年以16.3万亩的速度递增；1995—1999年五年的时间又增加了1215万亩，沙漠化土地平均每年以243万亩的速度递增，截止2003年已达到6000余万亩。浑善达克沙地的流动沙地、半固定沙地所占比重也迅速增加，据调查资料和卫星图片分析表明，从1991年到1997年七年间，浑善达克沙地的流沙面积增长了93.3%。

2000年5月，锡林郭勒盟京津风沙源治理工程项目紧急启动，锡林郭勒盟开始对浑善达克沙地进行全面治理。对浑善达克的治理在布局上确立了综合治理区、南缘治理区两个区域。在综合治理区，重点是以封为主，以封育、飞播、造林种草相结合，带、片、网相结合，乔、灌、草相结合的方式实施，以林木成活率和保存率为核心目标，按照系统工程原理，建立围栏封育保护模式、小生物经济圈模式、多元系统模式、区域生态治理模式、林网化模式等综合治理模式。浑善达克南缘治理区是在浑善达克沙地南缘建设一条长421公里、宽1公里的带状绿色生态屏障，以遏制浑善达克沙地向南扩展。从2005年起，在浑善达克北部建设一条生态防护体系，即浑善达克沙地北缘带。项目区西起西苏旗乌日根塔拉苏木额尔登敖包嘎查，东至锡林浩特市白音锡勒牧场一分场与赤峰市交界处，涉及西苏旗、东苏旗、阿巴嘎旗和锡林浩特市，规划总建设长度445.3km，总治理面积136万亩。通过由外向内、由南向北的逐步治理，使这一生态脆弱区的生态环境得到明显好转，为全盟防沙治沙起到示范辐射作用，为首都北京乃至全国建设一条重要的绿色生态防线。

（一）综合治理区建设情况

2000年以来，锡林郭勒盟将浑善达克沙地治理纳入全盟生态建设总体布局中，进一步加大了治理力度。共完成资金64475.21万元，其中，国家投入建设资金55265.21万元，地方配套及投工投劳9210万元。完成治理面积658.21万亩，其中，完成飞播造林种草142.29万亩，人工种草11.46万亩，封山（沙）育林86.68万亩，防护林22.73万亩，基本草牧场建设15.44万亩，草种基地1.21万亩，暖棚建设20.13万平方米，围栏封育267.16万亩，退耕还林85.65万亩，建设水源工程2352处，节水灌溉1581处，小流域治理25.59万亩，移民搬迁22354人。

(二) 南缘带建设情况

浑善达克沙地南缘带生态防护体系共涉及苏尼特右旗、镶黄旗、正镶白旗、正蓝旗、多伦县5个旗县，西起苏尼特右旗桑宝力嘎苏木，由西向东延伸到多伦县大河口，规划建设长度421公里、宽度约1公里，面积63万亩。其中，多伦县50公里、7.5万亩，正蓝旗124公里、18.6万亩，正镶白旗75公里、11.25万亩，镶黄旗51公里、7.5万亩，苏尼特右旗121公里、18.15万亩。

自2001年南缘带工程实施以来，重点把各类生态建设项目向浑善达克沙地南缘带倾斜，按照"保护优先，因地制宜，综合治理"的原则，采取围封为主，封、飞、造结合，辅之以小流域治理、退耕还林等多种措施，沙地治理取得了明显的成效。共完成资金14119.4万元，其中，国家投入建设资金12102.32万元，地方配套及投工投劳2017万元。完成治理面积153.3万亩，其中，飞播造林种草50.9万亩，人工种草0.6万亩，封山（沙）育林33万亩，防护林6.2万亩，基本草牧场建设1.04万亩，草种基地0.3万亩，暖棚建设2.1万平方米，围栏封育51.3万亩，退耕还林6.38万亩，水源工程205处，节水灌溉237处，小流域治理3.6万亩，移民搬迁5336人。

经过几年的建设，浑善达克沙地状况有所改善。沙地植被得到明显恢复，平均高度达到60厘米，相当于上世纪80年代水平，部分地区已全面恢复到上世纪60年代水平，牧草平均高度达到100厘米。流动和半流动沙丘面积由2001年的7120平方公里减少到目前的4053平方公里。南缘带基本成型成带，最窄处1公里、最宽处10公里，平均宽度3～4公里，植被盖度达到60～70%，形成了一条有效阻止沙地南移的生态防护带。生态环境明显改善，可食性牧草长势喜人，一些野生动物如大雁、灰鹤、百灵、沙鸡结伙成群，野兔、沙狐又回到了草原。

牧民生产生活方式发生了很大改变。舍饲圈养正在取代传统的游牧，开发种植高产饲草料地，为舍饲圈养提供足够的饲草料。同时积极开发沙地产业，以企业加基地的形式组织牧户，建立公司，运用企业的管理机制，加强牧民的组织化，形成牧业生产、畜产品加工、销售以及生态旅游一条龙社会化服务体系，最终实现沙地生态恢复与生产发展和牧民生活质量的提高。

在浑善达克沙地治理过程中，主要采取了以下措施：

一是加强组织领导，完善各项措施。按照盟委、行署的统一部署，各项目旗县党委、政府高度重视，分别成立了领导小组，在工程建设中坚持"统筹安排、集中连片、先易后难、突出重点"的方针，整合项目、整合资金，把生态建设项目侧重向浑善达克沙地及南缘带安排。在治理中，对不同区域采取不同的治理措施，坚持封、飞、造并举，带、网、片结合，乔、灌、草同行，为整个沙地建设的顺利实施奠定了基础。

二是坚持科技先行，积极探索沙地治理的长效机制。在工程建设中始终坚持以科技为先导，积极推广先进的实用技术，努力提高工程科技含量。在施工作业中，专业技术人员以技术承包的形式深入施工作业区，实施质量跟踪把关。在工程建设中实行技术人员挂牌制，把施工质量与工资和施工作业费挂钩，年底检查验收，兑现奖惩，从而使林木草的成活率和保存率有了明显提高，保证了工程质量和效果。以中科院及区内外科研机构、大专院校为技术依托，推广实施了一大批技术先进、效益明显的科研项目。如浑善达克沙地植被恢复与重建技术项目群、锡林郭勒退化草地改良与合理利用技术项目群等重大研究推广项目，为解决锡林郭勒盟生态建设许多关键性的技术难题提供了强有力的理论指导和技术支撑。在具体施工作业中，普遍采取了生物、机械、工程、农艺等综合措施，运用营养袋栽植、覆膜保墒等技术手段，利用多效复合剂及青山旱地露进行拌种和种子包衣，林草成活率和保存率有了明显的提高。同时，加大了开发利用空中云水资源的力度，充分利用人工增雨措施，提高人工影响天气的有效性和科学性。

三是加大以投工投劳为主要形式的地方投入。为降低治理成本，提高工程质量，项目旗县采取了多元化的投劳形式，以项目实施部门的专业技术人员为主体，牧民群众与机关干部投工投劳相结合的方式，促进了工程进度，降低了建设成本。

四是把管护工作放在首位，进一步巩固治理成果。为巩固生态建设成果，各项目旗县把项目区的禁牧作为工程实施的头等大事来抓，通过多种形式的宣传教育，使项目治理区家喻户晓，提高了广大牧民的生态观念和环境保护意识。同时建立健全了各类管护组织，形成了以旗县林业公安和草原监理队伍为主体，苏木乡、嘎查村、牧民为基础的四级管护体系，使项目区治理成果得以巩固和发展。

三、下一步打算

目前全盟的草原生态状况大体分为四类：一是以浑善达克沙地为主的南部地区，是近几年各类生态建设项目优先安排、集中治理的区域，植被恢复效果最为明显，但目前整个生态系统仍然十分脆弱（约占全盟草场的20%左右）。二是以荒漠半荒漠草原为主的西部地区，也是近几年生态治理的重点区域，目前植被基本恢复到上世纪90年代中后期的水平，但仍然是自然条件最为恶劣、治理难度最大、对京津和华北生态环境威胁最重的区域（约占全盟草场的近30%）。三是以典型草原为主的中东部地区，近几年安排的治理项目较少，主要靠群众自备成本实行休牧或轮牧，植被保护力度有所增强，但草原逐年退化的趋势还没有得到遏制（约占全盟草场的30%以上）。四是近几年连续遭受蝗灾、鼠害和严重干旱的一些地区，局部恶化的现象依然十分严重（约占全盟草场的15%左右）。所以，现在取得的成效仅仅是初步的，总的生态形势仍然不容乐观，实施围封转移战略正处在一个"不进则退"的关键阶段。

基于目前生态建设面临的实际状况，锡林郭勒盟已制定了实施围封转移战略第二步规划（2005—2007年），将有针对性地进行综合治理。

总的指导思想是：把生态建设列入全盟经济工作的首位，把转变农牧业生产经营方式作为实施围封转移战略的核心任务来抓，进一步加大农村牧区人口转移力度，基本遏制生态恶化的趋势，推进生态环境向正向演替、良性循环发展；进一步集中项目布局，加大结构调整力度，加快农牧业集约化、产业化进程，努力实现恢复生态环境和农牧民增收的"双赢"目标。

建设总目标：从2005年到2007年，总体上在巩固第一步建设成果的基础上，逐步扩大治理面积。在全盟范围内普遍推行春季休牧，5000万亩草场实行围封禁牧，1亿亩草场实行划区轮牧。移民搬迁36660人；退耕还林90万亩，配套荒山荒地造林90万亩；种植灌溉青贮玉米58万亩；建立封闭的生态保护区，围封禁牧面积6606万亩，移民搬迁5万人；"六带"建设长度1094公里、建设面积270万亩；"十四基点"建成具有一定规模、档次的城市生态防护体系，新建生态防护体系24万亩。

一是进一步集中整合项目，优化项目布局。从2005年起，除个别地区部分人工种草、暖棚、水源工程项目相对分散外，其他项目基本上都做到了集中连片。飞播造林和飞播牧草项目全部安排在浑善达克北缘和南缘带、沙区和沙化退化地区，并与以前的项目区连接；封山育林和围栏封育项目主要安排在浑善达克北缘和南缘带、沙区和沙化退化地区以及生态移民集中迁出区；基本草牧场、防护林、节水灌溉、饲料机械和大部分暖棚、水源工程主要安排在生态移民集中安置区，90%以上的资金能够集中投入，使项目建设上规模、上档次，避免了低水平重复建设。

二是积极探索实施项目建设的新机制，调动农牧民参与生态建设的积极性。在项目安排上，从过去的自上而下安排部署改为自下而上申报的运行机制，先由嘎查村根据农牧户意见将本年度建设项目上报到苏木乡镇，苏木乡镇汇总后上报到旗县市，旗县市根据国家下达计划和当地治理重点最终确定计划安排。在项目建设上，由过去完全由政府出钱搞生态建设，逐步向国家项目扶持和农牧民自筹相结合过渡，充分调动了农牧民参与生态建设的积极性，使有限的国家项目资金发挥出最大的综合效益。2006年，各地在围栏封育、暖棚、水源工程及其他部分项目中都安排或加大了农牧民自筹比例。如多伦县、镶蓝旗、镶黄旗、正镶白旗、太仆寺旗等南部旗县农牧户自筹比例在20%~30%之间，锡林浩特市、阿巴嘎旗、苏尼特左旗、苏尼特右旗、东乌珠穆沁旗、西乌珠穆沁旗等北部旗市牧户自筹比例在30%~50%之间。

三是进一步拓宽思路，合理安排移民后续产业。在移民产业选择上，对具有发展前景和稳定经济收入的产业予以重点扶持，由过去较单一的奶牛养殖业，鼓励和引导移民选择从事多样化产业。2006年的生态移民中，从事奶牛养殖业的1033户、4734人，占移民总数的50%，与2005年相比下降了35.8个百分点；从事二、三产业的415户、1877人，占移民总数的20%，与2005年相比上升了11.7个百分点；从事西门塔尔牛养殖265户、1365人，牛羊育肥70户、259人，肉猪养殖30户、150人，小尾寒羊养殖80户、359人，种植业129户、478人，旅游业77户、291人，运输业71户、315人，餐饮、商店业204户、973人，劳务输出63户、298人，其他47户、178人。

四是项目建设进一步与产业化基地建设相结合。2005年起，生态移民、暖棚建设、基本草牧场建设、水源开发等项目将逐步与经济效益明显的产业化基地建设衔接，培育基地加农牧户的生产经营格局，力争使移民产业规模化、生产经营市场化。2006年，从禁牧舍饲饲料粮中拿出100万斤，重点扶持伊盛基地羔羊育肥项目；白旗和锡林浩特市组织移民养殖胡羊，以草原伊盛公司为龙头，建设肉羊基地试点工程，两旗市在产业化基地建设上的项目资金投入将达到852.5万元和506万元，分别占总投资的27.1%和23.6%。

五是进一步加强项目资金管理。鉴于目前项目重实施轻质量，资金重使用轻管理的问题，进一步加大监督指导工作力度。对全盟13个旗县市（区）2005年生态建设项目工程预算进行了初审，同时对2004年项目资金管理使用情况以及工程决算进行了审查。

六是进一步加大对移民工作指导力度。针对当前移民搬迁工作中，特别是集中安置区中存在的问题，组织力量逐个移民区进行调研，研究解决存在的问题，在后续产业的选择、稳定提高收入上提出有针对性的意见。抓好高产饲草料地建设和北部牧区打草场围栏封育，努力降低集中养殖区牲畜饲养成本。整体推进61个嘎查村的生态、扶贫移民工作，年内完成搬迁任务。

七是进一步加大精品工程的建设力度。每个旗县市在抓好项目建设的基础上，重点抓好2~3个精品工程。精品工程项目的选择从考虑长远利益出发，以规模化、效益较为突出的项目区为重点。同时结合围封转移工作开展，做好评选转变生产经营方式能人、带头人活动的准备工作。

锡林郭勒盟实施围封转移战略总体情况

(2005年10月19日)

一、围封转移战略的提出

自20世纪70年代以来,由于受自然气候和各种自然灾害的影响以及落后传统畜牧业生产方式的制约,锡林郭勒草原退化、沙化日趋严重,天然植被逐渐稀疏。牧草覆盖度由35.5%降低到27.2%,平均高度由40.9厘米降低到26.1厘米,平均亩产量由32.9公斤减少到21.24公斤。退化沙化草场由48.6%扩展到64%。到2001年,西部荒漠半荒漠草原和部分典型草原约有近5万平方公里出现"寸草不生"的景象;浑善达克沙地沙漠化土地面积达到2.7万平方公里,流沙面积以每年130多平方公里的速度扩展,全盟大范围的浮尘、扬沙和沙尘暴天气由50年代平均每年6天左右增加到2001年的20多天。由于草原生态严重退化,农牧民经济遭受重大损失,农牧民收入大幅度下降,贫困面不断扩大。2001年,全盟农牧民人均可支配收入由1999年的2236元下降到1823元,农村牧区贫困人口由"八七"扶贫攻坚结束时5.2万人增加到24.2万人。草原生态屏障的作用明显削弱,成为京津地区扬沙、沙尘暴的主要沙源地,对首都和华北地区生态安全构成了严重威胁。

这一严峻的形势,引起了党和国家的高度关注。2000年5月,时任国务院总理的朱镕基受江泽民的委托亲临锡林郭勒盟视察后,做出了"治沙止漠刻不容缓,绿色屏障势在必建"的重要指示。在这以后,党和国家领导人胡锦涛、温家宝、曾培炎等先后到锡林郭勒盟视察,作出了一系列重要指示。国家和自治区将锡林郭勒盟列入生态治理的重点地区,在相继实施的京津风沙源治理、生态移民、退耕还林、舍饲禁牧等生态建设工程中给予了重点支持。借助国家生态建设项目的支撑,锡林郭勒盟在深入开展灾后反思活动的基础上,于2002年正式启动实施了以"围封禁牧、收缩转移、集约经营"为主要内容的围封转移战略,确定了"四区、六带、十四基点"的治理布局和"三步九年"(2002年—2010年)的规划目标。

二、围封转移战略实施情况

自锡林郭勒盟实施围封转移战略以来，国家累计为锡林郭勒盟投入生态建设资金15.1亿元，下达沙源治理任务1448.32万亩。为了切实用好国家项目资金，锡林郭勒盟坚持突出重点、集中连片、综合治理的原则，在不改变项目资金规定用途的前提下，把项目资金与人畜饮水、扶贫开发、农业综合开发、防灾基地建设等项目资金进行了适当整合，并逐项落实了沙源治理、生态移民、草地建设与保护、退耕还林（草）等具体建设措施。截止2005年9月末，共完成沙源治理面积1450.97万亩，其中，营林造林403.23万亩、草地治理985.17万亩、小流域治理62.52万亩。完成退耕还林118万亩，配套荒山荒地造林115万亩。通过生态移民和异地搬迁移民工程，累计移民10628户、47826人。

经过几年的治理，锡林郭勒盟草原生态环境有了明显的改善，农牧业基础设施得到了加强，农牧业生产经营方式转变效果明显。

（一）草原植被得到初步恢复。锡林郭勒盟天然草场从2002年开始实施春季休牧，并逐年加大实施面积，到2005年休牧面积达到2.5亿亩，占草场总面积的92.5%。内蒙古草原勘察设计院自2002年以来连年对锡林郭勒盟草场进行综合监测，结果表明，休牧区与非休牧区相比，牧草高度平均增加了6.5~25厘米，盖度提高了8.2~50%，亩产鲜草提高了35.6~229斤。浑善达克沙地流动半流动沙丘面积由2001年的7120平方公里减少到目前的4053平方公里；西部荒漠半荒漠草场植被平均盖度由17%提高到41%。另据锡林郭勒盟气象部门监测，全盟的浮尘、扬沙和沙尘暴天气明显减少，由2000年的27次下降到2005年的6次。

（二）农牧业基础设施得到加强。目前，锡林郭勒盟围栏草场总面积已达到13462万亩，过冬畜畜均14.6亩；人工种草生产能力达到1.64亿公斤以上，过冬畜畜均17.76公斤；全盟青贮玉米生产能力稳定在15亿公斤以上，过冬畜畜均162.5公斤；畜棚总面积达667.3万平方米，畜均0.72平方米；畜圈总面积达1995.9万平方米，畜均2.2平方米；水源开发4273处、节水灌溉3094处，购置饲料机械7485台套，人畜饮水设施、牧业机械化程度都得到有效加强。这些成绩的取得，不但为春季休牧、禁牧舍饲、抗灾保畜奠定了基础，而且为引进良种、发展奶牛业创造了良好条件。

（三）农牧业生产经营方式转变效果明显，后续产业开发迈出实质性步伐。禁牧、休牧区以放牧为主的饲养方式正在向舍饲半舍饲转变；牲畜良改化程度明显提高，早接羔、早出栏、多出栏、快周转的饲养管理方式得到普遍推广。通过近几年的不断探索和实践，在后续产业开发上有了突破，多数移民区形成了奶牛饲养、牛羊育肥、蔬菜苗木饲草料种植三种主导产业，基本实现了迁得出、稳得住、发展生产的目标。农牧业产业化开始起步，五个重点产业初步形成龙头带基地的产业化格局。

（四）畜牧业效益提升，农牧业收入恢复性增长。畜牧业出现数量适度压缩，质量稳定提高，效益明显提升的好势头，过冬畜控制在900万头只左右，改良种畜、优质基础母畜比重提高，既减轻了对草场的压力，又提高了畜牧业的效益。畜牧业产值由2001年的22.38亿元增加到2004年的34.85亿元，农牧民人均纯收入由1823元增加到2568元，贫困人口由24.2万人减少到12.2万人。

从几年实施情况看，禁牧舍饲项目对草场恢复效果非常显著。2002年国家实施禁牧舍饲项目以来，下达给锡林郭勒盟的禁牧舍饲任务累计为3525万亩。其中，2002年为975万亩，2003年为1200万亩，2004年为1350万亩。锡林郭勒盟从实际出发，以春季休牧为主，辅助全年禁牧的方式实施禁牧舍饲项目。到2005年，全盟共实施休牧禁牧面积达到了2.73亿亩，占草场总面积的92.5%，涉及124个苏木乡镇（场）的804个嘎查村（分场）、125041个农牧户、985.8万头只牲畜。其中，国家禁牧舍饲项目区休牧禁牧面积为15363.4万亩，占草场总面积的51.9%。同时取得的效果也非常显著，休牧禁牧区的牧草高度、植被盖度、产草量等指标都比其他地方高出几倍甚至十几倍。通过禁牧休牧，使天然草牧场自然恢复，这是一条简而易行的有效措施，对锡林郭勒盟草原生态建设起着至关重要的作用。

三、实施围封转移战略的主要措施

（一）把生态建设放在全盟工作的首位，加强组织领导。自2000年沙源治理工程开始启动实施以来，锡林郭勒盟就把生态建设纳入各地党政领导的年度工作实绩考核内容，建立严格的目标管理责任制，以主要领导为项目的第一责任人，成立了生态建设组织领导机构；2001年底，锡林郭勒盟开始组织实施围封转移战略，成立了以盟委书记为组长、行署盟长为副组长的领导小组，下发了《关于实施围封转移战略的决定》，编制了《锡林郭勒盟实施围封转移战略规划纲要》，在全盟建立起组织严密的领导体系，保证了生态建设的顺利进行。为保证各项工程的有效实施，制定了《锡林郭勒盟实施围封转移战略若干政策规定》，在政策措施上予以保障。锡林郭勒盟高度重视对相关政策措施的贯彻落实，从盟里到旗县都加大了对相关政策措施的宣传力度，充分利用各种新闻媒体大力宣传国家、自治区和盟里出台的各项政策措施及管理办法，组织编印了《生态建设政策法规汇编》、《围封转移生态建设政策百问》等宣传材料，发到基层干部和农牧民手中，使沙源治理工程的各项政策措施家喻户晓、深入人心。同时，结合盟里的实际，及时制定出台了锡林郭勒盟京津风沙源治理工程相关政策及管理办法，使沙源工程建设自始至终依法进行，保证了沙源治理工程的顺利实施。

（二）统筹规划，因地制宜，综合治理。根据各地草场植被类型和退化程度的不同，将退化、沙化草场划分为三个区域进行综合治理。即浑善达克沙地治理区、高平原退化草原治理区、沙地南缘农区治理区。在浑善达克沙地，主要采取封育为主，飞播造林种草相结合，带、片、网，乔、灌、草相结合的技术措施，营造以草灌为主、灌草乔结合的复合型生态带，变活化沙区为固定、半固定沙区。在高平原退化草原地区，重点建设以水为中心、林网配套的高产饲草料基地，大面积改良天然草场。同时推广围栏封育、舍饲休牧、划区轮牧等饲养方式，在保护的前提下，科学合理地利用草牧场，以有效遏止草原退化、沙化的趋势。在沙地南缘农区，大力组织实施退耕还林还草工程。并辅之以草原灭蝗、人工增雨、草场改良等措施，加大了生态环境保护与建设力度，草场植被得到有效恢复。项目实施四年来农区退耕还林还草183万亩，占耕地面积的52.4%。全盟建设以水为中心、林网配套灌溉饲料基地76.9万亩，其中牧区开发建设33.8万亩，农区开发建设43.1万亩。

（三）坚持把草畜平衡制度和草场"三牧"制度作为牧区的两项基本制度加以推行和不断完善。以嘎查为单位全面开展草场生产力测定工作，逐户核定最高载畜量，签订草畜平衡责任书，2003年、2004年签订责任书的牧户均达到100%，并严格落实了奖惩措施。在全国率先建立了盟、旗、苏木三级草原监理专业队伍与嘎查级群众管护组织相结合的草原监理管护体系。大部分旗县市通过人大颁布了有关规定，将休牧、禁牧、轮牧纳入法制化、制度化的轨道，有效地增强了牧民群众依法保护草原的自觉性。仅在2004

年春季休牧期间，全盟牧民投入的青贮、青干草和饲料折款共达2.5亿元。

（四）切实加强生态建设项目和资金的监督管理工作。一是整合项目资金。为有效用好国家投入的建设资金，锡林郭勒盟把沙源治理、生态移民（包括异地搬迁移民）、禁牧舍饲、退耕还林、农业综合开发、千村扶贫、人畜饮水等专项资金捆起来，按照全盟整体规划、总体布局的要求，由盟生态办（围转办）根据建设任务进行统筹安排，由盟财政局按照计划任务把资金直接下拨到各旗县市，改变了过去分散资金、项目重复建设的状况，使国家投入的项目资金集中高效运转。

二是加强项目和资金管理。在全盟建立了生态建设目标管理责任制，把生态建设项目和资金管理纳入了旗县市（区）领导班子和领导干部年度实绩目标考核指标中，从讲政治的高度来认识生态建设资金是"高压线"，决不允许挤占挪用。进一步加强和规范了生态建设项目和资金管理工作，规范了盟、旗两级生态建设项目和资金管理工作。严格推行"六制"和"三专一封闭"管理，并建立了责任追究制。委托内蒙古会计师事务所负责全盟生态项目财务设计、会计培训、指导建账、财务审计、预算审查和财务稽查等工作。自沙源治理工程实施以来，每年都会同内蒙古会计师事务所对各旗县市（区）资金使用、票据管理进行严格审查，并对存在的问题提出审查整改意见，对各旗县市（区）资金管理情况进行综合评价。

三是各部门合力运作，共同推进项目和资金规范化运作。盟生态、监察、审计、财政、计划、林业、水利、畜牧等部门各司其职，通力合作，加大了对生态建设项目实施和资金使用的日常监管力度，抓好生态建设工程质量和进度，搞好生态建设项目作业设计的编制工作。特别是对项目作业设计编制工作进行了规范和指导。为切实加强和监理公司工作的协调，定期与监理公司沟通情况，对监理月报中指出的问题及时下发限期整改通知书，督促其限期改正。

四是对生态建设所需物资及作业施工实行招投标。2003年以来，锡林郭勒盟委托中招国际招标公司，统一组织对全盟生态建设所需草籽、树种、网围栏设施、牧业机械、水泵、舍饲禁牧所需玉米等物资以及打井施工土建工程进行公开招标，涉及金额达到2.1亿元，共节约资金1400余万元。

（五）坚持以科技为先导，逐步建立生态建设科技支撑体系。京津风沙源治理工程实施以来，锡林郭勒盟始终把科技作为推动全盟生态建设的强大动力，以中科院及区内外科研机构、大专院校为技术依托，推广实施了一大批技术先进、效益明显的研究项目。如浑善达克沙地植被恢复与重建技术项目群、锡林郭勒退化草地改良与合理利用技术项目群等重大研究推广项目，解决了锡林郭勒盟生态建设许多关键性的技术难题，为生态建设提供了强有力的理论指导和技术支撑。在全盟范围内开展了"1315"科技培训工程，通过该工程的实施，使全盟13万农牧民掌握种养等15项实用技术。在具体施工作业中，普遍采取了生物、机械、工程、农艺等综合措施，林草成活率和保存率有了明显的提高，提高了工程质量。同时，加大了开发利用空中云水资源的力度，充分利用人工增雨措施，提高人工影响天气的有效性和科学性，目前，已初步建立了覆盖全盟12个旗县市（区）的人工增雨系统，按最低估算，每年在锡林郭勒盟60%的面积上增加雨量20毫米，估计年增雨量在20~30亿吨，按水价0.2元/立方米计算，每年可获直接经济效益4亿元以上。此外，每年的减灾效益按照农牧业总产值的10%计算，每年减灾近亿元，效益是十分可观的。

（六）切实加强项目区的管护工作，巩固生态建设成果。在项目实施中，锡林郭勒盟始终把项目区管护作为工程建设的头等大事来抓，坚持建设与管护并重，做到"谁建设，谁管理，谁受益"，建立合理的利益分配机制，明晰生态项目的管理权和受益权，凡是沙源治理项目区全部实现了禁牧。严格执行《草原法》、《防沙治沙法》、《森林法》等法律法规，加大执法力度，依法管理管护项目区。进一步加强了林业公安和草原监理队伍建设，在全盟103个苏木乡建立了草原监理站，形成了以旗县林业公安和草原监理队伍为主体，苏木乡级草原监理为骨干，嘎查村基层组织和农牧民为基础的四级管护网络，进一步巩固和扩大了生态建设成果。

（七）进一步集中整合项目，优化项目布局。从2005年起，除个别地区部分人工种草、暖棚、水源工程项目相对分散外，其他项目基本上都做到了集中连片。飞播造林和飞播牧草项目全部安排在浑善达克北缘和南缘带、沙区和沙化退化地区，并与以前的项目区连接；封山育林和围栏封育项目主要安排在浑善达克北缘和南缘带、沙区和沙化退化地区以及生态移民集中迁出区；基本草牧场、防护林、节水灌溉、饲料机械和大部分暖棚、水源工程主要安排在生态移民集中安置区，90%以上的资金能够集中投入，使项目建设上规模、上档次，避免了低水平重复建设。

（八）积极探索实施项目建设的新机制，调动农牧民参与生态建设的积极性。在项目安排上，从过去的自上而下安排部署改为自下而上申报的运行机制，先由嘎查村根据农牧户意见将本年度建设项目上报到苏木乡镇，苏木乡镇汇总后上报到旗县市，旗县市根据国家下达计划和当地治理重点最终确定计划安排。在项目建设上，由过去完全由政府出钱搞生态建设，逐步向国家项目扶持和农牧民自筹相结合过渡，充分调动了农牧民参与生态建设的积极性，使有限的国家项目资金发挥出最大的综合效益。2006年，各地在围栏封育、暖棚、水源工程及其他部分项目中都加大了农牧民自筹比例。南部旗县农牧户自筹比例在20%~30%之间，北部旗市牧户自筹比例在30%~50%之间。

（九）进一步拓宽思路，合理安排移民后续产业。在移民产业选择上，对具有发展前景和稳定经济收入的产业予以重点扶持，由过去较单一的奶牛养殖业，鼓励和引导移民选择从事多样化产业。2006年的生态移民中，从事奶牛养殖业的1033户、4734人，占移民总数的50%，与2005年相比下降了35.8个百分点；从事二、三产业的415户、1877人，占移民总数的20%，与2005年相比上升了11.7个百分点；从事西门塔尔牛养殖265户、1365人，牛羊育肥70户、259人，肉猪养殖30户、150人，小尾寒羊养殖80户、359人，种植业129户、478人，旅游业77户、291人，运输业71户、315人，餐饮、商店业204户、973人，劳务输出63户、298人，其他47户、178人。

（十）项目建设进一步与产业化基地建设相结合。从2005年起，生态移民、暖棚建设、基本草牧场建设、水源开发等项目逐步与经济效益明显的产业化基地建设衔接，培育基地加农牧户的生产经营格局，力争使移民产业规模化、生产经营市场化。重点扶持伊盛基地羔羊育肥项目，组织移民养殖胡羊，以草原伊盛公司为龙头，建设肉羊基地试点工程，项目实施的两旗市在产业化基地建设上的项目资金投入分别占到总投资的27.1%和23.6%。

四、几点建议

（一）建议国家继续保持生态建设政策和投入的连续性。京津风沙源治理工程实施五年来，对于加强草原生态建设、保护和恢复草原植被、巩固和发展锡林郭勒盟地方经济发挥了巨大而深远的影响。锡林郭勒盟是以草原畜牧业为主体经济的地区，由于多年来对草原过度利用和近几年连续遭受多种严重自然灾害，草原生态环境恶化十分严重，国家每年投入锡林郭勒盟的近

4亿元生态建设资金，平均到2.6亿亩草场上，每亩仅有1.5元左右。近三年锡林郭勒盟平均每年实施沙源治理工程245万亩，而急需治理的沙化退化草场至少在5000万亩以上，照此速度推进，还需要相当长的时间。生态严重恶化地区和其他地区需要转移的农牧民仍有22.6万人，将这些人口全部转移出来，也是一个长期的过程，任务仍然十分艰巨。加之生态建设具有长期性、复杂性和反复性的特点，所以目前锡林郭勒盟生态建设正处在一个非常关键的时期，需要国家在政策和投资上给予支持。为此，建议国家将目前实施的京津风沙源治理、生态移民、退耕还林、禁牧舍饲工程政策和投资规模至少保持10年以上，特别应加大对生态移民和禁牧舍饲等项目资金的投入力度。

（二）建议继续实施禁牧舍饲项目或把锡林郭勒盟列入国家"退牧还草工程"，加大对锡林郭勒盟退化沙化草原的治理。2002年国家启动实施禁牧舍饲试点工程，作为京津风沙源治理工程的子项目，资金从沙源资金中切出一块用于搞禁牧舍饲。从这几年的实践看，禁牧舍饲项目对于大面积退化沙化草场的恢复起到了非常大的作用，同时推动了农牧民生产经营方式的转变。锡林郭勒盟草原面积3亿亩，其中退化沙化草场面积1.9亿亩，占草场总面积的64%，沙化退化草场治理任务是相当艰巨的。因此，建议国家在三年试点取得初步成效的基础上，进一步大面积推广，继续实施禁牧舍饲项目。如果国家不再实施禁牧舍饲项目，恳请将锡林郭勒盟列入国家"退牧还草工程"项目，进一步加大对锡林郭勒盟退化沙化草原的保护和治理力度。

（三）建议尽快开设牧区中长期低息贷款或政策性贷款。由于近几年连续遭受严重自然灾害，锡林郭勒盟牧民收入大幅度下降，灾害对牧民生产生活的影响至少要延续3~5年，而灾后第2~3年是灾区牧民生产生活最困难的时期，急需生产性资金帮助发展生产，脱贫致富。同时，把大批农牧民从生态严重恶化地区转移出来依托新的产业，也需要资金扶持。为此，请求国家充分考虑锡林郭勒盟牧区连年遭灾和加快生态建设的特殊需要，开设中长期低息贷款或专项政策性贷款，实行政府贴息或优惠利率，贷款期要长一些，主要支持锡林郭勒盟生态移民项目区内牧民启动生产，发展后续产业，更换良种牲畜，灌溉饲草料地，购买饲草料及其他小型牧业机具的需要。

三江源数据资料

人口的基本状况

地区	常住人口总数	人口出生率	死亡率	自然增长率
青海省	542.5 万	15.7‰	6.21‰	9.49‰

全省各州、地、市 2005 年底常住人口　　　单位（万人）

地区	全省	西宁	海西	海东	海北	海南	黄南	果洛	玉树
人口	542.5	209.9	41.9	156	27.23	41.64	22.1	14.94	29.49

三江源地区人口增长率

年份	1996	1997	1998	1999	2000	2001	2002
增长率	2.55%	0.78%	0.94%	0.60%	3.59%	0.73%	1.21%

三江源区草地现状概况

天然草地面积	可利用草地面积	可利用冬春草场面积	可利用夏秋草场面积	中度以上退化草地	黑土型退化草地
31707.56 万亩	28647.5 万亩	14680.79 万亩	13966.71 万亩	5158.29 万亩	5000 万亩

三江源地区学生人数对比

时间	1995	1996	1997	1998	1999	2000	2001	2002	2003	2004
小学生在校人数	38897	40236	42856	44944	51097	55997	56974	61313	64130	72192
中学生在校人数	5628	5667	8034	7845	7988	8112	8358	8849	9801	11856
人数比	6.9	7.1	5.3	5.7	6.4	6.9	6.8	6.9	6.5	6.1

三江源地区各县 2005 年人均教育支出排序

地名	教育支出（万元）	人均教育支出（万元/人）
河南县	1443	432
玛多县	536	417
称多县	1583	353
达日县	878	352
久治县	735	334

续表

甘德县	811	327
同德县	1575	314
泽库县	1818	311
兴海县	1658	268
班玛县	664	268
玉树县	2254	252
治多县	608	241
曲麻莱县	570	223
玛沁县	7782	195
杂多县	701	150

三江源地区的师生比

	普通中学专任教师	中学生人数	师生比（中学）	专任教师小学	小学生人数	师生比（小学）
同德县	95	1843	19	375	7411	20
兴海县	425	2545	6	593	9168	15
泽库县	61	716	12	254	8641	34
河南县	44	543	12	215	4160	19
玛沁县	161	1202	7	320	3619	11
班玛县	43	298	7	140	1638	12
甘德县	94	918	10	175	1604	9
达日县（2004）	67	707	11	139[①]	1552	11
久治县	170	429	3	153	1769	12
玛多县	34	410	12	76	1228	16
玉树县	250	3294	13	548	12378	23

三江源地区学生中女生情况

	中学生人数（女）[②]	中学生人数	比率	小学生人数（女）	小学生人数	比率
同德县2004年	672	1843	0.36	3340	7411	0.45
兴海县	1290	2545	0.51	3997	9168	0.44
泽库县	165	716	0.23	3845	8641	0.44
河南县	219	543	0.4	1927	4160	0.46
玛沁县	465	1202	0.39	1419	3619	0.39

续表

班玛县	134	298	0.45	760	1638	0.46
甘德县	306	918	0.33	642	1604	0.4
达日县	453	707	0.64	985	1552	0.63
久治县	171	429	0.4	849	1769	0.48
玛多县	185	410	0.45	609	1228	0.5
玉树县	1597	3294	0.48	4553	12378	0.37
杂多县	172	404	0.43	1283	3298	0.39
称多县	509	1061	0.48	2618	5454	0.48
治多县	134	255	0.53	979	2008	0.49
囊谦县	321	892	0.36	2918	7419	0.39
曲麻莱县	108	356	0.3	791	2482	0.32

青海藏传佛教各教派的主要寺院

序号	寺庙名称	所属县	所属州	是否三江源地区
1	塔尔寺	湟中县	西宁	否
2	瞿昙寺	乐都县	海东	否
3	丹斗寺	化隆县	海东	否
4	隆务寺	同仁县	黄南	否
5	夏琼寺	化隆县	海东	否
6	佑宁寺	互助县	海东	否
7	广惠寺	大通县	西宁	否
8	却藏寺	互助县	海东	否
9	阿琼南宗	尖扎县	黄南州	否
10	赛宗寺	兴海县	海南州	是
11	白玉寺	久治县	果洛州	是
12	达那寺	囊谦县	玉树州	是
13	禅古寺	玉树县	玉树州	是
14	尕藏寺	称多县	玉树州	是
15	结古寺	玉树县	玉树州	是
16	阿什姜寺	班玛县	果洛州	是
17	都兰寺	乌兰县	海西州	否

三江源地区各县 2000 年——2004 年财政收入（万元）

地区	2000 年	2001 年	2002 年	2003 年	2004 年	总计
同德县	2822	4207	845	860	608	9342
兴海县	1360	1028	1281	1395	1247	6311
泽库县	3719	4613	588	6233	124	15277
河南县	3484	604	673	751	461	5973
玛沁县	1283.1	1855.2	1258	19246	17260	40902.3
班玛县	1039.3	2340	445	4122	4696	12642.3
甘德县	365	325	356	3431	4174	8651
达日县	309	411	319	3261	5240	9540
久治县	339	679	377	3870	4409	9674
玛多县	326.6	678	233	2696	3911	7844.6
玉树县	3992	5691	6043	6596	8740	31062
杂多县	1874	2893	3234	3143	4425	15569
称多县	2673	3736	3884	4514	6175	20982
治多县	1851	3210	3433	3382	4425	16301
襄谦县	2618	4359	4765	4840	7087	23669
曲麻莱县	2248	3834	3233	2962	4005	16282
总计	30303	40463.2	30967	71302	76987	250022.2

三江源地区各县财政收入排名

名次	2004	2003	2002	2001	2000
16	泽库县	河南县	玛多县	甘德县	达日县
15	河南县	同德县	达日县	达日县	玛多县
14	同德县	兴海县	甘德县	河南县	久治县
13	兴海县	玛多县	久治县	玛多县	甘德县
12	玛多县	曲麻莱县	班玛县	久治县	班玛县
11	曲麻莱县	杂多县	泽库县	兴海县	玛沁县
10	甘德县	达日县	河南县	玛沁县	兴海县
9	久治县	治多县	同德县	班玛县	治多县
8	杂多县	甘德县	玛沁县	杂多县	杂多县
7	治多县	久治县	兴海县	治多县	曲麻莱县
6	班玛县	班玛县	曲麻莱县	称多县	襄谦县
5	达日县	称多县	杂多县	曲麻莱县	称多县
4	称多县	襄谦县	治多县	同德县	同德县
3	襄谦县	泽库县	称多县	襄谦县	河南县
2	玉树县	玉树县	襄谦县	泽库县	泽库县
1	玛沁县	玛沁县	玉树县	玉树县	玉树县

三江源地区各县 2000 年——2004 年财政支出（万元）

地区	2000 年	2001 年	2002 年	2003 年	2004 年	总计
同德县	2822	4207	5147	6193	8019	26388
兴海县	3565	4520	5435	6279	8129	27928
泽库县	3882	4971	6239	6457	7703	29252
河南县	3609	3195	5679	5834	6241	24558
玛沁县	10541	13375	14018	19768	18054	75756
班玛县	3001	3439	3680	4128	4824	19072
甘德县	1772	2726	3125	3439	4264	15326
达日县	2769	3680	4338	5103	5538	21428
久治县	1800	2757	3234	3865	4471	16127
玛多县	1959	2653	2935	2835	3896	14278
玉树县	4060	5929	6079	6642	8985	31695
杂多县	1644	2893	3208	3143	4425	15313
称多县	2443	4236	4270	5059	6725	22733
治多县	1624	3205	3422	3376	4240	15867
囊谦县	2432	4403	4771	4872	7115	23593
曲麻莱县	2031	3847	3845	3580	4623	17926
总计	49954	70036	79425	90573	107252	397240

三江源地区各县 2000 年——2004 年财政赤字对比（单位：万元）

地区	2004 年	2003 年	2002 年	2001 年	2000 年	总计
同德县	-7411	-5333	-4302	0	0	-17046
兴海县	-6882	-4884	-4154	-3492	-2205	-21617
泽库县	-7579	-224	-5651	-358	-163	-13975
河南县	-5780	-5083	-5006	-2591	-125	-18585
玛沁县	-794	-522	-12760	-11519.8	-9257.9	-34853.7
班玛县	-128	-6	-3235	-1099	-1961.7	-6429.7
甘德县	-90	-8	-2769	-2401	-1407	-6675
达日县	-298	-1842	-4019	-3269	-2460	-11888
久治县	-62	5	-2857	-2078	-1461	-6453
玛多县	15	-139	-2702	-1975	-1632.4	-6433.4
玉树县	-245	-46	-36	-238	-68	-633
杂多县	0	0	26	0	230	256
称多县	-550	-546	-386	-500	230	-1752
治多县	185	6	11	5	227	434
囊谦县	-28	-32	-6	-44	186	76
曲麻莱县	-618	-618	-612	-13	217	-1644
总计	-30265		-48458	-29572.8	-19651	-147218.8

2005年青海省农村居民人均纯收入

地区	全省	西宁市	海东	海北州	海南州	黄南州	果洛州	玉树州	海西州
收入	2165.1	2592.8	2011.2	2083.6	2442.1	1806.5	1916.9	1793.9	2302.7

青海城乡居民收入差距比较　单位：元

年份	农村人均纯收入 绝对额	农村人均纯收入 发展速度	城镇人均可支配收入 绝对额	城镇人均可支配收入 发展速度	城乡收入之比
2000	1491	100.3	5170	109.9	01：03.5
2001	1611	108	5854	113.2	01：03.6
2002	1711	106.2	6200	111.1	01：03.6
2003	1817	106.2	6732	108.6	01：03.7
2004	2004	110.3	7319	108.7	01：03.6

2005年三江源地区各县经济增长率

	第一产业增长率	第二产业增长率	第三产业增长率
同德县	-30.50%	12.40%	60.30%
兴海县	19.10%	34.10%	81.20%
泽库县	-0.20%	26.70%	-19.50%
河南县	5.80%	-1.00%	0.70%
玛沁县	119.60%	177.60%	195.50%
班玛县	7.00%	-6.90%	12.20%
甘德县	1.20%	16.20%	24.60%
达日县	6.40%	6.10%	-5.80%
久治县	10.20%	10.40%	-3.20%
玛多县	10.50%	9.60%	4.70%
玉树县	93.30%	13.00%	8.50%
杂多县	99.10%	3.00%	3.00%
称多县	42.80%	11.10%	37.10%
治多县	21.10%	13.00%	18.00%
囊谦县	5.20%	19.40%	17.50%
曲麻莱县	65.10%	13.00%	18.00%

2005年三江源地区产业情况

第一产业	第二产业	第三产业
51.60%	14.69%	33.70%

民国时期以来三江源区与青海全省总人口年均增长率比较 单位:‰

三江源地区		青海省	
时段	年均增长率	时段	年均增长率
1914－1949	18.62	1912－1949	26.06
1964－2003	26.16	1964－2003	23.65

玉树藏族自治州第一产业从业人员比重（单位:%）

	2000年	2001年	2002年	2003年
玉树州	84.78	87.62	88.79	85.15
青海省	55.8	59.6	56.4	54.1

玉树、果洛两州城镇化水平比较（单位:%）

比较	2000年	2001年	2002年	2003年
全国	36.09	37.7	39.1	40.53
青海	34.76	36.32	37.7	38.18
玉树州	17.51	17.76	18.52	17.82
果洛州	24.81	25.37	23.41	23.33

三江源地区人均生产总值及其增长经趋势

		2003年	2002年	2001年	2000年	1999年	1998年	1997年
地区人均生产总值（元）	玉树州	3523	3167	2926	2330	2213	1590	1550
	青海省	7310	6453	5753	5103	4676	4378	4076
地区人均生产总值增长率（%）	玉树州	11.26	8.24	25.57	5.27	39.17	2.57	18.7
	青海省	13.24	12.05	12.74	9.12	6.76	7.4	8.48

建国以来三江源区土地利用分类面积比例变化（单位:%）

年份	耕地园地	林地	牧草地	居民点工矿交通	水域	未利用	总面积
1952	0.03						
1957	0.05						
1973			81.61				
1978	0.12						

续表

1985	0.1						
1996	0.17	3.81	80.63	0.07	3.43	11.89	100
1999	0.14	3.68			2.39		
2001	0.13	3.37	58.89		2.93		

2004年三江源地区三次产业所占比重比较（单位：亿元，%）

产值地区	第一产业增加值（万元）	第一产业增加值占比（%）	第二产业增加值（万元）	第二产业增加值占比（%）	第三产业增加值（万元）	第三产业增加值占比（%）
玉树县	10348	53.65	4244	22	4697	24.35
杂多县	15869	79.62	1721	8.63	2341	11.75
称多县	7194	53.12	3515	25.95	2835	20.93
治多县	11626	70.4	1700	10.29	3188	19.3
囊谦县	13994	75.6	1744	9.42	2772	14.98
曲麻莱县	6765	59.33	1731	15.18	2907	25.49
玛沁县	4466	13.67	7373	22.57	20842	63.75
班玛县	4924	55.19	954	10.69	3044	34.12
甘德县	3989	51.39	925	11.92	2848	36.69
达日县	4958	63.51	407	5.21	2442	31.28
久治县	4425	52.15	685	8.07	3375	39.78
玛多县	3215	46.44	136	1.96	3572	51.6
兴海县	15362	54.97	6492	23.23	6091	21.8
同德县	14750	62.07	4019	16.91	4997	21.02
泽库县	19573	66.61	1429	4.86	8382	28.53
河南县	18322	67.39	2341	8.61	6527	24
青海省	578100	12.4	2270600	48.8	1808600	38.8
全国	207440000	15.2	723870000	53.02	433840000	31.78

玉树藏族自治州历年自然科学研究发展情况

	1996年	1997年	1998年	1999年	2000年	2001年	2002年	2003年
科学研究项目（个）	3	3	4	3			1	
科学成果推广（个）	2	3	1	1	2	5	3	3
科技三项费投入（万元）	4.9	0.6	39.5	12.5	31.9	20	12.7	26

三江源 2000 年民族情况（与 1990 年对比）

民族种类	54
汉族人口	2823305
汉族人口所占比例	54.49%
汉族增长人口数	242886
汉族增长人口率	9.41%
少数民族人口数	2358255
少数民族人口所占比例	45.51%
少数民族增长人口数	481728
少数民族人口增长率	25.67%
藏族人口数	1134236
藏族人口所占比例	21.89%
藏族增长人口数	222376
藏族人口增长率	24.39%
回族人口数	823463
回族人口所占比例	15.89%
回族人口增加数	184616
回族人口增长率	28.90%
土族人口数	199470
土族人口所占比例	3.85%
土族人口增加数	36605
土族人口增长率	22.48%
撒拉族人口数	95815
撒拉族人口所占比例	1.85%
撒拉族人口增长数	18812
撒拉族人口增长率	24.43%
蒙古族人口数	88829
蒙古族人口所占比例	1.71%
蒙古族人口增加数	17314
蒙古族人口增长率	24.21%
其他少数民族人口数	16442
其他少数民族人口所占比例	0.32%
其他少数民族人口增加数	2005
其他少数民族人口增长率	13.89%

三江源地区人口增长率

年份	2000
增长率	3.59%

三江源地区学生人数对比

时间	2000
小学生在校人数	55997
中学生在校人数	8112
人数比	6.9

2000年三江源地区果洛、玉树两州文盲率

15岁及15岁	文盲人口（人）	15岁及15岁以上文盲人口比重（％）	以上人口（人）
青海省	3739616	956396	25.21
玉树县	36034	27372	75.96
杂多县	19788	12639	63.87
称多县	26455	18922	71.53
治多县	13016	8688	66.75
囊谦县	35292	24280	68.8
曲麻莱县	13544	9463	69.87
玛沁县	15153	7673	50.64
班玛县	13189	5727	43.42
甘德县	15526	8903	57.34
达日县	15023	9840	65.5
久治县	12247	7716	63
玛多县	5888	2085	35.41
两州合计	221155	143308	64.8

三江源地区各县2000年财政收入（万元）

地区	2000年
同德县	2822
兴海县	1360
泽库县	3719

续表

河南县	3484
玛沁县	1283.1
班玛县	1039.3
甘德县	365
达日县	309
久治县	339
玛多县	326.6
玉树县	3992
杂多县	1874
称多县	2673
治多县	1851
囊谦县	2618
曲麻莱县	2248
总计	30303

三江源地区各县财政收入排名

名次	2000
16	达日县
15	玛多县
14	久治县
13	甘德县
12	班玛县
11	玛沁县
10	兴海县
9	治多县
8	杂多县
7	曲麻莱县
6	囊谦县
5	称多县
4	同德县
3	河南县
2	泽库县
1	玉树县

三江源地区各县 2000 年财政支出（万元）

地区	2000 年
同德县	2822
兴海县	3565
泽库县	3882
河南县	3609
玛沁县	10541
班玛县	3001
甘德县	1772
达日县	2769
久治县	1800
玛多县	1959
玉树县	4060
杂多县	1644
称多县	2443
治多县	1624
囊谦县	2432
曲麻莱县	2031
总计	49954

三江源地区各县 2000 年财政赤字对比（单位：万元）

地区	2000 年
同德县	0
兴海县	－2205
泽库县	－163
河南县	－125
玛沁县	－9257.9
班玛县	－1961.7
甘德县	－1407
达日县	－2460
久治县	－1461
玛多县	－1632.4
玉树县	－68
杂多县	230
称多县	230
治多县	227
囊谦县	186
曲麻莱县	217

玉树州第一产业从业人员比重（单位:%）

	2000 年
玉树州	84.78
青海省	55.8

玉树、果洛两州城镇化水平比较（单位:%）

比较	2000 年
全国	36.09
青海	34.76
玉树州	17.51
果洛州	24.81

三江源地区人均生产总值及其增长经趋势

		2000 年
地区人均生产总值（元）	玉树州	2330
	青海省	5103
地区人均生产总值增长率（%）	玉树州	5.27
	青海省	9.12

青海城乡居民收入差距比较　单位：元

年份	农村人均纯收入		城镇人均可支配收入		城乡收入之比
	绝对额	发展速度	绝对额	发展速度	
2000	1491	100.3	5170	109.9	01：03.5

三江源地区人口增长率

年份	2001
增长率	0.73%

三江源地区学生人数对比

时间	2001
小学生在校人数	56974
中学生在校人数	8358
人数比	6.8

三江源地区各县2001年财政收入（万元）

地区	2001年
同德县	4207
兴海县	1028
泽库县	4613
河南县	604
玛沁县	1855.2
班玛县	2340
甘德县	325
达日县	411
久治县	679
玛多县	678
玉树县	5691
杂多县	2893
称多县	3736
治多县	3210
囊谦县	4359
曲麻莱县	3834
总计	40463.2

三江源地区各县财政收入排名

名次	2001
16	甘德县
15	达日县
14	河南县
13	玛多县
12	久治县
11	兴海县
10	玛沁县
9	班玛县
8	杂多县
7	治多县
6	称多县
5	曲麻莱县
4	同德县
3	囊谦县
2	泽库县
1	玉树县

三江源地区各县 2001 年财政支出（万元）

地区	2001 年
同德县	4207
兴海县	4520
泽库县	4971
河南县	3195
玛沁县	13375
班玛县	3439
甘德县	2726
达日县	3680
久治县	2757
玛多县	2653
玉树县	5929
杂多县	2893
称多县	4236
治多县	3205
囊谦县	4403
曲麻莱县	3847
总计	70036

三江源地区各县 2001 年财政赤字对比（单位：万元）

地区	2001 年
同德县	0
兴海县	－3492
泽库县	－358
河南县	－2591
玛沁县	－11519.8
班玛县	－1099
甘德县	－2401
达日县	－3269
久治县	－2078
玛多县	－1975
玉树县	－238
杂多县	0
称多县	－500
治多县	5
囊谦县	－44
曲麻莱县	－13

玉树州第一产业从业人员比重（单位:%）

	2001年
玉树州	87.62
青海省	59.6

玉树、果洛两州城镇化水平比较（单位:%）

比较	2001年
全国	37.7
青海	36.32
玉树州	17.76
果洛州	25.37

三江源地区人均生产总值及其增长经趋势

		2001年
地区人均生产总值（元）	玉树州	2926
	青海省	5753
地区人均生产总值增长率（%）	玉树州	25.57
	青海省	12.74

青海城乡居民收入差距比较　单位：元

年份	农村人均纯收入		城镇人均可支配收入		城乡收入之比
	绝对额	发展速度	绝对额	发展速度	
2001	1611	108	5854	113.2	01：03.6

三江源地区人口增长率

年份	2002
增长率	1.21%

三江源地区学生人数对比

时间	2002
小学生在校人数	61313
中学生在校人数	8849
人数比	6.9

三江源地区各县 2002 年财政收入（万元）

地区	2002 年
同德县	845
兴海县	1281
泽库县	588
河南县	673
玛沁县	1258
班玛县	445
甘德县	356
达日县	319
久治县	377
玛多县	233
玉树县	6043
杂多县	3234
称多县	3884
治多县	3433
囊谦县	4765
曲麻莱县	3233
总计	30967

三江源地区各县财政收入排名

名次	2002
16	玛多县
15	达日县
14	甘德县
13	久治县
12	班玛县
11	泽库县
10	河南县
9	同德县
8	玛沁县
7	兴海县
6	曲麻莱县
5	杂多县
4	治多县
3	称多县
2	囊谦县
1	玉树县

三江源地区各县 2002 年财政支出（万元）

地区	2002 年
同德县	5147
兴海县	5435
泽库县	6239
河南县	5679
玛沁县	14018
班玛县	3680
甘德县	3125
达日县	4338
久治县	3234
玛多县	2935
玉树县	6079
杂多县	3208
称多县	4270
治多县	3422
囊谦县	4771
曲麻莱县	3845
总计	79425

三江源地区各县 2002 年财政赤字对比（单位：万元）

地区	2002 年
同德县	-4302
兴海县	-4154
泽库县	-5651
河南县	-5006
玛沁县	-12760
班玛县	-3235
甘德县	-2769
达日县	-4019
久治县	-2857
玛多县	-2702
玉树县	-36
杂多县	26
称多县	-386
治多县	11
囊谦县	-6
曲麻莱县	-612

玉树州第一产业从业人员比重（单位:%）

	2002 年
玉树州	88.79
青海省	56.4

玉树、果洛两州城镇化水平比较（单位:%）

比较	2002 年
全国	39.1
青海	37.7
玉树州	18.52
果洛州	23.41

三江源地区人均生产总值及其增长经趋势

		2002 年
地区人均生产总值（元）	玉树州	3167
	青海省	6453
地区人均生产总值增长率（%）	玉树州	8.24
	青海省	12.05

青海城乡居民收入差距比较　单位：元

年份	农村人均纯收入		城镇人均可支配收入		城乡收入之比
	绝对额	发展速度	绝对额	发展速度	
2002	1711	106.2	6200	111.1	01：03.6

三江源地区学生人数对比

时间	2003
小学生在校人数	64130
中学生在校人数	9801
人数比	6.5

三江源地区各县 2003 年财政收入（万元）

地区	2003 年
同德县	860

续表

兴海县	1395
泽库县	6233
河南县	751
玛沁县	19246
班玛县	4122
甘德县	3431
达日县	3261
久治县	3870
玛多县	2696
玉树县	6596
杂多县	3143
称多县	4514
治多县	3382
囊谦县	4840
曲麻莱县	2962
总计	71302

三江源地区各县财政收入排名

名次	2003
16	河南县
15	同德县
14	兴海县
13	玛多县
12	曲麻莱县
11	杂多县
10	达日县
9	治多县
8	甘德县
7	久治县
6	班玛县
5	称多县
4	囊谦县
3	泽库县
2	玉树县
1	玛沁县

三江源地区各县 2003 年财政支出（万元）

地区	2003 年
同德县	6193
兴海县	6279
泽库县	6457
河南县	5834
玛沁县	19768
班玛县	4128
甘德县	3439
达日县	5103
久治县	3865
玛多县	2835
玉树县	6642
杂多县	3143
称多县	5059
治多县	3376
囊谦县	4872
曲麻莱县	3580
总计	90573

三江源地区各县 2003 年财政赤字对比（单位：万元）

地区	2003 年
同德县	-5333
兴海县	-4884
泽库县	-224
河南县	-5083
玛沁县	-522
班玛县	-6
甘德县	-8
达日县	-1842
久治县	5
玛多县	-139
玉树县	-46
杂多县	0
称多县	-546
治多县	6
囊谦县	-32
曲麻莱县	-618

玉树州第一产业从业人员比重（单位:%）

	2003年
玉树州	85.15
青海省	54.1

玉树、果洛两州城镇化水平比较（单位:%）

比较	2003年
全国	40.53
青海	38.18
玉树州	17.82
果洛州	23.33

三江源地区人均生产总值及其增长经趋势

		2003年
地区人均生产总值（元）	玉树州	3523
	青海省	7310
地区人均生产总值增长率（%）	玉树州	11.26
	青海省	13.24

青海城乡居民收入差距比较　单位：元

年份	农村人均纯收入		城镇人均可支配收入		城乡收入之比
	绝对额	发展速度	绝对额	发展速度	
2003	1817	106.2	6732	108.6	01：03.7

三江源地区学生人数对比

时间	2004
小学生在校人数	72192
中学生在校人数	11856
人数比	6.1

三江源地区各县 2004 年财政收入（万元）

地区	2004 年
同德县	608
兴海县	1247
泽库县	124
河南县	461
玛沁县	17260
班玛县	4696
甘德县	4174
达日县	5240
久治县	4409
玛多县	3911
玉树县	8740
杂多县	4425
称多县	6175
治多县	4425
囊谦县	7087
曲麻莱县	4005
总计	76987

三江源地区各县财政收入排名

名次	2004
16	泽库县
15	河南县
14	同德县
13	兴海县
12	玛多县
11	曲麻莱县
10	甘德县
9	久治县
8	杂多县
7	治多县
6	班玛县
5	达日县
4	称多县
3	囊谦县
2	玉树县
1	玛沁县

三江源地区各县 2004 年财政支出（万元）

地区	2004 年
同德县	8019
兴海县	8129
泽库县	7703
河南县	6241
玛沁县	18054
班玛县	4824
甘德县	4264
达日县	5538
久治县	4471
玛多县	3896
玉树县	8985
杂多县	4425
称多县	6725
治多县	4240
囊谦县	7115
曲麻莱县	4623
总计	107252

三江源地区各县 2004 年财政赤字对比（单位：万元）

地区	2004 年
同德县	-7411
兴海县	-6882
泽库县	-7579
河南县	-5780
玛沁县	-794
班玛县	-128
甘德县	-90
达日县	-298
久治县	-62
玛多县	15
玉树县	-245
杂多县	0
称多县	-550
治多县	185
囊谦县	-28
曲麻莱县	-618